国家哲学社会科学成果文库
NATIONAL ACHIEVEMENTS LIBRARY
OF PHILOSOPHY AND SOCIAL SCIENCES

系统性金融风险研究

杨子晖 陈雨恬 著

图书在版编目（CIP）数据

系统性金融风险研究 / 杨子晖，陈雨恬著. -- 北京：商务印书馆，2025. -- （国家哲学社会科学成果文库）. ISBN 978-7-100-25441-0

Ⅰ. F832.1

中国国家版本馆CIP数据核字第2025YF5781号

权利保留，侵权必究。

国家哲学社会科学成果文库
系统性金融风险研究
杨子晖　陈雨恬　著

商 务 印 书 馆 出 版
（北京王府井大街36号　邮政编码100710）
商 务 印 书 馆 发 行
北京市十月印刷有限公司印刷
ISBN 978-7-100-25441-0

2025年6月第1版　　开本 710×1000　1/16
2025年6月北京第1次印刷　印张 33 3/4　插页 2

定价：180.00元

《国家哲学社会科学成果文库》
出版说明

  为充分发挥哲学社会科学优秀成果和优秀人才的示范引领作用，促进我国哲学社会科学繁荣发展，自 2010 年始设立《国家哲学社会科学成果文库》。入选成果经同行专家严格评审，反映新时代中国特色社会主义理论和实践创新，代表当前相关学科领域前沿水平。按照"统一标识、统一风格、统一版式、统一标准"的总体要求组织出版。

全国哲学社会科学工作办公室
2025 年 3 月

目 录

前　言 / 001

第一章　绪论 / 005
　　第一节　研究背景　/ 005
　　第二节　研究意义　/ 011
　　第三节　研究方法　/ 012
　　第四节　研究创新　/ 016
　　第五节　研究框架　/ 022

第二章　文献综述 / 027
　　第一节　系统性金融风险的定义　/ 027
　　第二节　系统性金融风险的监管理念　/ 028
　　第三节　系统性金融风险的有效测度　/ 033
　　第四节　系统性金融风险的传染溢出　/ 040
　　第五节　系统性金融风险的驱动因素　/ 046
　　第六节　系统性金融风险的前瞻性预测　/ 054
　　第七节　系统性金融风险与宏观经济相互作用　/ 057

第八节　系统性金融风险调控政策及政策有效性　/ 062

第九节　系统性金融风险的最新研究动态　/ 067

第三章　我国金融机构系统性金融风险度量与跨部门风险溢出效应研究　/ **075**

第一节　引言　/ 075

第二节　风险传染网络方法　/ 079

第三节　数据说明　/ 082

第四节　系统性金融风险的分行业测度　/ 083

第五节　系统性金融风险的整体测度与排序分析　/ 086

第六节　跨部门风险溢出效应的静态研究　/ 088

第七节　跨部门风险溢出效应的动态研究　/ 092

第八节　系统性金融风险跨部门传染的网络分析　/ 095

第九节　小结　/ 100

第四章　极端金融风险的有效测度与非线性传染　/ **104**

第一节　引言　/ 104

第二节　VaR 与"期望损失"及"回溯测试"　/ 110

第三节　非线性 Granger 因果关系检验　/ 112

第四节　网络关联指标　/ 115

第五节　基于 MF-VAR 模型的因果关系检验　/ 116

第六节　数据说明　/ 117

第七节　极端风险有效测度与回测检验　/ 122

第八节　尾部风险非线性特征检验　/ 131

第九节　各部门间极端风险传染的非线性检验　/ 133

第十节　极端风险非线性传染的动态分析　/ 137

第十一节　极端风险非线性传导机制的进一步讨论　/ 140

第十二节　经济政策不确定性与风险的联动效应分析　/ 146

第十三节　小结　/ 151

第五章　股票与外汇市场尾部风险的跨市场传染研究　/ 155

第一节　引言　/ 155

第二节　条件分位自回归风险价值模型　/ 160

第三节　MVMQ-CAViaR 模型　/ 162

第四节　数据说明　/ 164

第五节　各经济体股票市场与外汇市场尾部风险测度　/ 165

第六节　各经济体股票与外汇市场间尾部风险传染的非线性检验　/ 171

第七节　尾部风险非线性联动效应动态分析　/ 175

第八节　全球金融市场尾部风险跨市场传染分析　/ 179

第九节　不同类型金融市场尾部风险跨市场传染分析　/ 184

第十节　小结　/ 190

第六章　全球系统性金融风险溢出与外部冲击　/ 194

第一节　引言　/ 194

第二节　计算机人工智能方法——有向无环图方法　/ 199

第三节　网络拓扑方法——动态波动溢出网络方法　/ 202

第四节　数据说明　/ 205

第五节　全球系统性金融风险的有向无环图分析　/ 206

第六节　全球波动溢出的静态分析　/ 208

第七节 全球波动溢出的动态分析 / 211
第八节 各地波动溢出净效应的动态分析 / 214
第九节 各地波动溢出效应的网络分析 / 218
第十节 小结 / 230

第七章 信用风险传染效应及外溢冲击研究 / 233

第一节 引言 / 233
第二节 频域分解方法 / 236
第三节 网络关联指标 / 238
第四节 数据说明 / 238
第五节 不同期限下我国信用风险的传染效应分析 / 239
第六节 不同期限下我国信用风险的网络关联分析 / 242
第七节 我国信用风险传染对宏观经济的溢出影响分析 / 251
第八节 我国信用风险溢出强度对宏观经济作用机制的
       进一步分析 / 261
第九节 小结 / 265

第八章 我国金融机构尾部风险影响因素的非线性研究 / 271

第一节 引言 / 271
第二节 相对重要性分析技术 / 276
第三节 面板平滑转换回归模型（PSTR） / 277
第四节 数据说明 / 279
第五节 规模对银行业系统性金融风险的相对重要性分析 / 280
第六节 规模对银行业系统性金融风险的异质性效应检验 / 283
第七节 银行业系统性金融风险影响因素的非线性研究 / 285

第八节 金融机构系统性金融风险影响因素的非线性研究 / 299

第九节 小结 / 302

第九章 国际冲击下系统性风险的影响因素与传染渠道研究 / 306

第一节 引言 / 306

第二节 外部冲击下的系统性风险测算及分解方法 / 310

第三节 相对重要性分析方法 / 311

第四节 模型设定 / 312

第五节 数据说明 / 313

第六节 国际冲击下全球系统性风险的测算与分解 / 314

第七节 国际冲击下我国各行业系统性风险的测算与分解 / 318

第八节 全球金融风险的影响因素与传染渠道分析 / 321

第九节 风险影响因素与传染渠道的异质性分析 / 328

第十节 风险影响因素与传染渠道的动态分析 / 332

第十一节 小结 / 334

第十章 重大突发公共事件下的宏观经济冲击、金融风险传导与治理应对 / 338

第一节 引言 / 338

第二节 因子增广向量自回归模型 / 343

第三节 风险溢出网络分析框架 / 344

第四节 数据说明 / 347

第五节 重大突发公共事件对宏观部门及金融市场的影响分析 / 349

第六节 重大突发公共事件冲击下行业间金融风险传导

分析 / 364

第七节 重大突发公共事件冲击下国际金融风险传导分析 / 373

第八节 重大突发公共事件冲击下国际金融风险结构关联分析 / 381

第九节 小结 / 383

第十一章 金融市场与宏观经济的风险传染关系——基于混合频率的实证研究 / 390

第一节 引言 / 390

第二节 基于MF-VAR模型的因果关系检验 / 395

第三节 混频溢出方法 / 396

第四节 数据说明 / 397

第五节 我国金融市场系统性金融风险测度 / 398

第六节 我国金融市场与宏观经济风险溢出的静态分析 / 400

第七节 我国金融市场与宏观经济风险溢出的动态分析 / 403

第八节 危机期间我国金融市场与宏观经济的风险溢出效应分析 / 406

第九节 我国金融市场与宏观经济的风险传导机制 / 410

第十节 "重大股灾"时期我国金融风险对宏观经济的冲击影响 / 413

第十一节 小结 / 420

第十二章 财政金融统一框架下的金融风险测度与分析 / 423

第一节 引言 / 423

第二节 金融风险指标选取 / 427

第三节　非线性网络关联　/ 429
第四节　数据说明　/ 432
第五节　财政金融统一框架下政策工具与金融风险的非线性网络关联测度　/ 433
第六节　财政金融统一框架下政策工具与金融市场非线性关联的稳健性分析　/ 440
第七节　财政金融统一框架下政策工具与股市风险的非线性网络关联测度　/ 441
第八节　政策工具与金融市场风险非线性关联的进一步检验　/ 445
第九节　小结　/ 448

第十三章　结论与政策建议　/ 452
第一节　研究结论　/ 452
第二节　政策建议　/ 457

第十四章　结语与展望　/ 466

参考文献　/ 470

CONTENTS

Preface / 001

Chapter 1 Introduction / 005
    1.1   Research Background / 005
    1.2   Research Significance / 011
    1.3   Research Methods / 012
    1.4   Research Innovations / 016
    1.5   Research Framework / 022

Chapter 2 Literature Review / 027
    2.1   Definition of Systemic Financial Risk / 027
    2.2   Regulatory Concepts of Systemic Financial Risk / 028
    2.3   Effective Measurement of Systemic Financial Risk / 033
    2.4   Contagion and Spillover of Systemic Financial Risk / 040
    2.5   Drivers of Systemic Financial Risk / 046
    2.6   Early Warning of Systemic Financial Risk / 054
    2.7   Interaction Between Systemic Financial Risk and Macroeconomy / 057
    2.8   Policy Control and Effectiveness of Systemic Financial Risk / 062
    2.9   Recent Developments in Systemic Financial Risk Research / 067

Chapter 3   Research on Systemic Risk Measures and Cross-sector Risk Spillover Effect of Financial Institutions in China / 075

3.1 Introduction / 075
3.2 Risk Contagion Network Approach / 079
3.3 Data Description / 082
3.4 Sectoral Measurement of Systemic Financial Risk / 083
3.5 Overall Measurement and Ranking Analysis of Systemic Financial Risk / 086
3.6 Static Analysis of Cross-Sector Spillover Effects / 088
3.7 Dynamic Analysis of Cross-Sector Spillover Effects / 092
3.8 Network Analysis of Cross-Sector Risk Contagion / 095
3.9 Summary / 100

Chapter 4   Effective Measurement and Nonlinear Contagion of Extreme Financial Risk / 104

4.1 Introduction / 104
4.2 VaR, Expected Loss, and Backtesting / 110
4.3 Nonlinear Granger Causality Tests / 112
4.4 Network Connection Indicators / 115
4.5 Causality Tests Based on MF-VAR Model / 116
4.6 Data Description / 117
4.7 Effective Measurement and Backtesting of Extreme Risk / 122
4.8 Nonlinear Characteristics Test of Tail Risk / 131
4.9 Nonlinear Tests of Cross-Sector Extreme Risk Contagion / 133
4.10 Dynamic Analysis of Nonlinear Extreme Risk Contagion / 137
4.11 Further Discussion on Nonlinear Transmission Mechanisms of Extreme Risk / 140
4.12 Linkage Effects Between Economic Policy Uncertainty and Risk / 146
4.13 Summary / 151

Chapter 5 Cross-market Contagion Effect on Tail Risks between Stock Markets and Exchange Markets / 155

5.1 Introduction / 155

5.2 Conditional Quantile Autoregression Value-at-Risk Model / 160

5.3 MVMQ-CAViaR Model / 162

5.4 Data Description / 164

5.5 Measurement of Tail Risk in Stock and Foreign Exchange Markets / 165

5.6 Nonlinear Tests of Tail Risk Contagion Between Stock and Foreign Exchange Markets / 171

5.7 Dynamic Analysis of Nonlinear Linkages of Tail Risk / 175

5.8 Global Cross-Market Contagion of Tail Risk / 179

5.9 Cross-Market Contagion of Tail Risk in Different Financial Markets / 184

5.10 Summary / 190

Chapter 6 Global Systemic Financial Risk Spillovers and Their External Shocks / 194

6.1 Introduction / 194

6.2 Artificial Intelligence Approach—Directed Acyclic Graphs / 199

6.3 Network Topology Approach—Dynamic Volatility Spillover Networks / 202

6.4 Data Description / 205

6.5 Analysis of Global Systemic Financial Risk Using Directed Acyclic Graphs / 206

6.6 Static Analysis of Global Volatility Spillovers / 208

6.7 Dynamic Analysis of Global Volatility Spillovers / 211

6.8 Dynamic Analysis of Net Effect of Volatility Spillover across Regions / 214

6.9 Network Analysis of Volatility Spillover Effects across Regions / 218

6.10 Summary / 230

Chapter 7 Credit Risk Contagion Effects and Spillover Impacts / 233

7.1 Introduction / 233

7.2 Frequency Decomposition Methods / 236

7.3 Network Connection Indicators / 238

7.4 Data Description / 238

7.5 Contagion Effects of Credit Risk over Different Horizons / 239

7.6 Network Analysis of Credit Risk over Different Horizons / 242

7.7 Spillover Impacts of Credit Risk on the Macroeconomy / 251

7.8 Mechanisms of Credit Risk Spillovers on the Macroeconomy / 261

7.9 Summary / 265

Chapter 8 Nonlinear Analysis of the Determinants of Tail Risk in China's Financial Institutions / 271

8.1 Introduction / 271

8.2 Relative Importance Analysis Techniques / 276

8.3 Panel Smooth Transition Regression Model (PSTR) / 277

8.4 Data Description / 279

8.5 Analysis of the Relative Importance of Scale to Systemic Financial Risk in the Banking Sector / 280

8.6 Heterogeneity Effect Test of Scale on Systemic Financial Risk in the Banking Industry / 283

8.7 Nonlinear Research on Influencing Factors of Systemic Financial Risk in the Banking Industry / 285

8.8 Nonlinear Research on Influencing Factors of Systemic Financial Risk in Financial Institutions / 299

8.9 Summary / 302

Chapter 9 Research on Influencing Factors and Transmission Channels of Systemic Risks under International Shocks / 306

9.1 Introduction / 306

9.2 Measurement and Decomposition Methods of Systemic Risk under

External Shocks / 310
9.3 Relative Importance Analysis Methods / 311
9.4 Model Specification / 321
9.5 Data Description / 313
9.6 Measurement and Decomposition of Global Systemic Risk under International Shocks / 314
9.7 Measurement and Decomposition of Systemic Risk across Various Industries in China under International Shocks / 318
9.8 Analysis of Influencing Factors and Transmission Channels of Global Financial Risk / 321
9.9 Heterogeneity Analysis of Risk Influencing Factors and Transmission Channels / 328
9.10 Dynamic Analysis of Risk Influencing Factors and Transmission Channels / 332
9.11 Summary / 334

Chapter 10 Macroeconomic Shock, Financial Risk Transmission and Governance Response to Major Public Emergencies / 338
10.1 Introduction / 338
10.2 Factor-Augmented Vector Autoregression Model / 343
10.3 Risk Spillover Network Analysis Framework / 344
10.4 Data Description / 347
10.5 Analysis of the Impact of Major Public Emergencies on Macroeconomic Sectors and Financial Markets / 349
10.6 Analysis of Financial Risk Transmission among Industries under Major Public Emergency Shocks / 364
10.7 Analysis of International Financial Risk Transmission under Major Public Emergency Shocks / 373
10.8 Structural Correlation Analysis of International Financial Risk under Major Public Emergencies Shocks / 381
10.9 Summary / 383

Chapter 11　The Risk Contagion Relationship Between the Financial Market and the Macro Economy: A Mixed-Frequency Based Empirical Research　/ 390

11.1　Introduction　/ 390

11.2　Granger Causality Tests Based on MF-VAR Model　/ 395

11.3　Mixed Frequency Spillover Approach　/ 396

11.4　Data Description　/ 397

11.5　Measurement of Systemic Financial Risk in China's Financial Markets　/ 398

11.6　Static Analysis of Risk Spillovers Between Financial Markets and Macroeconomy　/ 400

11.7　Dynamic Analysis of Risk Spillovers Between Financial Markets and Macroeconomy　/ 403

11.8　Analysis of Spillover Effects During Financial Crises　/ 406

11.9　Transmission Mechanisms of Risk Between Financial Markets and Macroeconomy　/ 410

11.10　Impact Analysis of Financial Crises on Macroeconomy During Major Stock Market Crashes　/ 413

11.11　Summary　/ 420

Chapter 12　Measurement and Analysis of Financial Risk within a Unified Fiscal-Financial Framework　/ 423

12.1　Introduction　/ 423

12.2　Selection of Financial Risk Indicators　/ 427

12.3　Nonlinear Network Linkages　/ 429

12.4　Data Description　/ 432

12.5　Nonlinear Network Linkages Between Policy Tools and Financial Risks within a Unified Framework　/ 433

12.6　Robustness Analysis of Nonlinear Linkages Between Policy Tools and Financial Markets within a Unified Framework　/ 440

12.7　Nonlinear Network Linkages Between Policy Tools and Stock

　　　　Market Risks within a Unified Framework / 441
　　12.8 Further Tests of Nonlinear Linkages Between Policy Tools and
　　　　Financial Market Risks / 445
　　12.9 Summary / 448

Chapter 13　Conclusions and Policy Suggestions / 452
　　13.1 Research Conclusions / 452
　　13.2 Policy Suggestions / 457

Chapter 14　Epilogue and Prospects / 466

References / 470

前　言

"十三五"时期,我国防范化解金融风险攻坚战取得决定性成就。然而,在经济向高质量发展转型的关键时期,外部环境变化带来的不利影响加深,我国经济运行仍面临不少困难和挑战。防范化解金融风险仍是金融工作的永恒主题,也是金融服务实体经济的根本保障。

具体而言,党的十八大以来,面对波谲云诡的国际形势、复杂敏感的周边环境、艰巨繁重的改革发展稳定任务,以习近平同志为核心的党中央坚持底线思维,增强忧患意识,提高防控能力,多次对防控系统性金融风险做出重要部署,为做好新时代金融稳定工作提供了根本遵循和行动指南,保持了经济持续健康发展和社会大局稳定。例如,2017年,习近平总书记在党的十九大报告中将"防范化解重大风险"列为我国三大攻坚战之首,并纲领性地提出,应当"健全金融监管体系,守住不发生系统性金融风险的底线"。2021年3月第十三届全国人民代表大会第四次会议通过的《中华人民共和国国民经济和社会发展第十四个五年规划和二〇三五年远景目标纲要》,更是将"实施金融安全战略"作为强化国家经济安全保障的重要战略之一。与此同时,"十四五"规划指出,我国应当"完善现代金融监管体系……健全风险全覆盖监管框架"。

但值得注意的是,在加快转型升级步伐、奋力推进高质量发展的关键阶段,我国面临着外部压力加大、内部困难增多的复杂严峻形势,重点领域与薄弱环节仍有存量风险与增量风险,系统性金融风险的防控化解工作持续承压。2022年10月16日,习近平总书记在党的二十大报告中强调,"我国发展进入战略机遇和风险挑战并存、不确定难预料因素增多的时期,各种'黑天鹅''灰犀牛'事件随时可能发生"。进一步地,2024年12月11日至12日举行的中央经济工作会议再一次强调,"有效防范化解重点领域风险,牢牢守住不发生系统性风险底线"仍是我国经济工作的重点任务。其中,从内部环境看,我国中小金融机构、信用违约、房地产、地方债务等重点领域存在明显的风险隐患,各种风险交织叠加、相互激化,金融风险的加剧或对宏观经济产生极为显著的负外部性。而从外部环境看,新冠疫情引发产业分布格局重构,大宗商品等金融市场持续大幅震荡,全球经济增速明显放缓,经济下行压力攀升,各国资本市场异常波动。此外,地缘政治冲突、全球流动性收紧、国际金融市场震荡等输入性金融风险也可能对我国金融稳定产生严重冲击。

由此可见,在当前全球金融市场持续动荡、世界经济复苏脆弱、金融与实体经济风险外溢性提高的背景下,如何进一步有序、有效化解系统性金融风险已经成为现阶段亟须研究的重大课题。有鉴于此,本书将结合中国经济向高质量转型期间的风险特征,对金融风险进行有效测度,剖析系统性金融风险的传染效应与外溢冲击,探究驱动金融风险的影响因素与作用机制。这显然具有重要的学术价值与现实意义,它不仅有助于我国构建全方位多层次的金融风险防控机制、完善新发展格局下的金融监管体系,实现更高水平金融开放,而且也有助于我们充分缓释系统性金融风险对实体经济的溢出冲击,进一步提升金融服务实体经济质效,构建实体经济与金融市场良性互动的发展机制,为发展新质生产力创造良好环境,从而推动构建我国以国内大循环为主体、国内国际双循环相互促进的新发展格局,实现经济高质量发展。

本书首先回顾了监管机构、权威文献关于系统性风险的定义,指出尽管系统性金融风险的准确范畴仍未达成一致,但不难发现它的一个重要特征是,单个金融机构、金融市场所面临的变动、冲击乃至遭受的损失,将向金融系统中的其他机构、其他市场迅速传递。这再一次证明,防控系统性风险对于维持金融稳定、促进经济发展至关重要。另外,本书基于国内外金融风险监管理念发展、系统性金融风险的有效测度、传染溢出、驱动因素、前瞻预测,以及其与宏观经济的相互作用关系、风险调控政策与政策的有效性等视角对国内外顶级(权威)文献进行全面、深入的梳理与总结。

同时,本书将结合中国经济向高质量转型期间的风险特征,从以下几个方面展开深入的分析与研究:第一,对我国上市金融机构和房地产公司的系统性金融风险进行有效测度,深入考察了中国金融体系跨部门的风险传染。第二,结合我国金融市场及各金融部门间极端风险的非线性特征,剖析金融风险跨部门传染的渐进演变,并探讨中国经济政策不确定性指数与系统性金融风险间的联动效应。第三,从波动溢出的角度探究全球系统性金融风险的动态演变,同时就其传染路径、冲击力度、中心源头以及传递方向等问题展开深入研究。第四,准确测度在短期、中期和长期的信用风险传染效应,据此构建信用风险关联网络,深入剖析风险传染中的关键节点与薄弱环节,并进一步探究风险溢出强度对经济金融变量的作用方向与驱动力度。第五,试图厘清金融机构系统性风险的主要驱动因素,考察规模对系统性金融风险的非线性作用,探究"太大而不能倒"假说在中国的有效性。第六,创新性地基于区分宏观审慎与微观审慎这一崭新视角,有效测算国际输入性风险冲击下,全球主要金融市场的系统关联及尾部风险,精准识别我国金融市场的薄弱环节,剖析输入性金融风险的影响因素与传染渠道。第七,以重大突发公共事件为例,考察其对我国金融市场与宏观经济的冲击影响,并分析危机期间,我国金融市场各行业间风险传导关系的动态演变以及国际金融市场间的风险溢出效应。第八,对中国金融市场与宏观经济间的风险传染关系展开研究，并实证检验金融风险对宏观部门信息集的具体影响，刻画金融风险对不同经济部门的冲击力度与传导机制。第九，在财政金融的统一框架下，引入非线性网络关联方法，重新测度我国货币政策变量、财政政策变量与金融风险间的网络关联和相互影响。在此研究过程中，本书综合运用系统性风险分解、非线性 Granger 因果检验、风险溢出网络、有向无环图、频域分解、混合频率溢出、混频因果检验以及因子增广向量自回归模型等一系列前沿的现代计量经济学方法，克服国内外现有研究文献分析框架的局限性，增进本书结论分析的可靠性与合理性。

在上述研究的基础上，本书围绕全面完善金融风险预控与关口前置防控体系、加大对风险传染网络重要节点防控力度、强化政策统筹协调提升政策质效等方面，就重大金融风险的事前防控、事中化解、事后稳控的全流程防范化解工作提出相关政策建议，从而为我国构建全方位多层次的金融风险防控机制、提升金融服务实体经济质效、推动经济高质量发展，提供重要的参考依据。

最后，本书结合中国经济向高质量转型期间的风险特征，研判展望气候金融风险、新型金融风险、房地产风险、地方政府债务风险等系统性金融风险领域的重点研究方向，以期进一步引起学术界与政策当局对这一议题的关注，坚持把防控风险作为金融工作的永恒主题，守住不发生系统性金融风险的底线。

第一章
绪　论

第一节　研究背景

"十三五"时期，我国防范化解金融风险攻坚战取得了决定性的成就。然而，在经济向高质量发展转型的关键时期，外部环境变化带来的不利影响加深，我国重点领域与薄弱环节仍有存量风险与增量风险，系统性金融风险的防控化解工作持续承压。防范化解金融风险是金融工作的永恒主题，也是金融服务实体经济的根本保障。

2007年，源于美国次级抵押贷款市场的金融危机席卷全球，致使各国金融市场剧烈震荡、宏观经济持续承压。在后危机时代，欧洲主权债务危机、中国股市重大震荡、中美贸易争端、突发公共卫生事件等极端风险更是频频发生，使得金融风险在经济体中快速传播，全球经济复苏进程被迫放缓，严重破坏了金融系统的稳定性，从而引发了监管当局与学术界对系统性金融风险的广泛关注。世界各国逐渐意识到，金融市场的日益全球化在加强金融机构间的相互联系、提高金融体系效率的同时，也大幅增加了系统性金融危机爆发的可能。单个金融机构破产、违约所带来的区域性风险暴露，可能经由市场关联、支付合约或资产价格等多米诺骨牌效应传染至整个金融系统，进而引发系统性金融风险。

党的十八大以来，面对波谲云诡的国际形势、复杂敏感的周边环境、艰巨繁重的改革发展稳定任务，以习近平同志为核心的党中央坚持底线思维，增强忧患意识，提高防控能力，多次对防控系统性金融风险进行重要部署（具体见图1-1），为做好新时代金融稳定工作提供了根本遵循和行动指南，保持了经济持续健康发展和社会大局稳定。其中，2017年10月18日中国共产党第十九次全国代表大会，习近平总书记在报告中纲领性地提出，应当"健全金融监管体系，守住不发生系统性金融风险的底线"；2022年2月，习近平总书记主持召开中共中央政治局会议强调"要强化党中央对金融工作的集中统一领导，坚定不移走好中国特色金融发展之路。要强化金融风险防控，坚决维护金融稳定大局"；2024年1月，习近平总书记在省部级主要领导干部推动金融高质量发展专题研讨班上发表讲话，明确强调要"坚持把防控风险作为金融工作的永恒主题"，"着力防范化解金融风险特别是系统性风险"，"守住开放条件下的金融安全底线"等。另外，2024年12月11日至12日举行的中央经济工作会议再一次强调，"有效防范化解重点领域风险，牢牢守住不发生系统性风险底线"仍是我国经济工作的重点任务。习近平总书记围绕防范化解重大风险发表的一系列重要论述，立意高远，内涵丰富，思想深刻，对于我们切实做好防范化解重大风险各项工作，战胜前进道路上各种艰难险阻，全面建设社会主义现代化国家，实现第二个百年奋斗目标、实现中华民族伟大复兴的中国梦，具有十分重要的意义。

但必须注意的是，我国金融市场内外部环境更趋复杂严峻，给国家金融安全、社会稳定带来了重大挑战。2022年10月16日，习近平总书记在党的二十大报告中进一步指出："我国发展进入战略机遇和风险挑战并存、不确定难预料因素增多的时期，各种'黑天鹅''灰犀牛'事件随时可能发生"。

其中，从内部环境看，我国中小金融机构、信用违约、房地产、地方

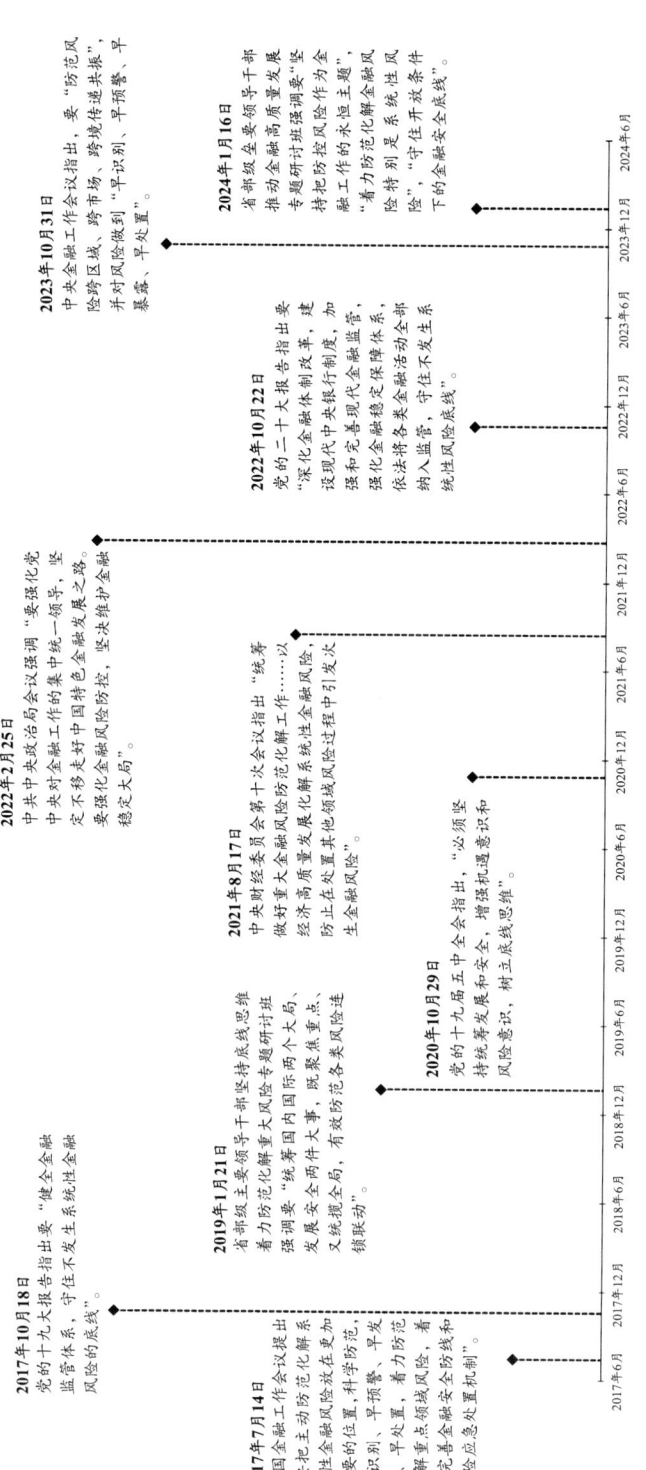

图1-1 习近平总书记关于防范化解系统性金融风险的重要部署

政府债务等重点领域仍然存在明显的风险隐患，各种风险交织叠加、相互激化，金融风险的加剧或对宏观经济产生极为显著的负外部性。具体而言，第一，快速扩张的中小金融机构已成为我国金融体系中的薄弱环节，风险隐患逐渐暴露，例如，2019年末，锦州银行不良贷款率攀升至 7.70%，并于 2020 年 4 月 3 日签订资产处置框架协议，资产出售处置总额高达 450 亿元。与此同时，2019 年 5 月 24 日，包商银行出现严重信用风险，被中国人民银行、中国银行保险监督管理委员会实行接管。而近年来，中小金融机构经营持续承压，仍存在较大的存量风险与增量风险，如 2024 年期间，湖北孝感农村商业银行、山西榆次农村商业银行等六家银行由于资本水平恶化、再融资成本过高等因素，不行使二级资本债赎回选择权。

第二，我国实体经济转型升级加快，供给侧结构性改革不断深化，经济前景不确定性持续增加。在此背景下，部分企业盈利水平明显恶化，债务兑付压力大幅攀升，信用风险频频暴露。[1] 其中，据 Wind 数据库统计，2020 与 2021 年，我国信用债违约规模分别达到了 2130 亿元与 2092 亿元。而 2023 年，我国第一季度信用债违约与展期规模合计 626.86 亿元，同比增幅高达 155%，更严重的是，在 6 月违约的 14 只债券中，7 只债券属于多次展期，信用风险不断积聚。更重要的是，债券市场信用风险敞口的持续扩大，将驱动市场避险情绪急剧上升，引发社会融资结构性收紧，致使金融市场剧烈震荡、宏观经济严重承压，成为了金融支持实体经济的堵点。

第三，房地产业的过度金融化进一步加剧了实体经济与传统金融部门之间风险传染的可能。近年来，我国房地产部门爆发了一系列重大风险事件，

---

[1] 例如，2020 年 10 月 23 日，华晨汽车集团控股有限公司未能按期兑付 1.13 亿元的"17 华汽 05"债券，发生违约；2020 年 11 月 10 日，河南永城煤电控股集团有限公司 10 亿元超短融"20 永煤 SCP003"到期未能兑付，构成实质性违约；2020 年 11 月 12 日，"19 永煤 CP003""20 永煤 SCP007"净价跌超 90%；2020 年 10 月，紫光集团决定不行使"15 紫光 PPN006"赎回权，11 月 16 日、12 月 10 日，均再次确认未能赎回 13 亿元人民币债券、4.5 亿美元债，构成实质债务违约，等等。

恒大地产、金科地产、上海世贸、阳光城集团、华夏幸福、碧桂园等房地产开发企业先后出现多次实质性违约。受房地产高杠杆经营特征的影响，银行体系也对房企保有较大的风险敞口。Wind数据显示，截至2024年6月，我国房地产业债券的违约金额高达4465.85亿元，余额违约率为13.80%，远高于其他行业，或对银行等金融机构平稳运行产生潜在冲击[1]。由此可见，持续积聚的房地产风险成为了经济稳定与社会发展的潜在威胁。

第四，为了有效对冲经济下行压力与输入性通胀隐忧，我国财政收支在现阶段持续高度承压，地方债务的增加也在一定程度上加剧了我国的金融脆弱性。此外，研究指出，为了确保财政的偿付能力，央行的货币创造行为往往会受到财政赤字或者政府债务的驱动。这就意味着财政支出、政府债务的扩张均可能使得货币供应量大幅增加，从而使得金融风险显著攀升，由此加大了系统性金融风险的防控难度。而为了应对外部冲击、加快经济复苏，我国在2020年至2024年均实施了"更加积极有为"的财政政策，财政赤字率安排均逾2.8%。与此同时，2024年12月23日至24日举行的全国财政工作会议进一步强调，2025年将通过"提高财政赤字率""安排更大规模政府债券"等方式，"实施更加积极的财政政策"。此外，我国债券发行规模持续攀升，地方政府隐性债务风险仍然凸显。[2]

而从外部环境看，新冠疫情引发产业分布格局重构，大宗商品等金融市场持续大幅震荡，全球经济增速明显放缓，经济下行压力持续攀升，各国资本市场异常波动。同时，地缘政治冲突、全球流动性收紧、国际金融市场震

---

[1] 2022年上半年，随着房地产信用风险的持续暴露，多家银行对公房地产不良贷款率出现大幅上升。其中，邮储银行的房地产行业不良贷款余额从2021年末的2200万元激增至17.93亿元，房地产不良贷款率从0.02%飙升至1.01%，增长近50倍，南京银行、招商银行、平安银行等机构的房地产不良贷款均出现不同程度的快速上升。而2024年上半年，民生银行对公房地产不良贷款率更是攀升至5.29%。

[2] 我国财政部公告显示，2018年10月全国地方政府债务余额为184043亿元，但截至2024年10月末，全国地方政府债务余额已攀升至453160亿元，增幅高达146%。

荡等输入性金融风险也可能对我国金融稳定产生严重冲击。例如，2020年2月3日，我国A股市场出现前所未有的剧烈震荡，逾3000个股跌停。此后，全球经济持续低迷，系统性风险在世界金融市场间快速传染，国际输入性风险不断加剧：同年3月，美国、英国、韩国等多国股票市场数次暴跌、频频触发熔断机制；2021年以来，土耳其危机不断恶化，股债汇等资本市场全面受挫，新兴市场持续承压。

与此同时，俄乌冲突等地缘政治扰动进一步加剧了输入性风险隐患。其中，2022年2月27日，美国、欧盟、英国以及加拿大发布共同声明，将部分俄罗斯银行排除在环球银行金融电信协会"国际结算系统"（SWIFT）之外。俄乌冲突以及欧美针对俄罗斯的金融制裁引发全球经济高度不确定性，导致全球资本市场剧烈震荡。其中，2月24日俄乌冲突升级后，道指期货重挫逾800点，欧股开盘集体暴跌，俄罗斯股市日内暴跌近50%。国内方面，港股三大指数同样出现显著跌幅。其中，3月2日恒生指数下跌1.84%，恒生中国企业指数下跌1.8%，恒生科技指数下跌2.71%，创下最近5年最低收盘价。

此外，值得注意的是，我国金融市场的逐步扩大与相对稳定的资产价格吸引了大量外国资本流入，从而显著放大了输入性金融风险的不利影响。数据显示，截至2020年7月末，我国境外机构和个人持有境内人民币金融资产余额已经增加到7.74万亿元，同比增幅高达37%[1]，这显著加剧了发达市场对我国的风险传染可能。与此同时，除我国外的绝大多数新兴市场国家资本外流严重，外汇储备消耗较大，本币巨幅深跌，债务风险攀升，经济复苏前景持续分化，金融市场脆弱性与不确定性凸显，系统性风险爆发隐患进一步加剧。

---

[1] 据2020中国国际金融年度论坛上中国人民银行副行长陈雨露公布的数据。

第二节　研究意义

在国内外金融安全形势更趋严峻、复杂、不确定的背景下，防范化解系统性金融风险、维护金融安全与稳定，仍将是我国面临的重要挑战，系统性金融风险问题已经成为现阶段亟须研究的重大课题。因此，本书力求结合中国经济向高质量转型期间的风险特征，对金融风险进行有效测度，剖析系统性金融风险的传染效应与外溢冲击，探究驱动金融风险的影响因素与作用机制，在此基础上为统筹做好重大金融风险防范化解工作提出相关政策建议。

具体而言，第一，本书结合我国实际经济条件，综合采用各类系统性金融风险测度指标，并对其有效性和可靠性进行后验分析，以期为完善系统重要性金融机构的甄别标准、推进重点领域风险的进一步收敛、健全金融监管协调机制与风险处理机制提供实证参考。

第二，本书立足于经济新常态下我国的社会经济实践，将各部门、市场纳入到统一框架下，对系统性金融风险传染效应展开深入研究，从而对国内外金融风险的主要来源进行细致甄别，进一步厘清我国金融系统中的薄弱环节。此外，本书还深入剖析金融风险对宏观经济部门的传导途径，有效识别宏观经济各部门的外溢效应及其对金融系统的反馈机制，从而为推动实体经济"脱虚向实"、深化对金融与实体经济关系的统筹认识、构建实体经济与金融市场良性互动的发展机制提供参考依据。

第三，本书结合中小金融机构风险，准确剖析我国银行规模与尾部风险间的作用关系，同时深入探讨尾部风险的影响因素等议题，以期提高金融机构的风险吸收能力、完善风险早期预警与应急处理机制，考察"太大而不能倒"假说在中国的有效性。同时，本书还探究了在不同市场冲击下系统性风险的影响因素，剖析国际风险的主要传染渠道，这不仅有助于我国切实防范化解经济金融风险、推动金融市场高水平双向开放，还有助于健全国际金融风险防范机制、完善宏观与微观审慎政策协调框架。

第四，本书对中国经济政策不确定性指数及其细分指标与中国金融市场风险间的联动关系以及金融风险与货币、财政等政策工具变量间的非线性关联展开全面研究，试图从系统观念的角度，为增强货币政策与财政政策在防范风险上的协同配合，提供学理上的有力指导。

第五，本书还为完善与"重大突发公共事件"相适应的宏观治理应对机制及风险防范对策提供重要参考，以期在重大突发公共事件期间，保障经济平稳运行，"守住不发生系统性金融风险的底线"。

综上所述，本书致力于为我国构建全方位多层次的金融风险防控机制、完善新发展格局下的金融监管体系，实现更高水平金融开放，提供重要的参考依据。同时，本书的研究也将有助于充分缓释系统性金融风险对实体经济的溢出冲击，进一步提升金融服务实体经济质效，构建实体经济与金融市场良性互动的发展机制，为发展新质生产力创造良好环境，从而推动构建我国以国内大循环为主体、国内国际双循环相互促进的新发展格局，实现经济高质量发展。

第三节 研究方法

本书依据研究的需要，分别采用了一系列最新发展的现代计量经济学方法与模型。其中代表性的包括系统性风险分解、非线性Granger因果检验、风险溢出网络、有向无环图、神经网络等非线性检验、频域分解、混合频率溢出、混频因果检验以及因子增广向量自回归模型等。下面，我们对部分前沿的检验方法及模型进行简要说明。

系统性风险分解方法

宏观审慎监管理念认为,对外部冲击更为敏感的金融机构具有更高的系统重要性,与金融系统的关联更为紧密,其受到风险事件冲击的概率也相对更高;而微观审慎监管理念则更倾向于关注个体尾部风险更高的金融机构。本书基于极值定理,采用该方法将系统性风险分解为尾部风险与系统关联两个子成分,分别基于微观审慎与宏观审慎的视角,准确测算了金融风险。其中,前者基于微观审慎监管视角度量金融市场的风险水平,代表金融市场的个体风险水平;后者则从宏观审慎的角度衡量了机构的极端损失与系统性事件间的关联,系统关联指标的数值越大,代表单个市场(部门)在外部冲击下的共振概率越高,其受到系统性冲击时的暴露程度越大。

非线性 Granger 因果检验方法

长期以来,为了考察变量之间的线性因果关系,学术界多使用传统 Granger 因果检验方法来检验变量之间的因果关系。而随着系统性金融危机不断爆发,各金融机构受到大量冲击,易发生结构性突变,进一步呈现出非线性特征。因此,本书在研究中采用了非线性 Granger 因果检验方法,此类方法避免了结论因忽略系统性金融风险的非线性传导机制而出现显著偏差,并在很大程度上克服了 Granger 因果检验等传统研究方法的局限性,由此增强了分析框架的有效性与合理性。

风险溢出网络方法

本书在研究中采用了前沿的风险溢出方法,以构建风险溢出网络,从而准确考察金融市场(行业、机构)的波动溢出效应,并在此基础上,采用杨子晖和周颖刚(Yang and Zhou, 2017)、杨子晖和周颖刚(2018)的研究框架展开进一步拓展,通过采用递归的预测方差分解分析方法,对不同金融市场（行业或机构）之间的风险溢出效应进行有效刻画。该研究框架不仅有助于我们围绕特定事件来对金融风险溢出的传染路径、冲击力度、中心源头以及传递方向等问题展开深入研究，而且也将有助于我们更好地甄别破坏金融稳定的潜在外生冲击、识别能显著影响乃至改变全球系统性金融风险的重要市场。

有向无环图方法

本书采用了前沿的有向无环图技术方法。有向无环图技术是用图形的形式来直观地表示变量间同期因果关系的依赖性和指向性。它是由代表变量的节点以及连接这些节点"有向边"构成的，如果两个节点之间存在着"有向边"相连，则表明变量之间存在着同期因果关系，反之如果两者之间没有"有向边"连接，则表示两者之间相互独立。因此，该图论分析方法考察了变量之间与时间次序无关的因果关系，并为我们正确识别SVAR结构关系提供数据驱动的客观依据。

神经网络等非线性检验方法

为了考察变量是否存在非线性动态变化趋势，并保证结论的可靠性与稳健性，本书分别采用了神经网络、BDS检验、McLeod-Li检验以及RESET检验等一系列非线性检验方法展开分析。其中，若各检验结果显示，金融风险序列呈现出明显的非线性变化趋势，则意味着各变量相互间可能存在显著的非线性作用关系。因此，若采用传统的线性研究框架进行分析，检验结果可能产生显著偏差，从而得出风险传染关系的有偏结论。

频域分解方法

金融市场由不同交易视野、交易频率的互动主体组成，金融资产序列也包含了不同频率的信息，具有明显的多尺度特征。这就意味着，基于不同时间频率测度的风险传染效应与冲击强度通常存在显著差异。然而，传统方法在考察风险的传染效应与溢出冲击时，往往忽略了其对冲击的异质频率响应，从而难以精确捕捉不同资产或市场间的关联。因此，本书采用连通性频域分解方法，将频率纳入基于方差分解的谱表示中，从而有效区分短期、中期、长期金融风险传染效应，探究其对冲击的异质频率响应，以精确捕捉不同资产或市场间的关联。

混合频率溢出方法

由于宏观经济数据采样频率往往低于金融市场的变量序列，传统共频分析框架会因忽略高频信息而产生结论偏差，难以准确衡量金融风险与宏观经济间的冲击传导关系。而一些相关的混频方法在建模时，往往将低频观测值视为潜在高频信息，使得预测方差的分解受限，无法计算不同频率变量间的风险溢出指数。有鉴于此，本书在研究中采用了前沿的混合频率溢出方法，从而基于不同频次的多变量展开分析，量化高频变量与低频变量间的风险冲击与传染关系，有助于直接使用原始低频的宏观经济数据和高频金融财务数据估计溢出指数与冲击力度。该方法涵盖了所有频率下的数据，能够有效利用序列中的高频信息，提高估计和预测的准确性。

混频因果检验方法

本书在研究中采用了混频因果检验方法。高频变量中存在潜在的有价值信息，但在其余变量的采样频率过低时，研究者就无法直接使用这些高频信息。因此，传统研究往往将高频变量进行降频聚合分析，在此过程中，高频变量中包含的潜在有用信息可能被丢弃，由此产生明显的结论偏差。同时，传统的因果分析方法常由于数据频次不匹配而出现依时性加总问题，使得参数估计与假设检验结果失真，可能会得到错误的因果关系。而混频因果检验方法基于混频向量自回归模型，不仅能够减少降频带来的信息损失，而且能保证对混频变量间因果关系检验结果的有效性与可靠性。

因子增广向量自回归模型

宏观数据的类别较多，而金融风险事件的样本期往往过短，在分析过程中常常面临"维度诅咒"（Curse of Dimensionality）问题，使得现有研究无法就系统性金融风险对宏观经济部门的具体冲击展开客观分析，这成为提升金融支持实体经济针对性、有效性的难点。在此基础上，本书采用了因子增广向量自回归模型，以同时考虑存在相互影响的高维全局变量，有效刻画变量间的作用关系。与此同时，较之单变量时间序列模型，基于FAVAR模型估计的因子，能够更好地评估信息集与特定变量间的相互影响，从而有助于我们有效克服宏观数据类别过多而样本期过短的局限性。

第四节　研究创新

本书的创新性主要体现在以下几个方面：

第一，极端金融风险具有极强的破坏性，易造成资本市场的震荡而引发系统性风险，因此准确测度极端风险是防范系统性金融风险传染的必要前提。而现有文献通常采用传统的VaR指标对单个机构的尾部风险进行衡量，但相关研究分析表明，股票回报以及汇率变动的分布均不服从标准正态分布，且随着时间的推移将发生动态变化（Wang et al., 2017），而且，使用更具尾部敏感性与有效性的测度指标显然更具有学术价值和现实意义（Du and Escanciano, 2017; Kratz et al., 2018）。因此，除"在险价值"（VaR）外，本书结合不同研究背景、研究目的与测度对象，综合采用了多种金融风险测度指标，包括"预期损失"（Expected Shortfall, ES）、"边际损失预期"（MES, Acharya et al., 2017）、"条件在险价值"（CoVaR, Adrian and Brunnermeier, 2016）、"增量条件在险价值"（ΔCoVaR, Adrian and Brunnermeier, 2016）、"条件自回归风险价值"（Conditional Autoregressive Value at Risk, CAViaR）等。与此同时，本著作进一步基于网络拓扑理论，将MES、ΔCoVaR等方法统一到相同研究框架下，由此构建机构间的关联网络，这不仅有助于我们有效刻画金融市场所受到的系统性金融风险冲击，精准测算它们对于系统性金融风险的贡献程度，并且还能全面反映全球系统性风险的整体水平，（Diebold and Yilmaz, 2014）。此外，合适的监管措施对于降低系统性风险承担、防范金融危机有着至关重要的作用（Curi & Lozano-Vivas, 2020），其中，微观审慎监管旨在降低个体尾部风险、遏制金融机构的过度冒险行为，宏观审慎监管则关注于市场的共同风险敞口与相互联系，而此类监管角度的差异可能会导致当局选择不同的监管优先次序甚至相反的政策手段（van Oordt and Zhou, 2019）。因此，本书还创新性地采用极值定理将系统性风险分解为系统关联与尾部风险两个子成分，分别基于宏观审慎与微观审慎的视角深入剖析系统性风险的影响因素（Davydov et al., 2021）。

第二，市场的异质性风险传染至金融系统中的其他机构、其他市场，是维护金融系统整体稳定与安全的有效措施。首先，早期大部分文献主要关注的是金融风险在银行系统内部的传递，而对极端风险在整个金融体系内的跨部门传递讨论较少。与此同时，基于全球视野的跨国研究更是相对缺乏，国内外大部分文献较少在统一的框架下对各国进行系统性的比较分析，也常常忽略了风险具有在全球金融市场间进行广泛传播的特征。然而，一方面，近年来，各金融部门的资产和信贷风险之间的协同流动不断增加，致使系统性金融风险呈现出显著的跨部门传导效应（Adrian and Brunnermeier, 2016）；另一方面，经济全球化进程导致各国金融体系之间依存度日益提高，全球金融体系的密切关联也使得单个金融体系的内部冲击最后可能演变为具有全球性破坏力的危机事件。这就意味着如果我们只侧重于分析单个金融部门内部的风险传导，就可能低估相互依赖的金融机构、市场对系统性金融风险的整体贡献，故而无法正确衡量金融系统中的风险溢出效应（Hautsch et al., 2014）。其次，金融机构"太大而不能倒"（"Too Big To Fail"）的传统观念正逐步向"太关联而不能倒"（"Too Interconnected To Fail"）的思想转变。因此，本书从网络关联的角度，深入厘清系统性金融风险在银行、地产、保险等部门以及股票、外汇等市场间的传染效应。再者，相关研究指出，金融时间序列常常存在显著的非线性特征，风险在金融系统间传递时，传染强度与作用方向常常会发生非线性转变（Brana et al., 2018）。更重要的是，在线性框架下对这些呈现出非线性特征的变量进行分析，会导致分析结论产生显著的偏差（de Vita et al., 2018）。郝德勒等人（Härdle et al., 2016）指出，线性关系在复杂的高维系统中无法成立，从而在对多部门的极端风险传导关系进行分析时，使用更灵活的非线性假设显得尤为重要。在此基础上，本书综合采用一系列非线性因果关系检验方法，以正确捕捉不同机构、市场间的风险传染关系。最后，单个机构或部门的风险传染效应易随着时间的推移而出现明显变化（Brownlees et al., 2021）。与此同时，金融市场由不同交易视野、交易频率的互动主体组成，金融资产序列也包含了不同频率的信息，具有明显的多尺度特征（Sun et al., 2021）。这就意味着，基于不同时间频率测度的风险传染效应与冲击强度通常存在显著差异（Iqbal et al., 2022; Baruník and Křehlík, 2018）。然而，传统方法在考察风险的传染效应与溢出冲击时，往往忽略了其对冲击的异质频率响应，从而难以精确捕捉不同资产或市场间的关联（Baruník and Křehlík, 2018）。因此，本书进一步采用最新发展的连通性频域分解方法（Frequency Domain Decomposition），将频率纳入基于方差分解的谱表示中，有效区分短中长期风险传染效应，从而合理把握调控政策节奏与力度，更具针对性地缓释系统性金融风险、平抑金融市场波动。

第三，深入探究系统性金融风险的驱动因素、准确甄别监管框架中的风险压力点，对政策当局完善风险防范体系、缓释系统性风险积聚、维护金融系统的稳定至关重要。纵观该领域的研究，首先，现有文献较少结合中国实际经济条件考察"太大而不能倒"理论在中国的适用性，也未能就银行规模对金融风险的作用方向达成一致意见。更严重地，这种作用关系往往会受到金融机构基本面因素的影响（Buch et al., 2019）。因此，本书结合金融机构的基本面指标，考察尾部风险的驱动因素，并研究机构规模对风险的异质性作用，以期为厘清中国金融机构尾部风险作用机制提供重要参考依据。与此同时，随着全球经济政策不确定性水平的攀升，经济政策不确定性已被认为是全球经济从金融危机中复苏缓慢的因素之一（Benati, 2013），而目前鲜有学者对中国经济政策不确定性指数及其细分指标与中国金融市场风险的联动关系展开全面研究。有鉴于此，本书进一步引入中国经济政策不确定性指数及其细分指标，深入考察不确定性与金融风险之间的联动关系。此外，现有文献大多集中在考察金融风险的传染关系上，或是仅仅探究了国际贸易等单个因素对风险的驱动影响，而基于国际视角深入剖析系统性风险影响因素与传染途径的研究仍相对较少。而且，几乎很少有文献在统一的框架下，就贸易、金融等不同的风险传染渠道展开全面的对比分析。然而，最新研究表明，国际金融风险易经由多种渠道传染，冲击整个金融网络，大幅提高金融系统的不稳定性（Wiersema et al., 2023）。另外，在风险较高的市场低迷时期或是波动较小的市场平稳运行时期，各影响因素对系统性风险的作用机制往往会表现出显著的异质性（Mobarek et al., 2016）。而现有为数不多考察风险传染渠道的文献，大多仅分析了各指标在单一风险区间下的影响力度，而未能就其在不同分位数水平下，对系统性风险的不同作用展开定量分析。正因如此，本书在统一的框架下，对系统性金融风险的影响因素与传染渠道展开对比研究，并基于条件分位数回归模型展开异质性分析。

第四，现有文献大部分集中在分析金融部门之间的风险传染效应上，很少对金融风险与宏观经济之间的相互关系展开深入研究，然而尾部风险易在金融机构间跨部门传染，进而在金融系统内部蔓延，引发系统性金融风险（Reboredo et al., 2016）。由于金融部门与实体经济间存在显著的联动性（Brunnermeier et al., 2012），系统性金融风险往往会对宏观经济造成明显的负面影响（Bucă and Vermeulen, 2017），实体经济的下行压力也会对金融部门产生反馈冲击，导致风险在金融与实体部门间形成恶性循环，威胁整个经济体系的安全与稳定（Altunbas et al., 2017）。其次，由于宏观经济数据采样频率往往低于金融市场的变量序列，传统共频分析框架会因忽略高频信息而产生结论偏差，难以准确衡量金融风险与宏观经济间的冲击传导关系。而一些相关的混频方法在建模时，往往将低频观测值视为潜在高频信息，使得预测方差的分解受限，无法计算不同频率变量间的风险溢出指数（Foroni et al., 2013）。这就使得现有为数不多考察风险与宏观经济的文献，大多仅分析了金融风险与实体经济部门的作用方向，而未能对风险传染的冲击力度、动态演变、作用机制等方面展开多维度的定量分析（Cotter et al., 2023）。因此，本书采用混合频率溢出方法，分别从静态与动态视角考察了我国金融市场与宏观经济间的相互作用关系，并基于混频因果检验等方法进一步探讨了金融危机期间的风险传导机制。最后，宏观数据的类别较多，而金融风险事件的样本期往往过短，在分析过程中常常面临"维度诅咒"（Curse of Dimensionality）问题，使得现有研究无法就系统性金融风险对宏观经济部门的具体冲击展开客观分析，这成为提升金融支持实体经济针对性、有效性的难点。因此，本书采用因子增广向量自回归（Factor-Augmented Vector Autoregressive）模型，以有效克服数据受限问题，并且精确地刻画金融风险与大量不同类别宏观变量间的作用关系。

第五，纵观现有研究，现有文献往往仅关注货币供应量、存款准备金率等货币政策工具对金融风险的影响，而较少同时就财政政策变量对金融风险的影响关系展开深入研究，且大多集中在定性分析层面；而在少数的定量分析中，大多是在线性框架下结合传统 Granger 因果检验方法对货币政策变量进行分析。而非线性网络关联分析不仅能有效克服传统线性模型的检验偏差，而且能够在统一的研究框架下，就不同类别政策工具与金融风险的关联展开相应测度。与此同时，在通胀、风险、政策效果等经济金融系统的潜在变量未被完全观测到时，采用因子增广向量自回归方法，能够有效刻画此类变量间的正负影响关系，从而为量化政策工具间的关联方向提供参考依据。此外，货币政策、财政政策等引发的市场条件变化在影响单个金融机构的同时，也可能显著作用于整体金融系统（Zheng and Cronje, 2019）。因此，在检验金融风险的政策影响的基础上，本书进一步明晰了货币与财政政策对个体风险与系统关联的不同效果，从而有助于我们更加精准有效地防范金融风险冲击。

第六，现有文献大多考察了地震、飓风等自然灾害对宏观经济的影响，而较少探讨重大公共卫生事件带来的负面冲击。但非典、新冠疫情等重大突发公共卫生事件对我国经济稳定与社会安全造成了严重威胁。由于此类事件持续时间较短，宏观数据时间跨度也相对较短，容易产生"维度诅咒"问题（Marcellino and Sivec, 2016）。因此在使用传统方法进行分析时常常因为数据受限问题，而难以对宏观经济与金融市场受到的冲击展开全面分析（Galariotis et al., 2018）。再者，现有研究在考察突发公共事件对宏观经济的影响时，大部分采用干预模型、事件研究法或是自然实验法，仅仅进行事件前后的对比分析，很少就突发事件本身对宏观部门的影响进行全面的考察（Deryugina et al., 2018；Boehm et al., 2019）。此外，随着现代计量研究领域的进一步发展，伯南克等人（Bernanke et al., 2005）等人构造了因子增广向量自回归模型，能够同时考虑存在相互影响的高维全局变量，从而可以有效刻画高维变量间的作用关系（Abbate et al., 2016）。与此同时，较之单变量时间序列模型，基于 FAVAR 模型估计的因子，能够更好地评估信息集与特定变量间的相互影响（Liu et al., 2017）[1]。因此，使用 FAVAR 模型能够有效克服宏观数据类别过多及样本期过短的局限性，从而准确刻画突发公共事件对宏观经济的影响途径与作用力度，为特殊时期宏观治理应对机制提供新思路。最后，大量文献集中在考察经济危机对金融市场的冲击上，较少研究就重大公共卫生事件对资本市场的影响进行深入探讨。然而，最新研究表明，此类突发公共事件造成的市场压力，将会使得金融市场间出现明显的风险溢出效应（White et al., 2015），并导致市场不确定性因素急剧攀升，使得金融机构或市场间原有的相互关联关系发生突变（Maggio et al., 2017）。而不断增加的不确定性将会提高金融体系的脆弱性，从而增加了金融危机爆发的概率（Fulghieri and Dicks, 2019）。

第五节　研究框架

具体而言，本书的研究内容主要包括以下 14 个章节：

第二章为关于系统性金融风险的研究综述。

第三章至第十二章为本章的主体部分，其中，第三章采用 VaR、MES、CoVaR、ΔCoVaR 等测度方法，对我国上市金融机构和房地产公司的系统性金融风险进行有效测度，并结合前沿的风险溢出网络方法，从静态与动态两个研究视角深入考察了中国金融体系跨部门的风险传染。

第四章则基于 ES 指标来衡量中国金融市场及各金融部门的极端风险，

---

[1] 在此基础上，许多学者纷纷使用 FAVAR 模型对货币政策、通货膨胀等宏观经济问题展开深入研究（Herrera and Rangaraju, 2019; Kamber and Wong, 2020）。

并结合回溯测试方法进行后验分析。同时,考察了各部门间极端风险的非线性特征与金融风险的跨部门传染效应,剖析金融风险跨部门传染的渐进演变。此外,还引入了中国经济政策不确定性指数及其细分指标,考察其与系统性金融风险间的联动效应。

第五章引入了CAViaR模型,准确测度全球主要国家(地区)股票市场与外汇市场的尾部风险,据此深入考察各经济体内尾部风险跨市场的动态演变与非线性传染。同时,采用多元多分位数条件自回归风险价值模型,具体量化各经济体尾部风险传染的强度,展开跨国、跨市场的比较与分析。

第六章根据前沿的有向无环图技术方法、网络拓扑方法,从波动溢出的角度来考察全球系统性金融风险的动态演变,同时,还对网络拓扑分析框架进行有益拓展,从边际净溢出等分析视角对金融风险的传染路径、冲击力度、中心源头以及传递方向等问题展开深入研究。

第七章采用前沿的连通性频域分解方法,准确测度中国产业债券在短期、中期和长期的风险传染效应,并就信用风险在不同行业间的传导关系与冲击强度展开对比分析。同时,分别根据不同债券分类,构建信用风险关联网络,深入剖析中国债务风险传染中的关键节点与薄弱环节。此外,进一步考察了信用风险溢出强度对经济金融变量的作用方向与驱动力度。

第八章则通过相对重要性分析技术方法、边际效应分析技术、面板平滑转换估计模型,探究中国金融机构系统性金融风险的主要驱动因素,考察规模对系统性金融风险的非线性作用,分析基本面因素对该效应的异质性影响力度,探究"太大而不能倒"假说在中国的有效性。

第九章创新性地基于区分宏观审慎与微观审慎这一崭新视角,采用前沿的系统性风险分解方法与相对重要性分析技术,准确测度国际输入性风险冲击下,全球主要金融市场的系统关联及尾部风险,精准识别我国金融市场的薄弱环节,剖析输入性金融风险的影响因素与传染渠道。

第十章采用因子增广向量自回归模型与风险溢出网络等技术方法，研究重大突发公共事件对我国金融市场与宏观经济的冲击影响，并分析危机期间，我国金融市场各行业间风险传导关系的动态演变以及国际金融市场间的风险溢出效应。

第十一章首次采用混频因果检验、混频溢出方法以及因子增广向量自回归模型，对中国金融市场与宏观经济间的风险传染关系展开研究，并进一步基于因子增广向量自回归模型克服"维度诅咒"问题，实证检验金融风险对宏观部门信息集的具体影响，刻画金融风险对不同经济部门的冲击力度与传导机制。

第十二章在财政金融的统一框架下，引入非线性网络关联方法，重新测度我国货币政策变量、财政政策变量与金融风险间的网络关联和相互影响。进一步地对存在网络关联关系的政策变量构建因子增广向量自回归模型，并采用脉冲响应分析方法，检验货币与财政变量间的影响方向。此外，分别基于宏观审慎与微观审慎的视角，厘清货币政策变量、财政政策变量对不同金融风险子成分的影响。

第十三章结论与政策建议，主要是对本书研究所得出的富有启发意义的结论进行全面的概括总结，并在此基础上提出防范化解系统性金融风险、完善新发展格局下的金融监管体系、提升金融服务实体经济质效、推动经济高质量发展的政策建议。

第十四章则结合中国经济向高质量转型期间的风险特征，研判展望系统性金融风险领域的重点研究方向。

为了更直观、更清晰地阐述本成果的主要研究内容，我们画出如下技术路线，见图1-2。

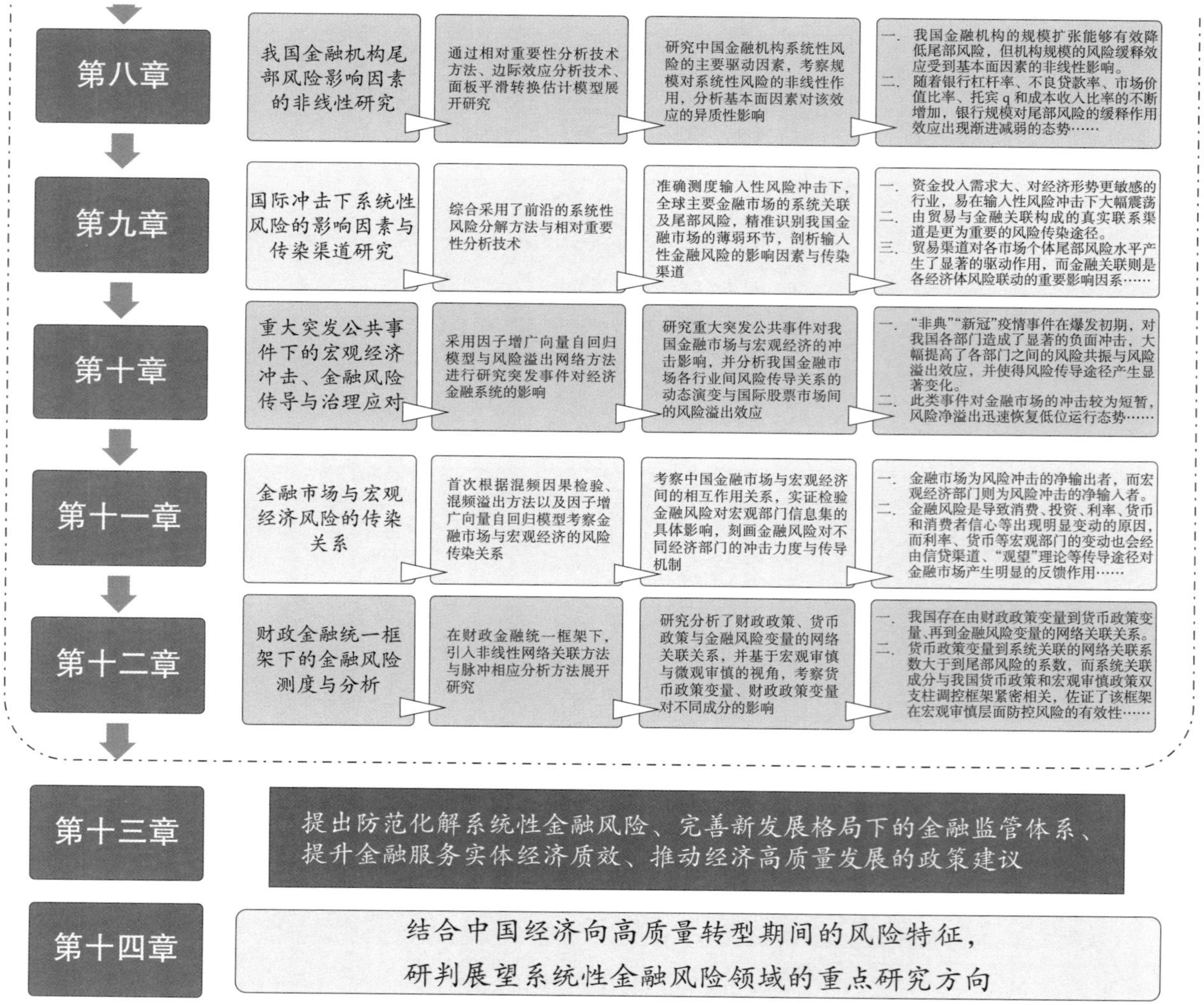

026 系统性金融风险研究

章节	研究内容	研究方法	主要结论
第八章	我国金融机构尾部风险影响因素的非线性研究	通过相对重要性分析技术、边际效应分析方法，对板平滑转换估计模型进行研究	研究中国金融体系统性风险的主要驱动因素，考察模型平滑转换的非线性作用，分析不同因素对效应的异质性影响	一、我国金融机构的规模扩张能够有效降低尾部风险，但机构数量占比上升、市场波动率等因素则相反。二、随着银行、保险、信托等金融部门之间关联性的加深，不同金融部门尾部风险的溢出效应也呈现出逐渐增强的态势。
第九章	国际冲击下系统性风险的影响因素与传染渠道研究	综合采用了前沿的系统性风险分解模型以及相关性分析技术	准确测度输入性风险冲击对我国金融市场的影响，精准识别我国金融部门的薄弱环节，剖析国际金融市场风险与传染渠道	一、对经济形势敏感的行业、对经济冲击更大的行业，更容易在输入性风险冲击下大幅震荡。二、货币、贸易渠道对我国金融市场的风险传导速度差异较大，金融部门一体化的作用生成了显著的影响作用。
第十章	重大突发公共事件下的宏观经济冲击与金融风险应对	采用因子扩张向量自回归模型并研究重大突发事件对金融市场的影响	研究重大突发公共事件对我国金融市场与宏观经济的影响，并分析我国金融市场的反映与传导机制	一、"非典""新冠"疫情事件的爆发对我国各部门造成了显著的负面冲击，对我国各部门短期与长期风险溢出具有异质性。二、此类事件对宏观经济具有短暂的溢出效应，并使得风险恢复应对生成作用……
第十一章	金融市场与宏观经济风险的传染关系	首次根据频因果检验提出自回归网络构建与宏观变量考察影响	考察中国金融市场与宏观经济同向互动作用关系，实证检验金融风险与宏观部门信息的网络影响，剖画宏观审慎视角下由金融部门向经济部门风险传导路径与机制	一、金融市场作为风险的输出者、宏观金融部门系统实现的网络关联性、金融风险是变动的关键，投资、利率、货币和消费者信心等变量是重要的原因，而市场尾部风险则更多地受到宏观变量的影响，前系统风险作为尾部风险紧张性经济效应的风险紧密相关，佐证了该理论在宏观审慎监管方面防范的有效性。
第十二章	财政金融风险一体框架下的测度与分析	引入在线性相关性分析方法与冲击对比方法分析研究	在财政金融统一框架下，基于前沿的宏观关联关系和冲击响应分析方法研究开展	一、研究分析了财政风险变量向金融网络变量的关系，非基于宏观审视的角度，考察货币变量、财政变量；二、政策与金融的紧密关系与财政政策门的力度等变量对货币政策的影响

结合中国经济向高质量转型期间的风险特征，提出防范化解系统性金融风险、完善新发展格局下的金融监管体系、提升金融服务实体经济质效、推动经济高质量发展的政策建议

第十三章	研判展望系统性金融风险领域的重点研究方向
第十四章	

图 1-2 技术路线图

第二章
文献综述*

第一节 系统性金融风险的定义

2007年,源于美国次级抵押贷款市场的金融危机席卷全球,致使各国金融市场剧烈震荡、宏观经济持续承压。在后危机时代,欧洲主权债务危机、中国股市重大震荡、中美贸易争端、突发公共卫生事件等极端风险更是频频发生,使得金融风险在经济体中快速传播,全球经济复苏进程被迫放缓,严重破坏了金融系统的稳定性,从而引发了监管当局与学术界对系统性金融风险的广泛关注。世界各国逐渐意识到,金融市场的日益全球化在加强金融机构间的相互联系、提高金融体系效率的同时,也大幅提升了系统性金融危机爆发的可能。

系统性风险常常被认为是"可以感知到却较难定义的概念"("Hard To Define But You Know It When You See It",Benoit et al., 2017)。国际货币基金组织(International Monetary Fund, IMF)、金融稳定理事会(Financial Stability Board, FSB)和国际清算银行(Bank for International Settlements, BIS)于2009年共同制定发布的《系统重要性金融机构、市场和工具的评估

---

* 本章经整理后发表于《金融研究》2022年第1期。

指引》（Guidance to Assess the Systemic Importance of Financial Institutions, Markets and Instruments: Initial Considerations）指出，"系统性金融风险是由于金融体系整体或局部受到破坏导致金融服务中断、对实体经济具有潜在负面影响的风险"。与此同时，比利奥等（Billio et al., 2012）指出，系统性风险是指一系列（或某个）事件威胁到金融系统的稳定或者公众对其信心的风险；而伯努瓦等（Benoit et al., 2017）则认为，系统性金融风险是指同时对多个市场参与者产生严重冲击、在整个金融系统中扩散的风险。尽管系统性金融风险的准确范畴仍未达成一致，但通过回顾文献关于系统性风险的定义，我们不难发现它的一个重要特征是，单个金融机构、金融市场所面临的变动、冲击乃至遭受的损失，将向金融系统中的其他机构、其他市场迅速传递。这就意味着，防控系统性风险对于维持金融稳定、促进经济发展至关重要。此外，金融稳定理事会同样进一步指出，低估金融体系的系统性风险程度而高估金融中介机构弹性，可能引发全球金融危机，进而产生严重的经济、社会与政治后果[1]。

第二节　系统性金融风险的监管理念

合适的监管框架能够有效约束金融机构的风险承担、充分缓释系统性金融风险。现有的系统性金融风险监管理念包括"太大而不能倒"、"太小而不能竞争"（Too Small To Compete）、"太关联而不能倒"、"太中心而不能倒"、"太多而不能倒"（Too Many To Fail）、"太重要而不能倒"等。

其中，基于"太大而不能倒"假说的监管理念即指，由于政府机构的介入，当银行或其他金融机构的规模越大时，其所面临的风险也越大，需要受

---

[1] 参见金融稳定理事会官网：https://www.fsb.org/2020/09/evaluation-of-too-big-to-fail-reforms-lessons-for-the-covid-19-pandemic/。

到更为严格的监管（Haldane and May，2011）。究其原因，大量研究显示，规模较大的金融机构更可能采用短期债务融资的方式以获取高额回报，从而大幅提升机构的风险敞口（Bakkar et al.，2020）。而此类过度承担风险的大型金融机构发生违约或破产时，可能进一步引发或加剧金融危机（Duffie，2019）。因此，"太大而不能倒"假说指出，为了避免金融系统出现剧烈震荡，政府当局往往会对存在风险隐患的大型金融机构提供显性或隐性的救助，但规模较大的金融机构也会由此产生道德风险，较之小型机构，出现了更明显的逐利驱动（Altunbas et al.，2017；Varotto and Zhao，2018）。在国际金融危机后，这一监管理念被多国当局采纳，例如2011年，英国银行业独立委员会（ICB）提出了"维克斯规则"，要求大型金融存款机构将零售银行等风险较高的业务与其他业务隔离；而美国的联邦存款保险公司、美联储等监管机构在2013年表决通过"沃尔克规则"，严格限制了大型银行的投资活动等。与此同时，学术界也基于"太大不能倒"假说展开了大量关于金融机构规模与资本市场尾部风险的实证研究，莱文等（Laeven et al.，2016）基于截面回归方法，考察2008年金融危机期间56个国家共计412家存款机构的规模与系统性风险的关联，研究发现银行的风险会随着其规模的增加而显著提高。其他研究者则采用极值理论测度了1992—2011年美国银行控股公司的尾部风险，回归结果显示规模较大的银行往往表现出更高的系统性风险水平（van Oordt and Zhou，2019）。此外，格伊埃等（Gueyié et al.，2019）选取了1982—2010年加拿大6家特许银行的财务与股票数据，发现银行的资产规模对其上季度每日权益回报的波动存在显著的正向影响。

与此相对应，也有相当一部分文献提出了"太大而无法救助"（Too Big To Save）、"太小而不能竞争"等监管原则，即规模较小的金融机构可能更易引发系统性金融风险，因此需要加强对小型机构的监管力度（Altunbas et al.，2018；Parrado-Martínez et al.，2019）。具体而言，"太大而无法救助"假说指出，一些经济规模较小的经济体由于财政资金紧张，难以在陷入困境时对大型金融机构施以救助，因此小型机构可能出现更强的逐利动机（Demirgüç-Kunt and Huizinga, 2013）。此外，"太小而无法竞争"假说则显示，规模较小的金融机构往往存在客户吸引程度较低、存款获取成本偏高、利息支出压力较大等缺陷，风险管理体系通常也不如大型机构完善，因此可能倾向于投资高风险业务以攫取超额利润，从而可能成为金融系统中的风险隐患（Tabak et al., 2013）。相关研究也从实证分析的角度对其展开了深入探讨，例如费恩霍尔茨和科赫（Fernholz and Koch, 2017）考察了1986—2014年，美国银行控股公司的资产集中度与资产波动率的关联情况，发现在资产集中度较低时，中等规模银行的特质波动率高于大型银行。阿尔图巴斯等人（Altunbas et al., 2018）使用基准回归模型，分析了61个国家的3177家银行1990—2012年的银行风险，研究表明在宽松的宏观审慎政策下，规模较小的银行存在更明显的高风险逐利行为。哈根道夫等（Hagendorff et al., 2018）分解了尾部风险的测度指标，发现不同性质的尾部风险受到银行规模因素不同方向的驱动，其中银行绝对规模与特质性尾部风险水平显著负相关，因此资产规模较大的银行能够通过分散化策略来有效弱化尾部风险。伯尔格等（Berger et al., 2020）采用双重差分模型考察了政府不良资产救助计划对银行系统性风险的影响，并对美国2005—2012年7395家银行展开深入研究，分析结果显示，政府的救助能够显著降低大型银行的系统性金融风险，而对小银行则没有明显影响。最近，马提斯等（Matthys et al., 2020）运用企业银团贷款数据，分析了2008—2015年美国与非常规货币政策相关的银行风险承担情况，发现在扩张性货币政策时期，大银行比小银行更能降低贷款风险溢价。

此外，部分监管理念则更关注"太多而不能倒"风险，即一方面，当银行系统整体薄弱、陷入困境的金融机构数目较多，或是当局存在巨额预算赤字时，政府接管或关闭倒闭金融机构的可能性较小，往往会表现出"过度的监管宽容"（Brown and Dinç, 2011）；另一方面，一家银行的违约或倒闭会使债权人对未来投资市场的预期更加悲观，并在"其他银行在未来也可能会倒闭"的预判驱使下出现挤兑行为，从而对其他金融机构的经营施加负外部性，带来显著的资产收益损失。而为了尽可能降低这种负外部性的发生概率，所有银行的最优策略便是持有与同业投资组合相似的资产（Acharya and Yorulmazer, 2008b）。当多家银行同时出现违约或倒闭时，其资产的清算偿还活动将对整个经济体产生显著的负面影响，因此政府不得不为其提供紧急救助。因此，为了在危机来临时获得政府更多的注资援助，金融机构更愿意持有类似的资产组合，形成共同的风险暴露，从而获得了"太多而不能倒"的隐性担保（Acharya and Yorulmazer, 2007）。

而自2007—2009年国际金融危机后，传统"自下而上"的微观审慎监管视角开始向"自上而下"的宏观审慎政策逐步转变。除了"太大而不能倒""太小而不能竞争""太多而不能倒"等传统思想，"太关联而不能倒"的新监管理念也得到了政策当局的高度重视。研究指出，尽管部分金融机构资产数额较低，但其可能与金融系统中的其他机构存在密切关联（Yun et al., 2019）。进一步地，与系统关联程度较高的金融机构的倒闭可能使得一系列机构陷入困境，因此监管部门通常会对其施以援助以避免系统性风险的爆发。然而，当金融机构过度关联时，随着机构中介链的延长，小型的外生冲击可能会放大为影响整个金融系统的大型内生冲击。因此，此类过于相互关联而不会倒闭的金融机构会对金融稳定构成重大威胁（Gofman, 2017），甚至可能造成巨大的社会福利损失，冲击整个系统的资本结构（Markose et al., 2012）。杨子晖和周颖刚（2018）基于网络拓扑分析方法，借助全球系统性风险的演变与走势分析，指出除了借助"太大而不能倒"的传统监管原则，宏观审慎风险防范机制应该同时考虑"太关联而不能倒"

的监管理念。博斯马等（Bosma et al., 2019）采用极值理论考察金融机构间的相互关联，并根据 CDS 利差的连接程度计算金融公司的共同崩溃概率，研究结果显示，该概率会显著影响危机期间监管当局救助决策。监管机构的相关行动也证明了这一点，例如2009年，为了保持金融稳定，国际货币基金组织、国际清算银行和金融稳定委员会确定了具有系统重要性的金融机构（Systemically Important Financial Institutions, SIFIs）名录，要求这些机构必须遵守新监管条例下更高的资本缓冲标准，其中，国际清算银行（BIS, 2013）在2013年更是将金融机构的互联性列为识别系统重要性金融机构时的决定因素之一。

此外，一些学者指出，"太关联而不能倒"往往仅重点关注了金融系统中大型节点（机构）的信息，着重于刻画大型金融机构间的复杂关系，从而忽略了网络结构中具有大节点的边缘（关系）的信息。因此，相关文献提出了"太中心而不能倒"（Too Central To Fail）监管准则，该理念同时考察了大型金融机构的信息以及机构间的关联，基于中心性度量指标以准确刻画网络的脆弱性，强调在风险传染网络中，更集中的节点可能更具传染性，因此中心化程度更高的金融机构可能存在更大的系统性威胁（Glasserman and Young, 2016; Yun et al., 2019）。除此之外，也有学者指出，规模较小或者与其他机构关联并不密切的金融机构，同样可能处于关键地位，在陷入困境时会对金融机构产生极大的负外部性，例如美国贝尔斯登银行的破产严重冲击了金融系统，因此在构建监管框架时，"太重要而不能倒"（Too Systemic To Fail）的理念也应纳入考量（Rajan, 2009; Yun et al., 2019）。

然而，尽管取得了一定的进展，但关于系统性金融风险的监管研究仍处于发展完善阶段（Benoit et al., 2017），如何选择合适的风险监管理念、完善金融风险防控体系，仍亟须监管部门与学术界展开深入探索与综合分析。

第三节 系统性金融风险的有效测度

对系统性金融风险进行有效、准确的测度，是开展相关实证研究的首要基础。迄今为止，现有文献已构建出一系列系统性金融风险的度量方法。

系统性金融风险能够在金融机构间快速传播，对金融系统的稳定造成重大冲击，而伯努瓦等（Benoit et al., 2017）更是进一步指出，尾部风险是引起系统性风险的重要诱因之一。正因如此，构建合适的风险度量指标来对系统性金融风险，特别是对金融机构收益分布尾部的极端风险进行有效测度显得十分重要（Bisias et al., 2012）。20世纪90年代初的金融危机后，各国金融监管部门开始尝试采用数理统计方法对资产组合的日度风险进行实时监测。在早期，在险价值（Value at Risk, VaR）指标得到了广泛运用。具体而言，该指标刻画了在一定的置信水平下，资产组合在特定时间段内可能遭受的最大期望损失。较之传统的金融风险测度方式，VaR指标能够综合考量杠杆、关联度以及当前头寸等因素，简单直观地反映资产组合的整体风险水平，同时也能够对不同金融工具的多类型风险进行测度分析（Jorion, 1997），因此逐渐成为学术界与金融机构广泛采用的风险度量方法。然而，部分学者对VaR的适用性提出了质疑，指出这一指标无法正确估计分位数阈值以下的尾部极端事件造成的损失，并且还存在缺乏凸性、次可加性、不满足一致性要求、易规避监管要求等局限（Du and Escanciano, 2017; Kratz et al., 2018）。因此，监管部门在使用VaR方法考察各部门的资本充足情况时，依旧无法对整个金融系统的风险进行有效防控。在此基础上，一些文献提出了预期损失（Expected Shortfall, ES）指标，以测度资产组合损失高于阈值时的条件期望损失值。研究表明，这一指标在满足一致性的同时，也具备更高的有效性与敏感性（Kratz et al., 2018），此外同样具有计算简便的优点（Acerbi and

Tasche, 2002）。因此，ES 指标成为了 VaR 方法的有效补充。

同时，由于金融资产的收益率序列具有明显的条件异方差性、尖峰厚尾和波动聚集性等特征，基于正态分布假设的传统 VaR 估计结果往往存在显著偏差。正因如此，现有研究往往采用 T 分布、Logistic 分布和 Ged 分布等代替传统的正态分布假设（Kao et al., 2012; Mabrouk and Saadi, 2012）。此外，由于相关研究表明，使用最优化途径方法估计参数，而非直接对分布做出正态假定时，能够有效克服过往 VaR 方法的不足，此后基于分位数回归估计 VaR 的半参数方法也开始为学界所重视。而随着该领域研究的不断发展，相关文献发现金融投资组合的分布会随着时间推移而发生相应变化（Engle and Manganelli, 2004; Wang et al., 2017），因此构建适合时变条件分位数的模型成为了测度 VaR 的关键所在。此外，金融资产的收益率分布在不同的信息冲击和商业周期阶段中，也会呈现出显著的非对称性（Beber and Brandt, 2009）。正因如此，恩格尔和曼加内利构建了条件自回归风险价值（Conditional Autoregressive Value at Risk, CAViaR）模型，使用自回归过程来刻画分位数的演化，并提出了"非对称斜率模型"（Asymmetric Slope）、"间接 GARCH 模型"（Indirect GARCH）、"对称绝对值模型"（Symmetric Absolute Value）以及"适应性模型"（Adaptive）四类估计模型，从而极大地改进了尾部金融风险的测度方法，在此之后，相关学者基于上述方法从多个不同角度对系统性金融风险展开了深入研究。如黄大山等（Huang et al., 2010）的研究表明，在采用 CAViaR 模型测度 1994—2008 年美国的六个股票指数尾部风险的基础上，能够准确估计指数间的溢出效应。王纲金等人（Wang et al., 2017）在 CAViaR 模型与 Granger 因果检验的框架下构建了 2006—2015 年美国银行、多元金融、保险和房地产部门间的极端风险溢出网络，研究发现房地产和银行部门是金融风险的净输出者。

然而，上述两个早期指标均将金融机构视为被隔绝的独立个体，却忽视了各部门间日趋紧密的依存关系,因此仅仅刻画了金融机构的个体风险,而未能将机构与系统间的风险互动反馈纳入考量。在此基础上,大量研究开始基于"资产组合式"测度、尾部依赖、联合违约概率、"网络分析式"测度等视角,刻画个体机构与金融系统间的风险互动关系,从而实现对系统性风险水平的度量。其中,一类文献的测度思想与资产组合的风险分析较为类似,即往往通过考察单一金融机构(或单一资产)对金融系统(或资产组合)风险的贡献,以评估系统性风险的大小(Banulescu-Radu and Dumitrescu, 2015)。代表性的测度方法包括 MES、系统性期望损失(Systemic Expected Shortfall, SES)、SRISK 等,此类指标实质上是 ES 测度的进一步延伸,均由 ES 的相关函数演化而来。其中,阿查里亚等人(Acharya et al., 2017)提出了 MES 指标,通过测度系统收益严重下挫时单个机构的期望收益率来估计个体机构对金融系统风险的边际贡献。与 VaR 测度相比,MES 具有良好的可加性,能够比较同一时点各机构的风险贡献,但存在未考虑金融机构杠杆与规模对系统性风险影响、忽略金融网络整体关联度的局限性(Acharya et al., 2012; Brownlees and Engle, 2017; van de Leur et al., 2017)。与此同时,阿查里亚等人(Acharya et al., 2017)同样构建了 SES 指标,将其视为 MES 与金融机构杠杆率的线性函数,并由此测度了系统资本严重不足时个体机构的资本亏损程度。但值得注意的是,相关研究指出,该指标依赖于对实际风险事件的观测,因此测度的准确性将随着与基准事件的时间差的增加而显著下滑,预测效力较为受限(de Young and Huang, 2021)。为了克服这一缺陷,布朗利斯和恩格尔(Brownlees and Engle, 2017)综合考虑了公司规模、杠杆以及长期边际期望损失(LRMES)等因素,进一步提出了 SRISK 指标,用以刻画系统收益持续下跌时,单一金融机构的资本期望损失程度。该方法准确测度了经济持续低迷时的系统性风险,同时对宏观经济具有较好的预测性能,在一定程度上弥补了 SES 的局限。类似地，巴努列斯库和杜米特雷斯库（Banulescu-Radu and Dumitrescu, 2015）根据金融机构在系统内的权重，同时考虑了公司规模、杠杆与即时负债，构建成分预期损失（Component Expected Shortfall, CES），衡量机构对金融系统期望损失的"绝对"贡献。最近，相关学者还结合多元极值理论（EVT）计算渐近边际期望损失（Asymptotic Marginal Expected Shortfall, AMES, Qin and Zhou, 2021），从而规避人为设定风险阈值等问题，以求更为客观地测度系统性金融风险。除此以外，随着该领域研究的不断深入，泽达和坎纳斯（Zedda and Cannas, 2020）、杨子晖和李东承（2018）等研究者运用最新发展的"去一"（Leave-one-out）分析法，基于资产负债表信息来考察金融机构的系统性风险边际贡献程度。该方法克服了以往研究依赖于证券市场数据的局限性，使得风险测度对象由上市金融企业拓展至所有金融机构，从而进一步提升了系统性风险测度的有效性与普适性。

区别于"资产组合式"测度思想，另一类研究从尾部依赖性的视角切入，考察极端冲击下个体机构与整体系统的损益依存关系，以此作为系统性风险的度量。在其中，最具代表性的测度为阿德里安和布鲁纳梅尔（Adrian and Brunnermeier, 2016）所提出的 CoVaR 与 ΔCoVaR 指标。具体而言，他们通过计算单一机构正常运行与陷入危机时系统的 VaR 之差，构造 ΔCoVaR 指标，量化个体机构对系统风险的边际贡献。因此，ΔCoVaR、CoVaR 可视为由 VaR 表达的函数，是对在险价值测度思想的进一步拓展。然而，必须指出的是，与 VaR 指标相类似，ΔCoVaR 存在不满足可加性、忽视金融机构收益波动性影响等缺陷（Acharya et al., 2017）。这将降低其对不同机构系统风险测序的准确性。与此同时，一些学者则致力于结合尾部 β（Tail β）等指标，刻画不同资产、金融机构或金融部门间的尾部依赖关系（Hartman et al., 2007; Straetmans et al., 2008; de Jonghe, 2010）。在此基础上，最新研究（van Oordt and Zhou, 2019）分别基于宏观审慎与微观审慎的研究视角，将系统性风险分解为系统性关联（Systemic Linkage）与个体尾部风险（Bank Tail Risk）两个子指标，从两个维度来衡量系统性风险，从而对此类风险度量思想做出有益拓展。

"资产组合式"测度和尾部依赖测度均能较好地反映个体金融机构的系统性风险水平，因而在相关研究领域得到了广泛应用，国内也有大量学者采用并改进上述测度方法，对跨部门风险溢出、监管套利、新金融业态风险等重点问题进行了很好的分析与阐释，代表性的研究参见刘晓星等（2011）、杨子晖等（2018）、李政等（2019）、李苍舒和沈艳（2019）、陈国进等（2021）等。而除了这两类风险度量思路以外，还有部分研究从联合违约概率等视角对风险展开测度。这一类文献试图根据金融机构的联合违约概率等特征，探究金融系统内爆发并发性危机的可能性，例如银行稳定指标（Banking Stability Measures, BSMs, Segoviano and Goodhart, 2009）、DIP指标（Huang et al., 2009）、基于债券与CDS利差估计的联合违约概率（Giglio, 2016）以及因子增广相关违约模型（Suh, 2012），等等。

值得注意的是，上述三类风险测度均侧重于对金融风险的总体度量，但无法区分具体的风险来源与驱动因素，也难以反映错综复杂的风险传染与扩散机制（Benoit et al., 2017）。在此背景下，另一类研究则基于网络分析方法，尝试对金融关联网络的拓扑结构进行刻画，以此作为风险传染与溢出效应的有效度量。例如，比利奥等人（Billio et al., 2012）借助主成分分析（Principal Component Analysis, PCA）与Granger因果检验方法，考察金融机构间的"两两交互"（Pairwise）Granger因果关系，并在此基础上构建相应的金融机构成对关联网络。另外迪博尔德和伊尔马兹（Diebold and Yilmaz, 2014）则基于网络拓扑理论，将MES、ΔCoVaR等方法统一到相同研究框架下，由此构建机构间的关联网络。值得注意的是，上述研究大多基于高频的股票回报数据来构造金融网络，而部分学者则试图利用低频的财务报表数据，对机构间的实际借贷关系进行刻画，从而更好地反映金融系统的内在风险关联结构。例如，刘安琪等（Liu et al., 2020）提出了用于估计银行间借贷网络的代理人模型（Agent-Based Model），该方法能够基于季度资产负债表数据来还原银行间的双边借贷网络，有助于进一步剖析风险冲击在银行系统内的传染与演变效应。此外，郝德勒等（Härdle et al., 2016）、杨子晖和周颖刚（Yang and Zhou, 2017）、德米雷尔等（Demirer et al., 2018）、博斯坦奇和伊尔马兹（Bostanci and Yilmaz, 2020）等研究也对风险网络的拓扑分析方法做出了很好的拓展与完善，我们将在第四节中对这类文献进行更为详尽的介绍。

综上所述，我们可以清楚地发现，现有的大多数测度指标往往仅捕捉了风险某一方面的潜在特质，而未能整合所有相关信息（Benoit et al., 2017）。与此同时，进一步的研究指出，随着金融产品日趋复杂化、金融市场逐步多元化，单一的系统性风险测度指标在应对更为复杂的风险防控形势时并不具有普适性（Ellis et al., 2014）。为了解决这一问题，部分研究者开始尝试采用主成分分析等降维技术，将多种风险指标合成为一个综合指数，对系统性金融风险展开更为全面的实时监测。例如，吉利奥等（Giglio et al., 2016）采用了主成分分位数回归与偏分位数回归（Partial Quantile Regression）方法，基于19种风险测度指标构造系统性风险指数，发现这一综合指标对金融市场变动以及未来宏观冲击均有稳健的预测力。努切拉等（Nucera et al., 2016）则同样利用主成分分析技术，根据MES、SRISK、VaR、ΔCoVaR等风险测度的排序结果进行综合排序，结果显示，综合排序法更少受估计不确定性和模型风险的干扰。

与此同时，综合指数方法相对简单直观，不仅能够对系统性金融风险进行动态监测与历史回溯，同时也便于设置阈值、建立相应的风险预警系统，因此在实际监管活动中得到了广泛应用。在其中，较具代表性的是巴塞尔银行监管委员会（BCBS）所开发的评分法，即基于金融机构的规模、跨司法管辖区活跃度、互联度、业务复杂度和可替代性五类标准,计算机构得分的等权平均值,从而衡量金融机构的系统性和重要性。此外,代表性的综合指标还包括国际货币基金组织的金融稳健指标(Financial Soundness Indicator, FSI)、欧洲央行的系统性压力综合指标(Composite Indicator of Systemic Stress, CISS)、加拿大央行的金融压力指数(Financial Stress Index)等。然而,综合指数法难以识别风险的具体来源和关联传导机制,且在风险指标选取、指标权重设置和阈值设定上具有一定的主观性,选取不当则易产生偏误,因此在监管应用上依旧存在一定局限(Benoit et al., 2017)。因此,随着该领域研究的不断深入,最新文献开始采用高频数据构建相应指标,如张等(Jang et al., 2020)、比利奥等(Billio et al., 2021)的研究。

最后,需要重点说明的是,现有的风险测度方法绝大多数依赖于市场数据,结果的可信度与准确度主要取决于金融市场的有效性。然而,相关研究显示,中国证券市场仍不具备较强的有效性(杨子晖和李东承,2018)。而较之强有效市场,有效性相对较低的市场的证券价格、收益率或是波动率等数据,往往更易受到内部信息、政策干预等因素影响,从而出现一定程度的失真。因此,为了提升风险测度指标在我国的适用性,国内学者也已结合我国实际转轨经济条件,对进一步完善我国系统性金融风险的测度体系展开了深入研究,代表性的研究包括范小云等(2018)、黄卓等(2018)、李敏波和梁爽(2021)、杨子晖和李东承(2021)等。

为了检验风险测度指标的有效性与可靠性,国内外学界通常使用回溯测试(Backtesting)来比较金融机构(系统)的实际损失是否与风险测度指标的事前预测相一致。过往研究实现了对ES测度方法有效性与可靠性的回溯测试,弥补了原有基于ES的回溯测试不具有稳健性的局限性(Cont et al., 2010)。其中,科坦齐诺和库兰(Costanzino and Curran, 2015)设计了能够对ES进行回测的频谱风险度量检验。而杜和斯堪蒂安(Du and Escanciano,

2017）基于累积失误次数（The Cumulative Violation）建立相关模型，提出了具备稳健性的后验检验（MC）。此外，科坦齐诺和库兰（Costanzino and Curran, 2018）改进了"交通灯方法"（Traffic Light Approach），将其运用到对 ES 指标的后验分析中。同时，在全球金融混业经营不断发展的背景下，极端风险在部门间的传导也逐渐引起学界的广泛重视。其中，科尔西等人（Corsi et al., 2018）对 2006—2014 年全球 33 家系统重要性银行和 36 家主权债券之间尾部风险传导进行网络分析，发现在欧洲主权债务危机爆发之际，市场之间的风险传导加剧，致使金融系统不稳定。古拉姆和杜林（Ghulam and Doering, 2018）分别考察了英国和德国的银行、保险、对冲基金和商品市场指数 2007—2015 年的尾部风险溢出效应，发现两国的对冲基金均为主要风险源。与此同时，我国学者也对系统性金融风险的传导关系与作用机制展开了深入的分析，代表性的有梁琪等（2015）、方意（2016）、郭晔和赵静（2017）以及杨子晖和周颖刚（2018）等人的研究。

第四节　系统性金融风险的传染溢出

对系统性金融风险进行有效防控还必须防范尾部风险因其特有的传染效应和外部效应而传导到其他的金融机构、市场或实体经济中。高度相依的金融系统会引发显著的风险联动，甚至严重威胁整个金融系统的安全与稳定（Hautsch et al., 2015）。因此，考察金融部门间极端风险的传导路径与作用机制，是金融当局在防控系统性金融风险时需要解决的关键问题，受到各国政府当局与学术界的广泛关注。

关于系统性金融风险传染的研究由来已久，福布斯和瑞格邦（Forbes and Rigobon, 2002）、阿尔特和贝耶（Alter and Beyer, 2014）等人的研究指出，金融风险的传染通常表现为一个或一组国家遭受大规模冲击后，跨市场相互依赖性的显著增加。而各金融机构、市场间的相互联系在分散资产风险敞口、提升体系运行效率的同时，也为金融风险的传染与放大构建了潜在渠道，从而加剧了金融系统的脆弱性（Acemoglu et al., 2015; Engle et al., 2015; Glasserman and Young, 2016）。这就表明单个金融机构或市场所受到的变动、冲击将通过部门间的紧密关联迅速传递至金融系统中的其他机构、其他市场，产生如多米诺骨牌的风险传染效应，最终引发系统性危机（Allen and Gale, 2000; Benoit et al., 2017）。自国际金融危机以来，金融一体化不断推进，各机构间的跨境交易日益频繁，金融市场间的系统关联更是愈发紧密。研究显示，尽管这有利于金融机构扩大规模、增强国际竞争力以及分散收入的不确定性，但也大幅提升了风险防控的难度与紧迫度，使得系统性风险传染的议题从国家层面扩展至了国际层面（Fecht et al., 2012; Engle et al., 2015）。由此可见，有效刻画金融部门（市场）间的关联程度、准确评估金融市场中的脆弱环节，充分考察各国乃至国际金融系统风险的传染中心、传染强度、传染路径，已经成为现阶段亟待研究的关键问题。

在剖析市场间的关联时，理论分析文献表明，资产价格的联动往往可归因于各市场间所存在的真实联系渠道（Real Linkages Channels）以及信息渠道（Informational Channels）（King and Wadhwani, 1990; Debarsy et al., 2018）。其中，真实联系渠道包括市场间的经济贸易联系、金融信贷关联。例如，相关研究指出，国际贸易的变动可能对各经济体的商业周期、国际收支以及宏观经济产生显著冲击，从而引发金融市场的风险联动（Asgharian et al., 2013）。与此同时，在受到极端风险冲击时，单个市场的银行偿付能力将会大幅下滑，并且往往会实施相应的信贷紧缩政策，经由跨境借贷网络传导至相互关联的金融系统（Adams-Kane et al., 2015; Hale et al., 2020）。进一步的研究指出，在资本流动更为频繁的经济体间往往存在更为明显的风险传染效应（Bostanci and Yilmaz, 2020）。此外，产业链某一环节的负面冲击也会经由产业贸易、纵向并购、资产负债表三类渠道传导至上下游部门,引发产业链与供应链的受阻,乃至中断,进而驱动金融风险的跨行业、跨市场传染(Ahern and Harford, 2014; Cai and Zhu, 2020)。而基于信息渠道的传导机制则意味着,在信息不对称的条件下,投资者恐慌情绪的增加、风险偏好的变动等因素往往会引发羊群行为、趋同效应、交易策略调整等,从而产生显著的风险传染现象(Bekaert et al., 2014; Pasquariello, 2007)。

与此同时,实证文献也已从三种视角对系统性金融风险的传染展开了深入分析。具体而言,第一类文献集中于测度市场间的成对相关关系,例如特拉普和韦维尔(Trapp and Wewel, 2013)运用 Copula 方法计算了银行、其他金融公司以及非金融公司间系统性风险的成对低尾相关性;布依克萨欣和罗贝(Büyükşahin and Robe, 2014)根据动态条件相关(DCC)方法,分析美国大宗商品市场与股票市场间的风险联动;雷沃雷多等(Reboredo et al., 2016)也同样基于 Copula 函数刻画了汇率与股票市场下行与上下风险间的依赖结构。第二类文献则大多根据协整技术考察市场间的风险联动态势,代表性的研究包括隆金和索尔尼克(Longin and Solnik, 1995)、卢西和沃隆科娃(Lucey and Voronkova, 2008)等。而第三类研究则着眼于刻画市场间的风险溢出效应,往往分别基于均值溢出、波动溢出以及尾部风险溢出等不同视角考察金融机构间的相互关联(Wang et al., 2017)。其中,洪永森等(Hong et al., 2009)使用 Granger 因果检验,测度了金融市场间的下行风险溢出,从而探讨大规模负面冲击在不同市场间的传染机制;陈琛等人(Chen et al., 2013)对美国银行和保险公司信用违约互换数据的进一步研究发现,虽然银行部门和保险部门的风险传染间存在着显著的双向因果关系,银行部门对保险部门的影响强度和持续时间远高于其受到的影响;亚当斯等(Adams et al., 2014)基于状态依赖的风险价值模型(State-Dependent Sensitivity Value-at-Risk, SDSVaR),分析商业银行、投资银行、对冲基金以及保险公司在2003年至2010年的风险溢出,发现较之正常时期,同等冲击在市场变动时期会引发更大的溢出效应,而且,对冲基金行业的风险波动更为剧烈,在系统性金融风险的传染中将发挥主导作用;坎德隆和托克帕维(Candelon and Tokpavi, 2016)则进一步构建了基于核的非参数推理方法,检验各市场尾部风险间的Granger因果关系,研究发现欧洲股市在危机期间存在频繁的风险传染现象;郑挺国和刘堂勇(2018)基于时变参数向量自回归(TVP-VAR)模型计算时变波动溢出,深入考察国际股市间的风险传染;费兆奇和刘康(2020)构建双因素波动溢出模型和多因素的条件国际资本资产定价模型,探讨全球因素对我国国债市场的波动溢出效应。

但值得注意的是,早期研究仅关注于金融实体间的"两两交互"关系,却忽略了金融风险的整体网络关联性,因此难以准确刻画复杂网络中出现的系统性冲击(van de Leur et al., 2017)。与此同时,随着全球金融一体化与贸易开放程度的大幅提升,金融市场层次和产品愈发复杂,部门间关联也更为紧密,进一步放大了金融系统的脆弱性(Gai et al., 2011)。有鉴于此,许多学者开始致力于将金融系统映射为一个金融网络(Wang et al., 2017)。一方面,部分研究在考察机构(市场)的成对关系的基础上,量化金融市场网络的相互关联。例如比利奥等(Billio et al., 2012)采用主成分方法与Granger因果关系检验,在此基础上构造金融网络,刻画金融机构间的重要关联,并识别具有系统重要性的金融机构。郝德勒等(Härdle et al., 2016)采取基于半参数分位数回归框架的TENET模型,根据尾部驱动(Tail-Driven)的溢出效应来估计金融机构的网络关联。方意(2016)构建了包含银行破产机制和去杠杆机制的资产负债表直接关联网络模型,探讨系统性金融风险在传染过程中的差异性变化。杨子晖等(2019)进一步基于非线性的研究视角,深入分析了2002年至2018年中国金融风险的跨部门传染效应,并采取网络关联指标刻画金融系统整体以及单个机构风险的非线性关联。

而另一方面，阿德里安和布鲁纳梅尔（Adrian and Brunnermeier, 2016）、阿查里亚等（Acharya et al., 2017）相继提出了 CoVaR、MES 等方法，从而考察单个机构与整体系统间的风险联动。但进一步的研究发现，此类措施仅能在单个方向上刻画变量与系统之间的关联，难以对风险传染展开多方向的定量分析（Fengler and Gisle, 2015）。为了克服这一缺陷，迪博尔德和伊尔马兹（Diebold and Yilmaz, 2014）等人构造了网络拓扑分析方法，基于关联网络深入考察风险的联动关系与传染效应，从而有效地把 CoVaR、MES 等不同方法统一到相同的研究框架下。此后，从网络拓扑的角度来考察系统性风险的冲击溢出、全面剖析其在金融系统中的传染效应成为了该领域重要的研究视角，引起了学界的广泛重视，相关研究大量涌现。例如，马丁内斯－贾拉米洛等（Martinez-Jaramillo et al., 2014）提出了银行风险敞口与支付系统流量的网络拓扑度量，发现银行的互联性与传染度显著相关，小型银行可能成为银行网络中的潜在风险源。哲拉西和格纳博（Geraci and Gnabo, 2018）进一步采取 TVP-VAR 模型以估计金融溢出效应的动态网络，探讨金融部门与机构间的风险传染。科莱和伊尔普（Collet and Ielpo, 2018）基于 MS-VAR 模型，考察了美国市场的风险溢出效应，研究表明保险和商品部门是主要的溢出因素，各部门在风险传染网络中的角色也会随时间出现显著变化。陈铧和孙涛（Chen and Sun, 2020）利用基于分位数回归的单指数模型和变量选择技术构建了全球 157 家保险公司之间的尾部风险网络，以准确考察系统性风险的直接传染与间接尾部效应。杨子晖和周颖刚（2018）采用前沿的"有向无环图技术方法"以及网络拓扑分析方法，分析全球系统性金融风险的动态演变与全球金融市场的风险走势。宫晓莉等（2020）对我国上市金融机构建立信息溢出网络，甄别金融风险传染中的主导部门。杨子晖等（2020a）则在重大突发公共事件的背景下，结合美股 4 次"熔断"等极端风险事件，考察国际金融风险传导的主要源头与溢出途径，从而对我国风险防范对策提出相应的政策建议。此外，埃利奥特等（Elliott et al., 2014）、梁琪等（2015）、杨子晖和周颖刚（Yang and Zhou, 2017）、郑挺国和刘堂勇（2018）、杨子晖等（2018）、布鲁内迪等（Brunetti et al., 2019）、陈梦根和赵雨涵（2019）、李政等（2020b）、杨子晖等（2020b）、博斯坦奇和伊尔马兹（Bostanci and Yilmaz, 2020）以及杨子晖等（2021）也纷纷诉诸网络方法来分析系统性金融风险的传染效应。例如，梁琪等（2015）采用溢出指数方法对1994—2013年中国股市的国际一体化及风险传导进行研究，分析发现我国股市收益率和波动率溢出在动态特征上存在显著差异。尹力博和柳依依（2016）基于溢出指数深入考察了2006—2015年我国商品期货市场与国际代表性股票市场的双向信息溢出效应。郑挺国和刘堂勇（2018）通过该波动溢出指数构建方法测算了1993—2016年国际8个主要股市的时变波动溢出效应，研究发现国际股市间的总波动溢出效应呈上升趋势。然而，在对多个市场展开风险传染分析时，上述计量模型往往会面临"维度诅咒"问题，因此有关学者大多在低维框架下进行实证研究，使得研究对象受到了极大限制，变量的选取较为有限（Demirer et al., 2018），从而可能忽略了重要的系统性金融机构（市场），致使结论产生偏差。

近期，现代计量研究方法的发展有效助推了风险传染领域的发展，学术界开始尝试使用LASSO（Least Absolute Shrinkage & Selection Operator）以及GLASSO、弹性网络收缩等技术方法以克服"维度诅咒"等局限性。其中，以格罗斯和西克罗斯（Gross and Siklos, 2020）、布朗利斯等人（Brownlees et al., 2021）为代表的最新文献，通过构建高维网络将大量市场、机构纳入研究框架，由此大大拓展了研究样本，并对风险传染展开更加全面的深入分析。此外，邓吉等（Dungey et al., 2020，2021）使用马尔可夫转换因子增强向量自回归（MS-FAVAR）模型，将系统性金融风险的传递区分为传染（Contagion）、脱钩（Decoupling）与依赖（Interdependence）三类，从而更为有效、更具针对性地对危机期间的风险传导进行防控。具体而言，传染指市场高波动期间，风险冲击传递强度的增加；反之，脱钩表现为市场承压期间，冲击传递减弱；而依赖则代表考虑到相关性随波动条件变化后，部门间的联系在平静期和危机期之间保持不变。

第五节 系统性金融风险的驱动因素

研究指出，深入探究系统性金融风险的驱动因素、准确甄别监管框架中的风险压力点，对政策当局完善风险防范体系、缓释系统性风险积聚、维护金融系统的稳定至关重要（Weiß et al., 2014; Zedda and Cannas, 2020）。

其中，如何从微观层面量化相关变量对系统性金融风险的影响力度，引起了学界的重点关注，大量学者基于金融机构的财务指标、业务结构、公司治理、地域扩张等核心要素，深入探讨了金融机构的微观特质对系统性金融风险的驱动作用，形成了一系列有价值的研究成果。首先，部分文献尝试结合金融机构的财务指标，探究系统性风险的微观驱动因素（Bostandzic and Weiss, 2018；杨子晖和李东承，2018；van Oordt and Zhou, 2019）。其中，相关研究发现，机构规模与系统性金融风险间存在紧密的作用机制，金融机构规模与系统性金融风险存在显著的正向关联。究其原因，大型银行在经济金融系统内具有较高的不可替代性，因此在危机期间往往能优先得到政府救助，但也会因此更易出现道德风险问题，从而加剧系统性金融风险（Altunbas et al., 2017; Varotto and Zhao, 2018），使得机构规模与金融风险呈正相关关系。然而，部分文献同样表明，受益于先进的风险管理技术、丰富的管理培训经验以及严格的股东监督制度，大型金融机构在缓释系统性金融风险上可能更具规模优势（de Jonghe et al., 2015; Wheelock and Wilson,

2018; Berger et al., 2020），而中小金融机构则可能具备更严重的风险隐患，即规模对系统性金融风险存在显著的负向作用（Tabak et al., 2013; Altunbas et al., 2018; Parrado-Martínez et al., 2019；杨子晖等，2021）。

与此同时，最新的研究发现，除规模大小外，银行等金融机构的特许权价值、杠杆水平、资产质量、成本水平、收入结构、贷款结构等基本面指标也会对其自身的风险承担以及系统性风险的大小产生显著影响（Black et al., 2013）。其中，特许权价值反映了金融机构的持续经营能力，是衡量金融风险的重要指标。现有的文献常常使用托宾 q 值测度银行等金融机构的特许权价值，研究表明，此类托宾 q 值较高的成长型机构往往偏好采用并购整合、增加短期债务融资、提升运营复杂性等方式，通过承担额外风险以获取高额利润，从而产生更大的风险隐患（Bakkar et al., 2020）。相关实证研究证明了这一点，例如杜和帕利亚（Du and Palia, 2018）选取了 2000 年至 2013 年经合组织国家的 853 家银行，分析结果表明在金融危机前，银行的特许权价值对系统性风险指标均有显著的正向影响，且托宾 q 值较高的银行对尾部金融风险的冲击更为敏感。与此同时，杠杆水平较高的银行由于自有资本低、负债比例高，在金融危机期间往往会因为银行间市场流动性缺乏、抵押品融资困难等因素而更易受到外部冲击，并通过资产负债表途径对其他机构产生负面影响，从而引发系统性金融风险（Beltratti and Stulz, 2012; Hryckiewicz and Kozłowski, 2017）。而银行的成本收入比率则与风险传染情况存在稳定的正向关联，低效率的成本管理水平将进一步加大危机隐患（López-Andión et al., 2019）。

此外，相关研究表明，金融机构的系统重要性程度往往与其对贷款的依赖程度呈正相关，贷款结构是系统性金融风险的重要影响因素，银行在实施信贷扩张策略时往往会向风险更高的借款人提供贷款，而过度发放高风险贷款则易引发明显的风险传染现象（Dinger and te Kaat, 2020; Bostandzic and

Weiss, 2018）。阿尔图巴斯等（Altunbas et al., 2017）使用基准回归模型分析了来自16个国家1100家银行2003—2009年的风险驱动因素，分析结果显示住房贷款的增长速度与系统性金融风险有明显的正向关联。赫里凯维茨和科兹沃斯基（Hryckiewicz and Kozłowski, 2017）考察了2000—2012年65个国家的系统重要性银行，发现资产负债表中抵押品质量较差的银行偿债能力较低，且主要通过银行间市场融资，因此这类银行的风险更易传导到其他关联金融机构，引发系统性风险。与此同时，值得注意的是，现有研究在机构收入结构对风险承担的影响上尚未达成共识。一方面，部分文献指出，非利息收入比例较高的银行通常会在非传统业务领域采取激进的扩张策略，易产生明显的风险隐患（van Oordt and Zhou, 2019）。另一方面，德·容赫等（de Jonghe et al., 2015）基于1997—2011年76个国家的16507个年度数据，探讨了银行规模、非利息收入与系统性风险间的相互关联，结果表明非利息收入的提高会显著降低系统性风险。最新研究表明，上述差异主要是由于银行的非利息收入同时包括了高风险的投资银行类收入与低风险手续费等收入，大型银行的非利息收入能够有效缓释风险，而在小型银行中则会导致风险积累（Matthys et al., 2020）。因此，在研究中准确区分非息收入、手续费收入等指标对考察收入结构的风险贡献十分重要。与此同时，在国内有关系统性金融风险影响因素的研究上，我国很多学者已从地方政府债务、中央银行偏好、货币政策、经济政策不确定性、机构间非线性关联等不同角度对其进行了很好的分析与阐述，其中代表性的包括梁琪等（2015）、杨子晖和李东承（2018）、杨子晖和周颖刚（2018）、朱小能和周磊（2018）、刘晓星和张旭（2018）、邓可斌等（2018）、刘晓星和石广平（2018）、王博等（2019）、杨子晖等（2019）、司登奎等（2019）、梁琪和郝毅（2019）、杨子晖等（2020a, 2020b）等。

另外，金融机构的业务结构也对系统性金融风险存在显著的影响。一方面,相关研究指出,银行等机构业务的多元化有利于个体风险的分散,强化金融部门间的风险分担效应(Risk-Sharing),在一定程度上缓释了系统性金融风险的积聚;但另一方面,非传统金融业务的扩张大幅提升机构的业务复杂度与资产相似程度,从而增加了共同风险敞口,进一步加剧了系统性金融风险的防控难度(Wagner, 2010; Ibragimov et al., 2011; Brunnermeier et al., 2020a)。在关于该部分的实证研究中,现有文献大多采用非利息收入这一指标来考察金融机构的业务收入结构对其风险的影响,但在作用方向上尚未达成共识(Brunnermeier et al., 2020a;de Jonghe et al., 2015)。与此同时,也有部分学者基于投融资结构、贷款结构、业务独特性等视角,探究不同业务模式下金融机构的系统性风险水平,代表性的实证研究包括赫里凯维茨和科兹沃斯基(Hryckiewicz and Kozłowski, 2017)、单(Shim, 2019)和刘安琪等(Liu et al., 2020)等。

再者,在全球金融加速一体化的背景下,相关学者开始关注"地理多元化"(Geographical Diversity)这一概念,并对跨区域经营的金融机构的系统性风险展开了深入的探究。研究显示,"地理多元化"的程度可能通过风险分散、额外融资、关联投资等渠道,对系统性金融风险水平产生异质性的影响。具体而言,部分文献指出,地理多元化能够有效降低系统性金融风险水平。究其原因,地理扩张有助于降低局部金融市场特质性波动的负面作用,从而有效分散个体风险(Goetz et al., 2016; Faia et al., 2019)。而且,地理多元化程度更高的机构在危机期间更易获得额外融资,信贷来源更为稳定,因此该类机构能够为金融市场稳定做出积极贡献(Doerr and Schaz, 2021)。然而,理论研究并非完全一致。部分文献也表明,地理多元化程度的提升也可能加剧风险隐患。这是由于一方面,经营网点的增多与经营地域的扩张会削弱金融机构的外部监督,甚至激化企业内部的"委托-代理人"问题(Goetz et al., 2013)。另一方面,地理扩张会同化机构间资产种类、贷款类别与抵押贷款的地理分布，增加金融机构的资产相似度，从而大幅提升系统性金融风险水平（Wagner, 2010; Chu et al., 2020）。最新研究指出，这可能是由于商业银行业务地理集中度对金融风险存在门限效应，在低风险水平时，金融机构的地理集中化能够显著降低其风险，而当金融风险高于某一阈值时，较低的地理集中化则会降低机构的风险分散能力（王京滨和李博，2021）。

而随着现代企业制度的初步建立与逐步完善，也有部分学者从公司治理机制出发，考察系统性金融风险的驱动因素，探究委托-代理问题在风险驱动机制中的重要作用。在早期，相关文献通常基于高管薪酬激励的视角，剖析公司治理对金融机构风险承担行为的影响机制（Houston and James, 1995; Ross, 2004; Fahlenbrach and Stulz, 2011）。而随着研究的不断深入，阿查里亚和沃尔平（Acharya and Volpin, 2010）、迪克斯（Dicks, 2012）等人指出，金融机构间存在高管薪酬的"羊群行为"。例如，最新研究显示，基于"相对业绩比较"（Relative Performance Evaluation, RPE）的高管绩效评估机制大幅增强了金融机构间的投资决策模仿趋势，从而引发了机构的关联投资行为，大幅驱动系统性金融风险的积聚（Albuquerque et al., 2019）。与此同时，贝尔特拉蒂和斯图尔茨（Beltratti and Stulz, 2012）、巴塔利亚和加洛（Battaglia and Gallo, 2017）、安吉内尔等（Anginer et al., 2018）、阿多等（Addo et al., 2021）也根据股东友好程度、董事会规模等公司治理指标对系统性金融风险的驱动因素展开了进一步分析。

除此之外，也有相当一部分文献指出，系统性金融风险水平不仅受到微观因素的影响，也与宏观经济发展、金融市场发展水平以及政府干预行为等宏观因素密切相关。其中，现有文献分别从资产价格泡沫、风险管理约束、市场不确定性等视角，剖析宏观经济基本面因素对系统性风险的驱动机制。例如，基于资产泡沫视角的相关研究表明，当宏观经济整体趋好时，受借款人抵押物价值上涨、信贷供给趋于宽松等因素驱动，投资者风险偏好显著提振，市场交易规模大幅扩容，大幅推高资产价格泡沫。而随着宏观经济基本面的恶化，大量资金的回流回撤将使得资产价格泡沫破裂，呈现出"螺旋式下跌"的态势，诱使金融机构出现大规模的资产抛售，引发系统性金融风险（Brunnermeier, 2009; Shleifer and Vishny, 2010；童中文等, 2018; Brunnermeier et al., 2020b）。与此同时，另一部分文献指出，在风险管理约束下，过度去杠杆等措施也会在一定程度上放大金融市场的顺周期性风险，甚至造成银行挤兑危机（Brunnermeier and Pederson, 2009; Adrian and Shin, 2014）。

此外，受国际金融危机、英国脱欧、中美贸易战以及新冠疫情等风险事件冲击影响，全球宏观经济不确定性持续上升，相关学者结合芝加哥期权交易所波动率指数（Volatility Index, VIX）、经济政策不确定性（Economic Policy Uncertainty, EPU）、隐含波动性等不确定性指标，进一步拓展了系统性风险驱动因素的相关研究。例如，贝克尔等（Baker et al., 2016）基于12000类报纸杂志新闻报道的关键词频率，编制了世界主要经济体的政策不确定性指数，并证明了该指数代表与政策相关的经济不确定性的变动趋势。但他们在构建中国经济政策不确定性时，没有对中国内地出版的报纸进行文本分析，而仅仅提取了一份香港英文报纸《南华早报》（*South China Morning Post*）的相关信息。这使得其编制的指数无法完全反映中国的经济政策不确定性的水平，且可能由于潜在的报道偏误（Media Bias）而导致数据存在较大误差。此外，由于样本只包含一份报纸，研究人员无法按照政策类别构建更高频率（如日度）的指数。面对以上问题，黄昀和陆尚勤（Huang and Luk, 2020）试图对挖掘的样本容量进行扩充以进行改进指数设定方法——他们对114份中国内地的报纸进行文本挖掘，编制了一系列全新的中国经济政策不确定性指数。基于以上对经济政策不确定性的量化工作，产生了大量关于经济政策不确定性与金融市场波动的实证研究。例如，帕斯特尔和维罗尼西（Pastor and Veronesi, 2012）在研究政府政策不确定性是如何影响股价时发现：平均来看，政策的改变会导致股票价格下跌，政策不确定性的增加，会使得价格呈现大幅下降的趋势。此外，勃纳尔等（Bernal et al., 2016）研究了经济政策的不确定性对欧元区内部主权债券的风险溢出的影响，发现经济政策的不确定性会对国家层面的风险溢出产生影响。米勒等（Mueller et al., 2017）利用最低限度的汇率决定模型，解释在不完善的金融市场中，当货币政策的不确定性增加时，货币回报会增加。最近，坎德隆等（Candelon et al., 2021）使用非线性阈值 VAR 模型评估了经济政策不确定性波动对国际股票价格体系内在联系的影响，发现高不确定性往往会引起发达国家和新兴国家之间股票指数更强的联动性。达斯等（Das et al., 2019）研究了美国经济政策不确定性对新兴国家股票市场资产价格的影响，发现美国宏观经济冲击对不同新兴市场的影响各不相同。

与此同时，金融系统的发展水平同样对系统性风险水平产生了显著的影响。从金融市场的内部改革视角而言，近年来，为数不多的研究者开始考察金融市场结构对系统性风险的作用机制。例如，兰菲尔德和帕加诺（Langfield and Pagano, 2016）、巴茨和乌邦（Bats and Houben, 2020）等人根据银行业的市场主导程度，将全球金融市场结构分为"银行主导型"（Bank-Based）与"市场主导型"（Market-Based）两大类，在此基础上对其系统性风险驱动效应展开了深入分析。而从金融市场的对外开放视角来看，大部分研究集中于探讨金融开放（Financial Liberalization）与金融脆弱性的相互影响。研究结果表明，经济体的金融开放易驱动市场的风险承担行为，放大资本市场的固有缺陷，因而提升了危机的爆发可能（Kaminsky and Reinhart, 1999; Martin and Rey, 2006；Ranciere et al., 2006）。由此可见，随着中国金融供给侧结构性改革的持续深化与金融对外开放的不断扩大，考察金融市场结构、资本开放程度等市场特征对我国系统性金融风险的作用机制十分必要。

除此之外，亚当·斯密在《国富论》中指出，金融市场的稳定运行，不仅需要经济金融系统的自我调节，也同样依赖于政府干预这一"有形的手"。因此，大量文献考察了货币政策、金融监管、政府救助、存款保险制度等政府干预行为对系统性金融风险的驱动作用。其中，由于"金融稳定"是一国货币政策的主要目标，学界对货币政策与金融稳定关系的讨论由来已久，货币政策对银行风险承担行为的驱动作用更是成为学者们长期关注的焦点（方意等，2012；张雪兰和何德旭，2012；Dell'Ariccia et al., 2014）。然而，尽管近年来，全球主要发达经济体央行纷纷采用负利率、量化宽松等非常规货币政策以维持流动性充裕、推动经济加快复苏，但现阶段探讨此类新型货币政策工具对系统性金融风险的驱动作用的文献仍相对较少，代表性的研究包括杨和周（Yang and Zhou, 2017）、布贝克等（Bubeck et al., 2020）等。与此同时，2008年国际金融危机引发了各国当局对金融监管框架的重新审视，大量研究也开始对危机前后政府的干预措施展开了深入探讨。其中，部分学者发现，监管疏忽将加剧银行的套利与风险承担动机，致使金融机构的尾部风险敞口不断增加，从而易在宏观经济恶化、大量资金回撤、监管政策转向等因素的冲击下，引起系统性的风险暴露，成为金融危机的重要诱因（Gennaioli et al., 2013；林琳等，2016；Kandrac and Schlusche, 2021）。另一部分学者则探究了危机后政府救助活动对系统性风险的双向影响。相关研究表明，政府救助在为陷入财务危机的银行提供资金缓冲垫的同时（Berger et al., 2020），也可能对市场定价效率与交易成本产生负面影响（李志生等，2019），甚至可能引发金融机构的道德风险，从而产生关联投资，加剧风险隐患（Acharya and Yorulmazer, 2008a; Farhi and Tirole, 2012; Acharya et al., 2014）。另外，主权国家往往通过增发国债为救助计划筹措资金，但这同样可能导致主权信用受损、政府担保价值下跌,从而对金融市场的稳定性产生负面反馈,驱动系统性金融风险积聚(Acharya et al., 2014)。

第六节 系统性金融风险的前瞻性预测

基于系统性金融风险开展前瞻性预测工作,一方面,能够为各国金融审慎监管的动态调整提供有益指导,有助于我国实现重大金融风险的"早识别、早预警、早发现、早处置",从而有助于我们加快构建与完善系统金融风险预警体系。另一方面,充分利用系统性金融风险包含的信息对企业财务、宏观经济指标进行有效预测,也有助于我们更为及时地应对、缓释潜在的企业财务困境乃至宏观经济下行压力。

相关研究表明,企业财务表现、资本市场信息以及宏观经济运行等指标,对系统性风险均具有较好的预测能力。现有研究者通常结合信号提取(Signal Extraction)技术或 Logit 回归等方法,构建系统性危机的预警系统(Early Warning Systems, EWS)。具体而言,在早期,卡明斯基和莱因哈特(Kaminsky and Reinhart, 1999)采取信号提取方法,综合来自金融、进出口、财政等 16 个宏观经济指标的异常活动作为危机信号,在此基础上构建银行、货币以及金融危机的预警体系。研究结果表明,在银行危机与货币危机前,经济基本面往往会出现显著疲软甚至急剧恶化,这就意味着宏观经济变量在一定程度上是金融危机的重要先行指标。同时,克里斯滕森和李富春(Christensen and Li, 2014)利用 12 个宏观经济指标,分别构造了求和综合指标、极值综合指标和加权综合指标,并进行信号提取分析,发现这三类综合指标均能有效地预测金融压力事件。

然而,相关研究指出,卡明斯基和莱因哈特(Kaminsky and Reinhart, 1999)的信号提取方法并不适用于全球性的金融危机预警框架,究其原因,由于各国信号指标的分布并不一致,其最佳的危机阈值也不尽相同,全球统一的信号阈值便无法反映各国的异质性危机特征,从而大大降低了该方法对系统性危机的预警有效性(Davis and Karim, 2008)。与此同时,Logit 模型则对危机概率的估计偏误较少,预测结果的准确程度也更高(Caggiano et al., 2016)。鉴于此,部分研究者则基于 Logit 回归方法展开进一步的研究。例如,卡贾诺等(Caggiano et al., 2016)根据多项式 Logit 模型考察了 1982—2010 年 92 个经济体的系统性银行危机,发现信贷比例、M2 对准备金比率、通货膨胀率、流动性以及银行未平仓合约净数等宏观指标具备早期预警作用。而巴雷尔(Barrell et al., 2010)分析了 1980—2007 年 14 个 OECD 国家相关数据,Logit 回归结果显示,银行资本充足率、流动性宽裕程度以及房地产价格对银行危机发生概率具有显著影响,甚至可能使得 GDP 增长率、通货膨胀率与实际利率等传统变量的预测有效性出现相对下降。此外,比利奥等(Billio et al., 2016)则利用熵测度(Entropy)来构建系统性风险预警指标,基于 Logit 回归分析表明,熵指标在银行业危机预测方面同样具有显著的优越性。最近,菲利波普鲁等(Filippopoulou et al., 2020)采用二项式多元 Logit 回归模型,对欧洲宏观审慎数据库(MPDB)风险指标的预测效能进行评估,结果显示,绝大多数的 MPDB 风险指标都能在 2008 年金融危机爆发前的一至四年内做出有效预警,其中,衡量银行业集中度、资产、融资以及流动性的微观指标预测力度往往更高。

除此以外,也有许多学者结合二叉树、GARCH 模型、分位数投影(QP)、跳跃未定权益分析等分析框架,进一步改进了系统性金融风险的预测模型。例如,杜塔古普塔和卡辛(Duttagupta and Cashin, 2011)运用二叉分类树(BCT)模型,对 1990—2005 年 50 个发展中国家与新兴市场的银行业危机预测进行研究,指出 BCT 模型有助于识别不同经济变量间的复杂作用关系及其对危机概率的非线性影响,有助于选取更为合理的预测指标。此外，为了捕捉金融资产序列的偏度与厚尾特征，陈倩等（Chen et al., 2012）则将非对称拉普拉斯分布（AL）融入 GJR-GARCH 模型中，发现在两年预测期内，该模型能够一致高估尾部风险，从而为潜在金融危机提供了相对保守的预警方案。在此基础上，陈倩和格拉赫（Chen and Gerlach, 2013）采用更加灵活的双边韦布尔分布（Two-sided Weibull Distribution）替代 AL 分布，发现改进后的模型能够更为准确地预测风险水平。与此同时，相关研究指出，QP 等统计模型不需要对被预测变量的潜在分布进行假设，并能有效刻画该分布的不对称性，因此在预测方面更具优势（Komunjer, 2013）。正因如此，德·尼科洛和卢切塔（de Nicolò and Lucchetta, 2017）分别采用自回归（AR）、因子增广向量自回归和因子增广 QP 模型，同时构建了系统性金融风险的多期预测系统，进一步验证了 QP 模型的预测有效性。此外，随着该领域研究的不断深入，最新研究进一步采用随机森林、神经网络、支持向量机等前沿的机器学习模型对系统性金融风险进行有效预测，也已经取得了一定进展，代表性的研究包括里斯托莱恩（Ristolainen, 2018）、布卢施泰因等（Bluwstein et al., 2023）。

与此相对应，也有相当一部分研究表明，系统性金融风险同样对企业财务困境、宏观经济衰退等具有前瞻性的预警作用。具体而言，一方面，系统性金融风险可能通过削减信贷规模、抑制消费需求、追加保证金要求等渠道（Ivashina and Scharfstein, 2010; Allen et al., 2012a; Pang and Wang, 2020），对企业的财务运行状况产生严重冲击。由此，贾哲豪等（Jia et al., 2020）在 2001—2016 年美国 8604 家企业财务危机的预测框架中引入了系统性金融风险变量，提出"会计-市场-系统性风险模型"（AMS Model），研究结果表明，该模型的预测效力显著优于仅依赖企业财务信息与市场表现的预测模型。此外，奇波利尼等（Cipollini et al., 2020）基于 Cox 模型对 2006—2010 年 171 家美国上市金融机构进行生存分析，发现系统性风险指标包含了除系统风险和杠杆水平外的额外信息,这就意味着其在预测企业财务困境时可能更为可靠。

而另一方面,系统性金融风险的积聚易加剧金融市场的不稳定性,对流动性造成严重冲击,从而对宏观经济产生显著的负外部性(Leroy and Pop, 2019)。这使得结合系统性风险指标、并对宏观经济的走势进行前瞻性判断,成为监管当局与学术界持续关注的重要问题。研究表明,CoVaR、MES 等基于微观视角的系统性风险指标,可能难以准确刻画宏观经济的变动趋势(Allen et al., 2012b)。在此基础上,相关文献构造了一系列降维指标,以求进一步完善宏观经济的预警体系。例如,艾伦等(Allen et al., 2012b)根据 VaR、ES 等传统风险测度方法,构建 CATFIN 指标,分析结果显示,该指标能够对美国、欧洲及亚洲等地区的宏观经济下行趋势做出提前预警。与此同时,吉利奥等(Giglio et al., 2016)综合 19 种风险测度模型提炼的系统性金融风险指数,也同样能够准确预测未来宏观经济的冲击变动。而杨子晖和李东承(2021)结合我国股票市场的不同时期展开了深入研究,发现较之 CoVaR、MES、VaR 等单一的风险测度方法,采取主成分分析、因子分析等模型构建的系统性风险降维指标,对我国资本市场极端风险与宏观经济下行风险具有更好的识别与预警能力,这再次凸显出系统性金融风险指标在宏观经济预警领域的相对优势。

第七节 系统性金融风险与宏观经济相互作用

金融市场在全球经济中发挥着基础性作用,是资金供需方之间的中介部门,与所有经济实体都有着天然的联系(Rodríguez-Moreno and Peña, 2013)。最新研究指出,金融系统与实体经济存在明显的双向作用:一方面,宏观经济的波动经由金融部门放大后,会表现出显著的顺周期性,加速系统性风险的累积；另一方面，当经济衰退时，系统性风险往往会成为金融压力的主要来源，对实体经济产生持续的负面影响（Leroy and Pop, 2019）。

具体而言，国际货币基金组织《全球金融稳定报告》（2009）指出，"金融系统的全部或部分受损会导致金融服务中断，并有可能对实体经济造成严重的负面后果"（Engle et al., 2015）。这就意味着系统性金融风险在金融市场内部快速传染的同时，也会导致金融系统内在运行机制失灵，进而对市场参与者的预期产生显著的负面影响，甚至对宏观经济造成巨大的不利冲击（Rodríguez-Moreno and Peña, 2013）。究其原因，为了应对风险敞口增加带来的流动性短缺问题，金融机构往往对信贷投放进行急剧的调整，从而直接影响市场参与者的雇用与投资行为，可能进一步加剧宏观经济形势的恶化（Allen et al., 2012a; Abbassi et al., 2016）。相关研究指出，金融市场的扭曲会导致金融条件收紧，大幅减少企业与家庭可获得的信贷供应，从而导致支出和生产下降（Caldara et al., 2016）。值得注意的是，此类来自金融市场的冲击将会随着系统性风险的累积而逐渐增强，对实体经济的影响力不断增强，从而加大经济下行的压力（Giglio et al., 2016）。金融危机期间，大型金融机构的资本不足更是会对当前消费需求造成负面冲击，使得未来需求的不确定性大幅增加，导致资本支出的急剧减少，对宏观部门产生显著的负外部性（Kahle and Stulz, 2013; Brownlees and Engle, 2017）。此外，股票价格的大幅下挫引发的系统性金融风险，同样会经由"财富效应"等途径冲击居民消费与私人投资，从而抑制有效需求。

与此相对应，实体经济的变动以及宏观政策的调整也会使得金融市场产生明显波动（Paye, 2012）。研究表明，宏观经济的疲软可能放大投资者的恐慌情绪，提高经济政策的不确定性，使得投资者下调预期甚至大量抛售证券，进一步影响金融机构的流动性，甚至引发资本市场的剧烈震荡（Pástor and Veronesi, 2013; Shleifer and Vishny, 2010）。例如产出的急剧收缩往往会使得实体经济信贷状况快速恶化,导致资产价格下跌、信贷利差扩大,从而造成金融市场大幅波动(Christensen and Dib, 2008; Caldara et al., 2016)。进一步的研究更是指出,金融系统可能放大宏观经济波动,产生"金融加速器"效应(Financial Accelerator),即在实体经济的下行冲击下,金融约束的收紧大幅提升了借贷成本,导致资本价格、资产净值与投资支出下降,引发恶性循环,威胁整个经济系统的安全与稳定(Dmitriev and Hoddenbagh, 2017)。

因此,深入剖析系统性金融风险与宏观经济的传染关系、厘清金融风险传导与宏观反馈冲击的作用机制,显然具有重要的学术价值与现实意义,这也成为该领域的重点研究视角。许多学者已从实证分析的角度展开了大量的分析。早期文献通常将金融摩擦嵌入商业周期模型,或是在金融周期模型中引入宏观经济因素,如采用 DSGE 模型将金融因素纳入一般均衡分析,代表性的研究包括杰拉里等(Gerali et al., 2010)、杰曼和夸德里尼(Jermann and Quadrini, 2012)、布鲁纳梅尔和桑尼科夫(Brunnermeier and Sannikov, 2014)、利亚科维洛(Iacoviello, 2015)、康立和龚六堂(2014)、王国静和田国强(2014)等。但上述研究仍需依赖完美资本市场强假设,同时也面临着金融摩擦建模困难、难以捕捉宏观经济短期波动等局限性(Galati and Moessner, 2013)。

在此基础上,一些研究尝试探讨金融市场收益率的宏观决定因素或是剖析金融市场波动对实体经济增长率的作用,从而间接考察金融风险与宏观经济的相互关联,例如,克罗斯纳(Kroszner et al., 2007)探讨了38个国家在1981—2000年多个金融危机时的实体经济增长率,分析结果表明,更依赖金融借贷资金的实体经济部门,在危机时受到的负面影响远大于依赖程度低的部门。伊瓦希纳和夏普斯通(Ivashina and Scharfstein, 2010)从横截面角度分析了2000—2006年,美国大型银行贷款规模与信贷额度的关联,检验结果表明当金融机构的贷款意向减弱时,实体经济的投资会受到严重抑制。库洛夫和斯坦(Kurov and Stan, 2018)考察了2012—2015年间美国金融市场对宏观经济公告的反应,研究发现在货币政策不确定性增加的情况下,宏观经济的变动会影响市场对未来货币政策的预期,进而对金融市场产生严重冲击。然而,此类方法只进行了宏观经济与金融市场间联系的单向分析,而未能从溢出效应、连通程度等方面定量刻画二者间复杂的多向联系。究其原因,较之易于获取的金融数据,宏观数据的类别细目多、采集成本高,取样频率也相对偏低,传统方法仅简单地对高频变量进行降频聚合分析,往往无法充分利用高频序列中包含的潜在有用信息,从而使得结论出现明显偏差,难以就系统性金融风险与宏观经济部门间的具体关联展开客观的定量分析,这始终制约着该领域研究的进一步深入(Ghysels et al., 2016)。

有鉴于此,鲍尔(Baur, 2012)、克莱森斯等(Claessens et al., 2012)、艾伦涅夫等(Elenev et al., 2021)等人开始使用非金融企业的财务数据作为宏观经济基本面数据的代表变量。其中,较之易于获取的微观金融数据,宏观数据的采集成本高,统计难度大,而且,宏观经济变量与金融市场数据通常具有不同的采样频率。然而,早前的相关研究就已注意到,在基于不同频率采样时,时间序列数据的可用性会严重受限,例如吉赛尔斯等人(Ghysels et al., 2007)首次对高频数据与低频数据进行了区分,同时指出高频数据会包含额外的潜在信息。此后,大量研究开始深入探讨不同采样频率的数据间的信息差异,代表性的文献包括福斯伯格和吉赛尔斯、克莱门茨等(Forsberg and Ghysels, 2007; Clements et al., 2008)的研究。相关文献指出,高频变量中存在潜在的有价值信息,但在其余变量的采样频率过低时,研究者就无法直接使用这些高频信息(Ghysels et al., 2007)。因此,传统研究往往将高频变量进行降频聚合分析,在此过程中,高频变量中包含的潜在的有用信息可能被丢弃,由此产生明显的结论偏差(Ferrara and Guérin,

2018; Ghysels et al., 2016)。此外,传统的因果分析方法常由于数据频次不匹配而出现依时性加总问题,使得参数估计与假设检验结果失真,可能会得到错误的因果关系(Götz et al., 2016)。最新研究发现,高频金融数据包含的信息通常与金融市场对经济基本面的冲击相关,此类冲击在低频序列中是难以识别的(Ghysels, 2016)。

考虑了高频信息的模型,能够更好地刻画宏观经济基本面的变动(Boffelli et al., 2016)。然而,由于缺乏合适的分析模型,这一问题始终未得到有效解决。随着现代计量经济学方法的不断发展,最新的研究开始采用混频模型对不同频次变量间的相互作用展开分析,并近年来才被逐步应用于金融领域相关问题的研究。具体而言,混频方法涵盖了所有频率下的数据,能够有效利用序列中的高频信息,提高估计和预测的准确性。早期的混频研究方法将低频序列中的相应观测值视为潜在值,以高频信息的形式加入模型中,从而对不同频率间变量的因果关系进行分析,代表性的方法包括桥梁方程、因子MIDAS、混合数据抽样等,并在经济学领域得到了较好的运用。然而,由于金融机构间存在显著的尾部风险共振现象,研究者需要基于网络关联的视角,在统一的框架下综合考察系统中的有效信息,从而获得唯一可靠的分析结论(Martinez-Jaramillo et al., 2014)。而此类模型在建模时纳入了潜在的低频冲击,使得研究者无法从网络关联分析的角度具体量化金融市场与宏观经济间的冲击力度(Cotter et al., 2023)。因此在一段时间内,混频模型在金融学研究领域下的运用与发展始终受到了严重制约。吉赛尔斯等(Ghysels et al., 2016)在其研究中提出了MF-VAR模型,有效克服了传统混频模型无法分解预测误差方差的缺陷,同时最大限度地减少了因频率转换而产生的信息损失,从而有助于我们更准确地检验混频变量间可能存在的因果关系。在此基础上,科特尔等人进一步提出了混合频率溢出方法,该方法能够基于不同频次的多变量展开分析,量化高频变量与低频变量间的风险冲击与传染关系。在此基础上，杨子晖（2020）对我国金融市场与宏观经济间的风险传染效应展开了深入的分析，研究发现中国金融市场为风险冲击的净输出方，而所有宏观经济部门均为风险冲击的净输入方，混频分析方法能够更有效地估计宏观经济受到的即期风险冲击，从而为及时实施相机抉择的调控政策提供支撑。

此外，该方向最新的研究进展还包括：卡皮诺等（Kapinos et al., 2022）构建了同时囊括时变因素负荷与随机波动性的动态因素模型，考察银行等金融机构对实体经济的冲击。洛伦克和张（Lorenc and Zhang, 2020）区分了不同规模的金融机构与实体经济间的关系，并深入剖析了宏观经济与金融市场联系的驱动机制，指出金融机构总信贷纾困预期的不稳定可能是冲击的主要诱因。哈特维格（Hartwig et al., 2021）则基于两阶段分层假设检验对全球45个国家展开分析，发现系统性风险对新兴市场经济体的实体经济具有更严重的负面影响，宏观经济波动更高的经济体更易受到金融风险的冲击，等等。

第八节　系统性金融风险调控政策及政策有效性

传统宏观经济管理工具包括货币政策与财政政策。其中，在金融市场中，货币政策往往发挥着核心作用（Fratzscher and Rieth, 2019）。在金融危机期间，各国当局更是常采用大规模的宽松乃至非常规的货币政策应对金融风险与银行挤兑，以求维持金融系统的流动性充裕，平抑市场的剧烈波动（Robatto, 2019）。米什金（Mishkin, 2009）、斯坦恩（Stein, 2012）、伯南克（Bernanke, 2020）等人指出，宽松的货币政策能够为金融机构提供充分的流动性支持，抑制信贷利差的扩大与信贷标准的收紧，有利于加快消费支出以及商业投资的复苏，从而能够有效缓释宏观经济风险、充分对冲金融危机的收缩效应，维护金融稳定。然而，部分文献则显示，扩张性的货币政策也会引发流动性过剩问题，诱使金融机构过度承担风险以提升盈利水平，因此可能大幅削弱货币政策稳定宏观经济与金融市场的能力（Primus, 2017; Valencia, 2014; Delis et al., 2017；李双建和田国强，2020）。此外，利率调整等应对金融危机的货币政策甚至可能引发通货膨胀、出口刺激力度不及预期等风险（范小云等，2015）。更需要注意的是，货币政策在国际金融市场间存在极为显著的溢出效应。在全球金融一体化的背景下，高度宽松及过度紧缩的货币政策均会经由汇率、资产价格等渠道产生明显的跨境冲击，引发其他经济体金融部门的过度冒险或是金融资本的不稳定流动，加剧信贷风险，影响金融系统的平稳运行（盛夏，2013; Coeuré, 2016; Hau and Lai, 2016；Afanasyeva and Güntner, 2020）。例如，戈什等（Ghosh et al., 2014）通过分位数回归研究发现美国货币政策是全球资本流动的关键驱动力，也会由此使得各国出现金融风险的联动；阿吉蒙等（Argimon et al., 2019）构建了货币政策传导渠道与银行借贷渠道，并采用2000—2014年美国、荷兰与西班牙共计183家银行的统计数据分析发现，在经济体的金融机构的分散程度更高时，货币政策会对其境外风险敞口产生更大的负面影响。

进一步的研究表明，金融危机期间，金融机构的资产负债表相对疲软，货币政策的传导则更易受到负面冲击（Acharya et al., 2020），因此限制了其对风险的调控能力。与此同时，汇率等金融市场的波动也往往会通过估值效应对货币政策的有效性产生显著的影响（Bernoth and Herwartz, 2021）。这就意味着，货币政策对金融市场的传导机制在一定程度上取决于金融系统的运行状况（Kishan and Opiela, 2012; Bruno and Shin, 2015）。如在市场平稳运行期间，货币政策有助于抑制系统性风险，而金融危机期间则可能加剧汇率市场波动，引发主权风险积聚（Caporale et al., 2005）。此外，在金融一体化程度更高的经济体中，全球金融周期的敞口也会削弱货币政策收紧的产出效应，从而降低货币政策的有效性（Georgiadis and Mehl, 2016）。在此基础上，陈昆亭和周炎（2020）梳理了西方金融经济周期理论货币政策规则的发展趋势，并基于防范化解系统性金融风险的视角，对我国的金融监管制度提出了有益的建议。

与此同时，微观审慎政策与宏观审慎等基于不同金融监管理念的调控政策，也成为了维护金融系统稳定的重要工具（Caprio Jr. et al., 2014）。相关研究指出，在监管实践中，货币、微观审慎以及宏观审慎等不同政策的工具与目标通常存在明显的相互关联（Galati and Moessner, 2013）。长期以来，金融监管的制定大多侧重于微观审慎视角，往往以金融机构的稳健运营为目标，对单一金融机构设置监管要求，在一定程度上也降低了系统性危机爆发的可能（Rossignolo et al., 2013）。

然而，自2008年全球金融危机以来，监管当局意识到由于金融体系的过度顺周期性或是机构互联引发溢出效应等，金融系统在运行时易产生潜在的经济成本，传统的微观审慎视角已不足以充分抑制金融风险积聚、维护金融系统稳定（Claessens et al., 2013; Rubio et al., 2014）。更值得注意的是，最新研究发现，过于严格的资本要求等微观审慎政策会对经济体的宏观基本面造成不利冲击（Fidrmuc and Lind, 2020）。相关文献指出，宏观审慎政策往往旨在减轻具有重大宏观经济成本的全系统风险，能够有效减少金融体系中的负外部性，避免金融系统整体陷入困境（Galati and Moessner, 2018）。此外，与金融系统相互联系最为紧密的部门出现风险事件时，更易引发金融传染的连锁反应，而宏观审慎框架能够全面地覆盖此类"系统重要性"的金融机构（Allen et al., 2012b）。因此，较之更关注个别银行偿付能力的微观审慎干预，宏观审慎政策在提升金融系统弹性、防控系统性风险溢出时往往更为有效（Gambacorta and Murcia, 2020）。同时，较之货币政策工具，宏观审慎政策可以更直接、更有效地促进金融稳定（Lyu et al., 2021）。在此基础上，如何采用合适的宏观审慎政策对传统监管框架进行有益补充，成为各国当局与学术界关注的重点问题。

加拉茨和莫斯纳（Galati and Moessner, 2013）梳理了宏观审慎政策的常见工具，并首次进行了系统性的分类。他们指出，此类工具可分为应对金融体系过度顺周期性的时间维度工具与应对单个时点金融系统风险的横截面维度工具。其中，时间维度工具包括反周期资本要求、前瞻性统计拨备计划、最大化抵押品估值与贷款价值比率、设立衍生品周期折减、保证金制度等；横截面维度工具则大多针对银行的资本监管，例如《巴塞尔协议Ⅲ》中涉及的提高金融机构资本缓冲、提升流动性覆盖率、增加净稳定融资比率等，通常用以限制由于资产负债表相互联系、相关行为反应等引发的风险敞口。

由于宏观审慎监管的相关研究起步相对较晚，因此对政策有效性的实证分析仍处于探索阶段（Gambacorta and Murcia, 2020; Gómez et al., 2020）。与此同时，各经济体的制度间存在显著差异，此类制度差异对宏观审慎政策框架实施效果的异质性影响也尚不明确（Arnold et al., 2012）。因此，早期文献或是监管报告大多采用事件研究、归纳演绎等分析方法对不同国家的宏观审慎措施展开定性分析。

随后，部分学者或是监管机构试图定量探究宏观审慎政策的实施效果，他们大多采取简化形式的回归模型进行跨国研究、基于 DSGE 等宏观经济模型对宏观审慎政策进行反事实模拟或是根据金融市场数据测试审慎工具的作用力度，等等。如范登布舍等（Vandenbussche et al., 2015）采用跨国面板回归模型分析了宏观审慎政策与资产价格泡沫等现象间的相互关联，研究结果表明反周期资本缓冲等审慎措施能够有效抑制房价通胀等现象，且这一影响在萧条时期更为有效；塔拉舍夫等（Tarashev et al., 2016）基于 2007 年底 60 家大型银行提供的银行资产负债表数据，计算 Shapley 值以考察宏观审慎政策工具对实现金融稳定目标时的作用效果；让娜和科里内克（Jeanne and Korinek, 2020）构建了危机前与危机后的抵押品模型，考察宏观审慎政策和流动性供给间的最佳平衡，深入探讨宏观审慎政策在不同金融环境下的有效性。此外，在监管实践中，由于宏观审慎政策目标尚缺乏精确的量化规则（Galati and Moessner，2013），政策制定者往往基于信贷规模、资产价格、金融脆弱程度等设立中间目标，因此相当一部分文献通常就宏观审慎政策对中间目标的有效性展开了系统性的评估。代表性的研究包括高迪尔等（Gauthier et al.，2012）、克莱森斯等（Claessens et al.，2013）、卢比奥等（Rubio et al.，2014）、阿金西和奥姆斯特德-鲁姆西（Akinci and Olmstead-Rumsey，2018）、艾克曼等（Aikman et al.，2019）、康巧灵等（Kang et al.，2021），等等。与此同时，我国学者也对宏观审慎政策在中国的有效性进行了深入研究，例如王擎和田娇（2016）、方意和黄丽灵（2019）、杨子晖和周颖刚（2018）、张智富等（2020）、侯成琪和黄彤彤（2020）、马勇和姚驰（2021）、范小云等（2021）等。

值得注意的是，最新研究指出，受限于数据可获得性，上述绝大多数文献通常基于国家或银行层面的宏观汇总数据展开深入研究，而未能将具体金融机构的特定调节作用纳入分析框架（Gambacorta and Murcia，2020）。因此，随着该领域研究的不断深入与微观数据可获得性的提高，相关文献开始对宏观审慎政策的有效性展开进一步的探究。例如戈麦斯等（Gómez et al.，2020）基于哥伦比亚银行逐笔贷款的信息集，考察2006—2009年期间，边际准备金率与动态准备金两项宏观审慎措施对过度信贷增长以及反周期缓冲的有效性，发现此类政策能够充分稳定信贷周期、减少风险承担。甘巴科塔和穆尔西亚（Gambacorta and Murcia，2020）根据元分析技术对拉丁美洲国家的信贷登记数据进行深入分析，发现宏观审慎工具在稳定信贷周期方面较为有效，且影响力度会在与货币政策配合后显著提升。米尔扎伊等（Mirzaei et al.，2021）采用2001—2013年全球50个国家386家银行的面板数据，分析宏观审慎政策在抑制银行信贷增长时的有效性，研究表明宏观审慎政策与银行贷款的类型以及其他国家层面的特征，均会显著影响宏观审慎措施的作用效果。

第九节　系统性金融风险的最新研究动态

对系统性金融风险展开深入研究显然具有重要的学术价值与现实意义，也成为学界持续关注的重点议题。而随着该领域研究的日臻完善，国内外学者分别基于气候金融、金融科技、突发公共事件、高频数据等前沿视角，对系统性金融风险展开了进一步的剖析。与此同时，最新研究中，相关文献结合了混频模型、机器学习、文本分析等最新发展的统计计量方法，尝试挖掘现有研究曾忽略的重要信息或是解决过往模型的内在局限性。由此，本节对系统性金融风险的最新研究动态进行简要的介绍。

第一，气候变化与系统性金融风险。近年来，随着全球气候持续变暖，极端气候事件频频爆发，影响强度更是大幅提升，气候变化对各经济体造成了显著的不利冲击。与此同时，最新研究指出，无论是极端天气、自然灾害，或是碳排放税、负责任银行原则（Principles for Responsible Banking）等世界各国在向低碳经济转型过程中的政策变动，均可能在一定程度上损害实体经济与金融市场的稳定性（Hong et al., 2020），这也引起了监管当局的重点关注。2020年9月19日，我国央行副行长陈雨露更是进一步指出，金融机构应当"防范环境与气候风险演化为金融机构风险和系统性风险"。因此，如何应对气候变化风险对全球经济金融系统产生的严重负外部性，维持金融系统的平稳运行，已经成为系统性金融风险领域的最为前沿的研究方向之一。在此背景下，部分研究基于气候变化引发的"物理风险"与"转型风险"，对其所衍生系统性金融风险问题展开了深入探索（Dafermos et al., 2018；陈雨露，2020）。一方面，相关文献显示，自然灾害与异常气候等外生性因素，往往可能使得债务违约率陡升、市场产生过度反应，在冲击实体经济的同时，对金融稳定造成负外部性影响。其中，克伦普（Klomp, 2014）是最早考察大型自然灾害与商业银行违约关联的文献之一，他发现大范围的破坏性自然灾害将引发银行的资本不足、资产质量恶化、管理水平下滑以及流动性风险积聚等，从而大幅增加商业银行的违约概率与金融脆弱性。而卡申（Cashin, 2017）基于跨国样本的分析结论则显示，厄尔尼诺等异常气候现象在对本国经济产生直接冲击的同时，也会经由紧密关联的国际贸易网络，对其他国家或地区形成显著的溢出影响。阿洛克等（Alok et al., 2020）则进一步发现，位于灾害发生区域的基金经理更易受到气象灾害风险的影响，做出过度减持灾区证券的非理性反应，致使资本市场出现异常震荡。另一方面，各国为应对气候变化问题所推行的环保政策调整，也会对金融系统的平稳运行产生一定的影响。例如，巴迪斯顿（Battiston et al., 2017）基于网络分析思路，对欧元区大型银行展开气候压力测试，发现执行不确定性较大的气候政策或是政策推出与施行不及预期，往往易引发市场价格的剧烈震荡，从而显著加剧了系统性金融风险（Batten, 2018）。

第二，金融科技与系统性金融风险。随着数字技术变革的不断深入与金融创新进程的大幅加快，以金融科技为代表的新型业态在推进金融业持续快速革新的同时，也对传统金融部门产生了显著冲击，成为全球金融系统中新的潜在风险点（Financial Stability Board, 2017；杨东，2018；李苍舒和沈艳，2019）。最新研究显示，在同业竞争、风险传染等因素的驱动下，金融科技可能引发系统性风险的显著上升。例如，邱晗等（2018）基于2011—2015年263家银行的回归分析表明，金融科技的发展改变了传统银行的风险承担行为，加大了负债端的成本压力，从而迫使金融机构增持更多高风险资产，以对冲相应损失。此外，塔克尔（Thakor, 2020）的研究结果同样显示，网络借贷等新型业态对银行的关系贷款存在显著的挤出效应，这使得银行更趋向于高风险投资以确保存款保险价值最大化。最近,王蕊等(Wang et al., 2021)对 2011—2018 年期间中国 320 家银行展开研究,发现金融科技发展与银行风险承担呈现倒 U 型关系,其中经营效率低下、收入渠道单一、影子银行业务较多的银行更易受到金融科技的负向影响。同时,相关研究指出,在实体经济的冲击下,新型金融业易成为金融系统中的薄弱环节,并迅速外溢扩散至其他金融机构,引发系统性金融风险(杨东,2018;杨子晖等,2019)。

第三,突发公共事件与系统性金融风险。 20 世纪以来,事故灾难、公共卫生事件和社会安全事件等突发公共事件对国际金融稳定产生了巨大挑战。突发公共事件除对受影响地区造成直接损害外,其所造成的供应链中断也会使得风险转移至原本未受影响的区域,造成大量直接与间接的经济损失(Worthington, 2008)。其中,由于宏观经济数据统计难度大、样本频次低,许多学者往往采用干预模型、事件研究法或是自然实验法等方法,对比分析事件前后的宏观经济形势变化,从而考察突发事件对经济的冲击影响。其中,高和劳(Goh and Law, 2002)基于干预模型考察了 1997 年亚洲金融危机、1997 年中国香港禽流感疫情等事件对中国香港旅游业的影响,研究表明此类公共事件会对旅游业产生显著的负面冲击。德瑞吉娜等(Deryugina et al., 2018)对比了卡特里娜飓风袭击的新奥尔良州以及与其发展程度相似的美国城市,考察这一突发事件对工资收入、就业、婚姻与生育的冲击,发现仅存在暂时的负面影响。最近,波姆等(Boehm et al., 2019)将 2011 年日本"3·11"大地震作为一次自然实验,探讨其对国际贸易产业链的影响,研究表明日本跨国公司的海外上下游企业均受到了显著的外溢冲击。与宏观经济的相关研究类似,早期文献在考察自然灾害、重大灾难、公共卫生事件等突发公共事件对金融市场的冲击时,也常常采用案例研究法、事件研究法等进行分析(Chesney et al., 2011)。如帕奇尼和马利特(Pacini and Marlett, 2001)基于广义最小二乘法和非参事件研究技术,分析表明具有飓风风险敞口的保险公司对股价有着更积极的反应。拉金和哈莱克（Ragin and Halek, 2016）使用事件研究法，考察了1970年以来造成最大保险损失的43起灾难，发现保险经纪人在事件当天获得了股票的异常回报。而随着现代计量经济学方法的不断发展，相关学者采用了前沿的计量模型就突发事件对金融市场的冲击展开深入研究。其中，部分研究者将罕见灾害加入到具有异质企业的一般均衡模型中，发现考虑了突发事件冲击的CAPM模型对股价的刻画更为准确（Bai et al., 2019）。兰菲尔等（Lanfear et al., 2019）分析了1990—2017年美国飓风对股票收益和非流动性的异常扰动，研究显示此类与总消费增长相关的突发事件会对股市产生重大冲击。与此同时，现有研究表明，金融市场在危机事件的冲击下，市场间会产生明显的风险传导，风险溢出效应显著增加（White et al., 2015）。因此，在单个金融机构或市场受到冲击时，负面影响会迅速传导至其余机构及市场，引发系统性金融风险（Baruník and Křehlík, 2018）。随着国际金融一体化的日益推进，全球资本市场的跨境联系不断增强，各国间显著的联动效应进一步加大了系统性风险的爆发可能（Hartmann et al., 2004）。此外，股票市场在受到冲击后，可能产生"过度反应"现象，在短期更易出现较大的异常震荡（Lasfer et al., 2003），加剧了金融系统的脆弱性，也致使金融机构或市场间原有的相互关联在危机后出现突变，从而加大了风险防控的难度（Maggio et al., 2017）。这在巴列斯特尔等（Ballester et al., 2016）、吉多林等（Guidolin et al., 2019）以及张伟平等（Zhang et al., 2020）等人的研究中也获得了经验支持。如何在危机期间保障经济平稳运行，避免金融风险在危机期间产生跨部门、跨市场交叉传染，也成为学界关注的重要议题。例如，杨子晖等（2020b）采用前沿的FAVAR模型与风险溢出网络框架，分别深入考察了非典和新冠疫情等重大突发公共事件对我国宏观经济与金融市场的冲击，结果显示此类事件短期内会提升我国各部门间的风险联动效应，同时也会引发国际市场间的风险共振，从而加剧系统性金融风险隐患。与此同时，段月姣等（Duan et al., 2021）则基于64个国家的1584家上市银行，考察了新冠疫情对银行个体系统性风险的影响，结果显示，在危机期间，政府应对政策、银行违约风险敞口等因素均会使得各国系统脆弱性显著上升。与之类似，郭艳红等（Guo et al., 2021）同样剖析了该事件期间尾部风险的跨国传染机制，分析结论表明此类突发重大公共事件在国际金融市场间催生出新的风险传染路径，并使得金融关联网络更为紧密。最近，塞杜诺夫（Sedunov, 2021）进一步对比分析了2008年国际金融危机、2020年新冠疫情期间美联储政策的有效性，发现此类重大突发公共事件会削弱监管当局流动性供给、公开市场操作等政策的实施效果。

第四，系统性金融风险领域内高频数据、混频方法的发展。随着大数据技术的应用、数据可得性的提升以及现代计量经济学方法的发展，近期，系统性金融风险的前沿研究开始关注高频数据与混频方法等核心理念，这也成为未来金融学科发展的重要方向。例如，邓吉等（Dungey et al., 2020）基于1996—2018年期间8种亚洲货币的每5分钟高频数据，对汇率市场的金融压力事件进行了有效识别。费拉拉等（Ferrara et al., 2022）则对通常基于季度数据计算的在险增长（Growth-at-Risk, GaR）指标展开了进一步的拓展，利用贝叶斯混合数据采样方法构建日度GaR指标，从而为监管机构提供了更加灵敏、实时的GDP下行预警指标与货币政策效果评估方法。此外，也有研究者结合ARIMA模型与深度学习方法，更好地刻画了高频金融时间序列的时变与非线性特征，从而为个股与股指的投资风险规避提供可靠的预测与指导（Li et al., 2020）。除此以外，为了充分利用高频数据所包含的信息，部分学者开始尝试着利用混频分析方法，克服过往研究中宏观经济变量与金融市场序列频率不匹配的局限。其中，一类文献致力于借助混频Granger检验、混频溢出方法等工具，剖析金融系统与宏观经济间的风险互动与传染机制，代表性的研究包括科特尔等（Cotter et al., 2023）、贝维拉奎等（Bevilacqua et al., 2019）、杨子晖（2020）等。另一类文献则基于混合数据采样方法、混频动态模型以及 MF-VAR 模型，提升高频金融市场数据对宏观经济序列的预测效力，例如谷吉等（Gorgi et al., 2019）、克诺特克和扎曼（Knotek and Zaman, 2019）与胡贝尔等（Huber et al., 2023）。总体而言，混频模型有助于相关学者有效降低数据变频所带来的信息损失，避免结论产生相应偏差，因而在系统性风险的预测、传染及与宏观经济互相作用等多个领域的最新研究中得到了较好的运用。

第五，系统性金融风险与高维数据应用。尽管大数据、云计算等最新技术在监管科技上的应用，使得监管部门能够获取大量高维数据，但相关研究指出，在缺乏强有力的数据过滤、分析工具时，信息过剩可能反而会误导监管机构的相关决策（Petropoulos et al., 2020）。此外，由于风险事件的样本期往往较短，高维度、低样本的组合在分析时通常会出现"维度诅咒"问题，使得结论可能出现显著偏差，这也给系统性风险传染机制的研究带来了严峻挑战。在此背景下，LASSO、弹性网络收缩等前沿的统计分析方法在系统性金融风险领域得到了广泛应用。例如，继霍奇斯等（Hautsch et al., 2015）与郝德勒等（Härdle et al., 2016）利用 LASSO 分位数回归模型构建了美国金融系统尾部风险的高维网络后，德米雷尔（Demirer et al., 2018）进一步将样本拓展至全球前 150 家银行机构，运用结合 LASSO 与岭回归的弹性网络收缩技术，克服了传统 Diebold-Yilmaz 关联性指数与高维数据的不兼容性，从而准确刻画了跨国银行间的静态与动态网络连通性。而博斯坦奇和伊尔马兹（Bostanci and Yilmaz, 2020）则构建了主权信用违约掉期（SCDS）利差风险的传染网络中，并采用弹性网络估计解决样本国家过多引发的维度问题，从而大大提升了数据集的覆盖广度与研究结论的有效性。相类似地，格罗斯和西克罗斯（Gross and Siklos, 2020）综合使用因子模型与弹性网络收缩技术，对2006年10月—2017年7月欧洲的152个CDS序列展开高维网络模拟分析，以对系统性金融风险的传染效应进行动态监测。布朗利斯等（Brownlees et al., 2021）则根据Graphical LASSO方法来剖析银行特质违约强度间的相互依存关系，对包含大量金融实体的欧元区银行信用风险网络展开深入研究。此外，国内学者也结合此类方法，对我国的系统性金融风险展开了进一步的考察，代表性的文献参见刘晓东和欧阳红兵（2019）、方意等（2020）。

第六，系统性金融风险预测与机器学习方法的融合。除了上述高维统计分析方法以外，机器学习算法同样为海量的数据提供了聚合分析手段。结合随机森林、神经网络、支持向量机等最新发展的机器学习模型进行前瞻性预测，已成为该领域崭新的研究视角。例如，里斯托莱恩（Ristolainen, 2018）结合人工神经网络（Artificial Neural Network, ANN）构建了银行业危机预警模型，指出在考虑不同国家的区域异质性，神经网络等非线性框架的预测效力远高于传统模型。在此基础上，特洛（Tölö, 2020）首次运用循环神经网络（Recurrent Neural Network, RNN），对1870—2016年17个国家的系统性金融危机展开分析，发现RNN与门限RNN模型等机器学习算法能够得到更为稳健、一致的预测结果。而布卢施泰因等（Bluwstein et al., 2023）则基于1870—2016年17个国家的宏观金融数据，进一步对比分析了决策树、随机森林、极端随机森林、支持向量机和人工神经网络等模型相较于传统Logistic回归的预测有效性，进而为机器学习技术对金融危机的预警相对优势提供了有力证据。然而，值得注意的是，也有研究得出了相反的结论，例如蓓特尔等（Beutel et al., 2019）等人发现，由于机器学习算法可能存在"过拟合"（Overfitting）问题，因此Logit模型具有相对更少的样本外预测误差，表现出更好的预测性能。此外，机器学习在提高风险预测准确度的同时，也容易出现遗漏变量偏误等问题（Mullainathan and Spiess, 2017）。而且，神经网络、梯度提升、支持向量机等机器学习算法属于"黑盒"（Black Box）模型，这就意味着此类方法的内部运作机制往往难以被直观解释，预测结果的可信度受到了一定影响（Rudin，2019）。因此，监管者与学者在将机器学习算法应用于风险预警的未来研究过程中，仍须将透明度、合规性以及相应的决策问责制度等因素纳入框架，从而更好地完善宏观审慎监管体系，建立对系统性金融风险的长效防控机制。

最后，文本分析手段与系统性金融风险测度拓展。更进一步地，在最新研究中，文本分析方法也为系统性金融风险的实证工作提供了新的研究思路，相关研究开始进行文本挖掘，以考察政策制定者、投资者、储户、企业等市场主体的情绪特征，并在此基础上对系统性金融风险展开深入剖析。例如，汉利和霍贝格（Hanley and Hoberg，2019）基于计算语言学开发了对金融部门新兴风险的动态测度，该方法建立在投资者交易行为与银行10-K披露等文本信息的基础上，能够有效反映来自房地产、商业票据、信用卡等领域的新兴风险及其相应的银行风险敞口。相类似地，尼曼等（Nyman et al.，2021）则采用信念叙事方法（Conviction Narrative Approach）捕捉金融市场的叙事情绪与共识，从而提供新兴系统性风险与市场高度波动的有效信息。而科雷亚等（Correa et al.，2021）则从2005—2016年30家中央银行的金融稳定报告（FSR）中挖掘官方情绪信息，并构造金融稳定情绪（FSS）指数，发现FSS能够解释系统性风险的未来变动，因此对金融危机具有一定的预测能力。与此同时，阿纳斯塔西乌和德拉克斯（Anastasiou and Drakos，2021）结合Google Trends数据库的危机问卷信息来刻画储户恐慌情绪，并得出了储户危机情绪与家庭储蓄流动显著负相关的结论，进而为监管者将储户情绪纳入银行风险预警框架提供参考依据。总体而言，上述研究拓宽了文本分析方法在系统性风险领域的应用范围与场景，因此对未来的相关研究富有启发性意义。

第三章
我国金融机构系统性金融风险度量与跨部门风险溢出效应研究*

第一节 引言

2007年美国次贷危机爆发后迅疾席卷全球,发展成为一场肆虐国际资本市场的金融危机,给世界各国金融系统造成了重大的负面影响。此外,2011—2012年以来以希腊为首的欧洲国家相继爆发了主权债务危机,给全球金融市场增添了新的阴影。自党的十八大以来,我国政府强调"要把防控金融风险放到更加重要的位置",2018年第二季度《中国货币政策执行报告》提及"要紧紧围绕服务实体经济、防控金融风险、深化金融改革三项任务",并提出要"坚定做好结构性去杠杆工作,把握好力度和节奏,打好防范化解金融风险攻坚战"。中国人民银行行长易纲在博鳌亚洲论坛2018年年会上进一步强调"在强化监管的过程中,要特别关注跨市场、跨产品、跨机构的风险传染"。对此,习近平总书记在2017年4月的中共中央政治局第四十次集体学习时,指出"不断提高金融业竞争能力、抗风险能力、可持续发展能力,坚决守住不发生系统性金融风险底线"。由此可见,在当前全球

---

* 本章经整理后发表于《金融研究》2018年第10期。

金融市场持续动荡、世界经济复苏脆弱的背景下，系统性金融风险问题已经成为现阶段亟须研究的重大课题，对我国金融机构的系统性金融风险展开深入研究并考察跨部门的风险溢出效应显然具有重要的学术价值与现实意义，它不仅有助于我们更好地识别我国系统性金融风险的整体水平，而且也为我国建立系重要性金融机构的甄别标准提供重要参考依据，此外，该论文的研究也有助于我们进一步改进金融风险预警指标、完善我国系统性金融风险的防范体系。

自2008年国际金融危机以来，系统性金融风险的问题引发了各国政府当局以及学术界的广泛关注。系统性风险被认为是"导致市场大量参与者同时遭受严重损失，并且迅速扩散到系统中"的风险（Benoit et al., 2017）。目前包括《巴塞尔协议》在内的金融监管主要关注的是个体的金融风险，而对于整体的系统性金融风险缺乏足够的监控，从而使得金融体系容易受到宏观变量冲击（Acharya et al., 2017）。其中，VaR 衡量的是在一定的持有期内和给定的置信水平下，金融资产的最大可能损失。作为传统的风险度量方法，VaR 计算简便，具备普适性和易评估性，在早期受到了全球金融机构的广泛运用。然而现有的研究表明，VaR 无法充分刻画一个国家整体的金融风险，并可能低估了不同金融部门（机构）的风险溢出效应（Adams et al., 2014）。随着该领域研究的不断发展，新一代系统性风险的度量方法也被相继提出，其中以 MES（Acharya et al., 2017）、CoVaR（Adrian and Brunnermeier, 2016）以及 ΔCoVaR（Adrian and Brunnermeier, 2016）等为代表的风险测度方法衡量的是当金融市场陷入困境时，个体金融机构对于整体经济风险的贡献程度，同时，它们还刻画了系统性风险的整体水平。然而与 VaR 相类似，CoVaR 无法衡量超过特定置信水平的潜在损失，且不具备可加性，难以对整个金融系统面临的系统性风险进行刻画（Acharya et al., 2012）。与此同时，ΔCoVaR 被认为更多地从统计层面而非经济学角度对系统性风险的成因进行讨论（Benoit et al., 2017）。此外，MES 测度方法反映了企业在金融危机发生的情况下需要补充的资本金，充分考虑了整个金融系统在危机时期时单个机构的风险情况，但它却忽略了金融机构的规模大小、杠杆比率和资本充足率等因素，在识别金融机构的风险贡献时可能存在一定偏差（Brownlees and Engle, 2017）。

另外，国内外学界基于上述新的度量方法从多个不同的角度展开了相关方面的研究。如洛佩兹−埃斯皮诺萨等（López-Espinosa et al., 2012）基于 18 个国家 54 家大型金融机构的数据，应用 ΔCoVaR 方法来甄别大型国际银行系统性风险背后的主要影响因素。卡里马利斯和诺米科斯（Karimalis and Nomikos, 2018）则使用了基于 Copula 函数的 ΔCoVaR 方法，检验了触发系统性风险事件的共同市场因素，并分析了规模、杠杆率和股票 Beta 值与机构对系统性风险贡献程度的关联程度。此外，SRISK 方法在继布朗利斯和恩格尔（Brownlees and Engle, 2017）提出后也为众学者所熟知并加以运用。其中，莱文等（Laeven et al., 2016）同样基于 SRISK 等方法研究了银行规模及资本与系统性风险之间的关系，得出了系统性风险随着银行规模的增加而增加，并且与银行资本呈负相关的结论。最近，瓦罗托和赵（Varotto and Zhao, 2018）采用了 SRISK 和 ES 等合成的综合性指标考察了 2004—2012 年美国和欧洲银行机构层面的系统性风险，分析表明一般的系统性风险指标主要受银行规模的影响，这意味着风险监管体系需要高度关注"太大而不能倒"的机构。此外，代表性的还包括梁琪等（2013）、方意和郑子文（2016）、郭晔和赵静（2017）以及杨子晖和李东承（2018）等人的研究。

近年来，随着现代计量经济学方法的不断发展，从网络关联的角度来考察风险传染效应，成为该领域新的研究视角，其中迪博尔德和伊尔马兹（Diebold and Yilmaz, 2012, 2014）构建了风险溢出网络分析方法，以考察金融市场的波动溢出效应。借助该风险传染分析框架，我们不仅可以刻画不同金融部门中的风险传染力度或关联程度，而且也可以甄别风险传染的中心来源（Maghyereh et al., 2016），从而为完善我国风险防范体系提供重要的参考依据。该风险溢出分析框架在近期也得到了广泛的重视，并应用在经济的相关研究领域中，取得了显著的成效，其中代表性的包括贝里沙等（Berisha et al., 2018）、卡洛亚等（Caloia et al., 2018）以及西村和孙（Nishimura and Sun, 2018）等人的研究。此外，我国学者也基于该风险溢出框架对中国市场进行了相关研究。其中，梁琪等（2015）采用溢出指数方法对1994—2013年中国股市的国际一体化及风险传导进行研究，分析发现我国股市收益率和波动率溢出在动态特征上存在显著差异。尹力博和柳依依（2016）基于溢出指数深入考察了2006—2015年我国商品期货市场与国际代表性股票市场的双向信息溢出效应。最近，郑挺国和刘堂勇（2018）通过该波动溢出指数构建方法测算了1993—2016年间国际8个主要股市的时变波动溢出效应，研究发现国际股市间的总波动溢出效应呈上升趋势。

纵观该领域的研究，现有的文献主要关注的是系统性金融风险的大小，而常常低估了金融机构之间的风险溢出效应（Adams et al., 2014），而且，现有风险溢出效应的文献主要关注的是银行部门的风险传染效应，而忽略了保险等其他重要机构。相关的研究表明，信贷资金的跨部门流动导致了金融风险在银行与保险机构之间进行传导（Adams et al., 2014），从而使得系统性金融风险可能存在显著的跨部门传染效应，这意味着如果我们只关注银行部门的风险溢出和传染问题，很可能会低估金融机构的风险溢出效应，从而弱化了金融部门风险所带来的实际影响；再者，现有的文献通常着重关注系统性风险的度量及影响因素研究，抑或侧重于考察金融市场（机构）的波动溢出效应，而较少在统一的框架下考察风险测度与风险传染的问题；与此同时，金融机构"太大而不能倒"的传统观念正逐步向"太关联而不能倒"的思想转变，因此，现阶段从网络关联的角度来考察系统性金融风险的传染效应显得十分必要，有鉴于此，本章综合采用 VaR、MES（Acharya et al., 2017）、CoVaR（Adrian and Brunnermeier, 2016）以及 ΔCoVaR（Adrian and Brunnermeier, 2016），对我国 56 家主要上市金融机构和房地产公司的系统性金融风险进行有效测度，并在此基础上结合最新发展的风险溢出网络方法（Diebold and Yilmaz, 2012, 2014），从静态与动态两个研究视角深入考察了我国金融体系跨部门的风险传染关系，并以"钱荒事件"和"熔断机制"为例，考察风险的传染路径、传递方向、溢出规模以及中心源头。我们所得出的富有启发意义的结论不仅有助于我们更好地识别我国系统性金融风险的整体水平，而且也为我国建立系统重要性金融机构的甄别标准提供客观依据，此外，该论文的研究也有助于我们进一步完善我国系统性金融风险的预警指标，并为我国"货币政策和宏观审慎政策"双支柱调控框架的设计与安排提供理论分析与实证检验的参考依据，从而使得本章研究具有重要的学术价值与现实意义。

第二节 风险传染网络方法

本章是以迪博尔德和伊尔马兹（Diebold and Yilmaz, 2012, 2014）提出的波动溢出方法作为风险传染分析的理论框架。该方法基于向量自回归模型，通过方差分解以刻画不同变量之间的风险传染关系。

迪博尔德和伊尔马兹（Diebold and Yilmaz, 2012, 2014）首先考虑了一个协方差平稳的 N 变量 $VAR(p)$ 过程：

$$x_t = \sum_{i=1}^{p} \Phi_i x_{t-i} + \varepsilon_t \tag{3-1}$$

其中 $\varepsilon \sim (0, \Sigma)$ 是独立同分布的干扰向量。对其进行移动平均我们得到：

$$x_t = \sum_{i=0}^{\infty} A_i \varepsilon_{t-i} \tag{3-2}$$

其中，$N \times N$ 系数矩阵 A_i 服从如下的递归公式：

$$A_i = \Phi_1 A_{i-1} + \Phi_2 A_{i-2} + \ldots + \Phi_p A_{i-p} \quad (3-3)$$

其中，A_0 是 $N \times N$ 单位矩阵，对于 $i < 0$ 有 $A_i = 0$。此外，变量 x_j 对变量 x_i 的向前 H 期的广义预测误差方差 $\theta_{ij}^g(H)$ 可用以下公式表示：

$$d_{ij}^H = \frac{\sigma_{ii}^{-1} \sum_{h=0}^{H-1} \left(e_i' A_h \sum e_j \right)^2}{\sum_{h=0}^{H-1} \left(e_i' A_h \sum A_h' e_i \right)} \quad (3-4)$$

其中，$i, j = 1, 2, \cdots, n$，σ_{ii} 为残差方差-协方差矩阵 Σ 的第 ii 个元素，e_i 表示第 i 个元素为 1，而其余元素为 0 的 ($n \times 1$) 列向量，H 表示预测期，而 A_h 为移动平均式的系数。

基于广义方差分解的结果，由部门 j 到部门 i 的风险传染效应 $C_{i \leftarrow j}^H$ 可由以下式子来定义：

$$C_{i \leftarrow j}^H = d_{ij}^H \quad (3-5)$$

与此同时，部门 j 到 i 的风险净传染效应（Net Contagion, NC）可由以下式子来表示：

$$NC_{i \leftarrow j}^H = C_{i \leftarrow j}^H - C_{j \leftarrow i}^H \quad (3-6)$$

此外，溢出矩阵中"FROM"所在列的元素表示变量 i 受到来自其他所有变量的风险传染效应 $C_{i \leftarrow \bullet}^H$：

$$C_{i \leftarrow \bullet}^H = \sum_{\substack{j=1 \\ j \neq i}}^{N} d_{ij}^H = \sum_{\substack{j=1 \\ j \neq i}}^{N} \left(\frac{\sigma_{ii}^{-1} \sum_{h=0}^{H-1} \left(e_i' A_h \sum e_j \right)^2}{\sum_{h=0}^{H-1} \left(e_i' A_h \sum A_h' e_i \right)} \right) \quad (3-7)$$

同时，矩阵中"TO"所在行的元素，表示变量 j 对其他所有变量的风险传染效应 $C_{\bullet \leftarrow j}^H$：

$$C_{\bullet \leftarrow j}^H = \sum_{\substack{i=1 \\ j \neq i}}^{N} d_{ij}^H = \sum_{\substack{i=1 \\ j \neq i}}^{N} \left(\frac{\sigma_{ii}^{-1} \sum_{h=0}^{H-1} \left(e_i' A_h \sum e_j \right)^2}{\sum_{h=0}^{H-1} \left(e_i' A_h \sum A_h' e_i \right)} \right) \quad (3-8)$$

在此基础上，我们还可以计算出部门 i 对其他所有部门的净传染效应 NC_i^H：

$$NC_i^H = C_{\bullet \leftarrow i}^H - C_{i \leftarrow \bullet}^H \qquad (3-9)$$

各个部门总的风险传染效应 C^H 可以表示为：

$$C^H = \frac{1}{N} \sum_{\substack{i,j=1 \\ i \neq j}}^{N} d_{ij}^H \qquad (3-10)$$

它等同于我们对"FROM"所在行的元素或者"TO"所在列的元素进行加总并求均值。

基于以上网络拓扑方法的基本思想及相关公式定义，我们构建出以下的风险传染矩阵：

	x_1	x_2	...	x_N	FROM
x_1	d_{11}^H	d_{12}^H	...	d_{1N}^H	$C_{i \leftarrow 1}^H$
x_2	d_{21}^H	d_{22}^H	...	d_{2N}^H	$C_{i \leftarrow 2}^H$
...	...	...	...	...	...
x_N	d_{N1}^H	d_{N2}^H	...	d_{NN}^H	$C_{i \leftarrow N}^H$
TO	$C_{\bullet \leftarrow 1}^H$	$C_{\bullet \leftarrow 2}^H$	...	$C_{\bullet \leftarrow N}^H$	C^H

在以上迪博尔德和伊尔马兹（Diebold and Yilmaz, 2014）网络拓扑方法原理上，我们做了进一步的拓展，采用递归的预测方差分解分析方法（Yang and Zhou, 2017），分别计算出由 1 期到 t 期以及由 1 期到 $t-1$ 期的风险传染效应，由此定义了以下的边际净传染指数（Marginal Net Contagion, MNC），即：

$$MNC_{t,i \leftarrow j}^H = NC_{t,i \leftarrow j}^H - NC_{t-1,i \leftarrow j}^H \qquad (3-11)$$

其中，$NC_{t,i \leftarrow j}^H$ 刻画了基于 t 期信息的由部门 j 到部门 i 的风险净传染，当 MNC 取值为正，则意味着发生在 t 期的一个新事件，使得净传染效应增加；反之，则意味着净传染效应减少。与此同时，基于以上 MNC 的定义，我们构建出以下的边际净传染矩阵：

	x_1	x_2	...	x_N	Marginal Net In
x_1	0	$MNC_{t,1\leftarrow 2}^{H}$	...	$MNC_{t,1\leftarrow N}^{H}$	$\sum_{\substack{j \\ j\neq 1}} MNC_{t,1\leftarrow j}^{H}$
x_2	$MNC_{t,1\leftarrow N}^{H}$	0	...	$MNC_{t,2\leftarrow N}^{H}$	$\sum_{\substack{j \\ j\neq 2}} MNC_{t,2\leftarrow j}^{H}$
...	...	...	...	...	...
x_N	$MNC_{t,N\leftarrow 1}^{H}$	$MNC_{t,N\leftarrow 2}^{H}$	...	0	$\sum_{\substack{j \\ j\neq 2}} MNC_{t,N\leftarrow j}^{H}$
Marginal Net Out	$\sum_{\substack{i \\ i\neq 1}} MNC_{t,i\leftarrow 1}^{H}$	$\sum_{\substack{i \\ i\neq 2}} MNC_{t,i\leftarrow 2}^{H}$	...	$\sum_{\substack{i \\ i\neq N}} MNC_{t,i\leftarrow N}^{H}$	

第三节 数据说明

本章选取了56家A股上市公司的日度收益率和市值数据以及季度资产负债表数据，市场指数采用沪深300指数的日度收益率来衡量，样本区间为2011年1月1日—2017年9月30日，总共1642个交易日数据，数据均来源于CSMAR数据库。考虑到房地产行业的类金融属性，本章将房地产行业纳入大金融体系。

样本基于证监会行业分类，选取上市日期早于2011年1月1日的金融业以及房地产业中市值前56名的上市公司作为样本。选取的上市公司总市值占金融业及房地产行业总市值的81.94%，较好地反映了我国上市金融部门的总体情况，样本选择具有良好的代表性。

样本包括金融业以及房地产业两大板块，具体涵盖了货币金融服务、资本市场服务、保险业、其他金融业以及房地产业五个部门。名单如表3-1所示，其中，房地产业包括万科A等16家上市公司，而货币金融服务业16家上市公司均为银行，包括五大行、股份制银行和城商行，与此同时，资本市场服务业除包括证券公司外，还包括了中油资本、国投资本。此外，其他金融业的7家上市公司包括了信托、资管企业和综合性金融公司。

表 3-1 样本上市公司名单

房地产业 （16家）	货币金融服务 （16家）	资本市场服务 （13家）	保险业 （4家）	其他金融业 （7家）
万科 A	工商银行	中信证券	中国平安	五矿资本
保利地产	建设银行	海通证券	中国人寿	安信信托
华夏幸福	农业银行	中油资本	中国太保	陕国投 A
华侨城 A	中国银行	广发证券	天茂集团	九鼎投资
金地集团	招商银行	华泰证券		熊猫金控
陆家嘴	交通银行	招商证券		民生控股
荣盛发展	兴业银行	光大证券		爱建集团
泛海控股	浦发银行	国投资本		
新湖中宝	中信银行	兴业证券		
泰禾集团	民生银行	长江证券		
中天金融	光大银行	国元证券		
阳光城	平安银行	越秀金控		
雅戈尔	北京银行	绿庭投资		
金融街	华夏银行			
金科股份	宁波银行			
中南建设	南京银行			

第四节　系统性金融风险的分行业测度

首先，本章采用 VaR、MES、CoVaR 以及 ΔCoVaR 指标，分别对各个部门的系统性金融风险进行测度，并由此对我国各金融部门的系统性金融风险大小展开进一步的分析。我们基于算术平均的原则，计算出各个部门 VaR、MES、CoVaR 以及 ΔCoVaR 风险度量指标，并将结果展示在图 3-1 中。同时，为了便于识别，我们用灰色阴影区域标识各测度指标发生明显波动的区间。

如图 3-1 所示，整体上来看 VaR 与 MES 指标对于系统性风险的敏感性更强，波动较 CoVaR 以及 ΔCoVaR 更加明显，同时，基于这四种不同测度方法我们得到了一致的结论。其中，银行部门的四个风险度量指标在 2012 年底均呈现明显上升，在 2013 年达到了阶段性的高位。究其原因，一方面是宏观经济下行压力逐步显现，银行不良资产不断增加，此前的利空影响在 2013 年年初开始释放，从而导致银行部门系统性风险在 2013 年明显上扬，并伴随 2013 年中期爆发的钱荒事件而达到阶段性峰值。此外，在 2015 年重大股市动荡期间以及 2016 年因熔断机制而引发的股市震荡时期，银行部门的风险水平也快速攀升。同时，我们还发现，2017 年以来银行部门的风险测度指标逐渐回落，显示出现阶段我国银行部门整体风险处于相对可控的水平。

对于证券部门而言，系统性风险指数在 2014 年年底呈现阶段性的上升，这意味着在金融监管放松、IPO 重启的背景下，证券行业的金融风险也随之增加。此后，证券部门的各度量指标在 2015 年"千股跌停"的股市动荡时期达到了历史峰值。而且，在 2016 年 1 月由于熔断机制引发了股市崩盘，证券行业的四个指数均再度上升至历史高位。类似地，保险部门和房地产部门的四个指标也分别在 2014 年年底、2015 年 7 月及 2016 年 1 月达到阶段性高点。

除此之外，由图 3-1 我们还可以发现房地产部门 MES 指数和 VaR 指数在 2013 年先后出现两个阶段性的小高点，其中，第一个峰值出现在 3 月初国务院出台《关于继续做好房地产市场调控工作的通知》时，调控政策的不断加码显示了房地产行业的潜在风险正在不断积聚。另外一个小峰值则出现在 2013 年 6 月，很可能是由于银行钱荒促使购房贷款利率全面上调，对房地产业产生了一定的负面影响。

与此同时，其他金融行业的 MES 指数和 VaR 指数在 2013 年 6 月达到了阶段性的小高点。这是由于银行间资金面紧张、资金利率走高，信托、资管、私募等金融机构受到了钱荒的风险冲击。同样，在 2015 年 6 月中国股市动荡时期和 2016 年 1 月熔断机制出台时，四个风险度量指标均升至历史性高峰。

第三章　我国金融机构系统性金融风险度量与跨部门风险溢出效应研究

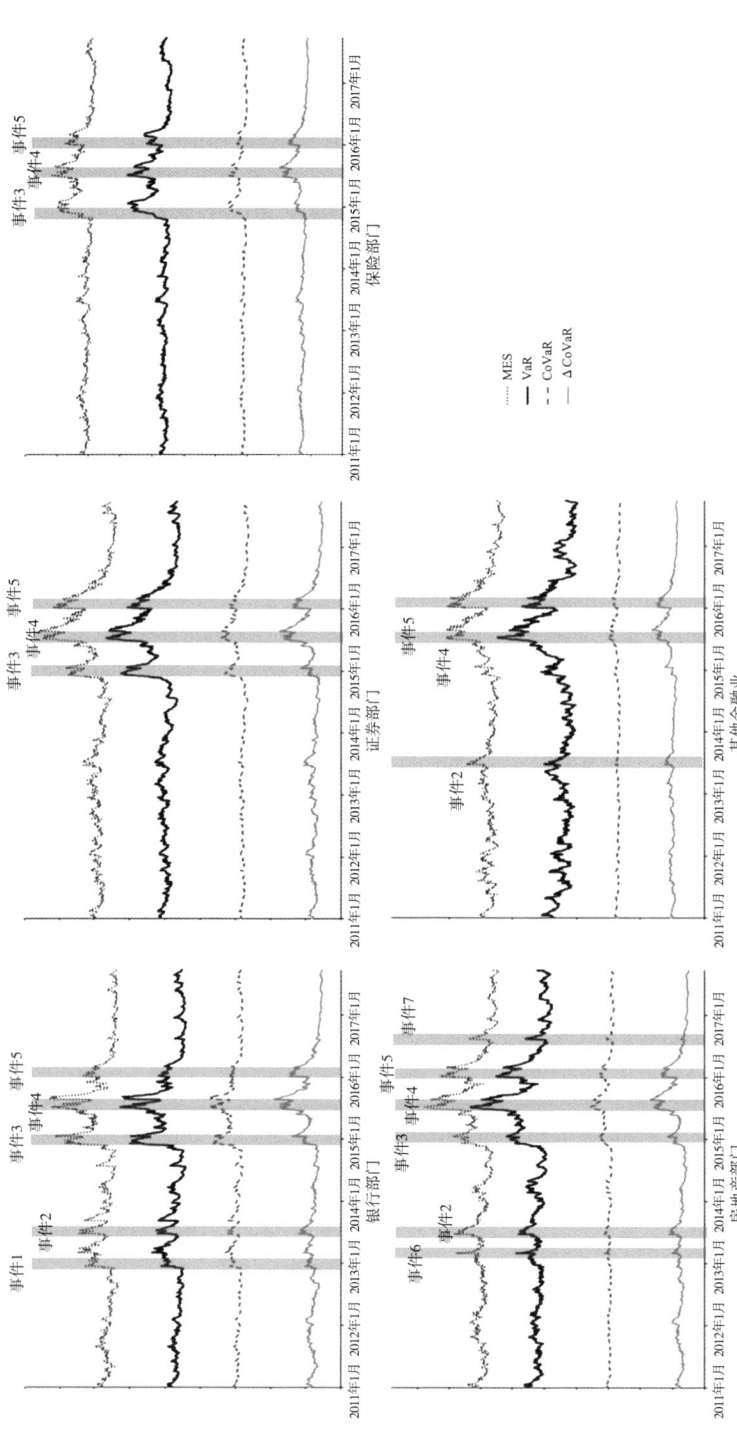

图 3-1　各部门的系统性风险测量走势图

注：（1）图中所用 VaR 为 95% 的置信水平下的"在险价值"；（2）图中所用 CoVaR 为 95% 置信水平下的"条件在险价值"；（3）图中所用 ΔCoVaR 模型在 95% 置信水平下使用 DCC-GARCH 模型计算得出；（4）事件 1：银行不良资产不断增加，时间：2014 年 11 月；2012 年 12 月；事件 2："历史性银行钱荒"事件，时间：2013 年 6 月；事件 3：美国正式结束量化宽松政策，时间：2014 年 11 月；事件 4：中国 A 股市场"千股跌停"的重大股市动荡事件，时间：2015 年 6 月；事件 5："股市熔断机制"等事件，时间：2016 年 1 月；事件 6：国务院出台《关于继续做好房地产市场调控工作的通知》，时间：2013 年 3 月；事件 7：上海诞生国内最贵"高价地"，时间：2016 年 8 月。

第五节 系统性金融风险的整体测度与排序分析

我们基于所有样本公司的风险度量指标的平均值,构建我国金融机构整体系统性风险的衡量指标,将其在图 3-2 中画出。基于不同测度方法我们依然得出了一致的结论。图 3-2 表明,金融体系的整体风险在 2013 年出现了两个小峰值,其中,第一个阶段性高点出现在 3 月初,银行和房地产部门的风险大幅上升时期;第二个峰值则出现在 6 月,钱荒事件导致了金融机构整体风险的攀升。与此同时,2015 年中后期股市动荡期间,基于 MES、VaR、CoVaR 以及

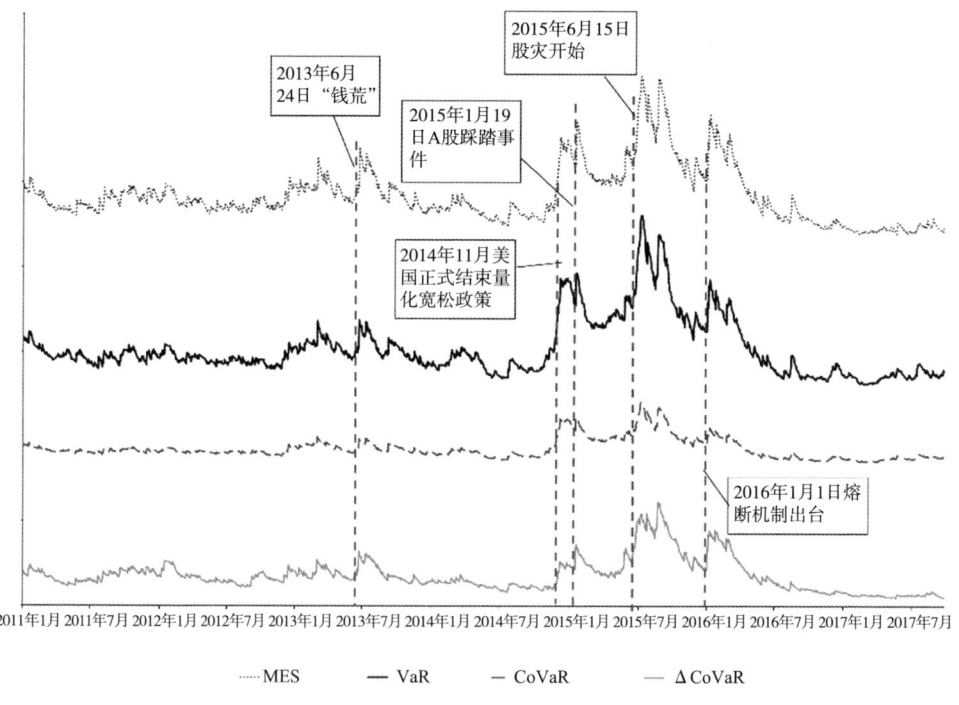

图 3-2 金融系统的系统性风险测量走势图

注:(1)图中所用 VaR 为 95% 的置信水平下的"在险价值";(2)图中所用 CoVaR 为 95% 置信水平下的"条件在险价值";(3)图中所用 ΔCoVaR 为使用 DCC-GARCH 模型在 95% 置信水平下计算得出。

ΔCoVaR 指标所测度的金融风险达到近七年来的峰值，而在 2016 年年初，伴随着熔断机制造成的千股跌停，金融体系的风险再次显著攀升。而进入 2017 年后，四个指数逐步下降，并在下半年逐步回落至近七年来的历史低点。

在前文分析的基础上，我们分别依据 MES、VaR、CoVaR 以及 ΔCoVaR 测度值的大小对金融部门的风险进行排序，并将结果列于表 3-2。我们可以清楚地发现，对于 MES、VaR 和 CoVaR 而言，房地产行业由于其上市公司众多，杠杆率较高，资本损失概率较大，自 2011 年以来基本均为系统性风险最高的部门，证券部门与银行部门的风险则次之。与此同时，在四个风险度量指标测度下，其他金融业和保险行业在 2011—2017 年的风险相对较低。这就意味着在我国的金融体系中，房地产业、证券业和银行业均存在明显的金融风险隐患。因此，我国监管部门需要进一步加大对此类系统重要性金融机构的管控，尤其加强对影子银行、房地产泡沫等重点领域的风险防控。

与此同时，我们还发现，MES 和 VaR 的排序结果基本一致，与 CoVaR 指标的测度结果仅在银行和证券的风险大小上不同。究其原因，是由于 MES 强调金融系统在危机时期的变化对单个机构产生的风险影响，而 CoVaR 则更侧重于刻画个体机构所贡献的系统风险的边际变化，这意味着我国银行部门在危机时期的风险的边际变化更高，而金融危机对证券部门产生了更大的冲击。与此同时，基于 ΔCoVaR 方法的测度分析中，银行部门成为金融系统中系统性风险最高的部门，而证券行业次之，其他金融业的风险最低。相关研究表明，不同测度指标对时间序列中信息的侧重程度不同，因此采用不同指标对各部门的系统性风险进行排序会有所差异，但对风险的总体测度结果大致相同（Girardi and Ergün, 2013; Benoit et al., 2017）。此外，在不同的危机期间，不同的测度指标对金融机构风险暴露的测算结果也会有所不同，系统性风险排名也会因此发生相应的变化（Nucera et al., 2016）。除此之外，不少同时使用 MES、ΔCoVaR 以及 SRISK 等多种方法度量系统性风险并探讨其影响因素的文献均表明（Benoit et al., 2013; Löffler and Raupach, 2018），ΔCoVaR 与其他方法的风险测度结果差别较大。

表3-2 中国金融部门的系统性金融风险排序

	排名	2011年	2012年	2013年	2014年	2015年	2016年	2017年
MES	1	房地产	房地产	房地产	房地产	房地产	房地产	房地产
	2	证券	证券	证券	证券	证券	证券	证券
	3	银行	银行	银行	银行	银行	银行	银行
	4	其他	其他	其他	其他	其他	其他	其他
	5	保险	保险	保险	保险	保险	保险	保险
VaR	1	房地产	房地产	房地产	房地产	房地产	房地产	房地产
	2	证券	证券	证券	证券	证券	证券	证券
	3	银行	银行	银行	银行	银行	其他	银行
	4	其他	其他	其他	其他	其他	银行	其他
	5	保险	保险	保险	保险	保险	保险	保险
CoVaR	1	房地产	房地产	房地产	房地产	银行	房地产	房地产
	2	银行	银行	银行	银行	房地产	银行	银行
	3	证券	证券	证券	证券	证券	证券	证券
	4	其他	其他	其他	其他	其他	其他	其他
	5	保险	保险	保险	保险	保险	保险	保险
ΔCoVaR	1	银行	银行	银行	银行	银行	银行	银行
	2	证券	证券	房地产	证券	证券	证券	证券
	3	房地产	房地产	证券	房地产	房地产	房地产	房地产
	4	保险	保险	其他	保险	保险	其他	保险
	5	其他	其他	保险	其他	其他	保险	其他

第六节　跨部门风险溢出效应的静态研究

在以上风险测度的基础上，我们采用了迪博尔德和伊尔马兹（Diebold and Yilmaz, 2012, 2014）提出的风险传染网络方法来考察中国各个金融部门的风险传染及其动态演变关系。洪等（Hong et al., 2009）、怀特等（White et al., 2015）、王纲金等（Wang et al., 2017）基于VaR指标来考察资本市场以及金融机构之间的风险溢出效应，与此同时，郝德勒等（Härdle et al., 2016）

则采用了 CoVaR 指标对金融机构的风险传染效应进行研究，其在研究中进一步指出，CoVaR 指标中的 "Co" 代表 "条件的"（Conditional）、"传染的"（Contagion）以及 "共同变动"（Comovement），因此，CoVaR 成为衡量风险溢出效应的有效代理变量。有鉴于此，遵循该领域的研究惯例，本章以各部门 VaR 与 CoVaR 指标作为系统性金融风险的衡量指标，并结合尾部事件考察风险传染的方向、力度、源头等核心问题。在此研究过程中，最新发展的网络拓扑方法的运用，既可以帮助我们正确地刻画不同金融部门中的风险传染的关联程度，而且也有助于我们有效甄别风险传染的中心来源（Maghyereh et al., 2016），从而为完善我国风险防范体系提供重要的参考依据。

首先，我们对各个部门的风险测度指标建立了广义向量自回归模型，并基于 SC 准则（Schwarz Criterion）来为 VAR 模型选择最优的滞后阶数，同时设定预测期为 10 天（即两周的交易时间），在此基础上结合风险溢出矩阵来考察各个金融部门的风险传染关系。与此同时，中国 A 股市场在 2015 年上半年一路上涨，上证综指在 6 月 12 日达到了七年来的历史高点，然而，从下一个交易日 6 月 15 日开始，中国股票市场急转直下，开始经历剧烈震荡，直到 2016 年 6 月 30 日，上证综指由原来的 5000 余点暴跌至不足 3000 点，跌幅超过 40%，因此，我们将 2015 年 6 月 15 日—2016 年 6 月 30 日定义为中国股市动荡时期，以在进行全样本分析的同时重点考察在中国股市动荡时期的风险传染关系。

表 3-3 报告了预测期为 10 天的 5×5 的风险溢出矩阵，其中主对角线的元素刻画了来自自身扰动的冲击，而非主对角线上的元素则衡量了 "两两交互" 的有方向的风险溢出效应。其中，FROM 代表各行对应部门受到其他部门的总风险溢出，TO 衡量的是列所在部门对其他部门的总风险溢出。此外，各个溢出矩阵的右下角元素衡量的是金融体系的风险传染（溢出）指数，它等于所有 FROM 元素加总或者所有 TO 元素加总的均值。

表 3-3 跨部门风险传染效应的矩阵分析

部门	全样本分析（基于 VaR 测度方法）						股市动荡时期分析（基于 VaR 测度方法）					
	银行	证券	保险	其他	房地产	FROM	银行	证券	保险	其他	房地产	FROM
银行	43.61	16.76	18.15	8.38	13.11	56.39	35.56	15.55	21.02	9.57	18.29	64.44
证券	13.16	36.17	18.99	15.15	16.53	63.83	15.21	25.26	20.88	17.64	21.02	74.74
保险	14.32	18.51	44.47	9.73	12.98	55.53	17.90	15.84	30.97	14.23	21.07	69.03
其他	7.23	15.78	12.20	49.29	15.50	50.71	12.29	18.11	19.85	27.81	21.95	72.19
房地产	11.73	18.25	14.97	14.04	41.00	59.00	14.97	17.73	20.23	15.10	31.97	68.03
TO	46.45	69.30	64.31	47.29	58.13	57.09	60.37	67.23	81.97	56.53	82.34	69.69
部门	全样本分析（基于 CoVaR 测度方法）						股市动荡时期分析（基于 CoVaR 测度方法）					
	银行	证券	保险	其他	房地产	FROM	银行	证券	保险	其他	房地产	FROM
银行	41.32	16.68	19.70	9.18	13.12	58.68	34.89	15.03	23.82	8.10	18.16	65.11
证券	13.96	36.17	19.20	14.89	15.78	63.83	17.42	25.24	23.44	13.85	20.05	74.76
保险	17.62	19.79	40.86	9.11	12.62	59.14	23.44	15.74	30.53	10.05	20.24	69.47
其他	8.36	16.19	11.34	48.68	15.43	51.32	15.28	16.04	21.40	25.13	22.15	74.87
房地产	12.98	18.31	14.39	13.18	41.14	58.86	17.62	16.58	20.65	12.66	32.50	67.51
TO	52.92	70.96	64.63	46.36	56.95	58.37	73.77	63.39	89.30	44.66	80.60	70.34

表 3-3 的分析结果显示，无论基于 VaR 还是 CoVaR 指标，我们均得到了一致的结论。首先，从指标 FROM 来看，证券部门在整体样本期内受到的外部风险传染程度最高，达到 63.83%，而其他金融部门受到的风险溢出程度相对较低，分别为 50.71% 与 51.32%。而从 TO 指标来看，证券部门对外的风险溢出效应最为明显，分别达到了 69.30% 与 70.96%，而银行与其他金融部门对外风险溢出的程度最小。此外，我们也发现股市动荡期间，房地产与保险部门成为金融风险的输出者，而证券部门则成为风险最大的接受者，达到了 75% 左右。此外，从风险总溢出程度来看，我国金融体系整体上存在较为明显的风险传染效应，并且在股市动荡时期，各个部门间的风险传染程度明显上升，总溢出指数由整体样本的 57.09% 与 58.37% 分别上升至股市动荡时期的 69.69% 与 70.34%，因此现阶段我国"货币政策和宏观审慎政策"双支柱调控框架必须密切关注并防范跨部门风险传染引发的系统性金融风险。

本章研究发现，各个金融部门之间存在明显的风险溢出效应，比重高达 50%—70%，究其原因，这是由于本章采用 VaR、CoVaR 来考察跨部门的风险传染，实际上是对"尾部驱动"的极端风险传染效应展开研究（Hong et al., 2009; White et al., 2015; Wang et al., 2017; Härdle et al., 2016）。相关的文献分析发现，在极端事件时期，由于恐慌情绪弥漫以及投资者信心下降，使得资本市场产生了显著的跨部门、跨机构的风险传染效应（Wang et al., 2017），而在本章研究的样本时期内，中国股票市场经历了多次大幅下跌，极端尾部事件的频发使得中国资本市场呈现出显著的跨部门风险溢出效应。

在上述矩阵分析的基础上，我们进一步考察了 5 个部门在整体样本与股市动荡时期风险传染的净效应，并将基于 VaR 与 CoVaR 测度方法的排序分析结果列于表 3-4。由表 3-4 的分析结果我们可以清楚地看出，在整体样本时期内，证券与保险行业均为风险净输出者，而银行则受到风险净溢出的最大冲击；然而，始于 2015 年 6 月中国股市动荡时期，除了保险部门，房地产成为对外风险净溢出的主要部门，而证券部门则由风险的净输出者成为了净接受者，此外，其他金融部门位居最后，受到了风险传染净溢出的明显冲击。

表 3-4　风险传染净输出者与接收者的排序分析

排序	全样本分析（基于 VaR 测度方法）				排序	全样本分析（基于 CoVaR 测度方法）			
	行业	NET	TO	FROM	GROSS		行业	NET	TO	FROM	GROSS
1	保险	8.8	64.3	55.5	119.8	1	证券	7.1	71.0	63.8	134.8
2	证券	5.5	69.3	63.8	133.1	2	保险	5.5	64.6	59.1	123.8
3	房地产	−0.9	58.1	59.0	117.1	3	房地产	−1.9	56.9	58.9	115.8
4	其他	−3.4	47.3	50.7	98.0	4	其他	−5.0	46.4	51.3	97.7
5	银行	−9.9	46.4	56.4	102.8	5	银行	−5.8	52.9	58.7	111.6
排序	股市动荡时期分析（基于 VaR 测度方法）				排序	股市动荡时期分析（基于 CoVaR 测度方法）			
	行业	NET	TO	FROM	GROSS		行业	NET	TO	FROM	GROSS
1	房地产	14.3	82.3	68.0	150.4	1	保险	19.8	89.3	69.5	158.8
2	保险	12.9	82.0	69.0	151.0	2	房地产	13.1	80.6	67.5	148.1
3	银行	−4.1	60.4	64.4	124.8	3	银行	8.7	73.8	65.1	138.9
4	证券	−7.5	67.2	74.7	142.0	4	证券	−11.4	63.4	74.8	138.1
5	其他	−15.7	56.5	72.2	128.7	5	其他	−30.2	44.7	74.9	119.5

注：表中 GROSS = TO + FROM。

第七节　跨部门风险溢出效应的动态研究

在上述全样本静态分析的基础上，我们采用"递归估计分析"方法（Recursive Estimation, Yang and Zhou, 2017）来研究中国各个金融部门的风险溢出效应，从动态分析的角度来考察系统性金融风险传染关系的渐进演变。具体而言，我们首先对 2011 年 1 月 5 日—2013 年 1 月 4 日的样本期进行第 1 次广义预测方差分解分析，再对 2011 年 1 月 5 日—2013 年 1 月 5 日的样本期进行第 2 次广义预测方差分解分析，依次类推，直至对 2011 年 1

月5日—2017年9月29日的样本期进行最后一次广义预测方差分解分析，然后根据每次方差分解的结果，对溢出矩阵中非对角线上的元素进行加总并求其均值，由此计算出中国系统性金融风险传染指数，并将其列于图3-3。需要说明的是，该动态分析是基于CoVaR测度指标进行，而基于VaR测度指标的分析结论依然稳健[1]。

图3-3的动态分析结果显示，自2013年以来，中国系统性金融风险溢出指数逐步攀升，风险跨部门传染效应明显增强，而且，伴随着2013年"银行钱荒"、2015年1月的A股"1·19"踩踏事件以及2016年1月"股市熔断机制"等事件，中国资本市场剧烈震荡，而系统性金融风险也在各个金融部门蔓延开来，风险传染指数由此呈现出跳跃式的增长。此外，我们还发现，自2015年6月起"千股跌停"的重大股市动荡事件频频发生，例如在2015年7月1日中国股票跌停个数达到了941个，而在7月27日与8月25日，A股市场分别有1765与2018只股票跌停，中国

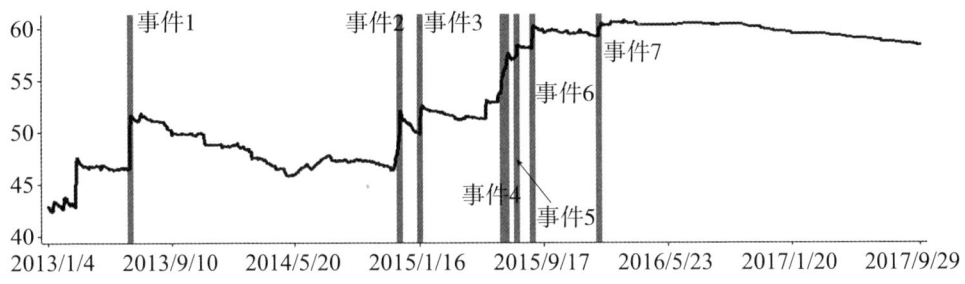

图3-3 中国系统性金融风险传染的动态分析

注：事件1：2013年6月24日"历史性银行钱荒"事件，沪指暴跌5.37%；事件2：2014年12月9日中国股市暴跌，沪指跌幅7.11%；事件3：2015年1月19日A股"1·19"踩踏事件，沪指跌幅9.04%；事件4：2015年7月1日中国股市暴跌，沪指跌幅4.52%；事件5：2015年7月27日中国股市暴跌，沪指跌幅8.14%；事件6：2015年8月25日中国股市暴跌，沪指跌幅7.17%；事件7：2016年1月4日"股市熔断机制事件"，沪指跌幅5.98%。

---

[1] 为了节省空间，在这里我们并没有报道出基于VaR测度指标的分析，有兴趣的读者可向作者索取。

金融风险传染指数更是快速攀升,并在高位徘徊,这也使得防范跨部门风险传染,守住不发生系统性金融风险的底线,成为了当前新常态经济下面临的迫切问题。

类似地,基于"递归估计分析"方法,我们从动态分析的角度估算出各个金融部门对外的风险溢出指数,需要说明的是,该动态分析仍然是基于 CoVaR 测度指标进行,而基于 VaR 测度指标的分析结论依然不变[1]。由图 3-4

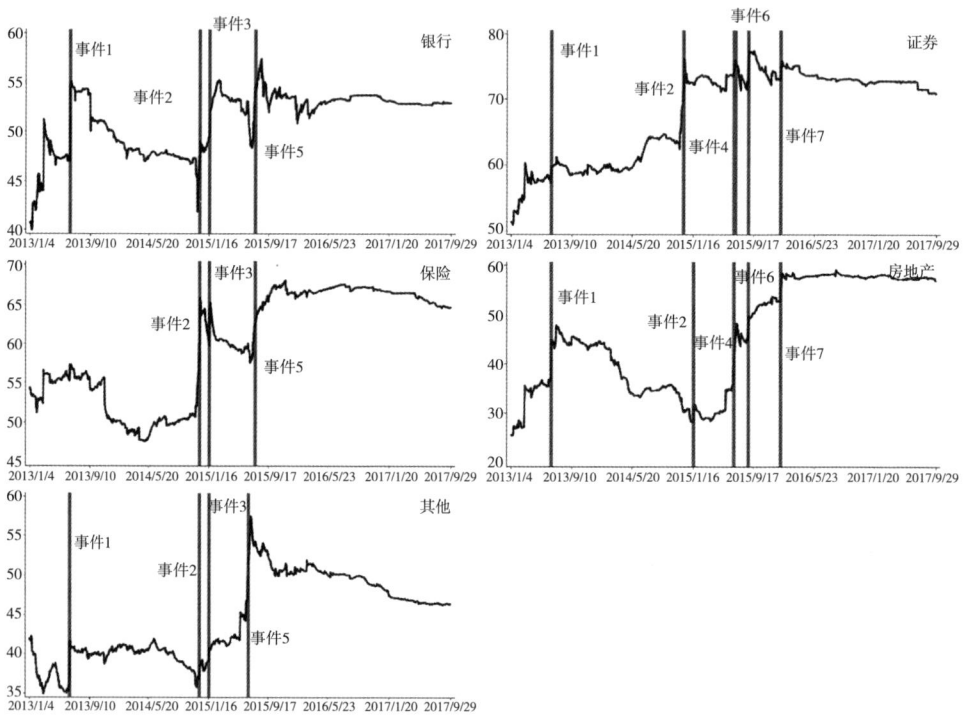

图 3-4　各金融部门风险溢出效应的动态分析

注:事件 1:2013 年 6 月 24 日"历史性银行钱荒"事件,沪指暴跌 5.37%;事件 2:2014 年 12 月 9 日中国股市暴跌,沪指跌幅 7.11%;事件 3:2015 年 1 月 19 日 A 股"1·19"踩踏事件,沪指跌幅 9.04%;事件 4:2015 年 7 月 1 日中国股市暴跌,沪指跌幅 4.52%;事件 5:2015 年 7 月 27 日中国股市暴跌,沪指跌幅 8.14%;事件 6:2015 年 8 月 25 日中国股市暴跌,沪指跌幅 7.17%;事件 7:2016 年 1 月 4 日"股市熔断机制事件",沪指跌幅 5.98%。

---

[1] 为了节省空间,我们以备索的方式提供基于 VaR 测度指标的动态分析结果。

我们可以看出，银行部门在2013年的"钱荒事件"产生了显著的风险溢出效应，其对应的风险传染指数迅速攀升，并在2015年股市动荡期间创下近七年来的新高，进入2017年以后，银行部门对外的风险溢出水平呈现平稳的回落。与此同时，房地产部门也因"钱荒事件"、2015年重大股市动荡以及"熔断机制"等事件，而产生了跨部门的风险传染效用，并一直处于高位溢出态势。此外，证券部门、保险部门与其他部门也常常因相关的"尾部事件"而加剧了其对外的风险输出。

第八节 系统性金融风险跨部门传染的网络分析

在以上动态研究的基础上，我们从网络分析的角度来进一步考察系统性金融风险跨部门的传染效应，具体而言，我们将围绕一些极端事件来考察系统性风险在各个金融部门之间的传递路径、传递强度以及风险中心，从而为我们建立系统性金融风险的预警与应急机制提供理论分析与实证检验的参考依据。

2013年6月，中国金融业遭遇了历史罕见的"银行钱荒"事件，银行部门面临了资金紧缺的严重局面，而隔夜拆借利率更是迅速飙升，并于6月20日达到了创历史新高的30%，导致了恐慌情绪的迅速蔓延，投资者在6月24日大量抛售银行股，平安银行、民生银行等相继跌停，并波及包括房地产、保险在内的整个金融板块。

我们对2013年6月24日的"钱荒事件"展开两两交互的边际净溢出效应分析，由此得到了边际净溢出矩阵，以考察在事件发生前后市场之间波动传递的动态演变。如果$MNS_{t,i\leftarrow j}^{H}$取值为正，则意味着在该交易日由部门$j$到部门$i$的波动净溢出增加，反之，则意味着减少。为了刻画出市场之间显著的波动传递变化，我们对2013年1月到2017年9月的每个交易日展开边际

表 3-5 边际风险净溢出效应的矩阵分析（基于"银行钱荒"事件）

行业	基于 VaR 测度方法						基于 CoVaR 测度方法					
	银行	证券	保险	其他	房地产	边际净溢入	银行	证券	保险	其他	房地产	边际净溢入
银行	0.000	-1.016	0.152*	-0.134	-0.382	-1.380	0.000	-0.933	-0.856	-0.613	-0.141	-2.543
证券	1.016***	0.000	0.625***	-0.279	0.425**	1.787	0.933***	0.000	0.044	-0.424	0.586***	1.139
保险	-0.152	-0.625	0.000	-0.528	0.008	-1.297	0.856***	-0.044	0.000	-0.211	0.974***	1.575
其他	0.134	0.279**	0.528***	0.000	0.349**	1.290	0.613***	0.424**	0.211*	0.000	0.614***	1.862
房地产	0.382**	-0.425	-0.008	-0.349	0.000	-0.400	0.141*	-0.586	-0.974	-0.614	0.000	-2.033
边际净溢出	1.380	-1.787	1.297	-1.290	0.400		2.543	-1.139	-1.575	-1.862	2.033	

注：***、**、* 分别代表进入第 1 个、第 5 个和第 10 个百分位数的 MNS。

净溢出效应分析,并对绝对值由大到小进行排序分析。

基于 VaR 指标的边际净溢出效应分析显示在 6 月 24 日股市市场震荡当天,银行部门对证券、房地产风险溢出的增量均进入第 1 个(或者第 5 个)百分位数,另外,保险部门则对银行、证券以及其他部门的风险溢出效应显著增加,除此以外,房地产部门同样是风险传染的重要来源。与此同时,基于 CoVaR 指标的分析结果则表明,银行对剩余 4 个部门风险传染的增量均进入第 1 个(或者第 5 个、第 10 个)百分位数,此外,由房地产到证券、保险以及其他金融部门的风险传染效应显著增加,这就意味着因"钱荒事件",银行、房地产成为了风险传染的中心。

结合以上边际净溢出效应的分析结果,我们画出了波动溢出的动态演变图,图 3-5 中的各个节点分别代表了不同的金融部门,而且部门对应节点越大,则意味着由于该部门到其他部门的风险净溢出增加越明显。同时,粗、中、细边分别代表了第 1 个、第 5 个与第 10 个百分位数的边际净溢出效应。此外,部门之间的连线越粗,则意味着它们之间的风险传染效应的增长越大。此外,为了方便分析,对于银行部门所显著影响的机构,我们用红

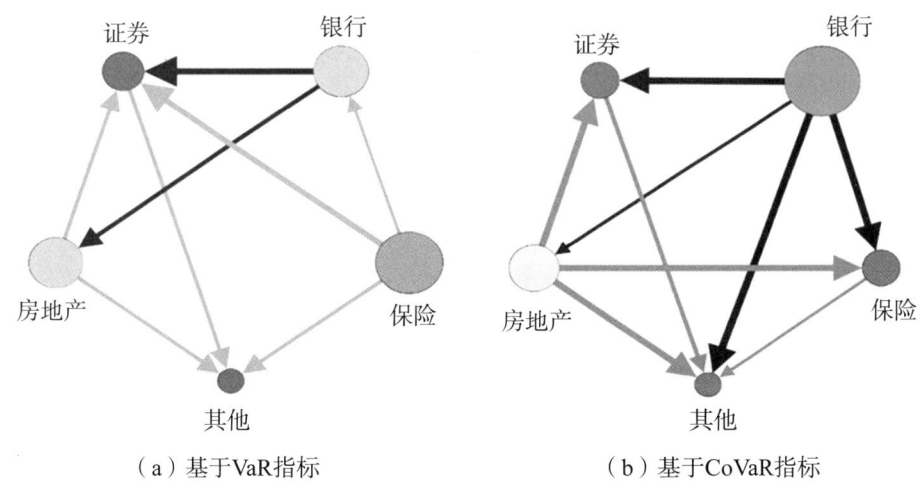

(a) 基于 VaR 指标　　　　　　(b) 基于 CoVaR 指标

图 3-5　边际风险净溢出的网络分析图(基于"银行钱荒"事件)

色连线表示。由图3-5（a）我们可以清楚地看出，"钱荒事件"不断发酵的2013年6月24日，银行与保险部门所在的节点最大，它们成为了风险传染的中心，与此同时，图3-5（b）基于CoVaR指标的分析结果则表明，由银行到其他四个部门的风险净溢出效应显著地增加，是"钱荒事件"事件中风险传染的中心部门，而房地产部门则紧随其后，成为了跨部门风险传染的另一网络中心。

证监会于2015年12月宣布在2016年1月1日正式实施股市熔断机制，具体而言，该机制以沪深300为熔断基准指数，并分别采用了5%与7%作为自动停盘的熔断阈值。在新年的第一个交易日（1月4日），沪深300先后突破了5%与7%的熔断阈值，股市暂停交易，此外，在中国股市于1月7日再次因"熔断"而提前休市之后，监管部门宣布退出"指数熔断机制"。

为了考察因"熔断机制"而引发的系统性风险在各个金融部门之间的传递路径、传递强度以及风险中心，我们首先对2016年1月4日展开两两交互的边际净溢出效应分析。由表3-6我们可以看出，无论是基于VaR测度方法还是基于CoVaR测度方法的分析结果均保持一致，即在熔断机制正式实施的第一个交易日，房地产部门对于其余四个部门的风险传染效应显著增强，并进入了前1个或者前5个百分位数，此外，除了房地产部门，证券同样是对外风险输出的重要部门，其对银行、保险以及其他金融部门的冲击显著增加，其对应的MNS均进入了前10的百分位。与之类似，我们基于"风险净溢出效应的分析矩阵"画出了其对应的动态网络图，由图3-6我们可以看出，房地产与证券成为风险传染网络的中心，而银行与保险部门则受到了风险传染的显著冲击。

表 3-6 风险净溢出效应的矩阵分析（基于"熔断机制"事件）

行业	基于 VaR 测度方法						基于 CoVaR 测度方法					
	银行	证券	保险	其他	房地产	边际净溢入	银行	证券	保险	其他	房地产	边际净溢入
银行	0.000	0.516**	0.107	0.506**	1.068***	2.197	0.000	0.569**	0.110	0.341**	0.970***	1.989
证券	-0.516	0.000	-0.805	-0.266	0.791***	-0.796	-0.569	0.000	-0.689	-0.732	0.425**	-1.564
保险	-0.107	0.805***	0.000	0.539*	1.295***	2.532	-0.110	0.689***	0.000	0.253**	1.003***	1.834
其他	-0.506	0.266**	-0.539	0.000	0.920***	0.140	-0.341	0.732***	-0.253	0.000	1.112***	1.250
房地产	-1.068	-0.791	-1.295	-0.920	0.000	-4.074	-0.970	-0.425	-1.003	-1.112	0.000	-3.510
边际净溢出	-2.197	0.796	-2.532	-0.140	4.074		-1.989	1.564	-1.834	-1.250	3.510	

注：***、**、* 分别代表进入第 1 个、第 5 个和第 10 个百分位数的 MNS。

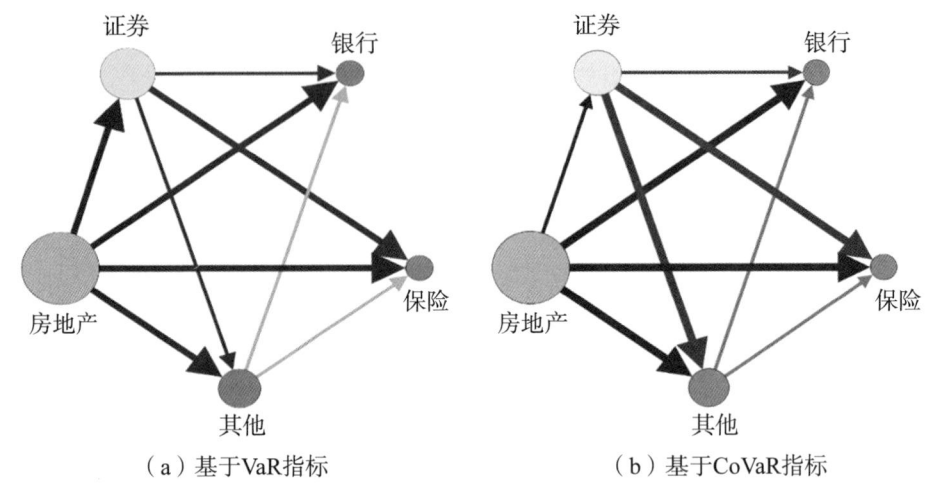

(a) 基于VaR指标　　　　　　　(b) 基于CoVaR指标

图 3-6　边际风险净溢出的网络分析图（基于"熔断机制"事件）

第九节　小结

美国次贷危机、欧债危机等金融危机的相继爆发引起了各国政府与学术界对系统性金融风险的广泛关注，我国政府当局指出"要把防控金融风险放到更加重要的位置"，并强调"坚决守住不发生系统性金融风险底线"，在此背景下，现阶段对中国金融机构的系统性金融风险贡献程度及部门间的风险传染效应展开深入研究具有重要的学术价值与现实意义，它将有助于我们客观地评价现阶段我国系统性金融风险的整体水平，建立系统重要性金融机构的甄别标准，而且也为我国防范跨市场、跨产品、跨机构的风险传染和"货币政策和宏观审慎政策"双支柱调控框架的制度性设计与安排提供理论分析与实证检验的参考依据。因此，本章采用 VaR、MES、CoVaR 以及 ΔCoVaR 指标，对我国 56 家主要上市金融机构和房地产公司的系统性金融风险进行有效测度，并在此基础上结合最新发展的风险溢出网络方法（Diebold and Yilmaz，2012，2014），从静态与动态两个研究视角深入考察了我国金融体系跨部门的风险传染关系，并以"钱荒事件"和"熔断机制"为例,考察风险的传染路径、传递方向、溢出规模以及中心源头。我们所得出的富有启发意义的结论不仅有助于我们更好地识别我国系统性金融风险的整体水平,而且也为我国建立系统重要性金融机构的甄别标准提供客观依据,此外,本书的研究也有助于我们进一步完善我国系统性金融风险的预警指标,并为我国"货币政策和宏观审慎政策"双支柱调控框架的设计与安排提供理论分析与实证检验的参考依据,从而使本章研究具有重要的学术价值与现实意义。

本章采用 MES、VaR、CoVaR 以及 ΔCoVaR 这四种风险测度方法研究发现,我国系统性金融风险分别在 2013 年中期、2015 年中期以及 2016 年年初等时期出现了大幅提升,各个测度指标均能准确识别出 2013 年中期"银行钱荒"、2015 年中后期"股市动荡时期"以及 2016 年初期"熔断机制"等标志性事件,体现了上述方法在测度我国系统性金融风险水平的有效性与可靠性。

与此同时,分部门的研究结果显示,银行部门的四个风险度量指标在 2012 年底均呈现明显上升,并伴随 2013 年中期爆发的钱荒事件而达到阶段性峰值。此外,在 2015 年股市动荡期间以及 2016 年熔断机制时期,银行系统性风险水平同样快速攀升。同时,我们还发现,2017 年以来银行部门的风险测度指标逐渐回落,现阶段我国银行部门整体风险处于相对可控的水平。

另外,对于房地产部门而言,其风险测度指标也在 2013 年房地产调控政策的不断加码以及银行钱荒时期出现了阶段性的高峰。此外,证券、保险部门以及其他金融行业的系统性金融风险在 2015 年股市动荡期以及 2016 年初呈现出类似的演变趋势。在此基础上我们基于不同测度指标对金融部门的风险进行排序。从整体来看,房地产行业自 2011 年以来基本均为系统性风险最高的金融部门。证券部门与银行部门的风险则次之。因此,我国监管部门需要进一步加大对此类系统重要性金融机构的管控,尤其加强对影子银行、房地产泡沫等重点领域的风险防控。

在以上风险测度的基础上,我们采用了前沿的风险传染网络方法(Diebold and Yilmaz, 2012, 2014)来考察中国跨部门的风险传染效应及其动态演变关系。全样本的静态分析结果显示,我国金融体系整体上存在较为明显的跨部门风险传染效应,并且在 2015 年股市动荡时期,各个部门之间的风险传染程度明显上升。从分部门的角度分析,在整体样本内证券部门对外的风险溢出效应最为明显,而银行与其他金融部门对外风险溢出的程度最小。此外,我们也发现在股市动荡期间,房地产与保险部门成为金融风险的输出者,而证券部门则成为风险最大的接受者。

在整体样本内证券部门对外的风险溢出效应最为明显,究其原因,这是由于我国证券行业中机构投资者占比较少且存在大量高负债投资者,市场尚不能准确定价,风险承受能力较差,易在受到冲击时产生过度反应与羊群效应,金融风险通过投资者间债权债务关系以及恐慌情绪而快速扩散。与此同时,近年来大型地产公司纷纷参股、控股金融机构,成立、并购产业基金,房地产行业与金融市场深度融合,脱实向虚现象日益加剧。因此,由于房地产行业上市公司众多,杠杆率较高,资本损失概率较大,行业中的风险隐患极易导致其他部门的资产质量进一步恶化,使得房地产部门在股市动荡期间成为金融风险的输出者。

从动态分析的角度来看,自 2013 年以来,中国系统性金融风险溢出指数逐步攀升,而且伴随着"银行钱荒"和"股市熔断机制"等事件,风险跨部门传染效应显著增强,并在高位徘徊,这也使得防范跨部门风险传染成为当前新常态经济下面临的迫切问题。最后,我们以"钱荒事件"和"熔断机制"为例,考察系统性风险传染的动态网络变化。分析表明系统性风险传染中心并非一成不变,在"钱荒事件"中,由银行、房地产到其他部门的风险净溢出效应显著增加,成为风险传染的发源地;在"熔断机制"事件中,房地产与证券成为风险传染网络的中心,而银行与保险部门则受到了风险溢出的显著冲击。

基于以上的研究结论,本章得到以下三点启示:

(一)应根据我国金融体系的实际情况构建适合我国国情的系统性金融风险预警指标。本章的研究结果显示 VaR、MES、CoVaR 以及 ΔCoVaR 四种风险测度方法能够准确识别出标志性风险事件,较为合理地反映了我国系统性金融风险水平。因此,监管部门在风险预警体系的设计中可考虑适当纳入上述测度指标,以客观评价我国金融体系的整体风险水平,合理甄别出系统性重要金融机构。

(二)应加强对证券部门的监管,筑牢风险防火墙。根据风险溢出效应的分析结果,在整体样本期内我国证券部门对外风险溢出效应最为明显,因此我国监管部门需要加强对其的风险防控,深化结构性去杠杆工作,引导资金脱虚向实,防范和化解系统性金融风险。

(三)应建立健全大金融体系联合监管体制并逐步完善金融市场机制。我国金融体系整体上存在较为明显的风险传染效应,因此,现阶段我国"双支柱"调控框架必须密切关注并防范跨部门风险传染所引发的系统性金融风险,以银监会和保监会合并为契机,构建大金融体系联合监管体制,加强对不同金融部门的联合监管,保持金融市场的稳定发展。

第四章
极端金融风险的有效测度与非线性传染*

第一节 引言

2007年源于美国次级抵押贷款市场的金融危机蔓延至全球资本市场，对世界各国金融系统造成了严重的冲击，加速了以希腊为首的欧元区主权债务危机的爆发。后危机时代，世界经济复苏前景并不明朗，各国为了争夺经济利益，纷纷出台新的对外政策，引发英国"退欧"、中美贸易摩擦等事件，对国际金融市场造成冲击。与此同时，随着近年来我国金融混业经营进程的快速推进、金融创新产业的高速发展和各金融部门经营业务的相互交叉，金融风险跨市场、跨领域、跨部门传导日渐常态化，其中，极端金融风险是造成系统性风险在经济体中快速传播的主要因素，如"历史性银行钱荒""1·19踩踏事故""千股跌停"等频频发生的极端事件直接导致了资本市场剧烈震荡，严重破坏了金融系统的稳定性。由此可见，当前世界经济复苏乏力，大国间频繁的经济政治博弈，使得国际金融市场跌宕起伏；与此同时，中国正处于供给侧结构性改革和经济转型时期，政府出台的一系列改革政策，更是让金融行业结构性问题和深层次矛盾凸显，使得系统性金融风险问题已

---

* 本章经整理后发表于《经济研究》2019年第5期。

经成为现阶段亟须研究的重大课题。这已引起我国金融监管机构对系统性金融风险防控的高度重视——自党的十八大以来，党和国家领导人多次就防控化解系统性金融风险做出重大部署。党的十九大报告更是强调要"守住不发生系统性金融风险的底线"。此外，习近平总书记在 2017 年 2 月中央财经领导小组第十五次会议上进一步指出，"防控金融风险，要加快建立监管协调机制，加强宏观审慎监管，强化统筹协调能力，防范和化解系统性风险"。

因此，对我国金融机构的极端金融风险展开深入研究，考察各金融行业的关联性、金融风险的跨部门传染以及经济政策不确定性与金融风险的联动效应显然具有重要的学术价值与现实意义：它不仅有助于我们进一步完善我国尾部风险的衡量指标，更好地甄别我国系统性金融风险中的极端金融风险隐患，而且有助于弥补跨市场、跨行业、跨区域的监管漏洞，抑制风险跨部门交叉传染，缓解金融新业态下的多部门泡沫积聚，量化宏观政策不确定性与金融风险之间的联动效应，从而健全"货币政策和宏观审慎政策"双支柱调控框架，并为我国正在起步的混业监管与穿透式监管提供理论分析与实证检验的参考依据。

系统性金融风险能够在金融机构间快速传播，对金融系统的稳定造成了重大冲击。而对尾部极端风险进行有效测度和监控有助于防控系统性金融风险的爆发与传染。其中，VaR 是常用的尾部风险测度指标，但该方法存在缺乏次可加性与凸性、不满足一致性以及易规避监管要求等局限（Kratz et al., 2018）。在此基础上，相关学者提出了"期望损失"这一满足一致性要求的指标，该测度方法衡量的是当投资组合的损失超过分位数阈值时的预期损失，计算简便、能够刻画分散化投资带来的风险降低效应（Acerbi and Tasche, 2002），且更具备有效性与敏感性（Du and Escanciano, 2016）。因此，《巴塞尔协议Ⅲ》正式提出用 ES 指标逐步替代 VaR 指标作为市场风险的主要衡量标准（BCBS, 2013）。

为了检验风险测度指标的有效性与可靠性，国内外学界通常使用回溯测试来比较金融机构（系统）的实际损失是否与风险测度指标的事前预测相一致。最新研究实现了对ES测度方法有效性与可靠性的回溯测试，弥补了原有基于ES的回溯测试不具有稳健性的局限性（Cont et al., 2010）。其中，科坦齐诺和库兰（Costanzino and Curran, 2015）设计了能够对ES进行回测的频谱风险度量检验。而杜和斯堪蒂安（Du and Escanciano, 2017）基于累积失误次数建立相关模型，提出了具备稳健性的后验检验。此外，科坦齐诺和库兰（Costanzino and Curran, 2018）改进了"交通灯方法"，将其运用到对ES指标的后验分析中。同时，在全球金融混业经营不断发展的背景下，极端风险在部门间的传导也逐渐引起学界的广泛重视。其中，科尔西等人（Corsi et al., 2018）对2006—2014年全球33家系统重要性银行和36家主权债券之间尾部风险传导进行网络分析，发现在欧洲主权债务危机爆发之际，市场间的风险传导加剧，致使金融系统不稳定。古拉姆和杜林（Ghulam and Doering, 2018）分别考察了英国和德国的银行、保险、对冲基金和商品市场指数2007—2015年的尾部风险溢出效应，发现两国的对冲基金均为主要风险源。与此同时，我国学者也对系统性金融风险的传导关系与作用机制展开了深入的分析，代表性的有梁琪等（2015）、方意（2016）、郭晔和赵静（2017）以及杨子晖和周颖刚（2018）等人的研究。

与此同时，对系统性金融风险进行有效防控还必须防范尾部风险因其特有的传染效应和外部效应而传导到其他的金融机构、市场或实体经济中。特别在金融系统间存在紧密的关联性时，单个部门的极端事件风险会对其他金融部门产生显著的负面影响（Adams et al., 2014）。因此，考察金融部门间极端风险的传导路径与作用机制，是金融当局在防控系统性金融风险时需要解决的关键问题，受到各国政府当局与学术界的广泛关注。其中，比利奥等人（Billio et al., 2012）通过主成分分析法和Granger因果网络对1994—

2008年间美国对冲基金、银行、经纪人和保险公司部门的月收益率数据进行研究，分析表明银行和保险部门之间存在最为紧密的系统性金融风险的传导关系。而陈琛等人（Chen et al., 2013）对美国银行和保险公司信用违约互换数据的进一步研究发现，虽然银行部门和保险部门的风险间存在着双向因果关系，银行部门对保险部门的影响强度和持续时间远高于其受到的影响。

除此之外，随着世界经济一体化和全球金融混业经营的发展趋势，在对银行间的系统性风险传染进行深入研究的同时，极端风险在部门间的传导也逐渐引起学界的广泛重视。其中，科尔西等（Corsi et al., 2018）对2006—2014年全球33家系统重要性银行和36家主权债券之间尾部风险传导进行网络分析，研究发现在欧洲主权债务危机爆发之际，两个市场间风险传导加剧，导致了金融系统的不稳定。古拉姆和杜林（Ghulam and Doering, 2018）分别对英国和德国的银行、保险和对冲基金和商品市场指数2007—2015年的日度收益率进行分析，基于尾部风险考察各部门的风险溢出效应，分析结果发现两个国家的对冲基金均为风险的主要来源。由此可见，研究系统性金融风险的来源，掌握其在金融部门内部和金融系统间的传染路径是有效防控系统性金融风险关键所在。与此同时，我国学者也对我国系统性金融风险的传导关系展开了深入的探讨与分析。其中，梁琪等（2015）采用有向无环图和溢出指数方法对1994—2013年间全球17个国家或地区的股票市场间联动关系进行研究，发现国际金融危机等极端风险大幅增强了我国股票市场和全球股市间的风险传导效应。方意和郑子文（2016）基于持有共同资产网络研究了我国银行体系在2007—2014年的风险传导，并深入考察了系统性风险传染方向和传导力度。此外，方意（2016）以及郭晔和赵静（2017）等人也对我国系统性金融风险的问题展开了很好的分析与阐述。

当前全球地缘政治风险加剧，区域性冲突与动荡源头增多，使得各国经济政策不确定性水平升高，对各国金融市场造成负面冲击。这引起学术界的广泛关注，有学者尝试对经济政策不确定性进行量化，例如贝克尔等（Baker et al., 2016）基于 12000 类报纸杂志新闻报道的关键词频率，编制了世界主要经济体的政策不确定性指数，并证明了该指数代表与政策相关的经济不确定性的变动趋势。但他们在构建中国经济政策不确定性时，没有对中国内地出版的报纸进行文本分析，而仅仅提取了一份香港英文报纸——《南华早报》的相关信息。这使得其编制的指数无法完全反映中国的经济政策不确定性的水平，且可能由于潜在的报道偏误而导致数据存在较大误差。此外，由于样本只包含一份报纸，使得研究人员无法按照政策类别构建更高频率（如日度）的指数。面对以上问题，黄和卢克（Huang and Luk, 2020）试图对挖掘的样本容量进行扩充以进行改进指数设定方法——他们对 114 份中国内地的报纸进行文本挖掘，编制了一系列全新的中国经济政策不确定性指数。基于以上对经济政策不确定性的量化工作，产生了大量关于经济政策不确定性与金融市场波动的实证研究。

纵观该领域的研究，现有的大部分文献主要关注的是金融风险在银行系统内部的传递，而对极端风险在整个金融体系内的跨部门传递讨论得较少。然而，近年来各金融部门的资产和信贷风险之间的协同流动不断增加，致使系统性金融风险呈现显著的跨部门传导效应（Adrian and Brunnermeier, 2016），这就意味着如果我们只侧重于分析单个金融部门内部的风险传导，而忽视了各机构间的关联性，就可能低估相互依赖的金融机构对系统性金融风险的整体贡献，从而无法正确衡量金融系统中的风险溢出效应（Hautsch et al., 2015）。其次，现有的对风险跨部门传染效应的研究往往集中在考察传统金融部门间的双向风险溢出效应。然而随着我国金融混业经营发展，地产与传统金融部门之间的风险传导不断增强。因此，现阶段对金融风险在我国传统金融部门和房地产部门间的传导效应展开深入研究十分必要。最后，尾部极端金融风险具有极强的破坏性，易造成资本市场的震荡而引发系统性风险。因此，分析尾部极端风险的传染效应将为防范系统性金融风险传染提供重要的参考依据。而现有文献在研究尾部风险的风险溢出时，通常采用传统的 VaR 指标对单个机构的尾部风险进行衡量，但随着后验分析方法的不断发展，使用更具尾部敏感性与有效性的 ES 测度指标显然更具有学术价值和现实意义（Du and Escanciano, 2017; Kratz et al., 2018）。其次，近年来随着全球经济政策不确定性水平的攀升，经济政策不确定性已被认为是全球经济从金融危机中复苏缓慢的因素之一（Benati, 2013），而目前鲜有学者对中国经济政策不确定性指数及其细分指标与中国金融市场风险的联动关系展开全面研究。最后，现有研究大多仅在线性框架下对金融风险的溢出效应进行分析。但最新研究发现，金融时间序列常常存在显著的非线性特征，风险在金融系统间传递时，传染强度与作用方向常常会发生非线性转变（Brana et al., 2018）。由此可见，采用线性因果关系检验方法未必能正确捕捉其在不同金融机构间的风险传染关系。更重要的是，在线性框架下对这些呈现出非线性特征的变量进行分析，会导致分析结论产生显著的偏差（de Vita et al., 2018）。此外，郝德勒等（Härdle et al., 2016）指出，线性关系在复杂的高维系统中无法成立，从而在对多部门的极端风险传导关系进行分析时，使用更灵活的非线性假设显得尤为重要。

鉴于此，本章尝试着在现有研究的基础上做一个有益的补充，采用最新发展的 ES 测度指标与回溯测试方法（Du and Panchenko, 2016），对中国 A 股整体市场以及银行、证券、保险、多元金融业、房地产五个部门的尾部风险进行测度，并对其有效性和可靠性进行后验分析。在此基础上，我们结合神经网络等多种非线性检验方法对各个部门极端风险的非线性特征展开深入分析，并运用前沿的非线性 Granger 因果关系检验，考察各部门之间的极端风险传染，并基于此衡量风险传染网络在整体和部门上的关联性。此外，为了更加准确地刻画我国各金融部门间风险的传递情况，我们使用王纲金等

（Wang et al., 2017）提出的网络密度（Network Density, ND）和全局有效性（Grobal Efficiency, GE）指标对金融系统整体间极端风险关联性的健康程度和功能情况进行测度，与此同时，我们采用相对影响力（Relative Influence, RI）和生存率（Survival Ratio, SR）指标对单个金融机构间极端风险的非线性关联进行量化。与此同时，我们还进一步采用"滚动估计分析"方法（Rolling Estimation），从动态分析的角度考察风险传导的作用关系。接着，我们从体制区间效应的角度对极端风险的非线性特征做了进一步的论证，指出传统的线性研究可能会因忽略了风险在各金融部门间传导的非线性机制而导致结论出现显著偏差。此外，本章引入中国经济政策不确定性指数及其细分指标，采用最新发展的非线性与基于 MF-VAR 模型的因果关系检验方法（Ghysels et al., 2016）方法，深入考察不确定性与风险之间的联动关系。最后在本章研究的基础上，我们提出了富有启发意义的建议，它不仅有助于我们抑制风险交叉传染，弥补跨市场、跨行业、跨区域的监管漏洞，缓解金融新业态下的多市场泡沫积聚，而且也有助于我们进一步完善我国系统性金融风险衡量的指标体系，健全"货币政策和宏观审慎政策"双支柱调控框架，并为我国正在起步的混业监管与穿透式监管提供理论分析与实证检验的参考依据。

第二节 VaR 与"期望损失"及"回溯测试"

衡量尾部风险的常用指标有 VaR 以及期望损失。VaR 指的是在给定的置信水平下，特定的时间内金融部门的最大可能损失。

回溯测试可以通过实际损失超过预测值的失误次数来对模型和指标进行评价。亨德里克斯（Hendricks, 1996）提出通过历史数据，采用均值相对偏差（Mean Relative Bias, MRB）和均方根相对偏差（the Root Mean Squared

Relative Bias, RMSRB）进行回测。克里斯托弗森（Christoffersen, 1998）提出了有条件覆盖的区间检验，以求同时检验样本期内失误次数的频率和独立性。但这些基于 VaR 回测检验在应用于 ES 指标时会产生明显的扭曲效应（Size Distortions）。因此，杜和斯堪蒂安（Du and Escanciano, 2017）提出了基于累积失误次数的回溯测试。下面我们将对其进行简要介绍。

首先，杜和斯堪蒂安（Du and Escanciano, 2017）为了更好地刻画 VaR，用 Y_t 来表示 t 时刻金融部门的实际回报率，用 Ω_{t-1} 来代表 $t-1$ 时刻包含 Y_t 和其他信息 X_t 的分布，即：

$$\Omega_{t-1} = \{Y_{t-1}, Y_{t-2},\dots;\ X_{t-1}, X_{t-2},\dots\} \quad (4-1)$$

令 $\alpha \in [0,1]$，则根据 VaR 的定义可以得到：

$$\alpha = P\left[Y_t \leqslant -VaR_\alpha | \Omega_{t-1}\right] \quad (4-2)$$

期望损失 ES 指的是当金融部门的极端损失大于 VaR 时的期望值，即：

$$ES_\alpha = -E\left[R|R \leqslant -VaR_\alpha\right] \quad (4-3)$$

其次，他们定义了在 t 时刻 α 分位数上的失误次数：

$$h_t(\alpha) = 1(Y_t \leqslant -VaR_t(\alpha)) \quad (4-4)$$

其中 $1(\cdot)$ 函数表示实际损失大于或等于 $VaR_t(\alpha)$ 时，该函数的值为 1，反之为 0。则在 α 分位数下的累积失误次数可表示为：

$$H_t(\alpha) = \frac{1}{\alpha}\int_0^\alpha h_t(u)\mathrm{d}u = \frac{1}{\alpha}\int_0^\alpha 1(u_t \leqslant u)\mathrm{d}u = \frac{1}{\alpha}(\alpha - u_t)1(u_t \leqslant \alpha) \quad (4-5)$$

其中，$u_t = G(Y_t, \Omega_{t-1})$，$G(\cdot)$ 分布满足 $G(\cdot, \Omega_{t-1}, \theta_0)$，则累积失误情况可用以下式子来衡量：

$$H_t(\alpha, \theta_0) = \frac{1}{\alpha}(\alpha - u_t(\theta_0))1(u_t(\theta_0) \leqslant \alpha) \quad (4-6)$$

杜和斯堪蒂安（Du and Escanciano, 2017）通过条件极大似然估计（Conditional Maximum Likelihood Estimator, CMLE）估计得到 θ_0 的一致估计量 $\hat{\theta}_T$。并由此提出了对 ES 的有条件的回溯测试（Conditional Backtest,

C）和无条件的回溯测试（Unconditional Backtest, UC）。其中，有条件的回溯测试是在克里斯托弗森（Christoffersen, 1998）和伯科威茨等（Berkowitz et al., 2011）提出的回溯测试的基础上，通过混合 Box–Pierce 检验（Portmanteau Box–Pierce test）对 $\{H_t(\alpha, \theta_0)-\alpha/2\}_{t=1}^{\infty}$ 进行自相关检验。无条件的回溯测试则对 $\{H_t(\alpha, \theta_0)-\alpha/2\}_{t=1}^{\infty}$ 的均值是否为 0 进行 t 检验，两个测试的原假设分别为：

$$H_{0c}: E[H_t(\alpha, \theta_0) - \alpha/2 | \Omega_{t-1}] = 0 \ ; \ H_{0u}: E(H_t(\alpha, \theta_0)) = \alpha/2 \quad (4-7)$$

他们采用服从 t 分布的 AR(1)-GARCH(1,1) 模型刻画 Y_t 的分布，则 t 时的 VaR 和 ES 可表示为：

$$VaR_t(\alpha) = -a_0 Y_{t-1} - \sigma_t F_v^{-1}(\alpha), \sigma_t^2 = \omega_0 + \alpha_0 \sigma_{t-1}^2 \varepsilon_{t-1}^2 + \beta_0 \sigma_{t-1}^2 \quad (4-8)$$

$$ES_t(\alpha) = -a_0 Y_{t-1} - \sigma_t m(\alpha), m(\alpha) = E[\varepsilon_t | \varepsilon_t \leqslant F_v^{t-1}(\alpha)] \quad (4-9)$$

其中，ε_t 服从学生 t 分布，v 为自由度。

第三节 非线性 Granger 因果关系检验

一直以来，为了考察变量之间的线性因果关系，学术界多使用传统 Granger 因果检验方法来检验变量之间的因果关系。而系统性金融危机不断爆发，各金融机构受到大量冲击，容易发生结构性突变，进一步呈现出非线性特征。相关研究表明，在时间序列具有明显的非线性特征时，使用线性框架检验时无法捕捉存在的非线性因果关系，从而产生显著的偏差（Hiemstra and Jones, 1994）。因此，随着该领域研究不断深入，希姆斯特拉和琼斯（Hiemstra and Jones, 1994）与迪克斯和潘钦科（Diks and Panchenko, 2006）分别提出了前沿的非线性 Granger 因果检验方法以克服传统因果检验方法存在的这种缺陷。下面，我们将分别对希姆斯特拉和琼斯（Hiemstra and Jones, 1994）所提出的 TVAL 非参检验方法与迪克斯和潘钦科（Diks and

Panchenko, 2006）提出的非参数的 T_n 检验方法进行简要介绍。

希姆斯特拉和琼斯（Hiemstra and Jones, 1994）提出的 TVAL 非参检验方法，首先给定两个严格平稳的弱相关的时间序列 $\{X_t\}$ 与 $\{X_t\}$，$t=1,2,...$，并分别设定 X_t 的 m 阶领先向量矩阵（lead vector）和 X_t 与 Y_t 的 L_x 与 L_y 阶滞后向量矩阵（lag vector），即令：

$$X_t^m = (X_t, X_{t+1}, ..., X_{t+m-1})$$
$$X_{t-Lx}^{Lx} = (X_{t-Lx}, X_{t-Lx+1}, ..., X_{t-1}), \quad Lx=1,2,...,t=Lx+1, Lx+2... \quad (4-10)$$
$$Y_{t-Ly}^{Ly} = (Y_{t-Ly}, Y_{t-Ly+1}, ..., Y_{t-1}), \quad Ly=1,2,...,t=Ly+1, Ly+2...,$$

当 Y_t 不是 X_t 的 Granger 因果原因时，对于给定的 m、$L_x \geq 1$ 与 $L_y \geq 1$ 以及任意取值的 $e>0$，则等价于如下关系式：

$$\begin{aligned}&\Pr\left(\left\|X_t^m - X_s^m\right\|<e \,\Big|\, \left\|X_{t-Lx}^{Lx} - X_{s-Lx}^{Lx}\right\|<e, \,\, \left\|Y_{t-Ly}^{Ly} - Y_{s-Ly}^{Ly}\right\|<e\right) \\ &= \Pr\left(\left\|X_t^m - X_s^m\right\|<e \,\Big|\, \left\|X_{t-Lx}^{Lx} - X_{s-Lx}^{Lx}\right\|<e\right)\end{aligned} \quad (4-11)$$

其中，$\Pr(\cdot|\cdot)$ 与 $\|\cdot\|$ 分别表示概率与最大模（Maximum Norm）。为了进一步验证上式是否成立，我们将上式转换为用联合概率的形式表达。我们对联合概率的关联积分（correlation-integral）进行估计，则"不存在 Granger 因果关系"的条件可以表述为：

$$\frac{CI_1(m+L_x, L_y, e)}{CI_2(L_x, L_y, e)} = \frac{CI_3(m+L_x, e)}{CI_4(L_x, e)} \quad (4-12)$$

其中，$CI_i(\cdot)$ 为联合概率的关联积分，且满足下列条件：

$$\begin{aligned}CI_1(m+L_x, L_y, e) &= \Pr\left(\left\|X_{t-Lx}^{m+Lx} - X_{s-Lx}^{m+Lx}\right\|<e, \,\, \left\|Y_{t-Ly}^{Ly} - Y_{s-Ly}^{Ly}\right\|<e\right), \\ CI_2(L_x, L_y, e) &= \Pr\left(\left\|X_{t-Lx}^{Lx} - X_{s-Lx}^{Lx}\right\|<e, \,\, \left\|Y_{t-Ly}^{Ly} - Y_{s-Ly}^{Ly}\right\|<e\right), \\ CI_3(m+L_x, e) &= \Pr\left(\left\|X_{t-Lx}^{m+Lx} - X_{s-Lx}^{m+Lx}\right\|<e\right), \\ CI_4(L_x, e) &= \Pr\left(\left\|X_{t-Lx}^{Lx} - X_{s-Lx}^{Lx}\right\|<e\right)\end{aligned} \quad (4-13)$$

当这两个严格平稳的弱相关的时间序列 $\{X_t\}$ 与 $\{Y_t\}$，$t=1,2,...$，不存在 Granger 因果关系时，对于给定的 m、$L_x \geq 1$ 与 $L_y \geq 1$ 以及 $e>0$，以下

TVAL 检验量服从均值为 0，方差服从 (m, L_x, L_y, e) 函数的渐进正态分布：

$$\sqrt{n}\left(\frac{CI_1(m+L_x, L_y, e, n)}{CI_2(L_x, L_y, e, n)} - \frac{CI_3(m+L_x, e, n)}{CI_4(L_x, e, n)}\right) \xrightarrow{d} N(0, \sigma^2(m, L_x, L_y, e)) \quad （4-14）$$

然而迪克斯和潘钦科（Diks and Panchenko, 2006）研究发现，TVAL 检验方法存在"过度拒绝"的问题，即对于原假设的拒绝概率随着样本的增加提高。因此，他们在希姆斯特拉和琼斯（Hiemstra and Jones, 1994）的基础上提出了非参数的 T_n 检验统计量，用局部条件依赖测度（Local Conditional Dependence Measures）的均值代替全局检验统计量（Global Test Statistic），并基于渐进理论选择带宽。下面我们将对非参数的 T_n 检验方法的基本原理进行简要说明。

迪克斯和潘钦科（Diks and Panchenko, 2006）首先令 $m = L_x = L_y = 1$，将式（4-12）重新表述为以下关于 (X_t, Y_t, X_{t+1}) 的联合分布关系式：

$$\frac{f_{x_t, y_t, x_{t+1}}(X_t, Y_t, X_{t+1})}{f_{x_t, y_t}(X_t, Y_t)} = \frac{f_{x_t, x_{t+1}}(X_t, X_{t+1})}{f_{x_t}(X_t)} \quad （4-15）$$

针对意在解决的过度拒绝的问题，他们将原假设重新表述为以下关系式：

$$E\left[\left(\frac{f_{x_t, y_t, x_{t+1}}(X_t, Y_t, X_{t+1})}{f_{x_t, y_t}(X_t, Y_t)} - \frac{f_{x_t, x_{t+1}}(X_t, X_{t+1})}{f_{x_t}(X_t)}\right) \times g(X_t, Y_t, X_{t+1})\right] = 0 \quad （4-16）$$

其中，$g(\cdot)$ 为权重函数，且恒为正。此外，他们发现，当选择 $g(x, y, z) = f_Y^2(y)$ 时，式（4-16）中的原假设 H_0 意味着以下关系式成立：

$$q \equiv E\left[f_{x_t, y_t, x_{t+1}}(\cdot)f_{x_t}(\cdot) - f_{x_t}(\cdot)f_{x_t, x_{t+1}}(\cdot)\right] = 0 \quad （4-17）$$

在此基础上，迪克斯和潘钦科（Diks and Panchenko, 2006）构造出以下的非参数的 T_n 检验统计量：

$$T_n(e_n) = \frac{n-1}{n(n-2)}\sum_i^n (\hat{f}_{x_t, y_t, x_{t+1}}(x_{it}, y_{it}, x_{it+1})\hat{f}_{x_t}(x_{it}) - \hat{f}_{x_t, y_t}(x_{it}, y_{it})\hat{f}_{x_{t+1}}(x_{it}, x_{it+1}))$$

$$（4-18）$$

其中，$\hat{f}_z(z_i)$ 为随机向量的局部密度估计，此外，他们还发现，基于式

（4-18）的 T_n 统计量收敛于正态分布，即：

$$\sqrt{n}\frac{(T_n(e_n)-q)}{S_n} \xrightarrow{d} N(0,1) \quad (4-19)$$

其中，S_n 为 $T_n(\cdot)$ 渐进方差的估计值。在研究我国各金融部门尾部极端风险传导非线性关联时，我们同时采用 TVAL 检验量和 T_n 检验统计量以保障结果的稳健性和可靠性。

第四节 网络关联指标

为了有效衡量金融系统整体与各部门间关联情况，我们使用王纲金等（Wang et al., 2017）提出的相关指标对我国金融部门之间极端风险传导的关联性进行测度。王纲金等（Wang et al., 2017）首先构建了一个极端风险的溢出网络，用 $G(V,E)$ 表示，其中，V 代表机构的集合，E 是点到点之间边界的集合，部门间存在风险传染因果关系时取值为 1，反之为 0。在此基础上，引入网络密度指标，从整体上考察极端风险溢出的网络关联程度。对于 N 家金融机构，网络密度可以用下式表示：

$$ND = \frac{1}{N(N-1)}\sum_{i=1}^{N}\sum_{j\neq i}E_{i\to j} \quad (4-20)$$

与此同时，他们进一步提出了全局有效指标，该指标进一步量化了极端风险的信息在溢出网络间交换的效率，即：

$$GE = \frac{1}{N(N-1)}\sum_{i=1}^{N}\sum_{j\neq i}\frac{1}{d_{i\to j}} \quad (4-21)$$

其中，$d_{i\to j}$ 代表极端风险从机构 i 传递到机构 j 的最短路径，当风险无法从机构 i 传递到机构 j 时，$d_{i\to j}=+\infty$。此外，本章进一步对部门水平上的风险传染关联性进行测度，我们使用机构出度（Out-degree）和机构入度（In-degree）分别衡量单个金融机构产生或者受到非线性传染的数目，即：

$$k_{out}(i) = \sum_{j=1, j\neq i}^{N} E_{i \to j}, \quad k_{in}(i) = \sum_{j=1, j\neq i}^{N} E_{j \to i} \qquad (4-22)$$

在此基础上，王纲金等（Wang et al., 2017）引入了相对影响力（RI）来测度金融机构传导与受到的非线性影响，当 RI 为正时说明比起受到其他金融机构的极端风险冲击，该金融机构的风险对其他金融机构有着更显著的影响：

$$RI(i) = \frac{k_{out}(i) - k_{in}(i)}{k_{out}(i) + k_{in}(i)} \qquad (4-23)$$

与此同时，我们使用生存率（SR）指标检验极端风险动态传染的稳健性，即：

$$SR_{t'} = \frac{|E_{t'} \cap E_{t'+1}|}{|E_{t'}|} \qquad (4-24)$$

其中，$E_{t'}$ 代表在 t' 时刻各部门间的非线性传染关系。

第五节 基于 MF-VAR 模型的因果关系检验

受限于数据的可获得性，现有的大部分文献在考察混频变量之间的因果关系时，往往将不同频率的样本聚合至共同的最低频率进行检验，从而使高频数据在降频过程中可能丢失重要信息，导致结论产生偏差。因此，吉赛尔斯等（Ghysels et al., 2016）提出了 MF-VAR 模型，以最大限度地减少因频率转换而产生的信息损失，从而有效检验混频变量间可能存在的因果关系。他们首先假定只存在高频（High Frequency, HF）、低频（Low Frequency, LF）两种不同采样频率，并由此得到低频与混频（Mixed Frequency, MF）两种聚合结果。由于高频过程含高频与低频两类信息，频率比例用 m 表示，则可将可观测的数据演变过程聚合成为混频向量：

$$X(\tau_L) = [x_H(\tau_L, 1)', \cdots, x_H(\tau_L, m)', x_L(\tau_L)']' \qquad (4-25)$$

在此基础上，吉赛尔斯等（Ghysels et al., 2016）进一步假定该混频向量服从 VAR(p) 过程，即：

$$\begin{bmatrix} x_H(\tau_L,1) \\ \vdots \\ x_H(\tau_L,m) \\ x_L(\tau_L) \end{bmatrix} = \sum_{k=1}^{p} \begin{bmatrix} d_{11,k} & \cdots & d_{1m,k} & c_{(k-1)m+1} \\ \vdots & \ddots & \vdots & \vdots \\ d_{m1,k} & \cdots & d_{mm,k} & c_{km} \\ b_{km} & \cdots & b_{(k-1)m+1} & a_k \end{bmatrix} \begin{bmatrix} x_H(\tau_L-k,1) \\ \vdots \\ x_H(\tau_L-k,m) \\ x_L(\tau_L-k) \end{bmatrix} + \begin{bmatrix} \varepsilon_H(\tau_L,1) \\ \vdots \\ \varepsilon_H(\tau_L,m) \\ \varepsilon_L(\tau_L) \end{bmatrix}$$

（4-26）

吉赛尔斯等（Ghysels et al., 2016）为了检验混频数据间存在的长期 Granger 因果关系，将模型进一步扩展为考虑预测步长（prediction horizon）h 的 MF-VAR(p, h) 模型，即：

$$X(\tau_L+h) = \sum_{k=1}^{p} A_k^{(h)} X(\tau_L+1-k) + u^{(h)}(\tau_L) \quad (4-27)$$

其中 $A_k^{(1)} = A_k$，$A_k^{(i)} = A_{k+i-1} + \sum_{l=1}^{i-1} A_{i-l} A_k^{(l)} (i \geq 2)$，$u^{(h)}(\tau_L) = \sum_{k=0}^{h-1} \varphi_k \varepsilon(\tau_L-k)$。与此同时，"不存在因果关系"的原假设可以转化为线性系数约束，即：

$$H_0(h): Rvec[B(h)] = r \quad (4-28)$$

其中，R 是根据相关原假设确定的行满秩的选择矩阵，$B(h)$ 为 MF-VAR(p, h) 模型的系数，r 为约束向量。在此基础上，吉赛尔斯等（Ghysels et al., 2016）构建了如下的 Wald 统计量：

$$W_{T^*} \equiv T^*(Rvec[\hat{B}(h)] - r)' \times (R\hat{\sum}_p(h)R')^{-1} \times (Rvec[\hat{B}(h)] - r) \quad (4-29)$$

T^* 为有效样本数量，$\hat{B}(h)$ 是 $B(h)$ 的最小二乘估计量，并进一步使用自举 p 值法（bootstrapped p-value）对 Wald 统计量的显著性水平进行检验，即：

$$\hat{p}_N(W_{T^*}) = (N+1)^{-1} \times (1 + \sum_{i=1}^{N} I(W_i \geq W_{T^*})) \quad (4-30)$$

第六节 数据说明

本章选用沪深 300 指数收益率作为我国市场指数收益率的衡量指标，同时基于申银万国行业分类标准，分别选取了银行业指数、证券业指数、保险业指数、房地产业指数以及多元金融业指数的日度收益率数据作为分部门的代理变量。样本区间为 2002 年 1 月 1 日—2018 年 6 月 30 日。与此同时，考虑到 2008 年国际金融危机对我国金融体系造成了显著的冲击，本章将包含国际金融危机的时期作为第一组子样本进行单独分析，其样本内区间为 2002 年 1 月 1 日—2007 年 6 月 30 日，样本外区间则为危机发生的 2007 年 7 月 1 日—2009 年 12 月 31 日，共 1935 个交易日数据。需要说明的是，由于保险公司 2007 年后才陆续上市，因此第一组样本中我们未纳入保险业指数。此外，第 2 子样本的样本内区间为 2010 年 1 月 1 日—2014 年 12 月 31 日，样本外区间为 2015 年 1 月 1 日—2018 年 6 月 30 日，共 2062 个交易日数据，涵括中国股市震荡时期。数据均来源于 Wind 数据库。

表 4-1 是对市场指数和金融行业分部门指数收益率的描述性统计。表 4-1 的结果显示，无论是在 2002—2009 年还是在 2010—2018 年，当金融危机发生或者中国股市震荡时，各个主要部门的收益率在样本外区间均明显下降，这意味着我国各金融部门在此期间可能因尾部事件的发生而导致收益大幅下滑。与此同时，我们还发现，在 2007—2009 年国际经济危机期间，分布明显左偏，峰度降低，表明各主要金融部门在危机时存在持续性的严重损失。而 2015 年中国股市震荡后，各部门的标准差和超值峰度显著增加，其中，多元金融业的标准差从 1.770 增至 2.277，是 2015 年前的 1.28 倍；超值峰度自 1.721 增至 4.107，增幅高达 139%，这表明各部门的收益率损失程度在尾部事件发生后大幅增加。此外，作为我国传统避险板块的银行业在两个样本外区间（即国际危机发生期间与中国股市震荡期间）的波动幅度均最小，证券业的波动率则高于其他部门。同时，各个部门收益率 1% 和 5% 的分位数数值在国际危机发生期间与中国股市震荡期间明显降低，这意味着在此期间各部门的尾部风险明显加剧，伴随极端事件的损失概率也大大提升。

表 4-1 市场指数及各部门指数收益率的描述性统计

Panel A（2002—2009 年）

指数	样本内区间（2002.1—2007.6）					样本外区间（2007.7—2009.12）				
	沪深 300	银行业	证券业	多元金融	房地产业	沪深 300	银行业	证券业	多元金融	房地产业
观测值数量	1320	1320	1320	1320	1320	615	615	615	615	615
均值	0.080	0.090	0.136	0.081	0.081	-0.008	0.018	0.026	-0.002	-0.002
中位数	0.080	-0.014	-0.046	0.029	0.029	0.230	0.011	0.145	0.197	0.197
标准差	1.506	1.904	2.793	1.835	1.835	2.536	2.857	3.660	3.145	3.145
偏态	-0.084	0.462	0.309	-0.055	-0.055	-0.221	-0.034	-0.198	-0.301	-0.301
超值峰度	4.798	2.545	1.715	2.768	2.768	0.883	1.138	0.378	0.419	0.419
最大值	8.974	9.534	9.566	8.837	8.837	8.931	9.551	9.412	9.405	9.405
10% 分位数	-1.558	-2.019	-3.096	-1.998	-1.998	-3.460	-3.477	-4.729	-4.190	-4.190
5% 分位数	-2.106	-2.597	-3.892	-2.724	-2.724	-4.625	-4.852	-6.950	-5.604	-5.604
1% 分位数	-3.997	-4.664	-7.221	-4.812	-4.812	-7.008	-7.526	-9.276	-8.606	-8.606
最小值	-9.695	-9.177	-10.513	-9.385	-9.385	-8.456	-10.380	-10.416	-9.753	-9.753

Panel B（2010—2018 年）

指数	样本内区间（2010.1—2014.12）					样本外区间（2015.1—2018.6）				
	沪深 300	银行业	证券业	保险业	多元金融	房地产业	沪深 300	银行业	证券业	保险业	多元金融	房地产业
观测值数量	1211	1211	1211	1211	1211	1211	851	851	851	851	851	851
均值	0.000	0.020	0.030	0.011	0.007	0.012	-0.001	-0.010	-0.105	0.034	-0.049	-0.003
中位数	-0.015	-0.065	-0.115	-0.056	0.081	0.010	0.085	-0.024	-0.072	-0.010	0.029	0.101
标准差	1.365	1.501	2.261	1.913	1.770	1.755	1.638	1.587	2.492	2.054	2.277	1.934
偏态	-0.134	0.454	0.390	0.255	-0.334	-0.383	-1.237	-0.514	-0.403	-0.129	-0.934	-0.867
超值峰度	1.899	5.377	2.597	2.675	1.721	2.143	6.836	7.752	4.615	3.731	4.107	3.612
最大值	4.926	7.849	9.531	8.828	6.487	6.008	6.499	7.600	9.521	9.209	7.570	6.279
10% 分位数	-1.586	-1.467	-2.404	-2.143	-2.043	-1.976	-1.492	-1.410	-2.381	-2.286	-2.126	-1.929
5% 分位数	-2.093	-2.071	-3.205	-2.959	-2.934	-2.783	-2.436	-2.142	-3.901	-3.144	-3.729	-3.082
1% 分位数	-3.444	-3.614	-5.917	-4.647	-4.906	-4.783	-6.666	-4.954	-9.520	-5.559	-8.562	-7.024
最小值	-6.516	-9.140	-9.872	-9.442	-8.553	-9.021	-9.154	-10.506	-10.537	-9.924	-10.283	-8.784

120 系统性金融风险研究

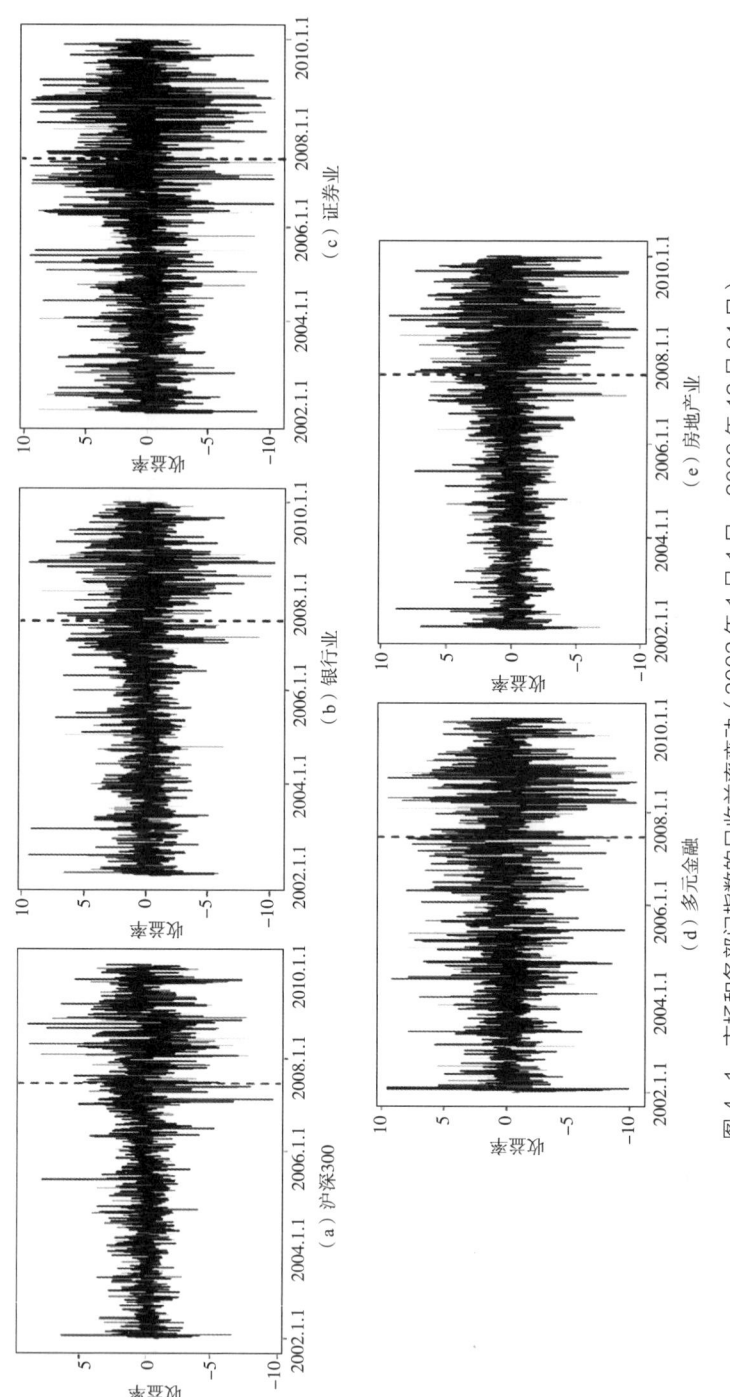

图 4-1 市场和各部门指数的日收益率变动（2002 年 1 月 1 日—2009 年 12 月 31 日）

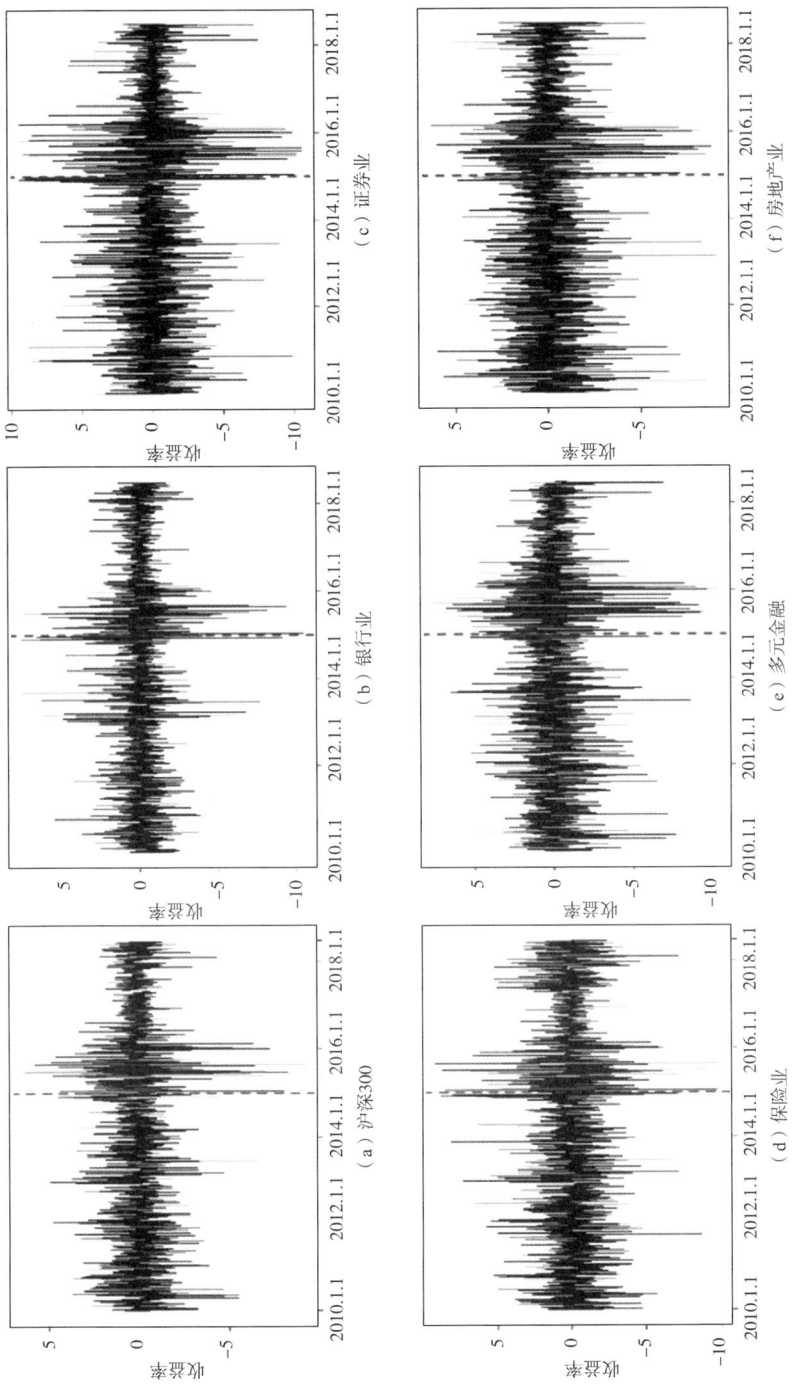

图 4-2　市场和各部门指数的日收益率变动（2010年1月1日—2018年6月30日）

图 4-1 和图 4-2 清楚地表明，各部门的收益率指数存在明显的波动聚类现象。其中，总体而言，在 2002—2009 年，证券业和多元金融业成为波动幅度最大的部门，此外，在国际金融危机期间发生期间（虚线右边区间），A 股市场与各个金融部门均出现了大幅震荡。

类似地，图 4-2 显示在 2010 年之后，证券业的波动幅度最大，其次为房地产业和多元金融业，而银行业和保险业振幅相对较小。此外，2015 年中期发生重大股灾之后（虚线右边区间），金融市场剧烈震荡，各个指数收益率变化明显。

第七节　极端风险有效测度与回测检验

鉴于杜和斯堪蒂安（Du and Escanciano, 2017）研究表明，ES 的置信水平为 VaR 两倍时，两种测度方法的失误次数与累积失误次数的期望值一致。因此，本章分别选择置信度为 5% 的 VaR 指标与置信度为 10% 的 ES 指标进行对比分析。首先我们分别使用样本 1 和样本 2 在样本内区间的收益率数据，通过 AR(1)-GARCH(1,1) 模型拟合以获得 VaR 和 ES 的收益率分布函数，并基于条件极大似然方法来估计回溯测试的相关参数，估计结果列于表 4-2。由表 4-22，我们可以发现，$\alpha_0 + \beta_0$ 的值趋近于 1，表明各指数方差具备持续性，即存在长期线性均衡关系。此外，2010 年至 2014 年间 β_0 的数值较之第一样本期均有所增加，例如房地产业从 0.828 增至 0.932，增幅达 12.56%，这意味着我国各部门的收益率指数的波动幅度在 2010 年后有较大幅度的提高，金融体系所面临的风险明显增加。

表4-2 回溯测试的条件极大似然估计

	Panel A (2002.1—2007.6)					Panel B (2010.1—2014.12)					
	沪深300	银行	证券	多元金融	房地产	沪深300	银行	证券	保险	多元金融	房地产
a_0	0.017	0.020	−0.026	0.003	0.067	−0.002	−0.036	−0.033	−0.042	−0.008	0.013
w_0	0.070	0.073	0.156	0.300	0.280	0.026	0.053	0.072	0.087	0.047	0.071
α_0	0.085	0.087	0.076	0.081	0.145	0.028	0.054	0.041	0.039	0.036	0.047
β_0	0.887	0.883	0.883	0.886	0.828	0.960	0.929	0.950	0.941	0.950	0.932
v	5	5	6	5	6	5	4	4	5	6	6
$F_v^{-1}(0.05)$	−1.561	−1.561	−1.587	−1.561	−1.587	−1.561	−1.507	−1.507	−1.561	−1.587	−1.587

在上述基于样本内数据得到的估计参数基础上，我们分别使用VaR和ES指标对样本外的危机期间进行风险测度，并将其与实际收益率在图4-3与图4-4中画出。图4-3清楚地表明在国际金融危机期间，黑色线代表的$-ES(0.1)$序列值小于灰色线代表的$-VaR(0.05)$序列值，更接近实际收益率。从数值上看，在2008年9月15日雷曼兄弟申请破产后，我国银行业收益率指数第二日跌幅达到−10.38%，此日用VaR测度的极端损失为−3.98%，而基于ES的测度值为−4.47%。类似地，9月17日银行业指数的实际收益率为−9.18%，基于VaR和ES指标测度的极端损失分别为−5.66%和−6.38%，使用ES测度的收益率更接近实际损失，这意味着ES指标能更好对尾部风险造成的极端损失进行有效测度。同时，我们可以发现，在2007年7月1日—2009年12月31日中，各指数的收益率多次低于VaR的阈值，因此，国际金融危机对我国各部门造成了显著的负面冲击。

图4-4中的测度结果显示，在中国股市震荡期间，ES同样对实际极端损失进行了更好的刻画。以2015年8月24日为例，当日沪深300指数的日收益率跌至−9.15%，成为了2015年1月到2018年6月间的最大跌幅。此日基于VaR估计的收益率为−4.43%，而基于ES的测度值为−5.05%。由此可见，采用ES指标能更好地测度因尾部风险而产生的极端损失。

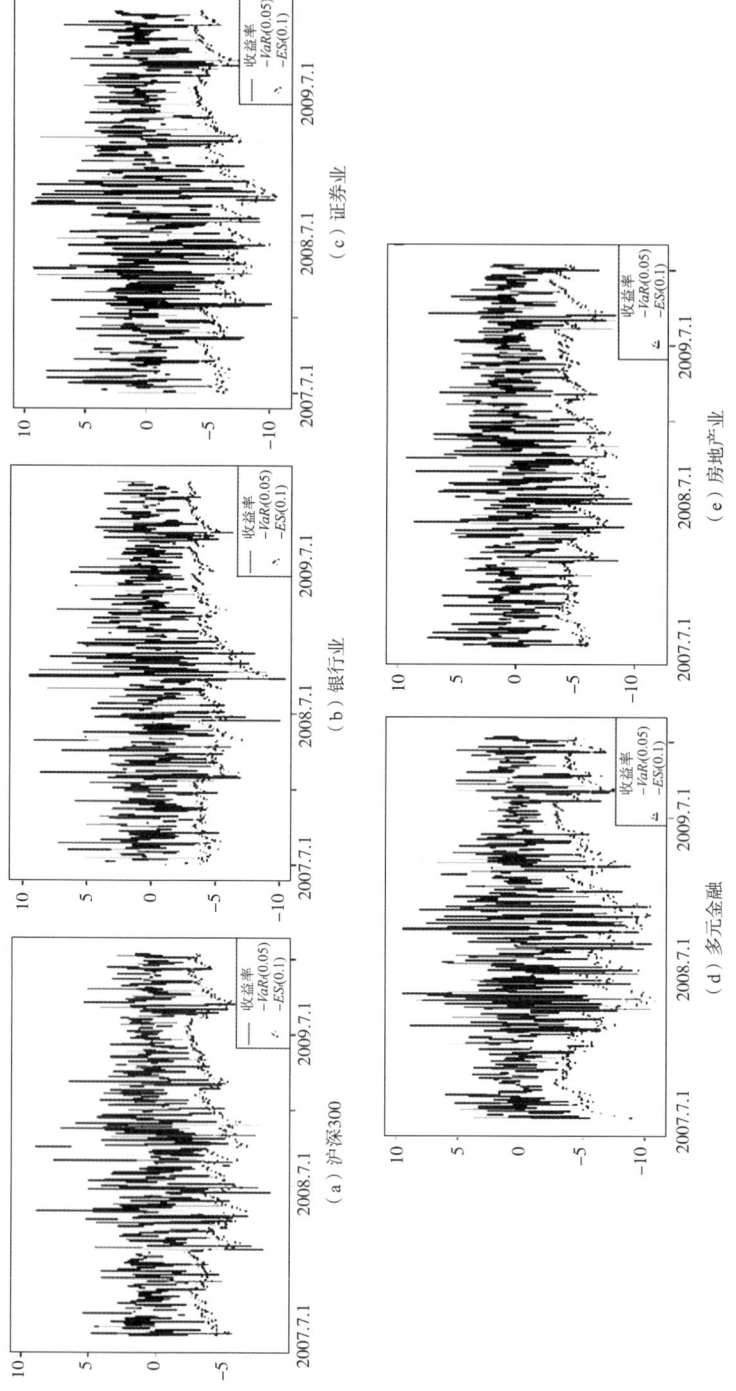

图 4-3 各指数的收益率及 VaR 和 ES 模型测度值（国际金融危机时期）

注：风险测度的样本区间为 2007 年 7 月 1 日—2009 年 12 月 31 日。

第四章　极端金融风险的有效测度与非线性传染　125

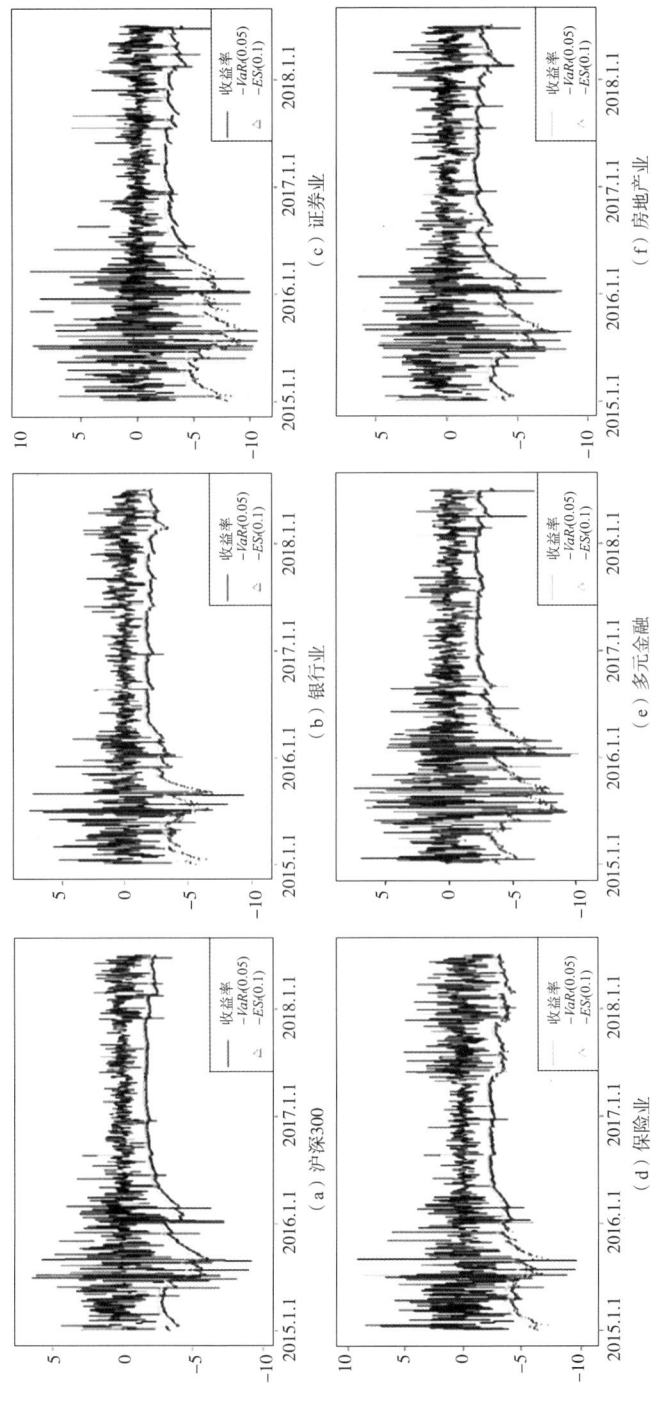

图4-4　各指数的收益率及VaR和ES模型测度值（中国股市震荡时期）

注：风险测度的样本区间为2015年1月1日—2018年6月30日。

此外，为了进一步直观地比较 VaR 和 ES 的风险测度效果，我们在表4-3中计算出在实际损失超过 VaR 指标预测的交易日中，各个指数的失误次数、累积失误次数以及失误天数的预期值，并列出了实际平均损失以及分别使用 –VaR(0.05) 和 –ES(0.1) 指标测度的平均损失。Panel A 显示在 2007 年 7 月 1 日—2009 年 12 月 31 日的 615 个交易日中，沪深 300 指数有 49 个交易日跌幅超过 –VaR(0.05)，实际平均损失为 –4.87%。其中，基于 VaR 指标刻画的平均损失为 –3.41%，而采用 ES 方法衡量的平均损失为 –3.89%。此外，基于分部门的分析和第 2 子样本的结果同样可以得到类似结论，由此可见，采用 ES 指标对尾部风险进行刻画的平均损失在两个子样本期间都更接近于实际损失。

表 4-3 样本外区间失误次数、实际损失及 VaR、ES 模型预测损失

	Panel A（2007.7—2009.12）					Panel B（2015.1—2018.6）					
	沪深300	银行	证券	多元金融	房地产	沪深300	银行	证券	保险	多元金融	房地产
$V(0.05)$	49	55	47	49	45	39	32	34	36	51	45
$CV(0.1)$	49.327	53.160	44.433	47.702	42.771	36.717	33.398	36.535	33.317	45.367	42.655
$n \times 0.05$	66	66	66	66	66	42.55	42.55	42.55	42.55	42.55	42.55
平均实际损失	–4.865	–5.461	–7.155	–7.059	–6.149	–4.599	–4.396	–6.889	–4.820	–5.623	–4.899
$VaR(0.05)$ 平均损失	–3.408	–3.872	–5.378	–5.064	–4.608	–2.802	–2.912	–4.359	–3.459	–3.792	–3.234
$ES(0.1)$ 平均损失	–3.888	–4.349	–6.136	–5.680	–5.094	–3.197	–3.444	–5.162	–3.950	–4.256	–3.632

在图 4-5 中，我们分别画出两个样本外区间的累积失误次数。图 4-5（a）表明，在国际金融危机期间，各指数失误次数均较多，即各部门实际损失在危机期间多次大于 –VaR(0.05)，这就意味着全球金融危机对我国的金融系统造成了全面与持续性的负面冲击，使得监管部门无法使用 VaR 指数对尾部极端风险进行有效监控。由图 4-5（b）我们可以发现，2015 年之后保险业的

第四章 极端金融风险的有效测度与非线性传染 127

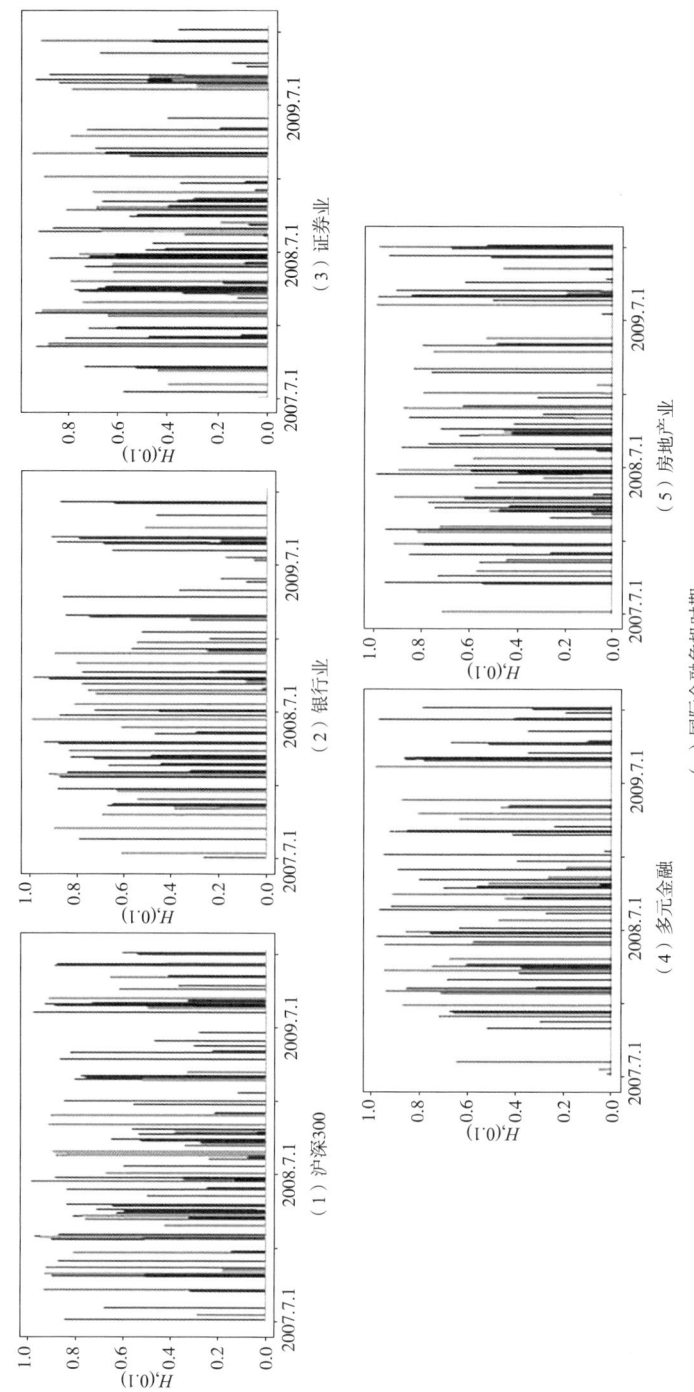

(a) 国际金融危机时期

图 4-5 不同时期各指数的累积失误次数

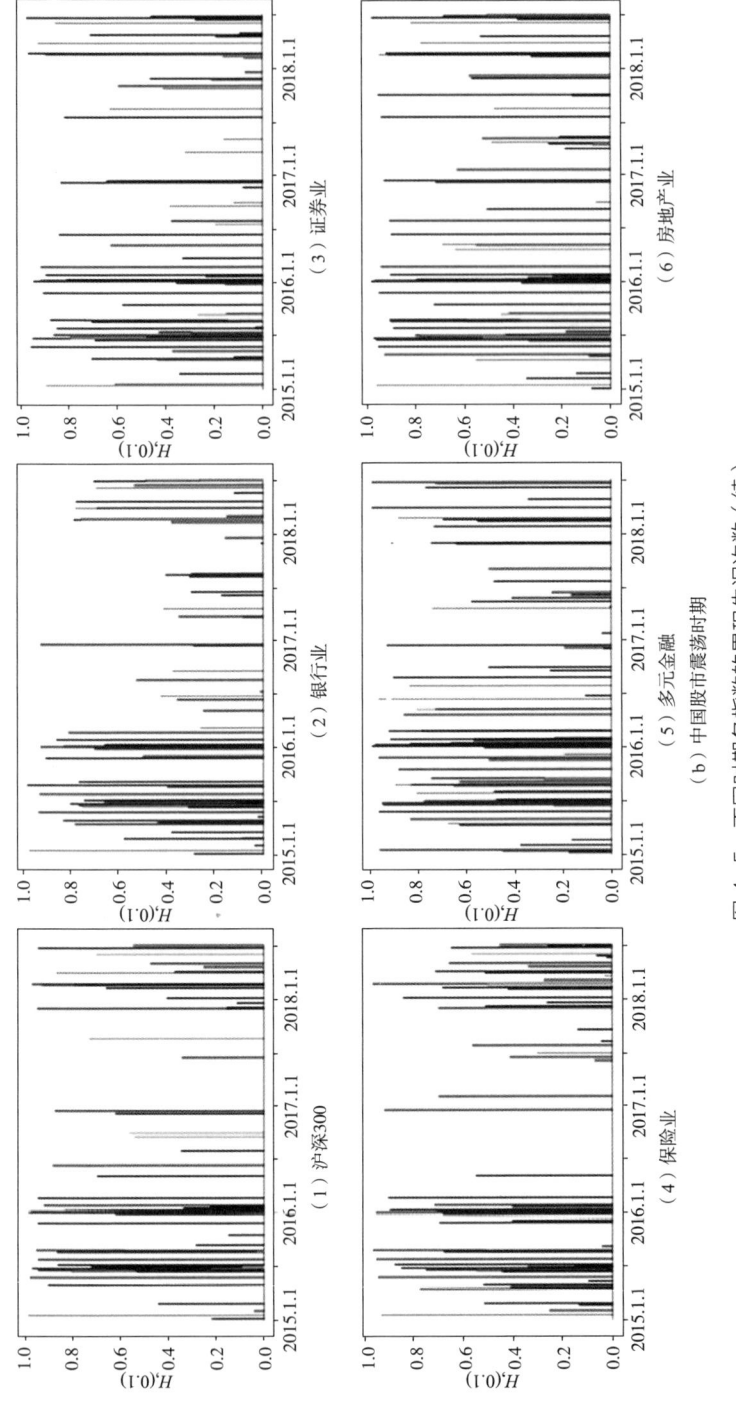

图 4-5 不同时期各指数的累积失误次数（续）

注：图（a）的样本区间为 2007 年 7 月 1 日—2009 年 12 月 31 日，图（b）为 2015 年 1 月 1 日—2018 年 6 月 30 日。

累积预测失误次数最少，而房地产业、多元金融业和证券业的累积预测失误次数较多，存在明显的金融风险隐患。因此，在中国股市震荡时期，各部门间的系统性金融风险存在显著差异。2015年6月的股灾和2016年1月熔断机制出台时累积失误次数较为集中，各部门受到了显著的风险冲击。在此基础上，我们结合了有条件的和无条件的回溯测试进行了后验分析，检验结果表明ES指标在两个危机期间均能对我国金融市场与各部门极端风险进行有效测度[1]。

基于累积失误次数，我们对ES测度方法进行后验分析，并在表4-4中列出了无条件的回溯测试（UC）、有条件的回溯测试（C）以及其滞后五阶的修正检验（MU、MC）的P值。为了确保检验结果的稳健性，我们也同时对置信水平为2.5%的ES进行了相应的分析。基于表4-4，我们发现，在国际金融危机期间，大多数部门的$ES(0.1)$测度指标在99%的显著性水平上能够通过修正的有条件的后验检验，无法拒绝"累积失误次数序列存在自相关"原假设。同样，在中国股市震荡期间，$ES(0.1)$均在99%的显著性水平上通过了修正的无条件的回溯测试（MU），无法拒绝"累积失误次数序列为鞅差序列"原假设。因此，后验检验表明在10%的置信度下的ES指标，在两个危机期间分别通过了有条件的和无条件的回溯测试，即能够对我国金融市场与各部门极端风险进行有效测度。

表4-4 极端风险不同指标测度的回测检验结果比较

	Panel A（2007.7—2009.12）				Panel B（2015.1—2018.6）			
	$ES(0.025)$		$ES(0.1)$		$ES(0.025)$		$ES(0.1)$	
	检验统计量	P值	检验统计量	P值	检验统计量	P值	检验统计量	P值
沪深300								
UC	−3.07***	0.002	−3.88***	0.000	−1.71*	0.088	1.13	0.258

---

[1] 由于篇幅限制，本章并未在此列出回溯测试的检验结果，以备索的方式提供。

续表

	Panel A (2007.7—2009.12)				Panel B (2015.1—2018.6)			
	$ES(0.025)$		$ES(0.1)$		$ES(0.025)$		$ES(0.1)$	
	检验统计量	P值	检验统计量	P值	检验统计量	P值	检验统计量	P值
$C(5)$	8.87	0.114	8.36	0.138	13.87**	0.016	45.20***	0.000
MU	−2.34**	0.019	−3.09***	0.002	−1.58	0.115	1.02	0.307
$MC(5)$	7.69	0.174	7.44	0.190	12.96**	0.024	32.46***	0.000
银行业								
UC	−2.00**	0.046	−2.56**	0.011	1.36	0.173	1.98**	0.048
$C(5)$	17.50***	0.004	7.77	0.169	2.19	0.822	18.52***	0.002
MU	−1.54	0.125	−2.16**	0.031	0.68	0.495	1.22	0.223
$MC(5)$	12.98**	0.024	7.50	0.186	0.97	0.965	17.57***	0.004
证券业								
UC	−0.96	0.337	−3.18***	0.001	−0.61	0.540	1.23	0.220
$C(5)$	21.28***	0.001	18.16***	0.003	12.14**	0.033	26.22***	0.000
MU	−0.77	0.439	−2.40**	0.016	−0.49	0.622	0.87	0.382
$MC(5)$	16.80***	0.005	15.59***	0.008	11.39**	0.044	21.90***	0.001
多元金融业								
UC	−2.12*	0.066	−2.27***	0.004	−1.75	0.617	−0.50*	0.080
$C(5)$	1.58	0.951	2.77	0.589	8.29***	0.001	20.88	0.141
MU	−1.83	0.126	−1.94**	0.020	−1.52	0.648	−0.46	0.130
$MC(5)$	1.42	0.955	2.54	0.600	3.74***	0.003	17.72	0.588
房地产业								
UC	−1.84**	0.034	−2.87**	0.023	−1.95*	0.052	−0.02	0.985
$C(5)$	1.14	0.904	3.73	0.735	11.96**	0.035	38.09***	0.000
MU	−1.53*	0.067	−2.33*	0.052	−1.83*	0.067	−0.02	0.986
$MC(5)$	1.09	0.922	3.66	0.771	10.07*	0.073	25.88***	0.000
保险业								
UC	−	−	−	−	1.02	0.309	2.01**	0.044
$C(5)$	−	−	−	−	4.99	0.417	22.11***	0.000
MU	−	−	−	−	0.91	0.361	1.49	0.137
$MC(5)$	−	−	−	−	4.56	0.472	20.57***	0.001

第八节　尾部风险非线性特征检验

本章选用 10% 显著性水平下的 ES 指标作为尾部风险的衡量指标，由此对中国股市震荡期间（2015 年 1 月 1 日—2018 年 6 月 30 日）各部门极端风险的传染关系展开进一步的分析。最新的研究发现，金融资产间的作用关系通常呈现出明显的非线性特征，此外，系统性金融风险的衡量指标往往也存在非线性的变化趋势（Acemoglu et al., 2015）。因此，为了避免在检验过程中，变量间作用关系的检验结论产生显著偏差，我们将对各部门的 ES 测度指标是否存在显著的非线性变化趋势进行非线性检验。

首先，我们在进行非线性检验之前，在单位根检验的基础上考察各部门的收益率序列直接是否存在协整关系，以确保对部门间极端风险进行非线性传染分析的合理性。然而，传统的单位根检验方法，如 ADF 检验、PP 检验、KPSS 检验等，常常因为存在样本扭曲（Ng and Perron, 2001）和永久性的波动性变化使得结论产生偏差。因此，为了保证结论的可靠性，准确考察各变量的单整阶数，防止上述单位根检验方法给检验结果带来的不利影响，本章采用了基于 GLS 退势原理构造的多个新的检验统计量（Ng and Perron, 2001），并根据阮和珀隆（Ng and Perron, 2001）所提出的修正 AIC 信息准则选择最优滞后阶数对各变量进行单位根检验，以保证时间序列单位根检验结果的可信性，并将检验结果在表 4-5 中列出以进行综合比较。由表 4-5，我们可以清楚地发现，当我们对各部门的极端风险序列水平值进行单位根检验时，绝大多数的检验统计量均不能拒绝"存在单位根"的原假设；与此同时，当我们对各部门极端风险的时间序列进行一阶差分后，检验结果表明绝大多数检验统计量在 1% 的显著性水平上能显著地拒绝"存在单位根"的原假设。因此，我们可以发现，各时间序列均为非平稳的 I(1) 过程。

表 4-5 单位根检验

变量	MZ_a^{GLS}	MZ_t^{GLS}	ADF^{GLS}	MSB^{GLS}	MP_T^{GLS}	P_T^{GLS}
银行	−0.785	−0.470	−0.479	0.599	20.627	21.788
证券	−0.502	−0.352	−0.354	0.702	27.692	29.126
保险	−0.327	−0.245	−0.242	0.749	31.924	33.732
多元金融	−7.915*	−1.976*	−1.957*	0.250*	3.146*	3.158*
房地产	−4.651	−1.496	−1.487	0.322	5.333	5.441
5% critical value	−8.100	−1.980	−1.980	0.233	3.170	3.170
Δ 银行	−32.255***	−3.997***	−4.634***	0.124***	0.817***	0.845***
Δ 证券	−32.301***	−3.998***	−4.615***	0.124***	0.822***	0.852***
Δ 保险	−34.455***	−4.131***	−5.389***	0.120***	0.771***	0.791***
Δ 多元金融	−49.276***	−4.962***	−6.670***	0.101***	0.501***	0.507***
Δ 房地产	−44.673***	−4.712***	−5.746***	0.105***	0.587***	0.601***
5% critical value	−8.100	−1.980	−1.980	0.233	3.170	3.170

注：(1) 变量前加"Δ"表示对变量做一阶差分；(2) 检验形式采用趋势加常数项；(3) 检验中的最优滞后阶数根据 MAIC（ModifiedAIC）信息准则选择；(4) 临界值来源于阮和珀隆（Ng and Perron, 2001: 1524）的 Table Ⅰ；(5) ***、** 及 * 分别表示在 1%、5% 及 10% 显著性水平上拒绝存在单位根的原假设。

在此基础上，迹检验和 E-G 两步法检验的检验结果均表明银行、证券、保险、多元金融和房地产业的收益率序列之间存在着长期的协整关系。基于该分析结果，本章使用 VECM 模型过滤各部门 ES 测度序列的线性依存成分，并分别对经线性过滤的残差序列进行非线性检验。具体而言，本章分别采取了 BDS 检验（Brock et al., 1996）、RESET 检验（Ramsey, 1969）、McLeod-Li 检验（Li and McLeod, 1981）和神经网络方法（Lee et al., 1993）对各部门的极端风险测度指标进行检验，检验结果列于表 4-6。

由表 4-6，我们可以清楚地看出，四种检验方法的结论十分稳健，绝大多数统计量均在 1% 的显著水平下拒绝"时间序列仅存在线性趋势"的原假设。这就意味着由于风险敞口差异、股灾震荡以及政策调控等因素的影响冲击，我国金融部门尾部风险呈现出明显的非线性变化趋势，相互间可能存在显著的非线性作用关系。因此，如果我们采用传统的线性研究框架进行分析，检验结果可能产生显著偏差，从而得出风险传染关系的有偏结论。

表4-6 基于BDS、RESET、McLeod‑Li以及神经网络方法的非线性检验

部门	BDS检验方法量		RESET检验方法		McLeod-Li检验方法		神经网络方法	
	检验统计量	P值	检验统计量	P值	检验统计量	P值	检验统计量	P值
银行	14.88***	0.000	5.52***	0.000	155.32***	0.000	67.84***	0.000
证券	12.06***	0.000	2.18***	0.011	153.80***	0.000	108.60***	0.000
保险	11.54***	0.000	6.49***	0.000	121.75**	0.027	87.76***	0.000
多元金融	5.69***	0.000	4.55***	0.000	120.80*	0.087	13.27***	0.001
房地产	9.54***	0.000	7.05***	0.000	121.74*	0.078	15.45***	0.000

注：(1) BDS 检验中嵌套维度 (embedding dimension) m 为 4，而 $\varepsilon = \sigma$；(2) BDS 检验统计量渐进服从正态分布，RESET 检验统计量服从 F 分布，McLeod-Li 检验、神经网络统计量则渐进服从卡方分布；(3) McLeod-Li 检验滞后项的选择根据施沃特（Schwert, 1989）建议选择滞后项为 [12(T/100)]，方括号指取整；(4) 中括号里的值表示的 P 值；(5) ***、** 及 * 分别表示在 1%、5% 及 10% 显著性水平上拒绝"线性"的原假设。

第九节 各部门间极端风险传染的非线性检验

由以上的非线性特征检验结果，我们清楚地发现各金融部门间极端风险存在显著的非线性变化趋势，因此，接下来我们将分别采用前沿的 TVAL 非参检验方法以及非参数的 T_n 检验方法进行非线性 Granger 因果检验[1]，在非线性的框架下深入考察极端风险在各金融部门之间的传染关系。此外，为了获得严格意义上的非线性传染关系，我们同样使用 VECM 模型对各部门的极端风险进行"线性过滤"，对过滤后的残差序列进行非线性 Granger 因果检验。同时，我们将窗宽设置为 $e = 2.5\sigma$（其中 $\sigma = 1$ 表示经标准化时间序列的标准差），并将检验结果列于表 4-7。

表4-7 的检验结果显示，2015 年后金融机构各部门之间存在显著的非

---

[1] TVAL 非参检验方法以及非参数的 T_n 检验方法的相关细节参见希姆斯特拉和琼斯（Hiemstra and Jones, 1994）以及迪克斯和潘钦科（Diks and Panchenko, 2006）。

表 4-7　各部门间的系统性金融风险传染的非线性检验

原假设：银行部门金融风险不是以下部门风险的非线性 Granger 因果原因

$L_x = L_y$	证券		保险		多元金融		房地产	
	TVAL	T_n	TVAL	T_n	TVAL	T_n	TVAL	T_n
1	1.879** [0.030]	1.824** [0.034]	2.193** [0.014]	2.239** [0.013]	1.741** [0.041]	1.701** [0.044]	0.676 [0.250]	0.673 [0.250]
2	2.138** [0.016]	2.140** [0.016]	2.699*** [0.003]	2.849*** [0.002]	1.597* [0.055]	1.495* [0.067]	0.563 [0.287]	0.477* [0.317]
3	1.813** [0.035]	1.763** [0.039]	2.675*** [0.004]	2.784*** [0.003]	2.153** [0.016]	2.105** [0.018]	0.228 [0.410]	0.158 [0.437]
4	2.052** [0.020]	2.023** [0.022]	2.549*** [0.005]	2.579*** [0.005]	2.384*** [0.009]	2.400*** [0.008]	-0.201 [0.580]	-0.265 [0.604]

原假设：证券部门金融风险不是以下部门风险的非线性 Granger 因果原因

$L_x = L_y$	银行		保险		多元金融		房地产	
	TVAL	T_n	TVAL	T_n	TVAL	T_n	TVAL	T_n
1	1.708* [0.044]	1.772* [0.038]	0.217 [0.414]	0.106 [0.458]	3.016*** [0.001]	3.090*** [0.001]	-2.261 [0.988]	-2.304 [0.989]
2	1.738** [0.041]	1.825** [0.034]	0.995 [0.160]	1.010 [0.156]	3.091*** [0.001]	3.249*** [0.001]	-2.054 [0.980]	-2.391 [0.992]
3	1.455* [0.073]	1.491* [0.068]	0.901 [0.184]	0.906 [0.183]	3.161*** [0.001]	3.359*** [0.000]	-0.043 [0.517]	-0.092 [0.537]
4	1.116 [0.132]	1.155 [0.124]	0.458 [0.323]	0.446 [0.328]	3.450*** [0.000]	3.707*** [0.000]	-0.377 [0.647]	-0.395 [0.654]

原假设：保险部门金融风险不是以下部门风险的非线性 Granger 因果原因

$L_x = L_y$	银行		证券		多元金融		房地产	
	TVAL	T_n	TVAL	T_n	TVAL	T_n	TVAL	T_n
1	1.323* [0.093]	1.307* [0.096]	0.279 [0.390]	0.125 [0.450]	1.706** [0.044]	1.744** [0.041]	-0.579 [0.719]	-0.616 [0.731]
2	2.097** [0.018]	2.149** [0.016]	1.265 [0.103]	1.257 [0.104]	1.324* [0.093]	1.362* [0.087]	0.402 [0.344]	0.330 [0.371]
3	2.147** [0.016]	2.180** [0.015]	2.134** [0.016]	2.143** [0.016]	1.118 [0.132]	1.145 [0.126]	1.257 [0.104]	1.226 [0.110]
4	2.101** [0.018]	2.117** [0.017]	2.353*** [0.009]	2.375*** [0.009]	1.927** [0.027]	1.951** [0.026]	0.490 [0.312]	0.437 [0.331]

续表

原假设：多元金融部门金融风险不是以下部门风险的非线性 Granger 因果原因

$Lx=Ly$	银行 TVAL	银行 T_n	证券 TVAL	证券 T_n	保险 TVAL	保险 T_n	房地产 TVAL	房地产 T_n
1	1.660** [0.048]	1.652** [0.049]	0.806 [0.210]	0.684 [0.247]	1.325 [0.093]	1.348 [0.089]	1.149 [0.125]	1.084 [0.139]
2	1.566* [0.059]	1.584* [0.057]	1.526 [0.064]	1.510 [0.066]	0.950 [0.171]	0.972 [0.166]	1.036 [0.150]	0.950 [0.171]
3	1.866** [0.031]	1.895** [0.029]	0.954 [0.170]	0.898 [0.185]	0.863 [0.194]	0.872 [0.192]	0.796 [0.213]	0.711 [0.239]
4	1.696** [0.045]	1.718** [0.043]	1.219 [0.111]	1.224 [0.111]	0.921 [0.179]	0.992 [0.161]	−1.017 [0.846]	−1.304 [0.904]

原假设：房地产部门金融风险不是以下部门风险的非线性 Granger 因果原因

$Lx=Ly$	银行 TVAL	银行 T_n	证券 TVAL	证券 T_n	保险 TVAL	保险 T_n	多元金融 TVAL	多元金融 T_n
1	1.038 [0.150]	1.119 [0.132]	1.348* [0.089]	1.183 [0.118]	1.294* [0.098]	1.245 [0.107]	4.177*** [0.000]	4.417*** [0.000]
2	1.591* [0.056]	1.600* [0.055]	1.964** [0.025]	1.921** [0.027]	2.271** [0.012]	2.353*** [0.009]	4.136*** [0.000]	4.544*** [0.000]
3	1.830** [0.034]	1.834** [0.033]	1.775** [0.038]	1.689** [0.046]	2.178** [0.015]	2.216** [0.013]	4.380*** [0.000]	4.933*** [0.000]
4	1.813** [0.035]	1.856** [0.032]	2.328*** [0.010]	2.388*** [0.008]	2.126** [0.017]	2.164** [0.015]	4.318*** [0.000]	4.793*** [0.000]

注：(1) $Lx=Ly$ 表示检验中残差序列的滞后阶数；(2) TVAL 和 T_n 非参检验统计量均为右单侧检验，并渐进服从标准正态分布；(3) ***、**及*分别表示在1%、5%及10%显著性水平上拒绝"不存在非线性 Granger 因果关系"的原假设；(4) 表4-6类似，不再赘述。

线性风险传导机制。其中，在10%显著性水平下，银行业对证券、保险和多元金融业存在显著的风险传导关系。且房地产部门对其他四个部门均有明显的风险传染。此外，检验结果也显示，证券和保险业的极端风险对银行和多元金融业产生了非线性传染。由此可见自2015年以来，银行和房地产部门是我国系统性金融风险的主要来源，这意味着在这两个部门间发生的尾部风险事件易引发其他部门的市场震荡，进而扩散至整个金融市场，从而大大加剧了潜在的系统性金融风险。与此同时，表4-7的结果表明，作为传统金融行业主要板块的银行业和代表着新兴金融产业的多元金融业均受到了来自其他部门风险的显著影响。因此，整体来看，我国金融各部门之间存在显著的非线性关联，易导致风险在金融系统内的急剧放大与快速扩散[1]。

在此基础上，为了更加准确地刻画我国各金融部门间风险的传递情况，我们使用王纲金等（Wang et al., 2017）提出的网络密度、全局有效性、相对影响力和生存率指标对金融系统整体和各部门间极端风险关联情况进行测度，并将结果列于表4-8。我们可以从Panel A中清楚地看出在90%的置信水平下，滞后1-4阶时NE和GE数值大小稳定，因此我国金融系统整体的极端风险间存在持续的非线性传染效应。与此同时，Panel B的测度结果表明，银行、证券和多元金融部门的RI值大部分均为负值，因而更易受到其他部门极端风险溢出冲击。同时，多元金融业的RI值远低于其他部门的测度值，因此亟待加强对新兴金融业的风险防控工作。房地产部门的RI值均为1，更进一步地体现了房地产是我国各部门极端风险网络中最主要的风险源。此外，大多数部门的SR值较为稳定，这意味着从分部门角度出发，随着滞后阶数的推移，我国各部门极端风险间也持续存在着稳定的非线性关联。

---

[1] 我们使用GARCH（1,1）模型对过滤后的残差序列再次过滤进行非线性检验，得到了一致的基本结论。因此，本章基于非线性Granger因果检验的结论是稳健和可靠的。感兴趣的读者可以向作者索取。

表4-8 极端风险非线性关联情况分析

			Panel A	金融系统整体极端风险关联								
Lag	银行	证券	保险	多元	地产	NE	银行	证券	保险	多元	地产	GE
1	3.00	2.00	2.00	2.00	3.00	0.60	3.00	2.50	2.50	2.50	3.50	0.70
2	3.00	2.00	2.00	2.00	4.00	0.65	3.00	2.50	2.50	2.50	4.00	0.73
3	3.00	2.00	2.00	1.00	4.00	0.60	3.00	2.50	2.50	2.00	4.00	0.70
4	3.00	1.00	3.00	1.00	4.00	0.60	3.00	1.83	3.00	2.00	4.00	0.69

		Panel B	各金融部门的极端风险关联						
		RI					SR			
Lag	银行	证券	保险	多元金融	房地产	银行	证券	保险	多元金融	房地产
1	−0.14	−0.20	0.20	−0.60	1.00	1.00	1.00	1.00	0.50	1.00
2	−0.14	−0.20	0.00	−0.33	1.00	1.00	1.00	0.50	0.50	1.00
3	−0.14	−0.50	0.00	−0.50	1.00	1.00	0.50	1.00	1.00	1.00
4	0.00	−0.50	0.20	−0.60	1.00	1.00	1.00	1.00	1.00	1.00

第十节 极端风险非线性传染的动态分析

在上述静态分析的基础上，我们采用"滚动估计分析"方法从动态分析的角度来考察极端金融风险在不同时期内的非线性作用关系[1]。本章依旧以中国股市震荡时期（2015年1月—2018年6月）作为样本期，而在滚动分析中非线性检验的窗宽仍然设置为 $e = 2.5\sigma$，并列出共同滞后阶数为1的检验结果。由于篇幅限制，本章在此仅列出房地产业和银行业对其他部门风险冲击的滚动分析结果[2]。图4-6显示了对"房地产业不是其他行业非线性Granger原因"的原假设进行动态检验的分析结果。为了便于识别，我们用灰色阴影区域标识其显著度大幅提高，超过或接近10%的显著性水平的区间。图4-6（a）和4-6（c）表明，在2016年10月房地产新政实施时，房

---

[1] 基于动态分析方法的基本原理（Diebold and Yilmaz, 2014），我们以90天作为滚动分析的窗口长度，并采用10%显著性水平的临界值来对统计检验量进行正规化，因此大于1的统计检验值则表明在该时点拒绝原假设。

[2] 为了节省空间，在这里没有报道所有部门的动态非线性因果检验结果，以备索的方式提供。

地产业对银行业和保险业均出现了明显的风险溢出效应,且一直延续至 2017 年 5 月,该政策对图 4-6(b)证券业的风险传染的显著性也有明显的提升。与此同时,在 2016 年房地产市场开始密集调控后,短期内房地产业对银行业、保险业和证券业频繁产生程度不一的风险传染。这意味着由于房地产调控的效果囿于当前的宏观经济政策,其政策目标和调控的手段难以保持一致性和连贯性,使得房地产部门在政策密集出台时产生大幅波动,进而对其他金融部门产生风险冲击。此外,图 4-6(d)表明随着 2015 年以来信托、金控等多元金融产业纷纷布局地产行业,房地产行业通过金融机构的融资程度不断提高,形成了高度关联的地产金融生态体系,因此 2015 年底后房地产业对多元金融业的影响始终显著,并延续至今。

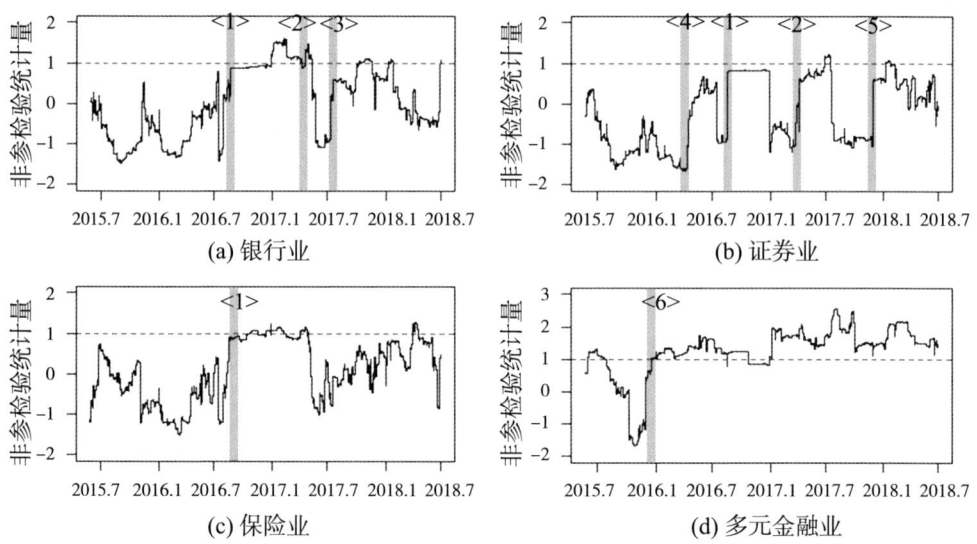

图 4-6　房地产业对其他行业风险非线性传染的动态分析

注:事件 1:房地产多项新政实施,时间:2016 年 10 月;事件 2:各地房地产贷款利率开始收紧,12 家银行停贷二套房,时间:2017 年 5 月;事件 3:房地产政策继续紧缩,时间:2017 年 7 月;事件 4:中央经济工作会议首次提出"抑制房地产泡沫",时间:2016 年 5 月;事件 5:房地产市场密集调控,28 个省区市与部门发布有关房地产调控 36 次,时间:2017 年 11 月;事件 6:高度关联的地产金融生态体系初步形成,时间:2015 年 12 月。

此外，我们在图4-7中画出了银行业对其他行业的非线性动态分析结果。由图4-7（a）和4-7（b）我们可以清楚地看出，"农行39亿票据案"和"民生银行假理财案"等极端风险事件使得银行业对证券和保险部门的风险急剧增加，这表明着随着银行和其他金融部门的联系加强，银行相关业务中存在的多层嵌套、杠杆不清等风险易随着资金的脱实向虚在金融体系内部快速传染。图4-7（a）、4-7（b）和4-7（c）的检验结果表明，2016年9月央行重启14天和28天的逆回购操作导致了金融市场7天及以下的短期流动性不足和资金利率的上升，从而可能在短期内加剧了银行业对其他部门的风险传染[1]。此外，我们从图4-7（c）中清楚地看出，自2015年私募基金行

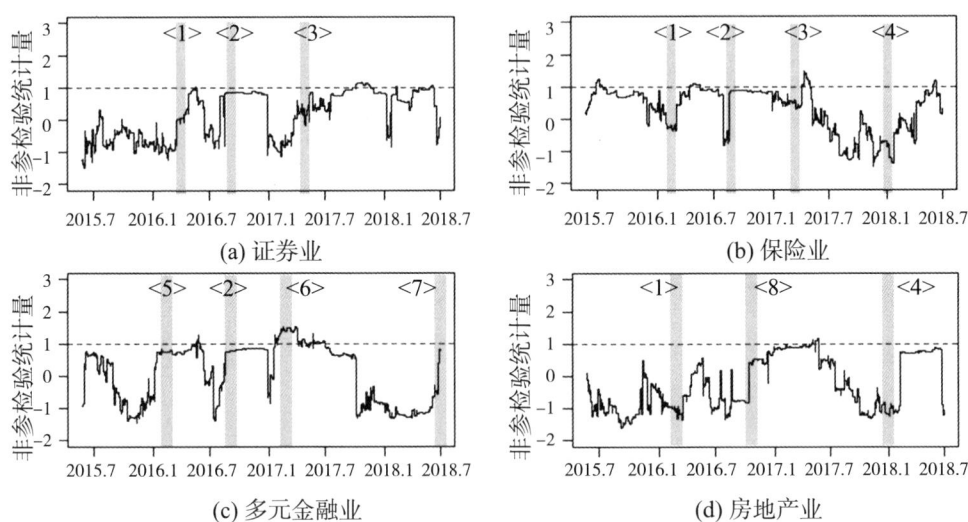

图4-7 银行业对其他行业风险非线性传染的动态分析

注：事件1："农行39亿票据案"案发，时间：2016年2月；事件2：央行重启14天、28天期逆回购操作，各期限逆回购共计1650亿，时间：2016年9月；事件3："民生银行假理财案"曝光，时间：2017年4月；事件4：央行定向降准，时间：2018年1月；事件5："熔断机制"出台，时间：2016年1月；事件6：央行上调公开市场逆回购利率10个基点，时间：2017年2月；事件7：非银行支付机构全部接入网络支付清算平台渠道，时间：2018年7月；事件8：多地出台"限贷"等楼市政策，时间：2016年10月。

---

1 但长期来看，该缩短放长、提供流动性的市场调整有效避免了同年12月美联储宣布加息给我国资本市场带来的剧烈影响。

业出现爆发式增长、信托业资产规模不断增加后，银信合作加强，银行业对多元金融业风险传导变得频繁，在2018年6月底非银行支付机构全部接入网络支付清算平台渠道后更加显著。

第十一节 极端风险非线性传导机制的进一步讨论

研究指出，当存在非线性特征时，经济时间序列往往会出现结构性变化。因此，本章在此基础上进一步深入探讨我国金融系统间的尾部极端金融风险的传导关系是否存在显著的体制区间效应，以更好地对非线性框架下分析极端风险在我国各金融部门间传染的必要性进行阐述。我们依据白和珀隆（Bai and Perron, 2003）的检验方法进行结构性突变检验[1]，并将检验结果列于表4-9。

由表4-9我们可以清楚地看出，$\text{Sup}F_T(i)(i=1,2,\ldots,5)$以及UDmax均在1%的显著性水平下拒绝"不存在结构性变化"的原假设，这意味着极端风险在部门间传导时存在显著的结构性突变。与此同时，循序检验（Sequential Testing）$\text{Sup}F_T(j+1|j)$的结果也进一步表明，各部门的尾部风险在相互作用过程中存在着3个体制区间，即出现了2个结构性变化。由此可见，由于显著的体制区间效应的存在，极端金融风险在各部门间动态传导的过程中呈现出了显著的非线性特征。

表4-9 极端风险非线性传导结构性突变检验（Bai and Perron, 2003）

	检验统计值	1%临界值	5%临界值	10%临界值
$\text{Sup}F_T(1)$	53.444***	24.450	20.080	17.970
$\text{Sup}F_T(2)$	71.904***	20.060	17.370	16.020
$\text{Sup}F_T(3)$	95.636***	17.570	15.580	14.450
$\text{Sup}F_T(4)$	101.507***	15.730	13.900	13.000
$\text{Sup}F_T(5)$	223.881***	13.440	11.940	11.190
UDmax	223.881***	24.550	20.300	18.230

---

[1] 由于篇幅限制，我们在此未对结构性检验方法展开详细说明，该检验方法具体推导过程以及相关细节详见白和珀隆（Bai and Perron, 2003）。

续表

	检验统计值	1% 临界值	5% 临界值	10% 临界值
$\text{Sup}F_T(2|1)$	32.133***	24.450	20.080	17.970
$\text{Sup}F_T(3|2)$	17.070	25.930	22.110	21.010
$\text{Sup}F_T(4|3)$	8.460	27.090	23.040	21.160
$\text{Sup}F_T(5|4)$	0.000	27.560	23.770	22.640

注：(1) 与白和珀隆 (Bai and Perron, 2003) 等人的研究相一致, 检验中结构性突变检验中 trimming 参数设置为 0.15, 而结构性变化的最大个数则设置为 5; (2) $\text{Sup}F_T(i)$ ($i=1,2,\ldots,5$) 以及 UDmax 检验的原假设为"不存在结构性变化"; $\text{Sup}F_T(j+1|j)$ ($j=1,2,\ldots,4$) 检验的原假设为"存在 j 个结构性变化", 而备择假设则为"存在 $j+1$ 个结构性变化"; 此外, 该检验是基于 VECM 系统中以多元金融业作为被解释变量的关系式; (3) ***、** 及 * 分别表示通过 1%、5% 及 10% 显著性水平检验。

为了更直观地展示本章应用非线性 Granger 因果检验的合理性与必要性, 我们在前文分析的基础上, 采用传统的 Granger 因果检验方法对各部门的极端风险的传染情况进行进一步的比较分析。由于各部门的收益率序列均为非平稳的时间序列, 因此, 我们对收益率的一阶差分变量进行传统的 Granger 因果检验。为了确保结论的稳健性, 我们在表 4-10 中报道了 1—5 阶滞后的检验结果。

由表 4-10 我们可以清楚地发现, 绝大部检验统计量均无法拒绝"不存在 Granger 因果关系"的原假设。这意味着基于传统线性因果检验结果, 我们可以推论得出我国各金融部门间极端风险的传导不存在因果关系, 这与表 4-7 中大部分部门间存在非线性 Granger 因果关系的结论相悖。由此可见, 在检验金融风险在各部门间传导时的相互影响关系时, 忽略可能存在的非线性关系而仅采用传统 Granger 因果方法进行检验, 可能导致结论出现明显偏差, 这也证明了本章在分析时采用非线性研究框架的重要性与必要性。

为了进一步确保非线性 Granger 因果检验结果的合理性, 我们使用 GARCH (1,1) 模型对残差序列过滤, 并在此基础上展开非线性 Granger 因果检验。

由表 4-11 的分析结果, 我们发现其基本结论与表 4-7 保持一致。其中,

表 4-10 风险传染的传统 Granger 因果检验

Panel A 各部门间的风险传染情况

原假设	银行部门风险不是以下部门风险的 Granger 因果原因				证券部门风险不是以下部门风险的 Granger 因果原因			
滞后阶数	证券	保险	多元金融	房地产	银行	保险	多元金融	房地产
1	3.685*[0.055]	1.585[0.208]	19.306***[0.000]	31.547***[0.000]	8.220***[0.004]	4.875**[0.027]	7.512***[0.006]	38.108***[0.000]
2	7.136***[0.008]	0.075[0.785]	1.096[0.295]	25.166***[0.000]	2.042[0.153]	0.024[0.878]	0.024[0.878]	3.789*[0.052]
3	0.079[0.778]	0.474[0.491]	1.408[0.235]	0.005[0.946]	0.157[0.692]	1.793[0.181]	2.706[0.100]	2.288[0.130]
4	0.402[0.526]	0.165[0.205]	1.824[0.177]	6.118**[0.013]	0.357[0.550]	4.986**[0.026]	0.194[0.660]	4.644**[0.031]
5	0.370[0.543]	2.268[0.132]	3.453*[0.063]	1.642[0.200]	1.821[0.177]	3.585*[0.058]	0.421[0.517]	1.083[0.298]

原假设	保险部门风险不是以下部门风险的 Granger 因果原因				多元金融风险不是以下部门风险的 Granger 因果原因			
滞后阶数	银行	证券	多元金融	房地产	银行	证券	保险	房地产
1	15.289***[0.000]	2.040[0.153]	15.081***[0.000]	22.923***[0.000]	3.685*[0.055]	6.305**[0.012]	15.684***[0.000]	550.290***[0.000]
2	7.931***[0.005]	3.911*[0.048]	0.294[0.588]	11.880***[0.001]	1.576[0.209]	0.415[0.520]	0.463[0.496]	1.149[0.284]
3	1.741[0.187]	0.856[0.355]	1.439[0.230]	1.869[0.172]	0.215[0.643]	2.392[0.122]	0.013[0.910]	14.348***[0.000]
4	6.058**[0.014]	1.287[0.257]	0.041[0.840]	6.514**[0.011]	0.147[0.702]	1.615[0.204]	0.150[0.699]	1.728[0.189]
5	1.861[0.173]	0.004[0.948]	2.849*[0.091]	0.003[0.956]	0.005[0.945]	5.953**[0.015]	4.980**[0.026]	4.838**[0.028]

原假设	房地产部门风险不是以下部门风险的 Granger 因果原因							
滞后阶数	银行	证券	保险	多元金融				
1	4.168**[0.041]	0.039[0.843]	3.525*[0.060]	5.727**[0.017]				
2	3.264*[0.071]	8.550***[0.003]	0.024[0.876]	4.052**[0.044]				
3	3.100*[0.078]	0.136[0.713]	3.742*[0.053]	16.019***[0.000]				
4	0.771[0.380]	6.530**[0.011]	0.002[0.962]	0.219[0.640]				
5	0.026[0.872]	0.081[0.776]	0.708[0.400]	0.033[0.855]				

续表

Panel B 经济不确定性与市场、部门间的风险传染情况

原假设：经济不确定性不是以下金融部门系统性风险门 Granger 因果原因

滞后阶数	沪深 300	银行	证券	保险	多元金融	房地产
1	0.494 [0.482]	8.601*** [0.003]	1.767 [0.184]	9.84*** [0.002]	0.234 [0.629]	0.421 [0.516]
2	0.510 [0.475]	1.098 [0.295]	0.355 [0.551]	0.307 [0.580]	0.121 [0.727]	0.915 [0.339]
3	0.889 [0.346]	0.746 [0.388]	0.021 [0.885]	0.161 [0.688]	0.354 [0.552]	0.090 [0.764]
4	2.198 [0.138]	0.019 [0.890]	4.061** [0.044]	0.514 [0.474]	0.292 [0.589]	3.920** [0.048]
5	0.087 [0.769]	3.978** [0.046]	0.022 [0.881]	0.120 [0.729]	0.188 [0.664]	1.245 [0.264]

原假设：以下金融部门的系统性风险不是经济不确定性的 Granger 因果关系

滞后阶数	沪深 300	银行	证券	保险	多元金融	房地产
1	3.267* [0.071]	5.893** [0.015]	4.121** [0.042]	4.863** [0.027]	1.193 [0.275]	3.416* [0.065]
2	0.460 [0.498]	0.461 [0.497]	0.122 [0.727]	0.011 [0.915]	0.148 [0.700]	0.484 [0.486]
3	0.120 [0.729]	0.340 [0.560]	0.670 [0.796]	0.184 [0.668]	0.869 [0.351]	0.398 [0.528]
4	0.128 [0.720]	0.033 [0.856]	0.400 [0.527]	0.427 [0.514]	0.011 [0.916]	0.006 [0.937]
5	1.332 [0.248]	0.001 [0.993]	1.981 [0.159]	0.626 [0.429]	0.363 [0.547]	0.056 [0.813]

注：***、** 及 * 分别表示在 1%、5% 及 10% 显著性水平上拒绝"不存在 Granger 因果关系"的原假设。

表 4-11　各部门间的系统性金融风险非线性传染的稳健性分析

原假设：银行的系统性金融风险不是以下部门风险的非线性 Granger 因果原因

$L_x = L_y$	证券 TVAL 非参检验统计量	证券 T_n 非参检验统计量	保险 TVAL 非参检验统计量	保险 T_n 非参检验统计量	多元金融 TVAL 非参检验统计量	多元金融 T_n 非参检验统计量	房地产 TVAL 非参检验统计量	房地产 T_n 非参检验统计量
1	1.251 [0.105]	1.251 [0.105]	1.464* [0.072]	1.439* [0.075]	1.477* [0.070]	1.469* [0.071]	0.689 [0.245]	0.679 [0.248]
2	1.566* [0.059]	1.573* [0.058]	2.106** [0.018]	2.160** [0.015]	1.214 [0.112]	1.199 [0.115]	0.609 [0.271]	0.549 [0.291]
3	1.383* [0.083]	1.345* [0.089]	2.367*** [0.009]	2.457*** [0.007]	1.680** [0.047]	1.679** [0.047]	-0.198 [0.578]	-0.253 [0.600]
4	1.484* [0.069]	1.462* [0.072]	1.849** [0.032]	1.837** [0.033]	1.850** [0.032]	1.852** [0.032]	0.205 [0.419]	0.157 [0.437]
5	1.128 [0.130]	1.115 [0.132]	1.493* [0.068]	1.474* [0.070]	1.760** [0.039]	1.754** [0.040]	-0.237 [0.594]	-0.282 [0.611]

原假设：证券的系统性金融风险不是以下部门风险的非线性 Granger 因果原因

$L_x = L_y$	银行 TVAL 非参检验统计量	银行 T_n 非参检验统计量	保险 TVAL 非参检验统计量	保险 T_n 非参检验统计量	多元金融 TVAL 非参检验统计量	多元金融 T_n 非参检验统计量	房地产 TVAL 非参检验统计量	房地产 T_n 非参检验统计量
1	-0.581 [0.719]	-0.572 [0.716]	-2.571 [0.995]	-2.660 [0.996]	2.653*** [0.004]	2.701*** [0.003]	-3.270 [0.999]	-3.409 [1.000]
2	-0.074 [0.529]	-0.058 [0.523]	0.162 [0.436]	0.214 [0.415]	2.659*** [0.004]	2.724*** [0.003]	-3.421 [1.000]	-3.779 [1.000]
3	0.484 [0.314]	0.490 [0.312]	0.358 [0.360]	0.391 [0.348]	2.698*** [0.003]	2.784*** [0.003]	-1.544 [0.939]	-1.594 [0.945]
4	0.186 [0.426]	0.168 [0.433]	-0.369 [0.644]	-0.346 [0.635]	3.046*** [0.001]	3.164*** [0.001]	-1.928 [0.973]	-2.083 [0.981]
5	-0.041 [0.516]	-0.039 [0.516]	-0.947 [0.828]	-0.867 [0.807]	2.986*** [0.001]	3.043*** [0.001]	-2.041 [0.979]	-2.232 [0.987]

原假设：保险的系统性金融风险不是以下部门风险的非线性 Granger 因果原因

$L_x = L_y$	银行 TVAL 非参检验统计量	银行 T_n 非参检验统计量	证券 TVAL 非参检验统计量	证券 T_n 非参检验统计量	多元金融 TVAL 非参检验统计量	多元金融 T_n 非参检验统计量	房地产 TVAL 非参检验统计量	房地产 T_n 非参检验统计量
1	1.391* [0.082]	1.424* [0.077]	-1.530 [0.937]	-1.488 [0.932]	1.413* [0.079]	1.381* [0.084]	-0.785 [0.784]	-0.815 [0.792]
2	1.945** [0.026]	2.000** [0.023]	0.589 [0.278]	0.632 [0.264]	0.930 [0.176]	0.909 [0.182]	-0.309 [0.621]	-0.318 [0.625]
3	2.112** [0.017]	2.203** [0.014]	1.941** [0.026]	1.982** [0.024]	0.801 [0.212]	0.765 [0.222]	0.684 [0.247]	0.687 [0.246]
4	2.057** [0.020]	2.137** [0.016]	2.165** [0.015]	2.213** [0.013]	1.220 [0.111]	1.128 [0.130]	-0.096 [0.538]	-0.124 [0.549]
5	2.068** [0.019]	2.145** [0.016]	1.759* [0.039]	1.779* [0.038]	1.721* [0.043]	1.662* [0.048]	-0.506 [0.694]	-0.501 [0.692]

续表

原假设：多元金融的系统性风险不是以下部门风险的非线性 Granger 因果原因

$L_x=L_y$	银行		证券		保险		房地产	
	TVAL 非参检验统计量	T_n 非参检验统计量	TVAL 非参检验统计量	T_n 非参检验统计量	TVAL 非参检验统计量	T_n 非参检验统计量	TVAL 非参检验统计量	T_n 非参检验统计量
1	0.881 [0.189]	0.904 [0.206]	0.753 [0.226]	0.789 [0.215]	0.732 [0.232]	0.739 [0.230]	0.307 [0.379]	0.223 [0.412]
2	1.131 [0.129]	1.147 [0.126]	0.585 [0.279]	0.616 [0.269]	0.069 [0.473]	0.109 [0.456]	0.396 [0.346]	0.367 [0.357]
3	1.323* [0.093]	1.330* [0.092]	0.194 [0.423]	0.220 [0.413]	-0.682 [0.753]	-0.663 [0.746]	-0.771 [0.780]	-0.867 [0.807]
4	1.573* [0.058]	1.620* [0.053]	-0.137 [0.554]	-0.101 [0.540]	-1.069 [0.857]	-1.017 [0.845]	-0.190 [0.576]	-0.249 [0.598]
5	1.221 [0.111]	1.288* [0.099]	-0.590 [0.723]	-0.532 [0.703]	-0.803 [0.789]	-0.713 [0.762]	0.667 [0.252]	0.652 [0.257]

原假设：房地产的系统性风险不是以下部门风险的非线性 Granger 因果原因

$L_x=L_y$	银行		证券		保险		多元金融	
	TVAL 非参检验统计量	T_n 非参检验统计量	TVAL 非参检验统计量	T_n 非参检验统计量	TVAL 非参检验统计量	T_n 非参检验统计量	TVAL 非参检验统计量	T_n 非参检验统计量
1	0.624 [0.266]	0.819 [0.206]	0.416 [0.339]	0.442 [0.329]	1.005 [0.157]	0.992 [0.161]	4.081*** [0.000]	4.289*** [0.000]
2	1.174 [0.120]	1.265 [0.103]	1.269 [0.102]	1.299 [0.097]	1.825** [0.034]	1.893** [0.029]	4.125*** [0.000]	4.470*** [0.000]
3	1.797** [0.036]	1.893** [0.029]	0.938 [0.174]	0.927 [0.177]	1.925** [0.027]	1.972** [0.024]	4.374*** [0.000]	4.895*** [0.000]
4	1.828** [0.034]	1.985** [0.024]	1.390* [0.082]	1.410* [0.079]	1.740** [0.041]	1.767** [0.039]	4.332*** [0.000]	4.810*** [0.000]
5	1.838** [0.033]	2.014** [0.022]	1.143 [0.127]	1.174 [0.120]	1.283 [0.100]	1.361* [0.087]	4.251*** [0.000]	4.605*** [0.000]

注：(1) $L_x=L_y$ 表示检验中残差序列的滞后阶数；(2) TVAL 和 T_n 非参检验统计量均为右单侧检验，并渐近服从标准正态分布；
(3) ***、** 及 * 分别表示在 1%、5% 及 10% 显著性水平上拒绝"不存在非线性 Granger 因果关系"的原假设。

在 5% 的显著性水平上，房地产业是银行业、保险业和多元金融业的非线性 Granger 原因。在 10% 的显著性水平上，银行业是证券业、保险业、多元金融业的非线性 Granger 因果原因。因此房地产业和银行业是我国金融系统中风险的主要来源。此外，多元金融业受到较多部门的风险传染。因此，本章基于非线性 Granger 因果检验的结论是稳健和可靠的。

第十二节 经济政策不确定性与风险的联动效应分析

在全球经济一体化进程中，中国作为世界第二大经济体与最大的新兴国家，正处于"经济增长速度换挡期、结构调整阵痛期、前期刺激政策消化期"三期叠加的阶段。在此过程中，频繁的经济政策改革，使得经济政策不确定性冲击我国金融市场，与之而来的消极影响不容忽视。因此，为了研究经济政策不确定性与金融市场风险的联动效应，在以上非线性传染的分析基础上，本章采用非线性与混频因果关系检验方法（Ghysels et al., 2016），对贝克尔等（Baker et al., 2016）构建的中国经济政策不确定性与金融风险作用关系展开分析。此外，黄和卢克（Huang and Luk, 2020）最新构造的中国经济政策不确定性指数及其细分指标，克服了报道偏误问题，并且此类按照政策类别构建的更高频率（如日度）的指数，能够为正确衡量不同经济政策类别对风险传染的影响提供较好的数据来源。因此，为了确保结论的可靠性与稳健性，本章进一步采用经济政策不确定性细化指标，考察其与金融部门风险水平的相互影响。

由表 4-12 可以发现，中国股票市场的整体极端风险与经济政策不确定性之间存在双向因果关系。究其原因，一方面我国股市是典型的"政策市"，"不合时宜"的政策出台时易造成股市过度波动而引发风险，例如 2016 年 1 月 1 日中国正式实施股市熔断机制，随后引发非理性抛售，触发 5% 与 7% 的熔断阈值，导致了市场的剧烈震荡；另一方面，我国股票市场机制仍不完

表4-12 经济政策不确定性与金融部门风险联动的非线性检验

原假设：经济政策不确定性不是以下金融部门风险的 Granger 原因

$L_x=L_y$	沪深300 TVAL	沪深300 T_n	银行 TVAL	银行 T_n	证券 TVAL	证券 T_n	保险 TVAL	保险 T_n	多元金融 TVAL	多元金融 T_n	房地产 TVAL	房地产 T_n
1	1.551* [0.060]	1.554** [0.060]	1.279 [0.100]	1.195 [0.116]	1.733** [0.042]	1.635* [0.051]	-0.757 [0.775]	-0.644 [0.740]	1.873** [0.031]	2.007** [0.022]	1.938** [0.026]	2.052** [0.020]
2	1.894** [0.029]	1.907** [0.028]	1.224 [0.111]	0.997 [0.159]	1.302* [0.096]	0.994 [0.160]	-0.779 [0.782]	-0.703 [0.759]	1.822** [0.034]	1.578* [0.057]	2.655*** [0.004]	2.638*** [0.004]
3	1.847** [0.032]	1.866** [0.031]	1.183 [0.119]	0.908 [0.182]	1.478* [0.070]	0.816 [0.207]	-0.559 [0.712]	-0.525 [0.700]	1.517* [0.065]	0.809 [0.209]	1.793** [0.036]	1.453* [0.073]
4	1.729** [0.042]	1.672** [0.047]	1.401* [0.081]	1.216 [0.112]	0.762 [0.223]	0.165 [0.434]	-0.220 [0.587]	0.247 [0.402]	1.307* [0.096]	1.006 [0.157]	1.615* [0.053]	1.853** [0.032]

原假设：以下金融部门风险不是经济政策不确定性的非线性 Granger 原因

$L_x=L_y$	沪深300 TVAL	沪深300 T_n	银行 TVAL	银行 T_n	证券 TVAL	证券 T_n	保险 TVAL	保险 T_n	多元金融 TVAL	多元金融 T_n	房地产 TVAL	房地产 T_n
1	1.907** [0.028]	2.086** [0.018]	1.921** [0.027]	1.658** [0.049]	1.408* [0.080]	1.388* [0.083]	1.492* [0.068]	1.369* [0.085]	1.138 [0.128]	1.297* [0.097]	1.357* [0.087]	1.505* [0.066]
2	1.831** [0.034]	1.621* [0.053]	1.945** [0.026]	1.252 [0.105]	1.299* [0.097]	0.831 [0.203]	1.325* [0.093]	1.373* [0.085]	0.968 [0.167]	0.989 [0.161]	0.891 [0.187]	0.760 [0.224]
3	1.594* [0.055]	1.204 [0.114]	1.401* [0.081]	1.016 [0.155]	1.233 [0.109]	0.838 [0.201]	0.522 [0.301]	0.555 [0.290]	1.303* [0.096]	1.091 [0.138]	1.172 [0.121]	0.807 [0.210]
4	1.067 [0.143]	0.645 [0.260]	0.955 [0.170]	0.728 [0.233]	0.366 [0.357]	0.281 [0.389]	0.025 [0.490]	0.140 [0.444]	1.165 [0.122]	0.637 [0.262]	0.880 [0.189]	0.339 [0.367]

注：表4-6与表4-7分析中的经济不确定性指标源于贝克尔等（Baker et al., 2016）。

善，当股市出现异常波动时，往往需要监管当局介入，然而其频频采用的救市措施又会引发经济政策不确定性水平的上升。此外，银行、保险行业的极端风险将引起经济政策不确定性的变化，这也佐证了监管机构为解决银行和保险行业存在的高杠杆率、理财和表外业务不规范、资金脱实向虚等问题，而加大经济政策出台力度的经济现实。其次，在证券、房地产、多元金融业部门中，存在由经济政策不确定性引发极端风险的因果关系。这是由于当今国内房地产价格飙升，存在高位运行的泡沫，而政府短时间内频繁对房地产调控不断加码，也在一定程度上释放了金融风险。

传统研究在混频分析过程中，存在高频转化成低频可能导致的信息损失问题，进而产生错误的因果关系的结论（Götz et al., 2016）。为了确保结论的可靠性，本章在非线性检验的基础上，采用混频模型的因果关系检验方法（Ghysels et al., 2016）展开进一步的分析[1]。通过比较表4-12和表4-13可以发现，两者的结果体现了较好的一致性。首先，混频因果检验的结果同样揭示了中国股票市场极端风险与经济政策不确定性存在双向因果关系。其次，在银行、保险部门，存在由极端风险引发经济政策不确定性变动这一因果关系。而经济政策不确定性也加剧了证券、多元金融等部门的尾部风险。

表4-13　经济政策不确定性与金融部门风险联动的混频因果检验

原假设：经济政策不确定性不是以下金融部门系统性风险的 Granger 原因					
H	沪深300	银行	证券	保险	多元金融	房地产
1	0.055*	0.035**	0.055*	0.043**	0.202	0.127
2	0.076*	0.137	0.146	0.089*	0.002***	0.101
3	0.066*	0.095*	0.024**	0.336	0.088*	0.048**
4	0.143	0.196	0.093*	0.193	0.047**	0.006***

---

[1] 根据科特尔等人（Cotter et al., 2023）的建议，我们将每个月内的交易日划分为4周，并在此基础上使用日度数据构造相应的极端风险的周指标。

续表

原假设：以下金融部门的系统性风险不是经济政策不确定性的 Granger 原因						
H	沪深 300	银行	证券	保险	多元金融	房地产
1	0.021**	0.001***	0.186	0.002***	0.366	0.309
2	0.024**	0.006***	0.121	0.020**	0.053*	0.128
3	0.263	0.041**	0.302	0.120	0.205	0.216
4	0.213	0.088*	0.606	0.083*	0.432	0.051*

注：(1) 混频方法使用各指数增长率的周度数据及中国经济不确定性的月度数据，样本期间为 2015 年 1 月—2018 年 6 月，共计 42 个月（168 周）；(2) H 表示检验中的预测步长；(3) 检验使用了纽威和威斯特（Newey and West, 1987）提出的核函数 HAC 协方差估计方法（kernel-based HAC covariance estimator）；(4) 检验的最优滞后阶数基于纽威和威斯特（Newey and West, 1994）选择；(5) 检验的显著性检验基于贡萨尔维斯和基里安（Gonçalves and Kilian, 2004）提出的自举 p 值法；(6) 检验重复次数 N 为 999 次；(7) ***、** 及 * 分别表示在 1%、5% 及 10% 显著性水平上拒绝"不存在 Granger 因果关系"的原假设；(8) 表中报道结果为检验统计量的 p 值；(9) 表 4-8 类似，不再赘述。

与此同时，本章还采用混频因果关系检验方法，利用经济政策不确定性的细化指标（Huang and Luk, 2020），以进一步深入探讨不同政策与部门风险的联动效应[1]。表 4-14 结果显示，银行、保险部门的极端风险将导致财政、货币、汇率和资本账户政策的不确定水平变化。值得注意的是，虽然表 4-8 和表 4-9 的实证结果一致表明，多元金融部门的风险并不是引起中国经济政策不确定性变动的 Granger 原因，但在进一步检验其与细化指标的因果关系时，得出多元金融部门的风险会引发财政、货币政策不确定性水平的变动。此外，财政、货币、汇率和资本账户等政策的不确定性，既不会造成证券、房地产、多元金融部门风险的聚集，也不会对中国股票市场极端风险产生影响。这是因为财政、货币和汇率政策具有作用周期性强、影响力大、作用效果持久稳定的特点。而在现实经济生活中，造成以上金融部门或市场异常波

---

[1] 我们同样基于非线性 Granger 因果检验方法，对经济政策不确定性的细化指标进行分析，得到了一致的结论，结果备索。

表 4-14 经济政策不确定性细化指标与金融部门风险联动的混频因果检验

Panel A 中国财政政策不确定性指数

	原假设：经济政策不确定性不是金融风险的 Granger 原因						原假设：金融风险不是经济政策不确定性的 Granger 原因					
H	沪深300	银行	证券	保险	多元金融	房地产	沪深300	银行	证券	保险	多元金融	房地产
1	0.919	0.228	0.713	0.966	0.791	0.261	0.009***	0.139	0.010***	0.047**	0.001***	0.446
2	0.719	0.521	0.637	0.381	0.813	0.935	0.988	0.250	0.906	0.590	0.099*	0.093*
3	0.808	0.491	0.858	0.277	0.624	0.870	0.492	0.066*	0.741	0.239	0.093*	0.311
4	0.723	0.346	0.636	0.649	0.834	0.949	0.739	0.003***	0.552	0.001***	0.112	0.590

Panel B 中国货币政策不确定性指数

	原假设：经济政策不确定性不是金融风险的 Granger 原因						原假设：金融风险不是经济政策不确定性的 Granger 原因					
H	沪深300	银行	证券	保险	多元金融	房地产	沪深300	银行	证券	保险	多元金融	房地产
1	0.864	0.827	0.511	0.606	0.862	0.880	0.003***	0.001***	0.019**	0.006***	0.007***	0.054*
2	0.471	0.760	0.777	0.822	0.687	0.648	0.051*	0.140	0.004***	0.312	0.044**	0.039**
3	0.982	0.628	0.859	0.799	0.613	0.724	0.620	0.516	0.553	0.668	0.091*	0.738
4	0.939	0.411	0.919	0.873	0.680	0.963	0.069*	0.028**	0.691	0.004***	0.187	0.013**

Panel C 中国汇率和资本账户政策不确定性指数

	原假设：经济政策不确定性不是金融风险的 Granger 原因						原假设：金融风险不是经济政策不确定性的 Granger 原因					
H	沪深300	银行	证券	保险	多元金融	房地产	沪深300	银行	证券	保险	多元金融	房地产
1	0.798	0.160	0.998	0.603	0.215	0.745	0.086*	0.001***	0.392	0.001***	0.010***	0.814
2	0.825	0.091	0.458	0.330	0.052*	0.406	0.002***	0.714	0.856	0.906	0.441	0.819
3	0.703	0.800	0.637	0.606	0.384	0.613	0.299	0.091*	0.279	0.010***	0.258	0.973
4	0.931	0.853	0.530	0.500	0.518	0.583	0.612	0.097*	0.589	0.056*	0.129	0.576

注：***，** 及 * 分别表示在 1%，5% 及 10% 显著性水平上拒绝"不存在非线性 Granger 因果关系"的原假设。

动的主要诱因是偶发型的经济政策事件，例如房地产行业的限购限贷政策、熔断机制的实施等，这一系列事件的发生都将在短期内通过影响投资者情绪等而导致市场剧烈波动，从而加剧金融市场风险。

第十三节　小结

自金融危机从美国次级贷款市场席卷全球以来，欧债危机、里拉崩盘等系统性金融风险对世界各国都造成了负面影响，引起了全球监管机构和学术界对系统性金融风险的广泛关注。而在我国金融混业经营进程快速推进、金融创新产业高速发展、各金融部门经营业务不断交叉的趋势下，金融风险跨市场、跨领域、跨部门传导日渐常态化，政府当局提出"加快建立监管协调机制，加强宏观审慎监管，强化统筹协调能力"。与此同时，"历史性银行钱荒""1·19踩踏事故""千股跌停"等频频发生的极端事件更是直接导致了资本市场剧烈震荡，严重破坏了金融系统的稳定性，是造成系统性风险在经济体中快速传播的重要因素。此外，现有研究忽略了金融机构之间极端风险传导的非线性关系，使得对存在非线性特征金融时间序列相互关系的检验结果产生显著的偏差，同时在对多部门的极端风险传导关系进行分析时，需要使用在复杂的高维系统更为灵活的非线性假设。由此可见，对我国金融机构的极端金融风险展开深入研究，考察各金融行业的非线性关联性以及金融风险的跨部门传染显然具有重要的学术价值与现实意义。鉴于此，本章尝试在现有研究的基础上做一个有益的补充，采用 ES 测度指标与回溯测试方法（Du and Panchenko, 2016），对中国 A 股整体市场以及银行、证券、保险、多元金融、房地产五个部门的尾部风险进行测度，并对其有效性和可靠性进行后验分析。在此基础上，我们结合神经网络等多种非线性检验方法对各部门极端风险的非线性特征展开深入分析，并运用前沿的非线性 Granger 因果检验方法，考察各部门间的极端风险传染。此外，我们使用网络关联指标对我国金融系统极端风险的非线性关联进行量化分析。与此同时，我们还进一步采用"滚动估计分析"方法，从动态分析的角度考察风险传导的作用关系。此外，本章引入中国经济政策不确定性指数及其细分指标，并结合非线性检验及最新发展的混频因果检验方法（Ghysels et al., 2016），深入考察不确定性与金融风险间的联动关系。在此基础上，我们对完善我国金融风险防范体系及其监管机制提出了若干建议，从而使得本书具有重要的学术价值与现实意义。

本章通过比较 VaR 和 ES 指标对尾部风险的测度效果，以及对 ES 指标进行回溯测试（Du and Escanciano, 2017）得出，无论是对国际金融危机还是中国股市震荡时期进行分析，ES 指标在测度极端风险时均更接近实际损失，能对尾部风险进行更好刻画。基于累积失误次数的分析表明，在 2015 年 6 月的股灾和 2016 年 1 月熔断机制出台时，各部门受到了显著的风险冲击，且房地产业、多元金融业和证券业存在明显的金融风险隐患。在此基础上，本章采用非线性的 Granger 因果检验方法，考察了中国 2015 年股市震荡期间极端风险在我国各金融部门间的传染关系，研究结果表明，金融机构各部门间存在着显著的非线性的风险传染效应，且银行和房地产部门是我国金融风险的主要来源，同时，多元金融业等易受到其他部门风险的显著冲击。此外，本章使用网络关联指标考察了极端风险传染网络中各部门的风险特性，其中多元金融业的相对影响力低于其他部门的测度值，因此亟待加强对新兴金融业的风险防控工作，而房地产部门的相对影响指标均为最大值，进一步佐证了房地产是我国极端风险网络中最主要的源头。此外，网络密度、全局有效性和生存率测算结果表明，我国金融系统整体和各部门极端风险间也存在着稳定的非线性关联。

非线性动态分析结果表明，作为风险主要来源之一的房地产部门，在

2016年房地产市场开始密集调控后，短期内房地产业对银行业、保险业和证券业持续产生了不同程度的风险传染。2015年底后房地产业对多元金融业的影响始终显著，并延续至今。银行业对其他行业的非线性动态分析结果显示，"农行39亿票据案"等极端风险事件使得银行业对证券和保险部门的风险急剧增加；自2015年私募基金行业出现爆发式增长、信托业资产规模不断增加后，银行业对多元金融业风险传染变得更加频繁。

最后，经济政策不确定性与金融部门风险联动的非线性检验与混频检验一致表明，中国股票市场整体极端风险与经济政策不确定性间存在双向因果关系。这就意味着我国股票市场是一个典型的"政策市"，"不合时宜"的政策的出台可能会引发股市剧烈波动并加剧金融风险，例如2016年1月1日中国正式实施股市熔断机制，随后引发了非理性抛售，触发5%与7%的熔断阈值，导致资本市场的剧烈震荡；与此同时，我国股票市场机制仍不完善，当发生危机时，往往需要监管部门介入管制以稳定市场及时止损，使得经济政策不确定性水平攀升。此外，本章通过对经济政策不确定性的细化指标分析发现，银行、保险行业的部门风险将导致财政、货币、汇率和资本账户政策的不确定水平变化。

基于以上的研究结论，本章得到以下三点启示：

（一）应根据我国国情，构建适合我国的极端金融风险的测度指标体系。本章的研究结果显示，在国际金融危机和中国股市震荡期间，ES指标在测度A股市场和各金融部门的极端风险时更接近实际损失，并均通过了回溯测试，反映了在我国金融体系中该指标对尾部风险测度的有效性。因此，在构建适合我国国情的尾部风险测度体系时，ES将成为重要的参考指标。

（二）根据非线性检验和网络关联指标的分析结果，与其他部门高度关联的房地产部门已成为我国金融系统中重要的风险隐患，在相关政策出台后出现了显著的风险传染现象。因此，政府在进行房地产调控时，需要加强预期管理，避免由于调控手段与调控目标的偏离而导致房地产部门出现过度波动，进而对其他部门产生风险冲击。

（三）防范中国经济政策不确定性与股票市场极端风险的双向传导机制的负面影响。政府应保持经济政策的连贯性与一致性，合理引导公众预期。监管部门一方面要提高风险预判能力，提前制定具有前瞻性的政策，从而避免政策的突然公布导致市场的过度反应；另一方面，要参考市场先行指标，并根据市场运行节律对政策进行适时的调整，保持政策的稳定性与持续性，防止因政策的频繁调整而影响投资者情绪，并由此引发"羊群效应"，对金融市场平稳运行产生冲击。

第五章
股票与外汇市场尾部风险的跨市场传染研究*

第一节 引言

2008年席卷全球的国际金融危机引发了世界各国对系统性金融风险的广泛关注，在联系日益紧密的国际经济环境下，防范尾部金融风险的快速扩散与跨市场传染成为各国政府当局与学术界的重要议题。另一方面，自2005年7月21日我国加快进行"人民币汇率形成机制改革"以来，人民币开始盯住一篮子货币并进行有管理的浮动，汇率的弹性与波动显著增强，人民币国际影响力日渐上升。与此同时，在经济全球化的进程中，我国金融市场自由化程度不断提高，与国际资本市场的互动更为紧密，跨市场的共振暴跌事件频频出现，例如2015年8月24日，道琼斯指数跌幅高达8.02%，人民币指数随即下调61.4个基点，上证综指重挫8.49%。正因如此，如何有效防范全球外汇与股票市场的尾部风险冲击成为现阶段维护国家金融安全与稳定的重要环节。2017年4月召开的金融稳定工作会议指出"将防范跨行业、跨市场的交叉性金融风险作为维护金融稳定的重点领域"，并且需要"更加重视防范风险交叉传染和系统性金融风险"。习近平总书记在2017年4月25

---

* 本章经整理后发表于《管理科学学报》2020年第8期。

日中共中央政治局集体学习上更是进一步强调"准确判断风险隐患是保障金融安全的前提"。由此可见，现阶段对全球尾部金融风险在股票市场与外汇市场间的联动关系展开深入研究，考察系统性金融风险的跨市场、跨地区传染显然具有重要的学术价值与现实意义。它将有助于我们进一步改进系统性金融风险的测度指标、完善金融监管体系与风险处理机制，从而未雨绸缪地防范尾部风险联动造成的系统性风险隐患，缓解国际金融市场的外溢性冲击，为我国"货币政策和宏观审慎政策"双支柱调控框架的制度性设计与安排提供理论分析与实证检验的参考依据。

系统性风险可以通过金融市场间的相互联系而迅速传播，从而使得单个市场（机构）的风险对整个金融体系造成严重的负面影响（Fang et al., 2018）。其中，极端风险事件更容易对金融机构产生巨大冲击，并进一步加大了危机发生的概率（Benoit et al., 2017）。同时，这些位于损失分布尾部的极端风险，相互间存在普遍的依赖性，具有在金融机构间快速扩散的传染力，从而极易引发系统性金融风险（陈海强等，2019），正因如此，构建合适的风险测度指标以有效衡量各金融市场的尾部风险，并在此基础上深入研究各市场间尾部风险的联动效应对于维护金融体系的稳定至关重要（Bisias et al., 2012）。随着该领域研究的不断发展，基于不同研究视角构建的系统性风险的度量指标相继被提出，代表性的包括在险价值（VaR）、条件在险价值（CoVaR）、边际预期损失（MES）、系统性预期损失（SES）等。其中，在险价值概念简单，普适性强，能够仅使用一个数值来刻画任何投资组合的市场风险，目前为国内外大多数金融机构所采用。然而由于缺乏凸性和次可加性，VaR被认为是不满足一致性的风险度量指标（Kratz et al., 2018）。同时，由于金融资产的收益率序列具有明显的条件异方差性、尖峰厚尾和波动聚集性等特征，基于正态分布假设的传统VaR估计结果往往存在显著偏差。正因如此，现有研究往往采用T分布、Logistic分布和Ged分布等代替传统的正态分布假设（Kao, et al., 2012; Mabrouk and Saadi, 2012），或是使用历史模拟、蒙特卡罗模拟等方法对 VaR 进行估计（Pritsker, 2013; Li et al., 2015）。此外，由于相关研究表明，使用最优化途径方法估计参数，而非直接对分布做出正态假定时，能够有效克服过往 VaR 方法的不足，此后基于分位数回归估计 VaR 的半参数方法也开始为学界所重视。

与此同时，随着该领域研究的不断发展，相关文献发现金融投资组合的分布会随着时间推移而发生相应变化（Engle and Manganelli, 2004; Wang et al., 2017），因此构建适合时变条件分位数的模型成为测度 VaR 的关键所在。此外，金融资产的收益率分布在不同的信息冲击和商业周期阶段中，也会呈现出显著的非对称性（Beber and Brandt, 2009）。正因如此，恩格尔和曼加内利构建了 CAViaR 模型，使用自回归过程来刻画分位数的演化，并提出了"非对称斜率模型""间接 GARCH 模型""对称绝对值模型"以及"适应性模型"四类估计模型，从而极大地改进了尾部金融风险的测度方法，在此之后，相关学者基于上述方法从多个不同的角度对系统性金融风险展开了深入研究。如黄（Huang et al., 2010）研究表明，在采用 CAViaR 模型测度 1994—2008 年美国的六个股票指数尾部风险的基础上，能够准确估计指数间的溢出效应。王纲金等（Wang et al., 2017）在 CAViaR 模型与 Granger 因果检验的框架下构建了 2006—2015 年期间美国银行、多元金融、保险和房地产部门间的极端风险溢出网络，研究发现房地产和银行部门是金融风险的净输出者。

除此之外，相关文献进一步表明，股票市场与外汇市场的尾部风险间也存在着显著的联动关系，这就意味着单个市场的金融风险会通过两者的关联途径而快速传染（Wong, 2017）。因此，深入考察股票市场与外汇市场间尾部风险的联动效应，成为了监管当局在防控系统性金融风险、维持金融市场安全与稳定时亟待重视的核心问题，学术界对此也展开了深入的研究。其中，德尔加多（Delgado et al., 2018）采用向量自回归模型分析了1992—2017年墨西哥油价、名义汇率、股市指数和消费价格指数之间的关系，分析结果表明汇率的升值与股票指数的上涨显著相关。曾等（Zheng et al., 2019）基于TVP-VAR模型对中国香港的股指和汇率间的动态关系展开分析，研究发现对外汇进行干预会显著提高股票的波动性。

纵观该领域的研究，国内有关系统性金融风险的文献已对银行市场、股票市场或汇率市场的内部传染进行了较好的阐述与分析（例如刘晓星等，2011；梁琪等，2015；方意和郑子文，2016；李政等，2018；杨子晖和李东承，2018），而有关跨市场风险传染的研究还相对较少，尤其基于全球视野的跨国研究更是相对缺乏；另外，国外大部分文献主要考察单个经济体内部股票市场与外汇市场的风险传递，较少在统一的框架下对各国进行系统性的比较分析，也常常忽略了风险具有在全球范围内的股市与汇市间进行广泛传播的特征（Wang et al., 2017; Delgado et al., 2018），然而，近年来相继爆发的国际金融危机、欧债危机等全球性的金融风险事件却让人们深刻地认识到，经济全球化进程导致各国金融体系间依存度日益提高，全球金融体系的密切关联也使得单个金融体系的内部冲击最后可能演变为具有全球性破坏力的危机事件。因此，为了有效防控系统性金融风险，对容易造成金融系统大幅震荡的尾部风险事件展开深入研究显得尤其重要（Benoit et al., 2017）。而现有文献在采用VaR指标刻画尾部极端风险时，往往结合传统的估计方法构造金融市场的损失分布，但随着该领域研究的不断深入，相关文献分析表明，股票回报以及汇率变动的分布均不服从标准正态分布，且随着时间的推移将发生动态变化（Wang et al., 2017）。因此，为了对尾部风险进行准确测度，使用刻画时变条件分位数的CAViaR测度指标显然具有更好的学术价值和现实意义。此外，目前极少有文献探讨金融市场间尾部风险传导的非线性关系，现有研究大多是在线性框架下对两者间的风险溢出效应进行分析

(Betz et al., 2016；Corsi et al., 2018)。最新研究相继表明，汇率风险暴露往往呈现出不对称的非线性结构（Bahmani-Oskooee and Kanitpong, 2017），而且，金融资产价格在动态演变中也存在着显著的非线性特征，从而使得系统性风险在金融市场间传递时往往发生非线性转变（Benoit et al., 2017；Wang et al., 2017），因此，在传统的线性框架下考察金融风险的跨市场传染，将导致检验结论产生显著的偏差，进而难以对尾部风险在市场间的传递进行有效监控（de Vita et al., 2018）。此外，需要进一步指出的是，现有研究在考察全球金融尾部风险传导时，常常采用传统的分位数回归方法或者传统的 GARCH 模型，然而此类方法未必能正确测度不同序列的不同分位数，且无法准确捕捉风险冲击下各市场的不对称波动，故而难以有效刻画不同国家市场间系统性风险的异质分布（Chuliá et al., 2017）。因此，使用全面涵括多个随机变量、置信水平和多种分位数滞后阶数的模型，准确考察各国金融市场间的尾部风险溢出效应显得十分重要（White et al., 2015）。最后，在考察尾部风险的跨市场传染效应中，进一步甄别、区分"境内与境外""发达国家与发展中国家"以及典型国家金融市场对我国的冲击影响更是尤为必要，它将对于我们更具针对性地防范金融市场异常波动，防控输入性风险有现实的指导意义。

鉴于此，本章尝试在现有研究的基础上做一个有益的补充，采用前沿的 CAViaR 测度方法考察全球 45 个主要国家（地区）股票市场与汇率市场的尾部风险。在此基础上，我们从体制区间效应的角度考察各个市场尾部风险的非线性特征。与此同时，我们还运用了前沿的非线性 Granger 因果关系检验，深入研究了各经济体股票与外汇市场间的风险传导效应。其次，本章还进一步采用"滚动非线性检验"方法，从动态分析的角度考察风险的联动效应，在此基础上研究相关风险事件对我国资本市场的影响与冲击。此外，本章结合最新发展的 MVMQ-CAViaR 模型，从风险溢出的角度考察包括我国在内的45个国家（地区）的股票和外汇市场尾部风险的跨市场传染效应，深入对比分析境内与境外、发达国家与发展中国家金融市场对我国的冲击影响，并在此基础上准确测度了代表性国家对我国资本市场的风险溢出效应。最后，我们提出了富有启发意义的建议，它不仅有助于我们进一步改进系统性金融风险的衡量指标、完善跨市场金融监管体系与风险处理机制，而且还有助于我们进一步防范国际金融市场尾部风险的外溢冲击，健全"货币政策和宏观审慎政策"双支柱调控框架，并为我国"守住不发生系统性金融风险的底线"提供理论分析与实证检验的参考依据。

第二节 条件分位自回归风险价值模型

目前，风险价值（VaR）是国内外大多数监管机构与金融部门所使用的衡量尾部风险的常用指标，该测度指标衡量的是在给定的置信水平下，某一金融资产投资组合在一定的持有期内的最大可能损失。

因此，根据VaR的定义可以得到：

$$P\left[y_t \leqslant VaR_t | \Omega_{t-1}\right] = \theta \quad (5-1)$$

其中显著水平 $\theta \in [0,1]$，Ω_{t-1} 是在 $t-1$ 时刻的信息集。

大量研究表明，金融资产收益率序列往往随着时间的变化存在明显的波动性聚集现象，即收益率的分布具有自相关效应。因此，恩格尔和曼加内利采用对分位数建模的方式替代以往研究对整个分布建模的方法，提出了CAViaR模型，以正确测度金融市场的尾部风险，即：

$$V_t(\beta) = \beta_0 + \sum_{i=1}^{p} \beta_i V_{t-i}(\beta) + \sum_{j=1}^{q} \beta_j l(y_{t-j}) \quad (5-2)$$

其中，β 的维度为 $b = p + q + 1$，$l(\cdot)$ 是依赖于有限数量的滞后观测值的函数，自回归条件 $\{\beta_i V_{t-i}(\beta)\}_{i=1}^{p}$ 确保 VaR 能够随时间的推移而平稳变化。他

们提出,当前一天的收益率 y_{t-1} 极低时,第二日收益率会有较大的概率有所提高,即 VaR 对称依赖于 $|y_{t-1}|$。在此基础上,恩格尔和曼加内利进一步提出了四种 CAViaR 模型,具体如下所示。

非对称斜率模型:

$$V_t(\beta) = \beta_0 + \beta_1 V_{t-1}(\beta) + \beta_2 (y_{t-1})^+ + \beta_3 (y_{t-1})^- \tag{5-3}$$

间接 GARCH 模型:

$$V_t(\beta) = [\beta_0 + \beta_1 V^2_{t-1}(\beta) + \beta_2 (y^2_{t-1})]^{1/2} \tag{5-4}$$

对称绝对值模型:

$$V_t(\beta) = \beta_0 + \beta_1 V_{t-1}(\beta) + \beta_2 |y_{t-1}| \tag{5-5}$$

适应性模型:

$$V_t(\beta_0) = V_{t-1}(\beta_0) + \beta_0 \{[1 + \exp(F[y_{t-1} - V_{t-1}(\beta_0)])^{-1} - \beta\} \tag{5-6}$$

其中,F 是一个正的有限数,并且满足 $(y_{t-1})^+ = \max(y_{t-1}, 0)$,$(y_{t-1})^- = -\min(y_{t-1}, 0)$。上述模型中,仅非对称斜率模型能够刻画正回报和负回报的非对称效应。

此外,为了评估选择的模型是否满足无偏、独立等性质,恩格尔和曼加内利同样构建了一个动态分位检验测试(dynamic quantile test, DQ test)对 CAViaR 模型进行后验分析,从而检验模型的有效性。

具体而言,对于任意时刻 t,当模型参数估计正确时,可将式(5-1)重新表述为:

$$\{I(y_t < VaR_t)\}_{t \neq 1}^T \sim i.i.d \tag{5-7}$$

其中 $\{I_t\}_{t \neq 1}^T$ 为示性函数。在此基础上,他们定义了如下方程:

$$\begin{aligned} Hit(y_t, x_t, \theta) &\equiv Hit_{\theta t} \\ &\equiv \{I(y_t < VaR_t)\} - \theta \end{aligned} \tag{5-8}$$

则当模型参数估计正确时,恒有 $E(Hit_{\theta t} | \Omega_{t-1}) = 0$,即:

$$Hit_{\theta t} = \alpha_0 + \alpha_1 Hit_{\theta(t-1)} + \cdots + \alpha_p Hit_{\theta(t-p)} +$$
$$\alpha_{p+1} VaR_t + \alpha_{p+2} I_{year1,t} + \cdots +$$
$$\alpha_{p+2+n} I_{yearn+1,t} + \mu_t = X\alpha + \mu_t \qquad (5-9)$$

基于此,恩格尔和曼加内利提出了以下的 DQ 检验统计量:

$$DQ = \frac{\hat{\alpha}_{ols}' X' X \hat{\alpha}_{ols}}{\theta(1-\theta)} \overset{\alpha}{\sim} \chi^2(p+n+2) \qquad (5-10)$$

其中,$\hat{\alpha}_{ols}$ 为式(5-9)的系数矩阵的最小二乘估计值。当 DQ 检验统计量不显著时,表明风险测度指标无偏,模型能够对尾部风险进行有效刻画。

第三节 MVMQ-CAViaR 模型

分位数回归是分析各经济变量间条件分布的有力工具。传统的分位数回归仅仅将被解释变量的分位数简单地视作解释变量的线性组合,而 MVMQ-CAViaR 方法则尝试使用各解释变量的分位数对因变量的分位数进行回归,从而更好地捕捉变量间的尾部联系。因此,本章采用该方法对各个国家(地区)各个市场之间的尾部联动进行分析。

MVMQ-CAViaR 模型由怀特等(White et al., 2015)基于恩格尔和曼加内利提出的 CAViaR 模型扩展而来。具体而言,在原始的 CAViaR 模型中,被解释变量的分布只受到其自身滞后项的影响,即可将式(5-2)改写为:

$$q_t(\theta) = c + A|Y_{t-1}| + Bq_{t-1}(\theta) \qquad (5-11)$$

其中 $q_t(\theta)$ 表示某资产的收益率在 t 时刻的 θ 分位数,它受自身滞后项 $q_{t-1}(\theta)$ 和资产收益率的滞后项 $|Y_{t-1}|$ 的影响。

由于上述模型主要用于研究单个金融资产的尾部特征,无法刻画出市场间的联动作用,怀特等人在此基础上构建了 MVMQ-CAViaR 模型。他们提出,除受自身的滞后项影响外,被解释变量的分布也受到其他相关变量的滞后项的影响,并构建出如下的 MVMQ(1,1) 模型:

$$q_{1,t}(\theta) = c_1 + a_{11}|Y_{1,t-1}| + a_{12}|Y_{2,t-1}| + b_{11}q_{1,t-1}(\theta) + b_{12}q_{2,t-1}(\theta) \quad (5-12)$$

$$q_{2,t}(\theta) = c_2 + a_{21}|Y_{1,t-1}| + a_{22}|Y_{2,t-1}| + b_{21}q_{1,t-1}(\theta) + b_{22}q_{2,t-1}(\theta) \quad (5-13)$$

把上式进一步转换为矩阵形式，即：

$$q_t = c + A|Y_{t-1}| + Bq_{t-1} \quad (5-14)$$

其中 $q_{i,t}(\theta)$ 表示资产 i 的收益率在 t 时刻的 θ 分位数。

怀特等人指出，与 CAViaR 模型不同，$q_{i,t}(\theta)$ 还受到来自其他资产 j 的收益率滞后项 $|Y_{j,t-1}|$ 及其分位数滞后项 $q_{j,t-1}(\theta)$ 的影响。矩阵 A 与 B 的主对角元素 a_{11}、a_{22}、b_{11} 与 b_{22} 衡量了资产历史收益状况对自身尾部风险的影响，而非主对角元素 a_{12}、a_{21}、b_{12} 与 b_{21} 则刻画了历史收益对其他资产风险的冲击。因此，MVMQ-CAViaR 模型通过计算矩阵 A、B 非对角线元素的显著性，可以检验各个市场的收益之间是否存在尾部联动效应。

为了更直观地识别变量受冲击时对其他变量的影响，怀特等人还提出了伪脉冲响应函数（pseudo quantile impulse response function）的概念。与传统的脉冲响应函数衡量误差项在冲击下的影响不同，伪脉冲响应函数衡量了一个变量受到一次性冲击时对其他变量造成影响，即：

$$\Delta_{i,s}(\tilde{Y}_{1t}) = \tilde{q}_{i,t+s} - q_{i,t+s}, s = 1,2,3\ldots \quad (5-15)$$

$\tilde{q}_{i,t-s}$ 为市场 j 处于困境时市场 i 的条件风险价值，而 $q_{i,t+s}$ 则为市场 i 的风险价值。通过计算处于困境的市场 j 给市场 i 的风险价值带来的变化 $\Delta_{i,s}(\tilde{Y}_{1t})$，我们可以刻画出市场 j 对市场 i 的尾部风险造成的影响以及该影响在不同时间内的演变趋势。

在此基础上，为了进一步检验 MVMQ-CAViaR 模型中各市场之间是否存在显著的尾部联动，我们借鉴 Wald 统计量的思想，在 MVMQ 模型下重新构造检验尾部风险溢出效应的统计量。针对原假设 $H_0: R\beta = r$，构建统计量如下：

$$(R\hat{\beta}-r)'(R \times \hat{V}C_T \times R')^{-1}(R\hat{\beta}-r) \xrightarrow{d} \chi(q) \quad (5-16)$$

其中，$\hat{V}C_T$ 表示系数的协方差矩阵。本章中，我们对于原假设 $H_0: a_{12} = $

$b_{12}=0$ 以及 $H_0: a_{21}=b_{21}=0$ 进行检验，分别判断市场 1 的尾部风险是否受市场 2 的显著影响，以及市场 2 的尾部风险是否受到来自市场 1 的显著影响；此时 $q=2$，$r=0$。当该统计量高于一定显著性水平下的临界值，即可认为市场间存在显著的尾部联动效应。

第四节　数据说明

为了对全球股票市场与外汇市场的尾部风险进行有效测度，并深入分析各市场间的联动关系，本章分别选用阿根廷、阿联酋、爱尔兰、奥地利、澳大利亚、巴西、比利时、波兰、丹麦、德国、俄罗斯、法国、菲律宾、芬兰、韩国、荷兰、加拿大、捷克、卢森堡、马来西亚、美国、墨西哥、挪威、欧盟、葡萄牙、日本、瑞典、瑞士、沙特阿拉伯、泰国、土耳其、西班牙、希腊、新加坡、新西兰、匈牙利、以色列、意大利、印度、印度尼西亚、英国、智利、中国、中国台湾以及中国香港，共计 45 个全球主要国家（地区）的股票市场指数以及有效汇率指数数据。鉴于数据的可获得性，本章选取的各经济体的股票指数及研究分析的样本区间如表 5-1 所示[1]。其中，股指数据来源于 Yahoo Finance 数据库，汇率数据来源于国际清算银行。与此同时，考虑到在 2005 年 7 月 21 日，我国外汇市场进行了以市场供求为基础的"人民币汇率形成机制改革"，人民币从单一盯住美元转为钉住一篮子货币进行有管理的浮动；此外，中国人民银行在 2015 年 8 月 11 日，宣布调整人民币对美元汇率中间价报价机制，进一步推动了人民币兑美元汇率中间价机制的市场化。因此为保证分析结果的有效性与合理性，本章分别以 2005 年 7 月 21 日、2015 年 8 月 11 日为分界点，将我国的样本区间划分为"汇改前""第一次汇改"与"第二次汇改"三组子样本进行比较分析。

---

[1] 由于篇幅限制，我们在此没有列出所有国家的股指数据与样本区间，以备索方式提供。

表 5-1 部分国家股指数据及样本区间

国家	股指	样本区间	国家	股指	样本区间
中国（汇改前）	上证综指	1997.7.1—2005.7.20	印度尼西亚	JKSE 指数	1997.7.1—2018.9.21
中国（第一次汇改）	上证综指	2005.7.21—2015.8.10	印度	孟买 30 指数	1997.7.1—2018.9.21
中国（第二次汇改）	上证综指	2015.8.11—2018.9.21	澳大利亚	AORD 指数	1997.7.1—2018.9.21
日本	日经 225 指数	1997.7.1—2018.9.21	比利时	Bel20 指数	1997.7.1—2018.9.21
韩国	KS11 指数	1997.7.1—2018.9.21	加拿大	TSX 指数	2001.3.14—2018.9.21
墨西哥	MXX 指数	1997.7.1—2018.9.21	智利	IPSA 指数	2002.1.1—2018.9.21
新西兰	NZ50 指数	2003.1.1—2018.9.21	德国	DAX 指数	1997.7.1—2018.9.21
英国	FTSE100 指数	2001.3.14—2018.9.21	法国	FCHI 指数	1997.7.1—2018.9.21
美国	道琼斯指数	1997.7.1—2018.9.21	……		

第五节 各经济体股票市场与外汇市场尾部风险测度

首先，我们使用 CAViaR 模型测度了 45 个国家（地区）股票市场与外汇市场的尾部风险，并使用 DQ 检验对估计模型的总体拟合优度进行后验分析。遵循该领域的研究惯例（Hong et al., 2009; Wang et al., 2017），当各市场的 DQ 检验统计量在 1% 的水平上不显著时，我们将采用非对称斜率模型对 VaR 进行估计。相反地，如果 DQ 检验高度显著，则我们将依次使用间接 GARCH 模型、对称绝对值模型和适应性模型来测度风险，直至 DQ 统计量无法通过 1% 的显著性水平检验，此时，对应的模型为风险测度的最优模型。

由此，本章分别运用上述四种 CAViaR 模型测度了各金融市场在 5% 和 1% 分位数下的尾部风险，并将估计结果和 DQ 检验的 p 值列于表 5-2[1]。由表 5-2，我们可以清楚地看出，大部分的自回归系数 β_1 十分显著，表明金融资产的收益率分布存在明显的波动聚集效应。

---

[1] 由于篇幅限制，在该部分仅报道 1% 分位数下部分国家的估计结果，感兴趣的读者可以向作者索取其余国家以及 5% 分位数下的相应结果。

表 5-2 基于 CAViaR 模型的部分国家尾部极端风险测度结果（1% 分位数）

模型		中国				美国				日本			
		非对称斜率模型	间接GARCH	对称绝对值模型	适应性模型	非对称斜率模型	间接GARCH	对称绝对值模型	适应性模型	非对称斜率模型	间接GARCH	对称绝对值模型	适应性模型
β_1	股指	0.025*	0.087	0.029**	0.915***	0.082**	0.326***	0.101***	1.077***	0.188***	0.944***	0.232***	0.957***
		[0.070]	[0.110]	[0.037]	[0.000]	[0.000]	[0.002]	[0.003]	[0.000]	[0.001]	[0.000]	[0.000]	[0.000]
	汇率	0.015	0.006	0.003	0.416***	0.011**	0.008***	0.015***	0.321***	0.127***	0.083*	0.043	0.419***
		[0.134]	[0.163]	[0.281]	[0.001]	[0.017]	[0.004]	[0.000]	[0.010]	[0.004]	[0.098]	[0.145]	[0.000]
β_2	股指	0.941***	0.938***	0.944***	—	0.913***	0.886***	0.893***	—	0.838***	0.780***	0.792***	—
		[0.000]	[0.000]	[0.000]		[0.000]	[0.000]	[0.000]		[0.000]	[0.000]	[0.000]	
	汇率	0.920***	0.944***	0.956***	—	0.944***	0.946***	0.933***	—	0.842***	0.875***	0.883***	—
		[0.000]	[0.000]	[0.000]		[0.000]	[0.000]	[0.000]		[0.000]	[0.000]	[0.000]	
β_3	股指	0.224***	0.474	0.187***	—	0.018	0.499	0.253***	—	0.205***	0.997***	0.487***	—
		[0.000]	[0.187]	[0.000]		[0.404]	[0.365]	[0.000]		[0.000]	[0.007]	[0.000]	
	汇率	0.156***	0.285***	0.130***	—	0.141***	0.225	0.147***	—	0.370***	0.554***	0.296***	—
		[0.000]	[0.000]	[0.000]		[0.000]	[0.298]	[0.000]		[0.000]	[0.000]	[0.000]	
β_4	股指	0.182***	—	—	—	0.384***	—	—	—	0.538***	—	—	—
		[0.000]				[0.000]				[0.000]			
	汇率	0.241***	—	—	—	0.114**	—	—	—	0.132***	—	—	—
		[0.000]				[0.019]				[0.000]			
RQ	股指	255.561	256.169	255.859	275.696	175.059	179.142	180.579	201.876	219.447	225.120	226.381	274.361
	汇率	46.244	46.247	46.435	51.524	46.622	46.774	46.658	51.785	98.902	99.451	100.160	106.933
DQ样本内 p 值	股指	0.000***	0.220	0.005***	0.217	0.206	0.010**	0.000***	0.002***	0.825	0.186	0.218	0.018**
	汇率	0.820	0.674	0.813	0.145	0.800	0.854	0.858	0.534	0.185	0.211	0.208	0.809
DQ样本外 p 值	股指	0.020**	0.042**	0.020**	0.000***	0.000***	0.000***	0.000***	0.000***	0.113	0.969	0.481	0.990
	汇率	0.014**	0.005***	0.000***	0.829	0.565	0.708	0.813	0.911	0.000***	0.149	0.229	0.018**

续表

模型		韩国			德国			法国		
		非对称斜率模型	间接GARCH	对称绝对值模型	适应性模型	非对称斜率模型	间接GARCH	对称绝对值模型	适应性模型	非对称斜率模型	间接GARCH	对称绝对值模型	适应性模型

模型		韩国 非对称斜率模型	韩国 间接GARCH	韩国 对称绝对值模型	韩国 适应性模型	德国 非对称斜率模型	德国 间接GARCH	德国 对称绝对值模型	德国 适应性模型	法国 非对称斜率模型	法国 间接GARCH	法国 对称绝对值模型	法国 适应性模型
β_1	股指	0.052** [0.038]	0.073* [0.098]	0.034 [0.121]	1.805*** [0.000]	0.123*** [0.000]	0.304*** [0.002]	0.170*** [0.000]	1.103*** [0.000]	0.124*** [0.000]	0.360*** [0.000]	0.160** [0.038]	1.125*** [0.000]
β_1	汇率	0.102*** [0.002]	0.137*** [0.000]	0.071*** [0.000]	2.123*** [0.000]	0.013** [0.016]	0.005* [0.070]	0.014** [0.021]	0.001* [0.088]	0.010** [0.043]	0.004** [0.048]	0.011** [0.016]	0.001*** [0.000]
β_2	股指	0.908*** [0.000]	0.922*** [0.000]	0.908*** [0.000]	—	0.909*** [0.000]	0.901*** [0.000]	0.862*** [0.000]	—	0.913*** [0.000]	0.909*** [0.000]	0.860*** [0.000]	—
β_2	汇率	0.796*** [0.000]	0.794*** [0.000]	0.824*** [0.000]	—	0.920*** [0.000]	0.936*** [0.000]	0.916*** [0.000]	—	0.918*** [0.000]	0.922*** [0.000]	0.913*** [0.000]	—
β_3	股指	0.199*** [0.003]	0.519*** [0.000]	0.290*** [0.000]	—	0.094* [0.054]	0.453 [0.118]	0.296*** [0.000]	—	0.056* [0.052]	0.373 [0.150]	0.301*** [0.000]	—
β_3	汇率	0.329*** [0.000]	1.085*** [0.000]	0.470*** [0.000]	—	0.186*** [0.000]	0.301 [0.138]	0.186*** [0.000]	—	0.171*** [0.000]	0.342*** [0.085]	0.195*** [0.000]	—
β_4	股指	0.345*** [0.000]	—	—	—	0.262*** [0.000]	—	—	—	0.250*** [0.000]	—	—	—
β_4	汇率	0.643*** [0.000]	—	—	—	0.170*** [0.004]	—	—	—	0.202*** [0.000]	—	—	—
RQ	股指	246.137	250.373	248.658	269.091	204.725	209.883	209.883	234.253	202.859	206.834	207.741	232.611
RQ	汇率	100.413	103.006	102.379	141.801	33.094	33.075	33.105	36.937	27.395	27.347	27.398	30.516
DQ样本内p值	股指	0.749	0.280	0.784	0.636	0.843	0.929	0.340	0.000***	0.820	0.034**	0.005***	0.000***
DQ样本内p值	汇率	0.884	0.760	0.198	0.969	0.863	0.837	0.902	0.001***	0.850	0.246	0.253	0.000***
DQ样本外p值	股指	0.879	0.922	0.679	0.601	0.037**	0.040**	0.034**	0.814	0.000***	0.814	1.000	0.000***
DQ样本外p值	汇率	0.996	1.000	0.985	0.678	0.000***	0.000***	0.000***	0.784	0.000***	0.000***	0.000***	0.677

注：（1）与恩格尔和曼加内利的研究相一致，我们将样本外区间均设定为最新的500个交易日；（2）中括号里的值表示为p值；（3）***、**及*分别表示在1%、5%及10%显著性水平上拒绝原假设。

与此同时，表5-2的分析结果清楚地表明，在非对称斜率模型下，绝大多数的DQ检验统计量在1%的显著性水平下均无法拒绝"风险测度指标无偏"的原假设，这就意味着基于"非对称斜率模型"的测度指标能够更好地反映各经济体股票市场与外汇市场的尾部极端风险，具备良好的适用性。

由于篇幅限制，本章在图5-1中仅展示了在1%分位数下的部分国家股票市场的尾部风险测度结果。同时，为了便于识别，我们用灰色阴影区域标识测度指标发生明显波动的区间。图5-1表明，CAViaR指标能够准确测度出1998年7月亚洲金融危机、2008年6月国际金融危机、2011年5月欧债危机、2015年6月中国"股灾"等风险事件。其中，国际金融危机对全球大部分国家均造成了大幅冲击，而日本海啸及大地震、美国首次失去3A评级等极端事件也使得该国资本市场的风险急剧累积。显然，基于非对称模型的CAViaR测度指标能准确刻画各经济体金融市场因尾部风险而产生的极端损失。

类似地，本章在图5-2中展示了部分国家外汇市场的尾部风险测度结果。我们可以清楚地发现，1998年的亚洲金融危机对中国、日本和韩国三个亚洲主要经济体的外汇市场都造成了明显的风险冲击，其中韩国受到的影响最大。与图5-1股票市场的测度结果相较，图5-2表明，亚洲金融危机时，汇市CAViaR指标大幅提高的时点略早于股市测度指标陡升的时刻，这就意味着该极端风险事件可能首先引发了外汇市场的剧烈震荡，进而对股票市场造成负面冲击。此外，2011年8月美国首次失去AAA评级和2017年10月日本银行业受到国际货币基金组织的警告使得两国外汇市场分别出现了大幅震荡。同时，类似地，2008年的国际金融危机对全球各国的外汇市场也均产生了显著且持续的风险冲击。而2015年5月英国政府向下议院提交并公布了有关"脱欧"公投的议案后，欧洲国家的外汇市场都出现了明显波动。由此可见，无论是对各经济体的股票市场还是外汇市场进行分析，基于非对称模型的CAViaR指标均能准确识别风险聚集的尾部事件。

第五章 股票与外汇市场尾部风险的跨市场传染研究　169

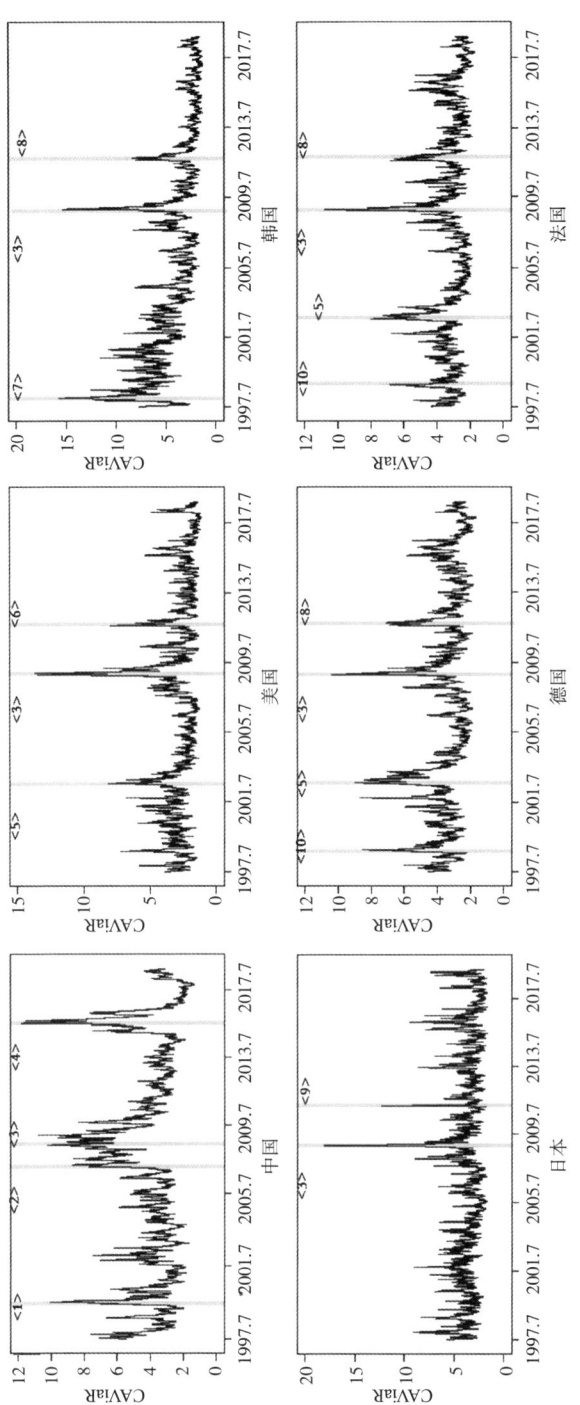

图 5-1　全球股票市场极端风险测度（1% 分位数）

注：事件 1，中国股市开始持续 6 个月的熊市，时间为 1999 年 7 月；事件 2，中国"5·30"股市暴跌，时间为 2007 年 5 月；事件 3，国际金融危机，时间为 2008 年 6 月；事件 4，2015 年中国"股灾"，时间为 2015 年 6 月；事件 5，2002 年全球经济开始全年的持续衰退，时间为 2002 年 2 月；事件 6，美国历史上首次失去 AAA 主权信用评级，时间为 2011 年 8 月；事件 7，亚洲金融危机，时间为 1998 年 7 月；事件 8，欧债危机持续发酵，时间为 2011 年 5 月；事件 9，日本 9.0 级大地震及百年一遇的海啸，时间为 2011 年 3 月；事件 10：德国开始大幅削减社会福利，时间为 1998 年 4 月。

170　系统性金融风险研究

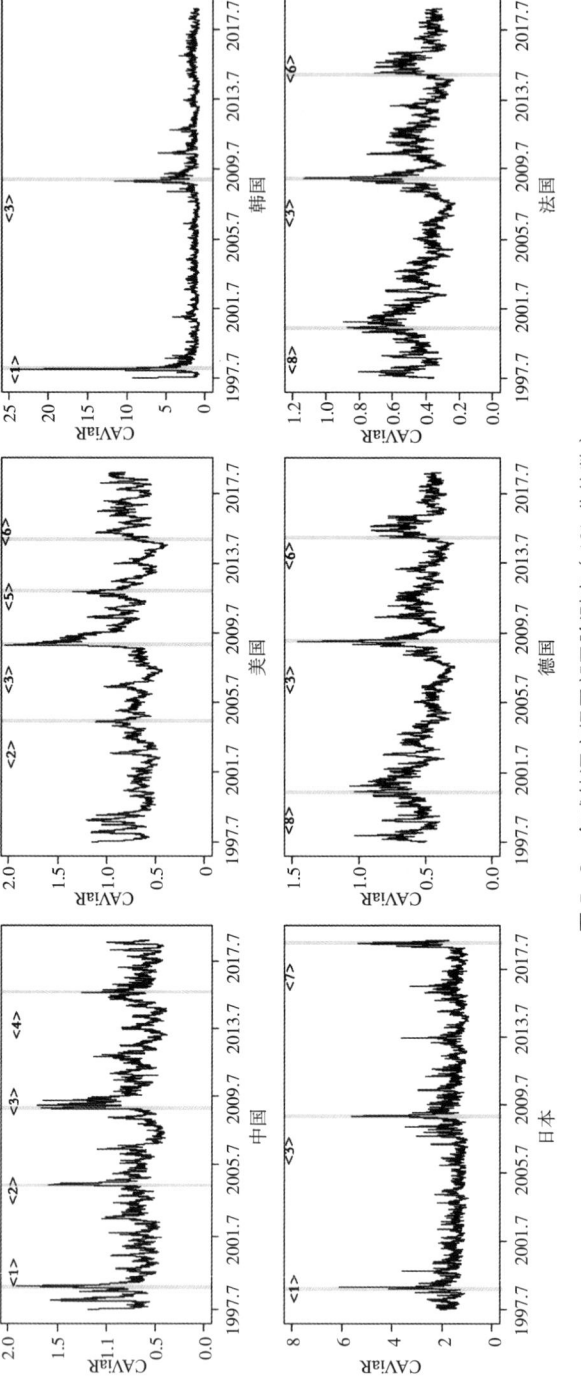

图 5-2　全球外汇市场尾部风险测度（1% 分位数）

注：事件 1，亚洲金融危机，时间为 1998 年 7 月；事件 2，美元全线走软，时间为 2004 年 9 月；事件 3，国际金融危机，时间为 2008 年 6 月；事件 4，2015 年中国"股灾"，时间为 2015 年 6 月；事件 5，美国历史上首次失去 AAA 主权信用评级，时间为 2011 年 8 月；事件 6，英国政府向下议院提交了"脱欧"公投议案，时间为 2015 年 5 月；事件 7，在持续的超宽松货币政策下日本银行业经营模式可持续性提出警告，时间为 2017 年 10 月；事件 8，欧洲通信和高技术股票以及欧元债券遭恐慌性抛售，时间为 2000 年 7 月。

第六节 各经济体股票与外汇市场间尾部风险传染的非线性检验

在上述分析的基础上，为了进一步探讨全球股票市场与外汇市场间的风险联动效应，本章分别选用了5%和1%分位数下的CAViaR测度指标，作为各市场尾部风险的代表变量，由此对全球主要股票市场与外汇市场的跨市场风险传染展开进一步分析。相关研究表明，存在非线性特征的金融变量的时间序列，往往会因为金融危机、尾部风险、商业周期变化等原因发生结构性变化（Atil et al., 2014）。因此，为了深入阐述在非线性框架下探讨尾部风险的跨市场联动效应的合理性与必要性，本章在白和珀隆（Bai and Perron, 2003）提出的结构性突变检验的基础上考察各经济体股市与汇市间的风险传导关系是否存在显著的体制区间效应，并将部分检验结果列于表5-3。

表5-3的结构性检验结果表明，$SupF_T(i)$ ($i=1,2,...,5$) 以及UDmax在1%的显著性水平下均拒绝"不存在结构性变化"的原假设，因此尾部金融风险在中国、美国的股票市场与外汇市场间传导时，均存在明显的结构性突变。与此同时，循环检验$SupF_T(j+1|j)$的结果也进一步表明，中国和美国的两个市场在风险联动的过程中分别存在着4个体制区间（3个结构性变化）。由此可见，股票市场和外汇市场联动时存在显著的体制区间效应，使得尾部金融风险在两个市场动态传导的过程中均呈现出了显著的非线性特征[1]。

表5-3 尾部风险非线性传染的结构性突变检验

	中国（第一次汇改）	美国	1%临界值	5%临界值	10%临界值
$SupF_T(1)$	72.793***	54.204***	15.370	11.470	9.810
$SupF_T(2)$	104.548***	53.641***	12.150	9.750	8.630
$SupF_T(3)$	69.820***	54.134***	10.270	8.360	7.540

[1] 此外，对所有国家的尾部风险序列分别采用了神经网络、BDS、McLeod-Li等多种方法的非线性特征检验，得到了一致的结论，感兴趣的读者可向作者索取。

续表

	中国（第一次汇改）	美国	1% 临界值	5% 临界值	10% 临界值
$SupF_T(4)$	48.023***	93.743***	8.650	7.190	6.510
$SupF_T(5)$	42.165***	76.173***	7.000	5.850	5.270
UDmax	105.548***	93.743***	15.410	11.700	10.160
$SupF_T(2|1)$	144.406***	15.531***	15.370	11.470	9.810
$SupF_T(3|2)$	16.749***	14.721**	16.840	12.950	11.400
$SupF_T(4|3)$	1.580***	0.1883	17.720	14.030	12.290
$SupF_T(5|4)$	0.000***	0.000	18.670	14.850	12.900

注：（1）该检验是基于 VAR 系统中以中国与美国股票市场作为被解释变量的关系式；（2）***、** 及 * 分别表示通过 1%、5% 及 10% 显著性水平检验；（3）$SupF_T(i)$ ($i=1,2,...,5$) 以及 UDmax 检验的原假设为"不存在结构性变化"；$SupF_T(j+1|j)$ ($j=1,2,...,4$) 检验的原假设为"存在 j 个结构性变化"，而备择假设则为"存在 $j+1$ 个结构性变化"。

鉴于此，本章将采用前沿的非线性 Granger 因果检验方法，进一步探讨尾部风险在全球股市与汇市间的风险传染。为了准确地刻画各市场在严格意义上的非线性传染关系，我们使用 VAR 模型对各测度指标的平稳序列进行"线性过滤"，并对过滤后的残差进行非线性 Granger 因果检验。与此同时，与现有研究一致，本章将窗宽设定为 $e = 1.5\sigma$（其中 $\sigma = 1$ 表示经标准化时间序列的标准差），并在表 5-4 中列出了部分国家在 5% 的分位数下基于共同滞后阶数（$Lx = Ly$）1-5 的检验结果[1]。

表 5-4 的检验结果显示，大部分国家的股票市场与外汇市场的尾部风险间均存在着显著的非线性双向传导机制。其中，在 1% 的显著性水平下，美国、加拿大、德国、法国、日本等北美、欧洲以及东亚发达国家的股票市场对外汇市场存在显著的风险溢出效应。与此同时，检验结果也显示，这些国家外汇市场的极端风险也极易对股票市场产生负面冲击。此外，值得注意的是，新西兰仅存在从股市至汇市的单向风险传导，这是由于较之其他发达国家，新西兰的股票市场总市值小，截至 2017 年 12 月仅为 1352 亿纽币，约为我国沪深股市

---

[1] 为节省空间，该部分其余国家的非线性检验结果以备索的方式提供。

表 5-4 各经济体股票市场与外汇市场尾部风险的跨市场传染的非线性检验（5% 分位数）

原假设：股票市场的风险不是外汇市场系统性金融风险的非线性 Granger 因果原因

$L_x = L_y$	中国（汇改前）		中国（第一次汇改）		中国（第二次汇改）	
	TVAL	T_n	TVAL	T_n	TVAL	T_n
1	-0.249 [0.598]	-0.282 [0.611]	0.391 [0.348]	0.283 [0.389]	2.710*** [0.003]	2.697*** [0.004]
2	-0.765 [0.778]	-0.898 [0.815]	1.094 [0.137]	1.013 [0.156]	2.850*** [0.002]	2.894*** [0.002]
3	-0.783 [0.783]	-0.848 [0.802]	0.618 [0.268]	0.560 [0.288]	3.169*** [0.001]	3.272*** [0.001]
4	-0.800 [0.788]	-0.893 [0.814]	0.738 [0.230]	0.757 [0.225]	3.177*** [0.001]	3.251*** [0.001]
5	-0.492 [0.689]	-0.485 [0.686]	1.731** [0.042]	1.760** [0.039]	3.182*** [0.001]	3.243*** [0.001]

$L_x = L_y$	英国		加拿大		德国		美国	
	TVAL	T_n	TVAL	T_n	TVAL	T_n	TVAL	T_n
1	2.091** [0.018]	2.078** [0.019]	3.828*** [0.000]	3.843*** [0.000]	4.520*** [0.000]	4.330*** [0.000]	5.414*** [0.000]	5.490*** [0.000]
2	1.963** [0.025]	1.856** [0.031]	4.546*** [0.000]	4.629*** [0.000]	5.231*** [0.000]	5.017*** [0.000]	4.870*** [0.000]	4.784*** [0.000]
3	2.261** [0.012]	2.160** [0.015]	4.489*** [0.000]	4.485*** [0.000]	5.235*** [0.000]	4.839*** [0.000]	4.465*** [0.000]	4.366*** [0.000]
4	2.797*** [0.003]	2.725*** [0.003]	4.031*** [0.000]	3.910*** [0.000]	6.158*** [0.000]	5.552*** [0.000]	3.877*** [0.000]	3.840*** [0.000]
5	2.279** [0.011]	2.194** [0.014]	3.574*** [0.000]	3.393*** [0.000]	5.564*** [0.000]	4.842*** [0.000]	3.347*** [0.000]	3.344*** [0.000]

$L_x = L_y$	新西兰		印度		日本		法国	
	TVAL	T_n	TVAL	T_n	TVAL	T_n	TVAL	T_n
1	3.092*** [0.001]	3.088*** [0.000]	3.498*** [0.000]	3.376*** [0.000]	5.075*** [0.000]	4.627*** [0.000]	4.785*** [0.000]	4.734*** [0.000]
2	2.791*** [0.003]	2.703*** [0.000]	4.335*** [0.000]	4.254*** [0.000]	4.700*** [0.000]	4.402*** [0.000]	5.119*** [0.000]	4.911*** [0.000]
3	2.658*** [0.004]	2.549*** [0.000]	4.045*** [0.000]	3.931*** [0.000]	5.018*** [0.000]	4.793*** [0.000]	5.276*** [0.000]	4.837*** [0.000]
4	2.704*** [0.003]	2.707*** [0.000]	3.901*** [0.000]	3.743*** [0.000]	4.548*** [0.000]	4.230*** [0.000]	6.223*** [0.000]	5.631*** [0.000]
5	2.511*** [0.006]	2.386*** [0.000]	3.338*** [0.000]	3.173*** [0.001]	4.799*** [0.000]	4.467*** [0.000]	5.777*** [0.000]	5.058*** [0.000]

$L_x = L_y$	韩国	
	TVAL	T_n
1	6.017*** [0.000]	6.497*** [0.000]
2	6.297*** [0.000]	6.690*** [0.000]
3	6.198*** [0.000]	6.482*** [0.000]
4	5.918*** [0.000]	6.112*** [0.000]
5	5.393*** [0.000]	5.536*** [0.000]

续表

原假设：外汇市场的风险不是对股票市场系统性金融风险的非线性 Granger 因果原因

	中国（汇改前）		中国（第一次汇改）		中国（第二次汇改）		美国	
$L_x = L_y$	TVAL	T_n	TVAL	T_n	TVAL	T_n	TVAL	T_n
1	-2.072** [0.981]	-2.204 [0.986]	2.493*** [0.006]	2.450*** [0.007]	2.298** [0.011]	2.100** [0.018]	3.914*** [0.000]	3.779*** [0.000]
2	-2.056** [0.980]	-2.261 [0.988]	3.153*** [0.001]	3.112*** [0.001]	2.717*** [0.003]	2.670*** [0.004]	2.782*** [0.003]	2.631*** [0.003]
3	-1.248 [0.894]	-1.176 [0.880]	1.719* [0.043]	1.639* [0.051]	2.816*** [0.002]	2.850*** [0.002]	2.317** [0.010]	2.247** [0.010]
4	-0.229 [0.591]	-0.036 [0.515]	1.294 [0.098]	1.184 [0.118]	2.625*** [0.004]	2.683*** [0.004]	1.771** [0.038]	1.736** [0.038]
5	-0.030 [0.512]	0.054 [0.479]	2.217** [0.013]	1.983** [0.024]	2.476*** [0.007]	2.562*** [0.005]	1.059 [0.145]	1.013 [0.145]

	英国		加拿大		德国		法国	
$L_x = L_y$	TVAL	T_n	TVAL	T_n	TVAL	T_n	TVAL	T_n
1	1.793** [0.037]	1.689** [0.046]	3.425*** [0.000]	3.487*** [0.000]	2.641*** [0.004]	2.487*** [0.006]	3.216*** [0.001]	3.145*** [0.001]
2	1.790** [0.037]	1.779** [0.038]	3.446*** [0.000]	3.515*** [0.000]	3.757*** [0.000]	3.571*** [0.000]	4.316*** [0.000]	4.156*** [0.000]
3	1.728** [0.042]	1.724** [0.042]	3.806*** [0.000]	3.930*** [0.000]	4.001*** [0.000]	3.702*** [0.000]	4.698*** [0.000]	4.437*** [0.000]
4	2.123** [0.017]	2.131** [0.017]	3.286*** [0.001]	3.346*** [0.000]	4.079*** [0.000]	3.674*** [0.000]	4.439*** [0.000]	4.086*** [0.000]
5	2.062** [0.020]	2.047** [0.020]	2.839*** [0.002]	2.874*** [0.002]	4.162*** [0.000]	3.724*** [0.000]	4.829*** [0.000]	4.322*** [0.000]

	新西兰		印度		日本		韩国	
$L_x = L_y$	TVAL	T_n	TVAL	T_n	TVAL	T_n	TVAL	T_n
1	1.432* [0.076]	1.366 [0.086]	3.001*** [0.001]	2.970*** [0.001]	7.047*** [0.000]	6.815*** [0.000]	5.372*** [0.000]	5.610*** [0.000]
2	0.835 [0.202]	0.781 [0.217]	3.175*** [0.001]	3.175*** [0.001]	6.737*** [0.000]	6.551*** [0.000]	5.630*** [0.000]	5.951*** [0.000]
3	0.510 [0.305]	0.512 [0.304]	3.010*** [0.001]	2.920*** [0.002]	6.416*** [0.000]	6.116*** [0.000]	5.523*** [0.000]	5.748*** [0.000]
4	0.309 [0.379]	0.343 [0.366]	2.265** [0.012]	2.164** [0.015]	6.136*** [0.000]	5.757*** [0.000]	5.313*** [0.000]	5.376*** [0.000]
5	0.654 [0.257]	0.711 [0.238]	3.103*** [0.001]	2.986*** [0.001]	5.707*** [0.000]	5.239*** [0.000]	5.172*** [0.000]	5.182*** [0.000]

注：（1）中括号里的值表示为 p 值；（2）***、**、* 分别表示在 1%、5% 及 10% 显著性水平上拒绝"不存在非线性 Granger 因果关系"的原假设；（3）为了节省空间，在这里只报道部分国家（地区）的检验结果，其他国家（地区）的分析结果以备索方式提供；（4）由于篇幅限制，1% 分位数下的结果以备索形式提供。

总市值的 1%，且其中占较大比例的公司均为政府基建和公用事业单位，资金来源和业务情况稳定，受外在经济环境影响较小。而且新西兰的股市中大部分投资者为机构投资者，进一步降低了其股票市场受外汇市场风险冲击的概率。

表 5-4 的检验结果进一步表明，在 1997—2005 年人民币单一盯住美元期间，我国金融市场的尾部风险间不存在显著的非线性传导。而 2005 年"7·21"汇改之后，汇率市场的波动导致股票市场发生极端风险联动的概率显著提高，例如为了缓解国际金融危机带来的流动性紧张局面，央行在 2008 年 10 月 8 日宣布当月 15 日下调人民币存款准备金率 0.5% 后，汇率指数在 2008 年 10 月 14 日承压下跌 1.35%，股指随即也达到了 2.75% 的跌幅。类似地，我们可以从表 5-4 中清楚地发现，自 2015 年"8·11"汇改以来，我国两个市场间 TVAL 以及 T_n 非参检验统计量的显著性更是大幅增加，股市对汇市的尾部风险的传染效应明显增强。这意味着股票市场发生的尾部风险事件容易引起汇率市场震荡，即当资本市场大幅下跌时，会相应削弱国内外投资者对本币的需求，进而使得人民币出现一定程度的贬值。以 2016 年 1 月 4 日为例，"熔断机制"的出台使得 A 股市场剧烈震荡，上证综指跌幅高达 7.11%，汇率指数同日也下跌了 58 个基点，这表明我国股票市场与汇率市场的尾部风险在现阶段呈现明显的双向传染关系。

第七节 尾部风险非线性联动效应动态分析

在上述静态分析的基础上，本章采用"滚动非线性检验"方法从动态的角度进一步考察尾部风险在股票市场与外汇市场间的跨国传导。具体而言，基于动态分析方法的基本原理（Diebold and Yilmaz, 2014），我们选用 200 天的窗口长度进行滚动分析，同时依据 10% 显著性水平的临界值将检验统计量正则化，因此，统计检验值大于 1 时即代表在该时点能够拒绝"不存在非线性 Granger 因果关系"的原假设。此外，在非线性的滚动分析中，本章仍然将检验的窗宽设置为 $e = 1.5\sigma$，并画出正则化后共同滞后阶数为 1 的检验结果。由于篇幅限制，本章在此仅报道我国股市与汇市以及美国金融市场对中国股市尾部风险传递的滚动分析结果[1]。与此同时，我们分别报道了

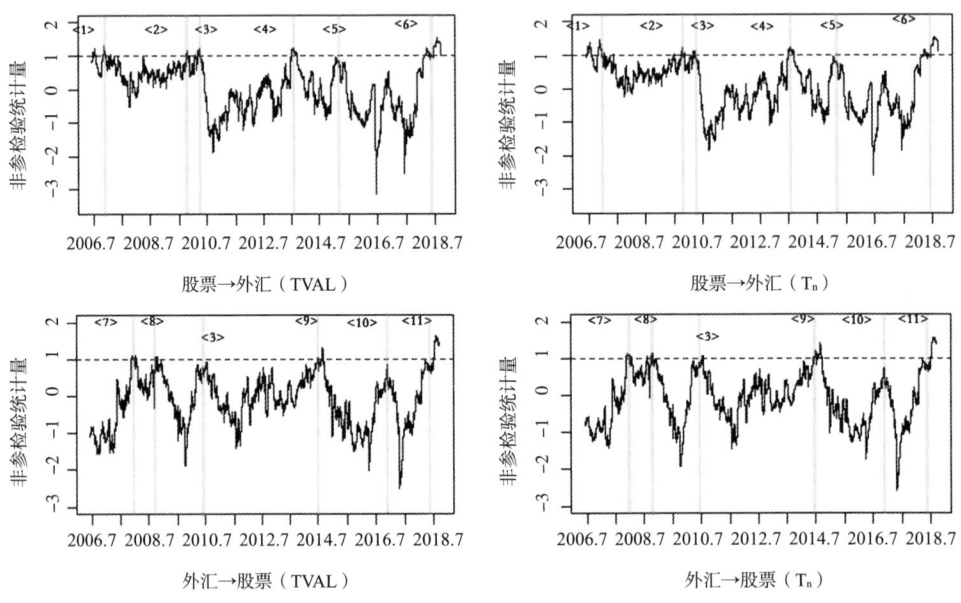

图 5-3　中国股票市场与外汇市场非线性传染的动态分析（1% 分位数）

注：事件 1，入世五周年过渡期结束，银监会颁布《外资银行管理条例实施细则》，时间为 2006 年 11 月；事件 2，中国股市巨幅深跌，时间为 2009 年 9 月；事件 3，中国人民银行决定进一步推进人民币汇率形成机制改革，增强人民币汇率弹性，时间为 2010 年 6 月；事件 4，中国人民银行推进利率市场化改革，时间为 2013 年 7 月；事件 5，2015 年中国"股灾"，时间为 2015 年 6 月；事件 6，中国股市巨幅下跌，重现"千股跌停"，时间为 2018 年 6 月；事件 7，美联储向银行系统总注资 410 亿美元临时资金，为 2001 年 9 月来单日注资最大规模，时间为 2007 年 11 月；事件 8，国际金融危机以来美国股市暴跌，创 1987 年 10 月来单日最大跌幅，时间为 2008 年 10 月；事件 9，欧洲开启负利率时代，时间为 2014 年 6 月；事件 10，人民币被正式纳入 SDR，时间为 2016 年 10 月；事件 11，美国宣布对原产于中国的 1300 余种进口商品加征 25% 的关税，时间为 2018 年 5 月。

---

1 为了节省空间，在这里没有报道所有国家的动态非线性因果检验结果，有兴趣的读者可向作者索取其余国家的分析结果。

TVAL 非参检验方法与非参数的 T_n 检验方法的检验结果以确保结论的稳健性。此外，为了便于识别，我们用灰色阴影区域标识其显著度接近或是超过 10% 显著性水平的区间。图 5-3 展示了我国 2005 年 "7·21" 汇改后，在 1% 分位数的测度指标下，资本市场与外汇市场间尾部风险的检验结果。由图 5-3，我们可以清楚地发现，在极端风险事件爆发时，我国股票市场与外汇市场间存在显著的非线性联动效应。其中，2009 年 9 月中国股市的大幅深跌、2015 年 6 月 "千股跌停" 的中国 "股灾" 等事件均使得我国股票市场对外汇市场的风险传染急剧增加。类似地，2008 年 10 月美股暴跌、2018 年 5 月美国对原产于中国进口商品加征关税等事件也致使我国汇市风险集聚，进而显著作用于股票市场。这就意味着由于我国股票市场与外汇市场间存在显著的非线性联动关系，单个市场的风险会通过两者间紧密的关联性而快速传染，成为我国金融系统中的风险隐患。

在上述研究的基础上，我们考察了在 5% 和 1% 的分位数的尾部风险测度指标下，美国股市对中国股市的风险传导，探讨国际极端风险事件对我国资本市场的负面影响，并将检验结果分别在图 5-4 中展示。图 5-4 清楚地表明，在 5% 分位数下，自 2006 年以来，美国股市对我国资本市场产生了多次显著的负面冲击。其中，美国首次失去 AAA 评级、正式结束量化宽松政策等事件均使得我国股市发生明显的非线性联动。此外，由图 5-4 可以看出，2016 年以来，在 1% 分位数测度下，美股的尾部风险多次冲击我国资本市场，其中贸易保护政策的出台更是致使两个市场间的风险传导变得尤为频繁。值得注意的是，2016 年以来，两个市场的非线性关联程度始终在高位徘徊，因此，在全球联系日益紧密的今天，防范国际股票市场与外汇市场尾部金融风险的输入性冲击，成为维护我国金融体系稳定与安全的重要环节。

与此同时，我们进一步探讨美国外汇市场的尾部风险对我国股票市场的传染情况。图 5-5 可以清楚地表明，在 2010 年之后，两个市场间的关联度显著提高，美国外汇市场的尾部风险易对我国股市产生风险冲击，如 2010

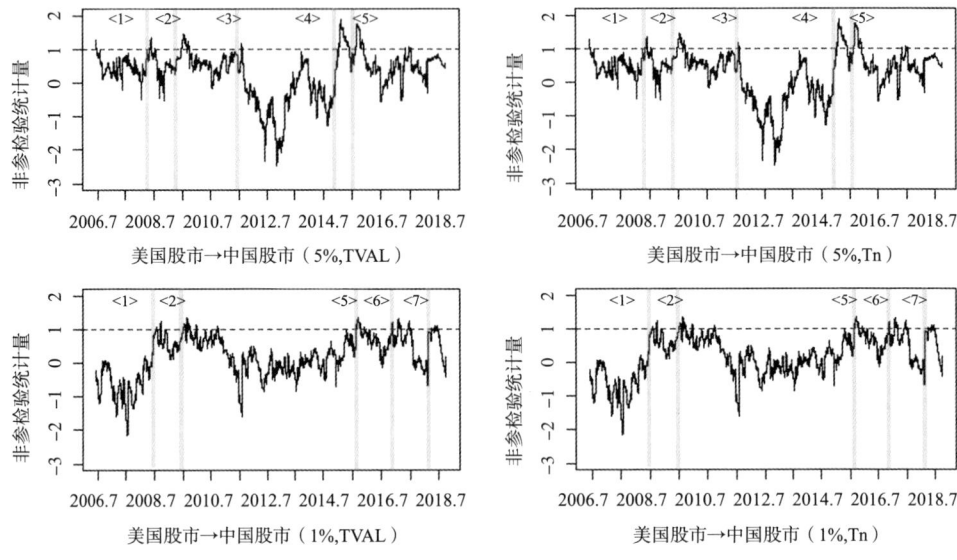

图 5-4 美国股票市场对中国股票市场非线性传染的动态分析

注：事件 1，全球金融危机，时间为 2008 年 5 月；事件 2，美国经济达到金融危机以来最低点，时间为 2009 年 6 月；事件 3，美国历史上首次失去 AAA 主权信用评级，时间为 2011 年 8 月；事件 4，美国正式结束量化宽松政策，时间为 2014 年 10 月；事件 5：全球遭遇"黑色星期一"的重大股灾，时间为 2015 年 8 月。事件 6：特朗普执政，出台贸易保护政策，时间为 2016 年 11 月；事件 7：道琼斯指数创 2008 年金融危机以来最大单日跌幅，时间为 2018 年 2 月。

年美股千点大跌、2012 年量化宽松政策的推出及 2016 年贸易保护政策的出台等。因此，随着中国金融市场的逐步开放，世界各国外汇市场对我国资本市场的尾部风险传导也逐渐加强。

此外，我们同样考察在 1% 分位数的测度指标下，位于损失分布更尾端的金融风险在两国金融市场间的动态传染关系。图 5-5 进一步表明，伴随着世界经济一体化的发展趋势以及我国经济开放程度的不断提高，近年来，来自美国外汇市场的风险传染变得更加频繁与剧烈。这就意味着我国监管部门亟须加强外来风险预警机制，完善尾部风险防控措施，避免我国资本市场在外溢冲击下的剧烈震荡。

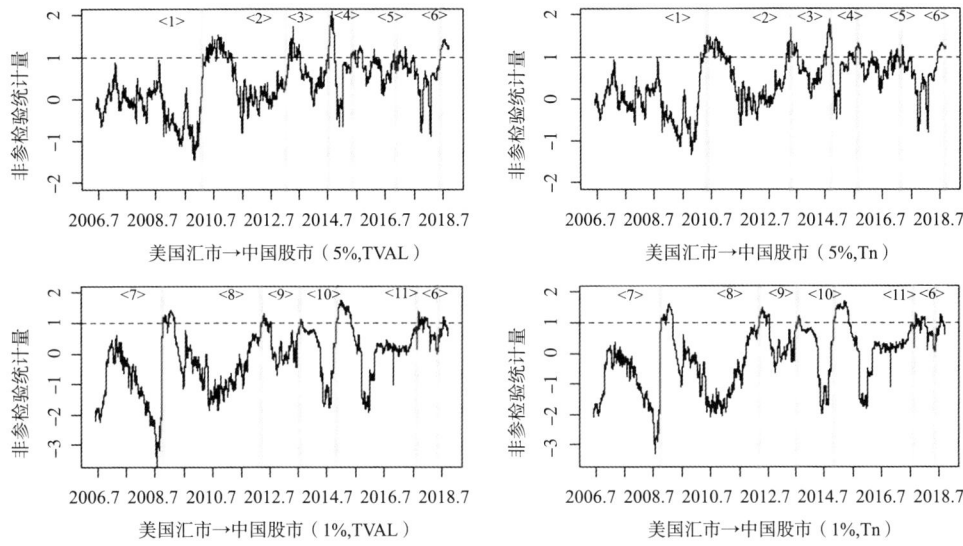

图 5-5 美国外汇市场对中国股票市场非线性传染的动态分析

注：事件 1，美国股市千点大跌事件，时间为 2010 年 5 月；事件 2：美联储宣布推出第四轮量化宽松 QE4，时间为 2012 年 12 月；事件 3，欧洲开启负利率时代，时间为 2014 年 6 月；事件 4，FTSE 宣布启动将 A 股纳入全球基准的过渡计划，时间为 2015 年 5 月；事件 5：特朗普执政，出台贸易保护政策，时间为 2016 年 11 月；事件 6，美国宣布对原产于中国的 1300 余种进口商品加征 25% 的关税，时间为 2018 年 5 月。事件 7，金融危机开始失控并导致多家大型金融机构倒闭或被政府接管，时间为 2008 年 9 月；事件 8，准许外资对国内合资券商持股扩至 49%，时间为 2012 年 5 月；事件 9，中国人民银行推进利率市场化改革，时间为 2013 年 7 月；事件 10，美国正式结束量化宽松政策，时间为 2014 年 10 月；事件 11，中国出台外汇管制，美国外汇流入大幅减少，时间为 2017 年 7 月。

第八节 全球金融市场尾部风险跨市场传染分析

为了进一步考察股票与外汇市场尾部风险的传染关系，本章采用 MVMQ 模型对 45 个国家（地区）金融市场进行交叉匹配，从而测算出各市场尾部风险的冲击强度。具体而言，遵循该领域的研究惯例（White et al., 2015），我们首先分别测度了当外汇市场产生 2 单位标准差的负向冲击时，在 1% 分位数下的股市风险的脉冲响应。接着，本章基于所有样本国家脉冲响应函数的均值，计算出汇市的风险事件对股市造成的平均影响强度。类似地，我们同样测算了股票市场对外汇市场产生的风险冲击。此外，为了克服国际市场上各国开市时间非同步性（non-synchronous trading）的问题，与杨子晖和周颖刚（Yang and Zhou, 2017）等人的研究相一致，本章对各序列均进行了一阶滚动平均的数据处理。

我们首先根据 MVMQ 模型考察全球外汇市场与股票市场间尾部风险的传染效应，并将系数估计结果列于表 5-5。由表 5-5，我们可以清楚地看出，两个市场的自相关系数 b_{11} 与 b_{22} 的均值处于较高水平，且标准差较低，这意味着各国（地区）外汇市场与股票市场的尾部风险间有较强的正自相关性。而系数 b_{12} 与 b_{21} 的平均值大于 0，两类市场间易产生明显的风险联动。与此同时，系数 a_{11}、a_{12}、a_{21} 与 a_{22} 的均值小于 0，这意味着外汇（股票）市场的剧烈震荡将会显著提高股票（外汇）市场发生尾部风险事件的概率。总体来说，与前文分析结论一致，MVMQ 模型的估计结果表明，全球外汇市场与股票市场之间存在着显著的尾部风险传染效应，这也验证了流量导向模型（Flow-oriented Models）和存量导向模型（Stock-oriented Models）的相应观点，即股市与汇市间存在相互反馈的作用机制。

表 5-5 国际外汇市场与股票市场间尾部风险的联动效应估计

外汇市场	c_1	a_{11}	a_{12}	b_{11}	b_{12}
均值	−0.0744	−0.5795	−0.0248	0.5913	0.0294
标准差	0.1025	0.3602	0.0682	0.2851	0.0674
最小值	−2.2614	−2.9309	−0.5249	−1.0014	−0.2162
最大值	0.2631	0.1092	0.3691	1.5849	0.6902
股票市场	c_2	a_{21}	a_{22}	b_{21}	b_{22}
均值	−0.1912	−0.3558	−0.7413	0.4411	0.5748
标准差	0.4307	0.7392	0.2183	2.5253	0.2899
最小值	−6.7887	−5.6755	−1.3568	−34.1243	−1.2947
最大值	2.4439	2.7738	0.0219	31.5338	1.0727

在此基础上，我们采用伪分位数脉冲响应函数，对国际外汇市场与股票市场间尾部风险的传染效应展开深入分析，并在图 5-6 中画出冲击发生后的 50 个交易日内，跨市场冲击的动态演变过程。由图 5-6（a），我们可以清楚地发现，当一国外汇市场产生两单位标准差的风险冲击时，全球股票市场在 1% 分位数下的风险价值平均下降了 0.36 个百分点，该影响随着时间的推移逐渐衰减，直至约 21 个交易日后回到原有稳态水平。与此同时，图 5-6（b）表明，股市对汇市也会产生一定的风险传导。其中值得注意的是，由于各经济体的外汇市场的流动性相对较弱，因此股票市场负面冲击造成的影响在初期未能即刻反映，直至冲击产生后的两个交易日才达到最大强度。此时，汇市风险受到的冲击自第 1 期时的 -0.04 增强至 -0.06，并在约 30 个交易日后逐渐消失。这意味着由于全球外汇市场与股票市场的风险间存在着明显的尾部依赖性，因此源自股市的尾部风险冲击将导致该国的资本流动发生变化，从而影响本国货币与外国货币的供求关系，导致外汇市场出现相应联动，加剧了潜在的系统性金融风险隐患。

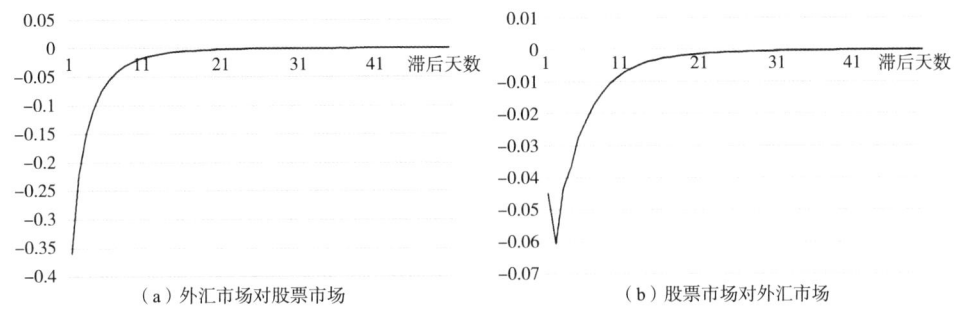

（a）外汇市场对股票市场　　　　（b）股票市场对外汇市场

图 5-6　全球外汇市场与股票市场间尾部风险传染效应分析

与此同时，为了准确测度中国股票市场与外汇市场间尾部风险的传染强度，本章在图 5-7 中测算了两个市场尾部风险传染的伪脉冲响应函数，并用虚线标识其对应的 95% 置信区间。由图 5-7，我们可以清楚地看出，在冲击初期，两个脉冲响应函数 95% 的置信区间下的误差带均未跨越零线，因而从统计意义上拒绝了"不存在风险冲击"的原假设。其中图5-7（a）表明，外汇市场对股票市场的冲击在第1期达到了-0.48，而图5-7（b）中，股票市场对外汇市场的冲击则为-0.27，这表明，我国的金融市场间存在着显著的非对称双向尾部风险传染效应，且汇市的尾部风险在短期内对股市造成的不利影响大于其受到的负面冲击。与此同时，较之图5-6，我们可以清楚地发现，我国的金融市场间的尾部风险传染效应（中国外汇市场→中国股票市场：-0.48；中国股票市场→中国外汇市场：-0.27）远高于国际平均水平（国际外汇市场→国际股票市场：-0.36；国际股票市场→国际外汇市场：-0.04），因此，现阶段我国在完善系统性金融风险监管机制时，需要重点防范金融体系内部尾部风险的交叉感染。

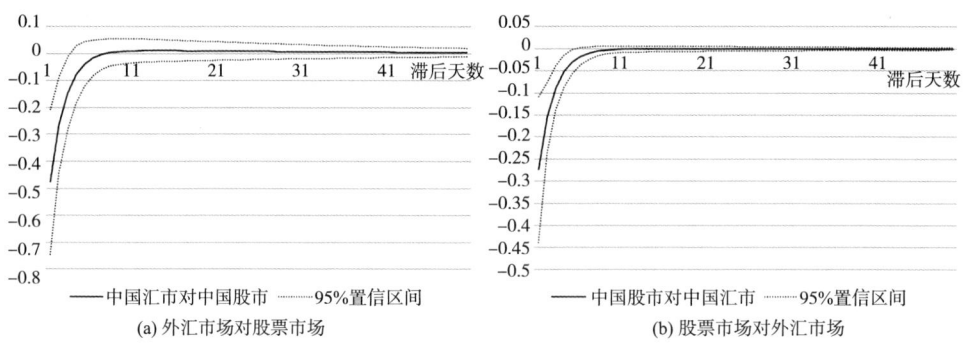

图5-7 中国外汇市场与股票市场间尾部风险传染效应分析

接着，本章进一步分析境内外金融市场尾部风险的传染情况。图5-8（a）表明，在冲击初期，股票市场受到来自境内汇市的影响为-0.44，大于跨境外汇市场-0.36的平均冲击力度。而图5-8（b）同样显示，对于外汇市场而言，来自境外股票市场的冲击强度在初期为-0.04，随后进一步增加，达到-0.06，但始终低于来自本国股市的冲击（-0.10）。这表明随着全球金融一体化的推进，境外汇市和股市的极端风险事件会对一国金融体系的安全与稳定造成不利冲击，但境内市场的风险间依旧存在更明显的跨市场传染效应。此外，我们可以由图 5-8（c）和（d）清楚地发现，境外汇市对境内汇市的负面冲击最为持久，近 40 个交易日后才被完全吸收，初期冲击强度为 -0.07；而境外股市对境内股市的影响力度较大，初期达到了 -0.50，衰减速度则相对较快，大约在 15 个交易日后就已恢复至稳态水平。

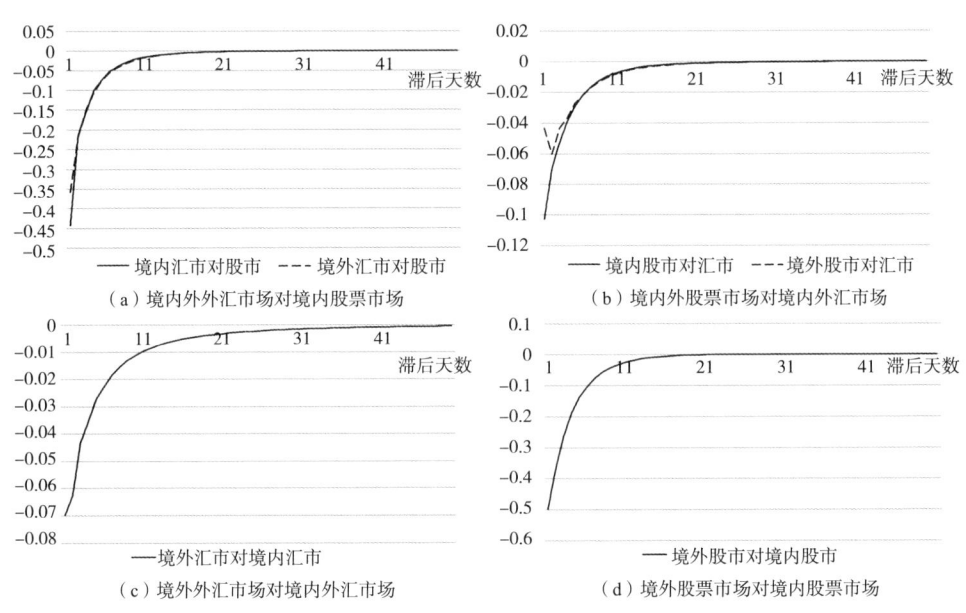

图 5-8　境内外外汇市场与股票市场间尾部风险传染效应分析

类似地，本章在图 5-9 中展示了来自境外市场的尾部风险对我国金融市场的动态传染过程。我们可以发现，在短期内，境外股票市场对我国股市的冲击最大（-0.33），境外汇市造成的冲击影响次之（-0.22）。值得注意的是，我国汇市对来自国际汇率市场尾部风险的敏感性较低，冲击造成的影响也存在一定的滞后性，在第二个交易日才达到 -0.03 的最大强度，远低于图 5-8（c）中 -0.07 的国际平均水平。

综合上述分析，我们可以发现，我国金融体系风险水平的升高更多地应归因于国内金融市场间尾部风险的传染效应。我国股市与汇市受境外风险的冲击相对较小，对跨境风险的抵御能力高于国际平均水平，且外汇市场对境外风险的传染具有较强的免疫力；相对于外汇市场而言，股票市场已成为我国金融开放过程中最易遭受风险冲击的薄弱环节。这一结果也与我国现状相一致：由于我国的外汇管制相对严格，境外金融市场的波动通过资本账户对我国金融系统造成的影响往往相对较小。而相比之下，我国股市中的资本流动更为宽松，随着合格境内机构投资者（QDII）、"沪港通"、中港基金互认等机制启动，我国股票市场开放程度不断提高，与世界金融市场的融合程度也日益加深，因而存在着更为显著的尾部风险传染效应。

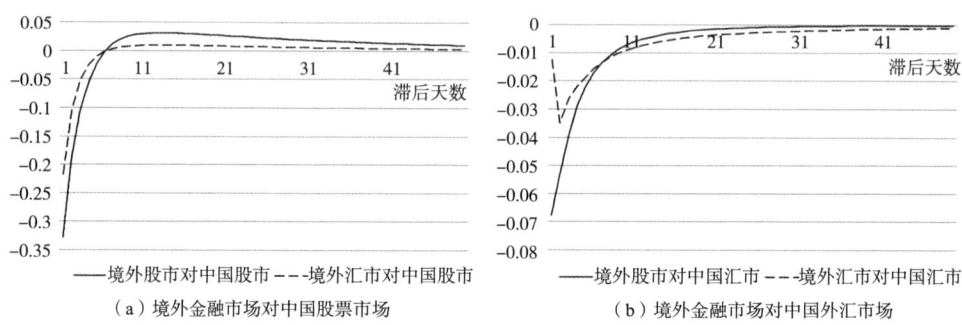

图 5-9　我国金融市场与境外金融市场间尾部风险传染效应分析

第九节　不同类型金融市场尾部风险跨市场传染分析

在前文分析的基础上，我们按照世界银行2018年的国别收入分组标准[1]，将样本划分为典型的发达国家以及发展中的新兴国家，讨论不同类型金融市场对我国股市尾部风险的影响力度，从而正确识别对我国资本市场具有系统重要性的境外市场。

首先，我们分别测算了两类国家的金融市场与中国股市间尾部风险传染

---

[1] 世界银行按照人均国民收入（GNI）将全球国家（地区）分为四类：高收入经济体（H）、中高收入经济体（UM）、中低收入经济体（LM）和低收入经济体（L），将样本中的高收入经济体（H）作为发达国家样本，其余作为发展中国家进行比较分析。

的平均强度，如图5-10所示。其中，图5-10（a）和（b）表明，来自典型发达国家金融市场的冲击将给我国的股票市场带来更高的尾部风险。相较之下，新兴国家的金融市场对我国股市的影响较小，其股市与汇市的风险事件对我国资本市场产生较小的负面冲击。这一结果表明，我国股票市场易受到来自发达国家的尾部风险传染，而对来自发展中国家金融市场的冲击有着更强的风险抵御能力。这可能由于我国与发达国家交叉持有的资产远多于发展中国家，故而当发达国家的股票或汇率市场出现极端风险事件时，对我国造成的冲击力度更大。因此，在我国构建跨境尾部风险防范体系时，要更加警惕来自发达国家金融市场的风险冲击。此外，图5-10（c）和（d）清楚地表明，源自我国股市的两单位标准差的负向冲击对发达和发展中国家的外汇市场造成的影响为-0.19和-0.10，而对股票市场产生的强度则分别为-0.56和-0.54，略高于图5-8（d）中国际范围内境外股市对境内股市0.50个百分点的负面影响。

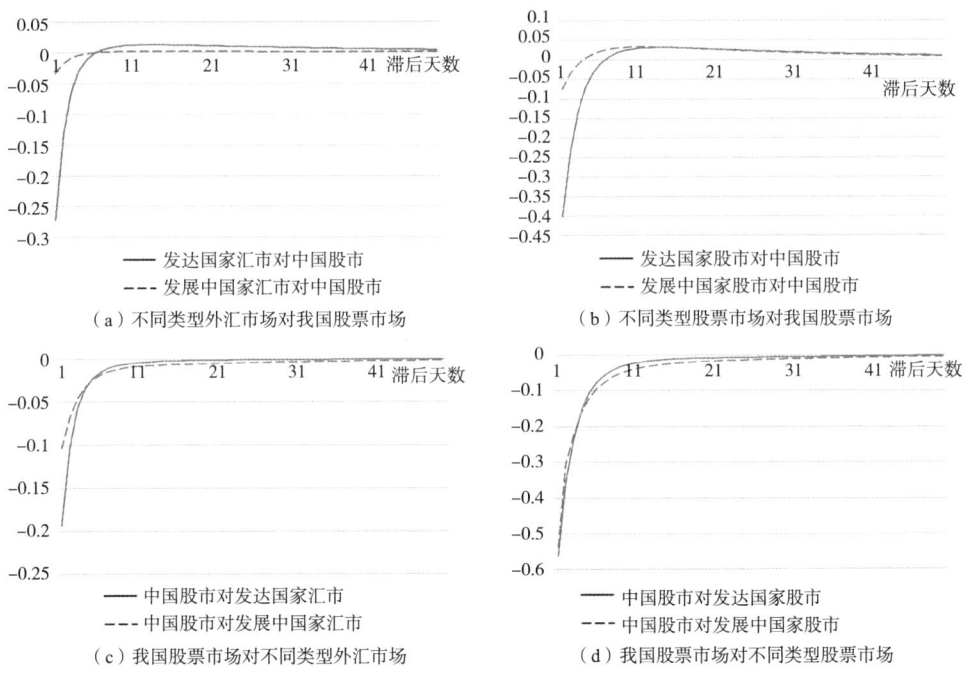

图5-10 不同类型金融市场与我国股票市场间尾部风险传染效应分析

类似地，我们也对境外金融市场与我国外汇市场之间的尾部风险传染效应展开了研究，具体结果如图 5-11 所示。我们由图 5-11（a）和（b）可以清楚地发现，发达国家的汇市与股市对我国外汇市场有显著的负面冲击（–0.03 和 –0.06），且该影响较为持久，衰减程度也较为稳定。与此同时，来自各经济体外汇市场的冲击有一定的滞后性，负面影响往往要在一至两个交易日后才能完全显现，这是因为由于我国实行严格的资本账户管制和有管理的浮动汇率制度，外汇市场流动性较弱，受冲击后的调整存在滞后性。但发展中国家的外汇市场对我国汇市输出风险的最大力度可达 –0.06，远高于发达国家 –0.03 的最强力度，这可能与新兴国家的外汇市场不完善，流动性相对较弱且缺乏足够的风险应对机制有关，也表明在防范境外金融风险时，我国外汇市场除应关注发达国家的金融市场外，还应警惕源自新兴国家的汇率风险冲击。

此外，图 5-11（c）进一步表明，在我国外汇市场对境外金融市场造成

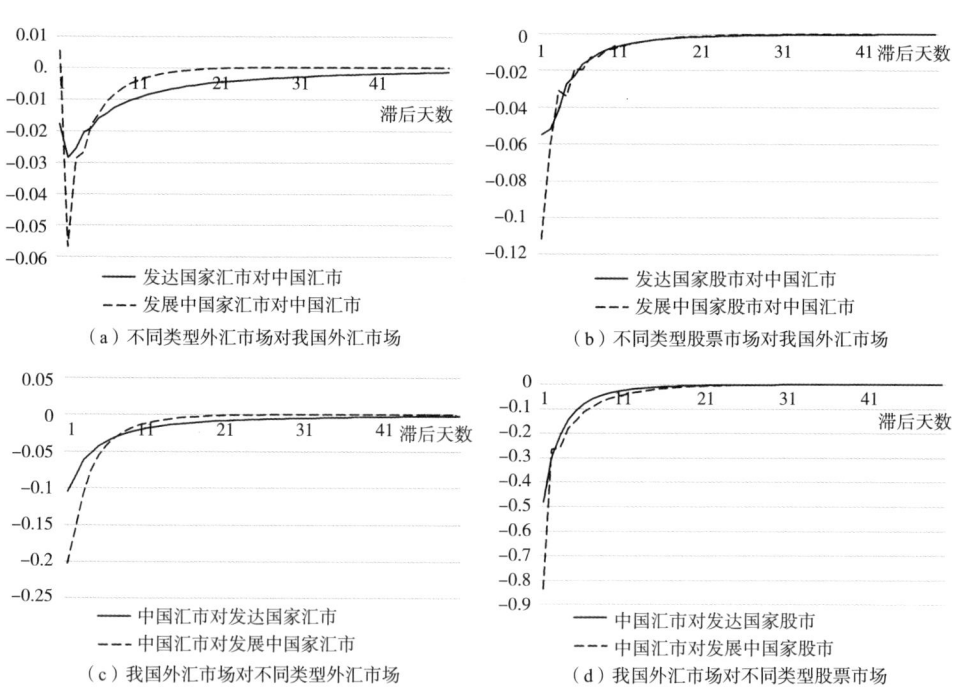

图 5-11　不同类型金融市场与我国外汇市场间尾部风险传染效应分析

的冲击中，对发展中国家汇市尾部风险的影响在冲击产生的 8 个交易日内较为强烈，对其的冲击在第 1 期时（−0.20）也远高于对发达国家汇市的冲击（−0.10），而新兴国家的股票和外汇市场则会产生较大的波动性，这是因为发达国家的金融体系较之发展中国家更为成熟与完善，对外部冲击的反应有更强的吸收能力。由图 5−11（d），我们可以发现，我国外汇市场对两类国家股票市场的影响分别为 −0.48 和 −0.84，高于图 5−8（a）测度的国际平均水平（−0.36），因此，随着人民币国际化和市场化进程的不断推进，人民币在国际金融市场上的影响力日益提升。

本章进一步以美国、日本与印度为例，在图 5−12 中考察三国金融市场的尾部风险溢出对我国金融市场尾部风险水平造成的总体影响。其中，美国股票和外汇市场的波动将显著增加我国股票市场的尾部风险，日元的波动也会对我国资本市场产生一定冲击，而印度金融市场的波动没有造成显著影响。可能的原因是美国和日本分别作为世界第一和第三大经济体，与我国保有密切的经济来往与资本流动，交叉持有的资产也相对较多，因此其金融市场在受到冲击时，会对我国的股票市场产生较为显著的影响。而印度与我国之间的经济往来与美日相比相对较少[1]，来自印度市场的冲击对我国的影响较不明显。另外值得关注的是，美国和日本两国的外汇市场对我国股票市场造成的冲击极为接近（分别为 −0.48 和 −0.47），这表明在全球金融一体化下，发达国家的外汇市场之间可能存在着较强的相关性，从而导致不同发达国家的汇率风险对我国股票市场有着相近的影响。

接着，我们分别基于 MVMQ 模型对美国、日本和印度市场与中国外汇市场之间的尾部风险关联进行了分析，并将脉冲响应函数的分析结果画于图

---

[1] 根据国家统计局 2019 年 2 月 28 日公布的《2018 年国民经济和社会发展统计公报》显示，2018 年中国对印度的货物出口额为 5054 亿元，占中国全部出口比重 3.1%，进口额为 1242 亿元，占中国全部进口比重 0.9%，远低于美国（8.6%，7.2%）、日本（4.4%，8.5%）的相应数值。

188　系统性金融风险研究

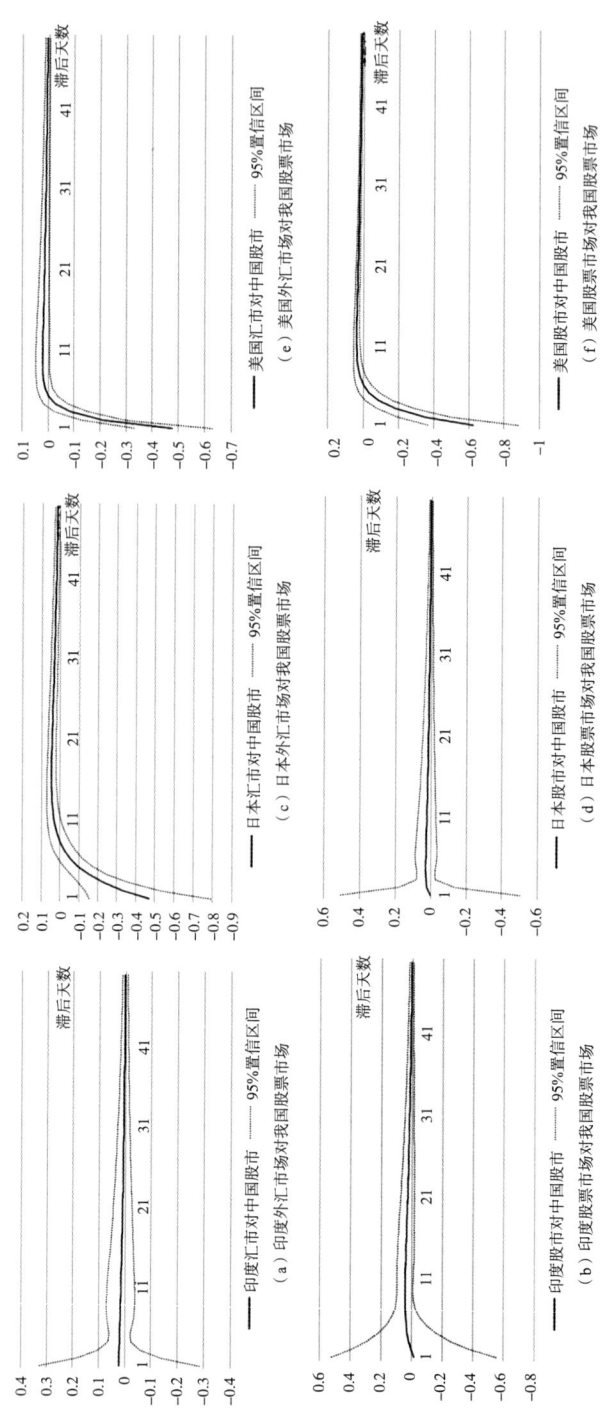

图5-12　典型国家金融市场与我国股票市场间尾部风险传染效应分析

第五章 股票与外汇市场尾部风险的跨市场传染研究 189

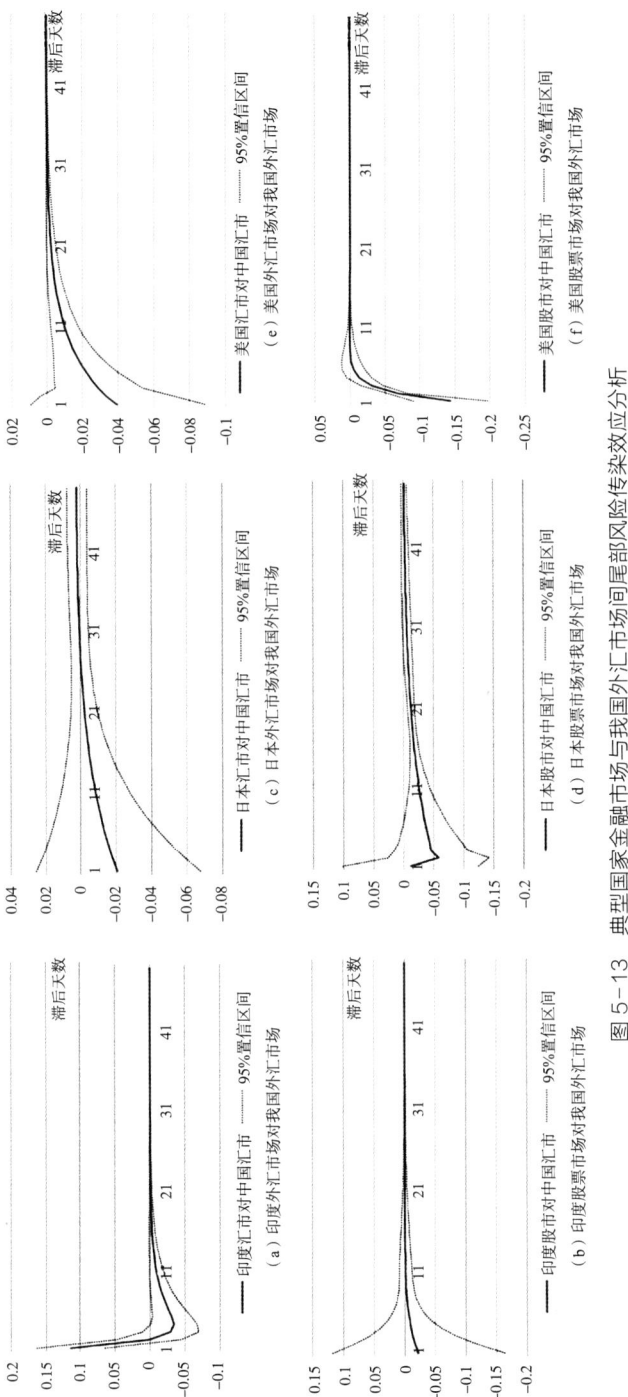

图 5-13 典型国家金融市场与我国外汇市场间尾部风险传染效应分析

5-13。图 5-13 表明,美国金融市场和印度外汇市场对我国汇市尾部风险都有一定冲击,但冲击影响衰减较快。与此同时,印度股市与日本汇市出现波动时,我国外汇市场脉冲响应函数的误差带始终包含零线。这表明我国的外汇市场与此类市场之间几乎不存在尾部风险联动,这与我国现行的汇率机制与外汇管制有关——我国人民币汇率决定很大程度上仍然是"传统的固定钉住制"或"可调整的钉住"(林伟斌和王艺明,2009),与此同时,我国现行的较为严格的外汇管制措施限制了资本流动,进一步抑制了汇率的波动。因此在上述政策环境下,我国的外汇市场对于境外金融市场的尾部风险冲击有着较强的免疫力。

第十节 小结

自 2008 年席卷全球的国际金融危机爆发以来,国际经济联系日益紧密,防范尾部金融风险的快速扩散与跨市场传染引起了各国政府当局与学术界的广泛关注。而自 2005 年 7 月 21 日我国外汇市场进行"人民币汇率形成机制改革",汇率的弹性与波动性显著增加的同时,我国金融市场与国际金融市场的互动变得更为频繁和紧密,易受到世界各国资本市场的尾部金融风险冲击,因此政府当局提出"更加重视防范风险交叉传染和系统性金融风险"。鉴于此,本章尝试着在现有研究的基础上做一个有益的补充。首先,本章使用 CAViaR 方法测度了 45 个样本国家(地区)的股票市场与外汇市场在 5% 和 1% 分位数下的尾部极端风险,并采用 DQ 检验对估计模型的总体拟合优度进行后验分析,检验结果显示,非对称斜率模型中各风险测度指标序列存在明显的波动聚集效应,且绝大多数 DQ 检验统计量在 1% 的显著性水平下均无法拒绝"风险测度指标无偏"的原假设,并能够准确识别 1998 年 7 月亚洲金融危机、2008 年 6 月国际金融危机、2011 年 5 月欧债危机、2011

年 8 月美国首次失去 AAA 评级以及 2015 年 6 月中国"股灾"等风险事件，有效衡量了各国（地区）股票市场与外汇市场的尾部极端风险，具有良好的适用性。

在以上风险测度的基础上，本章考察了尾部风险在全球主要经济体股市与汇市之间的传染。结构性检验显示，各经济体的股市与汇市在风险传导的过程中存在多个体制区间，由此产生显著的非线性变化趋势。在此基础上，本章采用非线性 Granger 因果检验发现，在 5% 和 1% 分位数的测度指标下，全球主要国家（地区）股票市场与外汇市场的尾部风险间均存在显著的非线性双向传导机制。此外，自 2005 年 "7·21" 汇改之后，我国汇率市场对股票市场的风险传染效应明显上升，而 2015 年 "8·11" 汇改更是使得两个市场间的风险联动关系显著增强。

从动态分析的角度看，我国股票市场与外汇市场间存在显著的非线性联动效应，单个市场的风险会通过两者间紧密的关联性而快速传染，成为我国金融系统中的风险隐患。此外，我国资本市场多次受到美国股市尾部金融风险事件的非线性冲击。且 2016 年以来，两个市场间的非线性关联始终在高位徘徊，贸易保护政策的出台更是进一步加强了风险传导。与此同时，随着中国金融市场的逐步开放，美国外汇市场对我国资本市场的尾部风险传导也逐渐加强，2010 年美股千点大跌、2012 年量化宽松政策及 2016 年贸易保护政策的出台等事件均对我国金融市场造成了显著的风险冲击。因此我国监管部门亟须加强风险预警机制，防范国际金融风险的输入性冲击。

其次，基于 MVMQ-CAViaR 模型的脉冲响应研究结果表明，全球外汇市场与股票市场的极端风险间有明显的尾部依赖性，而境内市场间的风险跨市场传染效应更为明显。与此同时，我国金融市场间也存在着显著的非对称双向尾部风险传染效应，远高于国际平均水平，且汇市的尾部风险在短期内对股市造成的不利影响大于其受到的负面冲击。此外，我国股市与汇市受境外风险的冲击相对较小，对跨境风险的抵御能力高于国际平均水平，而外汇市场对境外风险的传染具有较强的免疫力，受国际汇率市场冲击产生的影响也存在一定的滞后性；相较之下，随着合格境内机构投资者、"沪港通"、中港基金互认等机制启动，我国资本市场开放程度不断提高，与世界金融市场融合程度的日益加深，股票市场已成为我国对外开放过程中最易遭受尾部风险事件冲击的金融市场。

最后，本章对比了发达国家和发展中国家两类市场与我国金融市场尾部风险间的影响力度差异。研究结果表明，在源自我国的尾部金融风险冲击下，发展中国家的股票和外汇市场会产生更大的波动。我国的股市则更多地受到来自美国、日本等发达国家金融市场的尾部风险传染，而对来自发展中国家金融市场的冲击有着更强的风险抵御能力。在此基础上，我们对典型国家展开了深入分析，发现我国汇市对来自日本、印度等国金融市场尾部风险的敏感性较低，究其原因，这是由于我国人民币汇率决定很大程度上仍然是"传统的固定钉住"或"可调整的钉住"制度，同时我国也实施了较为严格的外汇管制措施。

基于以上的研究结论，本章得到以下三点启示。

（一）注意防范尾部风险的跨国、跨市场冲击。根据非线性分析结果，大部分国家的股票市场与外汇市场的尾部风险间均存在显著的非线性双向传导机制，尾部风险的跨市场传染效应十分显著，而且，脉冲响应研究结果表明，全球外汇市场与股票市场的尾部风险间有明显的尾部依赖性，美国、日本等发达国家的金融风险更是易对我国资本市场产生显著冲击。因此，随着全球金融一体化进程的不断加深，我们需要警惕金融风险的跨国、跨市场传导，不仅应注意国内单个金融市场内部的风险，还应对境内其他金融市场和境外市场的风险建立实时监控机制，重点关注来自发达国家的风险传染，未雨绸缪地防范国际输入性的金融风险冲击。

（二）进一步完善金融监管协调机制与风险处理机制。本章的研究结果显示，我国金融市场间的尾部风险传染效应远高于国际平均水平，金融风险易在两个市场间快速传播，共振暴跌的事件频频发生。同时，我国金融体系风险水平的升高更多地应归因于国内金融市场间尾部风险的传染效应。因此，我们应进一步完善金融监管协调机制与风险处理机制，避免违规融资行为、债务风险、房地产泡沫等风险隐患引发股市和汇市的共振，有效防范系统性金融风险的跨市场传染。

（三）有针对性地构建股市风险"缓冲带"，加强境外风险监测。进一步的分析结果表明，较之外汇市场，我国股市与境外金融市场的联系更为紧密，因而更易受到境外市场尾部风险的负面冲击。因此监管机构一方面应当构建我国股票市场与境外市场之间的风险"缓冲带"，防止境外热钱违规流入股市；另一方面，应当加强对境外股票市场风险波动的监测，警惕源自美国的国际股票市场对于我国股票市场产生的破坏性冲击，防范输入性境外股市风险引发我国系统性金融风险。

第六章
全球系统性金融风险溢出与外部冲击*

第一节 引言

2007—2009年国际金融危机引发了世界各国对系统性金融风险的广泛关注,而后危机时代因"黑天鹅"事件导致全球金融市场剧烈震荡更是引起了各国央行对风险防范机制的重新审视,监管体系也由"自下而上"、强调个体金融机构的"微观审慎政策",向"自上而下"、关注系统性风险的"宏观审慎政策"逐步转变,并出台了《巴塞尔协议Ⅲ》等银行业监管的新框架。与此同时,近年来影子银行业务、资本市场异常波动、互联网金融、房地产泡沫等潜在的、隐蔽的、渐进的"灰犀牛"金融风险,更是引起了我国政策当局的高度重视。对此,党和国家领导人在2017年4月召开的中共中央政治局会议上指出,"金融安全是国家安全的重要组成部分,是经济平稳健康发展的重要基础。维护金融安全,是关系我国经济社会发展全局的一件带有战略性、根本性的大事"。而党的十九大报告更是强调,我们必须"健全金融监管体系,守住不发生系统性金融风险的底线"。由此可见,在当前欧债危机远未结束、全球金融市场持续动荡、世界经济复苏脆弱、国际金融危机外溢性加

---

* 本章经整理后发表于《中国社会科学》2018年第12期。

大的背景下，系统性金融风险问题已经成为当前亟须研究的重大课题，对全球系统性金融风险的传染路径、冲击力度、风险源头、动态演变等问题展开深入研究显然具有重要的学术价值与现实意义，它将有助于我们进一步深化金融改革、改进系统性金融风险的衡量指标、强化金融监管措施、建立早期风险预警系统、完善金融安全防线与风险处理机制，从而未雨绸缪，化解国际金融风险的外溢冲击，为新常态下经济社会的平稳健康发展创造有利条件。此外，对此问题的研究也将为我国"货币政策和宏观审慎政策"双支柱调控框架的制度性设计与安排提供理论分析与实证检验的参考依据。

掌握系统性金融风险的本质是理解金融危机发生与传播机制的关键（Yang and Zhou, 2013）。关于系统性金融风险的研究由来已久，然而学术界对于系统性金融风险的准确范畴并未达成一致意见（Girardi and Ergün, 2013; Diebold and Yılmaz, 2014; Martinez-Jaramillo et al., 2014），作为"可以感知到却较难定义的概念"（Benoit et al., 2017），我们可以认为系统性金融风险是指一系列（或某个）事件影响到公众对于金融系统的信心（Billio et al., 2012）。而另外一个关于系统性金融风险的定义则是，一个系统性事件对大量的金融机构或者金融市场产生了明显的冲击，严重损害了金融系统的正常运行，进而妨碍了经济增长、导致了福利损失（de Bandt and Hartmann, 2000）。在上述两个关于系统性金融风险的定义中，核心的思想是金融风险的传染，即一个金融机构、金融市场所面临的变动、冲击将向金融系统中的其他机构、其他市场迅速传递，由此可见，对系统性金融风险的有效测量必须解决的关键问题之一是如何有效刻画金融市场（机构）相互之间的关联程度。与此同时，相关的文献对系统性金融风险的引发机制展开深入分析，现有的研究表明，过度的信贷扩张等宏观经济失衡、因羊群效应等所产生的共同风险暴露与风险传染、股市崩盘等的资产泡沫（Rosengren, 2010）、信息错配（Mishkin, 2007）以及负面外部性等都是引发系统性金融风险的关键因素。

随着系统性金融风险引发机制理论研究日臻完善,相关学者也从实证分析的角度对其展开了深入的研究。其中,比利奥等(Billio et al., 2012)采用主成分方法与Granger因果检验的网络方法,来考察对冲基金、银行与保险公司等四类金融机构的系统性金融风险,研究表明这四类金融部门在过去的十年间已经变成高度关联,使得系统性金融风险显著攀升,而且,银行部门对其他金融机构有着更为明显的冲击。亚当斯(Adams et al., 2014)构建了SDSVaR模型,来考察商业银行投资银行、对冲基金以及保险公司这四类金融机构系统性金融风险的溢出效应,研究表明相比较市场变动时期而言,同等的波动冲击在正常时期将引发更大的溢出效应,而且,商业银行尤其是对冲基金,在系统性金融风险中将发挥主导作用。吉拉尔迪和埃尔贡(Girardi and Ergün, 2013)对CoVaR进行有益拓展,并考察2000年6月—2008年2月期间金融行业的系统性风险。研究表明在此期间,存款机构是系统性金融风险的主要贡献者,其次为证券公司、保险公司以及非存款机构,同时,该研究还发现早在金融危机之前,金融行业的系统性风险显著增长。勃纳尔等(Bernal et al., 2014)则比较分析了银行、保险以及其他金融部门对于欧盟与美国系统性金融风险的贡献程度,他们基于ΔCoVaR方法分析表明,在2004—2012年期间,其他金融部门产生较大的系统性金融风险,其次是银行以及保险公司。而在相同时期,美国的情形却恰恰相反,保险部门才是系统性风险的最大来源地。此外,莱文等(Laeven et al., 2016)基于ΔCoVaR等方法对系统性金融风险的决定因素展开研究,分析表明系统性金融风险与银行规模存在显著正相关,即银行的资产规模越大,它对于系统性金融风险的贡献程度就越大,同时,他们还发现系统性金融风险与银行的资本化程度存在显著负相关关系。最近,布朗利斯和恩格尔(Brownlees and Engle, 2017)构建了一种压力测试新指标——SRISK方法来考察在市场出现大幅下滑的情形下的条件资本亏损，并对 2005 年 1 月—2012 年 12 月期间美国主要金融机构对于系统性风险的贡献程度展开深入研究。分析结果表明，房地美、贝尔斯登、雷曼兄弟以及摩根士丹利是引发系统性金融风险的重要来源，而且金融系统的资本化能力从 2017 年 7 月开始逐步退化。与此同时，阿查里亚等（Acharya et al., 2017）基于系统性预期损失构建了衡量系统性金融风险的方法，并对 2007—2009 年系统性风险进行事前衡量，在此基础上对大机构在危机期间资本亏损、股票价值下跌以及信用违约等事后损失进行预测，由此提出了应对金融风险的最优策略。此外，代表性的还包括吉利奥等（Giglio et al., 2016）、阿尔达索罗（Aldasoro et al., 2017）以及伯努瓦等（Benoit et al., 2017）的研究。

在国内有关系统性金融风险问题的研究上，我国很多学者已从资本监管、风险测度、公司治理、融资流动性以及影子银行等不同角度对其进行了很好的分析与阐述，其中代表性的包括郭晔和赵静（2017）、曹廷求和王可（2017）、王擎和田娇（2016）、梁琪和李政（2014）的研究。纵观该领域的研究，现有的国内文献主要仍集中在对国内金融机构系统性金融风险的研究，而跨国比较分析仍然较少；其次，国内外文献大多是考察系统性金融风险的大小以及金融机构（市场）对于系统性金融风险的贡献程度，而对于系统性金融风险溢出效应尤其是国际市场间的风险外溢问题关注不多，然而，始于 2007 年的国际金融危机却让人们深刻认识到，风险溢出在经济全球化的背景下是一个十分紧迫却又常常被忽略的重要问题（Adams et al., 2014）；再者，现有的文献常常采用 CoVaR（Adrian and Brunnermeier, 2016）、MES（Acharya et al., 2012）、DIP（Huang et al., 2009）等方法来进行研究，这些基于条件损失概率的研究方法主要是衡量金融机构或金融市场同时面临财务困境时，它们所遭受的损失程度。然而，随着金融衍生产品的不断创新，金融系统中的组成要素在经历金融风险时并非总是同时遭受亏损，它们可能伴随着"多米诺骨牌"效应而先后受到冲击。而且,现有衡量系统性金融风险的方法常常是基于市场波动而展开的损失概率研究,而危机发生前市场波动往往较低,从而大大降低了上述研究方法作为系统性金融风险预警指标的前瞻性(Billio et al., 2012)。近年来,随着现代计量经济学方法的不断发展,从网络拓扑的角度来考察系统性金融风险的关联性成为该领域新的研究视角。这是因为关联性是现代金融风险测度与风险管理的关键要素,上述传统的研究方法更多关注的是变量之间的"两两交互"关系,却忽略了金融风险的整体网络关联性(van de Leur et al., 2017);此外,关于金融机构"太大而不能倒"的传统观念正逐步向"太关联而不能倒"的思想转变,而衡量关联性正是网络研究的基本内容,并且基于网络关联的研究能帮助我们有效识别金融机构(市场)是否具有系统性重要地位,这有别于从规模大小或风险贡献程度的角度来衡量系统性重要性的传统方法(Martinez-Jaramillo et al., 2014),从而为我国健全风险防范体制提供新的指导思路;再者,网络拓扑方法既可以有效地刻画金融市场所受到的系统性金融风险的冲击,又能精确地衡量它们对于系统性金融风险的贡献程度,并且还能全面反映全球系统性风险的整体水平,从而有效地把CoVaR、MES等不同的研究方法统一到相同的研究框架下(Diebold and Yilmaz, 2014);与此同时,金融系统的动态演变同样也是决定系统性重要性的基本要素,然而过往的研究却常常忽略了系统性风险的这一网络特性(Martinez-Jaramillo et al., 2014)。正因如此,2005年克拉克奖获得者阿西莫格鲁等学者(Acemoglu et al., 2015)也纷纷诉诸网络方法来分析系统风险及其对金融稳定的冲击,而著名社会学家赫尔宾(Helbing, 2013)在《自然》杂志撰文指出,在全球化网络金融风险管理中,只有将传统的风险管理工具与网络科学结合起来才能驾驭。

鉴于此,本章采用前沿的有向无环图技术方法以及最新提出的网络拓扑方法(Diebold and Yilmaz, 2014),从波动溢出的角度来考察全球系统性金融风险的动态演变，与此同时，我们还对网络拓扑分析框架进行有益拓展，从边际净溢出等分析视角对金融风险的传染路径、冲击力度、中心源头以及传递方向等问题展开深入研究，它将帮助我们更好地区分包括"黑天鹅"事件在内的破坏金融稳定的潜在冲击，识别能显著影响乃至改变全球系统性金融风险的重要市场，由此刻画出风险源头与网络特征，从而为我国"双支柱"监管机制的设计与安排提供重要的借鉴。具体而言，首先我们将结合前沿的"有向无环图技术方法"来研究全球波动传递的同期因果关系，并在此基础上考察在全球系统性金融风险传递中，各国（地区）主要金融市场的相互作用关系，从而有助于我们正确评价中国在全球风险传递链中的作用与地位，为我国主动应对外部冲击、保持金融市场的稳定与安全提供重要的参考依据。接着，我们将采用"滚动估计分析"方法从动态分析的角度来考察全球系统性金融风险的渐进演变以及中、美等国家（地区）单一金融市场的风险走势。最后，我们还运用前沿的网络拓扑分析方法，围绕包括"英国脱欧"等国际"黑天鹅"事件来考察金融风险在各个市场之间的传递路径、传递强度以及传递中心，并研究市场关联性随时间推移的动态演变，从而有助于我们完善系统性金融风险的预警与应急机制，以更早地防范、识别、应对金融风险，确保新常态经济下"守住不发生系统性金融风险的底线"，实现经济社会平稳健康持续发展。

第二节 计算机人工智能方法——有向无环图方法

斯皮尔特斯等（Spirtes et al.，2000）等人结合计算机科学和人工智能的相关理论，提出了"有向无环图"分析方法，以对变量之间的同期因果关系进行有效识别。该图论分析方法考察的是变量之间与时间次序无关的因果关系，并为我们正确识别 SVAR 结构关系提供数据驱动的客观依据，从而在很大程度上克服了Granger因果检验等传统分析方法存在的局限性。尽管有向无环图方法本身具有较为明显的经济学应用分析优势，然而在初期并不为经济学家所熟知（Demiralp and Hoover, 2003; Moneta, 2008），经斯旺森（Swanson, 2002）、德米拉普和霍弗（Demiralp and Hoover, 2003）、霍弗（Hoover, 2005）、杨子晖（2008）以及杨子晖等（2014）的引进和介绍，有向无环图分析方法在近年来得到了经济学界的广泛关注，并逐步应用在经济学相关研究领域中，取得了显著的成效，其中代表性的包括杰奇（Jayech, 2016）、杨和周（Yang and Zhou, 2017）、许（Xu, 2017）以及季等（Ji et al., 2018）等人的研究。下面我们对有向无环图方法的基本原理进行简要说明。

有向无环图技术是用图形的形式来直观地表示变量间同期因果关系的依赖性和指向性。它是由代表变量的节点以及连接这些节点"有向边"构成的，如果两个节点之间存在着"有向边"相连，则表明变量之间存在着同期因果关系，反之如果两者之间没有"有向边"连接，则表示两者之间相互独立。具体来说，对于任意的两个变量 Y 和 X，可能存在的因果关系有5种情形：（1）"$Y \rightarrow X$"，它表示当其他变量保持不变，"Y"的变化将直接导致"X"的变化，即存在着由"Y"到"X"的单向因果关系；（2）"$Y \longleftrightarrow X$"，它表示两者存在着双向的因果关系；（3）"$Y\ X$"，它表示两者为（条件）独立关系；（4）"$Y—X$"，它表示两者存在着因果关系，但因果关系的指向尚未明确；（5）"$Y \leftarrow X$"则表示存在着由"X"到"Y"的单向因果关系。此外，无环图则表示图形中不会出现有向回路，即当以某个变量为初始出发点，我们无法依据有向边的指向最终再次回到原始出发点，从而形成有向回路。

假设存在着 X、Y 和 Z 三个变量，变量"X"同时是引起"Y"与"Z"发生的原因，即 $Y \leftarrow X \rightarrow Z$，由于"$X$"是"$Y$"和"$Z$"发生的共同原因，因此，"$Y$"和"$Z$"的无条件相关系数不为0，然而当以"$X$"为条件变量，

"Y"和"Z"两者的偏相关系数(条件相关系数)则为0;类似地,假设变量"Y"是引起"X"发生的原因,同时"Z"也是引起"X"发生的原因,即 $Y \rightarrow X \leftarrow Z$,这样,"Y"和"Z"的无条件相关系数为0,而当以"X"为条件变量,"Y"和"Z"两者的偏相关系数(条件相关系数)则不为0;另外,假设变量"Y"是引起"X"发生的原因,而"X"是引起"Z"发生的原因,即 $Y \rightarrow X \rightarrow Z$,那么"Y"和"Z"的无条件相关系数不为0,而当以"X"为条件变量,"Y"和"Z"两者的偏相关系数(条件相关系数)则为0。

在有向无环图分析过程中,借助斯皮尔特斯等(Spirtes et al., 2000)提出的PC算法(algorithm),我们可对扰动项之间的相关系数与偏相关系数进行分析,并在此基础上对变量之间的同期因果关系进行有效识别。具体来说,这一PC算法首先构建了系统变量的"无向完全图"(complete undirected graph),以表示系统各变量之间可能存在的同期因果关系;接着,该算法从"无向完全图"出发,首先分析变量间的(无条件)相关系数,当相关系数为0,则将表示因果关系的连线移去;在对所有的(无条件)相关系数分析完成后,便接着分析1阶偏相关系数、2阶偏相关系数、3阶偏相关系数,……与无条件相关系数分析相类似,当变量间的偏相关系数为0,则移去两者之间的连线。对于N个变量,这一算法将持续分析到N-2阶的偏相关系数。而在实际应用分析中,为了检验偏相关系数是否为0,与现有大部分研究相一致,我们采用了Fisher's统计检验量(Spirtes et al., 2000),它的具体表达形式如下:

$$z[\rho(i,j|k)n] = 1/2(n-|k|-3)^{1/2} \times \ln\left\{\left[|1+\rho(i,j|k)|\right] \times \left[|1-\rho(i,j|k)|\right]^{-1}\right\} \quad (6-1)$$

其中,n是估计相关系数的可观测值数目,$\rho(i,j|k)$则表示以k个变量为条件变量,变量i和j的偏相关系数;$|k|$则表示条件变量的数目。令$r(i,j|k)$为样本偏相关系数,如果变量i、j和k满足正态分布,$z[\rho(i,j|k)n] - z[r(i,j|k)n]$则遵从标准正态分布。

在以上相关系数分析的基础上,依据相应的方向判别准则,并借助"相邻"（adjacent）和"隔离集"（sepset）这两个概念[1]，我们可进一步识别变量间因果关系的方向。例如，当变量 X、Y 和 Z 之间的关系为 $X-Y-Z$ 时，即 X 与 Y 相邻，Y 与 Z 相邻，而 X 与 Z 不相邻，如果已知 Y 不属于 X 与 Z 的隔离集，我们可进一步推断出 X、Y 和 Z 三者的同期因果关系应为 $X \to Y \leftarrow Z$[2]。

第三节 网络拓扑方法——动态波动溢出网络方法

本章以迪博尔德和伊尔马兹（Diebold and Yilmaz, 2014）提出的网络拓扑分析方法，作为应用分析的理论框架，并进行有益拓展。具体而言，基于预测误差方差分解（FEVD）方法，构建了以下的波动溢出矩阵：

	ΔIV_1	ΔIV_2	...	ΔIV_N	IN
ΔIV_1	$S^H_{1 \leftarrow 1}$	$S^H_{1 \leftarrow 2}$	...	$S^H_{1 \leftarrow N}$	$\sum_j S^H_{1 \leftarrow j}, j \neq 1$
ΔIV_2	$S^H_{2 \leftarrow 1}$	$S^H_{2 \leftarrow 2}$	...	$S^H_{2 \leftarrow N}$	$\sum_j S^H_{2 \leftarrow j}, j \neq 2$
...	...	...	...	...	...
ΔIV_N	$S^H_{N \leftarrow 1}$	$S^H_{N \leftarrow 2}$	...	$S^H_{N \leftarrow N}$	$\sum_j S^H_{N \leftarrow j}, j \neq N$
OUT	$\sum_i S^H_{i \leftarrow 1}, i \neq 1$	$\sum_i S^H_{i \leftarrow 2}, i \neq 2$	...	$\sum_i S^H_{i \leftarrow N}, i \neq N$	$\sum_i \sum_j S^H_{i \leftarrow j}, i \neq j$

在该溢出矩阵中，第一行变量表示波动溢出的来源地，而第一列向量则表示波动溢出的接受地。具体而言，我们可基于方差分解的基本原理来刻画"两两交互"的波动溢出程度：

---

[1] 在完全图中，X 与 Y 之间有边相连时，则称 X 和 Y 是相邻的；X 与 Y 的隔离集是指使得 X 与 Y 的偏相关系数为 0 的条件变量的集合，如 $\rho(X,Y|K)=0$，则称 K 属于 X 与 Y 的隔离集。

[2] 如果 $X-Y-Z$ 的实际关系不为 $X \to Y \leftarrow Z$，那么 $X-Y-Z$ 的关系则可能为：（1）$X \leftarrow Y \to Z$、（2）$X \leftarrow Y \leftarrow Z$（或 $X \to Y \to Z$）。假设三者的因果关系为 $X \leftarrow Y \to Z$，即"Y"是"X"和"Z"发生的共同原因，那么我们可推断出当以 Y 为条件变量，X 和 Z 的 1 阶条件相关系数为 0，即 $\rho(X,Z|Y)=0$，这样我们可知 Y 属于 X 和 Z 的隔离集，这与"Y 不属于 X 与 Z 的隔离集"的已知条件相矛盾，因此，关系（1）无法成立；类似地，关系（2）同样也无法成立。通过排除了关系（1）与关系（2）成立的可能性，我们可以把三者的同期因果关系最终明确为 $X \to Y \leftarrow Z$。

$$S_{i \leftarrow j}^{H} = \frac{\sum_{h=0}^{H-1} a_{ij,h}^{2}}{\sum_{h=0}^{H-1} trace(A_{h} A_{h}')} \tag{6-2}$$

其中，$\sum_{h=0}^{H-1} a_{ij,h}^{2}$ 表示因市场 j 的波动冲击而引发市场 i 波动在预测期为 H 的误差方差，$\sum_{h=0}^{H-1} trace(A_{h} A_{h}')$ 则表示 H 期的总体预测误差方差，因此，式（6-2）代表了由市场 j 的扰动（新息）所导致的市场 i 变动的比重，从而有效地衡量了由市场 j 到市场 i 的波动溢出强度。

指标 $S_{i \leftarrow j}^{H}$ 类似于国家 i 在双边贸易中来自国家 j 的进口额，$S_{j \leftarrow i}^{H}$ 则类似于由国家 i 到国家 j 的出口额。一般来说 $S_{i \leftarrow j}^{H} \neq S_{j \leftarrow i}^{H}$，因此，类似于双边贸易差额的计算，由市场 j 到市场 i 的波动净溢出效应（Net Spillover, NS）可由以下公式定义：

$$NS_{i \leftarrow j}^{H} = S_{i \leftarrow j}^{H} - S_{j \leftarrow i}^{H} \tag{6-3}$$

溢出矩阵中"OUT"所在行的元素，表示对各列中非对角线上的元素进行加总，以从市场总规模的角度衡量由市场 j 到其他市场的波动溢出效应，即有：

$$TS_{OUT, \bullet \leftarrow j}^{H} = \sum_{i} S_{i \leftarrow j}^{H}, \text{ for } i \neq j \tag{6-4}$$

类似地，溢出矩阵中"IN"所在列的元素，表示对各行中非对角线上的元素进行加总，以从市场总规模的角度衡量由其他市场到市场 i 的波动溢出效应，即有：

$$TS_{IN, j \leftarrow \bullet}^{H} = \sum_{i} S_{i \leftarrow j}^{H}, \text{ for } i \neq j \tag{6-5}$$

同样可定义基于市场总规模的波动净溢出的总效应（Net Total Spillover, NTS），即：

$$NTS_{i}^{H} = TS_{OUT, \bullet \leftarrow i}^{H} - TS_{IN, i \leftarrow \bullet}^{H} = \sum_{j} NS_{j \leftarrow i}^{H} \tag{6-6}$$

此外，对"OUT"所在行的元素或者"IN"所在列的元素加总并求均值，可对全球系统性波动溢出总效应（System-wide Total Spillover, STS）进行有效衡量：

$$STS^H = \frac{1}{N}\sum_i TS^H_{IN,i\leftarrow\bullet} = \frac{1}{N}\sum_j TS^H_{OUT,\bullet\leftarrow j} = \frac{1}{N}\sum_i\sum_j S^H_{i\leftarrow j}, \text{ for } i\neq j \quad (6-7)$$

把计算后的 STS^H 列在矩阵的右下角，以衡量全球系统性波动溢出总效应，它类似于全球的贸易总量。

在以上网络拓扑方法原理上，下面作进一步拓展，采用递归的预测方差分解分析方法，分别计算出由 1 期到 t 期以及由 1 期到 $t-1$ 期的市场总规模与全球系统性的总波动溢出，由此定义以下的边际净溢出指数（Marginal Net Spillover, MNS）。即有：

$$MNS^H_{t,i\leftarrow j} = NS^H_{t,i\leftarrow j} - NS^H_{t-1,i\leftarrow j} = (S^H_{t,i\leftarrow j} - S^H_{t,j\leftarrow i}) - (S^H_{t-1,i\leftarrow j} - S^H_{t-1,j\leftarrow i}) \quad (6-8)$$

其中，$NS^H_{t,i\leftarrow j}$ 刻画基于 t 期信息的由市场 j 到市场 i 的波动净溢出，$NS^H_{t,i\leftarrow j}$ 的差分则表示，基于更新的 t 期信息由市场 j 到市场 i 的边际净溢出。一个正（负）的边际净溢出值意味着，发生在 t 期的一个新息（或事件），导致了净溢出效应增加或者减少。与此同时，基于以上 MNS 的定义，构建以下的边际净溢出矩阵：

	ΔIV_1	ΔIV_2	$\cdots$	ΔIV_N	Marginal Net In
ΔIV_1	0	$MNS^H_{t,1\leftarrow 2}$	$\cdots$	$MNS^H_{t,1\leftarrow N}$	$\sum_{j,j\neq 1} MNS^H_{t,1\leftarrow j}$
ΔIV_2	$MNS^H_{t,2\leftarrow 1}$	0	$\cdots$	$MNS^H_{t,2\leftarrow N}$	$\sum_{j,j\neq 2} MNS^H_{t,2\leftarrow j}$
$\cdots$	$\cdots$	$\cdots$	$\cdots$	$\cdots$	$\cdots$
ΔIV_N	$MNS^H_{t,N\leftarrow 1}$	$MNS^H_{t,N\leftarrow 2}$	$\cdots$	0	$\sum_{j,j\neq N} MNS^H_{t,N\leftarrow j}$
Marginal Net Out	$\sum_{i,i\neq 1} MNS^H_{t,i\leftarrow 1}$	$\sum_{i,i\neq 2} MNS^H_{t,i\leftarrow 2}$	$\cdots$	$\sum_{i,i\neq N} MNS^H_{t,i\leftarrow N}$	

边际净溢入（Marginal Net In）刻画由其他市场到市场 i 的边际净溢出总效应。即有：

$$TMNS_{IN,t,i}^H=MNS_{t,i\leftarrow\bullet}^H=\sum_j MNS_{t,i\leftarrow j}^H=\sum_j(NS_{t,i\leftarrow j}^H-NS_{t-1,i\leftarrow j}^H)\text{, for }i\neq j \quad (6-9)$$

边际净溢出（Marginal Net Out）衡量由市场 j 到其他市场的边际净溢出总效应。即有：

$$TMNS_{OUT,t,j}^H=MNS_{t,\bullet\leftarrow j}^H=\sum_i MNS_{t,i\leftarrow j}^H=\sum_i(NS_{t,i\leftarrow j}^H-NS_{t-1,i\leftarrow j}^H)\text{, for }i\neq j \quad (6-10a)$$

此外，上述 TMNS 可重新表述为以下等式：

$$TMNS_{OUT,t,j}^H=TMS_{OUT,t,j}^H-TMS_{IN,t,j}^H \quad (6-10b)$$

其中，TMS 为当一个新息（事件）发生时的边际溢出总效应（Total Marginal Spillover, TMS），$TMS_{IN,t,j}^H$ 表示一个新息（事件）发生时，由其他市场到市场 j 的边际溢出总效应，即：

$$TMS_{IN,t,j}^H=TMS_{t,j\leftarrow\bullet}^H=\sum_i S_{t,j\leftarrow i}^H-\sum_i S_{t-1,j\leftarrow i}^H\text{, for }i\neq j \quad (6-11)$$

类似地，$TMS_{OUT,t,j}^H$ 衡量当面临一个新息（事件）冲击时，由市场 j 到其他市场到的边际溢出总效应，即有：

$$TMS_{OUT,t,j}^H=TMS_{t,\bullet\leftarrow j}^H=\sum_i S_{t,i\leftarrow j}^H-\sum_i S_{t-1,i\leftarrow j}^H\text{, for }i\neq j \quad (6-12)$$

基于公式（6-8）至（6-12），我们对迪博尔德和伊尔马兹（Diebold and Yilmaz, 2014）网络拓扑方法进行了有益拓展，以对系统性金融风险的网络关联性进行动态研究，同时，该研究框架不仅有助于我们围绕英国"脱欧"等事件来对金融风险溢出的传染路径、冲击力度、中心源头以及传递方向等问题展开深入研究，而且也将有助于我们更好地区分包括"黑天鹅"等在内的破坏金融稳定的潜在冲击，识别能显著影响乃至改变全球系统性金融风险的重要市场，从而为我国"双支柱"监管机制的设计与安排提供重要借鉴。

第四节　数据说明

现有文献通常采用市场波动作为风险的衡量指标，并通过考察市场间的波动传递关系，研究系统性金融风险的溢出效应。与实际波动率（realized volatility）这一事后衡量的指标不同，隐含波动率（implied volatility）是对未来波动率进行与模型无关（model-free）的事前预期，并且能有效反映未来市场的实际波动（Busch et al., 2011）。因此，结合隐含波动率的溢出关系考察系统性金融风险，正成为近年来研究的新视角。为了从波动溢出的角度考察系统性金融风险，需研究全球11个主要金融市场隐含波动率的相互作用关系。现采用VIX(芝加哥期权交易所波动率指数)作为美国股票市场隐含波动率的衡量指标，VDAX、VCAC、VFTSE、VSM、VXJ、VKOSPIVHSI、RVI以及INVIXN作为德国、法国、英国、瑞士、日本、韩国、中国香港、俄罗斯以及印度的波动率指数。中国内地目前现有的隐含波动率指数有三种。第一种指数是上证交易所推出的反映上证50ETE价格波动的"中国波指"（iVIX）。第二种是芝加哥期权交易所构建的波动指数VXFX。第三种为美国投资机构AlphaShares LLC推出的"AlphaShares中国波动率指数"（Chinese Volatility Index, CHVIX）。鉴于"中国波指"（iVIX）于2015年6月才正式发布，时间跨度较短，故采用VXFXI与CHVIX作为中国内地资本市场隐含波动率的代理变量[1]。

依据数据的可获得性，本章研究分析的样本区间为2007年11月2日—2017年9月29日，数据来源于彭博数据库。此外，与福布斯和瑞格邦（Forbes and Rigobon, 2002）、杨子晖和周颖刚（Yang and Zhou, 2017）等人的研究相一致，我们对隐含波动率指数进行一阶差分，并计算其两天滚动平均值（Two-Day Rolling Averages），以克服全球金融市场非同步交易问题。

第五节 全球系统性金融风险的有向无环图分析

首先，我们基于SC准则来为VAR模型选择最优的滞后阶数，并对

---

[1] 本章基于不同代理变量的分析并不改变结论，研究结论是稳健的。

VAR 模型进行正确的估计，我们可得到以下各国金融市场的"扰动相关系数矩阵"（innovation correlation matrix），接着，我们以"扰动相关系数矩阵"为出发点，对变量之间的同期因果关系进行有向无环图分析。在有向无环图分析过程中，我们首先画出了"无向完全图"，即各个变量均与其他变量有着无方向的连线，以表示各变量之间可能存在的同期因果关系。接着，我们运用软件 TETRAD V，利用其设计好的 PC 算法，通过"扰动相关系数矩阵"对各变量之间的无条件相关系数以及偏相关系数（条件相关系数）进行分析[1]，并逐步地把不存在同期因果关系的变量间的连线移去；接着我们依据相应的方向判别准则，有效地识别出变量间同期因果关系的指向性。最终，有向无环图分析的结果显示，在 10% 的显著性水平下，各变量之间的同期因果关系可表示成为图 6-1。

有向无环图分析结果显示，在全球波动传递中，美国在复杂的同期网络传递关系中占据了主导地位，存在着由美国到德国、由美国到英国、由美国

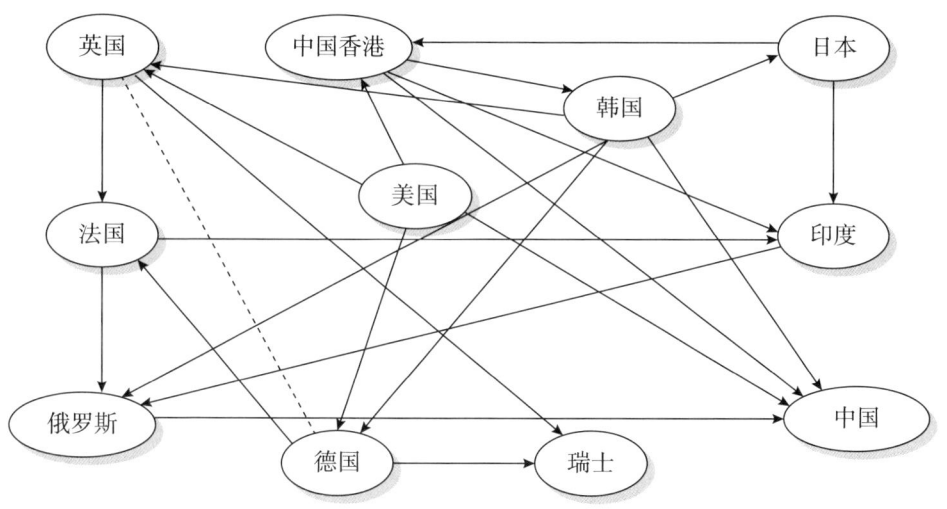

图 6-1　10% 显著性水平下的有向无环图

1　为了节省空间，在这里并没有详细地列出各相关系数以及偏相关系数的分析结果，有兴趣的读者可向作者索取。

到中国香港以及由美国到中国的同期因果关系，而中国股票市场除了受到美国的同期影响，还受到来自中国香港、韩国以及俄罗斯的同期冲击。而欧洲国家资本市场之间也存在着紧密的同期关系，其中存在着英国作用于法国与瑞士的同期关系，而且，也存在着由德国到法国、德国到瑞士的同期关系。此外，作为国际金融中心的香港，则成为了亚洲地区同期波动溢出的中心地区之一，它除了对中国内地有着显著同期影响，还分别对韩国、印度的股票市场产生了明显的同期冲击。

第六节 全球波动溢出的静态分析

在以上分析的基础上，我们以有向无环图分析所得出的结论为依据，对 VAR 扰动项进行结构性分解（识别 SVAR），并在此基础上展开方差分解分析，以考察在全球系统性金融风险传递中，各国（地区）主要金融市场的相互作用关系，从而有助我们正确评价中国在全球波动传递链中的作用与地位，为我国更好地应对外部冲击、保持金融市场的平稳发展提供重要的参考依据。在此研究过程中，为了确保结论的可靠性，我们分别进行了预测期为 1 天、5 天、10 天以及 15 天的方差分解分析[1]，基于不同预测期的分析结论依然稳健。

接着，我们采用迪博尔德和伊尔马兹（Diebold and Yilmaz, 2014）网络拓扑方法，结合波动溢出分析矩阵从总体样本的角度来考察全球系统性金融风险。其中，表 6-1 报告了预测期为 10 天的 12×12 的波动溢出矩阵，其中对角线的元素刻画了来自自身扰动的冲击，而非对角线上的元素则衡量了"两两交互"的有方向的波动溢出效应。

---

[1] 为了节省空间，在这里我们并没有报道出所有预测期的分析结果，有兴趣的读者可向作者索取。

由表 6-1 我们可以清楚地看出，全球各主要金融市场的波动在很大程度上可归因于美国的冲击，其中美国对德国、英国、瑞士、日本股票的市场波动产生了较为显著的冲击，其解释比例从 32% 到 54% 不等，与此同时，美国同样对中国金融市场的波动有着较强的影响力度，估计结果显示中国股票市场的震动有接近 41% 的比重是源于美国的冲击，这就充分地表明，由于中国与美国资本市场存在较强的关联性，使得中国将不可避免地受到美国金融体系的影响，提高了我国资本市场遭受外部冲击的概率，使得中国受到国际金融市场波动溢出效应也显著增加。此外，我们还发现，美国对外输出的波动比重高达 328%，却仅受到外部 7% 的波动溢出冲击，因此，在全球金融风险传递中，美国不仅是波动溢出的主要输出者，而且也具有较为明显的外生性，这与杨和周（Yang and Zhou, 2017）的研究结论相一致。

与此同时，表 6-1 的分析结果也表明，英国对欧洲地区金融市场的影响显著，其中英国对法国、德国、瑞士的作用力度分别达到了 20%、15% 以及 13%，与此同时，英国的波动主要源于自身扰动与美国的冲击。此外分析结果还显示，全球波动溢出的平均指标为 64%，这就意味着除了归因于国家（或地区）自身的特质因素，全球金融市场的波动有一半以上的比重是由于外部波动溢出冲击所造成的，呈现出明显的全球风险跨市场传染效应。这就意味着，在金融全球化、一体化的背景下，一个国家或者地区"黑天鹅"事件所引发的市场动荡可能产生"多米诺骨牌"效应，由此波及世界其他地区的金融市场，并对全球的金融安全与金融稳定产生显著冲击。

表 6-1　全球系统性金融风险的波动溢出矩阵分析

国别（地区）	美国	德国	英国	瑞士	法国	韩国	日本	中国香港	俄罗斯	印度	中国	IN
美国	92.85	0.71	0.09	0.29	1.17	0.05	3.80	0.38	0.13	0.36	0.15	7.15
德国	53.54	22.10	15.40	0.42	0.31	0.04	5.34	1.50	0.20	0.21	0.94	77.90
英国	47.07	0.36	41.41	1.47	1.68	0.06	5.30	1.11	0.13	0.05	1.37	58.59

续表

国别（地区）	美国	德国	英国	瑞士	法国	韩国	日本	中国香港	俄罗斯	印度	中国	IN
瑞士	49.85	10.31	12.99	19.37	1.02	0.38	3.88	0.83	0.45	0.52	0.39	80.63
法国	40.66	6.89	19.63	0.15	25.74	0.02	3.93	1.32	0.30	0.50	0.86	74.26
韩国	27.08	0.25	0.14	0.18	0.85	0.23	53.32	17.14	0.17	0.11	0.54	99.77
日本	31.98	0.23	0.32	0.47	0.27	0.08	3.15	62.77	0.39	0.01	0.33	96.84
中国香港	20.68	0.33	0.17	0.15	1.42	50.53	18.59	5.80	0.01	0.90	1.43	94.20
俄罗斯	10.22	0.76	2.16	0.07	3.19	0.34	4.68	1.55	76.23	0.78	0.02	23.77
印度	5.73	0.16	0.27	0.37	0.86	4.03	1.83	1.83	0.15	84.64	0.12	15.36
中国	41.04	0.86	0.11	0.12	1.59	15.59	9.57	3.00	0.19	0.73	27.20	72.80
OUT	327.85	20.86	51.28	3.70	12.37	71.11	110.24	91.44	2.12	4.16	6.14	63.75

注：（1）表6-1报告预测期为10天的波动溢出矩阵。
（2）"OUT"所在行的第 j 个元素，表示从市场总规模的角度衡量由市场 j 到其他市场的波动溢出效应；"IN"所在列的第 i 个元素，表示从市场总规模的角度衡量由其他市场到市场 i 的波动溢出效应。
（3）右下角的元素衡量了全球系统性波动溢出总效应。

在上述矩阵分析的基础上，我们考察了全球11个金融市场波动溢出的净效应，并将短期（即预测期为1天）与中长期（预测期为10天）的排序分析结果列于表6-2。由表6-2的分析结果我们可知，无论是短期还是中长期，美国都是波动净溢出的最大输出国家，而且，随着时间的推移，对全球其他金融市场的净输出力度由184%显著增长到321%，由此表明美国在全球波动溢出的主导性地位。同时，我们还发现在全球波动溢出过程中，除了美国以外，日本、中国香港、英国在短期成为了净输出国家（地区），而在长期日本依然保持着净输出者的地位，而中国香港、英国则转变为接受者。此外，无论是在短期还是长期，中国均处于波动溢出的净输入国家，在全球11个主要金融市场中位于倒数第二，中国资本市场将在较大程度上受到显著的外部冲击。因此，随着中国开放程度的不断提高，全球金融市场的起伏变化将对我国"缓中趋稳，稳中向好"的经济局面产生明显影响，并对我国经济运行中潜在的金融风险产生不确定性的冲击。面对复杂多变的国际经济形势，我国"货币政策和宏观审慎政策"双支柱调控框架必须密切关注并防范跨市场风险传染所引发的系统性金融风险。

表6-2 波动溢出效应净输出者与接收者的排序分析

	短期（预测期为1天）					中长期（预测期为10天）				
排序	国别（地区）	NET	OUT	IN	GROSS	排序	国别（地区）	NET	OUT	IN	GROSS
1	美国	183.8	183.8	0.0	183.8	1	美国	320.7	327.9	7.1	335.0
2	日本	33.6	133.6	100.0	233.6	2	日本	13.4	110.2	96.8	207.1
3	中国香港	33.1	125.1	92.0	217.1	3	中国香港	−2.8	91.4	94.2	185.6
4	英国	30.3	70.3	40.0	110.4	4	英国	−7.3	51.3	58.6	109.9
5	印度	−7.4	0.7	8.1	8.8	5	印度	−11.2	4.2	15.4	19.5
6	韩国	−11.6	88.4	100.0	188.4	6	俄罗斯	−21.6	2.1	23.8	25.9
7	俄罗斯	−17.8	0.2	18.0	18.2	7	韩国	−28.7	71.1	99.8	170.9
8	德国	−44.9	24.8	69.7	94.5	8	德国	−57.0	20.9	77.9	98.8
9	法国	−63.0	3.7	66.7	70.3	9	法国	−61.9	12.4	74.3	86.6
10	中国	−67.7	0.0	67.7	67.7	10	中国	−66.7	6.1	72.8	78.9
11	瑞士	−68.5	0.0	68.5	68.5	11	瑞士	−76.9	3.7	80.6	84.3

第七节 全球波动溢出的动态分析

在以上全样本静态分析的基础上，我们采用"滚动估计分析"方法来研究全球波动溢出效应，从动态分析的角度来考察全球系统性金融风险的渐进演变。

基于动态分析方法（Diebold and Yilmaz, 2014）的基本原理，我们以180个观测值作为滚动分析窗口长度，并展开第1次预测方差分解分析，接着我们把该样本区间的第1个观测值去掉，同时把新的观测值加入样本区间的末端，并展开第2次预测方差分解分析，……依次向前滚动分析，直至对2016年11月22日—2017年9月29日的样本期进行最后一次预测方差分解分析，然后根据每次方差分解的结果，对溢出矩阵中非对角线上的元素进行加总，依据公式（6-11）我们可以计算出全球波动溢出指数，并将其列于图

6-3。同时需要说明的是，在滚动研究过程中预测方差分解分析仍是基于有向无环图分析结果而进行的，由此得出的波动溢出指数则是采用10天的预测期来构建的，但基于不同预测期的结论并不改变。

由图6-3我们可以清楚地看到，在国际金融危机期间，世界各国（地区）金融市场的波动溢出效应显著增强，使得全球系统性金融风险急剧增加，其中，拥有158年历史的美国第四大投资银行雷曼兄弟在2008年9月15日宣布破产之后，投资者的恐慌情绪迅速向全球蔓延，世界各国（地区）股票市场呈现出剧烈动荡局面，全球波动溢出指数开始迅速攀升。金融危机笼罩下的美国股市在2008年10月15日迎来了"黑色星期三"，其中道琼斯工业指数和标准普尔500指数分别暴跌了7.9%与9%，创1987年10月以来的最大单日跌幅，由此也引爆了全球性股灾，使得全球波动溢出指数到达了顶峰，而系统性金融风险也在世界范围内迅速传播，此后随着世界各国救市政策的实施以及经济刺激方案的推出，投资者信心逐步增强，使得全球系统性金融风险开始消退，而波动溢出指数也由此逐步回落。

另外，美国在2010年5月6日下午遭遇了"闪电崩盘"，道琼斯工业指数呈现断崖式"跳水"，道琼斯工业指数下泻9%，为美股有史以来单日最大跌幅，5分钟内股票市值蒸发了1万亿美元。美国的这次股灾也引发了欧洲股市的全面下挫，因此，全球波动溢出指数在2010年5月6日开始迅速攀升。与此同时，全球波动溢出指数在2011年3月11日呈现"跳跃式"的增长，究其原因，这是由于日本经历了9.0级的大地震，由此引发了百年一遇的大海啸以及迄今最为严重的核泄漏事故，在随后的两个交易日，日本股市下跌超过了16%，创造了自2009年以来的最大跌幅，此外，日本强震还重创了全球股市，包括中国、中国香港、印度在内的亚洲股市全面下跌。此外，美国在2011年8月5日历史性地失去了AAA主权信用评级，消息传出更是惊动了整个世界，金融市场剧烈动荡，投资者悲观情绪迅速蔓延，全球股市重挫,由此加剧了系统性金融风险在全球资本市场的迅速蔓延,并使得波动溢出指数在 8 月 5 日呈现明显的跳跃。

最后,全球在 2015 年 8 月 24 日经历了"黑色星期一"的重大股灾,其中,英国、德国、法国股指的跌幅分别为 4.7%、4.7% 以及 5.3%,而亚太股市同样全面下挫,导致了全球各国"恐慌指数"不断飙升,使得系统性金融风险在全球蔓延开来,全球波动溢出指数由此呈现出跳跃式的增长。

以上的分析结果清楚地显示,全球波动溢出风险在 2016 年开始呈现下降与徘徊的趋势,但是随着经济、金融一体化进程的加快,全球仍处于风险易发阶段,而且,系统性金融风险也与"日本 3·11 大地震"和"美国股市闪电崩盘"等不可预期的"黑天鹅"事件紧密相连,金融市场某个突发冲击都可能经"蝴蝶效应"而在全球迅速扩大,使得系统性金融风险具有明显的"突发性""隐蔽性""传染性"的危害特征,这也使得"守住不发生系统性金融风险的底线"成为我国实现金融稳定、保证金融安全的重大挑战。

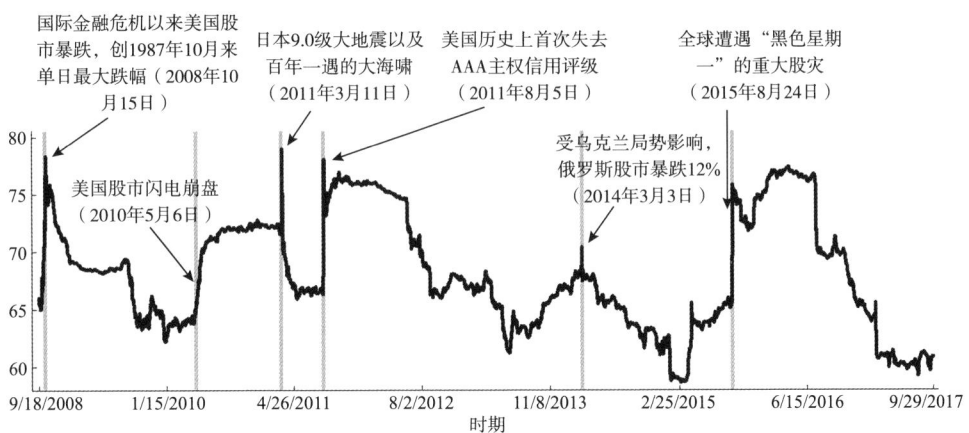

图 6-2　全球波动溢出效应的动态分析

注:(1)滚动分析窗口长度为 180 天,而预测方差分解分析的预测期为 10 天,图 6-3 和图 6-4 保持相同设置,以下不做赘述。(2)基于不同滚动窗口与预测期的结论依然稳健。

第八节　各地波动溢出净效应的动态分析

在完善货币政策和宏观审慎政策"双支柱"的监管体系的过程中，我们不仅需要把握好全球系统性风险的整体水平，而且也需要密切关注单一金融市场的风险走势，基于以上全球波动溢出分析，下面考量各个国家和地区波动净溢出总效应。图 6-3 显示，在动态分析的样本期内美国波动的净溢出均为正。这就意味着，美国股票市场为波动溢出（风险传染）净输出者，与全样本的静态分析结论一致。当日本在 2011 年遭受 9.0 级大地震、百年一遇的大海啸以及英国在 2016 年正式宣布脱欧时，美国遭到来自日本、英国金融市场的波动冲击，其波动溢出净效应指数由此迅速下跌。与其形成鲜明对比的是，无论是在 2008 年的股市暴跌，抑或 2011 年历史性地失去 AAA 信用评价，还是 2015 年全球重大股灾面前，美国波动净溢出总效应指数均迅速攀升，加剧了全球金融市场的波动传递，美国资本市场成为全球系统性金融风险的主要来源之一。

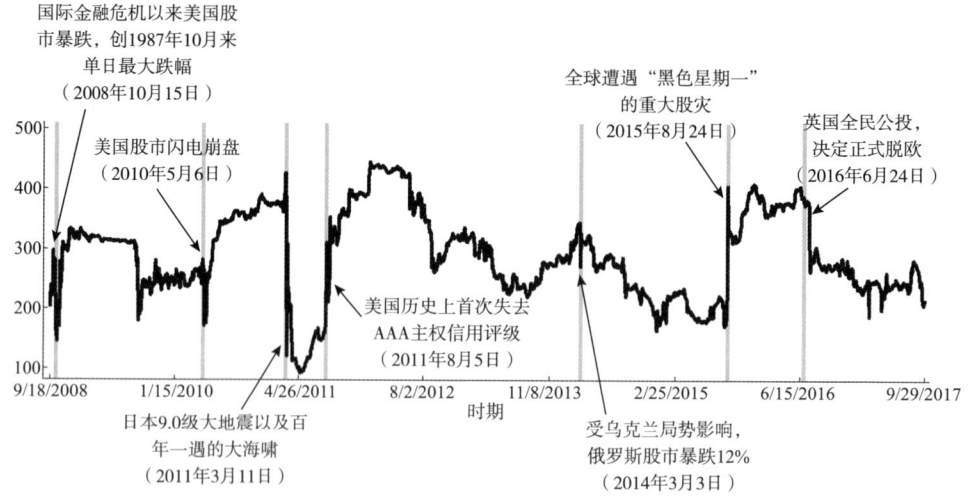

图 6-3　美国波动净溢出总效应的动态分析

在对中国波动溢出净效应的动态分析中我们发现（图6-4），中国净溢出指数在绝大部分样本区间均为负，这就充分地表明在全球系统性金融风险的国际传递链中，中国市场是波动溢出的净接受者，因此，在全球经济、金融一体化的进程中，随着我国资本市场的逐步开放，如何有效地应对外部冲击、实现金融市场的稳定与安全是我国现阶段面临的战略性挑战。与此同时，我们也发现，自从雷曼兄弟在2008年9月15日宣布破产、次贷危机演变成国际金融危机之后，中国受到明显的外部波动冲击，因此，波动溢出净指数处于底端，同时，在"日本3·11大地震"事件中，亚太股市全面下挫，我国内地市场也无法独善其身，受到了外部波动的显著冲击，净溢出指数随着下跌，此外，瑞士央行在2015年意外宣布放弃长期以来的维持的欧元兑瑞郎1.20汇率下限，引发了瑞士、欧洲股市的剧烈震荡，中国同样受到这一"黑天鹅"事件的明显冲击，净溢出指数明显下挫。与此同时，我们还发现，中国资本市场与美国股票市场存在显著的关联性，当美国遭受到"闪电崩盘"以及失掉AAA主权信用评级时，中国受到来自美国的波动冲击，其股票市场开始剧烈动荡，并由此加强了对外的波动输出，从而呈现出"先抑后扬"的趋势。

由以上的分析，我们可以清楚地看出，包括"日本3·11大地震"和"瑞士法郎与欧元的脱钩"这些小概率、偶发性的"黑天鹅"事件对中国金融市场造成了较大冲击，同时，中国资本市场与美国金融市场密切相连，美国本土所发生的"闪电崩盘"和"失去信用评价"等事件都可能引发中国股价的骤跌、市场的剧烈调整乃至相互共振，从而触发全球系统性金融风险。因此，随着我国金融行业的迅速发展以及金融市场的日益开放，如何完善、健全金融监管体系，守住不发生系统性金融风险的底线，成为当前新常态经济下面临的迫切问题。

216　系统性金融风险研究

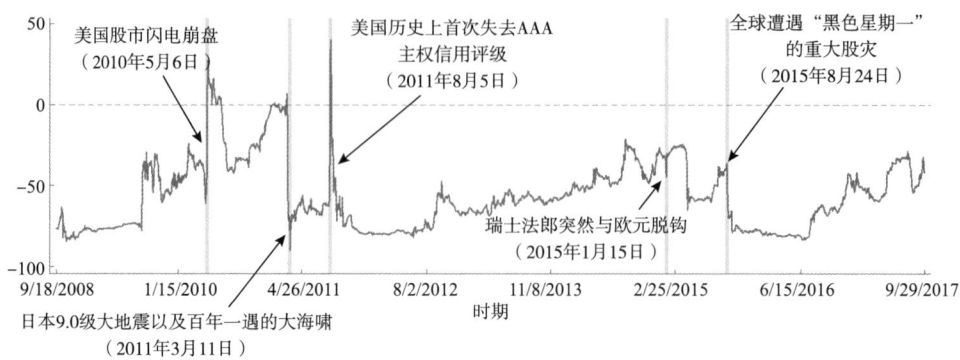

图6-4　中国波动净溢出总效应的动态分析

图6-5显示，引发世界各国波动净溢出效应变动的事件，与导致全球波动净溢出变化的事件相一致，例如，在金融危机期间，美国在2008年10月股市暴跌，创1987年10月来单日最大跌幅时，德国、英国、韩国、中国香港的净波动指数呈现明显的跳跃，从而使得美股的暴跌引发了全球金融市场的震荡起伏，由此也导致了市场间的波动传递明显，系统性金融风险不断加剧。而且，我们也看到，"日本3·11大地震"发生时，日本、中国香港、韩国、瑞士的净溢出指数产生了明显的跳跃，从而表明这些国家（或地区）市场的剧烈调整乃至相互共振，从而加剧了对外的波动输出；与此同时，而俄罗斯、德国等的波动净溢出指数则出现明显的下降，这就意味着这些国家在"日本3·11大地震"时，面临更多的外部冲击。另外，在2015年8月，全球遭遇"黑色星期一"的重大股灾时，英国、中国香港、印度等国家（地区）股票市场剧烈动荡，对外波动溢出效应明显，使得净溢出指数有了明显的上升，而韩国、瑞士等国家的金融市场受到明显的外部冲击，净溢出指数由此滑落。此外，我们还发现，一些事件的发生也导致所在国家（地区）净溢出效应大大增强，例如瑞士在2015年1月15日意外地宣布瑞郎和欧元脱钩，消息一经传出，引发了瑞士资本市场的剧烈波动，其股票指数跌幅高达5%，创12月中旬以来新低，同时引发了欧洲主要股指迅速下挫，全球金融市场之间波动传递明显，由此导致了瑞士的波动净溢出指数在当天迅速拉

高。此外，在英国"脱欧公投"意外飞出的"黑天鹅"则引发了中国香港、日本等相关资本市场的强烈反应，例如中国香港的恒生指数大跌4.63%，日本的日经指数大跌5.03%，同时，也带动了包括欧元区外汇市场、房地产市场等金融市场的反复震荡，从而使得英国净溢出指数明显上扬。

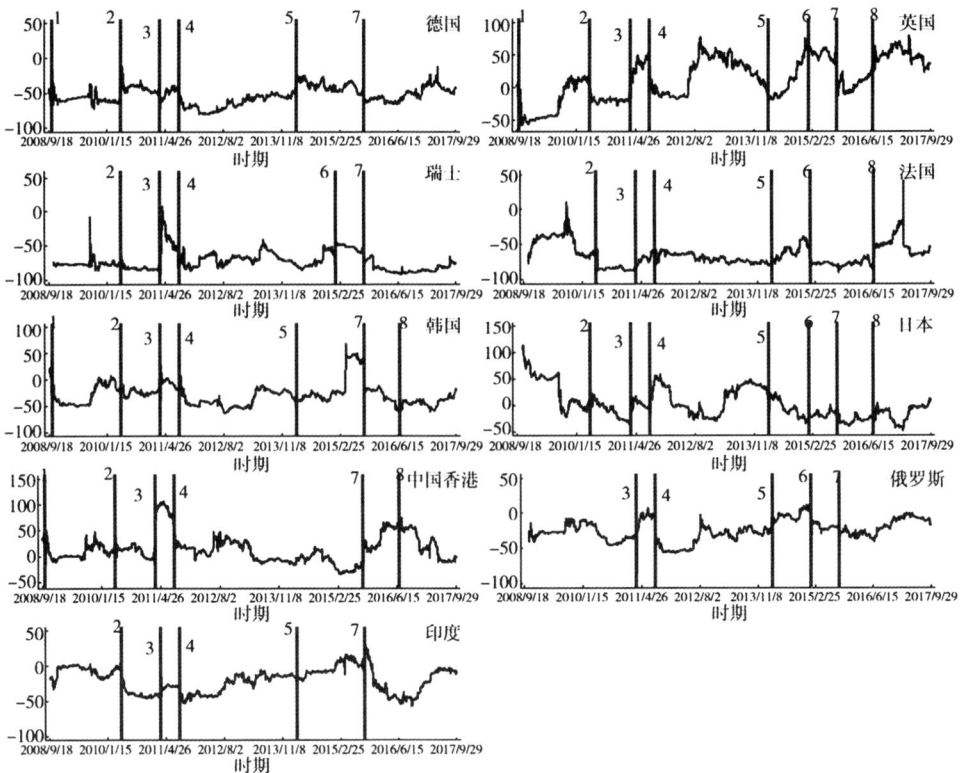

图6-5 其余国家（地区）波动净溢出效应的动态分析

注：（1）事件1，国际金融危机以来美国股市暴跌，创1987年10月来单日最大跌幅，时间为2008年10月15日；事件2，美国股市闪电崩盘，时间为2010年5月6日；事件3，日本遭遇9.0级大地震以及百年一遇的大海啸，时间为2011年3月11日；事件4，美国历史上首次失去AAA主权信用评级，时间为2011年8月5日；事件5，受乌克兰局势影响，俄罗斯股市暴跌12%，时间为2014年3月3日；事件6，瑞士法郎突然与欧元脱钩，时间为2015年1月15日；事件7，全球遭遇"黑色星期一"的重大股灾，时间为2015年8月24日；事件8，英国全民公投，决定正式脱欧，时间为2016年6月24日。预测期为10天，滚动窗口为170天。（2）预测期为10天，滚动窗口为170天。

第九节　各地波动溢出效应的网络分析

在以上对全球以及各个国家（地区）波动溢出效应展开研究的基础上，我们从网络分析的角度来考察全球各个市场间的波动溢出效应，具体而言，我们将围绕一些重要的事件（包括"黑天鹅"事件）来考察波动溢出在各个市场之间的传递路径、传递强度以及风险中心，而且，我们还研究波动溢出网络随时间推移的动态演变，从而有助于我们建立系统性金融风险的预警与应急机制，在现阶段国际金融危机外溢性不断加大的背景下，为更早地防范、识别、应对金融风险提供理论分析与实证检验的参考依据，以确保新常态经济下的金融稳定与金融安全，实现经济社会健康持续发展。

首先，我们从边际效应的角度计算出当美国在 2011 年 8 月历史性地失去 AAA 主权信用评级时，全球波动溢出效应的动态演变。美国标准普尔在 8 月 5 日正式宣布，美国长期主权信用评级 AAA 降至 AA+，并对其进行负面展望，这是自 1917 年以来美国首次丧失 AAA 这一最高信用等级，消息一经传出，震撼了全球金融市场。实际上，市场早在正式宣布的前一天，收到了评价下调的预期消息，由此导致投资者信心重挫，资本市场做出了剧烈的反应。其中，8 月 4 日欧洲三大股市跌幅均超过 3.4%，而道琼斯、标准普尔和纳斯达克则分别下挫了 4.3%、4.7% 以及 5.1%，而到了正式宣布当天，恐慌情绪继续弥漫，亚洲股市股指普遍下跌超 3%，其中韩国综合指数下挫 3.7 个百分点，而中国沪深 300 的跌幅则为 2.1 个百分点。鉴于此，我们分别估算事件发生前后的 3 个交易日，即 8 月 3 日、8 月 4 日以及 8 月 5 日全球各主要金融市场的边际波动溢出效应，以围绕美国"主权信用评价降级"这一事件，来研究在全球股市全面暴跌的背后，系统性金融风险的动态演变特征，以便能未雨绸缪地进行风险防控。

表 6-3 在计算出各个国家股票市场的边际波动溢出效应的基础上，按照其规模从大到小进行排列。分析结果显示，在"美国失去 AAA 主权信用评级"事件发生之前的 8 月 3 日，全球各个股票市场运行平稳，它们之间波动传递的变化并不显著，变化力度在 0.013—0.151 的区间。而在 8 月 4 日美国市场传来"信用评级即将下降"的确切消息后，引发了投资者的恐慌情绪，股市反复震荡。其中，标准普尔下跌了 4.7%，创 2009 年 3 月以来的最大跌幅，欧洲股市同样暴跌，法国 CAC40 跌幅达 3.9%。而中国股票市场在当天保持相对平稳，上证综指略涨 0.2%。与此相对应，美国的边际波动溢出效应在 8 月 4 日迅速达到顶部，成为对外波动传递增量最大的市场。法国股票市场紧跟其后。中国股票市场位居倒数第三，由于受到外部冲击，中国金融市场对外波动净溢出效应下降。然而到了"降级"正式宣布的 8 月 5 日，中国股票市场迎来了激烈动荡。沪指与深指跌幅接近 2%，并在随后的交易日分别重挫了 3.7% 与 4.4%，资本市场的震荡也使得中国金融市场的外部波动溢出效应明显增强。因此，在 8 月 5 日当天，美国依然成为对外波动溢出增量最大的国家，中国金融市场紧跟其后，波动溢出明显上升。

表 6-3 边际波动总溢出效应分析（基于"美国失去 AAA 主权信用评级"事件）

2011/08/03			2011/08/04			2011/08/05		
排序	市场	$TMNS_{OUT,j}$ $TMS_{OUT,j}$	排序	市场	$TMNS_{OUT,j}$ $TMS_{OUT,j}$	排序	市场	$TMNS_{OUT,j}$ $TMS_{OUT,j}$
1	中国	0.151　0.130	1	美国	3.027　2.735	1	美国	4.258　4.332
2	中国香港	0.049　0.030	2	法国	0.092　0.150	2	中国	1.071　1.175
3	英国	0.013　0.025	3	俄罗斯	0.050　0.097	3	俄罗斯	−0.105　0.054
4	俄罗斯	0.010　−0.014	4	印度	−0.053　−0.002	4	法国	−0.247　0.018
5	德国	−0.013　−0.014	5	中国香港	−0.164　−0.161	5	德国	−0.251　0.033
6	瑞士	−0.013　−0.002	6	英国	−0.307　−0.201	6	印度	−0.479　−0.135

续表

排序	2011/08/03 市场	$TMNS_{OUT,t,j}$	$TMS_{OUT,t,j}$	排序	2011/08/04 市场	$TMNS_{OUT,t,j}$	$TMS_{OUT,t,j}$	排序	2011/08/05 市场	$TMNS_{OUT,t,j}$	$TMS_{OUT,t,j}$
7	日本	−0.018	−0.017	7	韩国	−0.312	−0.301	7	韩国	−0.664	−0.670
8	印度	−0.018	−0.001	8	德国	−0.420	−0.313	8	日本	−0.688	−0.757
9	法国	−0.037	−0.020	9	中国	−0.498	−0.443	9	中国香港	−0.905	−0.834
10	韩国	−0.045	−0.062	10	瑞士	−0.502	−0.383	10	瑞士	−0.988	−0.703
11	美国	−0.078	−0.059	11	日本	−0.913	−0.887	11	英国	−1.003	−0.467

注：$TMS_{OUT,t,j}$ 按照公式6-10b计算，为了节省空间，这里没有报道 $TMS_{IN,t,j}$ 估计值，以备索的方式提供。表6-5类似，不再赘述。

接着，我们展开"两两交互"的边际净溢出效应分析，由此得到了 11×11 的边际净溢出矩阵，以考察在事件发生前后市场间波动传递的动态演变。如果 $MNS_{t,i\leftarrow j}^{H}$ 取值为正，则意味着在该交易日由市场 j 到市场 i 的波动净溢出增加，反之，则意味着减少。为了刻画市场之间显著的波动传递变化，对2008年2月到2017年9月的每个交易日展开边际净溢出效应分析，并结合 MNS 绝对值进行由大到小的排序分析。表6-4显示，8月3日"降级"消息尚未传出的交易日，绝大部分的 MNS 估计值并未进入到第1个（或者第5个）百分位数，此时美国股票市场未成为全球资本市场的波动来源地。但在8月4日和8月5日，美国股票市场的波动溢出效应进一步增强，对其他市场的边际净溢出均为正，而且绝大多数 MNS 指标进入到第1个（或者第5个）百分位区间。

结合以上两两交互边际净溢出效应的分析结果，我们画出了波动溢出的动态演变图，其中，粗边与细边分别代表了第1个和第5个百分位数的 MNS，边越粗，则意味着对该市场波动净溢出影响的增长力度越大。8月3日只有1个 MNS 估计值进入第5个百分位数，该交易日全球各个股票市场保持相对平稳，市场波动传递没有显著增加。随着"降级"消息正式传开，

表 6-4 两两交互的边际净溢出效应分析（基于"美国失去 AAA 主权信用评级"事件）

Panel A: 2011 年 8 月 3 日

	美国	德国	英国	瑞士	法国	韩国	日本	中国香港	俄罗斯	印度	中国	边际净溢入
美国	0.000	0.039	0.031	0.055	0.011	-0.003	-0.002	-0.023	0.004	-0.011	-0.025	0.078
德国	-0.039	0.000	-0.009	-0.013	0.006	-0.008	0.020	0.028	-0.004	0.000	0.030	0.013
英国	-0.031	0.009	0.000	-0.028	-0.004	0.020	0.004	-0.003	-0.006	0.001	0.026	-0.013
瑞士	-0.055	0.013	0.028	0.000	-0.003	0.017	0.005	-0.004	-0.007	-0.005	0.023	0.013
法国	-0.011	-0.006	0.004	0.003	0.000	0.003	0.011	0.015	-0.001	0.002	0.018	0.037
韩国	0.003	0.008	-0.020	-0.017	-0.003	0.000	-0.067	0.083**	0.003	0.008	0.048	0.045
日本	0.002	-0.020	-0.004	-0.005	-0.011	0.067	0.000	-0.041	0.014	-0.005	0.020	0.017
中国香港	0.023	-0.028	0.003	0.004	-0.015	-0.083	0.041	0.000	-0.000	-0.007	0.015	-0.049
俄罗斯	-0.004	0.004	0.006	0.007	0.001	-0.003	-0.014	0.000	0.000	-0.002	-0.006	-0.010
印度	0.011	-0.000	-0.001	0.005	-0.002	-0.008	0.005	0.007	0.002	0.000	-0.000	0.018
中国	0.025	-0.030	-0.026	-0.023	-0.018	-0.048	-0.020	-0.015	0.006	0.000	0.000	-0.151
边际净溢出	-0.078	-0.013	0.013	-0.013	-0.037	-0.045	-0.017	0.049	0.010	-0.018	0.151	

Panel B: 2011 年 8 月 4 日

	美国	德国	英国	瑞士	法国	韩国	日本	中国香港	俄罗斯	印度	中国	边际净溢入
美国	0.000	-0.434	-0.516	-0.389	-0.342	-0.207	-0.282	-0.182	-0.088	-0.043	-0.545	-3.028
德国	0.434***	0.000	-0.024	0.037	0.051	0.003	-0.091	0.009	0.025	0.003	-0.027	0.420
英国	0.516***	0.024	0.000	-0.155	0.125**	-0.000	-0.123	-0.008	0.019	-0.002	-0.087	0.307
瑞士	0.389***	-0.037	0.155**	0.000	0.052	-0.005	-0.069	0.029	0.059	-0.010	-0.061	0.502
法国	0.342***	-0.051	-0.125	-0.052	0.000	-0.009	-0.078	-0.038	0.019	-0.002	-0.098	-0.092
韩国	0.207**	-0.003	0.000	0.005	0.009	0.000	-0.107	0.073**	0.023	-0.002	0.108**	0.312

续表

	美国	德国	英国	瑞士	法国	韩国	日本	中国香港	俄罗斯	印度	中国	边际净溢入
日本	0.282**	0.091**	0.123**	0.069	0.078**	0.107**		-0.026	0.020	-0.005	0.172**	0.913
中国香港	0.182**	-0.009	0.008	-0.029	0.038	-0.073	0.026		-0.000	0.004	0.017	0.164
俄罗斯	0.088**	-0.025	-0.019	-0.059	-0.019	-0.023	-0.020	-0.004		0.002	0.025	-0.050
印度	0.043	-0.003	0.002	0.010	0.002	0.002	0.005	-0.017	-0.002		-0.002	0.053
中国	0.545***	0.027	0.087**	0.061	0.098**	-0.108	-0.172	-0.017	-0.025	0.002	0.000	0.498
边际净溢出	3.028	-0.420	-0.307	-0.502	0.092	-0.312	-0.913	-0.164	0.050	-0.053	-0.498	

Panel C: 2011 年 8 月 5 日

	美国	德国	英国	瑞士	法国	韩国	日本	中国香港	俄罗斯	印度	中国	边际净溢入
美国	0.000	-0.334	-0.611	-0.526	-0.394	-0.343	-0.563	-0.698	-0.178	-0.218	-0.391	-4.258
德国	0.334***	0.000	-0.178	-0.059	0.027	-0.000	-0.059	-0.065	0.008	-0.013	0.117**	0.251
英国	0.611***	0.178**	0.000	-0.198	0.176**	0.009	-0.033	-0.044	0.022	-0.005	0.287**	1.003
瑞士	0.526***	-0.080	0.198**	0.000	0.045	0.022	0.149*	-0.004	0.018	-0.055	0.167*	0.988
法国	0.394***	-0.027	-0.176	-0.045	0.000	-0.001	-0.014	-0.006	0.016	-0.010	0.116*	0.247
韩国	0.343***	0.000	-0.009	-0.022	0.001	0.000	-0.367	0.548***	-0.002	-0.056	0.229**	0.664
日本	0.563***	0.059	0.033	-0.149	0.014	0.367***	0.000	-0.459	0.040	-0.003	0.224**	0.688
中国香港	0.698***	0.065	0.044	0.004	0.006	-0.548	0.459***	0.000	0.015	-0.094	0.255**	0.905
俄罗斯	0.178**	-0.008	-0.022	-0.018	-0.016	0.002	-0.040	-0.015	0.000	0.003	0.041	0.105
印度	0.218***	0.013	0.005	0.055	0.010	0.056	0.003	0.094**	-0.003	0.000	0.027	0.479
中国	0.391***	-0.117	-0.287	-0.167	-0.116	-0.229	-0.224	-0.255	-0.041	-0.027	0.000	-1.071
边际净溢出	4.258	-0.251	-1.003	-0.988	-0.247	-0.664	-0.688	-0.905	-0.105	-0.479	1.071	

注：*** 与 ** 分别表示边际净溢出效应入到第 1 与第 5 个百分位数（表 6-5 相同）。

无论是在8月4日还是在8月5日,波动溢出网络变得更加复杂,市场间波动传递显著增强。而且,美国所在的节点最大,由美国到其他市场的波动净溢出效应的力度大大提高。这充分表明,标准普尔历史性下调美国债务评级事件,引发了全球金融市场的普遍担忧乃至剧烈动荡,美国成为世界主要资本市场波动传递的中心与发源地,由美国到全球其他市场的波动出现显著增加,从而加剧了全球系统性金融风险。

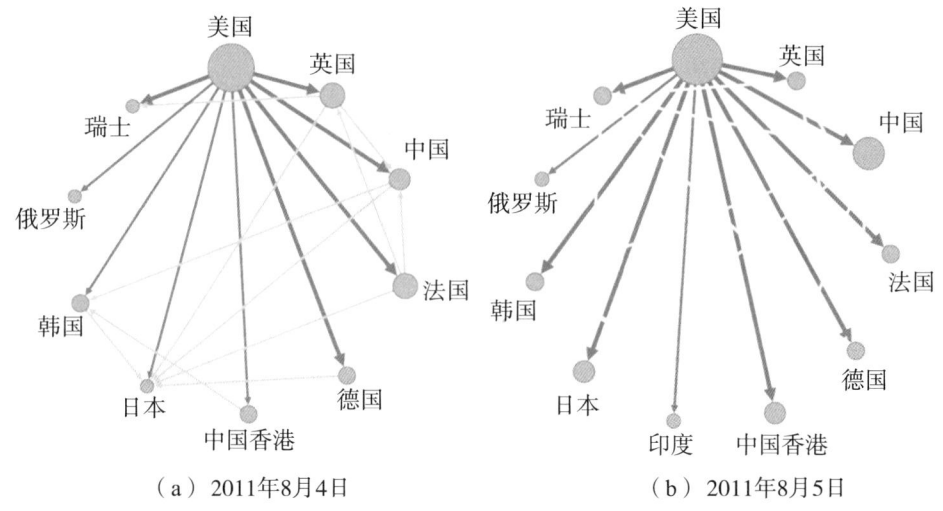

(a) 2011年8月4日　　　　　　(b) 2011年8月5日

图6-6　边际净溢出效应的网络分析图(基于"美国失去AAA主权信用评级"事件)

注:节点越大,则代表着该市场在全球波动传递中的"出度"越大,对于其他市场的波动净溢出效应显著增加。

2011年3月11日下午,日本发生了里氏9.0级、史上第四大规模的强震,并引发了百年一遇的海啸以及核泄漏等严重灾难。"日本3·11大地震"这一突发事件发生的当天,并没有对股票市场带来太大冲击,日本股指(日经225)当天为1.7%的跌幅,与地震发生的前一天跌幅相当。在接下来的两个交易日,日本股票市场呈现剧烈震荡局面,日经指数跌幅分别达到了6.1%与10.5%,而全球各地的股市也随之呈现动荡局面。边际波动溢出总效应分析发现,地震发生当天,包括日本在内的全球各地股票市场运行平稳,边际净溢出总效应的绝对值在 0.001—0.056 之间浮动（见表 6-5）。但在随后的两个交易日，日本上升至边际波动溢出总效应第一位，成为对外波动输出增幅最大的来源地，分别达 4.9% 与 15.9%。此时，大部分其他国家（地区）的 TMNS 均为负，表明受日本的波动冲击，前者波动净溢出效应明显下降。

表 6-5 边际波动溢出总效应分析（基于"日本 3·11 大地震"事件）

2011/03/11				2011/03/14				2011/03/15			
排序	国别（地区）	$TMNS_{OUT,t,j}$	$TMS_{OUT,t,j}$	排序	国别（地区）	$TMNS_{OUT,t,j}$	$TMS_{OUT,t,j}$	排序	国别（地区）	$TMNS_{OUT,t,j}$	$TMS_{OUT,t,j}$
1	美国	0.056	0.057	1	日本	4.947	4.949	1	日本	15.867	12.366
2	俄罗斯	0.024	−0.002	2	英国	0.202	0.165	2	瑞士	0.030	0.238
3	法国	0.006	0.004	3	德国	0.004	0.002	3	德国	−0.165	−0.011
4	日本	0.006	0.003	4	韩国	−0.009	−0.009	4	韩国	−0.293	−0.416
5	瑞士	0.001	0.000	5	俄罗斯	−0.038	0.034	5	印度	−0.428	0.074
6	英国	−0.001	0.002	6	瑞士	−0.048	−0.033	6	中国	−0.550	−0.494
7	印度	−0.007	−0.001	7	中国	−0.154	−0.134	7	俄罗斯	−0.673	−0.056
8	中国	−0.014	−0.016	8	法国	−0.166	−0.140	8	法国	−0.726	−0.691
9	中国香港	−0.020	−0.022	9	印度	−0.349	−0.008	9	英国	−0.850	−0.280
10	韩国	−0.024	−0.025	10	中国香港	−2.138	−1.439	10	中国香港	−1.106	−0.132
11	德国	−0.025	−0.020	11	美国	−2.252	−2.159	11	美国	−11.105	−10.414

"两两交互"的边际净溢出效应的分析结果显示（见表 6-6），在地震发生的当天，所有的 MNS 并没有进入到第 1 个或者第 5 个百分位数，使得全球的波动传递网络没有显著的变化，然而，在震后的第一交易日，日本对于其余的 9 个市场波动传递效应显著增强，而在第二个交易日，日本不仅对于其中的 8 个市场波动净溢出大大增加，而且其增强的影响力度均进入到第 1 个百分点中，因此，"3·11 大地震"事件使得日本成为全球波动传递的网络中心。

表6-6 两两交互的边际净溢出效应分析（基于"日本3·11大地震"事件）

Panel A: 2011年3月11日

	美国	德国	英国	瑞士	法国	韩国	日本	中国香港	俄罗斯	印度	中国	边际净溢入
美国	0.000	-0.004	0.001	0.006	-0.012	-0.017	-0.024	-0.013	0.016	-0.002	-0.006	-0.056
德国	0.004	0.000	0.001	-0.001	0.009	0.002	0.004	0.001	0.002	0.000	0.003	0.025
英国	-0.001	-0.001	0.000	0.000	0.000	0.002	0.004	0.001	-0.001	0.000	-0.004	0.001
瑞士	-0.006	0.001	0.000	0.000	-0.001	0.000	0.002	0.000	0.001	0.000	0.003	-0.001
法国	0.012	-0.009	0.000	0.001	0.000	0.000	0.002	-0.001	0.002	-0.001	-0.012	-0.006
韩国	0.017	-0.002	-0.002	0.000	-0.002	0.008	-0.008	0.014	0.001	0.001	0.004	0.024
日本	0.024	-0.004	-0.004	-0.002	0.001	-0.014	0.000	-0.026	0.003	0.000	-0.002	-0.006
中国香港	0.013	-0.001	-0.001	-0.001	-0.002	-0.001	0.026	0.000	0.001	-0.003	-0.001	0.020
俄罗斯	-0.016	-0.002	0.001	0.000	0.001	-0.001	-0.003	-0.001	0.000	0.000	0.001	-0.024
印度	0.002	0.000	0.000	0.000	0.001	-0.001	0.000	0.003	0.000	0.000	0.001	0.007
中国	0.006	-0.003	0.004	-0.003	0.012	-0.004	0.002	0.001	-0.001	-0.001	0.000	0.014
边际净溢出	0.056	-0.025	-0.001	0.001	0.006	-0.024	0.006	-0.020	0.024	-0.007	-0.014	

Panel A: 2011年3月14日

	美国	德国	英国	瑞士	法国	韩国	日本	中国香港	俄罗斯	印度	中国	边际净溢入
美国	0.000	0.103**	0.153**	0.122**	0.080**	0.057	1.834***	-0.148	0.019	-0.001	0.033	2.252
德国	-0.103	0.000	0.043	0.007	-0.003	-0.002	0.310***	-0.241	0.003	0.001	-0.020	-0.004
英国	-0.153	-0.043	0.000	-0.040	-0.089	0.001	0.307***	-0.141	-0.011	-0.002	-0.029	-0.202
瑞士	-0.122	-0.007	0.040	0.000	-0.013	-0.000	0.284**	-0.131	0.010	0.002	-0.014	0.048
法国	-0.080	0.003	0.089**	0.013	0.000	0.004	0.271**	-0.133	0.013	-0.008	-0.007	0.166
韩国	-0.057	0.002	-0.001	0.000	-0.004	0.000	1.824***	-1.710	0.003	-0.054	0.006	0.009
日本	-1.834	-0.310	-0.307	-0.284	-0.271	-1.824	0.000	0.970***	-0.204	-0.166	-0.717	-4.947

续表

	美国	德国	英国	瑞士	法国	韩国	日本	中国香港	俄罗斯	印度	中国	边际净溢入
中国香港	0.148**	0.241**	0.141**	0.131**	0.133**	1.710**	-0.970	0.000	0.132**	-0.119	0.591***	2.138
俄罗斯	-0.019	-0.003	0.011	-0.010	-0.013	-0.003	0.204**	-0.132	0.000	-0.001	0.002	0.038
印度	0.001	-0.001	0.002	-0.002	0.008	0.054	0.166***	0.119**	0.001	0.000	0.001	0.349
中国	-0.033	0.020	0.029	0.014	0.007	-0.006	0.717***	-0.591	-0.002	-0.001	0.000	0.154
边际净溢出	-2.252	0.004	0.202	-0.048	-0.166	-0.009	4.947	-2.138	-0.038	-0.349	-0.154	

Panel A：2011 年 3 月 15 日

	美国	德国	英国	瑞士	法国	韩国	日本	中国香港	俄罗斯	印度	中国	边际净溢入
美国	0.000	0.528***	0.863***	0.832***	0.083**	0.722***	7.985***	-0.276	0.122**	0.026	0.220**	11.105
德国	-0.528	0.000	-0.088	0.188**	-0.023	0.016	1.161***	-0.529	0.006	0.021	-0.058	0.165
英国	-0.863	0.088**	0.000	0.084**	-0.135	0.072**	1.567***	0.112**	-0.004	0.012	-0.082	0.850
瑞士	-0.832	-0.188	-0.084	0.000	-0.071	0.045	1.170***	-0.033	-0.009	0.049	-0.078	-0.030
法国	-0.083	0.023	0.135**	0.071**	0.000	0.032	0.735***	-0.311	0.082**	-0.005	0.045	0.726
韩国	-0.722	-0.016	-0.072	-0.045	-0.032	0.000	3.627***	-2.951	-0.057	0.225**	0.336***	0.293
日本	-7.985	-1.161	-1.567	-1.170	-0.735	-3.627	0.000	2.601***	-0.614	0.106**	-1.714	-15.867
中国香港	0.276**	0.529***	-0.112	0.033	0.311***	2.951	-2.601	0.000	-0.187	-0.881	0.786***	1.106
俄罗斯	-0.122	-0.006	0.004	0.009	-0.082	0.057	0.614***	0.187**	0.000	0.006	0.006	0.673
印度	-0.026	-0.021	-0.012	-0.049	0.005	-0.225	-0.106	0.881***	-0.006	0.000	-0.013	0.428
中国	-0.220	0.058	0.082**	0.078**	-0.045	-0.336	1.714***	-0.786	-0.006	0.013	0.000	0.550
边际净溢出	-11.105	-0.165	-0.850	0.030	-0.726	-0.293	15.867	-1.106	-0.673	-0.428	-0.550	0.017

类似地,对此作两两交互边际净溢出效应的分析,并基于第 1 个和第 5 个百分位数的 MNS 画出"日本 3·11 大地震"波动溢出的动态网络图。图 6-7 显示,"日本 3·11 大地震"突发事件使得全球波动传递网络效应显著增强,日本则成为全球波动净输出的主要来源地。在地震发生后的两个交易日,日本对中国等资本市场的波动溢出效应大大增强,日本股票市场成为全球波动净溢出的网络中心。

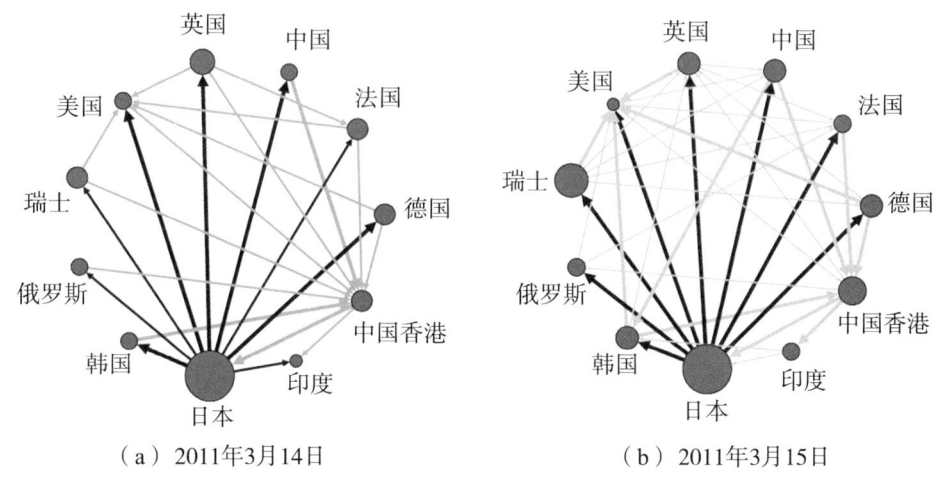

(a) 2011年3月14日　　　　(b) 2011年3月15日

图 6-7　边际净溢出效应的网络分析图(基于"日本 3·11 大地震")

注:节点越大,则代表着该市场在全球波动传递中的"出度"越大,对于其他市场的波动净溢出效应显著增加。

2016 年 6 月 24 日,英国全民公投宣布正式"脱欧",给全球各地的股票市场、汇率市场以及大宗商品市场带来极大的冲击,其中,英国富时 100 指数在开盘后急跌 8.3%,并引发日本的日经指数与美国的标普指数双双触发熔断机制。作为欧盟第二大经济体,英国"脱欧"更是引发了欧洲市场的剧烈动荡。

对此,我们展开了两两交互边际净溢出效应的分析[1],并画出网络分析

1　因篇幅所限,未列示"两两交互的边际净溢出效应"结果,有兴趣的读者可向作者索取。

图。图6-8（a）与图6-8（b）显示，在"脱欧"前夕及正式公布日，英国成为全球波动净溢出的中心。公投前一天，"脱欧"事件引发的负面情绪导致英国对德国、法国、瑞士及日本的波动传递显著增强。"脱欧"正式公布日，投资者风险规避情绪迅速蔓延，英国对外的波动溢出效应明显上升，尤其对美国、法国、德国等6地的净溢出效应显著增加。图6-8表明，无论是"脱欧"前夕还是公布日，英国对中国金融市场的波动冲击并没有明显增加，为A股市场所印证。6月23日当天，上证综指反应平稳，微挫0.46%，在获知"脱欧"的24日，上证综指仅下跌1.30%，远低于日本、德国近8%的跌幅。

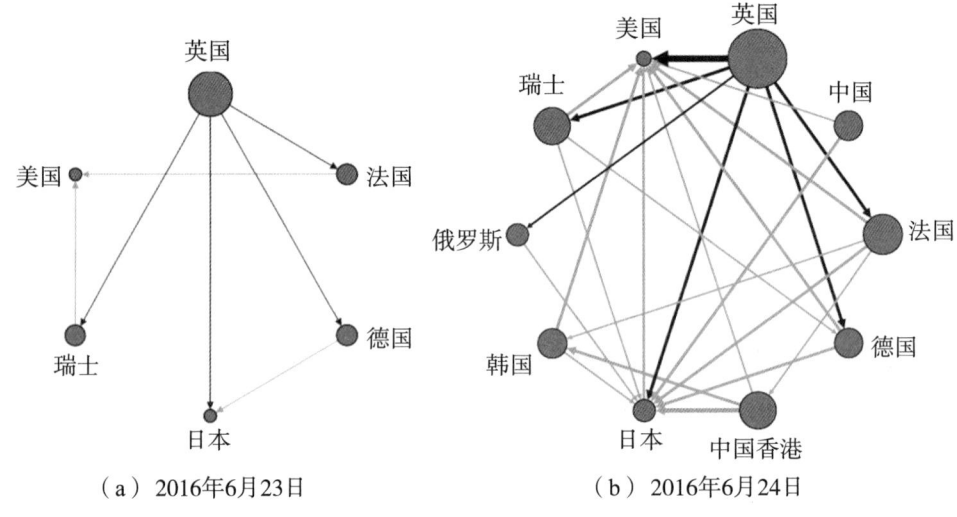

（a）2016年6月23日　　　　　（b）2016年6月24日

图6-8　边际净溢出效应的网络分析图（基于"英国脱欧"事件）

注：节点越大，则代表着该市场在全球波动传递中的"出度"越大，对于其他市场的波动净溢出效应显著增加。

最后对"8·24"全球股灾展开网络动态分析。2015年8月24日，全球股市迎来了"黑色星期一"，上证综指大跌8.49%，系统性金融风险在全球迅速扩散。对于此次全球股票市场的震荡，部分国际舆论将其归因于中国股市变动与汇率的调整。但实际上，美联储公开市场委员会在2015年8月

20日公布的会议纪要显示，美国将提前加息，意味着美元进入升值周期，加速了全球资本的回流。在欧债危机对于此次全球股票市场的震荡，部分国际舆论将其归因于中国股市变动与汇率的调整。但实际上，美联储公开市场委员会在2015年8月20日公布的会议纪要显示，美国将提前加息，这意味着美元进入升值周期，加速了全球资本的回流。在欧债危机远未解决、全球增长乏力的情形下，"美联储提前加息"的预期加剧了市场投资者的恐慌情绪，导致美国道琼斯指数在21日下挫3.1%，引发欧洲、日本、俄罗斯、中国股市2%—4%的不等跌幅。需对"8·24全球股灾"前后的两个交易日，即8月21日（周五）以及股灾发生的8月24日（周一）展开分析，以研究在此次股灾背后金融市场风险的发源地、传递路径以及动态演变。

基于两两交互边际净溢出效应分析，我们画出了对应的网络分析图。图6-9显示，2015年8月21日美国对中国、法国、中国香港、日本、韩国等7个金融市场的波动传递显著增加，而中国金融市场仅对韩国产生了更加明

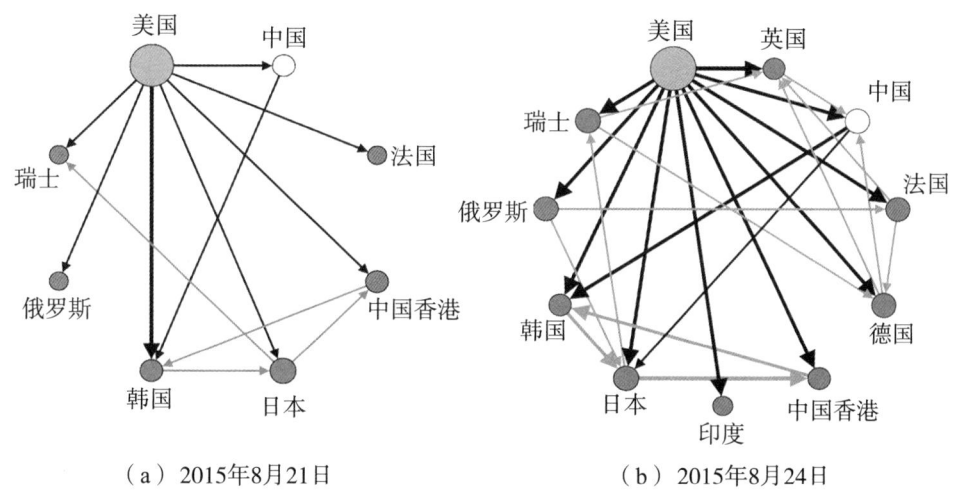

(a) 2015年8月21日　　　　(b) 2015年8月24日

图6-9　边际净溢出效应的网络分析图（基于"8·24全球股灾"）

注：节点越大，则代表着该市场在全球波动传递中的"出度"越大，对于其他市场的波动净溢出效应显著增加。

显的波动溢出效应。8月24日,美国更是带动了其余10个市场震荡,而且大部分波动净溢出的增量均进入第1个百分位,而中国金融市场仅对韩国与日本产生了较为显著的波动传递。可见,在"8·24全球股灾"中,中国金融市场并非此次全球金融市场震荡背后的发源地,相反,美联储加息的预期在"全球复苏乏力、投资者信心脆弱"的背景下,对股市形成了明显冲击,美国成为全球金融市场风险传染的中心。

第十节　小结

国际金融危机的冲击引发了世界各国对于系统性金融风险的广泛关注以及监管机制的重新审视,而"金融安全"则成为关系到我国经济社会发展全局的战略性问题。在此背景下,本章采用有向无环图技术方法以及最新发展的网络拓扑分析方法,从网络关联视角考察在系统性金融风险的国际传递中,全球主要金融市场的相互作用关系;同时从动态分析的角度,考察全球系统性金融风险的渐进演变,以及中国、美国等地金融市场的风险走势。本章对网络拓扑方法作了有益拓展,并围绕外部冲击事件,深入研究金融风险溢出的传染路径、作用力度、中心源头以及传递方向,它将帮助我们更好地区分破坏金融稳定的潜在冲击,识别能显著影响乃至改变全球系统性金融风险的重要市场。在以上得出富有启发意义结论的基础上,我们提出了完善系统性金融风险监管机制的若干建议,它将有助于我们进一步深化金融改革、改进系统性金融风险的衡量指标、建立早期风险预警系统、完善金融安全防线与风险处理机制,从而未雨绸缪地化解国际金融风险的外溢冲击,为新常态下经济社会的平稳健康发展创造有利条件。

"有向无环图"的分析结果表明,在全球波动传递中,美国在同期波动传递中占据主导地位,中国股票市场除了受美国的同期影响,还受到来自中国香港、韩国以及俄罗斯的同期冲击。作为国际金融中枢的中国香港,成为亚洲地区同期波动溢出的中心地区之一。分析结果显示,全球波动溢出的平均指标为64%。这表明除了归因于国家和地区自身的特质因素外,全球金融市场的震荡有较大的权重可归因于外部波动溢出效应,致使系统性金融风险具有明显的跨市场传染效应。全球波动溢出的动态分析表明,其风险在2016年开始呈现下降与徘徊态势,然而随着经济、金融一体化进程的加快,全球仍处于风险易发阶段。动态分析还显示,无论是在2008年的股市暴跌,还是在2015年的全球重大股灾面前,美国波动出净效应指数均迅速攀升,美国资本市场成为全球系统性金融风险的主要来源之一。以若干重要的"外部冲击"事件为例,从动态网络分析的角度考察全球金融市场之间的波动溢出效应,结果表明系统性风险中心的来源地并非一成不变。

包括中国在内的全球各金融市场呈现出显著的网络关联性。当一个市场面临金融困境,将在很大程度上提高其他市场遭受金融困境的概率。因此,一国(地区)"冲击"事件引发的市场动荡,可能产生"多米诺骨牌"效应,波及世界其他地区的金融市场,对其他国家(地区)的金融安全与金融稳定产生显著影响。网络关联效应可能导致风险快速积聚与扩散,形成系统性金融风险。而且金融风险可能通过金融体系传导链条的网状结构,向其他金融市场迅速传递,最终演变成席卷全球的金融危机。因此,除了"太大而不能倒"的传统监管原则,宏观审慎风险防范机制应该同时考虑"太关联而不能倒"的监管理念。

基于以上的研究,本章得到以下三点启示:

(一)无论是在短期还是中长期,中国均处于波动溢出的净输入国家,在全球11个主要金融市场中位居倒数第二,中国资本市场将在较大程度上受到显著的外部冲击。因此,随着中国开放程度的不断提高,全球金融市场的跌宕起伏将对我国"缓中趋稳,稳中向好"的经济局面产生明显影响,并对我国经济运行中潜在的金融风险产生不确定性的冲击。因此，面对复杂多变的国际经济形势，我国"货币政策和宏观审慎政策"双支柱调控框架必须密切关注并时刻防范国际跨市场风险传染所导致的系统性金融风险。

（二）包括中国在内的全球各地金融市场呈现出显著的网络关联性，这就意味着当一个市场面临金融困境的时候，将在很大程度上提高其他市场遭受金融困境的概率，因此，一个国家或者地区"黑天鹅"事件所引发的市场动荡可能产生"多米诺骨牌"效应，由此波及世界其他地区的金融市场，并对其他国家（或地区）的金融安全与金融稳定产生显著的影响。网络关联效应可能导致风险快速积聚与扩散，形成系统性金融风险。而且金融风险可能通过金融体系传导链条的网状结构，向其他金融市场迅速传递，最终演变成席卷全球的金融危机。因此，除了"太大而不能倒"的传统监管原则，宏观审慎风险防范机制应该同时考虑"太关联而不能倒"的监管理念。

（三）分析表明全球波动溢出风险在2016年开始呈现下降与徘徊的趋势，但我们需要对此保持审慎乐观，由于全球仍处于风险易发阶段，加上美国对中国金融市场有着较强的波动溢出效应，因此，我们需要高度警惕跨市场尤其是中美市场传染所导致的系统性金融风险，现阶段密切关注美联储近期开启的"缩表"（"缩减资产负债表"）、"加息"以及"降税"所引发的本币贬值、资金外流、流动性缩紧等叠加效应所产生的金融风险，保持充足的外汇储备并加强资本账户管理，以主动化解、应对外部冲击，保持金融市场的稳定与安全。

第七章
信用风险传染效应及外溢冲击研究*

第一节 引言

　　服务实体经济是金融的宗旨与本源。然而，自 2020 年新冠疫情暴发以来，国内外环境日趋复杂，部分企业盈利水平明显恶化，债务兑付压力大幅攀升，信用风险频频暴露。更重要的是，债券市场信用风险敞口的持续扩大，将驱动市场避险情绪急剧上升，引发社会融资结构性收紧，致使金融市场剧烈震荡、宏观经济承压。这也引起了监管机构的高度关注。2021 年 8 月 17 日，习近平总书记主持召开的中央财经委员会第十次会议指出，要"深化信用体系建设，发挥信用在金融风险识别、监测、管理、处置等环节的基础作用"。由此可见，现阶段深入探究产业债券风险的传染效应，准确剖析信用风险对金融系统与宏观经济的外溢冲击，全面梳理其在短、中、长期的异质性的作用影响，不仅有助于我们及时缓释信用风险冲击，还有助于稳妥处治化解重大风险隐患、健全金融有效支持实体经济的长效机制，具有重要的学术价值与现实意义。

　　学术界对信用风险的研究由来已久。在早期，市场参与者更多基于评级机构的债项评级，对债务风险进行简单评估。然而，由抵押支持债券引发的

---

* 本章经整理后发表于《经济研究》2023 年第 1 期。

国际金融危机等风险事件表明，债项评级难以准确刻画信用违约风险，具有较大的滞后性（Edirisinghe et al., 2015）。随着该领域研究的不断深入，大量研究指出，信用利差是信用风险的重要测度指标，能够有效刻画债券的违约概率（Nozawa and Qiu, 2021）。具体而言，波动率更大、违约风险更高的债券往往需要更高的风险补偿，因此信用利差相对更大（Baba and Inada, 2009）。进一步地，各产业的信用利差存在明显的联动现象，即不同违约事件间往往有着紧密关联，单个公司债券的违约极易引发显著的传染效应与溢出冲击，大幅提高其他公司的违约概率（Lei et al., 2021）。此外，由于各企业间通常形成了一系列产业集群，因此产业债间会出现显著的"信用传染"（Credit Contagion）问题，即某一发行人信用的恶化将持续推高同行业、产业链、供应链上下游公司的信用利差，致使其信用状况恶化（Edirisinghe et al., 2015）。

值得注意的是，债务市场的失灵也极易对经济金融系统产生显著的外溢冲击（Nozawa and Qiu, 2021）。一方面，违约风险会影响银行等金融机构以及股市等资本市场，加剧金融系统的不稳定性。最新研究指出，在债券大规模违约引发市场低迷时，银行等金融机构通常会收紧流动性约束或是过度抛售所持信用债，进而对企业的外部融资造成明显的不利冲击，同时，金融机构也可能压低相关公司的估值，引发金融市场的剧烈波动（Lei et al., 2021）。进一步地，相关研究指出，信用风险极易引发"流动性违约螺旋"（Default-Liquidity Spiral）问题，即企业违约致使二级市场流动性恶化，增加企业债务融资成本，债券市场流动性进一步恶化（Chen et al., 2018）。而另一方面，信用债券的大量违约也将加大信用利差振幅，并通过投资、产出、消费等渠道快速传导至宏观经济，放大经济波动（Gomes and Schmid, 2021; Xing et al., 2023）。[1]

---

[1] 国内有关经济金融系统影响因素的代表性研究包括：陈海强等（2019）、荆中博等（2022）、李政等（2022）、刘晓星和张旭（2018）、杨子晖和陈雨恬（2022）、杨子晖等（2023）等人的研究。

纵观该领域的研究，第一，债务违约易引发信贷紧缩，加剧金融系统的流动性短缺问题，抑制家庭消费与商业投资，致使宏观经济严重承压，甚至可能引发经济萧条（Bordo and Duca, 2022; Gross and Siklos, 2020）。而现有文献大多从理论分析的角度，构建包含摩擦的宏观经济模型，考察信用风险传染对产出、失业率等宏观指标的影响，未能在统一的分析框架下，就信用风险传染对各经济金融变量的外溢作用展开全面的实证分析。第二，国内现有基于信用债的研究相对较少，为数不多的文献更是集中于考察城投债券的负面影响，而忽略了产业债信用风险传染对经济金融系统的外溢冲击。然而，相关研究指出，产业债券融资大幅拓宽了企业的融资渠道，在银行主导的发展中经济体中更是起着极为重要的作用（Lin and Milhaupt, 2017）。与此同时，我国的产业债券市场规模较大、复杂性与重要性也相对较高。[1] 因此，根据信用利差指标，刻画各产业债间的连通程度，同时在网络关联的分析框架下，基于上下游产业、债项评级、企业地域等细化分类，深入剖析我国各产业债间的风险传染效应，探究其对金融系统与宏观经济的外生冲击，将有助于我们进一步提升金融服务实体经济发展质效。第三，最新研究指出，单个机构或部门的风险传染效应易随着时间的推移而出现明显变化（Brownlees et al., 2021）。与此同时，金融市场由不同交易视野、交易频率的互动主体组成，金融资产序列也包含了不同频率的信息，具有明显的多尺度特征（Sun et al., 2021）。这就意味着，基于不同时间频率测度的风险传染效应与冲击强度通常存在显著差异（Iqbal et al., 2022; Baruník and Křehlík, 2018）。然而，传统方法在考察风险的传染效应与溢出冲击时，往往忽略了其对冲击的异质频率响应，从而难以精确捕捉不同资产或市场间的关联（Baruník and Křehlík, 2018）。而最新发

---

[1] Wind 数据显示，截至 2023 年 12 月 31 日，我国产业债规模达到了 21.62 万亿元，其中民企的融资额也达到了 2.05 万亿元。产业债券市场已成为了实体经济发展的重要支撑。

展的连通性频域分解方法（Frequency Domain Decomposition）将频率纳入基于方差分解的谱表示中，能够有效区分短中长期信用风险传染效应，这也有助于我们合理把握调控政策节奏与力度，从而更具针对性地缓释债市信用风险、平抑金融市场波动。第四，传统均值Granger因果检验忽视了序列间的条件尾部分布相依性，在识别金融变量等非正态分布变量的因果关系时，往往可能忽略变量间的因果关联，使结果出现显著偏差（Troster, 2018）。因此，本章采用前沿的分位数Granger因果检验方法，在有效测度偏态分布序列间因果关系的基础上，准确剖析短期、中期、长期信用风险传染对各经济金融变量的影响强度与作用机制。

鉴于此，本章基于最新发展的连通性频域分解方法，分别测度我国产业债券在短、中、长期的风险传染效应。同时，构建信用风险的关联网络，深入剖析我国债务风险传染中的关键节点与薄弱环节。此外，我们还采用前沿的分位数Granger因果检验方法、因子增广向量自回归模型，全面厘清短、中、长期信用风险传染对经济金融变量的作用影响。最后，本章为应对信用风险冲击提出了相关建议。

第二节　频域分解方法

本章采用巴鲁克和赤赤利克（Baruník and Křehlík, 2018）等人提出的连通性频域分解方法将信用风险分解为短期、中期以及长期风险。首先，使用 k 阶 VAR 模型刻画 N 个变量的协方差平稳过程：

$$x_t = (x_{1,t},...,x_{N,t})' = \phi_1 x_{t-1} + \phi_2 x_{t-2} + ... + \phi_p x_{t-k} + \varepsilon_t = \psi(L)\varepsilon_t \quad (7-1)$$

采用广义方差分解刻画在变量 p 第 H 步下，第 q 个变量对预测误差方差的解释比例：

$$\theta_{p,q}^H = \sigma_{qq}^{-1} \sum_{h=0}^{H} \left((\psi_h \Sigma)_{q,p} \right)^2 / \sum_{h=0}^{H} (\psi_h \Sigma \psi_h')_{p,p} \quad (7-2)$$

其中，ψ_h 是式（7-1）滞后 h 阶下移动平均系数矩阵，$\sum$ 为残差 ε 的协方差矩阵，σ_{qq} 为 $\sum$ 对角线上第 q 个元素。(7-2) 式标准化得到 $\tilde{\theta}_{pq}^H$。构建不同频率冲击下方差分解和连通测度的谱表示，令频率响应函数为 $\psi(e^{-i\omega}) = \sum_h e^{-i\omega h}\psi_h$，且定义频率 ω 上的广义因果谱：

$$(\xi(\omega))_{p,q} = \sigma_{pp}^{-1} \left| (\psi(e^{-i\omega})\Sigma)_{p,q} \right|^2 / [\psi(e^{-i\omega})\Sigma\psi'(e^{+i\omega})_{p,p}] \quad (7-3)$$

其中，$(\xi(\omega))_{p,q}$ 刻画了变量 q 受到冲击时，频率 ω 下变量 p 的频谱成分。为了得到各频域下的方差分解结果，首先定义频率 ω 的权重函数为：

$$\Gamma_p(\omega) = \psi(e^{-i\omega})\Sigma\psi'(e^{+i\omega})_{p,p} / [\frac{1}{2\pi}\int_{-\pi}^{\pi} \psi(e^{-i\lambda})\Sigma\psi'(e^{+i\lambda})_{p,p} d\lambda] \quad (7-4)$$

由此计算得到变量 p 对变量 q 在频带 d 上预测误差方差的谱表示：

$$(\theta_d)_{p,q} = \frac{1}{2\pi}\int_d \Gamma_p(\omega)(\xi(\omega))_{p,q} d\omega \quad (7-5)$$

将其标准化得到 $(\hat{\theta}_d)_{p,q}$ 指标，本章分别基于 1—5 个交易日、6—20 个交易日以及 21—250 个交易日三个频段上的 $(\hat{\theta}_d)_{p,q}$，计算短期、中期与长期的风险传染效应。同时，定义在频段 d 下，由产业债 p 至产业债 q 的风险传染效应为 $C_{p \to q}^d = (\hat{\theta}_d)_{p,q}$。而在频段 d 中，传染矩阵中"From"所在列的元素表示产业债 p 受到来自其他所有变量的风险传染效应；而"To"所在行的元素，代表 p 对其他所有产业债在频段 d 内的风险传染效应 $C_{p \to \cdot}^H$，即：

$$From_p^d = C_{p \leftarrow \cdot}^H = \sum_{\substack{q=1 \\ q \neq p}}^N (\theta_d)_{q,p} / \sum_{q=1}^N \sum_{p=1}^N (\theta_d)_{p,q}, \quad To_p^d = C_{p \to \cdot}^H = \sum_{\substack{q=1 \\ q \neq p}}^N (\theta_d)_{p,q} / \sum_{q=1}^N \sum_{p=1}^N (\theta_d)_{p,q}$$

$$(7-6)$$

为了从总体衡量在频段 d 内各产业债风险的总传染强度，我们也将"From"所在行的元素或是"To"所在列的元素进行加总，用 C_d^H 表示。此外，我们在表 7-4 的分类分析中，还进一步结合了 LASSO-VAR 模型对信用利差进行高维频域分解，该模型的具体构建方法详见杨等（Yang et al., 2021）。

第三节　网络关联指标

在使用频域分解准确刻画不同产业债间连通性的基础上，本章对比利奥等（Billio et al., 2012）、王等（Wang et al., 2017）的网络分析方法展开了进一步拓展，分别采用出度（Out）、入度（In）指标刻画第 t 类中产业债 i 的对外冲击强度，以及其自身在频段 d 受到的外部冲击力度：

$$Out_i^d = \frac{1}{N-1}\sum_{j=1, i\neq j}^{N} C_{i\to j}^d, \quad In_i^d = \frac{1}{N-1}\sum_{j=1, i\neq j}^{N} C_{j\to i}^d, \quad \forall i \in t \tag{7-7}$$

其中，i 代表来自类别 t 的所有产业债，该类别中的产业债个数用 N_t 表示，N 表示所有类别下的债券总数目。进一步地，采用 *In-from-Other* 指标与 *Out-to-Other* 指标，分别考察类别 l 中的产业债 i 对其他类别下所有债券的传染强度总和与受到的风险传染强度总和：

$$Out\text{-}to\text{-}Other_i^d = \frac{1}{N-N_t}\sum_{j=1}^{N-N_t} C_{i\to j}^d, \quad In\text{-}from\text{-}Other_i^d = \frac{1}{N-N_t}\sum_{j=1}^{N-N_t} C_{j\to i}^d, \quad \forall i \in t, \forall j \notin t$$

$$\tag{7-8}$$

最后，本章分别计算类别 t 产业债的部门关联指标，考察该类产业债信用风险对其他类别 r 产业债的单向冲击强度，该数值越大，代表第 t 类产业债对第 r 类有更强的影响：

$$SI_{l\to r}^d = \sum_{j=1}^{N_l}\sum_{i=1}^{N_r} C_{i\to j}^d / (N_l N_r), \forall i \in l, \forall j \in r \tag{7-9}$$

第四节　数据说明

本章选用产业债信用利差数据构建风险传染网络。具体而言，本章的主要分析变量为包含煤炭、新能源、房地产、投资平台、非银金融等 27 个行业在内的产业债指数信用利差。与此同时，我们还进一步采用了信用评级、发行地域、发债企业等细化指数的信用利差数据，分别进行频域分解，据此展开分类别的网络关联分析。此外，本章使用工业增加值同比增速、宏观经济景气指数、中小企业信心指数、固定资产投资完成额、社会消费品零售总额、社会融资规模等变量作为宏观经济各部门的代表变量，并采用银行间同业拆借利率、金融条件指数、国债收益率等指标刻画金融系统的运行态势。其中，信用利差数据均为日度数据，来源于 Wind 数据库；宏观经济与金融市场的相关数据为月度数据，来源于 Wind 数据库、中经网统计数据库。依据数据的可获得性，本章分析的样本区间为 2015 年 1 月至 2022 年 4 月。需要说明的是，考虑到样本期内，国家统计局公布的固定资产投资完成额、社会融资规模等宏观指标均为名义值，因此，遵循该领域的研究惯例，本章采用 CPI 定基指数调整上述名义指标为实际值，以去除通货膨胀的影响。同时，我们采用 X11 方法，将上述社会消费品零售总额、固定资产投资完成额等数据序列进行季节性调整，并在此基础上展开相关分析。

第五节　不同期限下我国信用风险的传染效应分析

遵循该领域的研究惯例，本章分别基于 1—5 个交易日、6—20 个交易日以及 21—250 个交易日以上三个频段，将产业债间的总体关联分解为短期、中期与长期，从而深入剖析信用风险在不同时期的传染效应。[1] 表 7-1 显示，在短期，信用风险极易在我国各行业间快速传导，总传染强度达到了 77.57。其中，由表 7-1 的 *To* 指标可知，电力、化工、投资平台等行业

---

[1] 因篇幅所限，中期与长期的传染效应分析表备索。

表 7-1 信用风险的短期传染效应分析

	煤炭	燃气	新能源	钢铁	有色金属	机械设备	农林牧渔	电力	电气设备	化工	建筑材料	建筑装饰	国防军工	房地产	医药生物	休闲服务	汽车	食品饮料	商业贸易	非银金融	投资平台	计算机	电子	交通运输	环保	传媒	通信	From
煤炭	5.70	0.25	0.04	1.73	0.09	1.87	2.30	1.57	0.03	2.03	0.42	0.05	0.40	0.04	1.02	0.32	0.03	0.07	0.05	1.16	1.39	0.22	1.89	0.18	0.69	0.03	0.01	5.67
燃气	0.12	2.01	0.10	0.25	0.22	0.15	0.13	0.38	0.23	0.38	0.24	0.41	0.32	0.27	0.14	0.35	0.06	0.08	0.38	0.23	0.43	0.00	0.13	0.38	0.33	0.10	0.07	1.87
新能源	0.01	0.07	3.27	0.27	0.33	0.11	0.08	0.51	0.26	0.24	0.27	0.52	0.58	0.59	0.16	0.29	0.08	0.38	0.40	0.37	0.32	0.25	0.29	0.62	0.47	0.18	0.02	2.44
钢铁	0.75	0.20	0.02	1.46	0.36	0.30	0.67	0.85	0.20	0.55	0.39	0.34	0.47	0.17	0.06	0.27	0.08	0.03	0.28	0.39	0.85	0.09	0.48	0.46	0.51	0.11	0.09	2.84
有色金属	0.02	0.22	0.18	0.28	1.05	0.07	0.09	0.56	0.45	0.34	0.21	0.50	0.50	0.32	0.17	0.55	0.09	0.34	0.39	0.35	0.48	0.15	0.12	0.61	0.32	0.23	0.10	2.42
机械设备	1.77	0.18	0.12	0.90	0.11	4.86	0.63	1.48	0.18	1.38	0.38	0.13	0.70	0.32	0.53	0.33	0.32	0.46	0.29	0.80	0.88	0.16	0.89	0.50	0.54	0.12	0.13	4.60
农林牧渔	2.42	0.29	0.06	1.68	0.23	0.61	4.66	1.31	0.06	1.23	0.62	0.20	0.34	0.10	0.49	0.19	0.29	0.14	0.08	0.77	1.00	0.09	1.13	0.24	0.51	0.06	0.02	4.48
电力	0.37	0.18	0.29	0.62	0.31	0.41	0.39	1.14	0.26	0.81	0.51	0.57	0.70	0.42	0.06	0.44	0.10	0.24	0.36	0.67	0.69	0.21	0.43	0.67	0.63	0.16	0.04	3.34
电气设备	0.02	0.20	0.24	0.32	0.34	0.10	0.01	0.34	1.56	0.28	0.20	0.38	0.46	0.34	0.26	0.32	0.17	0.25	0.38	0.21	0.28	0.12	0.24	0.55	0.29	0.07	0.12	2.06
化工	0.74	0.19	0.20	0.62	0.26	0.53	0.54	1.18	0.29	1.72	0.33	0.37	0.60	0.39	0.08	0.54	0.09	0.12	0.34	0.59	0.78	0.37	0.70	0.63	0.56	0.17	0.03	3.60
建筑材料	0.16	0.12	0.23	0.46	0.32	0.17	0.32	0.83	0.21	0.44	1.25	0.56	0.45	0.29	0.08	0.35	0.04	0.31	0.31	0.45	0.67	0.28	0.08	0.44	0.56	0.18	0.03	2.69
建筑装饰	0.03	0.18	0.27	0.40	0.40	0.19	0.32	0.59	0.28	0.29	0.35	0.96	0.53	0.41	0.16	0.37	0.09	0.35	0.39	0.45	0.50	0.10	0.15	0.69	0.43	0.18	0.07	2.50
国防军工	0.12	0.14	0.39	0.40	0.36	0.24	0.13	0.81	0.36	0.57	0.38	0.65	1.26	0.50	0.19	0.50	0.13	0.23	0.51	0.48	0.66	0.11	0.34	0.81	0.64	0.25	0.10	3.17
房地产	0.01	0.20	0.34	0.25	0.23	0.23	0.01	0.49	0.38	0.36	0.17	0.45	0.52	1.40	0.15	0.51	0.21	0.41	0.45	0.28	0.30	0.09	0.19	0.61	0.33	0.13	0.03	2.33
医药生物	1.00	0.28	0.28	0.14	0.15	0.71	0.42	0.19	0.46	0.24	0.12	0.39	0.48	0.20	4.23	0.25	0.20	0.10	0.58	0.28	0.16	0.04	0.20	0.51	0.31	0.13	0.47	2.63
休闲服务	0.10	0.12	0.23	0.35	0.15	0.17	0.07	0.46	0.20	0.37	0.14	0.33	0.36	0.34	0.07	1.03	0.23	0.26	0.27	0.30	0.36	0.16	0.23	0.51	0.31	0.14	0.03	1.94
汽车	0.06	0.12	0.20	0.11	0.20	0.31	0.47	0.59	0.23	0.35	0.13	0.47	0.64	0.70	0.13	0.79	6.96	0.98	0.42	0.26	0.13	0.04	0.26	0.42	0.19	0.12	0.03	2.65
食品饮料	0.04	0.06	0.36	0.14	0.75	0.38	0.08	0.63	0.29	0.27	0.65	0.81	0.51	0.78	0.07	0.49	0.36	2.51	0.45	0.92	0.45	0.19	0.07	0.53	0.30	0.25	0.14	3.17
商业贸易	0.02	0.15	0.28	0.30	0.19	0.12	0.04	0.38	0.23	0.26	0.18	0.42	0.40	0.36	0.19	0.35	0.12	0.23	0.96	0.19	0.29	0.06	0.22	0.59	0.35	0.19	0.03	1.96
非银金融	0.36	0.10	0.27	0.43	0.45	0.30	0.29	0.87	0.20	0.65	0.57	0.65	0.55	0.44	0.07	0.53	0.07	0.49	0.30	1.39	0.67	0.21	0.19	0.56	0.49	0.17	0.03	3.14
投资平台	0.32	0.18	0.21	0.46	0.29	0.18	0.29	0.66	0.19	0.52	0.32	0.46	0.56	0.34	0.23	0.54	0.09	0.18	0.29	0.53	0.91	0.16	0.38	0.59	0.51	0.11	0.06	2.68
计算机	0.37	0.03	0.34	0.04	0.47	0.07	0.01	0.80	0.15	1.08	0.14	0.41	0.48	0.24	0.04	1.03	0.23	0.48	0.11	1.02	0.22	4.10	0.45	0.15	0.27	0.01	0.24	3.11
电子	1.24	0.07	0.37	1.27	0.12	0.64	0.84	0.83	0.18	1.09	0.10	0.23	0.46	0.23	0.12	0.30	0.06	0.04	0.32	0.23	0.64	0.23	2.72	0.46	0.59	0.10	0.06	3.43
交通运输	0.05	0.09	0.31	0.36	0.26	0.13	0.09	0.47	0.30	0.35	0.19	0.50	0.47	0.42	0.16	0.38	0.09	0.18	0.42	0.29	0.47	0.09	0.22	0.88	0.41	0.16	0.07	2.20
环保	0.25	0.17	0.37	0.60	0.24	0.22	0.25	0.77	0.19	0.58	0.43	0.50	0.61	0.34	0.15	0.40	0.10	0.14	0.39	0.45	0.68	0.18	0.37	0.64	1.43	0.17	0.05	2.93
传媒	0.01	0.10	0.16	0.22	0.24	0.08	0.07	0.23	0.14	0.21	0.17	0.27	0.34	0.17	0.14	0.21	0.10	0.14	0.35	0.20	0.27	0.07	0.12	0.37	0.34	2.15	0.09	1.52
通信	0.01	0.25	0.07	0.68	0.23	0.22	0.09	0.11	0.45	0.09	0.06	0.19	0.45	0.05	1.12	0.08	0.10	0.41	0.18	0.09	0.51	0.08	0.18	0.60	0.34	0.21	9.17	2.20
To	3.29	1.32	1.88	4.21	2.31	2.69	2.68	5.68	2.03	4.74	2.73	3.45	4.08	2.87	1.86	3.39	1.07	2.24	2.75	3.85	4.47	1.19	3.15	4.23	3.57	1.18	0.67	77.57
Net	-2.38	-0.55	-0.56	1.37	-0.11	-1.91	-1.80	2.34	-0.02	1.14	0.04	-0.11	0.91	0.54	-0.77	1.44	-1.58	-0.93	0.80	0.71	1.78	-1.92	-0.28	2.03	0.64	-0.33	-1.53	

的对外冲击强度相对较大，影响力度分别达到了5.68、4.74与4.47。与此同时，From 指标显示，在短期，煤炭、机械设备、农林牧渔等行业更易受到风险冲击，冲击强度为5.67、4.60与4.48。这可能由于此类行业对价格的敏感程度更高，现金流受价格波动影响较大，盈利水平较不稳定，因此对市场短期冲击的敏感程度更高。此外，可以发现，在短期，上游能源业的煤炭、燃气、新能源行业均为风险传染的净接收者，Net 指标均为负值（-2.38、-0.55与-0.56）。

表7-2展示了各行业信用风险在中期、长期的传染效应强度排序情况。表7-2表明，在中期与长期，交通运输业的 To 与 Net 指标均高于其他行业，是我国信用风险的主要输出方。这是由于，此类包括航空、机场、公路、港口等在内的基建类信用债券的融资需求大、融资金额高，债券期限也相对更短，对市场流动性影响更大。同时，表7-2的 From 指标显示，各行业在中长期受到的信用风险冲击存在一定差异，信用基本面分化态势明显。其中，由 Panel A 可知，从中期来看，国防军工、化工等中游产业是风险的重要接受方，而 Panel B 则表明，在长期，传媒、休闲服务、商业贸易等"大消费"板块成为了易受信用风险冲击的关键节点。[1] 究其原因，在中期，中游产业资金需求大、重资产特征明显、杠杆水平普遍较高，因此在受到风险冲击后，财务危机概率显著抬升，致使偿债压力增加，脆弱性提升，更易受外部冲击影响；而在长期，信用风险的积聚更是可能使得市场信贷紧缩，严重影响金融系统流动性，大幅提高信贷成本，对当前消费需求与资本支出造成显著掣肘，从而在一定程度上抑制了消费与投资，使相关行业受到明显冲击。

---

[1] "大消费"板块包括纺织服装、家用电器、食品饮料、休闲服务、医药生物、商业贸易、农林牧渔、传媒等行业。

表 7-2　信用风险中期及长期的传染效应强度前五位

Panel A　中期传染效应排序								
基于 From 指标			基于 To 指标			基于 Net 指标		
排序	行业	指标	排序	行业	指标	排序	行业	指标
1	国防军工[2]	3.86	1	交通运输[4]	6.00	1	交通运输[4]	2.87
2	电力[2]	3.71	2	电力[2]	5.50	2	电力[2]	1.79
3	化工[2]	3.70	3	国防军工[2]	5.21	3	建筑装饰[2]	1.73
4	环保[4]	3.64	4	建筑装饰[2]	5.08	4	投资平台[4]	1.54
5	非银金融[4]	3.57	5	投资平台[4]	4.79	5	休闲服务[3]	1.38
Panel B　长期传染效应排序								
基于 From 指标			基于 To 指标			基于 Net 指标		
排序	行业	指标	排序	行业	指标	排序	行业	指标
1	传媒[4]	3.81	1	交通运输[4]	6.63	1	交通运输[4]	3.02
2	休闲服务[3]	3.70	2	建筑装饰[2]	5.68	2	建筑装饰[2]	2.25
3	商业贸易[3]	3.68	3	国防军工[2]	5.03	3	国防军工[2]	1.95
4	建筑材料[2]	3.61	4	商业贸易[3]	4.83	4	电力[2]	1.55
5	交通运输[4]	3.61	5	电力[2]	4.82	5	投资平台[4]	1.15

注：各行业右上角1—4标识分别代表上游能源、中游材料与工业、下游商业与消费、服务与支撑行业，该分类源自 Wind 数据库。

与此同时，我们将风险输出强度与输入强度加总，计算各行业在风险传染网络中的总度数，据此绘制产业债的风险传染网络图。图 7-1 显示，在不同时期，国防军工业在各网络中均处于中心区域，表明其更易与其他行业出现风险共振。与此同时，交通运输、建筑装饰等基建行业的中心度也始终较高，均是我国信用风险传染网络中的重要节点。

第六节　不同期限下我国信用风险的网络关联分析

本章基于频域分解结果，根据产业分类，构建信用风险关联网络。由表 7-3 的 Panel A 可知，与前文的分析结论一致，在短期，上游产业受到了最为显著的信用风险冲击，In 与 In-from-Other 指标的均值达到了 0.40 和 0.43，最大值也高达 0.69 与 0.73，远高于其他产业。同时，表 7-3 也表明，在不

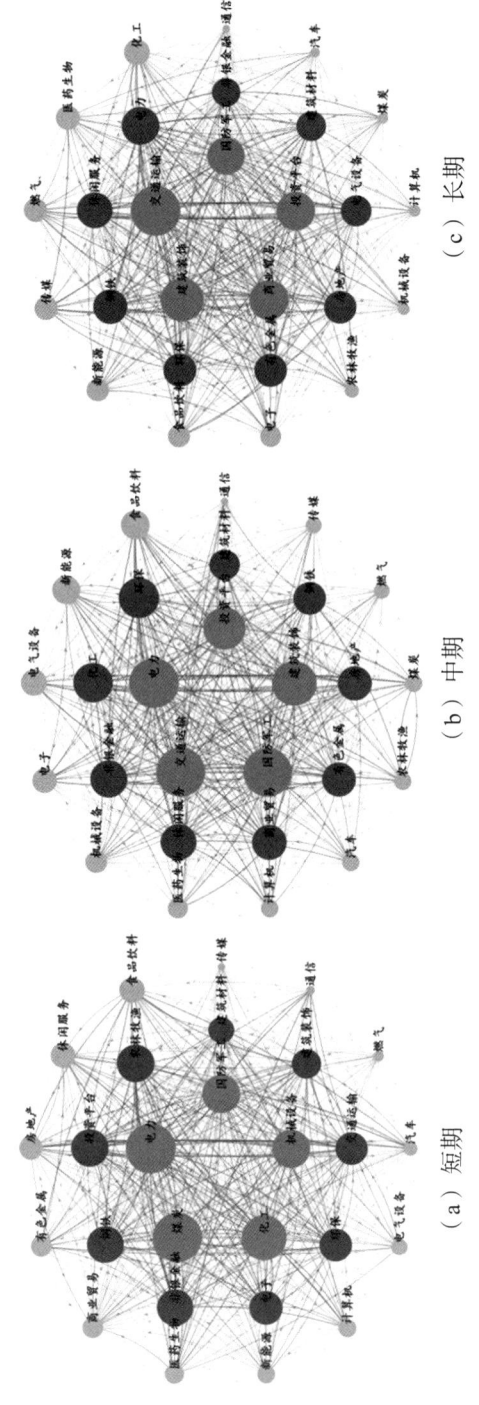

图 7-1 不同时期下各行业间的信用风险传染效应分析

注：节点大小按照各产业的总度数（风险输出强度 $To+$ 风险输入强度 $From$）加权，总度数越大，则节点越大，且越靠近网络中心。

同时期，中游产业的 *Out* 和 *Out-to-Other* 指标始终高于其他产业，是风险的主要输出方。这表明，在扩散初期，我国信用风险的传染网络中可能存在显著的"金融牛鞭效应"（Financial Bullwhip Effect），即需求信息的扭曲将随着供应链逆流传导、逐级放大，引发上游产业剧烈波动。与此同时，中下游企业的信贷错配、资不抵债、破产退出等，也会进一步加剧上游企业的流动性负担，使得上游企业信用利差异常波动，驱动信用风险向上游快速传导。

表 7-3　基于产业分类的信用风险网络关联测度

	\multicolumn{3}{c|}{*In*}	\multicolumn{3}{c|}{*Out*}	\multicolumn{3}{c|}{*In-from-Other*}	\multicolumn{3}{c|}{*Out-to-Other*}
	最小值	均值	最大值	最小值	均值	最大值	最小值	均值	最大值	最小值	均值	最大值
\multicolumn{13}{c}{Panel A　短期网络关联指标分析}
上游产业	0.23	0.40	0.69	0.16	0.26	0.40	0.24	0.43	0.73	0.16	0.28	0.43
中游产业	0.25	0.38	0.56	0.25	0.42	0.69	0.24	0.34	0.51	0.24	0.40	0.59
下游产业	0.24	0.30	0.38	0.13	0.29	0.41	0.23	0.28	0.37	0.11	0.27	0.39
服务支撑	0.18	0.32	0.42	0.08	0.34	0.54	0.18	0.33	0.45	0.08	0.35	0.56
\multicolumn{13}{c}{Panel B　中期网络关联指标分析}
上游产业	0.65	0.79	0.93	0.40	0.55	0.75	0.69	0.84	1.00	0.42	0.58	0.79
中游产业	0.81	0.94	1.09	0.38	1.01	1.56	0.65	0.86	1.05	0.36	0.96	1.46
下游产业	0.72	0.84	1.00	0.37	0.85	1.20	0.68	0.80	0.96	0.33	0.80	1.14
服务支撑	0.56	0.86	1.03	0.20	0.86	1.70	0.51	0.87	1.05	0.21	0.87	1.75
\multicolumn{13}{c}{Panel C　长期网络关联指标分析}
上游产业	1.72	1.91	2.27	0.38	1.14	1.73	1.80	2.02	2.42	0.40	1.19	1.83
中游产业	1.72	2.06	2.29	0.54	2.21	3.60	1.43	1.90	2.14	0.59	2.14	3.54
下游产业	1.12	1.92	2.35	0.91	2.07	3.06	0.87	1.81	2.34	0.79	2.01	3.03
服务支撑	0.97	1.97	2.42	0.60	1.95	4.21	0.81	1.97	2.38	0.58	1.94	4.37

注：本章依据 Wind 数据库的分类标准，将 27 个行业划分为上游能源、中游材料与工业、下游商业与消费、服务与支撑行业。

与此同时，我们计算了各产业在短期、中期、长期的部门风险关联，并在图 7-2 中画出。由图 7-2 可知，在我国信用风险的传染网络中，中游材

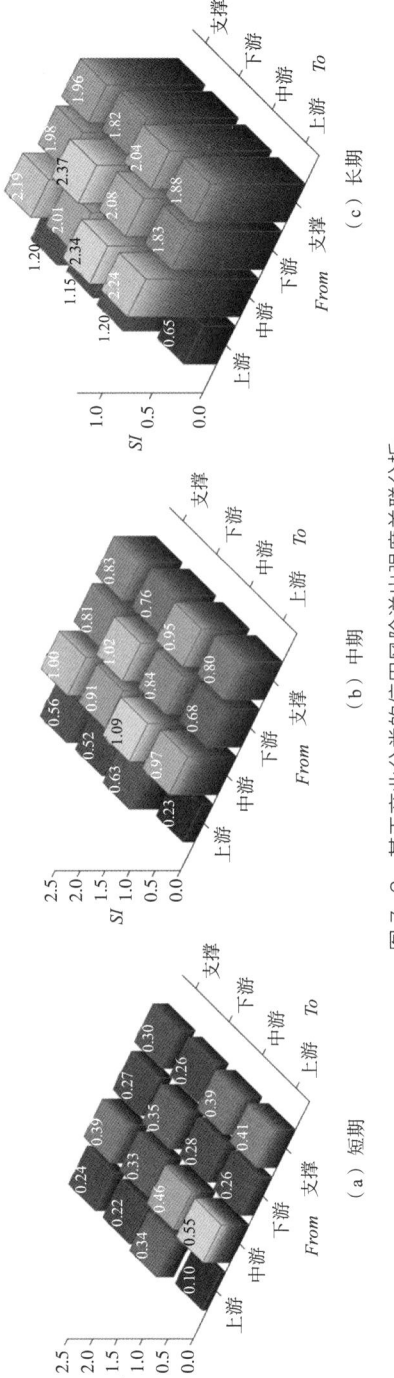

图7-2 基于产业分类的信用风险溢出强度关联分析

注：本图分别用"上游""中游""下游""支撑"表示上游能源、中游材料与工业、下游商业与消费、服务与支撑行业。

料与工业类的产业债始终是主要的风险来源，对其他行业的作用力度均相对较高。图 7-2（a）表明，在短期，中游对上游的风险冲击力度相对较高，达到了 0.55。而图 7-2（c）则显示，长期来看，中游、下游以及支撑产业的内部关联分别达到了 2.34、2.37 与 1.96。这表明，在此类产业中，单个企业的信用风险易传染至同产业中的其他行业，从而加剧信用网络的脆弱性，威胁金融系统的平稳运行。

与此同时，本章在表 7-4 中探究不同评级债务间的风险关联。[1] 表 7-4 表明，AAA 级产业债在不同时期均产生了最为显著的风险输出冲击，*Out* 指标的均值分别高达 0.53、0.30 与 0.59，*Out-to-Other* 指标也相对较高（0.40、0.20 与 0.45）。而对比 *In* 指标与 *In-from-Other* 指标可知，与 AA+、AA 级债券不同，AAA 级别债券的 *In* 指标远高于 *In-from-Other* 指标，即较之来源于其他评级的外生冲击，此类高级别债券更易受到同评级债券的信用风险冲击，风险易在同级债券间快速传染。

表 7-4　基于不同评级的信用风险网络关联测度

	Panel A　短期网络关联指标分析										
	In			*Out*			*In-from-Other*			*Out-to-Other*		
	最小值	均值	最大值	最小值	均值	最大值	最小值	均值	最大值	最小值	均值	最大值
AAA 级	0.10	0.43	0.71	0.08	0.53	0.78	0.06	0.25	0.51	0.07	0.40	0.89
AA+ 级	0.17	0.42	0.82	0.04	0.41	0.73	0.15	0.40	0.86	0.04	0.38	0.76
AA 级	0.07	0.41	0.70	0.05	0.29	0.48	0.08	0.40	0.64	0.05	0.23	0.44
	Panel B　中期网络关联指标分析										
	In			*Out*			*In-from-Other*			*Out-to-Other*		
	最小值	均值	最大值	最小值	均值	最大值	最小值	均值	最大值	最小值	均值	最大值
AAA 级	0.09	0.27	0.37	0.06	0.30	0.44	0.08	0.17	0.29	0.04	0.20	0.37
AA+ 级	0.09	0.20	0.27	0.05	0.21	0.43	0.07	0.19	0.28	0.06	0.21	0.48
AA 级	0.11	0.18	0.23	0.03	0.14	0.25	0.12	0.18	0.25	0.03	0.12	0.26

1　在基于不同评级的分类分析中，本章采用了 74 只产业债指数的信用利差数据，因此我们在表 7-4 与图 7-3 中，结合 LASSO-VAR 模型，采用频域分解方法进行高维频域分解，在此基础上展开网络关联分析。

续表

	Panel C 长期网络关联指标分析											
	In			*Out*			*In-from-Other*			*Out-to-Other*		
	最小值	均值	最大值	最小值	均值	最大值	最小值	均值	最大值	最小值	均值	最大值
AAA级	0.21	0.49	0.69	0.19	0.59	0.93	0.12	0.30	0.50	0.12	0.45	0.83
AA+级	0.10	0.46	0.71	0.18	0.45	0.92	0.10	0.43	0.80	0.17	0.42	0.98
AA级	0.08	0.40	0.67	0.12	0.27	0.65	0.08	0.43	0.76	0.10	0.25	0.61

类似地，由图7-3，我们可以清楚地发现，与表7-4的结论相一致，AAA级产业债受其他评级债券的外生冲击相对较小，但其在同评级债券间存在显著的风险传染效应，短期、中期、长期的作用力度分别达到了0.72、0.44与0.79。进一步地，图7-3（a）与（c）表明，来自AA+级产业债的信用风险，在短期与长期，均会对AA级产业债产生明显的风险冲击，影响强度达到了0.48与0.47。这就表明，在市场分化日趋明显的背景下，受流动性环境趋紧、投资者情绪走弱等因素影响，在高评级债券出现风险事件时，低评级债券或将面临更为显著的输入性信用风险冲击。

图7-4直观地展示了我国各区域间的风险关联。[1] 由图7-4，我们可以清楚地发现，在短、中、长期，各区域间的信用风险表现出显著的地理积聚效应。图7-4表明，较之其他区域，华中区域的风险内部关联较高，分别达到了0.46、1.31与2.85。这可能是由于，此类省份的企业可能倾向于在区域内部，采用互相担保或是联合担保的方式增信，从而更易对同一地理区域的其他企业融资成本、发行利率、贷款利差等产生冲击，引发明显的风险共振现象（Addoum et al., 2020）。此外，图7-4（b）、（c）显示，从中长期来看，华中、华东、华南地区的对外风险传染强度始终较高。

---

[1] 结合数据可得性，本章的地理区域划分包括华北（北京、天津、河北、山西、内蒙古）；东北（辽宁、吉林、黑龙江）；华东（上海、江苏、浙江、安徽、福建、山东）；华中（江西、河南、湖北、湖南）；华南（广东、广西）；西南（重庆、四川、贵州、云南）；西北（陕西、甘肃、新疆），采用上述地域产业债的信用利差数据展开网络关联分析。

248　系统性金融风险研究

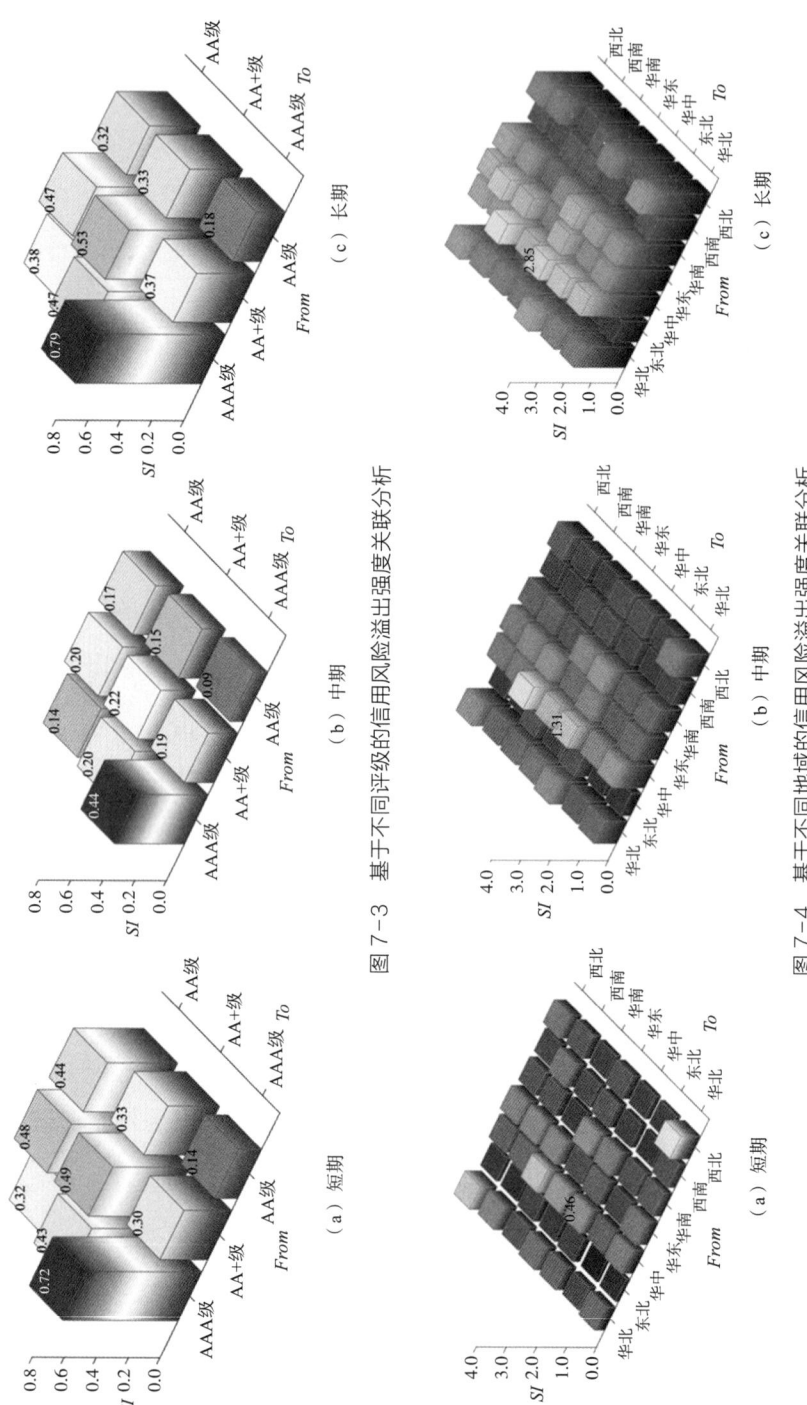

图7-3　基于不同评级的信用风险溢出强度关联分析

图7-4　基于不同地域的信用风险溢出强度关联分析

第七章 信用风险传染效应及外溢冲击研究 249

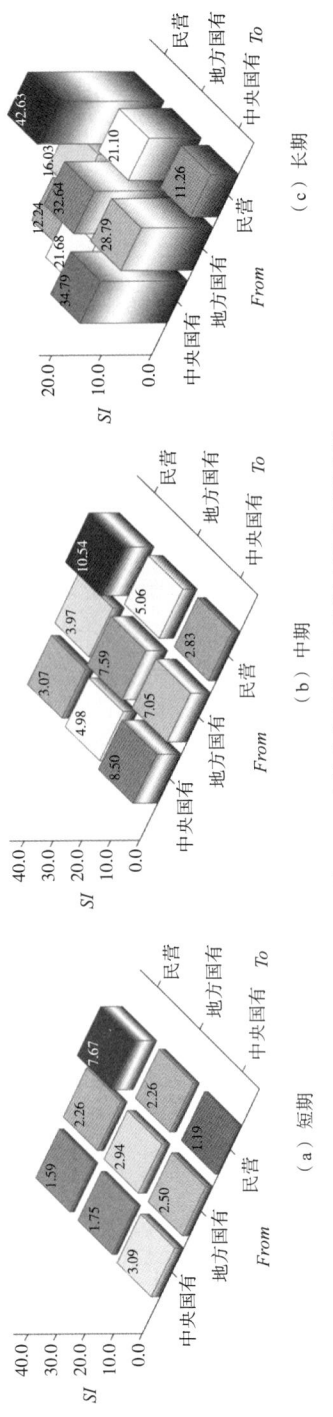

图 7-5 基于不同发债企业的信用风险溢出强度关联分析

在此基础上，我们在图 7-5 中展示了中央国有、地方国有以及民营企业间的风险传染效应。由图 7-5 可知，不同类型企业信用风险传染出现了明显分化，如民营企业产业债内部存在极为显著的风险传染现象，影响力度高达 7.67、10.54 与 42.63，远高于其他债券。Wind 数据库显示，2021 年，我国民营企业的新发债数目共计 4589 只，总额也已高达 1.32 万亿元。与此同时，2022 年 7 月 22 日，证监会与发展改革委、全国工商联联合发布了《关于推动债券市场更好支持民营企业改革发展的通知》，要求加大对民营企业债券融资服务力度、大力实施民营企业债券融资专项支持计划，引导资金流向民营企业。这就意味着，随着未来民企产业债发行力度的不断提升、融资总额的持续扩大，我们应当进一步提高对债券市场信用评级机构的监管要求、加强常态化信用风险排查与监测，同时完善债券违约处置机制，有效防范化解民企信用风险。

此外，图 7-5（c）显示，从长期来看，地方国有与中央国有债券间存在明显的风险双向传导关系，作用力度分别达到了 28.79 与 21.68，表明此类债务风险可能相互激化、放大，引发系统性金融风险。与此相对应，2023 年 5 月，国资委印发《中央企业债券发行管理办法》，强调应"着力防范债券违约风险"。因此，我们必须警惕国有债券违约影响持续扩散，防范市场偏好下行、债市急速走弱推高各企业融资难度，进一步强化预期管理，避免一致性悲观预期诱发债市整体流动性恶化，确保信用风险总体可控、在控，维护金融系统的平稳运行。

值得注意的是，图 7-2、图 7-4 等基于不同分类的网络关联分析结果一致表明，我国信用风险网络关联紧密，风险传导关系复杂。而且，随着时间的推移，各产业债间的风险关联均出现了明显提升，这就意味着，在出现信用风险事件时，我国产业债券间的风险传染强度将随时间持续增加，或将成为金融系统中的潜在隐患。

第七节 我国信用风险传染对宏观经济的溢出影响分析

本章进一步以 120 个交易日的滚动窗宽（窗口滑动步长 1 个交易日）进行滚动估计，测算短期、中期、长期的风险传染总强度，并计算月度平均值。在此基础上，结合分位数 Granger 因果检验方法，全面剖析信用风险传染在短期、中期、长期对经济金融系统的影响。由表 7-5 可知，在短期，风险溢出强度与中小企业信心指数、消费者预期指数、金融条件指数与银行同业拆借利率间存在显著的因果关系，绝大多数检验结果均显著拒绝了原假设。究其原因，一方面，相关研究指出，债券市场的震荡易加剧发债企业的违约可能、提升融资难度，同时也可能影响中介机构、个人等债券购买方的风险偏好、资产价值预期等因素，在供给侧、需求侧两端均会对市场流动性产生显著的负面影响；而另一方面，政策当局往往会采用乃至创造一系列政策工具，大规模投放、补充市场流动性，从而在短期内对市场流动性造成明显的正向驱动（Chen et al., 2018; O'Hara and Zhou, 2021）。

进一步地，表 7-6 全体分位数的结果显示，较之短期，在中期，信用风险的传染总强度指数对社会融资规模产生了显著的因果影响，而且，中期信用风险传染对消费存在更为显著的因果关联，在绝大多数分位数下高度显著。这可能是由于，债券市场波动大幅提升了投资者的风险厌恶水平，并逐步抑制实体经济活动，进而对消费产生较强的负面作用。

表 7-5 短期信用风险溢出强度对经济基本面的因果影响

τ	工业增加值			宏观经济景气指数			中小企业信心指数			投资		
	L=1	L=2	L=3	L=1	L=2	L=3	L=1	L=2	L=3	L=1	L=2	L=3
0.1	0.31	0.03	0.04	0.03	0.97	0.93	0.01	0.01	0.03	0.24	0.24	0.34
0.2	0.07	0.07	0.30	0.62	0.90	0.59	0.01	0.01	0.01	0.17	0.21	0.03
0.3	0.03	0.03	0.04	0.55	0.69	0.52	0.01	0.01	0.03	1.00	1.00	0.83
0.4	0.07	0.07	0.30	0.34	0.24	0.48	0.07	0.03	0.03	0.62	0.55	0.69
0.5	0.66	0.72	0.78	0.48	0.34	0.07	0.54	0.45	0.52	0.17	0.10	0.07
0.6	0.03	0.03	0.04	0.34	0.03	0.17	0.12	0.06	0.09	0.90	0.66	0.79
0.7	0.07	0.03	0.26	0.38	0.28	0.34	0.10	0.01	0.01	0.07	0.07	0.31
0.8	0.14	0.10	0.30	0.45	0.48	0.21	0.01	0.07	0.06	0.69	0.69	0.34
0.9	0.14	0.14	0.30	0.72	0.90	0.48	0.13	0.01	0.01	0.38	1.00	0.72
$\bar{\lambda}$	0.07	0.07	0.13	0.45	0.31	0.38	0.01	0.01	0.01	0.48	0.52	0.55

τ	消费			消费者信心指数			消费者满意指数			消费者预期指数		
	L=1	L=2	L=3	L=1	L=2	L=3	L=1	L=2	L=3	L=1	L=2	L=3
0.1	0.91	0.94	0.03	0.03	0.10	0.07	0.18	0.18	0.06	0.01	0.01	0.01
0.2	0.09	0.94	0.03	0.03	0.03	0.07	0.09	0.09	0.06	0.01	0.01	0.01
0.3	0.64	0.41	0.28	0.03	0.07	0.03	0.09	0.09	0.06	0.01	0.01	0.01
0.4	0.73	0.41	0.21	0.03	0.03	0.07	0.18	0.18	0.06	0.01	0.01	0.01
0.5	0.09	0.06	0.38	0.07	0.03	0.03	0.91	0.09	0.06	0.65	0.43	0.51
0.6	0.09	0.18	0.17	0.97	0.97	0.66	0.18	0.18	0.76	0.04	0.12	0.01
0.7	0.09	0.06	0.21	0.07	0.76	0.07	0.18	0.18	0.06	0.01	0.01	0.01
0.8	0.09	0.06	0.03	0.03	0.03	0.03	0.09	0.09	0.06	0.01	0.01	0.01
0.9	0.27	0.06	0.03	0.03	0.03	0.03	0.09	0.09	0.06	0.01	0.01	0.01
$\bar{\lambda}$	0.09	0.06	0.03	0.03	0.03	0.03	0.09	0.09	0.06	0.01	0.01	0.01

续表

τ	金融条件指数			银行间同业拆借利率			国债收益率			社会融资规模		
	L=1	L=2	L=3	L=1	L=2	L=3	L=1	L=2	L=3	L=1	L=2	L=3
0.1	0.33	0.03	0.01	0.43	0.41	0.16	0.97	0.76	1.00	0.83	0.69	0.62
0.2	0.02	0.03	0.16	0.01	0.01	0.01	0.97	0.76	0.93	0.66	0.24	0.62
0.3	0.91	0.88	0.92	0.01	0.01	0.01	0.59	0.83	0.24	0.69	0.14	0.24
0.4	0.91	1.00	0.42	0.01	0.04	0.01	0.93	0.55	0.97	0.55	0.97	1.00
0.5	1.00	1.00	1.00	0.13	0.06	0.01	0.38	1.00	0.52	0.07	0.83	1.00
0.6	0.15	0.08	0.49	0.52	0.58	0.01	1.00	0.38	0.59	0.41	0.83	0.93
0.7	0.02	0.03	0.03	0.01	0.01	0.01	0.17	0.10	0.90	0.62	0.97	0.21
0.8	0.04	0.05	0.01	0.01	0.01	0.01	0.03	0.03	0.03	0.17	0.66	0.93
0.9	0.46	0.35	1.00	0.01	0.01	0.01	0.66	0.24	0.55	0.34	0.07	0.10
Aτ	0.02	0.03	0.04	0.01	0.01	0.01	0.93	0.62	0.66	0.72	0.72	0.90

τ	贷款			存款			出口			进口		
	L=1	L=2	L=3	L=1	L=2	L=3	L=1	L=2	L=3	L=1	L=2	L=3
0.1	0.17	0.10	0.03	0.69	0.31	0.24	0.64	0.34	0.14	0.03	0.03	0.03
0.2	0.06	0.14	0.13	0.86	0.07	0.03	0.64	0.38	0.24	0.34	0.21	0.24
0.3	0.59	1.00	0.17	0.34	0.55	0.72	0.18	0.28	0.31	0.21	0.07	0.62
0.4	1.00	1.00	1.00	0.03	0.69	0.66	0.09	0.83	0.72	0.86	0.14	0.03
0.5	0.31	0.07	0.49	0.21	0.10	0.07	0.45	0.03	0.41	0.79	0.93	0.83
0.6	0.07	0.13	0.06	1.00	0.69	0.55	0.82	0.17	0.55	0.52	0.83	0.10
0.7	0.09	0.03	0.03	0.45	0.38	0.38	0.45	0.03	0.10	0.41	0.28	0.17
0.8	0.34	0.33	0.16	0.69	0.69	0.66	0.09	0.34	0.03	0.31	0.52	0.34
0.9	0.21	0.14	0.22	0.48	0.48	0.90	0.09	0.10	0.14	1.00	0.24	0.62
Aτ	0.09	0.07	0.07	0.52	0.52	0.48	0.09	0.03	0.07	0.45	0.21	0.21

注：（1）表中各数值代表风险传染总强度对不同指标的分位数 Granger 因果检验 P 值结果（Troster, 2018），原假设为"信用风险溢出总强度 X 不是宏观指标 Y 变动的 Granger 原因"；（2）τ 代表分位数水平，Aτ 则代表全体分位数；（3）信用风险的代表变量为风险传染总强度月平均值的对数值；（4）表 7-6 相同，不再赘述。

表7-6 中期信用风险溢出强度对经济基本面的因果影响

τ	工业增加值			宏观经济景气指数			中小企业信心指数			投资		
	L=1	L=2	L=3	L=1	L=2	L=3	L=1	L=2	L=3	L=1	L=2	L=3
0.1	0.48	0.03	0.03	0.04	0.97	0.94	0.02	0.02	0.03	0.04	0.03	0.44
0.2	0.30	0.03	0.03	0.61	0.97	0.50	0.02	0.02	0.02	0.57	0.32	0.12
0.3	0.04	0.03	0.03	0.61	0.50	0.29	0.02	0.02	0.02	0.83	0.91	0.76
0.4	0.35	0.03	0.03	0.26	0.24	0.29	0.28	0.28	0.41	0.65	0.47	0.56
0.5	0.74	0.71	0.59	0.65	0.35	0.26	0.58	0.55	0.81	0.43	0.09	0.21
0.6	0.04	0.03	0.03	0.35	0.12	0.18	0.08	0.05	0.09	0.74	0.79	0.85
0.7	0.22	0.03	0.03	0.22	0.03	0.21	0.13	0.06	0.02	0.13	0.03	0.12
0.8	0.30	0.03	0.06	0.43	0.50	0.50	0.02	0.02	0.03	0.52	0.59	0.24
0.9	0.30	0.09	0.03	0.78	1.00	0.29	0.05	0.06	0.21	0.83	0.91	0.91
A²	0.04	0.03	0.03	0.43	0.18	0.29	0.03	0.03	0.02	0.61	0.29	0.38

τ	消费			消费者信心指数			消费者满意指数			消费者预期指数		
	L=1	L=2	L=3	L=1	L=2	L=3	L=1	L=2	L=3	L=1	L=2	L=3
0.1	0.01	0.01	0.01	0.04	0.24	0.03	0.04	0.06	0.03	0.04	0.03	0.03
0.2	0.01	0.01	0.01	0.04	0.03	0.03	0.04	0.03	0.03	0.04	0.03	0.03
0.3	0.01	0.01	0.01	0.04	0.03	0.03	0.04	0.03	0.03	0.04	0.03	0.03
0.4	0.01	0.01	0.01	0.09	0.03	0.06	0.13	0.03	0.06	0.09	0.03	0.06
0.5	0.45	0.26	0.25	0.96	1.00	0.03	0.74	0.24	0.41	1.00	0.32	0.47
0.6	0.01	0.03	0.01	0.09	0.59	0.74	0.09	0.06	0.15	0.04	0.06	0.03
0.7	0.01	0.01	0.01	0.04	0.03	0.03	0.09	0.09	0.74	0.04	0.03	0.03
0.8	0.01	0.01	0.01	0.04	0.03	0.03	0.04	0.03	0.03	0.04	0.03	0.03
0.9	0.01	0.01	0.01	0.04	0.03	0.03	0.04	0.03	0.03	0.04	0.03	0.03
A²	0.01	0.01	0.01	0.04	0.03	0.03	0.04	0.03	0.03	0.04	0.03	0.03

续表

τ	金融条件指数			银行间同业拆借利率			国债收益率			社会融资规模		
	L=1	L=2	L=3	L=1	L=2	L=3	L=1	L=2	L=3	L=1	L=2	L=3
0.1	0.62	0.15	0.04	0.78	0.82	0.06	1.00	0.68	1.00	0.54	0.43	0.01
0.2	0.01	0.03	0.35	0.04	0.03	0.03	1.00	0.79	0.91	0.01	0.01	0.01
0.3	1.00	0.91	0.26	0.04	0.03	0.09	0.35	1.00	0.29	0.04	0.01	0.05
0.4	0.97	0.97	0.74	0.17	0.03	0.03	0.91	0.65	0.97	0.33	0.45	0.41
0.5	0.68	1.00	1.00	0.43	0.18	0.03	0.22	1.00	0.44	0.23	0.64	1.00
0.6	0.19	0.50	0.65	0.04	0.59	0.03	0.96	0.44	0.62	0.42	0.65	0.50
0.7	0.06	0.03	0.04	0.17	0.03	0.03	0.22	0.15	0.68	0.20	0.68	0.05
0.8	0.12	0.03	0.04	0.04	0.03	0.03	0.04	0.03	0.03	0.01	0.04	0.17
0.9	0.55	0.59	0.26	0.04	0.03	0.32	0.96	0.21	0.35	0.01	0.01	0.01
A_τ	0.14	0.18	0.22	0.04	0.03	0.03	0.70	0.47	0.68	0.07	0.03	0.08

τ	贷款			存款			出口			进口		
	L=1	L=2	L=3	L=1	L=2	L=3	L=1	L=2	L=3	L=1	L=2	L=3
0.1	0.01	0.10	0.05	0.83	0.26	0.21	0.48	0.03	0.01	0.09	0.06	0.03
0.2	0.30	0.14	0.24	0.87	0.12	0.18	0.61	0.12	0.01	0.30	0.32	0.03
0.3	1.00	1.00	0.57	0.35	0.68	0.71	0.48	0.29	0.01	0.30	0.06	0.41
0.4	0.36	1.00	0.69	0.04	0.56	0.71	0.04	0.88	0.30	0.65	0.18	0.21
0.5	1.00	0.07	0.47	0.43	0.24	0.18	0.30	0.09	0.77	0.78	1.00	0.97
0.6	0.01	0.13	0.02	0.78	0.62	0.56	0.13	0.12	0.48	0.26	0.76	0.47
0.7	0.07	0.03	0.03	0.30	0.41	0.26	0.78	0.03	0.01	0.48	0.18	0.21
0.8	0.14	0.33	0.31	0.78	0.56	0.44	0.04	0.21	0.01	0.22	0.71	0.53
0.9	1.00	0.14	0.40	0.52	0.35	0.76	0.04	0.09	0.23	1.00	0.15	0.97
A_τ	0.05	0.07	0.05	0.61	0.35	0.38	0.04	0.03	0.03	0.48	0.18	0.18

表 7-7 显示，从长期来看，债务风险溢出强度对宏观经济景气指数、工业增加值、投资、融资、贷款、出口、消费者满意指数等变量产生了显著的因果影响。这就意味着，随着时间的推移，信用风险传染效应不断增强，将对宏观经济基本面产生更为广泛、明显的影响。究其原因，相关研究指出，金融条件的收紧将大幅削减市场主体可获得的信贷供应，并提升信用利差、推高融资成本，经由"财富效应""观望"理论等途径作用于居民消费与企业投资。更严重的是，在经济下行时，持续积聚的金融风险将再度加强金融系统压力，进一步放大对实体经济的冲击。因此，我们在出清产业债市场信用风险、平抑信用水平波动的同时，应当持续加强对中小微企业融资增信的支持，及时开展企业信用修复工作，避免外部融资环境恶化削弱企业偿债能力，稳步推进金融服务实体经济的质效提升，全面增强国内大循环的内生动力。

基于表 7-5 至表 7-7 的全体分位数结果，在图 7-6 中画出了信用风险传染总强度与各经济金融指标的显著性水平。由图 7-6 可知，短、中、长期信用风险传染对宏观经济存在显著的异质性作用，其中，在短期，风险溢出会对金融条件指数、同业拆借利率等流动性指标产生明显冲击，显著程度均高于中长期。与此同时，图 7-6 表明，信用风险的溢出强度在短期、中期并未对宏观经济基本面造成明显冲击，其与宏观经济景气指数的因果检验结果并不显著。然而，值得注意的是，在图 7-6 中，代表长期溢出强度对工业增加值、宏观经济景气指数、融资、贷款、出口等指标因果影响的黑色柱形，均进入了 1% 显著性水平的区间，表明随着时间的推移，快速积聚的信用风险可能经由金融渠道进一步放大，对宏观经济造成更为明显的影响。

此外，本章还分别采用了 $MSE\text{-}t$、$MSE\text{-}F$、$ENC\text{-}t$ 以及 $ENC\text{-}NEW$ 四种最新发展的样本外 Granger 检验方法，并使用递归分析（Recursive）、滚动分析（Rolling）以及固定分析（Fix）三类检验模式，进一步确保本章研究

表7-7 长期信用风险溢出强度对经济基本面的因果影响

τ	工业增加值			宏观经济景气指数			中小企业信心指数			投资		
	L=1	L=2	L=3	L=1	L=2	L=3	L=1	L=2	L=3	L=1	L=2	L=3
0.1	0.01	0.01	0.01	0.01	0.19	0.23	0.01	0.01	0.01	0.01	0.01	0.01
0.2	0.01	0.01	0.01	0.01	0.03	0.01	0.01	0.01	0.01	0.01	0.01	0.01
0.3	0.01	0.01	0.01	0.01	0.01	0.01	0.01	0.01	0.01	0.01	0.01	0.01
0.4	0.16	0.07	0.04	0.03	0.01	0.01	0.03	0.03	0.03	0.01	0.01	0.01
0.5	0.01	0.01	0.01	0.01	0.01	0.01	0.27	0.24	0.43	0.64	0.39	0.61
0.6	0.01	0.01	0.01	0.01	0.01	0.01	0.01	0.01	0.01	0.01	0.01	0.01
0.7	0.01	0.01	0.01	0.01	0.01	0.01	0.05	0.03	0.01	0.01	0.01	0.01
0.8	0.01	0.01	0.01	0.01	0.01	0.01	0.01	0.01	0.01	0.01	0.01	0.01
0.9	0.01	0.01	0.01	0.19	0.20	0.28	0.15	0.20	0.27	0.01	0.53	0.01
A^2	0.01	0.01	0.01	0.01	0.01	0.01	0.01	0.01	0.01	0.01	0.01	0.01

τ	消费			消费者信心指数			消费者满意指数			消费者预期指数		
	L=1	L=2	L=3	L=1	L=2	L=3	L=1	L=2	L=3	L=1	L=2	L=3
0.1	0.01	0.01	0.01	0.01	0.01	0.01	0.01	0.03	0.01	0.09	0.06	0.06
0.2	0.01	0.01	0.01	0.01	0.01	0.01	0.01	0.01	0.01	0.18	0.06	0.12
0.3	0.01	0.01	0.01	0.01	0.01	0.01	0.01	0.01	0.01	0.18	0.12	0.06
0.4	0.01	0.01	0.01	0.01	0.01	0.01	0.01	0.01	0.03	0.18	0.06	0.12
0.5	0.63	0.04	0.03	1.00	1.00	1.00	1.00	0.15	0.08	1.00	0.18	0.18
0.6	0.01	0.01	0.01	0.01	0.56	0.01	0.01	0.16	1.00	0.09	0.12	0.06
0.7	0.01	0.01	0.01	0.01	0.01	0.01	0.01	0.01	0.01	0.18	0.06	0.06
0.8	0.01	0.01	0.01	0.01	0.01	0.01	0.01	0.01	0.01	0.09	0.12	0.06
0.9	0.01	0.01	0.01	0.01	0.01	0.01	0.01	0.01	0.01	0.18	0.12	0.12
A^2	0.01	0.01	0.01	0.01	0.01	0.01	0.01	0.01	0.01			

续表

τ	金融条件指数			银行间同业拆借利率			国债收益率			社会融资规模		
	L=1	L=2	L=3	L=1	L=2	L=3	L=1	L=2	L=3	L=1	L=2	L=3
0.1	1.00	0.03	0.01	1.00	1.00	0.82	0.59	0.60	0.61	1.00	0.01	0.01
0.2	0.01	0.03	0.16	0.09	0.18	0.09	0.51	0.33	0.44	0.01	0.01	0.01
0.3	1.00	0.88	0.92	0.09	0.09	0.09	0.60	0.49	0.16	0.01	0.01	0.01
0.4	0.55	1.00	0.42	0.18	0.09	0.09	1.00	0.72	0.61	0.08	0.01	0.01
0.5	1.00	1.00	1.00	0.18	0.73	0.27	0.56	0.52	0.49	0.47	0.01	0.01
0.6	0.03	0.08	0.49	0.55	0.09	0.18	1.00	0.47	0.48	0.15	0.01	0.01
0.7	0.03	0.03	0.03	0.09	0.09	0.09	0.09	0.16	0.40	0.09	0.01	0.01
0.8	0.18	0.05	0.01	0.09	0.09	0.36	0.01	0.01	0.04	0.01	0.01	0.01
0.9	1.00	0.35	1.00	0.09	1.00	0.18	1.00	0.01	1.00	0.01	0.01	0.01
A_z	0.03	0.03	0.04	0.09	0.09	0.09	0.53	0.40	0.28	0.01	0.01	0.01

τ	贷款			存款			出口			进口		
	L=1	L=2	L=3	L=1	L=2	L=3	L=1	L=2	L=3	L=1	L=2	L=3
0.1	0.01	0.01	0.01	0.51	0.01	0.01	0.01	0.01	0.01	0.01	0.01	0.01
0.2	0.01	0.01	0.01	1.00	0.08	0.08	0.01	0.01	0.01	0.29	0.24	0.01
0.3	0.01	0.01	0.01	0.35	0.36	0.47	0.01	0.01	0.19	0.37	0.12	0.44
0.4	0.01	0.01	0.01	0.47	0.61	0.67	0.01	0.16	0.56	1.00	0.12	0.17
0.5	0.01	0.01	0.01	0.43	0.57	0.51	0.65	0.12	0.25	0.45	0.35	0.45
0.6	0.01	0.01	0.01	1.00	0.48	0.51	0.28	0.01	0.01	0.57	1.00	0.51
0.7	0.01	0.01	0.01	0.01	0.19	0.13	0.07	0.01	0.01	0.45	0.44	0.37
0.8	0.01	0.01	0.01	0.31	0.29	0.32	0.01	0.01	0.01	0.33	0.31	0.35
0.9	0.01	0.01	0.01	1.00	1.00	1.00	0.01	0.01	0.01	1.00	1.00	0.43
A_z	0.01	0.01	0.01	0.12	0.37	0.33	0.01	0.01	0.01	0.63	0.41	0.16

第七章 信用风险传染效应及外溢冲击研究 259

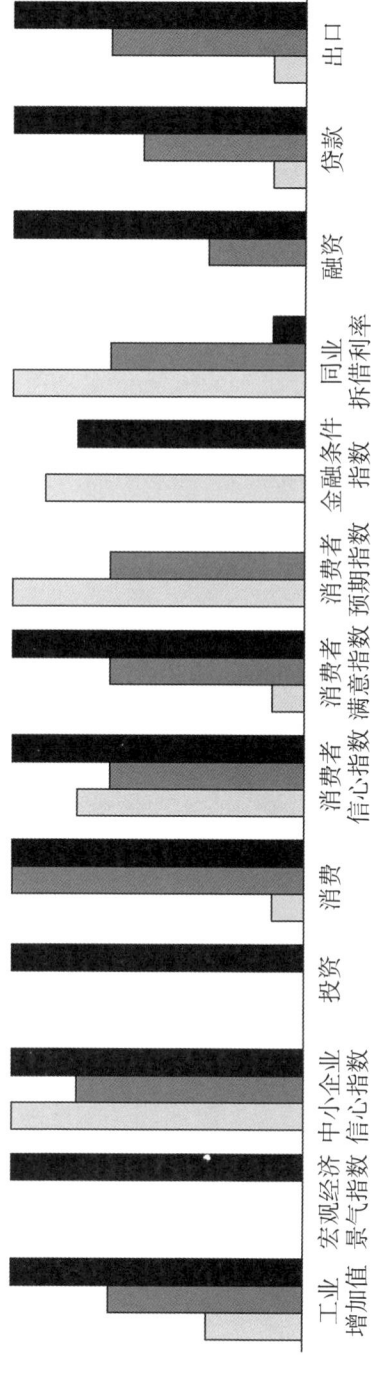

图 7-6 信用风险溢出强度对经济金融指标的短中长期影响对比分析

注：(1) 本图仅展示了在 90% 及以上置信水平显著的检验结果，纵坐标越大，代表越显著；(2) 背景白、浅灰、深灰的柱形落点分别代表通过 10%、5%、1% 显著性水平检验。Granger 因果检验的 (0.1-p 值) 结果，纵坐标代表短、中、长期信用风险传染总强度对各指标的影响。

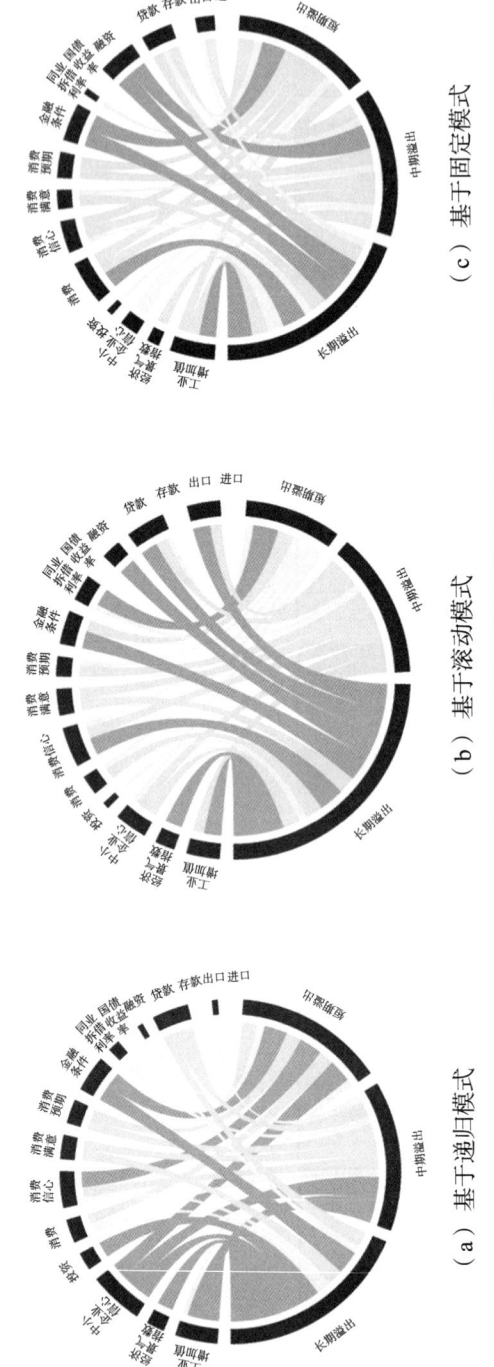

图 7-7 信用风险溢出强度对经济金融指标的样本外预测分析图

注：(1) 连线由深至浅分别代表，风险溢出强度与各经济金融指标在 1%、5% 与 10% 的显著性水平上产生样本外 Granger 因果影响。(2) 本图的检验结论基于 ENC-t 检验方法，其他三种检验方法的分析图备索。

结论的稳健性与可靠性。[1] 我们在图 7-7 中画出了不同检验模式下，债务风险强度对各变量的样本外预测分析图。图 7-7 表明，信用风险溢出在短期对金融条件指数、同业拆借利率等市场流动性指标均存在连线，即具有样本外预测效力。与此同时，图 7-7 表明，随着分析期的推移，长期风险溢出对投资、宏观经济景气指数、社会融资额、贷款等指标产生了显著的因果影响，预测效力明显提升。这就意味着，产业债市场的波动加剧，会在长期使得实体经济融资能力恶化，产生明显的外溢效益，明显抑制其生产性投资水平，引发恶性循环。基于不同检验模式的结论一致、可靠。

第八节 我国信用风险溢出强度对宏观经济作用机制的进一步分析

本章进一步测算各时期信用风险的溢出强度对各经济金融指标的影响方向与驱动力度，分别构建基于短期、中期、长期信用风险的因子增广向量自回归模型[2]，据此测度经济景气指数、消费者信心指数、社会融资额等指经济金融指标在信用风险溢出冲击下的脉冲响应。[3] 同时，为了便于识别，我们用灰色阴影区域标识其对应的 90% 置信区间。图 7-8 报告了经济景气指数对信用风险溢出冲击的脉冲响应结果。图 7-8 表明，与前文的检验结论一致，在短期与中期，脉冲响应函数的置信区间始终包含零线，而从长期来看，信用风险传染强度对经济景气指数产生了显著的负面冲击。

图 7-9 清楚地显示，在不同时期，产业债信用风险的积聚均会对消费者信心指数产生明显的负面冲击。因此，在关注产业债违约等"黑天鹅"事件

---

[1] 样本外 Granger 因果检验方法的具体说明详见杨子晖等（2016），因篇幅所限，信用风险溢出强度对经济金融指标的样本外预测分析表备索。

[2] 因子增广向量自回归模型的具体构建方式详见伯南克等（Bernanke et al., 2005）。

[3] 限于篇幅，本章在此仅展示了部分检验结果，其他指标的脉冲响应结论以备索的方式提供。

262　系统性金融风险研究

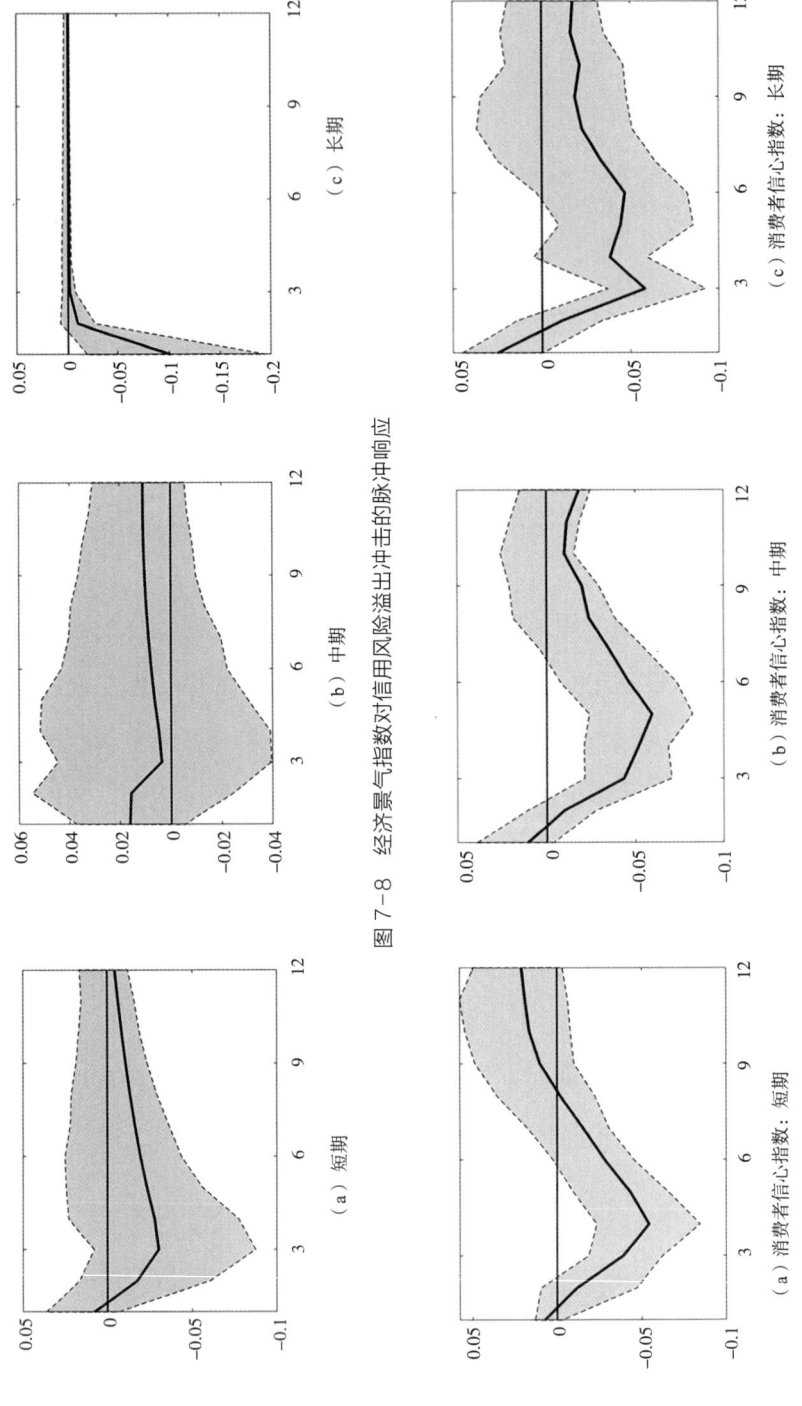

图 7-8　经济景气指数对信用风险溢出冲击的脉冲响应

图 7-9　消费者信心指数对信用风险溢出冲击的脉冲响应

对金融系统的短期不确定性冲击外，我们同样应当警惕市场长期消极情绪致使风险规避倾向攀升、引发非理性金融决策，加剧市场不确定性。

与此同时，由图7-10（a）可知，在出现信用风险事件时，银行间同业拆借利率在短期内明显下跌。研究指出，在市场流动性紧张时，央行往往采用公开市场操作、逆回购、现券买断等操作投放货币，使得市场对央行货币政策偏松的预期在短期内大幅上调（Conrad and Lamla, 2010）。这也与我国的政策实践相一致，2020年11月10日，永煤集团发布公告称，"20永煤SCP003"到期不能足额偿付本息，已构成实质性违约，违约金额共计10.32亿元。而仅在5个工作日后，央行超量续作MLF，净投放高达2000亿元，银行间同业拆借利率在11月18日骤跌至1.77%，较之13日跌幅高达32.62%。但图7-10（b）与（c）表明，从中长期来看，信用风险传染对同业拆借利率产生了明显的正向影响，表明在风险外溢冲击下，市场流动性趋紧、同业拆借利率上扬。

在此基础上，我们进一步剖析信用风险溢出强度对社会融资的溢出冲击。由图7-11（a）与（b）可知，在短期与中期，信用风险溢出指数并未对市场的融资环境产生显著冲击。但图7-11（c）显示，从长期来看，在1单位标准差的信用风险溢出强度冲击下，社会融资额将出现0.05个标准差的负向变动，融资环境明显恶化。究其原因，一方面，从供给端看，企业债务违约加剧了金融机构的风险规避偏好，致使其产生"惧贷""惜贷"问题；另一方面，在需求端，金融市场的动荡与宏观经济的疲软在一定程度上使得企业、金融机构的流动性受限，企业偿债能力、盈利能力以及成长性等在信用风险的冲击下持续承压，致使其投资、扩容增产意愿下降，贷款需求或出现内生性回落。

264 系统性金融风险研究

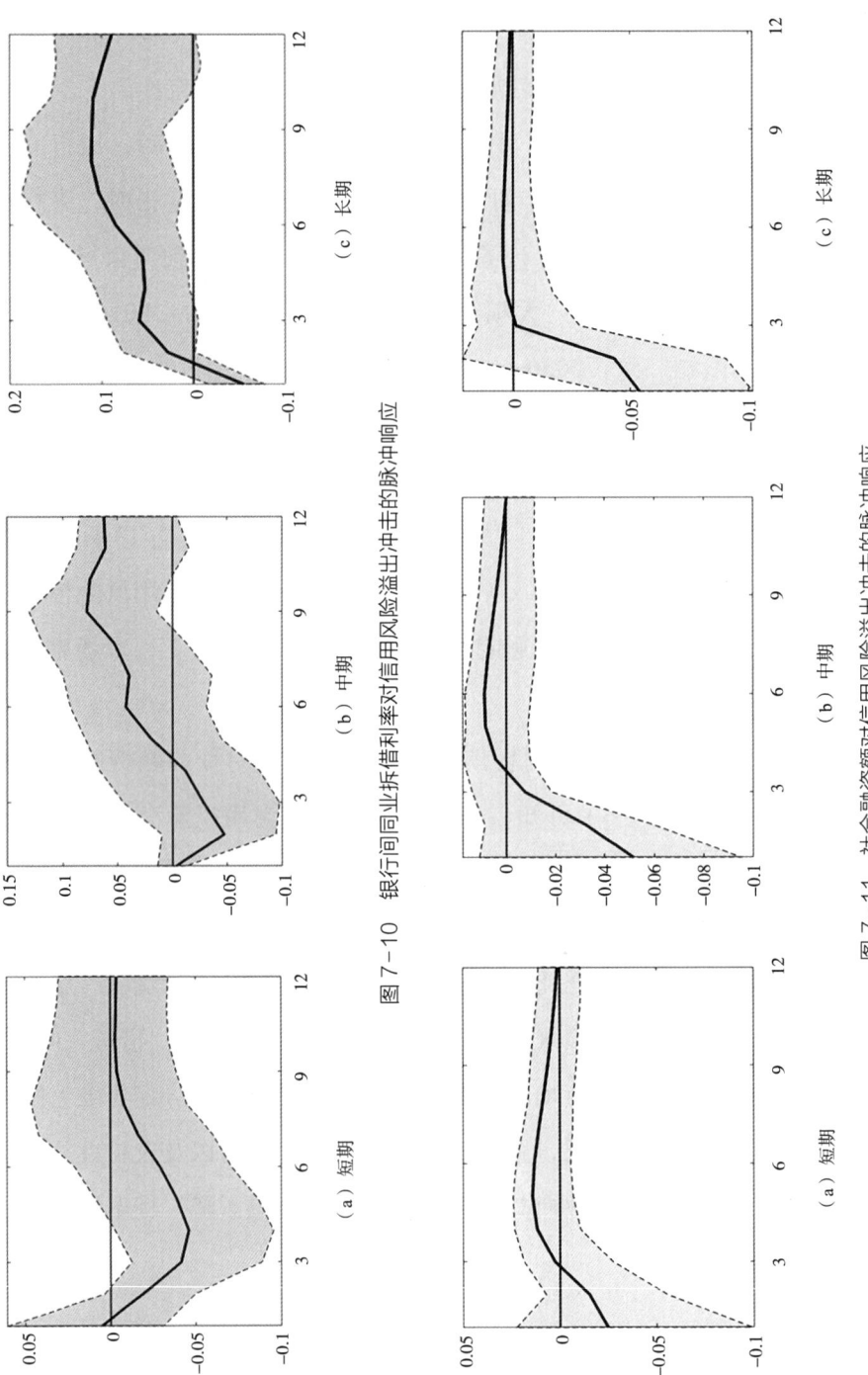

图7-10 银行间同业拆借利率对信用风险溢出冲击的脉冲响应

图7-11 社会融资额对信用风险溢出冲击的脉冲响应

第九节 小结

首先，我们深入剖析了我国各产业债券在短期、中期、长期的风险传染效应，连通性频域分解结果显示，在不同时期，风险间的传染效应存在显著的异质性，信用基本面分化态势明显。具体而言，由 *From* 指标可知，在短期，煤炭、机械设备、农林牧渔等价格敏感程度更高的行业受到了更强的风险冲击，短期承压相对较大；而在长期，传媒、休闲服务、商业贸易等"大消费"板块则是易受风险传染的关键节点。与此同时，*To* 指标显示，在中期与长期，交通运输业的风险对外输出强度均高于其他行业，是信用风险的主要输出方，究其原因，此类包括航空、机场、公路、港口等在内的基建类债券融资需求大、融资金额高，债券期限也相对更短，因而在信用风险爆发时，对市场流动性的影响往往更大。

本章进一步基于上下游产业、债项评级、企业地域、发债企业等细分信用利差数据，对我国产业债进行分类，分别构建信用风险的关联网络，考察各类债券在短期、中期、长期的风险传染关系。结果表明，我国信用风险网络关联紧密，风险传导关系复杂，具体而言：第一，从产业关联的视角来看，中游产业均为风险的主要来源，而上游产业则是短期风险的重要接收者，这就意味着，在我国产业债的信用风险传染网络中，存在显著的"金融牛鞭效应"，即需求信息的扭曲易随着供应链逆流传导，并逐级放大，引发上游产业剧烈波动；第二，基于不同债项评级的测度结果则显示，最高评级的AAA级产业债受到其他评级债券的风险冲击力度相对较小，但其极易在同级债券间快速传染，而评级较低的AA级债券则更易受到高评级债券的外生冲击；第三，我国债市的信用风险有着明显的地理积聚效应，华中、华东、华南地区对外风险传染强度在中长期较高；第四，进一步地，我们还发现，不同发债企业的信用风险存在明显分化，其中，信用风险更可能在民营企业产业债间传染扩散，在短中长期的内部传导强度分别高达7.67、10.54与42.63，而地方国有与中央国有债券间则存在显著的风险双向传导关系。值得注意的是，上述基于不同分类的网络关联分析结果一致表明，随着时间的推移，各产业债间的风险关联均出现了明显提升，这就意味着，在出现信用风险事件时，我国产业债券间的风险传染强度将持续增加，或将成为金融系统中的潜在隐患。

最后，我们综合采用分位数 Granger 因果检验方法、样本外 Granger 检验方法、因子增广向量自回归模型，全面剖析了信用风险溢出强度对我国经济金融系统的外溢冲击。结果显示，从短期来看，一方面，信用风险的溢出强度对消费者预期指数、中小企业信心指数产生了显著的因果影响，风险的积聚将使得市场主体预期承压、市场信心严重受挫；另一方面，其也对银行同业拆借利率等金融指标产生了明显外溢冲击。而从长期来看，信用风险的溢出冲击对经济景气指数、社会融资额等宏观经济基本面指标造成了显著的负面影响，例如，在1单位标准差的信用风险溢出强度冲击下，社会融资额将出现0.05个标准差的负向变动。这就表明，持续积聚的信用风险易经由金融渠道进一步放大，对融资供需端产生严重的不利影响，使得市场流动性边际趋紧、中小企业融资环境恶化，对宏观经济造成负面冲击。

基于以上的研究，本章得到以下三点启示：

（一）完善债务风险预控与关口前置防控体系，稳步推进产业债信用风险分类管理。网络关联分析结果显示，我国最高信用评级的 AAA 级债券间存在显著的风险传染效应，而国有债券间也产生了明显的风险传导关系。这就表明，一方面，此类高评级、强刚兑预期债券或提升发行企业的冒险动机与道德风险，增加产业债务的违约可能，另一方面，我国市场间可能存在明显的信息不对称现象，部分债券可能被错误评级，甚至出现评级虚高的现象，从而使得投资者难以通过外部评级，对发行主体的信用风险进行有效判断，致使信用风险持续传染、激化，甚至引发系统性风险。例如，仅在2020年，受外部不确定性攀升、自身经营管理问题加速暴露的叠加影响，我国地方国企债券违约规模就高达315.94亿元，中央国企违约规模也达420.98亿元。因此，我们应当构建并完善债务风险预控与关口前置防控体系，提高信用评级的有效性与前瞻性。一方面，可搭建产业债信用风险信息的统一发布与数据共享平台，结合区块链、大数据、人工智能等技术，实现信用风险信息的全面归集与高效赋分，提高数据采集、信息报送效率，加强对恶意剥离优质资产、置换不良资产、重大涉诉事项增多、负面舆情指数骤升等违约信号的识别预警工作，加强常态化信用风险排查与监测，定期发布风险评估报告，对风险暴露可能较大的债券提前发布信用风险预警，及时、有序清理债务风险隐患；另一方面，应适度提高债券评级抽查频次与比例，构建评级动态调整机制，并进一步推进信用评级机构市场化进程，落实、落细对信用评级行业的监管制度规则，对扰乱评价工作秩序、影响市场化评价公平性的评级机构采用罚款、暂停或吊销信用评级资格等处罚方式。此外，本章的分析结果表明，在我国产业债市场中，信用风险分化趋势较为明显。例如，上游产业债券等易受到短期信用风险的输入冲击，"大消费"板块是我国长期信用风险的重要接受方，而交通运输等基建行业则始终为风险主要输出方，在风险传染网络中的中心度也相对较高。因此，监管当局应实时监测产业债市场关键指标的运行态势，持续推进产业债券信用风险分类管理，实施差别化风险防控政策，坚持"一产一策""一行一策"乃至"一企一策"，加大对信用风险传染网络重要节点的防控力度，进一步落实、加强针对重点行业的纾困帮扶政策，及时缓释部分债务规模大、账面资金储备水平低的企业的信用风险，从而合理配置监管资源、有效提升监管效能，实现风险监管关口前置，更为精准、稳妥地处治化解信用风险隐患。

（二）构建长期性信用风险防控体系，强化政策统筹协调，提升政策质效。本章的研究结论显示，在短期，信用风险传染对我国金融系统产生了相对可控的外生影响，而对宏观经济的冲击则较为有限。这是因为，央行往往在信用风险爆发初期续作 MLF 等货币投放措施，补充市场流动性，并在短期内大幅增强了市场对货币政策偏松的预期。然而，值得注意的是，分析结果同样表明，随着时间的推移，在信用风险传染的外溢冲击下，市场中期、长期的流动性逐步趋紧，融资难度显著提升，进而对经济景气、社会融资、企业投资等宏观基本面产生严重的负面影响。这就意味着，在各产业债兑付承压、频繁展期，乃至出现实质性违约等风险事件时，我国金融监管机构在采用公开市场操作、逆回购、现券买断等操作投放货币、缓释短期风险冲击的同时，应当持续在中长期跟踪社会融资规模增量、金融机构贷款投放率等关键指标，密切关注融资条件变动，警惕企业信用基本面恶化、融资环境过度收紧等风险，提高对信用风险的评估研判频率，及时对市场利率、MLF 利率等政策利率进行预调、微调，保持金融市场流动性的合理充裕。与此同时，政策当局应通过引导金融机构提供信贷优惠、推动地方政府出台扶持政策以释放政策叠加效应等方式，加强对中小微企业融资增信的支持，并可与税务、工商等部门合作，推动企业信用信息共享，构建更为精准、全面的企业信用画像。在此基础上，进一步完善信用担保体系与风险补偿机制，制定对信用评级低、信用记录较不完善企业的风险防控预案，及时开展企业信用修复工作，避免外部融资环境恶化削弱企业偿债能力，稳步推进金融服务实体经济的质效提升，全面增强国内大循环的内生动力。此外，可通过简化审批流程、明确业务标准与操作流程、搭建交流平台等方式，引导投资机构、承销机构加大对产业债业务的参与度、推动机构与企业的对接合作。同时，鼓励此类机构建立、完善风险管理机制与内部控制机制，实现覆盖债券发行、承销、交易、结算的风险防控全链条全流程管理机制，保障财务审批、业务授权、内部审计等操作的合规性，并定期对风险管理制度进行审查、更新，以及开展相关人员的培训教育，提高其专业素养与业务能力，构建长期性信用风险防控体系。进一步地，政策当局在综合采用货币、财政政策工具缓释、应对短期信用风险冲击的同时，也要注重结构性改革与制度建设，不断优化金融结构、完善市场机制，并进一步应加强短期、长期政策的协调配合，不断提升政策制定与执行部门间的沟通协作，形成稳定金融系统的合力，充分提升政策质效，从而进一步激发市场活力、增强金融韧性。

（三）加强预期引导工作的前瞻性、主动性，供需两端双管齐下提振市场信心。本章的分析结果显示，短期信用风险传染对中小企业信心、消费者预期等指数产生了明显的外溢冲击，而长期风险传染对宏观经济景气指数、投资、融资等宏观变量存在显著的因果影响。这就意味着，从长期来看，消极情绪的扩散可能提升市场的风险规避倾向、引发非理性金融决策，并再度推高信贷利差，使得宏观经济条件进一步恶化，引发恶性循环，加剧经济金融不稳定。因此，在面临"需求收缩、供给冲击、预期转弱"三重叠加压力的背景下[1]，我们应当进一步强化、优化债市异动期间的预期管理工作，防范市场偏好下行、债市急速走弱引发中小企业信心回落、推高各企业融资难度，开展更具前瞻性、主动性的预期引导，从供需两端共同提振市场信心，避免产业债券风险积聚诱发一致性悲观预期，确保信用风险总体可控、在控，维护金融系统的平稳运行。具体而言，一方面，从产业债的供给端看，监管机构应对发债主体进行更为严格的信用评估与风险排查，综合考察企业财务状况、经营能力、投资计划与市场前景等重要指标，而对"僵尸国企"等信用资质较差的主体，应严格限制其发债规模，乃至取消其发债资格，避免其诱发系统性风险。同时，应督促企业制定违约防控化解预案、承销及

---

[1] 2022年12月15日至16日召开的中央经济工作会议指出，"当前我国经济恢复的基础尚不牢固，需求收缩、供给冲击、预期转弱三重压力仍然较大，外部环境动荡不安，给我国经济带来的影响加深"。

投资主体完善内部问责机制,及时公布债券受理审核、注册和发行工作信息,适时适度释放"稳融资""稳增长"的积极信号。此外,监管当局需持续丰富宏观审慎政策工具箱,加强与市场主体的沟通与交流,密切关注市场动态和风险变化,在出现展期、违约等风险事件时及时介入,根据经济形势和市场需求适时调整政策力度,避免信用风险在债券市场传染、扩散。另一方面,从需求端看,监管机构必须进一步强化相关主体的信息披露责任,持续加大对发债企业信息披露的监管力度,保障揭示偿债能力重要信息(如会计估计变更、受限资产变动、信用类债券逾期等)的定时披露,更是应重点加大违约产业债的信息披露要求,提升信息公开度、透明度,同时制定风险事件应急预案,细化包括资金筹措、债务重组、资产处置等在内的违约处置措施,以期在风险爆发初期,迅速启动应急预案,采取限制交易、暂停发行等方式切断风险传染、稳定市场预期。此外,也应加强投资者培训与教育工作,以期提高市场参与者的风险意识与风险识别能力,并进一步完善投资者保护机制,畅通多元化多层次的投诉、维权渠道,充分缓解市场紧张情绪、有效改善市场预期,全面助力新发展格局,实现经济的高质量发展。

第八章
我国金融机构尾部风险影响因素的非线性研究*

第一节 引言

当前我国在防范化解金融风险攻坚战上取得了决定性胜利,牢牢守住了不发生系统性风险的底线。在"十三五"规划期间,我国金融杠杆增速显著放缓,银行不良资产、房地产泡沫、地方政府隐性债务、大中型企业债务等重点领域风险有所缓释,影子银行、互联网金融等市场乱象得到有效整治,金融风险防范长效机制不断健全。然而,在"十四五"规划开局之际,我国的金融风险形势面临着新的挑战,防范风险仍是金融业的永恒主题。在影子银行、地产金融、金融控股公司等新型金融业态快速发展的背景下,全球中小金融机构的尾部风险事件频发,我国中小银行的风险隐患也在近年来开始凸显,河北省肃宁县尚村农信社、锦州银行、包商银行等中小金融机构相继出现重大风险暴露。此类风险事件引发了全球监管机构对"太大而不能倒"这一传统理念的重新审视,如何准确识别现阶段银行体系的风险薄弱环节、有效防控尾部风险成为各国政府与学术界关注的核心问题。正因如此,党的十九届五中全会明确指出,"防范化解重大风险体制机制不断健全"是我国

---

* 本章经整理后发表于《金融研究》2021年第3期。

"十四五"时期经济社会发展的主要目标。而面对现阶段全球疫情冲击与严峻国际形势等诸多挑战，防范化解尾部风险也成为了紧迫与艰巨的任务。中国人民银行行长易纲在 2020 年 5 月 26 日接受采访时指出，"近期新冠疫情对我国经济社会发展带来前所未有的冲击，对银行信贷资产质量造成一定下迁压力，部分中小金融机构风险需引起关注"。由此可见，在资本市场不确定性与经济下行压力加大、中国资本市场改革进程加快的背景下，准确剖析我国银行规模与尾部风险间的作用关系，同时深入探讨尾部风险的影响因素等问题显然具有重要的学术价值与现实意义。它不仅有助于我们强化金融系统的风险防控薄弱环节、提高金融机构的风险吸收能力，而且也有助于我们进一步完善风险早期预警与应急处理机制，从而提高防范化解金融风险能力水平，统筹做好金融稳增长与防风险工作，促进经济金融良性循环，推动实现"十四五"规划与二〇三五年远景目标。

采用合适的监管措施遏制金融机构的过度冒险行为，是防范尾部风险、维护金融市场稳定的关键环节（Van Oordt and Zhou, 2019）。相关研究表明，大型金融机构往往偏好于通过短期债务融资进行高风险投资，因此在面临市场困境时会出现更大的风险隐患（Bakkar et al., 2020）。而此类过度承担风险的大型机构发生违约或破产时，可能进一步引发或加剧金融危机。在此基础上，许多学者提出了"太大而不能倒"（Too Big To Fail, TBTF）假说，即政策当局往往会对存在风险隐患的大型金融机构提供显性或隐性的补助，以避免极端风险事件的发生，但大型机构会因此出现更强的逐利行为，产生道德风险，反而提高了自身的违约概率（Varotto and Zhao, 2018）。与此同时，大型金融机构业务范围更为广泛，经营状况难以被股东充分掌握，存在明显的资产扩张激励，易引发严重的委托代理问题（Laeven and Levine, 2008）。因此，"TBTF"假说指出，金融机构的规模越大，其所面临的风险也越大，需要受到更为严格的监管。此后，学界基于"TBTF"假说展开了大量关于金融机构规模与资本市场尾部风险的实证研究，如范奥德特和周（Van Oordt and Zhou, 2019）、格伊埃等（Gueyié et al., 2019）等。

然而，随着对该领域研究的进一步深入，最新文献发现，规模较小的银行或其他金融机构可能更易引发尾部风险（Altunbas et al., 2018; Parrado-Martínez et al., 2019），基于"太大而不能倒"假说的传统监管原则开始受到"太大而无法救助"（Too Big To Save）、"太小而无法竞争"（Too Small To Compete）等假说的挑战。其中，部分学者认为，财政资金紧张、经济规模较小的经济体往往难以对违约金额较大的大型金融机构进行救助，因此大银行的逐利驱动远小于小型金融机构，即出现"太大而无法救助"问题（Demirgüç-Kunt and Huizinga, 2013）。而"太小而无法竞争"假说则指出，受制于客户吸引难、存款获取成本高、利息支出压力大、风险管理不成熟等因素，在市场竞争压力下，小型银行往往偏好于高风险业务以获取超额利润，从而承担了更高的尾部风险（Tabak et al., 2013）。此外，随着"规模越小风险越大"这一作用机制理论研究日臻完善，相关研究也从实证角度对其展开了深入探讨，如芬霍尔茨和科赫（Fernholz and Koch, 2017）、阿尔通巴斯等（Altunbas et al., 2018）等。

与此同时，最新的研究发现，除规模外，金融机构的特许权价值、杠杆水平、资产质量、成本水平、收入结构、贷款结构等基本面指标也会对其自身的风险水平产生显著影响（Black et al., 2016）。研究表明，托宾 q 值等特许权价值指标较高的成长型机构往往偏好采用并购整合、增加短期债务融资、提升运营复杂性等方式，以承担额外风险为代价获取高额利润，从而产生更大的风险隐患（Bakkar et al., 2020），Du and Palia（2018）等人的实证研究也证明了这一点。与此同时，高杠杆银行由于自有资本低、负债比例高，在危机期间往往会因银行间市场流动性缺乏、抵押品融资困难而更易受到外部冲击，并通过资产负债表途径对其他机构产生负面影响，引发系统性金融风险（Hryckiewicz and Kozłowski, 2017）。而银行的成本收入比率则与风险传染情况存在稳定的正向关联，低效率的成本管理水平将进一步加大危机隐患（López-Andión et al., 2019）。类似地，由于相互关联的银行间存在潜在的溢出效应，高额的不良贷款率会使得银行的系统性风险不断积累（Buch et al., 2019）。此外，相关研究表明金融机构的系统重要性程度往往与其对贷款的依赖程度呈正相关，银行在扩张信贷时过度发放高风险贷款的倾向易引发风险传染现象（Dinger and te Kaat, 2020; Bostandzic and Weiss, 2018）。值得注意的是，现有研究在机构收入结构对风险承担的影响上尚未达成共识，实证研究表明非利息收入对银行风险存在不同方向的影响（de Jonghe et al., 2015; Van Oordt and Zhou, 2019）。最新研究表明，上述差异主要是由于银行的非利息收入同时包括了高风险的投资银行类收入与低风险的手续费等收入，大型银行的非利息收入能够缓释风险，而在小型银行中则会导致风险积累（Buch et al., 2019; Matthys et al., 2020）。因此，在研究中准确区分非利息收入、手续费收入等指标对考察收入结构的风险贡献十分重要。与此同时，在国内有关金融风险影响因素的研究上，我国很多学者已从地方政府债务、货币政策、突发公共事件冲击、外部冲击等不同角度对其进行了很好的分析与阐述，其中代表性的包括李志辉等（2016）、邓可斌等（2018）、梁琪和郝毅（2019）、刘晓星和石广平（2018）、杨子晖和周颖刚（2018）、陈湘鹏等（2019）、杨子晖等（2020）、杨子晖（2020）等。

纵观该领域的研究，现有的国内文献主要集中在探讨金融机构间的风险传染情况，而较少结合中国实际经济条件考察"太大而不能倒"理论在中国的适用性。随着金融供给侧结构性改革的进一步深化，我国中小银行发展迅速，截至2020年4月其资产总额已占全国银行资产总额的25%。因此，现阶段深入考察我国银行规模对尾部风险的贡献程度显得十分必要。其次，在探讨银行规模对尾部风险的作用方向时，现有文献仍未达成一致意见。相关研究表明，这种作用关系往往会受到金融机构基本面因素影响（Buch et al.,

2019)。因此,结合金融机构的基本面指标,考察尾部风险的驱动因素,并研究机构规模对风险的异质性作用,将为我们进一步厘清中国金融机构尾部风险作用机制提供重要参考依据。再者,国内外文献大多采用线性基准回归模型考察金融风险的驱动因素。然而,最新的研究发现,传统的线性分析框架无法捕捉变量间非对称关系或阈值型的非线性关联,但风险传导的强度与方向常常呈现明显的非线性转变,且对金融系统的负面冲击达到一定阈值后更是将对其稳定性造成严重冲击(Acemoglu et al., 2015)。因此,在传统的线性框架下对变量间的作用关系进行分析,可能导致结论出现较大偏差,从而难以识别金融系统中的风险源头(de Vita et al., 2018)。最后,需要进一步指出的是,现有研究在考察变量间的非线性关联时,忽略了我国经济改革存在明显的"渐进式"趋势。因此,如何有效考察规模对尾部风险的异质性影响,并准确刻画这一关系随着各影响因素而产生的渐进转变,则成为我们结合中国实际经济条件,考察尾部风险驱动因素过程中必须考虑的重要问题。

鉴于此,本章尝试着在现有研究的基础上做一个有益的补充。首先,我们采用相对重要性分析技术方法,考察机构规模以及杠杆水平、不良贷款率、成本收入比率、市场价值比率、托宾q值、非利息收入比率、手续费收入比率、个人住房贷款比率、企业贷款垫款比率等基本面因素对我国上市银行等金融机构尾部风险的贡献程度,准确识别尾部风险的驱动因素。接着,本章采用边际效应分析技术考察规模对风险的异质性效应,检验各风险影响因素在不同规模下的作用差异,深入探讨"太大而不能倒"假说在中国的有效性。在此基础上,我们进一步基于面板平滑转换估计模型(PSTR),考察机构规模对尾部风险的非线性作用,分析基本面因素对该异质性效应的影响力度,在得出富有启发意义的结论基础上,我们提出了加强中小银行监管力度、稳步推进金融去杠杆、监控银行混业经营风险的政策建议,它将有助于增强我国金融机构的风险吸收能力,从而提高防范化解金融风险能力水平。

第二节 相对重要性分析技术

为了检验"太大而不能倒"这一传统监管原则的有效性，探讨金融机构规模对尾部风险的异质性效应，本章借鉴伊斯雷利（Israeli, 2007）、吉沃利等（Givoly et al., 2019）提出的相对重要性分析技术方法（Dominance analysis），考察机构规模对尾部风险的影响强度。具体而言，吉沃利等（2019）首先考察一个截面回归模型及其拟合优度如下：

$$\overline{Risk_i} = a + b_1\overline{x_{1,i}} + b_2\overline{x_{2,i}} + u_i$$

$$R^2 = \frac{RSS}{TSS} = \frac{Var(\widehat{Risk})}{Var(\overline{Risk})} = 1 - \frac{Var(\hat{u})}{Var(\overline{Risk})} = \frac{\hat{b}_1 Cov(\overline{x_{1,i}}, \overline{Risk}) + \hat{b}_2 Cov(\overline{x_{2,i}}, \overline{Risk})}{Var(\overline{Risk})} \quad (8-1)$$

其中，L 为解释变量总个数，$\overline{Risk_i}$ 和 $\overline{x_i}$ 分别代表系统性金融风险指标和金融机构微观财务指标在截面维度的均值。在扰动项与解释变量不相关的假定下，拟合优度可被分解为各个解释变量对被解释变量的贡献程度，即：

$$M_1 = \frac{1}{2!}\left\{\begin{matrix}R^2\left[\overline{Risk_i} = a + b_1\overline{x_{1,i}} + b_2\overline{x_{2,i}} + u_i\right] - R^2\left[\overline{Risk_i} = a' + b_2'\overline{x_{2,i}} + u_i'\right] \\ + R^2\left[\overline{Risk_i} = a'' + b_1''\overline{x_{1,i}} + u_i''\right] - R^2\left[\overline{Risk_i} = a''' + u_i'''\right]\end{matrix}\right\} \quad (8-2)$$

其中，$R^2[f(\cdot)]$ 为回归方程 $f(\cdot)$ 的拟合优度。而式（8-2）括号内最后一项恒为 0，$\overline{x_1}$ 的贡献程度可以通过 $2^2-1=3$ 次回归（Combinations）得到。因此，对于任何一个包含 $\overline{x_1}$ 的子集，均可比较该解释变量组合以及剔除 $\overline{x_1}$ 后的解释变量组合下的拟合优度差异，这种平均差异即代表了 $\overline{x_1}$ 的贡献程度。

一般地，对于 L 个解释变量的情形，第 k 个变量的贡献程度可定义为：

$$M_k = \frac{1}{L!}\left\{R^2\left[\overline{Risk_i} = a + \sum_{l \in S}b_l'\overline{x_{l,i}} + b_k\overline{x_{k,i}} + u_i\right] - R^2\left[\overline{Risk_i} = a' + \sum_{l \in S}b_l'\overline{x_{l,i}} + u_i'\right]\right\} \quad (8-3)$$

其中，S 为除第 k 个变量外其他解释变量组成的所有子集。因此，第 k 个变量的贡献程度 M_k 即为所有包含 $\overline{x_k}$ 的截面回归的平均拟合优度减去所有不包含 $\overline{x_k}$ 的截面回归的平均拟合优度，通过进行 2^L-1 次回归

（Combinations）计算得到，因而极大地减少了计算量。此外，由于拟合优度代表$\overline{Risk_i}$的变动被一系列解释变量解释的程度，剔除某一解释变量所导致的拟合优度变动即为该解释变量对被解释变量的贡献程度。在此基础上，可通过对比各个解释变量的贡献程度，判断其相对重要性。

第三节　面板平滑转换回归模型（PSTR）

本章采用面板平滑转换回归模型（Panel Smooth Transition Regression Model, PSTR）(Cheikh and Zaied, 2020; González et al., 2017)对规模与尾部风险关系的渐进演变展开深入研究。首先，本章采用两个体制转换区间（存在一个转换函数，$r=1$）的PSTR模型，构造如下基本回归方程：

$$Risk_{it} = \alpha_i + \beta_0 X_{it} + \beta_1 X_{it} F(Y_{it}; \gamma, c) + \varepsilon_{it}^* \qquad (8-4)$$

其中，$i=1,2,\cdots,N$为面板单位数目，$t=1,2,\cdots,T$为面板时间跨度，$Risk_{it}$和X_{it}分别表示第i个金融机构在t时期的系统性金融风险以及规模，$F(\cdot)$为刻画非线性平滑演变的转换函数，ε_{it}^*为误差项。此外，T_{it}则表示除规模外其他风险驱动因素，包括杠杆、不良贷款率、成本收入比率、市场价值比率、托宾q值、非利息收入比率、手续费收入比率、个人住房贷款比率以及企业贷款垫款比率。

与此同时，谢赫和扎伊德（Cheikh and Zaied, 2020）进一步假定转换函数$F(Y_{it}; \gamma, c)$遵循以下的logistic转换函数：

$$F(Y_{it}; \gamma, c) = [1+\exp(-\gamma(Y_{it}-c))]^{-1}, \quad \gamma > 0 \qquad (8-5)$$

其中，c为转换函数的位置参数；γ为平滑参数，代表logistic函数变化的平滑程度，衡量转换函数在两个体制区间中的转换速度。此外，为了进一步考察机构规模对尾部风险的异质性效应，同时分析各个风险驱动因素对系统性金融风险的非线性作用，本章将Y_{it}作为转换函数中的转换变量。

与此同时，转换函数 $F(Y_{it};\gamma,c)$ 代表在 [0,1] 区间内的有界连续函数，当函数值取 1 时代表高区制，取 0 时表示低区制。若平滑参数 γ 趋向于无穷，则转换函数 $F(Y_{it};\gamma,c)$ 成为了示性函数，此时面板平滑转换回归模型（PSTR）转变为离散的结构突变的面板门槛回归模型（PTR）；而当平滑参数 γ 趋向于零时，转换函数 $F(Y_{it};\gamma,c)$ 则成为了常数函数，此时 PSTR 模型转变为具有个体效应的线性模型。

在此基础上，金融机构规模与系统性金融风险的关联参数 δ_{it} 可表示为：

$$\delta_{it} = \frac{\partial Risk_{it}}{\partial X_{it}} = \beta_0 + \beta_1 F(Y_{it};\gamma,c) \qquad (8-6)$$

β_1 的正负符号刻画了关系参数 δ_{it} 与转换变量 Y_{it} 之间的关系，即规模的异质性效应，当 β_1 为正，关系参数 δ_{it} 随着转换变量 Y_{it} 的增加而增加，反之，当 β_1 为负，则意味着关系参数 δ_{it} 随着转换变量 Y_{it} 的增加而减少。当 $F(Y_{it};\gamma,c)$ 取 1 时，金融机构规模对系统性风险的影响为 $\beta_0 + \beta_1$，因此称之为高区制；而当函数值取 0 时，关系参数为 β_0，处于低区制。

如果包含 $r+1$ 个体制转换区间，则 PSTR 模型拓展改写为：

$$Risk_{it} = \alpha_i + \beta_0 X_{it} + \sum_{j=1}^{r} \beta_j X_{it} F(Y_{it};\gamma_j,c_j) + \varepsilon_{it}^* \qquad (8-7)$$

此外，我们进一步进行了"线性检验"，分析体制转换效应是否显著，从而保证本章使用 PSTR 模型的有效性与准确性。"线性检验"考察了原假设 $H_0: \gamma = 0$ 或 $H_0: \beta_1 = 0$ 是否成立。冈萨雷斯等（González et al., 2017）指出，通过采用转换函数 $F(Y_{it};\gamma,c)$ 在 $\gamma = 0$ 处的一阶泰勒展开式来构造辅助回归式，可以进行等价的"线性检验"。与此同时，他们分别构造了如下的 LM 检验统计量以及 F 检验统计量，即：

$$LM = TN(SSR_{Linear} - SSR_{PSTR})/SSR_{Linear} \qquad (8-8)$$

$$LM_F = (SSR_{Linear} - SSR_{PSTR})/[SSR_{Linear}/(TN-N-1)] \qquad (8-9)$$

其中，SSR_{Linear} 为原假设下（即线性假设下）的面板回归残差平方和，而

SSR_{PSTR} 则为备择假设下（即 PSTR 模型假设下）的面板回归残差平方和。在原假设下，LM 检验统计量遵循渐进 $\chi^2(1)$ 分布，而 F 检验统计量则遵循渐近 $F(1,TN-N-1)$ 分布。

在"线性检验"拒绝线性原假设的基础上，需要进一步进行"剩余非线性检验"（remaining nonlinearity），考察该非线性模型是否"已经充分"刻画"所有"的体制转换效应。具体而言，本章提出了如下的原假设以及备择假设：只存在两个体制转换区制（$H_1: r=1$，即只有一个转换函数）或者存在多于两个体制转换区制（$H_1: r=2$，存在两个转换函数）。而在备择假设 $r=2$ 下，PSTR 模型具有以下的表达形式：

$$Risk_{it} = \alpha_i + \beta_0 X_{it} + \beta_1 X_{it} F(Y_{it}; \gamma_1, c_1) + \beta_1' X_{it} F(Y_{it}; \gamma_2, c_2) + \varepsilon_{it}^* \quad (8-10)$$

与前面的分析相类似，冈萨雷斯等（2017）采用第 2 个转换函数在 $\gamma_2=0$ 处的一阶泰勒展开式来构造辅助回归式，同时也计算了相应的 LM 检验统计量以及 F 检验统计量。值得注意的是，在实际检验过程中，我们首先对原假设 $H_1: r=r^*$ 以及相应的备择假设 $H_1: r=r^*+1$ 进行检验，如果拒绝原假设 H_0，则继续对 $H_0: r=r^*+1$ 以及相应的备择假设 $H_1: r=r^*+2$ 进行检验，……，以此类推，直至无法拒绝原假设 H_0。

第四节　数据说明

本章就规模以及基本面因素对我国金融机构尾部风险的影响展开深入分析，鉴于数据可得性，选取了 44 家上市金融机构，其中 11 家为上市银行，33 家为上市非银行金融机构，样本区间为 2008 年 1 月—2020 年 6 月。数据来源均为 Wind 数据库。

为了更准确地捕捉尾部风险的渐进演进特征，本章使用市值规模作为机构规模的代表变量，并分别使用杠杆、不良贷款率、成本收入比率、市场价值比率、托宾 q 值、非利息收入比率、手续费收入比率、个人住房贷款比率、企业贷款垫款比率等指标作为转换变量，从杠杆水平、资产质量、成本水平、特许权价值、收入结构以及贷款结构的角度刻画金融机构的基本面情况。上述指标均采用 1% 分位数的双边缩尾处理以消除异常值的影响。此外，本章基于 44 家上市机构的股票日度收益率计算了 1% 分位数与 5% 分位数下的 MES 风险测度指标，并以月均值作为各机构风险的代表变量。

第五节 规模对银行业系统性金融风险的相对重要性分析

首先，与伊斯雷利（2007）、冈萨雷斯等（2019）等人的研究相一致，本章采用前沿的相对重要性分析技术，在截面维度上考察各变量对拟合优度的贡献程度，并将标准化后的分解结果列于表 8-1。由表 8-1 可以发现，在各测度指标与模型下得到的结论均一致表明，机构规模是我国金融机构尾部风险的重要驱动因素。在 Panel A 与 Panel B 的模型 X 中，规模对尾部风险的解释力度分别达到了 25% 与 23%，远高于其他解释变量。与此同时，不良贷款率、个人住房贷款比率、非利息收入比率等测度指标也显著影响着我国银行系统的风险水平，解释力度均在 7% 至 18% 间。这与博斯坦季奇等（Bostandzic et al., 2018）的结论相类似，意味着当我国上市银行在采用更激进的存贷款模式追求高额回报时，可能会产生更高的风险敞口。而在新冠疫情扩散叠加全球经济下行的背景下，我国金融行业对实体经济的支持力度不断加大，信贷投放数额大幅增加，但随着企业与个人偿债能力的持续下滑，银行信贷风险隐患亦有所上升。据国家统计局与原银保监会数据显示，2020 年 3 月至 6 月间，我国金融机构新增人民币贷款上涨幅度高达 41.26%，与此同时，我国银行业 2020 年二季度末的不良贷款余额较之年初增加 4004 亿元，不良贷款率上涨 0.08 个百分点。因此在现阶段，我国银行等金融机构

表 8—1　规模对银行业系统性金融风险的相对重要性分析

	Panel A　规模对 MES 指标（1% 分位数下）的相对重要性分析									
解释变量	模型Ⅰ	模型Ⅱ	模型Ⅲ	模型Ⅳ	模型Ⅴ	模型Ⅵ	模型Ⅶ	模型Ⅷ	模型Ⅸ	模型Ⅹ
规模	87%[1]	68%[1]	83%[1]	99%[1]	85%[1]	81%[1]	83%[1]	72%[1]	96%[1]	25%[1]
杠杆	13%[2]									7%[8]
不良贷款率		32%[2]								18%[2]
成本收入比率			17%[2]							9%[4]
市场价值比率				1%[2]						5%[9]
托宾 q 值					15%[2]					9%[5]
非利息收入比率						19%[2]				7%[7]
手续费收入比率							17%[2]			8%[6]
个人住房贷款比率								28%[2]		11%[3]
企业贷款垫款比率									4%[2]	4%[10]
Combination	3	3	3	3	3	3	3	3	3	1023
	Panel B　规模对 MES 指标（5% 分位数下）的相对重要性分析									
解释变量	模型Ⅰ	模型Ⅱ	模型Ⅲ	模型Ⅳ	模型Ⅴ	模型Ⅵ	模型Ⅶ	模型Ⅷ	模型Ⅸ	模型Ⅹ
规模	77%[1]	69%[1]	88%[1]	100%[1]	88%[1]	75%[1]	82%[1]	74%[1]	96%[1]	23%[1]
杠杆	23%[2]									11%[3]
不良贷款率		31%[2]								17%[2]
成本收入比率			12%[2]							4%[9]
市场价值比率				0%[2]						5%[8]
托宾 q 值					12%[2]					8%[6]
非利息收入比率						25%[2]				10%[4]
手续费收入比率							18%[2]			8%[7]
个人住房贷款比率								26%[2]		10%[5]
企业贷款垫款比率									4%[2]	4%[10]
Combination	3	3	3	3	3	3	3	3	3	1023

注：中括号内的值为相对重要性排序。

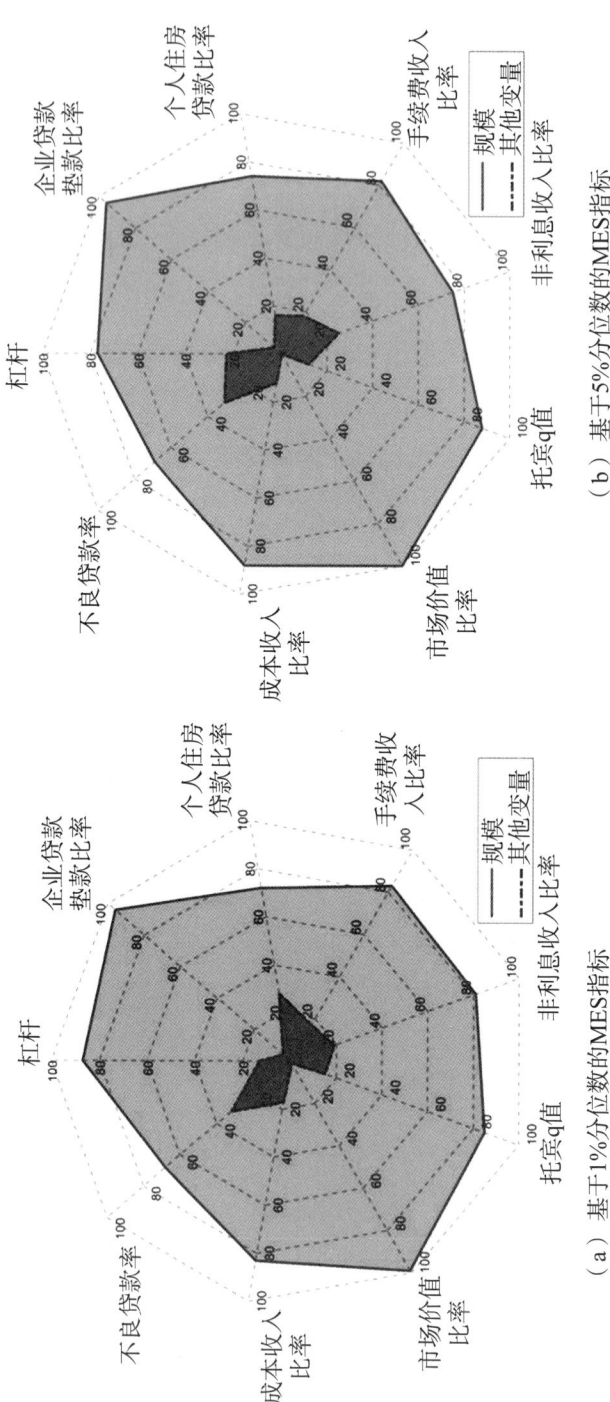

（a）基于1%分位数的MES指标　　（b）基于5%分位数的MES指标

图8-1　规模对银行业尾部风险的相对重要性分析图

应当加大不良贷款处置力度,加强风险管控与贷后管理工作,防范风险敞口的进一步扩大。

基于表 8-1 的结论,我们画出了各影响因素的相对重要性分析图,以更加直观地比较各指标对尾部风险的贡献程度。图 8-1(a)与(b)分别刻画了 1% 以及 5% 分位数的 MES 指标下的相对重要性分析结果。由图 8-1 可见,不同分位数的测度指标下的结论一致,规模对各银行风险的影响力度(实线)较大,解释力度远高于其他基本面代表变量(虚线)。这表明在我国银行系统中,机构规模是尾部风险的核心驱动因素。此外,图 8-1 直观地显示,不良贷款率、个人住房贷款比率、非利息收入比率等基本面指标也对尾部风险产生一定的影响。

第六节 规模对银行业系统性金融风险的异质性效应检验

在以上相对重要性分析的基础上,我们使用边际效应分析方法(Buch et al.,2019),探讨不同规模下各基本面指标对银行业尾部风险的影响差异。图 8-2 表明,对于不同规模的银行机构,各因素对尾部风险的冲击力度存在显著差异。由图 8-2(a)与(f),我们可以清楚地发现,对于大部分规模的银行,较低的杠杆率与较高的非利息收入比率能够显著降低其尾部风险。研究表明当银行资产价值信息不完全时,银行的挤兑风险将大幅提升(Dermine,2015)。因此,由于小型银行的股本资本与盈利能力较低、资产流动性较差,这类金融机构在受到外界冲击时更易在突然性资金回撤、挤兑等因素影响下出现明显的风险敞口。而非利息收入对风险的影响在不同规模的银行间同样表现出显著的不对称性。其中,手续费收入比率能够在一定程度上缓释小型银行的尾部风险,这是因为手续费收入等收益稳健、风险较低的业务收入能够在危机期间有效降低银行违约的概率,而投资银行类收入

284　系统性金融风险研究

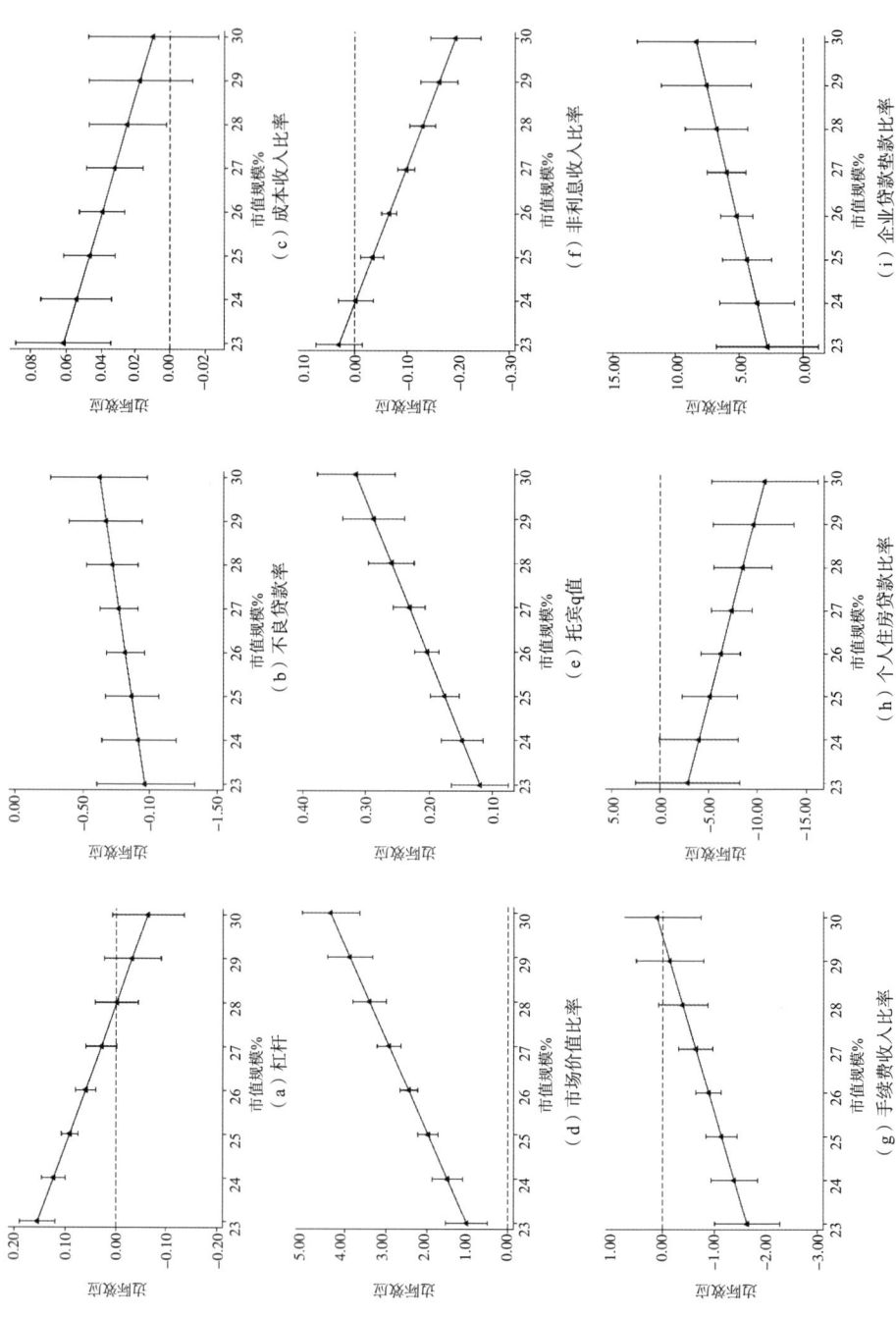

图 8-2　各因素在一定规模下对银行业尾部风险的边际效应图

注：银行业尾部风险的测度基于 5% 分位数下的 MES 指标。

等高风险业务会加剧小型银行的风险隐患,这与德杨和托纳(DeYoung and Torna, 2013)、布赫等(Buch et al., 2019)的研究相一致。

与此同时,图8-2(d)、(e)显示,包含市场价值比率、托宾q值在内的特许权价值指标对银行的尾部风险存在显著的正向影响,且作用力度随规模的增大而持续增加。因此,在我国金融系统中,较之价值型银行,市场价值比率较高的成长型银行可能存在更明显的尾部风险隐患。此外,图8-2(h)与(i)表明,个人住房贷款比率与尾部风险间存在最为明显的负向关联,而企业贷款垫款比率的提高则会显著增加银行风险。这表明在危机时期,金融机构能够通过增加个人住房贷款、减少企业贷款等方式调整贷款结构,降低风险暴露程度。

第七节 银行业系统性金融风险影响因素的非线性研究

边际效应分析仅从离散角度考察了不同规模下相关因素对尾部风险的线性影响。研究表明,金融变量间往往存在显著的非对称或是阈值型的非线性关联,在传统的线性框架下分析变量间关系可能导致较大的结论偏差。因此,本章进一步采用面板平滑转换回归模型(PSTR)分析变量间的非线性关联,检验是否存在显著的体制转换效应,并厘清规模与其他基本面因素对尾部风险的作用关系。首先,在进行 PSTR 估计之前,我们逐一以我国上市银行的基本面因素作为转换变量,检验银行规模与尾部风险间是否存在非线性关系。具体而言,在线性检验拒绝"变量间存在线性关系"原假设的基础上,本章基于剩余非线性检验考察风险与机构规模间体制转换区间的最优个数,检验结果列于表8-2。

表8-2的 Panel A 结果表明,在所有转换变量下,LM 与 LM_F 检验统计量均显著地拒绝"银行规模与1%分位数下的 MES 指标为线性关系"的原假

表 8-2 银行业风险影响因素的线性检验与剩余非线性检验

Panel A 基于1%分位数下的MES指标

假设	杠杆 LM检验 统计量	P值	LM_F检验 统计量	P值	市场价值比率 LM检验 统计量	P值	LM_F检验 统计量	P值	手续费收入比率 LM检验 统计量	P值	LM_F检验 统计量	P值
$H_0: r=0$ vs $H_1: r=1$	93.81***	0.00	98.88***	0.00	380.72***	0.00	495.11***	0.00	42.27***	0.00	43.08***	0.00
$H_0: r=1$ vs $H_1: r=2$	1.84	0.18	1.86	0.17	0.20	0.66	0.20	0.66	0.40	0.52	0.40	0.53
$H_0: r=2$ vs $H_1: r=3$	—	—	—	—	—	—	—	—	—	—	—	—

假设	不良贷款率 LM检验 统计量	P值	LM_F检验 统计量	P值	托宾q LM检验 统计量	P值	LM_F检验 统计量	P值	个人住房贷款比率 LM检验 统计量	P值	LM_F检验 统计量	P值
$H_0: r=0$ vs $H_1: r=1$	8.14***	0.00	8.12***	0.00	346.25***	0.00	437.97***	0.00	100.08***	0.00	105.93***	0.00
$H_0: r=1$ vs $H_1: r=2$	0.92	0.34	0.93	0.34	1.20	0.27	1.21	0.27	0.48	0.49	0.49	0.49
$H_0: r=2$ vs $H_1: r=3$	—	—	—	—	—	—	—	—	—	—	—	—

假设	成本收入比率 LM检验 统计量	P值	LM_F检验 统计量	P值	非利息收入比率 LM检验 统计量	P值	LM_F检验 统计量	P值	企业贷款垫款比率 LM检验 统计量	P值	LM_F检验 统计量	P值
$H_0: r=0$ vs $H_1: r=1$	92.68***	0.00	97.61***	0.00	176.74***	0.00	197.09***	0.00	115.30***	0.00	123.28***	0.00
$H_0: r=1$ vs $H_1: r=2$	0.20	0.66	0.20	0.66	0.75	0.39	0.76	0.38	0.58	0.45	0.59	0.44
$H_0: r=2$ vs $H_1: r=3$	—	—	—	—	—	—	—	—	—	—	—	—

Panel B 基于5%分位数下的MES指标

假设	杠杆 LM检验 统计量	P值	LM_F检验 统计量	P值	不良贷款率 LM检验 统计量	P值	LM_F检验 统计量	P值	成本收入比率 LM检验 统计量	P值	LM_F检验 统计量	P值
$H_0: r=0$ vs $H_1: r=1$	91.42***	0.00	96.21***	0.00	9.74***	0.00	9.72***	0.00	91.18***	0.00	95.94***	0.00
$H_0: r=1$ vs $H_1: r=2$	2.71	0.10	2.70	0.10	0.16	0.69	0.16	0.69	0.28	0.60	0.28	0.60
$H_0: r=2$ vs $H_1: r=3$	—	—	—	—	—	—	—	—	—	—	—	—

续表

	市场价值比率				托宾 q				非利息收入比率			
	LM 检验		LM_F 检验		LM 检验		LM_F 检验		LM 检验		LM_F 检验	
	统计量	P 值	统计量	P 值	统计量	P 值	统计量	P 值	统计量	P 值	统计量	P 值
H_0: r=0 vs H_1: r=1	381.43***	0.00	496.31***	0.00	349.38***	0.00	443.04***	0.00	172.91***	0.00	192.30***	0.00
H_0: r=1 vs H_1: r=2	0.19	0.66	0.19	0.66	1.27	0.26	1.26	0.26	0.85	0.36	0.84	0.36
H_0: r=2 vs H_1: r=3	—	—	—	—	—	—	—	—	—	—	—	—

	手续费收入比率				个人住房贷款比率				企业贷款垫款比率			
	LM 检验		LM_F 检验		LM 检验		LM_F 检验		LM 检验		LM_F 检验	
	统计量	P 值	统计量	P 值	统计量	P 值	统计量	P 值	统计量	P 值	统计量	P 值
H_0: r=0 vs H_1: r=1	47.62***	0.00	48.71***	0.00	93.01***	0.00	97.99***	0.00	105.17***	0.00	111.69***	0.00
H_0: r=1 vs H_1: r=2	0.33	0.57	0.33	0.57	0.19	0.66	0.19	0.67	1.02	0.31	1.01	0.32
H_0: r=2 vs H_1: r=3	—	—	—	—	—	—	—	—	—	—	—	—

注：（1）*、**以及***分别表示通过10%、5%以及1%的显著性水平检验；（2）线性检验的原假设 H_0 为 r=0，相应的备择假设 H_1 为 r=1；（3）剩余非线性检验的原假设 H_0 为 r=a，相应的备择假设 H_1 为 r=a+1。

设。这就意味着我国上市银行的机构规模与尾部风险的关系将随着银行特许权价值、资产质量、杠杆水平、成本水平、收入结构、贷款结构等基本面指标的变化而出现显著的非线性转变。在此基础上，本章进一步基于剩余非线性检验，考察 PSTR 模型中体制转换区间的最优个数。表 8-2 显示，在剩余非线性检验的过程中，对于所有转换变量，我们均无法拒绝 r=1 的原假设，因此在本章使用的 PSTR 模型中，我们将选择最优个数为 1 的非线性转换函数。此外，表 8-2 的 Panel B 中，基于 5% 分位数的 MES 指标结论与 Panel A 一致，进一步证明了本章 PSTR 模型及体制区间个数选用的可靠性与稳健性。

根据线性检验与剩余非线性检验的结论，本章对 PSTR 模型进行正确设定，并在表 8-3 中列出了模型相关参数的估计结果。在此估计过程中，与 Cheikh and Zaied（2020）、冈萨雷斯等（2017）的研究相一致，我们使用两步估计以获取一致且渐近无偏的参数估计值。

我们由表 8-3 的估计结果可知，Panel A 与 Panel B 的结论十分一致，在不同的转换变量下，绝大多数的系数均显著为负，银行规模与金融风险间存在显著的负向关联，这表明我国上市银行规模的增加能够有效缓释尾部风险。究其原因，较之规模较小的银行，大型银行机构往往具有更大的规模经济优势，从而更易获取利润与实现风险分散化（Tabak et al., 2013），同时在危机期间也有更大的概率获得政府救助（Berger et al., 2019），因此，大型银行对尾部风险的边际贡献度显著低于中小银行，这与现有文献中"太小而无法存活"（Too Small To Survive）假说相一致。与此相印证的是，我国汕头商业银行（现华兴银行）、锦州银行、甘肃银行这一类规模较小的银行，由于资不抵债、无法维持经营等原因出现了不同程度的信用风险。

而表 8-3 中系数和平滑参数的估计结果显示，我国尾部风险在各类因素驱动下呈现出不同的演变态势。其中，在杠杆率、不良贷款率、成本收入比率、市场价值比率和托宾 q 值等作为转换变量时，β_0 估计值均显著为正。这表明随着银行上述指标的上升,银行规模与尾部风险存在着渐进减弱的负向关联。因此,较高的杠杆率将显著削弱我国银行通过规模扩张产生的风险缓释效应。而较之价值型银行,特许权价值更高的成长型金融机构也会由于过度投资、资产泡沫等隐患而引发更高的尾部风险。

与此同时,Panel A 与 Panel B 中,基于企业贷款垫款比率的 β_1 系数均大于 0,而个人住房贷款比率的 β_1 值则显著为负。据《全国住房公积金 2019 年年度报告》显示,截至 2019 年底,我国个人住房贷款风险依旧被充分覆盖,住房公积金个人住房贷款的逾期率仅为 0.03%。这就意味着由于我国个人住房贷款业务运行平稳,风险始终处于较低水平,因此,在企业贷款垫款比率的增加可能引发大型银行风险积累的同时,个人住房贷款比率的提高则有助于提升其风险缓释能力。

此外,表 8-3 同样表明,当我们将非利息收入比率、手续费收入比率等收入结构指标作为转换变量时,β_1 的估计值均显著为负,且作用力度较大(非利息收入比率分别 –0.033 及 –0.032,手续费收入比率为 –0.047 与 –0.043),因此当银行的非利息收入比率,尤其是其中的手续费收入比率出现上升时,银行规模与尾部风险的负向关联将呈现渐进增强的态势。

表 8-3　银行业风险影响因素的面板平滑转换回归模型参数估计(基于 MES 指标)

	Panel A　基于 1% 分位数下的 MES 指标					
	杠杆		不良贷款率		成本收入比率	
估计参数	估计系数	标准差	估计系数	标准差	估计系数	标准差
β_0	–0.248***	0.033	–0.515***	0.035	–0.280***	0.032
β_1	0.024***	0.002	0.010***	0.002	0.022***	0.001
转换函数个数 r	1		1		1	
位置参数 c	18.710		0.679		32.947	
平滑参数 γ	0.852		8.327		0.542	
SSR	324.340		350.192		325.597	
AIC 准则	–1.619		–1.542		–1.615	
BIC 准则	–1.606		–1.529		–1.602	

续表

估计参数	市场价值比率		托宾 q		非利息收入比率	
	估计系数	标准差	估计系数	标准差	估计系数	标准差
β_0	−0.319***	0.029	−0.238***	0.029	−0.018***	0.050
β_1	0.039***	0.001	0.038***	0.001	−0.033***	0.002
转换函数个数 r	1		1		1	
位置参数 c	2.006		101.201		23.480	
平滑参数 γ	3.635		0.429		0.153	
SSR	264.207		259.046		312.396	
AIC 准则	−1.824		−1.884		−1.656	
BIC 准则	−1.811		−1.831		−1.643	

估计参数	手续费收入比率		个人住房贷款比率		企业贷款垫款比率	
	估计系数	标准差	估计系数	标准差	估计系数	标准差
β_0	−0.225***	0.036	−0.420***	0.033	−0.228***	0.039
β_1	−0.047***	0.004	−0.027***	0.003	0.026***	0.002
转换函数个数 r	1		1		1	
位置参数 c	1.658		16.236		73.977	
平滑参数 γ	2.413		0.192		0.167	
SSR	335.687		331.977		326.657	
AIC 准则	−1.584		−1.596		−1.612	
BIC 准则	−1.571		−1.582		−1.599	

Panel B 基于 5% 分位数下的 MES 指标

估计参数	杠杆		不良贷款率		成本收入比率	
	估计系数	标准差	估计系数	标准差	估计系数	标准差
β_0	−0.271***	0.034	−0.533***	0.035	−0.297***	0.032
β_1	0.024***	0.002	0.007***	0.001	0.023***	0.002
转换函数个数 r	1		1		1	
位置参数 c	18.627		0.700		32.909	
平滑参数 γ	0.787		44.956		0.526	
SSR	342.396		368.129		342.492	
AIC 准则	−1.565		−1.492		−1.564	
BIC 准则	−1.552		−1.479		−1.551	

估计参数	市场价值比率		托宾 q		非利息收入比率	
	估计系数	标准差	估计系数	标准差	估计系数	标准差
β_0	−0.338***	0.029	−0.253***	0.029	−0.030***	0.050
β_1	0.039***	0.001	0.039***	0.001	−0.032***	0.002
转换函数个数 r	1		1		24.592	
位置参数 c	1.988		100.941		0.166	

续表

估计参数	市场价值比率		托宾 q		非利息收入比率	
	估计系数	标准差	估计系数	标准差	估计系数	标准差
平滑参数 γ	3.726		0.430		327.604	
SSR	277.265		271.624		−1.609	
AIC 准则	−1.776		−1.796		−1.596	
BIC 准则	−1.763		−1.783		24.592	

估计参数	手续费收入比率		个人住房贷款比率		企业贷款垫款比率	
	估计系数	标准差	估计系数	标准差	估计系数	标准差
β_0	−0.256***	0.037	−0.436***	0.033	−0.233***	0.040
β_1	−0.043***	0.004	−0.030***	0.003	0.027***	0.002
转换函数个数 r	1.701		17.418		73.148	
位置参数 c	2.445		0.179		0.173	
平滑参数 γ	355.077		347.088		340.981	
SSR	−1.528		−1.551		−1.569	
AIC 准则	−1.515		−1.538		−1.556	
BIC 准则	−1.571		−1.582		−1.599	

注：*、** 以及 *** 分别表示通过 10%、5% 以及 1% 的显著性水平检验。

为了进一步考察我国银行业尾部风险与规模间的非线性关联，本章结合各个转换变量在样本期内的均值以及表 8-3 中得到的 PSTR 模型的参数估计值，在图 8-3 中画出关系参数（规模对尾部风险的影响）与相对应的转换变量（除规模外的各风险驱动因素）间的散点关系图。

如图 8-3 所示，基于不同转换变量所计算出的风险关系参数值均显著为负，表明银行机构的规模扩张行为能够有效降低银行业的尾部风险水平。与此同时，我们可以清楚地发现，所有关系参数均随各转换变量的变动而发生明显变化，因此各驱动因素将对银行业尾部风险与银行规模间的非线性关系产生显著影响。其中，由图 8-3（a）、（b）、（c）、（d）、（e）可知，随着银行杠杆率、不良贷款率、成本收入比率和市场价值比率、托宾 q 值的不断下降，银行规模对尾部风险的负效应亦呈现渐进增强的态势。这就意味着，当银行的杠杆水平相对较低、市场估值更为合理或盈利能力有所提升时，大型银行机构在降低尾部风险上的优势将更加凸显。此外，图 8-3（b）显示，当银行不良贷款率提高时，银行规模与尾部风险的非线性关联可能由于流动性受限、脆弱性提升等原因发生突变，规模对尾部风险的抑制作用将被大幅削弱。而现阶段受疫情影响，我国实行加大信贷投放力度的逆周期调节政策，使得人民币贷款大幅增加、不良贷款率上升隐患凸显，因此监管机构更应当对潜在尾部风险予以高度重视。

同时，由图 8-3（f）、（g），我们可以清楚地发现，从银行收入结构的角度而言，非利息收入比率、手续费收入比率的上升将使得机构规模与尾部风险间的负向关联程度不断加强。近年来，随着我国利率市场化改革的加速推进，银行不断拓展非利息收入业务。而 2020 年以来，央行实施了较为宽松的货币政策以对冲疫情冲击，致使市场利率下跌，传统利息收入减少，提高非利息收入成为金融机构维持效益增长的重要环节。我国原银保监会统计显示，2020 年一季度我国银行非利息收入占比高达 26.62%，较之上一季度提高了 4.69 个百分点，这在一定程度上反映了当前银行非利息收入业务的快速扩张趋势。相关研究表明，非利息收入比率的提高将有利于银行缩小因市场利差收窄而导致的存贷利差收入损失，并显著提高业务分散化及风险分担程度，从而缓释大型金融机构的尾部风险。然而，与此同时，非利息收入业务也会显著抬升银行的业务复杂度（de Jonghe et al., 2015）和经营波动性（Buch et al., 2019），对非利息收入依赖程度更高的银行在危机期间可能会受到更大的风险冲击（Matthys et al., 2020）。而大型银行由于在公司治理和风险控制方面存在明显优势，因此其在拓展非利息收入业务时更易化解金融风险的积聚。因此，随着银行对非利息收入业务的依赖程度逐步加深，不同规模银行的尾部风险分化趋势将愈发凸显，这与德容赫等（de Jonghe et al., 2015）、博斯坦季奇和魏斯（Bostandzic and Weiss, 2018）以及范奥德特和周（2019）等人的研究结论相一致。

第八章 我国金融机构尾部风险影响因素的非线性研究 293

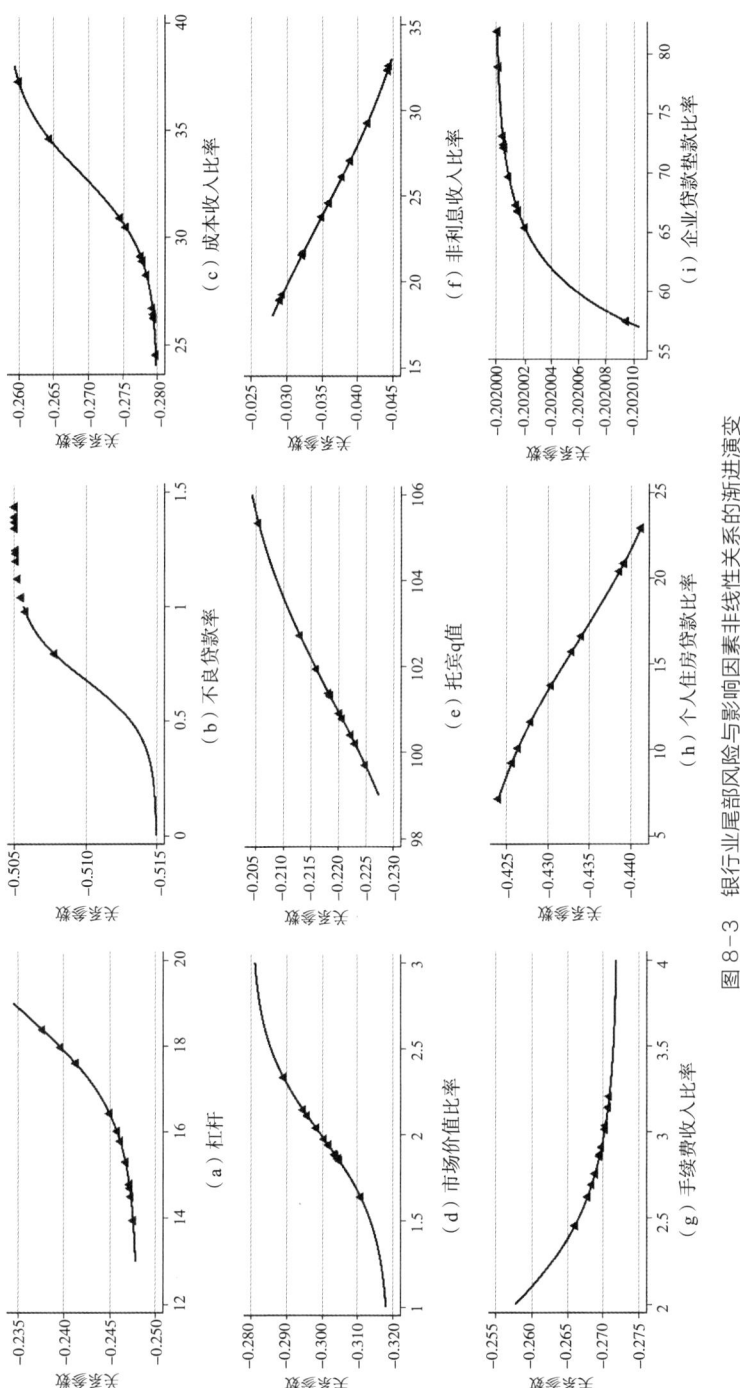

图8-3 银行业尾部风险与影响因素非线性关系的渐进演变

与此同时，相关研究表明，不同的系统性风险指标对风险特征相关信息的侧重程度相异，单个指标均只能捕捉到金融系统某一方面的潜在风险，在同一因素的影响下可能出现不同的变化（Benoit et al., 2017; Löffler and Raupach, 2018）。其中，ΔCoVaR衡量的是银行对系统造成的外部性，MES则更多关注银行自身面临潜在系统性危机的程度（Brunnermeier et al., 2020）。因此，在前文分析的基础上，本章同样基于PSTR模型，分别使用ΔCoVaR与VaR指标考察规模与系统性金融风险的非线性关联，并分析其他风险驱动因素对该关联的影响。参数估计结果分别列于表8-4与表8-5[1]。

表8-4表明，在采用ΔCoVaR指标测度银行业系统性风险水平时，绝大部分转换变量的估计值均与表8-3保持一致，各驱动因素均对银行业系统性风险与银行规模间的非线性关系产生显著影响。其中，与基于MES测度指标的结论相同，银行杠杆率、特许权价值指标的提高以及资产质量的恶化将显著削弱我国大型银行缓释尾部风险的能力，银行规模对系统性风险的负向关联会随之减弱。与此同时，个人住房贷款比率与企业垫款贷款比率也会对风险产生不同的作用方向。

与此同时，由表8-4，我们发现，随着互联网金融、大数据等金融科技的不断发展，我国上市银行的盈利模型开始逐渐转型，由依赖传统的利差收入向逐步拓展中间业务收入、投资收入等多元化收入转变。而手续费收入 β_1 的估计值在5%和1%分位数的ΔCoVaR指标下分别为 –0.043 和 –0.049，均显著小于0，这表明银行对非传统业务的拓展创新，尤其是对风险较低、收入较为稳健的手续费收入相关业务的发展，有助于抑制系统性金融风险的累积，有效提高了大型银行的风险消解能力。

---

[1] 在本章考察的所有转换变量下，5%与1%分位数的ΔCoVaR、VaR指标测度的系统性风险与机构规模间均存在显著的非线性影响，且转换函数的最优个数均为1个。由于篇幅限制，以备索的方式提供。

表 8-4　银行业风险影响因素的面板平滑转换回归模型参数估计（基于 ΔCoVaR 指标）

	Panel A 基于 1% 分位数下的 ΔCoVaR 指标					
	杠杆		不良贷款率		成本收入比率	
估计参数	估计系数	标准差	估计系数	标准差	估计系数	标准差
β_0	−0.103***	0.029	−0.378***	0.031	−0.140***	0.025
β_1	0.025***	0.001	0.011***	0.002	0.068***	0.002
转换函数个数 r	1		1		1	
位置参数 c	19.187		0.753		96.630	
平滑参数 γ	0.821		6.952		0.223	
SSR	229.299		252.199		181.464	
AIC 准则	−1.966		−1.870		−2.200	
BIC 准则	−1.953		−1.857		−2.186	
	市场价值比率		托宾 q		非利息收入比率	
估计参数	估计系数	标准差	估计系数	标准差	估计系数	标准差
β_0	−0.141***	0.028	−0.200***	0.025	0.580***	0.079
β_1	0.021***	0.001	0.057***	0.002	−0.562***	0.041
转换函数个数 r	1		1		1	
位置参数 c	33.663		1.628		−92.479	
平滑参数 γ	0.521		2.259		0.022	
SSR	233.661		182.190		227.539	
AIC 准则	−1.947		−2.196		−1.973	
BIC 准则	−1.934		−2.182		−1.960	
	手续费收入比率		个人住房贷款比率		企业贷款垫款比率	
估计参数	估计系数	标准差	估计系数	标准差	估计系数	标准差
β_0	−0.088***	0.031	−0.285***	0.028	−0.118***	0.035
β_1	−0.043***	0.003	−0.015***	0.002	0.031***	0.002
转换函数个数 r	1		1		1	
位置参数 c	1.690		13.592		77.094	
平滑参数 γ	2.687		0.354		0.094	
SSR	240.614		246.127		238.277	
AIC 准则	−1.917		−1.895		−1.927	
BIC 准则	−1.904		−1.882		−1.914	
	Panel B 基于 5% 分位数下的 ΔCoVaR 指标					
	杠杆		不良贷款率		成本收入比率	
估计参数	估计系数	标准差	估计系数	标准差	估计系数	标准差
β_0	−0.084***	0.029	−0.363***	0.032	−0.120***	0.028
β_1	0.024***	0.001	0.011***	0.002	0.022***	0.001

续表

估计参数	杠杆		不良贷款率		成本收入比率	
	估计系数	标准差	估计系数	标准差	估计系数	标准差
转换函数个数 r	1		1		1	
位置参数 c	19.231		0.766		1.751	
平滑参数 γ	0.889		7.056		2.408	
SSR	231.694		254.759		184.981	
AIC 准则	−1.955		−1.860		−2.180	
BIC 准则	−1.942		−1.847		−2.167	

估计参数	市场价值比率		托宾 q		非利息收入比率	
	估计系数	标准差	估计系数	标准差	估计系数	标准差
β_0	−0.175***	0.026	−0.114***	0.026	−0.126***	0.053
β_1	0.051***	0.002	0.059***	0.002	−0.022***	0.002
转换函数个数 r	1		1		1	
位置参数 c	1.751		97.956		23.556	
平滑参数 γ	2.408		0.234		0.235	
SSR	184.981		183.945		425.886	
AIC 准则	−2.180		−2.186		1.346	
BIC 准则	−2.167		−2.173		1.333	

估计参数	手续费收入比率		个人住房贷款比率		企业贷款垫款比率	
	估计系数	标准差	估计系数	标准差	估计系数	标准差
β_0	−0.060**	0.031	−0.269***	0.029	−0.110***	0.035
β_1	−0.049***	0.003	−0.015***	0.002	0.028***	0.002
转换函数个数 r	1		1		1	
位置参数 c	1.622		13.405		78.138	
平滑参数 γ	2.678		0.334		0.104	
SSR	241.757		249.815		243.002	
AIC 准则	−1.913		−1.880		−1.908	
BIC 准则	−1.900		−1.867		−1.894	

注：*、** 以及 *** 分别表示通过 10%、5% 以及 1% 的显著性水平检验。

同样地，由表 8-6 的估计结果可知，当我们使用 VaR 指标测度系统性风险时，绝大多数转换变量下的估计结果与表 8-4、表 8-5 的结论保持一致。上述检验结果均表明，我国上市银行规模与系统性风险显著负相关，而且关联情况在不同因素的驱动下呈现渐进演变态势。本章的研究结论是稳健的、可靠的。

表 8-5　银行业风险影响因素的面板平滑转换回归模型参数估计（基于 VaR 指标）

估计参数	Panel A　基于 1% 分位数下的 VaR 指标					
	杠杆		不良贷款率		成本收入比率	
	估计系数	标准差	估计系数	标准差	估计系数	标准差
β_0	−0.102***	0.028	−0.372***	0.031	−0.134***	0.028
β_1	0.025***	0.001	0.011***	0.002	0.022***	0.001
转换函数个数 r	1		1		1	
位置参数 c	19.231		0.716		33.613	
平滑参数 γ	0.763		7.249		0.498	
SSR	224.079		247.142		227.518	
AIC 准则	−1.989		−1.891		−1.973	
BIC 准则	−1.976		−1.878		−1.960	
	市场价值比率		托宾 q		非利息收入比率	
估计参数	估计系数	标准差	估计系数	标准差	估计系数	标准差
β_0	−0.319***	0.029	−0.134***	0.025	0.120***	0.048
β_1	0.039***	0.001	0.067***	0.002	−0.094***	0.007
转换函数个数 r	1		1		1	
位置参数 c	2.006		96.596		4.281	
平滑参数 γ	3.635		0.242		0.041	
SSR	264.207		174.581		223.066	
AIC 准则	−1.824		−2.238		−1.993	
BIC 准则	−1.811		−2.225		−1.980	
	手续费收入比率		个人住房贷款比率		企业贷款垫款比率	
估计参数	估计系数	标准差	估计系数	标准差	估计系数	标准差
β_0	−0.091***	0.048	−0.280***	0.028	−0.110***	0.034
β_1	−0.042***	0.007	−0.015***	0.002	0.032***	0.002
转换函数个数 r	1		1		1	
位置参数 c	1.695		14.045		76.299	
平滑参数 γ	2.774		0.310		0.092	
SSR	235.644		241.282		231.692	
AIC 准则	−1.938		−1.915		−1.955	
BIC 准则	−1.925		−1.902		−1.942	
	Panel B　基于 5% 分位数下的 VaR 指标					
	杠杆		不良贷款率		成本收入比率	
估计参数	估计系数	标准差	估计系数	标准差	估计系数	标准差
β_0	−0.097***	0.028	−0.369***	0.031	−0.129***	0.027
β_1	0.025***	0.001	0.011***	0.002	0.022***	0.001

续表

估计参数	杠杆		不良贷款率		成本收入比率	
	估计系数	标准差	估计系数	标准差	估计系数	标准差
转换函数个数 r	1		1		1	
位置参数 c	19.236		0.717		33.632	
平滑参数 γ	0.780		7.229		0.506	
SSR	224.469		247.474		227.617	
AIC 准则	−1.987		−1.889		−1.973	
BIC 准则	−1.974		−1.876		−1.960	

估计参数	市场价值比率		托宾 q		非利息收入比率	
	估计系数	标准差	估计系数	标准差	估计系数	标准差
β_0	−0.188***	0.025	−0.136***	0.025	34.776***	2.541
β_1	0.051***	0.002	0.072***	0.002	−34.763***	2.509
转换函数个数 r	1		1		1	
位置参数 c	1.693		96.071		−332.413	
平滑参数 γ	2.575		0.227		0.019	
SSR	177.172		175.363		224.111	
AIC 准则	−2.224		−2.234		−1.989	
BIC 准则	−2.210		−2.221		−1.975	

估计参数	手续费收入比率		个人住房贷款比率		企业贷款垫款比率	
	估计系数	标准差	估计系数	标准差	估计系数	标准差
β_0	−0.084***	0.031	−0.277***	0.028	−0.109***	0.034
β_1	−0.044***	0.003	−0.015***	0.002	0.031***	0.002
转换函数个数 r	1		1		1	
位置参数 c	1.673		13.911		76.900	
平滑参数 γ	2.746		0.312		0.095	
SSR	235.738		241.912		232.984	
AIC 准则	−1.938		−1.912		−1.950	
BIC 准则	−1.925		−1.899		−1.937	

注：*、** 以及 *** 分别表示通过 10%、5% 以及 1% 的显著性水平检验。

上述检验结论显示，我国大型银行当前风险整体稳健可控，而中小银行则易受特许权价值、杠杆水平、成本水平、收入结构、贷款结构等基本面指标变动影响，产生进一步的风险暴露，加剧了我国金融市场的脆弱性。这与央行发布的《中国金融稳定报告（2020）》结果相一致。该报告指出，从包商银行、恒丰银行、锦州银行等风险处置案例来看，随着宏观经济下行，金融监管环境从严,部分中小银行存在过度冒进、风险偏好高、公司治理不健全不完善等问题,其风险更加凸显。究其原因,我国商业银行自改革开放以来便逐渐形成了以国有制银行为首的"寡头垄断"格局,Wind 数据库显示,截至 2018 年年底,五大国有商业银行的总市值约为 6.23 万亿元,占中国内地上市银行机构市值规模的 68.60%,国有商业银行不仅市值规模远高于其他银行,而且在网点布局、公司治理、风险控制等方面也具备更多优势。与此同时,在经济加速转轨和金融市场扩大开放的背景下,我国中小银行面临着来自本土大型银行和外来金融机构的双重挤压,经营环境的不确定不稳定因素显著增多。银监会披露数据显示,2014 年以来我国中小银行资产利润率呈现震荡下行的态势,农村商业银行资产利润率由 2014 年年初的 1.6%跌至 2018 年年底的 0.84%,城市商业银行在此期间资产利润率跌幅也达到32.8%,盈利空间日益趋窄,抗风险能力也愈发薄弱。此外,我国大型国有银行在充实资本金和改善资产质量等方面也获得了更多来自政府的支持。例如,1999 年我国成立多家金融资产管理公司,为国有商业银行提供不良资产收购与处置支持,使得 2004 至 2008 年期间国有银行不良贷款余额由 1.89万亿元降至 0.42 万亿元,有效抑制了大型国有银行的资产质量下行趋势,这在一定程度上也强化了银行规模对系统性风险的负效应。因此,为了守住不发生系统性金融风险的底线,在强化对系统重要性金融机构的审慎监管的同时,我们更应关注中小银行的风险积聚效应,通过推动多渠道补充资本金、深化公司治理改革、加快不良资产处置等方式来逐步缓释中小银行风险。

第八节 金融机构系统性金融风险影响因素的非线性研究

为了更准确地考察我国金融机构规模与其尾部风险的非线性关系,检验"太大而不能倒"假说在中国金融系统中的有效性,本章将样本进一步拓展,对包含 11 家上市银行机构与 33 家来自证券业、保险业与其他金融业的上市非银行金融机构在内的 44 家金融机构展开深入分析，样本区间依旧为 2008 年 1 月—2020 年 6 月。此外，我们分别使用总资产规模 GTA（Gross Total Assets, Bhagat et al., 2019）规模以及营收规模来替换市值规模，在此基础上使用 PSTR 模型展开稳健性分析，估计结果列于表 8-6。需要说明的是，由于银行与非银行业金融机构在财务报表构成上存在一定差异，因此我们以 44 家上市机构共有的相关财务指标作为转换变量，具体为杠杆、资本与资产比率、流动性以及有形权益比率。

如表 8-6 所示，在不同的规模代理变量下，本章研究结果十分一致。各因素的 β_0 系数均在 1% 的置信度水平上显著为负，这表明我国金融机构的规模扩张能够有效降低尾部风险。此外，较之表 8-3 中基于银行样本的统计结果，表 8-6 中 β_0 系数估计值的绝对数值有所下降，这就意味着在我国金融系统中，不同规模银行间的尾部风险水平分化情况更为明显。

与此同时，表 8-6 显示，以杠杆作为转换变量的 β_1 系数显著为正。这表明与前文分析一致，随着杠杆率攀升，由于过度投资、资产泡沫等隐患，金融机构规模扩张所带来的风险缓释效应将被显著削弱。而流动性、有形权益比率的提高能够有效提升大型机构的风险缓释能力。这在一定程度上也解释了弹性效应（resilience effect），即金融机构在投资的过程中，通常倾向于向合作项目提供更少的流动性，同时自身保持更高的流动性，以应对交易对手产生的风险传染现象，从而显著降低了尾部风险（Ahnert and Georg, 2018）。此外，较之银行的研究结果，较高的资本与资产比率对大型金融机构的风险积聚有着显著的抑制作用。这是由于资本与资产比率较低的公司能够从现有资产中获取更高的价值，因此往往存在更明显的过度投资倾向。值得注意的是，该模型下各因素的平滑参数均位于较高区间内，显著高于表 8-3 中基于银行业的平滑参数估计值。这表明，在我国金融机构的杠杆、资本与资产比率、流动性以及有形权益比率水平发生变动时，金融机构规模与尾部风险的非线性关系将呈现出较快的区间转换速度。因此，与银行业相比，金融机构的尾部风险演变过程更容易受到各类因素的扰动，偏离原有的平滑转化态势。这也意味着，在我国的金融系统中，银行业的经营较为稳定，风险抵御能力更强，而其他行业则更易受到风险冲击。

表 8-6 金融机构风险影响因素的面板平滑转换回归模型参数估计（基于不同规模指标）

估计参数	杠杆		资本与资产比率		流动性比率		有形权益比率	
	估计系数	标准差	估计系数	标准差	估计系数	标准差	估计系数	标准差
Panel A 基于资产规模								
β_0	−0.038***	0.006	−0.019***	0.006	−0.048***	0.006	−0.019***	0.006
β_1	0.018***	0.001	−0.018***	0.001	−0.011***	0.001	−0.018***	0.001
转换函数个数 r	1		1		1		1	
位置参数 c	94.468		5.532		0.206		5.446	
平滑参数 γ	4.138		4.138		36.946		4.193	
SSR	1500.307		1500.307		1505.505		1500.467	
AIC 准则	−1.479		−1.479		−1.476		−1.479	
BIC 准则	−1.475		−1.475		−1.472		−1.475	
Panel B 基于 GTA 规模								
β_0	−0.044***	0.006	−0.026***	0.006	−0.053***	0.006	−0.026***	0.006
β_1	0.018***	0.001	−0.018***	0.001	−0.010***	0.001	−0.018***	0.001
转换函数个数 r	1		1		1		1	
位置参数 c	94.462		5.538		0.205		5.451	
平滑参数 γ	4.188		4.188		37.429		4.237	
SSR	1496.827		1496.827		1501.794		1497.033	
AIC 准则	−1.482		−1.482		−1.478		−1.482	
BIC 准则	−1.478		−1.478		−1.474		−1.477	
Panel C 基于营收规模								
β_0	−0.039**	0.006	−0.015***	0.006	−0.047***	0.005	−0.015***	0.006
β_1	0.023***	0.002	−0.023***	0.002	−0.013***	0.001	−0.023***	0.002
转换函数个数 r	1		1		1		1	
位置参数 c	94.475		5.525		0.197		5.436	

续表

估计参数	杠杆		资本与资产比率		流动性比率		有形权益比率	
	估计系数	标准差	估计系数	标准差	估计系数	标准差	估计系数	标准差
平滑参数 γ	4.030		4.030		37.617		4.108	
SSR	1496.672		1496.672		1503.211		1497.000	
AIC 准则	−1.482		−1.482		−1.478		−1.482	
BIC 准则	−1.478		−1.477		−1.473		−1.477	

注：(1) *、** 以及 *** 分别表示通过 10%、5% 以及 1% 的显著性水平检验；(2) 系统性金融测度基于 5% 分位数下的 MES 指标。

第九节 小结

单个金融机构破产、违约所带来的区域性风险暴露，可能经由"多米诺骨牌"效应引发系统性金融风险。而后危机时代，中小金融机构的快速扩张更是成为了我国金融体系中的重要风险隐患。在此背景下，本章尝试着在现有研究的基础上做一个有益的补充。首先，我们采用相对重要性分析技术方法，考察机构规模以及杠杆水平、不良贷款率、成本收入比率、市场价值比率、托宾 q 值、非利息收入比率、手续费收入比率、个人住房贷款比率、企业贷款垫款比率等基本面因素对我国上市银行等金融机构尾部风险的贡献程度，准确识别尾部风险的驱动因素。接着，本章采用边际效应分析技术考察规模对风险的异质性效应，检验各风险影响因素在不同规模下的作用差异，深入探讨"太大而不能倒"假说在中国的有效性。在此基础上，我们进一步基于面板平滑转换估计模型（PSTR），考察机构规模对尾部风险的非线性作用，分析基本面因素对该异质性效应的影响力度，在得出富有启发意义的结论基础上，我们提出了加强中小银行监管力度、稳步推进金融去杠杆、监控银行混业经营风险的政策建议，它将有助于增强我国金融机构的风险吸收能力，从而提高防范化解金融风险能力水平。

本章基于相对重要性分析、边际效应分析方法以及面板平滑转换回归模型的实证分析得出，我国金融机构的规模扩张能够有效降低尾部风险，但机构规模的风险缓释效应受到基本面因素的非线性影响。其中，相对重要性分析的结论表明，在我国银行系统中，机构规模是尾部风险的重要影响因素。而不良贷款率、个人住房贷款比率、非利息收入比率等指标也会明显影响我国银行系统的风险水平，这表明我国上市银行在采用更激进的存贷款模式追求高额回报时，可能会产生更高的风险敞口，进一步加剧金融脆弱性。

接着，本章基于边际效应分析方法的研究结果显示，对于不同规模的银行机构，各因素对尾部风险的作用力度存在显著差异。其中，较高的杠杆率与非利息收入比率能够显著增加小银行的尾部风险。而包含市场价值比率、托宾 q 值在内的特许权价值指标对银行的尾部风险存在显著的正向影响。因此，在我国金融系统中，较之价值型银行，市场价值比率较高的成长型银行可能存在更明显的尾部风险隐患。此外，个人住房贷款比率与尾部风险间存在最为明显的负向关联，而企业贷款垫款比率的提高则会显著增加银行的风险承担，金融机构能够通过调整贷款结构以降低风险暴露程度。

与此同时，我们进一步采用面板平滑转换回归模型分析变量间的非线性关联，考察是否存在显著的体制转换效应。结论表明我国上市银行规模的增加能够有效缓释我国银行业的尾部风险，但该影响将随着银行各类基本面指标的变化而出现显著的非线性转变。具体而言，随着银行杠杆率、不良贷款率、市场价值比率、托宾 q 值和成本收入比率的不断增加，银行规模对尾部风险的缓释作用效应出现渐进减弱的态势，表明资产质量较差、业务复杂程度高、成本管理水平较低等问题将加剧金融机构的脆弱性。与此同时，改善银行收入结构能够有效提升银行业的稳定性，非利息收入比率、手续费收入比率等指标的上升则显著增强了大型金融机构的风险抵御能力。

最后，本章将样本进一步拓展，对我国包含银行业、证券业和其他金融业的所有上市金融机构展开深入分析。研究结果发现，与银行业的分析结论一致，我国金融机构规模与尾部风险存在明显的负向关联。但值得注意的是，较之银行业，金融机构规模与尾部风险的非线性关系更易受到各类因素的扰动，偏离原有的平滑转化态势。这表明在我国的金融系统中，银行业风险抵御能力更强，而其他行业则更易受到风险冲击。

基于以上的研究结论，针对强化我国金融系统中的风险防控薄弱环节、提高金融机构的风险吸收能力，本章提出如下三点启示：

（一）加强对中小银行的监管力度，重点关注成本管理水平。本章的研究结论表明，我国金融机构规模与系统性金融风险存在明显的负向关联，中小银行面临更高的风险隐患。因此，我国监管部门应当对不同规模的银行实施差异化监管，有效改善中小银行的风险控制能力和治理水平。同时，本章研究发现，成本收入比率的提高会显著削弱我国银行的风险缓释效应，低效率的成本管理水平将引发更高的尾部风险。因此，在利率市场化持续推进、银行业竞争日益加剧的背景下，政府应当重点关注中小银行的成本管理水平，在"对银行体系开展全覆盖的压力测试"时，监管者可以通过将成本收入比率纳入压力测试范围等手段，进一步加强针对中小银行相关经营风险暴露的监管力度。

（二）稳步推进金融去杠杆工作，实时监测银行业杠杆率、不良贷款率等指标的运行区间，确保金融市场流动性总体稳定。分析结果显示，过高的杠杆率可能进一步加剧银行的尾部风险，同时会抑制金融机构规模扩张带来的风险缓释效应。因此，监管部门在深化结构性去杠杆工作的过程中，应当避免过度、过快去杠杆而引发系统性金融风险。此外，本章研究指出，银行不良贷款率的上升将大幅削弱规模对尾部风险的抑制作用。因此，面对疫情期间由逆周期金融调节政策所引起的不良贷款隐患，监管机构更应当密切监控银行企业贷款垫款比率、个人住房贷款比率等主要经营指标的运行区间，对接下来我国银行可能出现的不良资产反弹做好前瞻性应对准备,充分防控银行的流动性风险。

（三）监控银行混业经营风险,加强混业监管的协调与统筹工作。PSTR模型结果显示,较之银行业,我国包含银行业、证券业、其他金融业等在内的金融机构规模与尾部风险的非线性关系更易受到各类因素的扰动。而随着我国金融各部门经营业务的日渐交叉以及直接融资规模的不断扩大,我们应当完善穿透式监管工作,进一步提升证券业、其他金融业等行业的风险抵御能力,防范银行信贷资金通过同业拆借市场对其他部门产生风险冲击,引发系统性金融风险。与此同时,监管机构也应当加强混业监管的协调与统筹工作,对各类金融机构及其经营活动实施风险全覆盖监管,强化对同类业务、同类主体监管的统一性,加强事前审批与事中事后管理,避免混业经营催生银行内部的债务风险、关联交易等风险隐患,填补跨行业、跨市场、跨部门的监管漏洞,防范交叉领域的潜在金融风险。

第九章
国际冲击下系统性风险的影响因素与传染渠道研究*

第一节 引言

　　防范风险是我国金融业的永恒主题。"十三五"期间,我国防范化解金融风险攻坚战取得了重要的阶段性成就。然而,近年来,全球新冠疫情反复、地缘政治冲突升级、发达国家大幅加息缩表、国外通胀严重恶化,各种风险交织叠加、相互激化,使得投资者恐慌情绪蔓延,我国资本市场不确定性显著上升。此外,全球经济持续低迷,系统性风险在世界金融市场间快速传染,国际输入性风险不断加剧。因此,如何在全球外部环境错综复杂、我国金融开放纵深推进的过程中,有效应对国际市场风险冲击、防范金融市场异常波动,成为了"十四五"时期金融监管部门的重要挑战,这也引起了我国政府的高度重视。其中,2022年10月16日,习近平总书记在党的二十大报告中指出,要"强化金融稳定保障体系",以"守住不发生系统性风险底线"。2021年12月,中国人民银行发布《宏观审慎政策指引(试行)》,指出要"强化宏观审慎政策与微观审慎监管的协调配合,充分发挥宏观审慎政策关注金融体系整体、微观审慎监管强化个体机构稳健性的优势,形成政

---

* 本章经整理后发表于《经济研究》2023年第1期。

策合力，共同维护金融稳定"。由此可见，现阶段基于区分宏观审慎与微观审慎这一崭新的研究视角，采用最新发展的系统性风险分解方法，准确测度全球各市场的系统关联与尾部风险，同时分别考察在全球、发达以及新兴市场冲击下，系统性风险的传染渠道，探究各因素在不同风险分位数区间、不同时期的异质性影响，显然具有重要的学术价值与现实意义：它不仅有助于我们在统一的框架下，准确衡量市场间的联动效应与个体风险，精准识别我国金融市场对不同外生冲击的敏感程度，未雨绸缪地防范国际输入性风险；而且，它还有助于我们在不同市场冲击下，厘清系统性风险的影响因素，剖析国际风险的主要传染渠道，从而有助于我们切实防范化解经济金融风险、推动金融市场高水平双向开放，为健全国际金融风险防范机制、完善宏观与微观审慎政策协调框架提供参考依据。

理论分析文献表明，在全球层面上，风险冲击的传染渠道主要包括信息渠道（Informational Channels）与真实联系渠道（Real Linkages Channels）两类（Debarsy et al., 2018）。其中，信息渠道假定金融市场信息并不完全，国际投资者仅能依据已有的信息评估其他市场的风险。因此，即便不考虑贸易、金融等其他互联关系，仅由投资者恐慌情绪等引发的羊群行为也可能引发金融风险的传染（Kaminsky and Reinhart, 2000）。而由各市场间的贸易关系与金融关联共同构成的真实联系渠道则是风险另一重要的传染渠道。相关文献显示，国际贸易能够影响各经济体的商业周期运行、国内生产总值，同时也会引发金融市场的风险联动（Asgharian et al., 2013）。而这种尾部依赖性在经济衰退、金融危机等市场高波动期间尤为显著。此外，国际贸易变动对产出的非对称冲击也会放大汇率波动（Li et al., 2016），而实际汇率的震荡在一定程度上也会对贸易平衡产生反馈影响（Fatum et al., 2018），引发恶性循环，进一步加剧了金融风险隐患。因此，在危机期间，经济体的贸易开放程度越高，其金融系统的脆弱性就会更大（Bekaert et al., 2014）。然而，也有部分学者认为，在贸易高度开放的背景下，由于国际产业分工不断深化，各经济体会减少产出的趋同，或是通过提供充分的保险，推动金融机构助力国内产业分散借贷风险，反而会在一定程度上减少市场间的共同风险敞口，缓释外生冲击（Wälti, 2010; Gnangnon, 2018）。

与此同时，在全球金融一体化的背景下，结合经济体间金融关联的变量（例如金融开放程度、金融发展水平等）考察风险传染的影响因素，也成为该领域的重要研究视角。相关研究表明，金融开放程度的增加会加大国内金融机构的竞争压力，诱使其从事高风险业务（Bremus and Buch, 2016）。与此同时，随着金融开放程度的提升，市场投资者资产的交叉持有量不断攀升。当一国金融资产在国际上被广泛持有时，其资本市场的暴跌将引发全球资产持有者的"负财富效应"，从而对其他市场产生显著冲击（Wälti, 2010）。此外，金融市场发展程度对风险传染也产生了重要影响，但现有研究对于该因素的作用方向仍未达成共识。一方面，在金融危机时期，金融发展程度更高的经济体往往设有存款保险等援助措施，但这反而削弱了市场参与者对金融风险的敏感程度，提高了金融机构的风险承担（Vithessonthi, 2014）；而金融发展水平的提高，也会进一步驱动各机构资本结构趋同（Antzoulatos et al., 2016），从而加剧金融系统的风险隐患。另一方面，相关研究表明，金融发展水平较高的经济体能够获得更低的交易成本（Demir and Dahi, 2011），其信贷配置也通常更为有效（Chiu and Lee, 2019），有利于保持宏观经济以及金融市场的安全与稳定。国内学者在系统性风险领域的代表性研究包括：李志生等（2019）、陈海强等（2019）、谭小芬等（2019）、朱小能和袁金发（2019）、李政等（2020）、杨子晖等（2020）、刘晓星等（2021）、王义中等（2022）、杨子晖和陈雨恬（2022）等人的研究。

纵观该领域的研究，第一，现有文献大多集中在考察金融风险的传染关系，或是仅仅探究了国际贸易等单个因素对风险的驱动影响，而基于国际视角深入剖析系统性风险影响因素与传染途径的研究仍相对较少。而且，几乎很少文献在统一的框架下，就贸易、金融等不同的风险传染渠道展开全面的对比分析。然而，最新研究表明，国际金融风险易经由多种渠道传染，冲击整个金融网络，大幅提高金融系统的不稳定性（Wiersema et al., 2023）。第二，在风险较高的市场低迷时期或是波动较小的市场平稳运行时期，各影响因素对系统性风险的作用机制往往会表现出显著的异质性（Mobarek et al., 2016）。而现有为数不多考察风险传染渠道的文献，大多仅分析了各指标在单一风险区间下的影响力度，而未能就其在不同分位数水平下，对系统性风险的不同作用展开定量分析。第三，合适的监管措施对于降低系统性风险承担、防范金融危机有着至关重要的作用（Curi and Lozano-Vivas, 2020）。其中，微观审慎监管旨在降低个体尾部风险、遏制金融机构的过度冒险行为，宏观审慎监管则关注于市场的共同风险敞口与相互联系，而此类监管角度的差异可能会导致当局选择不同的监管优先次序甚至相反的政策手段（Van Oordt and Zhou, 2019）。因此，采用极值定理将系统性风险分解为系统关联与尾部风险两个子成分，分别基于宏观审慎与微观审慎的视角深入剖析系统性风险的影响因素（Davydov et al., 2021），已成为该领域最新的研究视角。第四，过往研究指出，发达市场会产生较高的风险溢出效应（He and Hamori, 2021），因此易对全球金融业产生明显的不利影响。而随着全球金融一体化进程的不断推进，经济体间的跨境联系与尾部依赖逐步增强。新兴市场由于金融市场发展相对滞后、风险管理能力较低，风险暴露水平持续上升，已成为国际金融系统中的潜在风险隐患。因此，准确测度发达市场、新兴市场冲击下的系统性风险，并对其影响因素与传染渠道展开对比分析，显得尤为重要。最后，自2020年以来，新冠疫情冲击叠加国际贸易衰退，致使多国股市频频熔断、全球经济持续低迷，各市场个体尾部风险急剧积聚。与此同时，随着我国金融领域的进一步开放，中国金融市场与全球各经济体的相互联系愈发紧密，境内外市场互联互通水平逐步上升，这就使得完善金融监管协调机制、防范国际金融风险冲击成为我国现阶段亟待研究的重要议题。鉴于此，本章采用最新发展的系统性风险分解方法、前沿的相对重要性分析技术以及条件分位数回归模型，在统一的框架下对中国、中国香港、美国等49个全球主要股票市场的系统性风险传染渠道展开对比分析。在得出富有启发意义结论的基础上，我们为有效应对输入性风险冲击提出了相关建议。

第二节　外部冲击下的系统性风险测算及分解方法

范奥德特和周（2019）基于极值定理（Extreme Value Eheory, EVT），测算了受到金融系统的严重冲击时，单个市场的系统性风险（Systemic Risk, SR）。具体而言，他们首先用下述方程刻画极端冲击下的系统性金融风险：

$$R_i = \beta_i^T R_s + \varepsilon_i, \text{对于} R_s < -\overline{VaR_s(p)} \quad (9-1)$$

其中，R_i为单个市场i的回报指数，而R_s则代表全球（发达、新兴）金融市场s的投资回报。系数β_i^T即为系统性风险（SR）的衡量指标，刻画了在受到全球（发达、新兴）金融市场s的极端风险冲击时，单个市场i与国际市场s的关联关系。ε_i则代表来自除R_s外，其他来源的冲击，$\overline{VaR_s(p)}$为在险价值。令R_i、R_s服从厚尾分布，尾部指数分别为ζ_i与ζ_s，得到$\beta_i^T \geq 0$：

$$\beta_i^T = \lim_{p \to 0} \tau_i(p)^{1/\zeta_s} VaR_i(p)/VaR_s(p) \quad (9-2)$$

其中，$\tau_i(p) = \Pr\{R_i \leq -VaR_i(p) | R_s \leq -VaR_s(p)\}$，为市场$i$与国际市场$s$同时发生极端损失的概率。我们使用EVT方法对式（9-2）进行估计，以克服极端事件中观测样本较小的局限。当(R_i, R_s)有n个观测值时，假设尾部区域的收益观测值数量为k，则有：

$$\hat{\beta}_i^T = \hat{\tau}_i(k/n)^{1/\hat{\zeta}_s} \widehat{VaR_i}(k/n)/\widehat{VaR_s}(k/n) \quad (9-3)$$

$\widehat{VaR_i}(k/n)$与$\widehat{VaR_s}(k/n)$由市场i与国际市场s的第（$k+1$）个尾部收益

观测值估算。而 $\hat{\tau}_i(k/n)$ 为基于 $\hat{\tau}_i = \lim_{p \to 0} \tau_i(p)$ 的非参数估计量。本章设定 $k/n=10\%$，测度市场 i 在 10% 分位数下的系统性风险水平。[1] 将式（9-3）进行对数变化，分解系统性风险 β_i^T，得到：

$$\log SR = \log \hat{\beta}_i^T = \log \hat{\tau}_i(k/n)^{1/\hat{\zeta}_s} + \log(\widehat{VaR}_i(k/n)/\widehat{VaR}_s(k/n)) = \log SL_i + \log IR_i \tag{9-4}$$

由公式（9-4）可知，系统性风险（SR）可进一步分解为"尾部风险"（Tail Risk, IR）与"系统关联"（Systemic Linkage, SL）两个子成分。其中，前者基于微观审慎监管视角度量金融市场的风险水平，代表金融市场的个体风险水平；后者则从宏观审慎的角度衡量了机构的极端损失与系统性事件间的关联，系统关联指标的数值越大，代表单个市场 i 在国际市场 s 冲击下的共振概率越高，其受到系统性冲击时的暴露程度越大。

第三节 相对重要性分析方法

为了对比分析真实关联渠道、信息渠道对系统性风险的异质性作用，本章借鉴伊斯雷利（2007）等人提出的相对重要性分析技术方法（Dominance Analysis），分析各影响因素对系统性风险的影响强度。具体而言，我们首先设定截面回归模型 $\overline{Risk}_i = p + q_1 \overline{x}_{1,i} + q_2 \overline{x}_{2,i} + u_i$，则其拟合优度如下：

$$R^2 = \frac{RSS}{TSS} = \frac{Var(\widehat{Risk})}{Var(\overline{Risk})} = 1 - \frac{Var(\hat{u})}{Var(\overline{Risk})} = \frac{\hat{q}_1 Cov(\overline{x}_{1,i}, \overline{Risk}) + \hat{q}_2 Cov(\overline{x}_{2,i}, \overline{Risk})}{Var(\overline{Risk})} \tag{9-5}$$

其中，$\overline{Risk}_i$ 为本章测度的系统性风险、系统关联以及尾部风险指标、$\overline{x}_i$ 则代表各影响因素及控制变量。假定扰动项与解释变量不相关，将式（9-5）进一步分解为各解释变量对被解释变量的贡献程度：

---

[1] 我们也同样基于 Van Oordt and Zhou（2019）设定的 $k/n=4\%$ 进行了稳健性检验，结果一致、备索。

$$M_1 = \frac{1}{2!}\left\{\begin{array}{l}R^2\left[\overline{Risk_i} = p + q_1\overline{x_{1,i}} + q_2\overline{x_{2,i}} + u_i\right] - R^2\left[\overline{Risk_i} = p' + q_2'\overline{x_{2,i}} + u_i'\right] \\ + R^2\left[\overline{Risk_i} = p'' + q_1''\overline{x_{1,i}} + u_i''\right] - R^2\left[\overline{Risk_i} = p''' + u_i'''\right]\end{array}\right\}$$

（9-6）

在此基础上，可定义第 k 个变量的贡献程度为：

$$M_k = \frac{1}{L!}\left\{R^2\left[\overline{Risk_i} = p + \sum_{l \in S}q_l\overline{x_{l,i}} + q_k\overline{x_{k,i}} + u_i\right] - R^2\left[\overline{Risk_i} = p' + \sum_{l \in S}q_l'\overline{x_{l,i}} + u_i'\right]\right\}$$

（9-7）

其中，L 为解释变量个数，S 为其他解释变量在不包含第 k 个变量时的所有子集。在本章中，我们测算了各风险影响因素的贡献程度，以衡量其对风险指标的相对重要性。

第四节　模型设定

本章分别对在全球、发达市场以及新兴市场的风险冲击下，各市场的系统性风险、系统关联、尾部风险的影响因素与传染渠道展开分析。首先，本章建立如下的回归模型：

$$Risk_{n,m,i,t} = \alpha_{n1} + \beta_{n1}Size_{i,t-1} + \beta_{n2}VIX_{i,t-1} + \beta_{n3}Exchange_{i,t-1} + \beta_{n4}Fopenness_{i,t-1} \\ + \beta_{n5}Openness_{i,t-1} + \beta_{n6}Fdevelopment_{i,t-1} + \theta_n Control_{i,t-1} + t_{nt} + u_{ni,t}$$

（9-8）

其中，$m=\{global, developed, emerging\}$ 分别代表来自全球、发达以及新兴市场的风险冲击，$n=\{SR, SL, IR\}$，为本章测度的系统性风险、系统关联、尾部风险指标，$i=1,...,N$ 代表样本市场，$i=1,...,T$ 为样本期。解释变量分别包括经济规模 $Size_{i,t-1}$、市场恐慌情绪 $VLX_{i,t-1}$、实际汇率指数 $Exchange_{i,t-1}$、金融开放度 $Fopenness_{i,t-1}$、贸易开放度 $Openness_{i,t-1}$ 以及金融发展指数 $Fdevelopment_{i,t-1}$，从而分别考察包含贸易与金融关联的真实联系渠道以及信息渠道考察风险的影响因素，数据均为季度数据。其中，我们借鉴金和伊托（Chinn and Ito, 2006）、张等（Zhang et al., 2015）的研究，采用进出口总额与 GDP 的比例衡量贸易开放度，同时使用外国直接投资（Foreign Direct Investment, FDI）占 GDP 的比重刻画金融开放度，并基于私营企业的信贷与国内信贷总额的比率测度经济体的金融发展水平。$Control_{i,t-1}$ 为控制变量，t_t 为时间固定效应，$u_{i,t}$ 为残差项。此外，与该领域的研究相一致，本章将所有解释变量与控制变量滞后一期，以克服潜在的内生性问题。[1]

第五节　数据说明

本章分别采用 MSCI 全部国家指数、MSCI 发达市场指数与 MSCI 新兴市场指数作为全球、发达以及新兴市场股票市场的代表变量，并选用全球 49 个主要市场的股票指数分别作为单个金融市场收益率的衡量指标，据此测算在受到全球、发达、新兴市场冲击时，各市场的系统性风险（SR）、系统关联（SL）以及尾部风险（IR）。[2] 股指数据为日度数据，分别来源于 MSCI 官网与 Wind 数据库。此外，本章使用 GDP 实际值度量一国的经济规模，并将实际有效汇率指数、贸易开放度作为贸易渠道的代表变量，同时采用金融开放水平与金融发展程度刻画金融渠道，此外我们也把 VIX 恐慌指数作为信息渠道的衡量指标，以全面考察各金融市场风险的影响因素与传染渠道。本章还选取了一系列反映金融市场波动与宏观经济状况的控制变量，包含伦敦现货黄金收盘价的收益率变动、布伦特原油合约收盘价的收益率变动以及 CPI、失业率与经常项目余额。上述影响因素指标及控制变量均为季度数据，来源

---

[1] 与范奥德特和周（2019）等人的研究相一致，本章检验发现系统性风险与尾部风险之间的相关性较弱，基于不同滞后期的个体尾部风险指标对系统性风险并不具备预测能力，因此，遵循该领域研究惯例，在分析时排除了个体固定效应，仅在基准回归模型中纳入时间固定效应。检验结果备索。

[2] 选用的 49 个国家（地区）包括中国、中国香港、阿联酋、越南、泰国、印度尼西亚、沙特阿拉伯、菲律宾、黎巴嫩、以色列、印度、韩国、新加坡、日本、土耳其、马来西亚、卢森堡、捷克、意大利、希腊、丹麦、爱尔兰、比利时、瑞士、俄罗斯、荷兰、西班牙、法国、德国、英国、波兰、匈牙利、芬兰、挪威、乌克兰、葡萄牙、瑞典、奥地利、埃及、尼日利亚、澳大利亚、新西兰、委内瑞拉、巴西、智利、阿根廷、墨西哥、加拿大、美国。

于国际金融统计数据库（International Financial Statistics, IFS）、国际清算银行（Bank of International Settlements, BIS）以及国泰安数据库。依据数据的可获得性，本章研究的样本区间为1997年一季度至2020年四季度。

第六节　国际冲击下全球系统性风险的测算与分解

首先，本章采用系统性风险分解方法，根据极值定理，测算在受到全球、发达、新兴金融市场冲击时，49个全球主要金融市场的系统性风险（SR）、系统关联（SL）以及个体风险（IR）。我们分别计算49个市场SL与IR在1997—2020年间每一年的均值，并将其在图9-1中画出。图9-1表明，在三类冲击下，点纹、横纹、竖纹球体在横轴落点差异较小，基于全球、发达、新兴市场指数测算的系统关联指标较为接近。这就意味着在受到

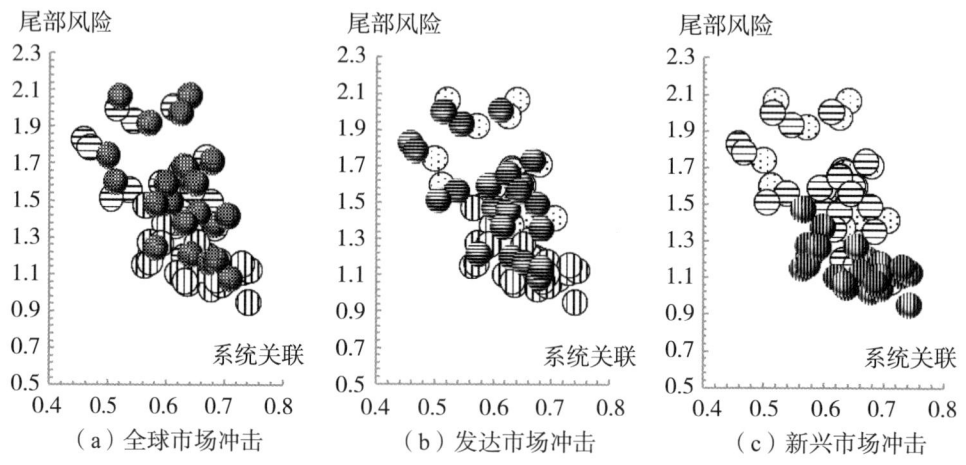

图9-1　1997至2020年间各市场的平均系统关联与尾部风险

注：（1）点纹、横纹与竖纹球体分别代表了受到全球、发达、新兴市场冲击时的风险测度结果，三类球体各有23个，分别代表1997—1998、1998—1999……2019—2020年间49个市场SL与IR指标的均值；（2）风险测度指标以24个月滚动窗宽（窗口滑动步长1个月）滚动估计得到，图9-2、图9-3相同，不再赘述。

国际输入性冲击时，全球主要金融市场间均会产生明显的风险联动效应，且源自新兴市场的震荡冲击，同样存在全球扩散的可能。而从纵轴的尾部风险指标来看，图9-1（b）显示，在遭受发达市场金融风险冲击时，各市场的个体风险水平较高，且与图9-1（a）中在全球冲击下的变动较为类似。与此相对应，图9-1（c）表明，新兴市场冲击下的尾部风险水平则相对较低，竖纹球体球心落点的纵坐标值远低于发达市场冲击下的测度结果（横纹球体）。这就表明，较之新兴市场，源自发达市场的极端风险事件更易加剧各市场的尾部风险隐患。

在此基础上，本章逐一计算每个市场在全球、发达、新兴市场冲击下，SL与IR指标在1997至2020年间的平均值，由此画出49个市场的风险均值。由图9-2（a），我们可以清楚地发现，在受到全球风险冲击时，实心图例大多位于空心图例右侧，即发达市场的系统关联指标明显高于新兴市场，这可能是由于新兴市场的贸易开放度与资本市场开放度较低，且金融发展水平也与发达市场存在一定差距，从而导致其与国际金融系统的关联程度相对

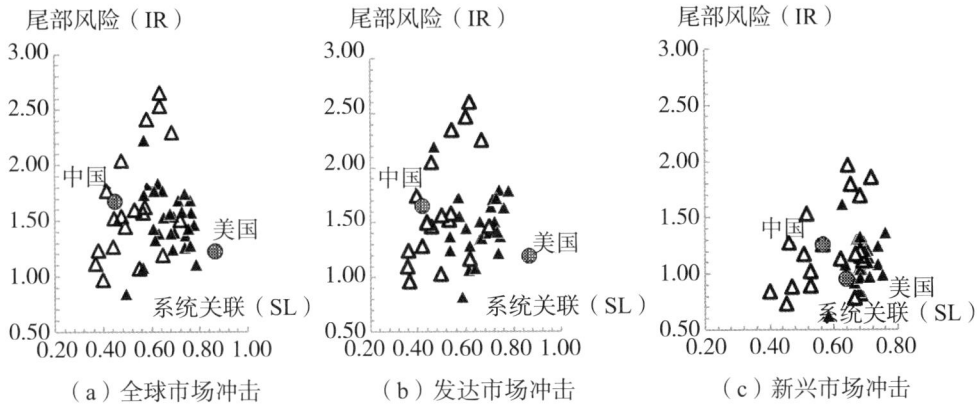

图9-2　49个市场在不同冲击下的系统关联与尾部风险（总体样本平均值）

注：（1）图9-2展示了每个市场的风险测度结果在1997至2020年间的风险平均值，并将其划分为新兴市场、发达市场，并分别采用空心三角与实心三角图例标识；（2）每个子图中，三角形图例均有47个，分别代表除中国与美国之外的47个股票市场。

较低。但值得注意的是，尾部风险指标显示，在受到国际输入性风险冲击时，小部分新兴市场的纵坐标值处于最高水平，较高的个体尾部风险将引发更为剧烈的市场震荡。

与此同时，为了便于对比分析，我们用圆形图例标识了中国与美国金融市场的风险指标。图9-2表明，在不同市场冲击下，美国的系统关联指标均高于中国市场。而与此相对应，中国市场的尾部风险指标则相对较高，纵坐标落点均位于美国上方，表明个体尾部风险将在输入性冲击下快速积聚，进一步扩大风险敞口，从而加剧我国系统性风险隐患。此外，与图9-2（b）相较，中国市场的横坐标在图9-2（c）中明显右移，系统关联指标大幅提高。这就意味着较之发达市场，中国金融市场与新兴市场的系统关联更高，易在新兴市场的冲击下出现显著的风险联动效应。

我们在图9-3中画出了中国资本市场1997年至2020年间的风险水平。为了进行对比分析，本章同样展示了美国金融市场的测度结果。由图9-3（a）与（c）可知，与美国市场相反，对于中国市场而言，在绝大多数样本区间内，基于新兴市场指数测算的系统关联，均高于发达市场冲击下的测度结果。这表明，中国市场与新兴市场的整体联动关系均更为密切，反之，美国则与发达市场冲击存在紧密的风险联动，进一步佐证了图9-2的研究发现。同时，自2008年以后，内地金融市场与新兴市场高度互联，系统关联指标逐步上升。而图9-3（b）则显示，在2007年至2008年的国际金融危机以及2015年重大股灾期间（虚线框标识），中国市场的尾部风险指标均攀升至了高点。因此，在国际输入性风险冲击下，由于内外金融环境的恶化，中国金融系统中的个体尾部风险将迅速积聚。值得注意的是，在上述危机期间，中国市场系统关联这一子成分并未显著攀升，这可能得益于我国在过去较长时期内均实行了较为严格的资本管制与外汇管制，国际风险暴露相对较低。

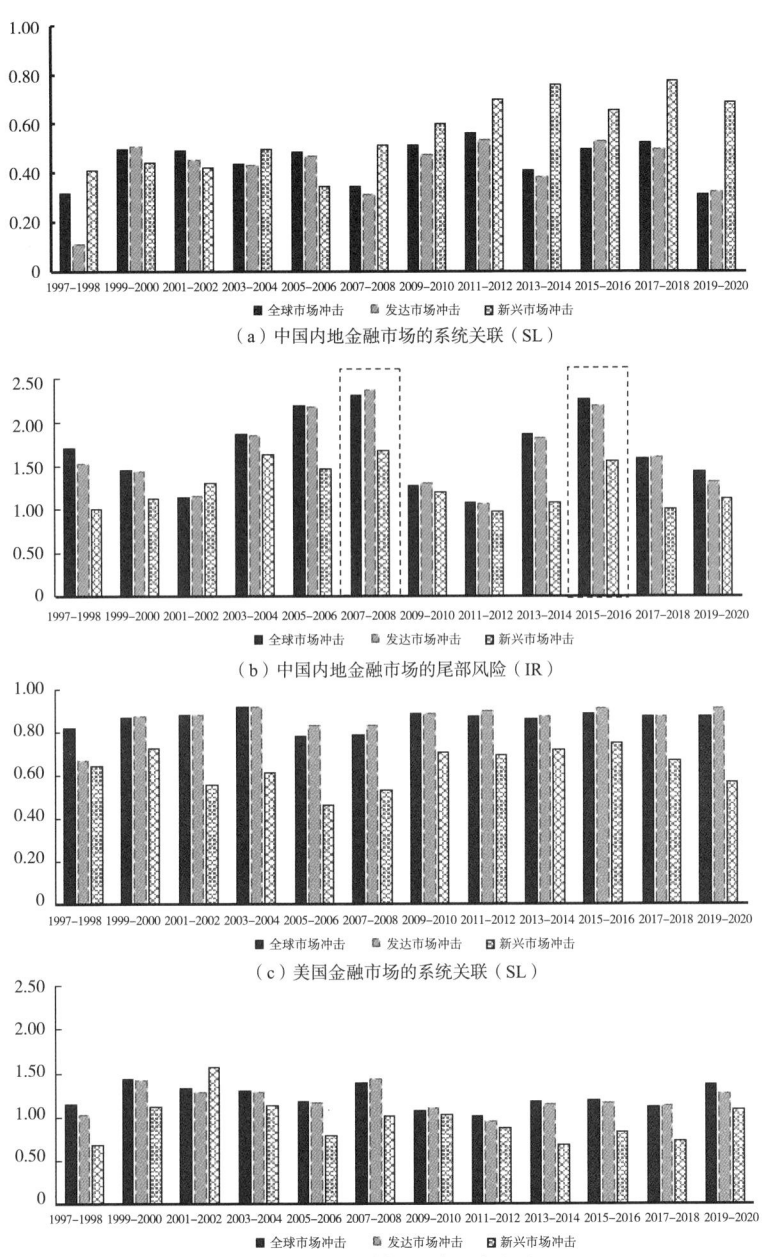

图 9-3 不同冲击下中美金融市场风险指标的比较分析

注：图中横坐标 1997—1998 年对应滚动窗口为 1997 年 1 月—1998 年 12 月的测算结果，1999—2000 年对应滚动窗口为 1999 年 1 月—2000 年 12 月的测算结果，……以此类推。

第七节　国际冲击下我国各行业系统性风险的测算与分解

本章进一步采用中国 A 股市场的 11 个行业指数，以 24、36、48 个月的滚动窗宽，逐月滑动（分别得到 229、217 与 205 个滚动样本），基于 MSCI 的全部国家指数、发达市场指数、新兴市场指数，测算国际冲击下，我国各行业的系统性风险水平（SR）。[1] 与此同时，我们逐月统计了每个行业的 SR 指标进入各滚动样本前三位的次数，结果列于表 9-1。Panel A 显示，在全球、发达与新兴市场冲击下，房地产、信息技术、金融等行业的系统性风险水平始终较高，例如，在全球冲击下，上述行业在 229 个滚动样本中进入排位前三位的次数分别达到了 155、136 与 88 次，表明此类行业最容易遭受国际冲击。究其原因，上述行业的资金投入需求相对较大，对经济金融形势的变动、政策利率的调整等往往更为敏感，因此易在国际输入性冲击下出现大幅震荡。因此，我们必须加大对信息技术、房地产、金融等经济敏感型行业的实时风险监控，及时缓释重点行业波动，从而有效防范化解系统性风险、保障资本市场平稳发展。Panel B 与 Panel C 中，基于不同滚动期的结果基本一致，结果稳健、可靠。

表 9-1　我国各行业系统性风险（SR）进入前三位的次数统计

	Panel A（滚动窗宽为 24 个月）			Panel B（滚动窗宽为 36 个月）			Panel C（滚动窗宽为 48 个月）		
	全球	发达	新兴	全球	发达	新兴	全球	发达	新兴
能源	32	31	46	39	22	38	18	20	40
材料	88	91	98	85	83	92	92	94	110
工业	27	22	19	16	11	4	1	1	2

1　本章选取 Wind 行业一级指数作为金融、房地产、可选消费、日常消费、工业、材料、能源、信息技术、电信服务、公用事业、医疗保健共计 11 个行业的代表变量，受限于数据可得性，行业分析的样本期为 2000 年 1 月至 2020 年 12 月。

续表

	Panel A (滚动窗宽为24个月)			Panel B (滚动窗宽为36个月)			Panel C (滚动窗宽为48个月)		
	全球	发达	新兴	全球	发达	新兴	全球	发达	新兴
可选消费	10	2	8	9	17	3	0	0	2
日常消费	5	3	0	7	8	0	3	5	0
医疗保健	28	28	9	19	16	10	15	12	2
金融	88	96	93	90	93	86	62	59	66
信息技术	136	135	145	134	137	145	133	127	136
电信服务	114	113	125	100	113	138	132	135	124
公用事业	4	2	1	0	0	3	0	0	0
房地产	155	164	143	152	151	132	159	162	133

接着，采用24个月的滚动窗宽，将各行业的系统性风险（SR）分解为系统关联（SL）、尾部风险（IR），逐一计算11个行业的SL、IR指标在2000—2020年间的时序均值，并在图9-4中画出。[1] 图9-4（a）显示，在新兴市场冲击下，所有行业的系统关联指标均显著高于全球、发达市场冲击下的测度值，再次证明我国金融市场与新兴市场的整体联动关系更密切。同时，基于不同冲击的结论均表明，金融行业的SL指标高于其他行业，与国际市场发生风险联动的概率相对较高。这与格兰特和扬（Grant and Yung, 2021）等的研究一致。在金融全球化的背景下，为了实现收益多元化与风险分散化，金融机构、金融行业间存在极为紧密的借贷关联，形成了高度复杂的关联网络，从而大幅提高了风险的传染共振可能。因此，除更关注个体尾部风险的微观审慎政策外，旨在调控市场的共同风险敞口与相互关联的宏观审慎政策，对切实防范化解国际输入性风险，平抑重点行业波动同样至关重要。这也符合我国的政策实践：2021年12月，中国人民银行发布了《宏观审慎政策指引（试行）》，通过资本、流动性、资产负债等管理工具，对金融机构、金融产品施加了一系列额外的监管要求。此外，由图9-4（b）可

---

[1] 系统性风险指标（SR）的测度结果备索。

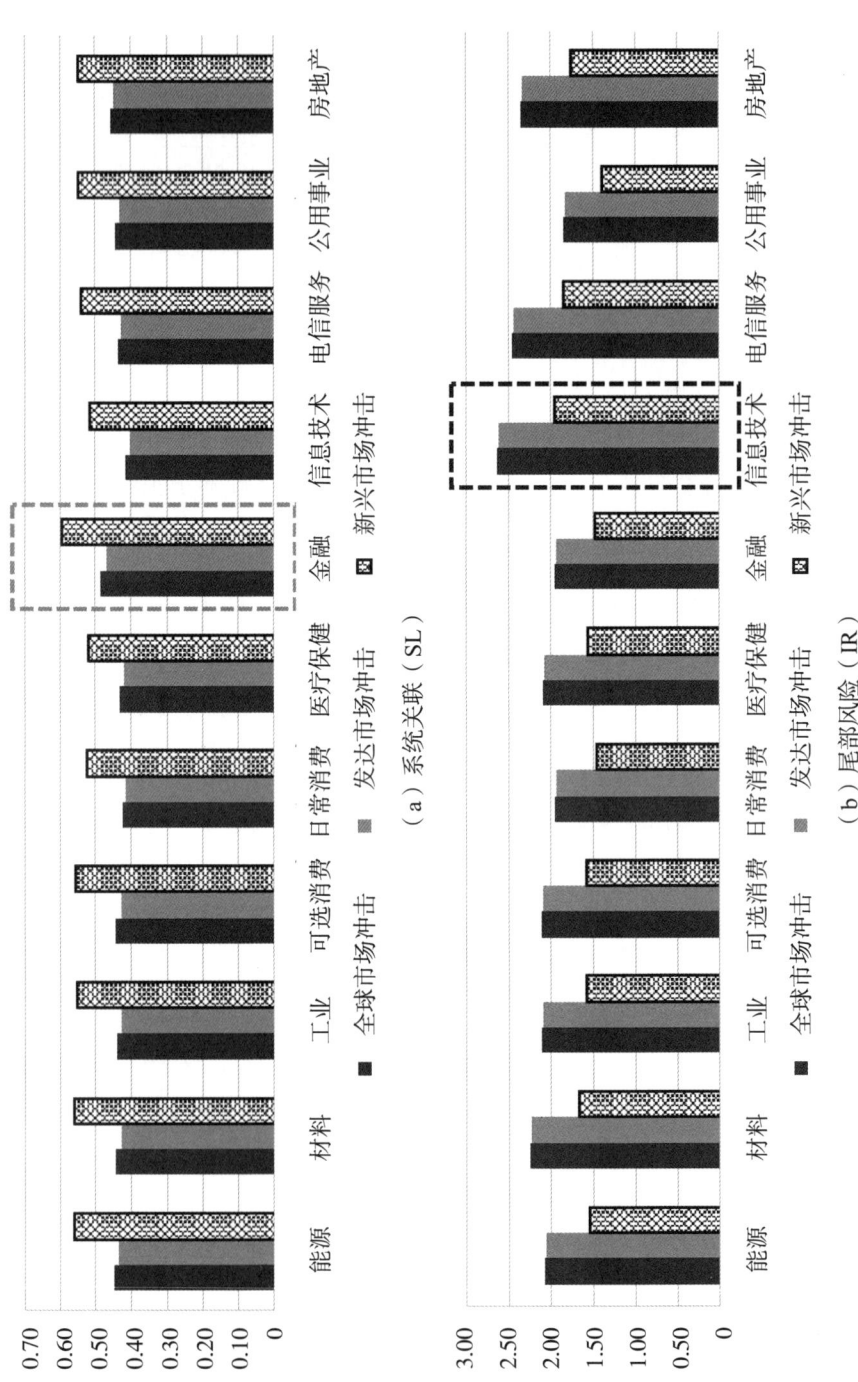

图 9-4 不同冲击下我国各行业系统关联与尾部风险

知,较之新兴市场,在发达市场冲击下,各行业的 IR 指标更大,即与图 9-1 的分析结论相吻合,来自发达市场的极端风险事件会更显著地加剧我国的个体尾部风险隐患。图 9-4(b)同样表明,在各市场的输入性冲击下,信息技术业的尾部风险子成分(黑色虚线框标识)的均值始终处于最高水平。

第八节 全球金融风险的影响因素与传染渠道分析

本章进一步剖析了系统性金融风险的传染渠道,甄别市场整体联动关系以及尾部风险依赖性的影响因素。首先,本章分别基于 MSCI 全部国家指数、MSCI 发达市场指数、MSCI 新兴市场指数测算风险指标,将其作为被解释变量,进一步考察在全球发达市场以及新兴市场的风险冲击下,各经济体系统性风险、系统关联以及尾部风险的影响因素,据此探究风险传染渠道。[1] 表 9-2 报告了以全球冲击下的系统性风险指标(SR)作为被解释变量的回归结果。由表 9-2 可知,总体而言,Panel A 与 Paenl B 的检验结果较为一致,经济规模、贸易开放程度、金融开放程度等指标的系数显著为正。这就表明,在全球市场震荡期间,经济体间贸易与金融联系的加深均会驱动系统性风险积聚。

本章进一步以基于 MSCI 全部国家指数测算的系统关联、尾部风险作为被解释变量,在表 9-3 中考察了各影响因素对两类子成分的作用。表 9-3 显示,经济规模、实际汇率指数、贸易开放程度均对系统关联有着显著的正向作用。与此同时,由 Panel A 的模型 4 至 6 可知,金融开放程度对系统关联的影响系数在 1% 的置信水平下均显著为正,这就意味着在全球风险冲击

---

[1] 我们还考察了在金融市场收益序列分布 5% 与 15% 分位数下以及不同滚动窗口期的结果,此外,与范奥德特和周(2019)等人的研究一致,本章同样测度了 48 个月滚动窗宽、4% 分位数下的系统性风险,并基于此展开传染渠道分析。结论均稳健、一致,以备索的形式提供。

表 9-2 全球冲击下系统性风险（SR）的影响因素分析

	Panel A 被解释变量：系统性风险 SR（未加入控制变量）						Panel B 被解释变量：系统性风险 SR（加入控制变量）					
	模型 1	模型 2	模型 3	模型 4	模型 5	模型 6	模型 7	模型 8	模型 9	模型 10	模型 11	模型 12
经济规模 $_{t-1}$	0.053***	0.053***	0.057***	0.042***	0.072***	0.075***	0.061***	0.061***	0.059***	0.050***	0.077***	0.091***
	(0.005)	(0.005)	(0.005)	(0.007)	(0.009)	(0.010)	(0.005)	(0.005)	(0.005)	(0.007)	(0.009)	(0.011)
市场恐慌程度 $_{t-1}$		0.008	0.005	0.007	0.006	0.006		0.011	0.010	0.005	0.006	0.007
		(0.013)	(0.014)	(0.017)	(0.017)	(0.017)		(0.014)	(0.015)	(0.017)	(0.017)	(0.017)
实际汇率指数 $_{t-1}$			−0.144**	0.065	0.049	0.047			0.249***	0.197***	0.174**	0.166**
			(0.056)	(0.078)	(0.079)	(0.079)			(0.061)	(0.076)	(0.078)	(0.078)
金融开放程度 $_{t-1}$				0.037***	0.029***	0.027***				0.036***	0.028***	0.023***
				(0.006)	(0.006)	(0.007)				(0.006)s	(0.006)	(0.007)
贸易开放程度 $_{t-1}$					0.079***	0.082***					0.072***	0.085***
					(0.014)	(0.015)					(0.013)	(0.015)
金融发展程度 $_{t-1}$						0.014						0.045**
						(0.020)						(0.020)
控制变量	否	否	否	否	否	否	是	是	是	是	是	是
时间固定效应	是	是	是	是	是	是	是	是	是	是	是	是
观测值	3272	3272	2656	967	950	950	2591	2591	2302	937	920	920
R^2	0.156	0.156	0.140	0.159	0.190	0.191	0.197	0.197	0.199	0.215	0.242	0.246

注：(1) *、**以及***分别表示通过 10%、5% 以及 1% 的显著性水平检验；(2) 受篇幅所限，省略控制变量与常数项的回归结果；(3) 风险测度指标基于 24 个月滚动窗宽（窗口滑动步长 3 个月）滚动估计得到；(4) 表 9-3—表 9-5 相同，不再赘述。

表9-3 全球冲击下系统关联（SL）与尾部风险（IR）的影响因素分析

	Panel A 被解释变量：系统关联 SL						Panel B 被解释变量：尾部风险 IR					
	模型 1	模型 2	模型 3	模型 4	模型 5	模型 6	模型 7	模型 8	模型 9	模型 10	模型 11	模型 12
经济规模$_{t-1}$	0.017***	0.017***	0.016***	0.009**	0.026***	0.016***	0.043***	0.044***	0.043***	0.041***	0.052***	0.075***
	(0.003)	(0.003)	(0.003)	(0.003)	(0.004)	(0.005)	(0.004)	(0.004)	(0.004)	(0.007)	(0.008)	(0.010)
市场恐慌程度$_{t-1}$		−0.023***	−0.022***	−0.021**	−0.019**	−0.019**		0.035***	0.032***	0.025	0.025	0.026
		(0.007)	(0.007)	(0.008)	(0.008)	(0.008)		(0.012)	(0.012)	(0.016)	(0.016)	(0.016)
实际汇率指数$_{t-1}$			0.242***	0.133***	0.151***	0.157***			0.006	0.064	0.024	0.009
			(0.029)	(0.037)	(0.037)	(0.036)			(0.049)	(0.070)	(0.072)	(0.072)
金融开放程度$_{t-1}$				0.018***	0.014***	0.017***				0.018***	0.015**	0.005
				(0.003)	(0.003)	(0.003)				(0.006)	(0.006)	(0.006)
贸易开放程度$_{t-1}$					0.045***	0.035***					0.027**	0.050***
					(0.006)	(0.007)					(0.012)	(0.013)
金融发展程度$_{t-1}$						−0.031***						0.075***
						(0.009)						(0.018)
控制变量	是	是	是	是	是	是	是	是	是	是	是	是
时间固定效应	是	是	是	是	是	是	是	是	是	是	是	是
观测值	3272	2591	2302	937	920	920	3272	2591	2302	937	920	920
R^2	0.223	0.335	0.348	0.393	0.428	0.434	0.198	0.268	0.291	0.297	0.308	0.320

下，与其他市场金融关联更高的市场往往对国际风险更为敏感，共振概率更大。与此相对应，在 Panel B 的模型 12 中，经济规模、贸易开放程度的系数达到了 0.075 与 0.050，远高于 Panel A 模型 6 中的 0.016 与 0.035。这就意味着，较之系统关联指标，贸易渠道会对尾部风险指标产生更显著的影响。值得注意的是，由模型 6 与模型 12 可知，金融发展程度对系统关联有着明显的负向影响，但与尾部风险则存在显著的正相关。这可能是由于，一方面，体系趋于完整、监管更为完善的金融市场，能够有效缓释风险的跨市场联动，因此，金融发展程度更高，系统关联指标则会更低；而另一方面，在金融发展程度更高的经济体中，国际资本与贸易流动更为频繁，金融市场环境及产品愈发复杂，投资者也会更偏好于构建高风险的投资组合来谋求更高收益，从而加剧了金融市场的尾部风险隐患。

我们同样考察了在发达市场冲击下，各因素对风险指标的影响方向与作用力度。[1] 表 9-4 的 Panel B 显示，金融开放程度对系统关联的影响系数均显著为正，表明在受到发达市场风险冲击时，金融开放度更高的市场更易出现风险联动与风险共振。这就意味着，在发达市场出现极端风险事件时，其金融机构资产负债表恶化、资本流动性不足等外生冲击易经由境内外金融市场的互联互通渠道进一步放大，提高全球其他市场的金融脆弱性。此外，与表 9-3 的结论相一致，经济规模、贸易开放度的系数在所有回归中均显著为正，且对尾部风险的影响力度更大，在模型 6 中分别达到了 0.075 与 0.050（模型 4 对系统关联的影响系数分别为 0.018 与 0.040），即在发达市场冲击下，若经济体的规模较大，或是贸易开放度较高、对国际贸易依赖度较大，则其金融市场往往会具有更高的个体尾部风险水平。

---

1 表 9-4、表 9-5 中的逐步回归结果稳健，备索。

表 9-4 发达市场冲击下系统性风险、系统关联与尾部风险的影响因素分析

	Panel A 被解释变量：系统性风险 SR		Panel B 被解释变量：系统关联 SL		Panel C 被解释变量：尾部风险 IR	
	模型 1	模型 2	模型 3	模型 4	模型 5	模型 6
经济规模 $_{t-1}$	0.080***	0.093***	0.043***	0.018***	0.037***	0.075***
	(0.010)	(0.011)	(0.006)	(0.005)	(0.010)	(0.010)
市场恐慌程度 $_{t-1}$	0.005	0.007	-0.012	-0.019**	0.017	0.026
	(0.017)	(0.017)	(0.010)	(0.009)	(0.016)	(0.016)
实际汇率指数 $_{t-1}$	0.058	0.179**	0.121***	0.174***	-0.063	0.004
	(0.079)	(0.078)	(0.043)	(0.039)	(0.073)	(0.071)
金融开放程度 $_{t-1}$	0.027***	0.023***	0.018***	0.016***	0.009	0.006
	(0.007)	(0.007)	(0.004)	(0.003)	(0.006)	(0.006)
贸易开放程度 $_{t-1}$	0.089***	0.090***	0.056***	0.040***	0.033**	0.050***
	(0.015)	(0.015)	(0.008)	(0.007)	(0.014)	(0.013)
金融发展程度 $_{t-1}$	0.016	0.045**	-0.012	-0.027***	0.028	0.073***
	(0.020)	(0.020)	(0.011)	(0.010)	(0.018)	(0.018)
控制变量	否	是	否	是	否	是
时间固定效应	是	是	是	是	是	是
观测值	950	920	950	920	950	920
R^2	0.200	0.254	0.337	0.475	0.244	0.331

本章同样以新兴市场冲击下，各市场的系统性风险、系统关联与尾部风险作为被解释变量，据此展开回归分析，并将结果列于表9-5。由Panel B的模型2，我们注意到，在控制其他变量后，与表9-3、表9-4中的分析结论不同，实际汇率指数对系统关联的影响系数显著为负，即经济体的实际汇率指数越高、货币相对价值越大，则其与新兴市场的系统关联越低。一种可能的解释是，在新兴市场冲击下，国际投资者通常倾向于大规模抛售其他新兴经济体的货币，从而加剧了国际汇率市场不稳定性，使风险易通过汇率渠道传播与扩散，引发明显的风险联动效应。在此背景下，经济体实际汇率指数的增加（即货币相对价值的提升），将有助于降低其与新兴市场风险的联动可能，从而缓释输入性风险、增强金融系统稳定性。此外，表9-5进一步显示，在受到新兴市场冲击时，较之系统关联，经济规模、贸易开放程度依旧会对尾部风险产生更大的作用力度，模型6中的回归系数分别达到了0.078与0.049。

进一步地，我们基于相对重要性分析方法，分析经济规模、市场恐慌情绪、实际汇率指数等对系统性风险、系统关联以及尾部风险的解释力度，剖析各渠道的相对重要程度。由图9-5（a）与（b）可知，各影响因素对系统关联、尾部风险存在较大的异质性作用。具体而言，与前文分析基本一致，不同外生冲击下，经济体的规模水平、实际汇率指数、贸易开放程度对尾部风险（虚线）的影响力度较大，经济规模的解释力度更是高于40%。在发达、新兴市场的冲击下，金融开放程度、金融发展程度均对系统关联（点线）产生了较明显的作用。市场恐慌情绪对各子成分的影响均相对较小，且在大部分回归中并不显著。由此可见，在全球极端负面冲击下，较之以市场恐慌情绪刻画的信息渠道真实联系渠道是更为重要的风险传染途径。其中，贸易渠道对各市场的个体尾部风险产生了显著的驱动作用，而金融关联则是各经济体与全球金融市场风险联动的重要影响因素。

表9-5 新兴市场冲击下系统性风险、系统关联与尾部风险的影响因素分析

	Panel A 被解释变量：系统性风险 SR		Panel B 被解释变量：系统关联 SL		Panel C 被解释变量：尾部风险 IR	
	模型1	模型2	模型3	模型4	模型5	模型6
经济规模 $_{t-1}$	0.039***	0.087***	-0.002	0.009***	0.042***	0.078***
	(0.010)	(0.011)	(0.003)	(0.003)	(0.010)	(0.010)
市场恐慌程度 $_{t-1}$	-0.024	-0.023	-0.008	-0.007	-0.016	-0.017
	(0.018)	(0.017)	(0.005)	(0.005)	(0.016)	(0.016)
实际汇率指数 $_{t-1}$	-0.165**	-0.054	-0.089***	-0.045*	-0.076	-0.009
	(0.080)	(0.076)	(0.024)	(0.023)	(0.073)	(0.072)
金融开放程度 $_{t-1}$	0.018**	0.013*	0.009***	0.007***	0.008	0.006
	(0.007)	(0.007)	(0.002)	(0.002)	(0.006)	(0.006)
贸易开放程度 $_{t-1}$	0.036**	0.057***	0.001	0.007*	0.034**	0.049***
	(0.015)	(0.014)	(0.004)	(0.004)	(0.014)	(0.013)
金融发展程度 $_{t-1}$	0.016	0.070***	-0.017***	-0.004	0.033*	0.074***
	(0.020)	(0.020)	(0.006)	(0.006)	(0.018)	(0.018)
控制变量	否	是	否	是	否	是
时间固定效应	是	是	是	是	是	是
观测值	950	920	950	920	950	920
R^2	0.219	0.348	0.442	0.506	0.169	0.273

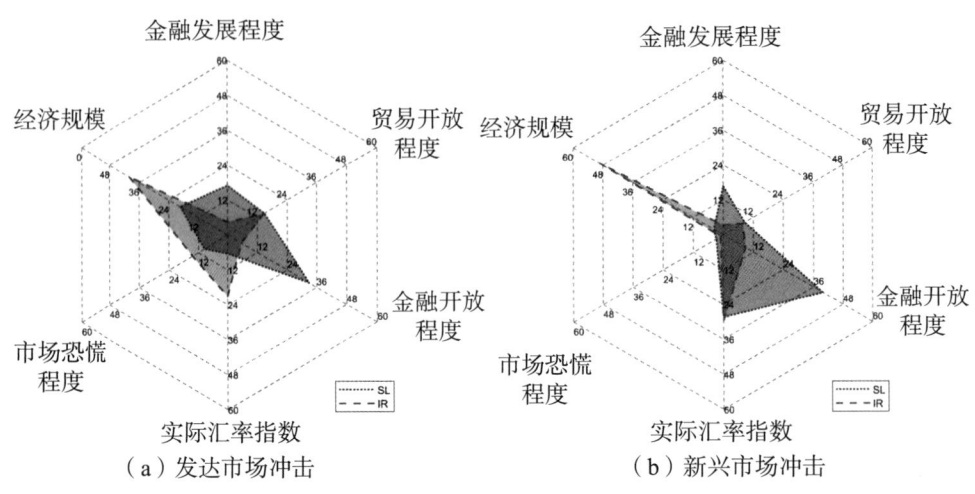

图 9-5　各影响因素对风险指标的相对重要性分析

第九节　风险影响因素与传染渠道的异质性分析

在此基础上，本章同样以全球市场冲击下的风险测度指标作为被解释变量，并将 49 个样本市场划分为发达市场（25 个）、新兴市场（24 个）两组子样本，分别展开回归分析，考察各因素对发达市场风险、新兴市场风险的异质性影响。图 9-6 展示了两组子样本下，各解释变量的系数与置信区间。图 9-6 显示，较之发达市场，经济规模与贸易开放程度对新兴市场均有更显著的正向影响（估计系数更大）。由图 9-6（b）与（c）可知，在发达市场中，金融发展程度对系统关联的影响在 10% 置信水平上显著为负，而对尾部风险存在明显的正向驱动。对新兴市场的 SL 与 IR 指标而言，该因素则会产生相反的作用方向，且系数绝对值也更大。究其原因，一方面，对于金融基础设施较完备、金融体系相对完善的发达市场，其金融发展水平的进一步提升，能够增强金融系统稳定性，避免在冲击下产生显著的风险联动，但随着金融市场的发展，金融产品、金融行为的复杂化也大幅提高了监管难度市

第九章 国际冲击下系统性风险的影响因素与传染渠道研究 329

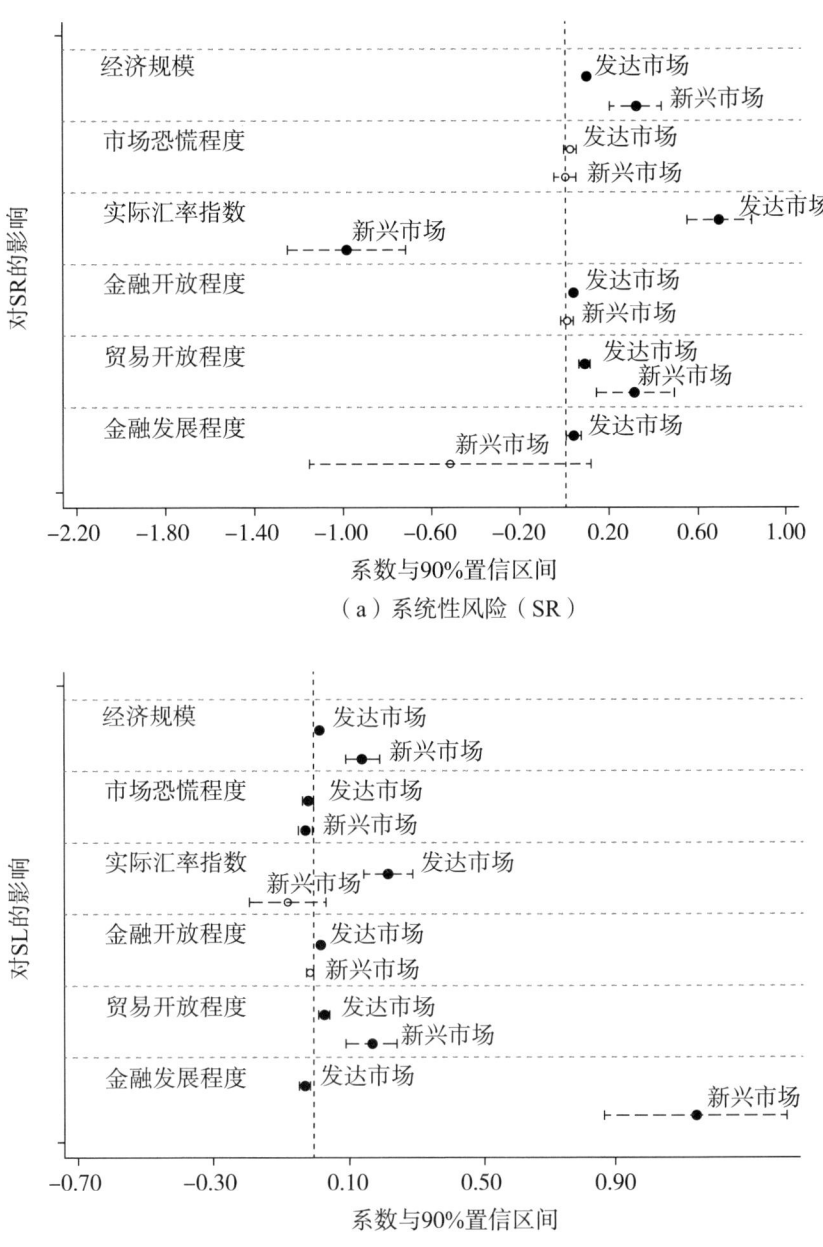

(a) 系统性风险 (SR)

(b) 系统关联 (SL)

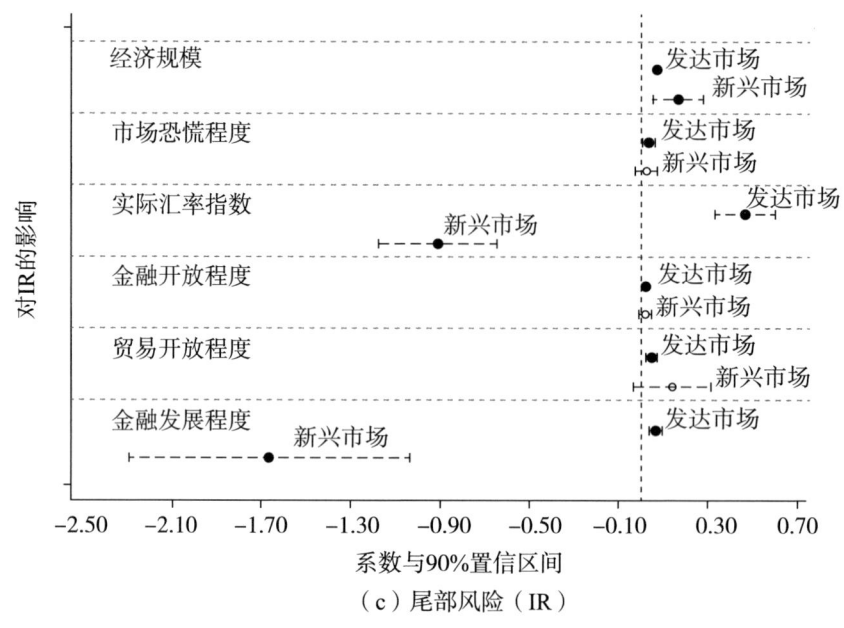

图 9-6　各因素对发达市场与新兴市场风险影响的比较分析

注：风险测度指标基于 24 个月滚动窗宽（窗口滑动步长 3 个月）滚动估计得到。

场参与者会倾向于构建高风险、高回报的投资组合，加剧了个体尾部风险隐患；另一方面，对于基础设施较不完善、发展程度普遍较低的新兴市场而言，金融市场的适度发展有助于经济主体间相互分担风险，也有利于市场参与者通过合理的资产配置充分分散风险，能在较大程度上缓释尾部风险，而其金融发展程度的不断提高，也会推动其与全球市场互联互通，对系统关联产生显著的正向影响。

本章还基于条件分位数回归模型展开异质性分析，同时，为了便于识别，我们用灰色阴影区域标识其所对应的 90% 置信区间。[1] 由图 9-7 可知，绝大多数影响因素，例如经济规模、金融开放程度、贸易开放程度等，在高

---

[1] 条件分位数回归模型的具体构建详见克鲁格和罗施（Krüger and Rösch, 2017）。受限于篇幅，系统关联与尾部风险指标的异质性分析结果备索。

第九章　国际冲击下系统性风险的影响因素与传染渠道研究　331

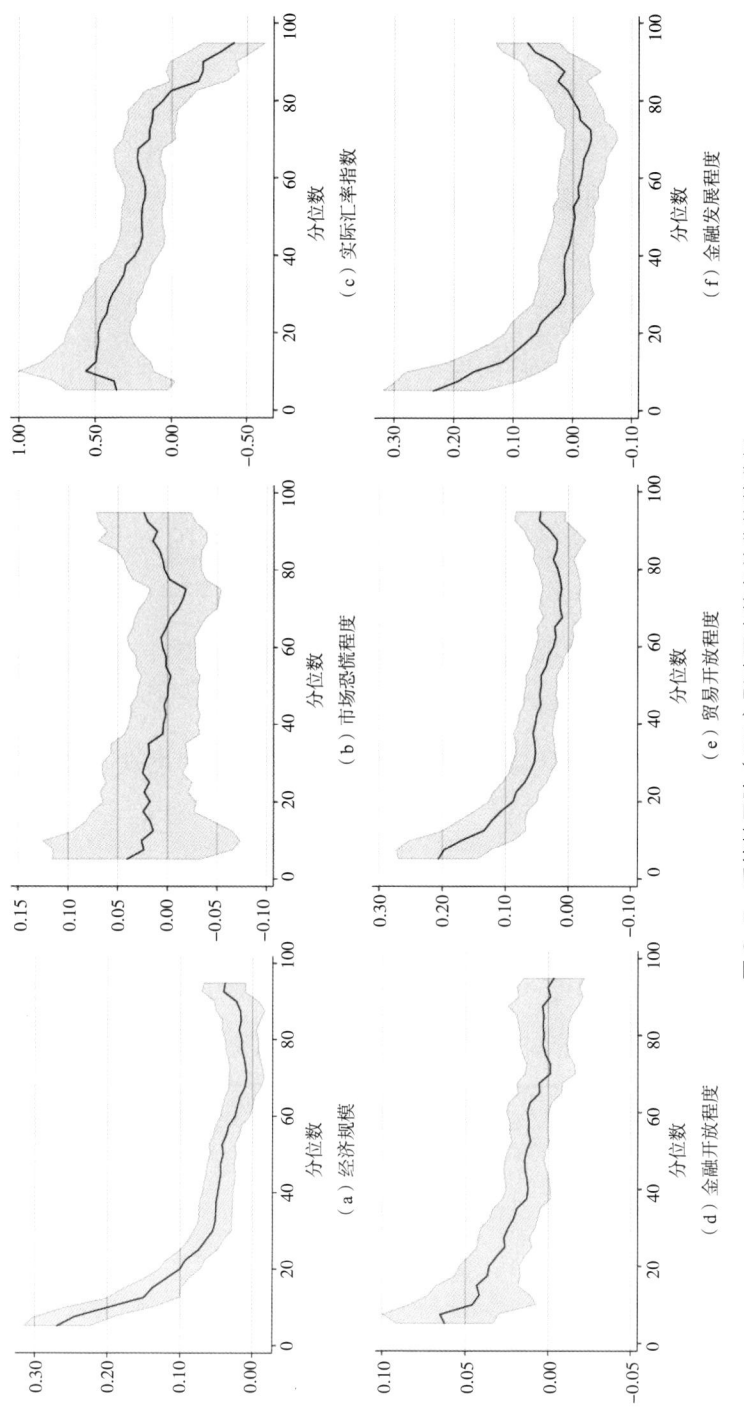

图 9-7　系统性风险（SR）影响因素的条件分位数分析

注：（1）我们以全球市场冲击下的系统性风险指标（SR）作为被解释变量，测度指标基于 24 个月滚动窗宽（窗口滑动步长 3 个月）滚动估计得到，图 9-8 相同，不再赘述；（2）横坐标 τ 代表风险指标值大于系统性风险指标序列（100-τ）% 分位数下的水平，即横坐标数值越小，风险越大。

风险时期对系统性风险的影响更为显著。此外，如图 9-7（c）所示，当各市场系统性风险位于低分位数区间（即高风险时期）时，实际汇率指数的系数在 10% 的显著性水平下显著为正，而随着分位数区间的增加（即低风险时期），该系数出现了反向变动，但总体来看，该因素在绝大多数分位数区间保持正向影响。

第十节　风险影响因素与传染渠道的动态分析

在前文分析的基础上，本章就各因素对系统性风险指标（SR）的影响进行分年度回归，进一步从动态视角考察风险传染渠道在 1997 年至 2020 年间的渐进演变，并将各影响因素的系数与置信区间在图 9-8 中画出。由图 9-8，我们可以清楚地发现，在大部分的样本区间，经济规模、实际汇率指数、金融开放程度、贸易开放程度对系统性风险均产生了显著的正向影响。其中，在危机期间，贸易开放程度对风险的作用力度尤为显著，其在 2008 年的系数更是达到了 0.12，且影响也较为持续，直至 2012 年才有所平复。

此外，值得注意的是，图 9-8（d）、（e）、（f）均表明，2016 年以来，金融开放程度、金融发展程度、贸易开放程度对风险的正向作用力度逐步增强。这就表明，近年来随着全球金融一体化进程的加快，金融、贸易开放程度的增加显著提高了全球风险事件同频共振的可能，风险易经由国际市场间的金融与贸易联系快速扩散。

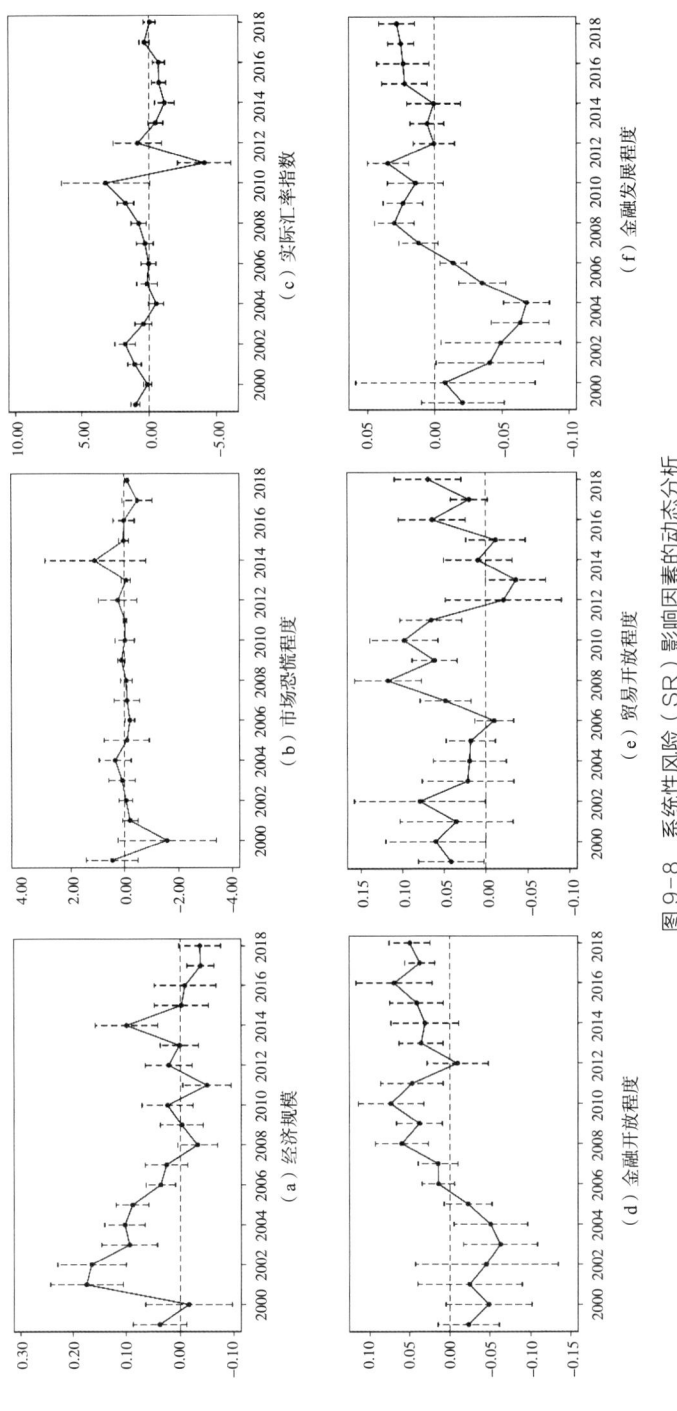

图9-8 系统性风险(SR)影响因素的动态分析

第十一节 小结

本章采用前沿的系统性风险分解方法，基于区分宏观审慎与微观审慎这一崭新的研究视角，分别测度了全球、发达、新兴市场冲击下，1997年至2020年间全球主要金融市场的系统性风险（SR）、系统关联（SL）以及尾部风险（IR）。本章分析结果表明，一方面，从尾部风险指标来看，在受到发达市场冲击时，各市场的个体风险均处于较高水平，而在新兴市场冲击下，其尾部风险水平则相对较低；而另一方面，从系统关联指标来看，基于发达市场、新兴市场指数测算的风险指标较为接近，源自新兴市场的震荡冲击，同样存在全球扩散的可能。

首先，在发达市场冲击下，我国金融市场的系统关联较低，但尾部风险指标则相对较高，将出现明显的个体风险积聚现象。与此相对应，在新兴市场冲击下，我国市场的系统关联指标于2008年后逐步上升，与新兴市场高度互联，风险共振可能较大。进一步地，基于我国不同行业的分析结果表明，在受到国际风险冲击时，我国房地产、信息技术、金融等行业系统性风险（SR）指标更高，这就意味着，此类资金投入需求相对较大、对经济形势更为敏感的行业，易在输入性风险冲击下出现大幅震荡。其中，值得注意的是，风险分解的结果进一步显示，从宏观审慎监管的视角来看，我国金融行业的系统关联指标（SL）远高于其他行业，与全球金融市场的联系强度更高，这也在一定程度上佐证了我国出台《宏观审慎政策指引（试行）》，对金融机构、金融产品施加了一系列额外监管要求的必要性；而从微观审慎监管的视角来看，在不同市场的输入性冲击下，信息技术这一高成长行业的尾部风险（IR）始终处于最高水平。

其次，我们深入考察了各经济体金融风险的影响因素与传染渠道。分析结论表明，在国际金融风险的传染过程中，较之信息渠道，由贸易与金融关联构成的真实联系渠道是更为重要的风险传染途径，经济体间贸易与金融联系的增强均会进一步加剧系统性风险隐患。其中，贸易渠道对各市场的个体尾部风险水平产生了显著的驱动作用，而金融关联则是各经济体与全球金融市场风险联动的重要影响因素。

再次，我们进一步对各因素的异质性作用展开深入分析。研究结果表明，在发达市场与新兴市场中，金融发展程度的影响存在显著差异。究其原因，对于金融基础设施较为完备、金融体系相对完善的发达市场而言，其金融发展水平的进一步提升，能够在一定程度上增强其金融系统的稳定性，避免在冲击下产生显著的风险联动。然而，金融产品、金融行为的复杂化也大幅提高了监管难度，诱使市场参与者构建高风险、高回报的投资组合，从而加剧了个体尾部风险隐患。而对于基础设施较不完善、发展程度普遍较低的新兴市场而言，金融市场的适度发展有助于经济主体间相互分担风险，也有利于市场参与者通过合理的资产配置充分分散风险，因此个体尾部风险会随着金融发展程度的加深而降低。

最后，本章的分年度回归结果显示，在大部分的样本区间，经济规模、实际汇率指数、金融开放程度、贸易开放程度等影响因素均对系统性风险产生了显著的正向影响。其中，自2016年以来，金融开放程度、贸易开放程度对风险的作用力度逐步增强。这就表明，近年来随着全球金融一体化进程的加快，金融、贸易开放程度的增加显著提高了全球风险事件同频共振的可能，风险易经由国际市场间的贸易与金融联系快速扩散。

基于以上研究结论，本章得到三点启示：

（一）统筹宏观审慎管理与微观审慎监管，完善国际输入性风险预警与防范机制。本章的研究结论表明，金融与贸易开放程度的提高对系统关联水平有着显著的正向影响。这表明在我国深度参与全球贸易分工、加速推进金融市场对外开放的进程中，我国资本市场与全球金融市场的关联将显著增强，其对国际风险的暴露程度将越高。因此，应当尽快加强宏观审慎政策与微观审慎监管政策的协调配合，未雨绸缪，防范化解国际风险冲击：一方面，应从宏观审慎监管的角度加快完善国际输入性风险预警机制，将跨境贸易融资、跨境资本流动等指标纳入宏观审慎监管框架；另一方面，本章研究发现，在发达市场冲击下，我国金融市场的个体尾部风险较高。这就意味着监管部门应从微观审慎监管的角度加强对金融机构的微观治理力度，落实穿透式监管与全面动态监管，在发达市场危机期间适度提高资本充足率、拨备标准、流动性等对个体机构的监管要求，实时监测相关风险指标的变动趋势，关注金融部门的尾部风险水平，及时应对、缓释国际冲击引发的风险积聚问题。

（二）警惕全球资产泡沫破裂风险，关注新兴市场异常波动。在过去十多年中，各主要发达经济体广泛实施了宽松货币政策，使得全球流动性泛滥，资产价格虚高，而当前美联储加息缩表的政策转向，引发全球资本大幅回流，因此，我们必须未雨绸缪，防范全球资产泡沫破裂风险，在完善跨境资本流动监测体系的同时，定点有序清理内部风险，加强对房地产等泡沫化倾向较为严重的重点领域的监管力度。此外，本章的分析表明，2008年后，我国金融市场与新兴市场高度互联，系统关联指标逐步上升。监管部门也应当实时监控新兴市场的风险变动，加强国际协调合作，构建金融风险的联合监测机制，提升风险防范的"前瞻性、全局性、主动性"[1]。

（三）多措并举协调风险防范工作，审时度势把握政策预调微调力度。本章的研究结果表明，贸易渠道会对各市场的个体尾部风险水平产生驱动影响。因此，在监测跨境资本流动风险的同时，应重视贸易波动对金融市场的

---

[1] 参见2021年3月30日中国人民银行召开的2021年金融稳定工作视频会议。

潜在冲击。我国监管机构应当引导金融机构为贸易依存度高的企业提供外汇保险、财产保险、出口信用保险、产品责任保险等金融避险工具，缓释国际贸易风险引发金融市场共振冲击。此外，条件分位数回归的结果表明，经济规模、金融开放度、贸易开放度等影响因素对风险的驱动作用在高风险时期更为显著。对此，监管部门应完善对全球金融风险的长期监控机制，实施国际输入性风险的分级管控，准确评估各类冲击引发的风险传染，强化政策的灵活性与协调性，审时度势地进行防范政策的预调、微调，及时完善与开放水平相适应的监管方式。

第十章
重大突发公共事件下的宏观经济冲击、金融风险传导与治理应对*

第一节 引言

21世纪以来,突发公共事件在全球各国频频暴发,例如2003年"非典型肺炎"疫情、2004年印尼海啸、2008年汶川"5·12"地震、2011年日本大地震及其引发的福岛核电站泄漏、2014年埃博拉病毒肆虐乃至今年被世界卫生组织(World Health Organization, WHO)宣布为"国际关注的突发公共卫生事件"的新冠疫情,等等(见图10-1)。此类包含了自然灾害、事故灾难、公共卫生事件等在内的突发公共事件严重威胁着世界各国的社会稳定,其所特有的紧迫性与不确定性也为全球经济发展带来了极大的挑战。具体而言,在对受影响地区造成生命财产威胁的同时,此类突发公共事件往往会对经济运行体系产生严重冲击,双向挤压需求端与供给端,加大财政收支压力,对一国乃至全球经济产生持续性的负面影响,进一步加大了宏观经济内外部环境的不确定性,引发恶性循环。与此同时,对经济生产活动的冲击极易经由产业链、供应链以及资金链传导至资本市场,致使金融市场出现大幅震荡。

---

* 本章经整理后发表于《管理世界》2020年第5期。

例如日经 N225 指数在 2011 年日本"3·11"地震后的两个交易日中连续下跌 6.18% 与 10.55%。而随着 2020 年，新冠疫情席卷全球，全球资本市场剧烈震荡，我国上证综指在 2 月 3 日（春节后的首个交易日）达到了 7.72% 的巨大跌幅，A 股市场更有超过 3000 多只股票跌停，而且全球各国股指自 3 月起纷纷暴跌，包括加拿大、巴西、韩国、菲律宾等在内的多国股市触发"熔断"，其中，美国股市更是史无前例地在 3 月 9 日、3 月 12 日、3 月 16 日以及 3 月 18 日（当地时间）出现了四次"熔断"。

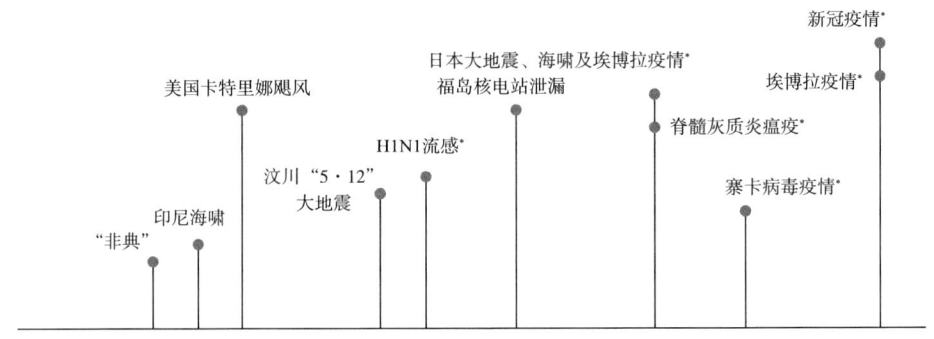

图 10-1 全球突发公共事件大事记

注：标注"*"的事件代表其被 WHO 宣布为"国际关注的突发公共卫生事件"。

正因如此，各国当局开始致力于完善突发公共事件治理机制与宏观调控水平，以求有效应对突发公共事件、维护宏观经济与金融市场稳定。与此同时，如何在重大突发事件期间，保障经济平稳运行、防范化解金融风险，也引起了我国政府的高度重视。中国人民银行在 2019 年第四季度的《中国货币政策执行报告》中指出"保持物价水平基本稳定，打好防范化解重大金融风险攻坚战"。而在 2020 年 2 月 23 日，习近平总书记在统筹推进新冠疫情防控和经济社会发展工作部署会议上更是进一步强调，要"防止经济运行滑出合理区间，防止短期冲击演变成趋势性变化"。由此可见，在全球新冠疫情的快速蔓延的背景下，考察突发公共事件对我国宏观经济部门与金融市场的冲击影响，同时深入剖析突发事件期间，金融风险在我国各行业及全球股票市场间的传导途径、影响力度以及溢出效应显然具有重要的学术价值与现实意义：它不仅有助于我们完善与"重大突发公共事件"相适应宏观治理应对机制及风险防范对策，而且有助于避免金融风险产生跨部门、跨市场交叉传导，"守住不发生系统性金融风险的底线"，从而维护经济发展和社会稳定大局。

突发公共事件除对受影响地区造成直接损害外，其所造成的供应链中断也会使得风险转移至原本未受影响的区域，造成大量直接与间接的经济损失（Worthington, 2008）。其中，由于宏观经济数据统计难度大、样本频次低，许多学者往往采用干预模型、事件研究法或是自然实验法等方法，对比分析事件前后的宏观经济形势变化，从而考察突发事件对经济的冲击影响。其中，高和劳（Goh and Law, 2002）基于干预模型考察了1997年亚洲金融危机、1998年中国香港禽流感疫情等事件对中国香港旅游业的影响，研究表明此类公共事件会对旅游业产生显著的负面冲击。德瑞吉娜等（Deryugina et al., 2018）对比了卡特里娜飓风袭击的新奥尔良州以及与其发展程度相似的美国城市，考察这一突发事件对工资收入、就业、婚姻与生育的冲击，发现仅存在暂时的负面影响。最近，波姆等人（Boehm et al., 2019）将2011年日本"3·11"大地震作为一次自然实验，探讨其对国际贸易产业链的影响，研究表明日本跨国公司的海外上下游企业均受到了显著的外溢冲击。

与宏观经济的相关研究类似，早期文献在考察自然灾害、重大灾难、公共卫生事件等突发公共事件对金融市场的冲击时，也常常采用案例研究法、事件研究法等进行分析（Chesney, et al., 2011）。如帕奇尼和马利特（Pacini and Marlett, 2001）基于广义最小二乘法和非参事件研究技术，分析表明具有飓风风险敞口的保险公司对股价有着更积极的反应。拉金和哈莱克（Ragin and Halek, 2016）使用事件研究法，考察了1970年以来造成最大保险损失的43起灾难，发现保险经纪人在事件当天获得了股票的异常回报。而随着现代计量经济学方法的不断发展，相关学者采用了前沿的计量模型就突发事件对金融市场的冲击展开深入研究。其中，白等（Bai et al., 2019）将罕见灾害加入具有异质企业的一般均衡模型中，发现考虑了突发事件冲击的 CAPM 模型对股价的刻画更为准确。兰菲尔等（Lanfear et al., 2019）分析了1990年至2017年间美国飓风对股票收益和非流动性的异常扰动，研究显示此类与总消费增长相关的突发事件会对股市产生重大冲击。

与此同时，现有研究表明，金融市场在危机事件的冲击下，市场间会产生明显的风险传导，风险溢出效应显著增加（White et al., 2015）。因此，在单个金融机构或市场受到冲击时，负面影响会迅速传导至其余机构及市场，引发系统性金融风险（Baruník and Křehlík, 2018）。随着国际金融一体化的日益推进，全球资本市场的跨境联系不断增强，各国间显著的联动效应进一步加大了系统性风险的爆发可能（Hartmann et al., 2004）。此外，股票市场在受到冲击后，可能产生"过度反应"现象，在短期更易出现较大的异常震荡（Lasfer et al., 2003），加剧了金融系统的脆弱性，也致使金融机构或市场间原有的相互关联在危机后出现突变，从而加大了风险防控的难度（Maggio et al., 2017）。这在巴列斯特尔等（Ballester et al., 2016）、吉多林等（Guidolin et al., 2019）以及张等（Zhang et al., 2020）的研究中也获得了经验支持。在国内对于金融风险问题的研究上，我国很多学者也从宏观审慎政策、地方政府债务、极端风险的跨市场传染等角度进行了很好的分析与阐述，其中代表性的包括方意（2016）、刘晓星和张旭（2018）、梁琪和郝毅（2019）、杨子晖等（2019）的研究。

纵观该领域的研究，现有文献大多考察了地震、飓风等自然灾害对宏观经济的影响，而较少探讨重大公共卫生事件带来的负面冲击。其次，非典、新冠疫情等重大突发事件对我国经济稳定与社会安全造成了严重威胁。

由于此类事件持续时间较短，宏观数据时间跨度也相对较短，容易产生"维度诅咒"问题（Marcellino and Sivec, 2016）。因此在使用传统方法进行分析时常常因为数据受限问题，而难以对宏观经济与金融市场受到的冲击展开全面分析（Galariotis et al., 2018）。再者，现有研究在考察突发公共事件对宏观经济的影响时，大部分采用干预模型、事件研究法或是自然实验法，仅仅进行事件前后的对比分析，很少就突发事件本身对宏观部门的影响进行全面的考察（Deryugina et al., 2018；Boehm et al., 2019）。此外，随着现代计量研究领域的进一步发展，伯南克等（Bernanke et al., 2005）构造了因子增广向量自回归模型，能够同时考虑存在相互影响的大量全局变量，从而可以有效刻画大量变量间的作用关系（Abbate et al., 2016）。与此同时，较之单变量时间序列模型，基于 FAVAR 模型估计的因子，能够更好地评估信息集与特定变量间的相互影响（Liu et al., 2017）[1]。因此，使用 FAVAR 模型能够有效克服宏观数据类别过多而样本期过短的局限性，从而准确刻画突发公共事件对宏观经济的影响途径与作用力度，为完善特殊时期宏观治理应对机制提供新的思路。最后，大量文献集中在考察经济危机对金融市场的冲击，较少研究就重大公共卫生事件对资本市场的影响进行深入探讨。然而，最新研究表明，此类突发公共事件造成的市场压力，将会使得金融市场间出现明显的风险溢出效应（White et al., 2015），并导致市场不确定性因素急剧攀升，使得金融机构或市场间原有的相互关联关系发生突变（Maggio et al., 2017）。而不断增加的不确定性将会提高金融体系的脆弱性，从而增加了金融危机爆发的概率（Fulghieri and Dicks, 2019）。

鉴于此，本章采用前沿的因子增广向量自回归模型与风险溢出网络方法（Yang and Zhou, 2017；杨子晖和周颖刚, 2018），考察非典和新冠疫情此类

---

[1] 在此基础上，许多学者纷纷使用 FAVAR 模型对货币政策、通货膨胀等宏观经济问题展开深入研究（Herrera and Rangaraju, 2019; Kamber and Wong, 2020）。

重大突发公共事件对我国金融市场与宏观经济的冲击与影响。具体而言，首先，我们基于FAVAR模型考察"非典"这一突发公共卫生事件对我国宏观经济与金融市场16个部门、共计174个变量的冲击影响。在此基础上，本章采用前沿的风险溢出网络，研究新冠疫情下，我国金融市场各行业间风险传导关系的动态演变。接着，我们进一步分析了新冠疫情暴发期间，国际股票市场间的风险溢出效应，考察其中的风险源头与传导渠道，从而有助于我们未雨绸缪，防范境外输入性风险。最后，本章基于陈等（Chen et al., 2019）的风险结构（Risk Profile）框架，进一步探讨了该时期全球各市场的共振关系，以客观甄别事件前后各国（地区）间的风险联动关系。

第二节　因子增广向量自回归模型

本章借鉴坎贝尔和王（Kamber and Wong, 2020），基于伯南克等（Bernanke et al., 2005）提出的FAVAR模型，将标准VAR分析方法与因子分析法相结合，并采用两步估计法（Two-Step Estimation Method），即采用主成分估计法提取因子，并以因子的形式对信息集中变量包含的信息进行识别。

具体而言，他们首先构造了一个对经济存在影响的 $M \times 1$ 维的经济向量 Y_t，且该变量可观测，但 Y_t 无法完全捕获未观测到的变量的相应波动。因此，他们进一步构造了一个不能被观测到的 $K \times 1$ 维的因子向量 F_t，基于两个向量的联合动态，构建因子增广向量自回归模型：

$$[F_t, Y_t]' = \phi(L)[F_{t-1}, Y_{t-1}]' + v_t \qquad (10-1)$$

其中，有限阶滞后多项式 $\phi(L)$ 为模型提供先验限制。v_t 为协方差矩阵的误差项，且均值为 0。此外，当 $\phi(L)$ 中关联 Y_t 与 F_{t-1} 的元素为 0 时，该模型为标准VAR模型。

由于因子 F_t 无法观测，因此，设定 $N \times 1$ 维的信息集 X_t 与 F_t 相关：

$$X_t = \Lambda^f F_t + \Lambda^y Y_t + \varepsilon_t \quad (10-2)$$

其中，Λ^f 和 Λ^y 分别为 $N \times K$ 及 $N \times M$ 维的因子负载矩阵，ε_t 服从标准正态分布。

对于施加先验限制的 $\phi(L)$，有两种估计方法，第一种为两步主成分法（Two-Step Principal Components Approach），该方法基于非参方法刻画 X_t 中的因子；第二种则为单步贝叶斯似然估计法（Single-Step Bayesian Likelihood Approach）。研究表明，两种方法估计结果相近，但两步估计法的运算更为便捷，且对模型的假定更少，因此本章采用两步主成分法对 FAVAR 模型进行估计。具体而言，首先，我们采用 X_t 的前 $K+M$ 个主成分估计因子张成的空间，令其为 $\widehat{C}_t(F_t, Y_t)$。当信息集中包含的信息量较多，即 N 较大且主成分数目不少于因子数量时，主成分将由 F_t 和 Y_t 共同张成。其中，$\widehat{C}_t(F_t, Y_t)$ 可由参数的任意线性组合得到：

$$\widehat{C}_t(F_t, Y_t) = \alpha F_t + \beta Y_t \quad (10-3)$$

其中，F_t 表示 $\widehat{C}_t(F_t, Y_t)$ 空间中，Y_t 信息不能包括的部分。接着，我们采用标准方法对式（10-1）进行估计，且允许式（10-2）中误差项 ε_t 存在一定程度的自相关。

第三节 风险溢出网络分析框架

本章主要采用杨和周（Yang and Zhou, 2017）、杨子晖和周颖刚（2018）作为风险溢出的研究框架，该方法在迪博尔德和伊尔马兹（Diebold and Yilmaz, 2014）的基础上，通过方差分解对不同金融市场（行业或机构）之间的风险溢出效应进行有效刻画。具体而言，我们首先基于 N 维 VAR(p) 过程进行广义预测误差方差分解：

$$x_t = \Theta(L)u_t = \sum_{i=0}^{\infty}\Theta_i u_{t-i} \qquad (10-4)$$

其中，Θ_0 为 $N \times N$ 的单位阵，对任意 $i < 0$ 有 $\Theta_i = 0$。此时变量 x_i 对变量 x_j 的向前 H 期广义预测误差方差 $\theta_{ij}^g(H)$ 可表示为：

$$d_{ij}^H = \{\sigma_{jj}^{-1}\sum_{h=0}^{H-1}(e_i'\Theta_h\sum e_j)^2\}/\{\sum_{h=0}^{H-1}(e_i'\Theta_h\sum\Theta_h'e_i)\} \qquad (10-5)$$

其中，$i,j = 1,2,...,N$，σ_{jj} 为残差协方差矩阵 Σ 的第 jj 个元素，e_i 表示第 i 个元素为1，其余元素为0的 $N \times 1$ 维向量，据此定义行业 j 到 i 的风险溢出效应 $RS_{i \leftarrow j}^H$ 为：

$$RS_{i \leftarrow j}^H = d_{ij}^H \qquad (10-6)$$

相应的净溢出效应为：

$$NRS_{i \leftarrow j}^H = RS_{i \leftarrow j}^H - RS_{j \leftarrow i}^H \qquad (10-7)$$

在此基础上，我们借鉴杨和周（Yang and Zhou, 2017）、与杨子晖和周颖刚（2018）的做法，采用递归的预测方差分解方法，分别计算1期到 $t-1$ 期以及1期到 t 期的风险溢出效应，并通过差分以刻画 t 期一个新的扰动（或事件）引起的行业 i 到行业 j 的溢出变化。据此定义边际净溢出指数（Marginal Net Risk Spillover, MNRS）如下：

$$MNRS_{t,i \leftarrow j}^H = NRS_{t,i \leftarrow j}^H - NRS_{t-1,i \leftarrow j}^H = (RS_{t,i \leftarrow j}^H - RS_{t,j \leftarrow i}^H) - (RS_{t-1,i \leftarrow j}^H - RS_{t-1,j \leftarrow i}^H)$$
$$(10-8)$$

其中，$NRS_{t,i \leftarrow j}^H$ 为 t 时刻信息下行业 j 到行业 i 与的净溢出强度，$MNRS_{t,i \leftarrow j}^H$ 为 $NRS_{t,i \leftarrow j}^H$ 的一阶差分，衡量行业 j 到行业 i 的边际溢出强度。若 $MNRS_{t,i \leftarrow j}^H$ 为正，则表明 t 期的新事件加剧了行业 i 与行业 j 之间的风险净溢出效应，反之则表明风险净溢出效应相应减少。

然而，MNRS 指标满足 $MNRS_{t,i \leftarrow j}^H = -MNRS_{t,j \leftarrow i}^H$，各时点内系统中 MNRS 的总和为0。因此，为更好地甄别引发风险溢出的重要事件，我们对所有为正的 MNRS 指标进行加总，记为总正向边际净溢出指数（Total Positive

Marginal Net Risk Spillover, TPMNRS）。该指数越高则意味该事件引发的风险溢出效应越大：

$$TPMNRS_t^H = \sum_{MNRS_{t,i\leftarrow j}^H > 0} MNRS_{t,i\leftarrow j}^H \quad (10-9)$$

在此基础上，我们分别定义单个行业 i 在市场中受到的总边际净溢出效应（Total Marginal Net Risk Spillover, TMNRS）$TMNRS_{IN,t,i}^H$ 与行业 j 在市场中产生的总边际净溢出效应 $TMNRS_{OUT,t,j}^H$ 为：

$$TMNRS_{IN,t,i}^H = MNRS_{t,i\leftarrow \bullet}^H = \sum_{j\neq i} MNRS_{t,i\leftarrow j}^H = \sum_{j\neq i}(NRS_{t,i\leftarrow j}^H - NRS_{t-1,i\leftarrow j}^H) \quad (10-10)$$

$$TMNRS_{OUT,t,j}^H = MNRS_{t,\bullet\leftarrow j}^H = \sum_{i\neq j} MNRS_{t,i\leftarrow j}^H = \sum_{i\neq j}(NRS_{t,i\leftarrow j}^H - NRS_{t-1,i\leftarrow j}^H) \quad (10-11)$$

由此，我们可构建如下边际净溢出矩阵：

	x_1	x_2	...	x_N	$TMNRS_{IN,t}^H$
x_1	0	$MNRS_{t,1\leftarrow 2}^H$	...	$MNRS_{t,1\leftarrow N}^H$	$\sum MNRS_{t,1\leftarrow i}^H$
x_2	$MNRS_{t,2\leftarrow 1}^H$	0	...	$MNRS_{t,2\leftarrow N}^H$	$\sum MNRS_{t,2\leftarrow i}^H$
...	...	...	...	...	...
x_N	$MNRS_{t,N\leftarrow 1}^H$	$MNRS_{t,N\leftarrow 2}^H$	...	0	$\sum MNRS_{t,N\leftarrow i}^H$
$TMNRS_{OUT,t}^H$	$\sum MNRS_{t,i\leftarrow 1}^H$	$\sum MNRS_{t,i\leftarrow 2}^H$		$\sum MNRS_{t,i\leftarrow N}^H$	

此外我们还采用陈等（Chen et al., 2019）提出的风险结构相似度矩阵，对不同金融市场在风险事件中的共振关系进行刻画。具体而言，市场 j 处于困境时，市场 i 的条件期望损失为：

$$CoES_{ij,t}(a) = E[Y_{i,t} | Y_{j,t} < VaR_{j,t}(a)] \quad (10-12)$$

为研究不同冲击来源下，各国股票市场之间的总体关联程度，本章参考陈等（Chen et al., 2019）的研究，计算各国股市的风险结构，并据此构建全球的风险结构关联网络。

具体而言，在每个时点 t，本章对各股票市场计算了风险结构向量 $X_{i,t} = \{CoES_{ij,t}\}_{j=1,\ldots,N}$，再通过计算各市场风险结构的相似程度来衡量不同股票市场之间的关联程度。即得到了各市场的风险结构向量之间剔除均值后的余弦相似度：

$$\rho_{ij,t} = X_{i,t}^T X_{j,t} / (\|X_{i,t}\| \|X_{j,t}\|), j \neq i, i = 1,...,N, t = 1,...,T \quad (10-13)$$

与皮尔逊相关系数类似，这一风险结构相似度主要用于衡量不同市场在不同极端事件下期望收益变化的相似程度。其中，对于任意一对股票市场 (i,j)，若它们标准化后的风险结构向量始终保持同向变动，则 $\rho_{ij,t}$ 将接近于 1。而若 (i,j) 的风险结构不相关甚至呈反向变动，得到的 $\rho_{ij,t}$ 将接近于 0 或转变为负数。因此，这一指标能较好地反映某时段内不同市场在各类极端冲击下的风险共振（或风险分担）关系。在此基础上，我们采用陈等（Chen et al., 2019）提出的非对称断点方法，将风险结构相似度分为强正相关、无显著相关以及强负相关三类，并剔除无显著相关的关联，从而重点关注显著关联的市场。

第四节　数据说明

本章分别就非典与新冠疫情对我国宏观经济及金融市场的影响展开深入分析，样本区间分别为 2002 年 11 月—2003 年 8 月以及 2014 年 12 月 31 日—2020 年 3 月 18 日。数据来源均为中经网及 Wind 数据库。

在非典疫情的样本中，本章构造了 16 个信息集，从而对我国宏观经济与金融市场进行了全面的刻画，类别包括了经济景气程度、消费者信心、消费、消费者物价指数、生产价格指数、工业产出、投资、进口、出口、交通运输、利率、货币、一般公共预算支出、一般公共预算收入以及股票市场、汇率市场，共计 174 个指标[1]。此外，我们分别以第一例病例发病和最后一位

---

[1] 受篇幅所限，各信息集中的具体指标以备索方式提供。

病人出院作为"非典"这一突发公共卫生事件的起始与结束日期,因此,样本区间为 2002 年 11 月—2003 年 8 月。需要说明的是,我们整理了中国国务院卫生部新闻办公室每日发布的"非典"疫情数据,以每日新增确诊人数的月度平均值作为该事件严重程度的代理变量。其中,由于相关数据自 2003 年 4 月 19 日起面向社会公布,公众在此之前仅知悉此事件,因此,本章将第一例病例发病的 2002 年 11 月 16 日—2003 年 4 月 18 日的代理变量取值为 1[1]。

而在新冠疫情样本中,为了准确考察新冠疫情期间金融市场间的风险关联情况,本章基于 Wind 一级行业分类标准,分别选取了能源、材料、工业、可选消费、日常消费、医疗保健、金融、信息技术、电信服务、公用事业以及房地产指数的日度收益率作为国内各行业的代表变量。同时,本章分别以表 10-1 的样本股指、布伦特原油期货日结算价作为全球股票市场以及国际原油市场的代表变量,样本区间均为 2014 年 12 月 31 日—2020 年 3 月 18 日。

表 10-1 样本市场与股指选用

编号	国家(地区)	区域	选用指数	编号	国家(地区)	区域	选用指数
1	中国	亚太	上证综指	11	西班牙	欧洲	IBEX35 指数
2	中国香港	亚太	恒生指数	12	意大利	欧洲	意大利指数
3	韩国	亚太	KS11 指数	13	荷兰	欧洲	AEX 指数
4	新加坡	亚太	STI 指数	14	英国	欧洲	富时 100 指数
5	日本	亚太	日经 225 指数	15	美国	美洲	标普 500 指数
6	印度	亚太	SENSEX30 指数	16	加拿大	美洲	多伦多 300 指数
7	澳大利亚	亚太	澳洲标普 200 指数	17	墨西哥	美洲	MXX 指数
8	俄罗斯	欧洲	RTS 指数	18	巴西	美洲	IBOVESPA 指数
9	法国	欧洲	CAC40 指数	19	阿根廷	美洲	MERV 指数
10	德国	欧洲	GDAX 指数				

---

[1] 官方公布的确诊人数作为公众了解突发公共卫生事件的重要变量,在一定程度上代表着该事件的影响强度。在中国国务院卫生部新闻办公室每日发布相关数据前,本章假定居民均仅知悉此事,因此我们用 1 作为代理变量,而采用其他固定数值得到的分析结论依然稳健。

第五节 重大突发公共事件对宏观部门及金融市场的影响分析

首先，本章采用因子增广向量自回归模型，考察突发公共卫生事件对我国宏观经济与金融市场的影响。与伯南克等（Bernanke et al., 2005）的研究相一致，本章根据敏感性分析确定宏观经济与金融市场各信息集的共同因子。在此基础上，我们以2003年非典型肺炎疫情（下称非典疫情）这一突发公共事件为例，分别研究了16个信息集的因子在该事件冲击下的脉冲响应。同时，为了便于识别，我们用灰色阴影区域标识其对应的90%置信区间，并将结果展示于图10-2。由图10-2，我们可以清楚地发现，长期来看，该事件并未对我国经济发展态势产生持续影响，图10-2（a）中经济景气程度未出现显著下滑，宏观经济总体企稳。同时，图10-2（f）、（g）、（h）与（i）一致表明，2002年11月—2003年8月间，我国投资、工业产出以及进出口贸易部门并未受到显著冲击。此外，在短期内，该事件对我国部分宏观经济部门造成了冲击，图10-2（b）与（c）表明，在事件初期，我国居民的消费信心及消费均受到了明显的负向影响，这意味着在此类突发事件发生时，其特有的不确定性与急剧扩散性使得消费者信心遭受相应冲击，易引发恐慌情绪与悲观预期，致使消费意愿下降，从而抑制国内消费需求。与此同时，图10-2（m）进一步显示，与大部分部门及市场不同，一般公共预算支出在事件冲击下出现了明显的正向联动。此外，我们由图10-2（o）、（p）可知，对金融市场而言，股市总体走势平稳，未出现明显波动，而汇率市场则受到了阶段性的负面冲击。

接着，本章进一步分析了这一事件对宏观经济部门及金融市场各变量的具体影响情况[1]。图10-3（d）表明，经济景气先行指数在事件初期呈现显著

---

[1] 由于篇幅限制，本章在此并未列出所有的分析结果，感兴趣的读者可以向作者索取。

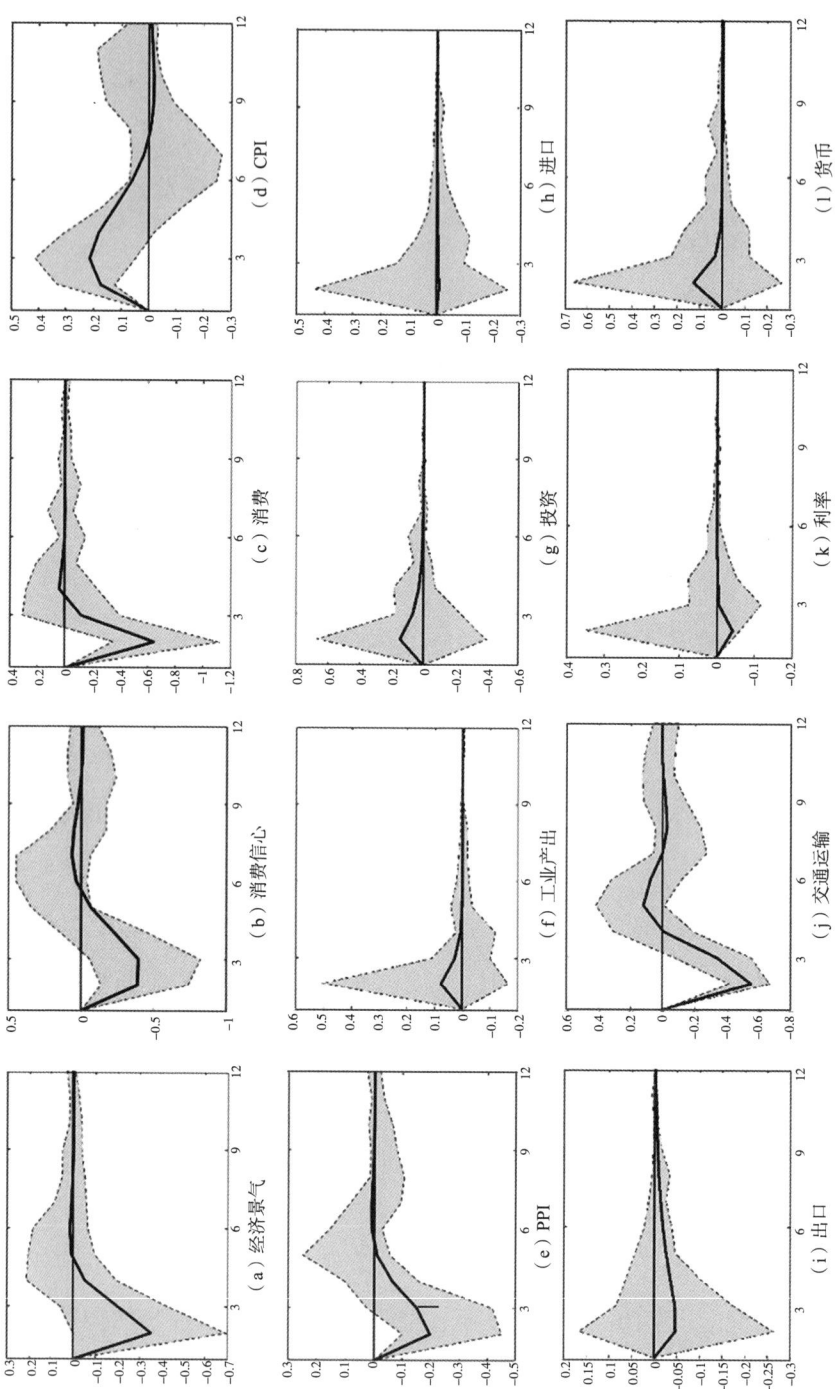

第十章 重大突发公共事件下的宏观经济冲击、金融风险传导与治理应对 351

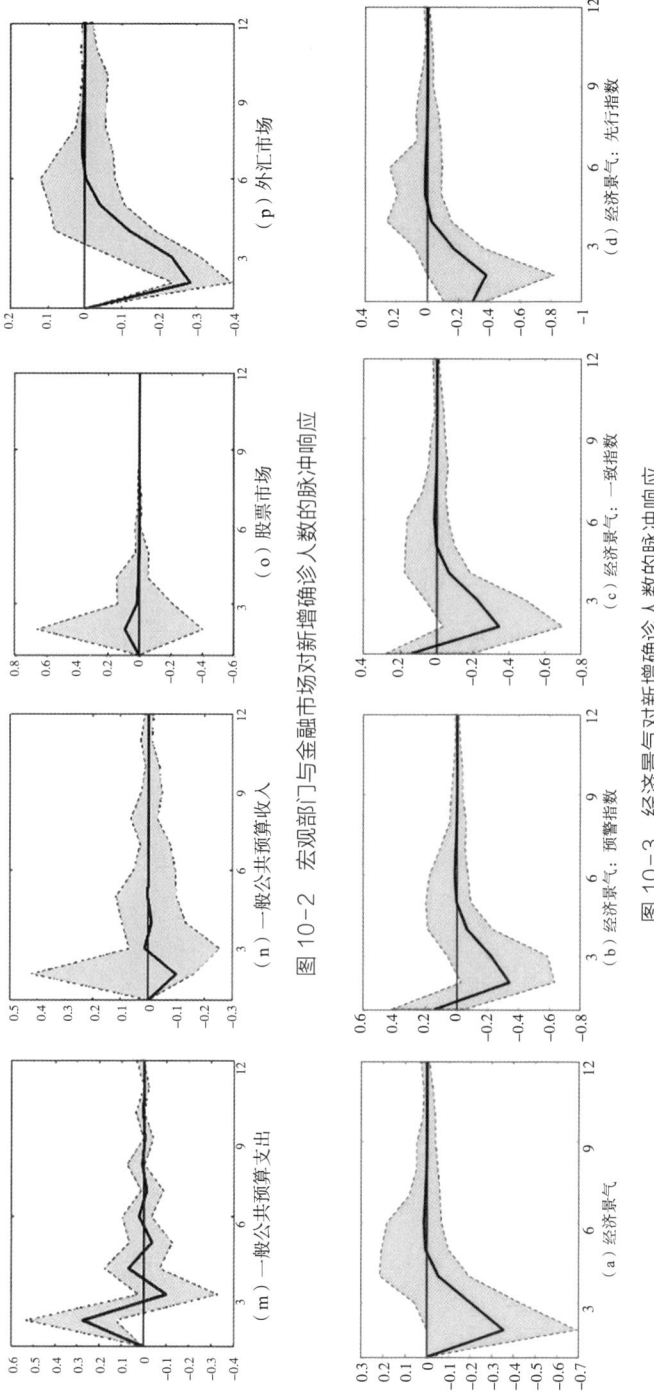

图10-2 宏观部门与金融市场对新增确诊人数的脉冲响应

图10-3 经济景气对新增确诊人数的脉冲响应

的下行趋势，随即，(b) 与 (c) 的宏观景气预警指数、一致指数也出现了短暂的回落态势，但三个指标均在阶段性承压后迅速回复至稳态水平，并且冲击随着时间段推移也变得不显著。这表明在2002—2003年间，我国经济正处于周期性上行阶段[1]，突发冲击的影响较为有限。

相关的研究表明，消费者信心作为公众心理的代表变量，能够有效衡量投资者情绪，是预测商业周期高峰与低谷的良好指标（Lemmon and Portniaguina, 2006; Jang and Sacht, 2021）。同时，消费者信心的强弱对总消费的所有组成部分均有普遍的影响，对经济的实时监测、经济理论及经济政策有效性的检验也具有重要意义（Lahiri et al., 2016）。因此，我们同样考察了消费者预期指数与满意指数在事件冲击下的脉冲响应情况，并将结果在图10-4中画出。由图10-4，我们可以发现，在事件突发初期，两个指数均快速下跌，达到了 –0.45 的冲击强度，并直至3个月后才开始逐步消退，且冲击变得不显著。除此之外，消费预期指数往往用于衡量未来经济生活变化的消费预期，而信心程度则代表消费者对当前经济生活的评价，图10-4（b）与（c）显示，二者在事件期间走势基本一致。这意味着，在此类突发公共事件中，消费者当期与预期的信心易受到显著的负面影响，消费意愿明显减弱，但事件的不利影响不具持续性，在突发事件进入缓解与消退阶段后，消费者情绪逐渐恢复，预期指数迅速回落至稳态水平，市场预期随之转好。

与此同时，图10-5清楚地表明，消费在短期内也受到了较大的负面冲击。受早期统计口径所限，2002—2003年间社会消费品零售总额数据仅按消费形态划分为批发和零售业、住宿和餐饮业以及其他行业三大板块。其中，住宿和餐饮业对非典疫情的敏感性较高，是易受外部冲击的薄弱环节，图10-5（c）中的影响强度高达 –0.75。其次为批发和零售业，冲击力度

---

[1] 中国国家统计局公布的数据显示，中国2003年四季度GDP增速分别为11.1%、9.1%、10.0%以及10.0%，仅在二季度放缓2个百分点，第三与第四季度的经济上行趋势并未改变。

第十章　重大突发公共事件下的宏观经济冲击、金融风险传导与治理应对　353

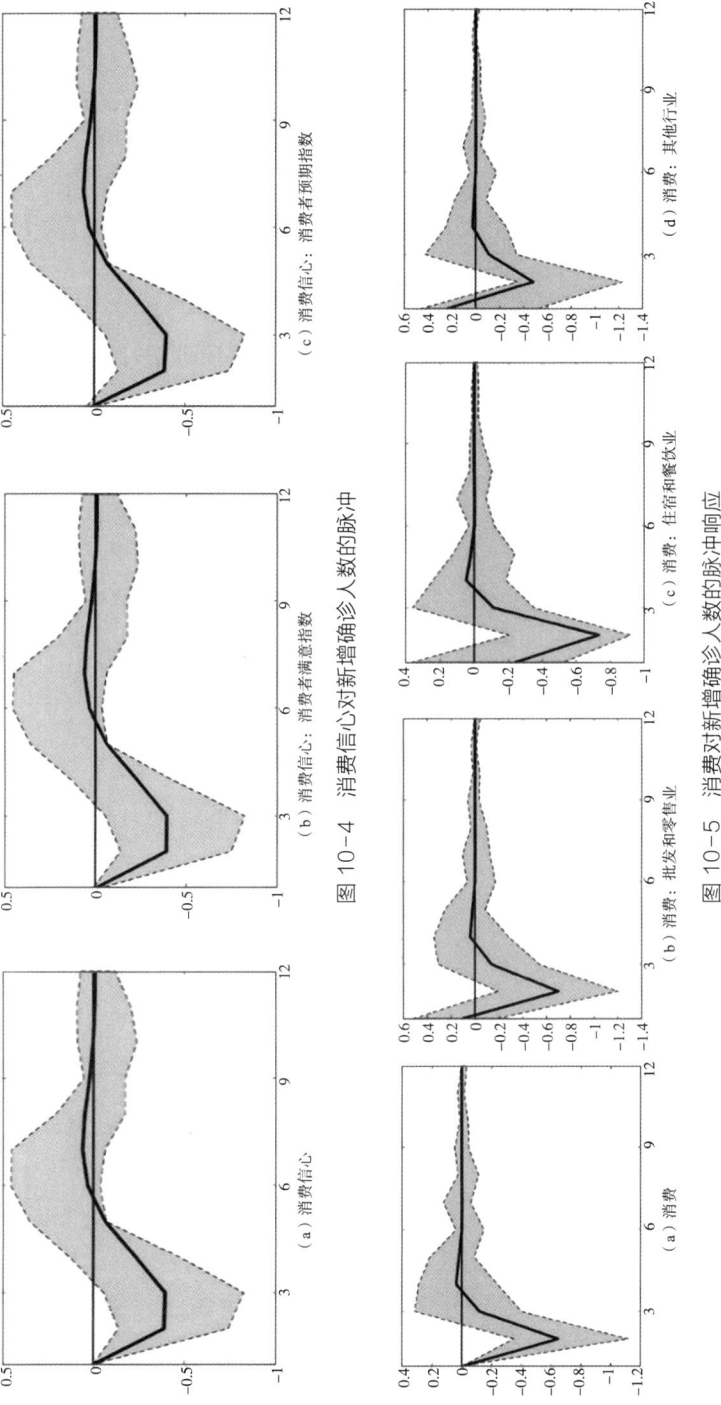

图 10-4　消费信心对新增确诊人数的脉冲

图 10-5　消费对新增确诊人数的脉冲响应

为 –0.70。与此相对应，随着我国经济的不断快速发展，住宿餐饮业的当季增加值由 2002 年 12 月的 652.1 亿元攀升至 2019 年末的 5071.2 亿元，批发和零售业也由 14635.5 亿元增加至 26795.9 亿元，增幅分别达 677% 和 83%，在国民经济体系中占据更为重要的地位。与此同时，商务部服贸司司长冼国义在 2020 年 2 月 26 日国务院新闻发布会上指出，住宿和餐饮行业存在"中小企业居多，可抵押物少"的问题，更易受到不利影响。因此，在现阶段应对此类公共事件造成的冲击时，我们应"充分认识促进中小企业发展的重要性"[1]，及时出台针对性的扶持政策，并向相关行业提供相应的信贷资金倾斜，同时结合"消费券"等方式来"刺激消费、扩大内需"，维护经济发展和社会稳定大局。

此外，图 10-6 显示，2002 年 11 月—2003 年 8 月，全国居民消费价格指数受到了显著的正向影响。其中，该事件对中药、西药以及医疗服务业 CPI 的影响力度较大，强度在 0.28 至 0.40 间不等。图 10-6（e）与（d）显示，旅游、租房行业由于恐慌情绪蔓延，市场需求下降，价格指数分别受到了 –0.48 和 –0.29 的负面冲击。此外，在初期交通停滞、消费意愿减弱等因素作用下，鲜果行业的消费出现了短暂下跌，但在事件后期，由于消费反弹压力涌现，影响强度由 –0.35 攀升至 0.36，并在 9 个月后趋于稳态。值得注意的是，在该重大公共卫生事件暴发前的 2001 年 1 月—2002 年 10 月，我国 CPI 同比指数的均值约为 –0.32，通货膨胀压力较小，因此尽管非典在一定程度上推动了 CPI 的上升，但总体而言，我国物价在此次突发公共事件期间依旧呈现短暂且平缓的低位回升态势。

在图 10-6 的基础上，我们进一步考察了 PPI 的动态变化情况。图 10-7（a）表明，受企业停工、经济活动需求下降等因素影响，生产价格指数受

---

[1] 2018 年 8 月 20 日，国务院促进中小企业发展工作领导小组第一次会议强调"要充分认识促进中小企业发展的重要性"。

第十章 重大突发公共事件下的宏观经济冲击、金融风险传导与治理应对

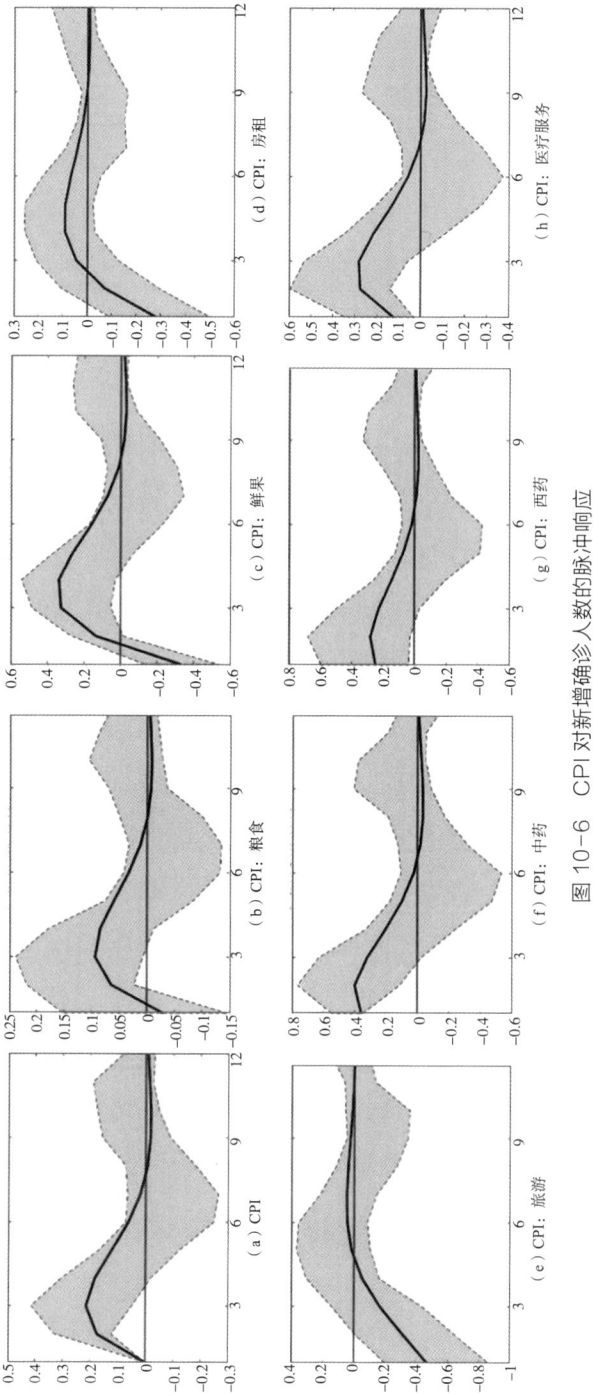

图 10-6 CPI 对新增确诊人数的脉冲响应

356　系统性金融风险研究

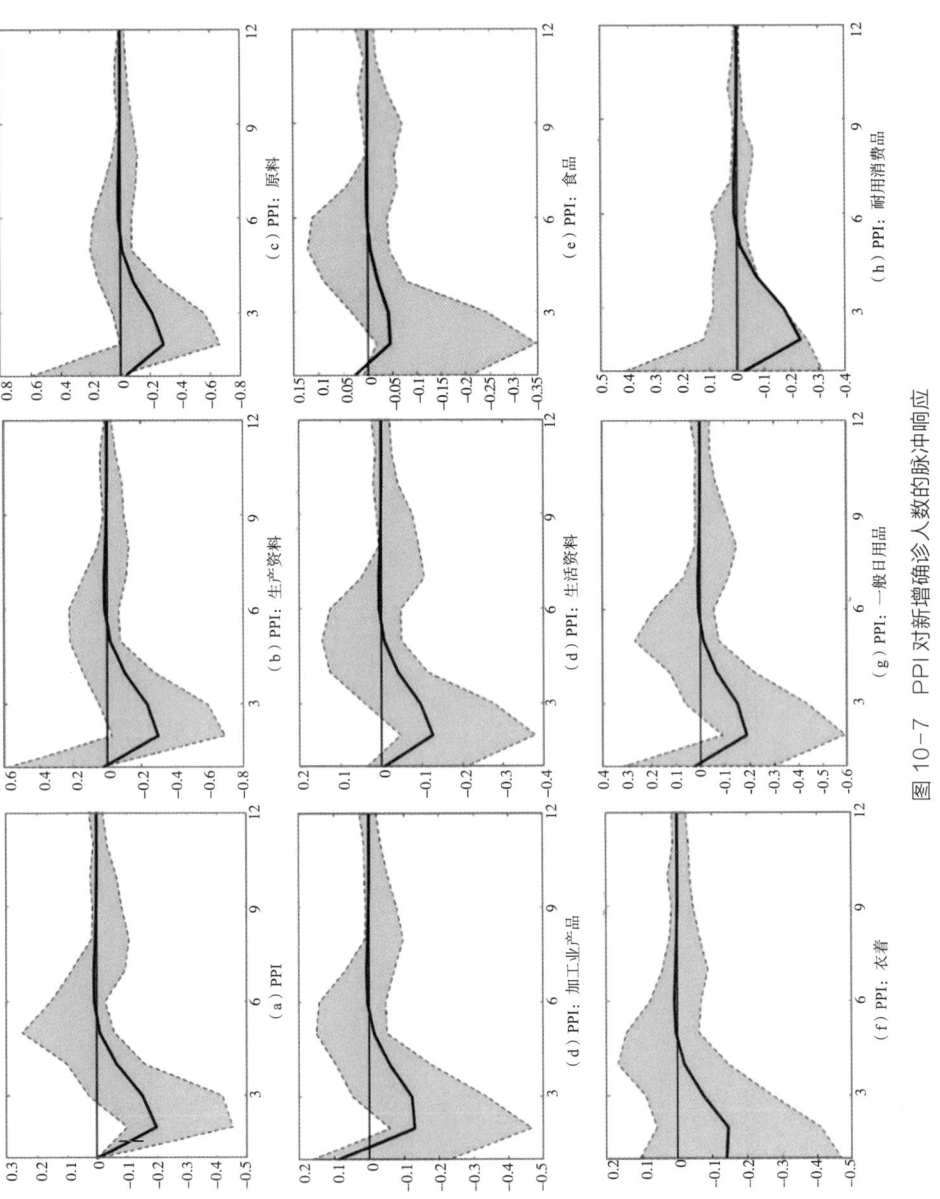

图10-7　PPI对新增确诊人数的脉冲响应

到了明显的负面影响，总体冲击力度达到了 -0.20，加工业产品、生活资料、食品以及一般日用品等指数也面临程度不一的下行压力。相关研究表明，我国上游生产要素对下游消费商品价格存在显著的价格传递效应（莫万贵等，2019），因此可能使得需求端的价格在后期出现大幅波动，在一定程度上加剧了物价波动隐患，提高了宏观调控的难度。因此，我们在应对突发公共事件的冲击时，除需在爆发初期加大政策支持力度外，更应在事件后期完善物价监控机制，确保粮食与副食品供应安全，以保障市场供应和物价基本稳定，为经济社会平稳发展提供安全保障。

与此同时，"非典"疫情对我国交通运输业产生了显著的负面影响，冲击强度为 -0.60。其中，国家统计局数据显示，2002 年 11 月—2003 年 8 月间，我国客运量较同期锐减 7.40%，其中运输人数占比 98.41% 的铁路、公路客运量分别减少 9.19% 和 7.23%，共计 10.171 亿人次。图 10-8（f）显示，铁路客运量的脉冲响应函数高达 -0.78。此外，由图 10-8（b），我们可以清楚地发现，在该突发公共事件对我国公路、水路、民航货运量均出现明显负面影响时，铁路货运量则受到了 0.38 的正向冲击。这主要是由于突发公共卫生事件期间，医疗物资与后勤物资的物流运送需求大幅上涨，铁路货运量便相应增加。

在上述分析基础上，我们同样探讨了货币供应在此期间的动态变化，与图 10-2（k）中利率这一货币工具的分析结果一致，图 10-9 表明，"非典"疫情没有对 M0、M1 以及 M2 造成显著的负面冲击。2003 年 5 月 19 日，中国人民银行发布《中国人民银行关于应对非典型肺炎影响全力做好当前货币信贷工作的意见》，意见指出，应当"保持货币信贷总量适度增长，防止货币信贷出现大幅波动"。由此可见，我国货币政策在此期间总体较为稳健，流动性水平仍维持合理充裕，经济整体处于周期性上行阶段。

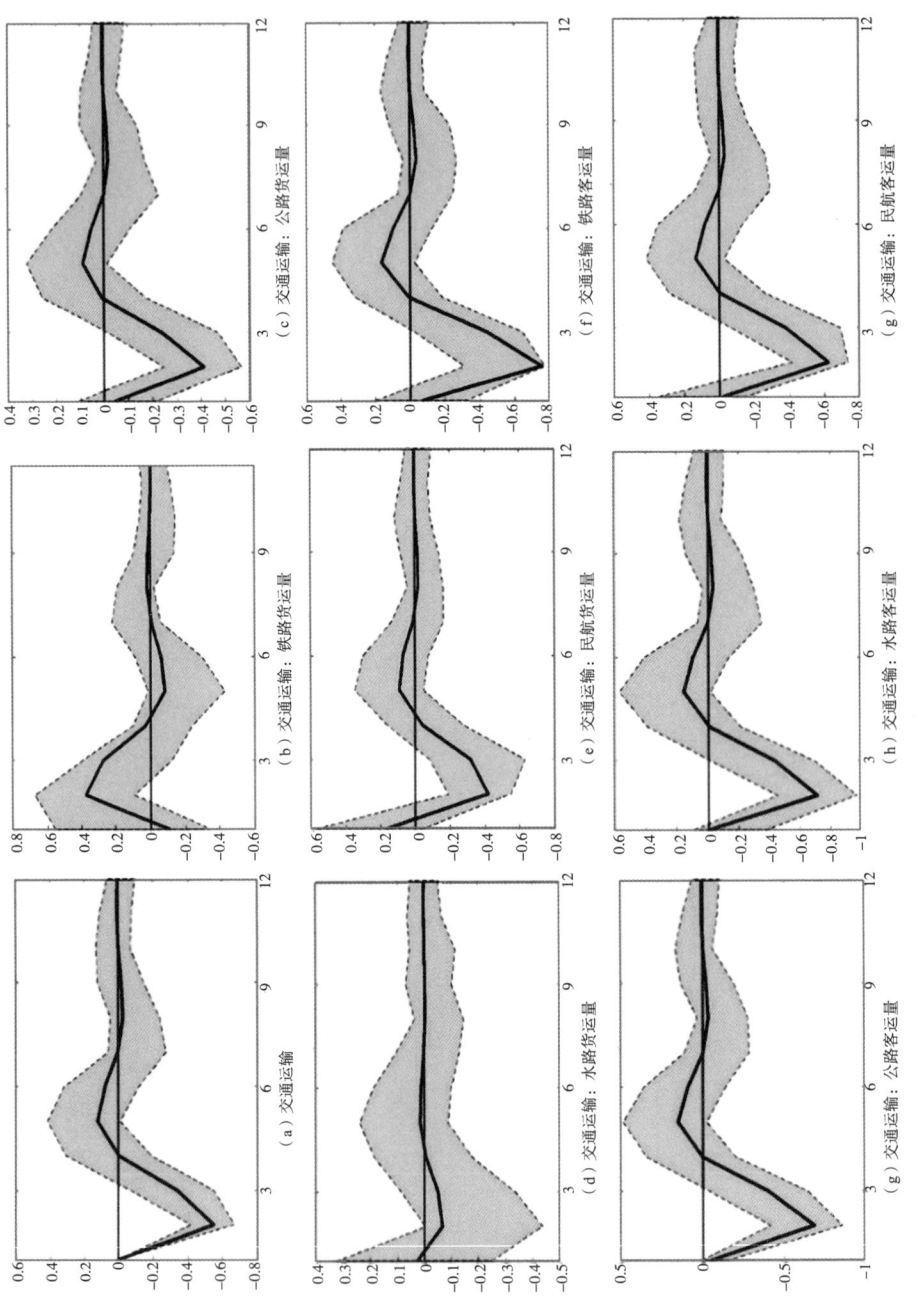

图10-8 交通运输对新增确诊人数的脉冲响应

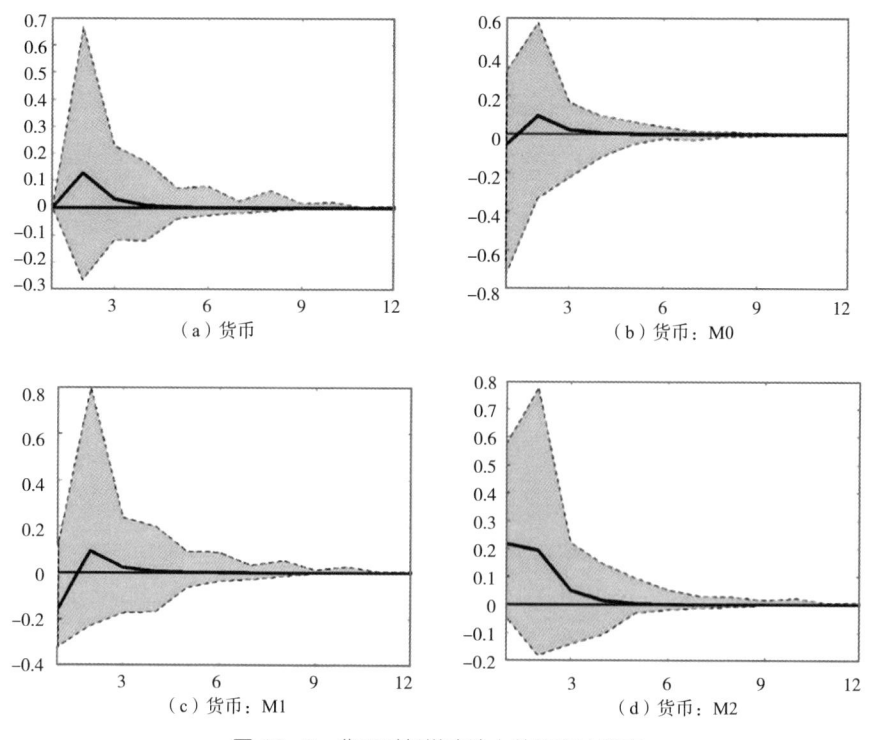

图 10-9 货币对新增确诊人数的脉冲响应

此外,自 2003 年 4 月 23 日,国务院成立防治非典指挥部、中央财政调拨 3.1 亿元建设第一阶段应急反应机制以及设立 20 亿元的非典防治基金后,地方各级财政也大幅增加公共预算支出,安排防治经费。图 10-10 清楚地表明,该事件对我国一般公共预算支出的总体作用强度达到了 0.27。其中,受"非典"严重冲击的广东、北京、内蒙古等地更是分别高达 0.38、0.30 与 0.50。与此同时,多省市也出台了大量扶持政策,一般公共预算支出均受到了显著的正向影响,例如北京市政府在 2003 年 5 月 21 日出台了 20 项"非典"时期的扶持政策,对部分行业的国有及集体企业职工借支基本生活费、采用财政贴息及补助等方式加大对现代制造业的支持力度等,为有效控制"非典"疫情、保障人民生命健康及经济稳定运行发挥了重要作用。由此可见,在此类重大突发公共卫生事件期间,我国应当充分发挥财政调控作用,完善

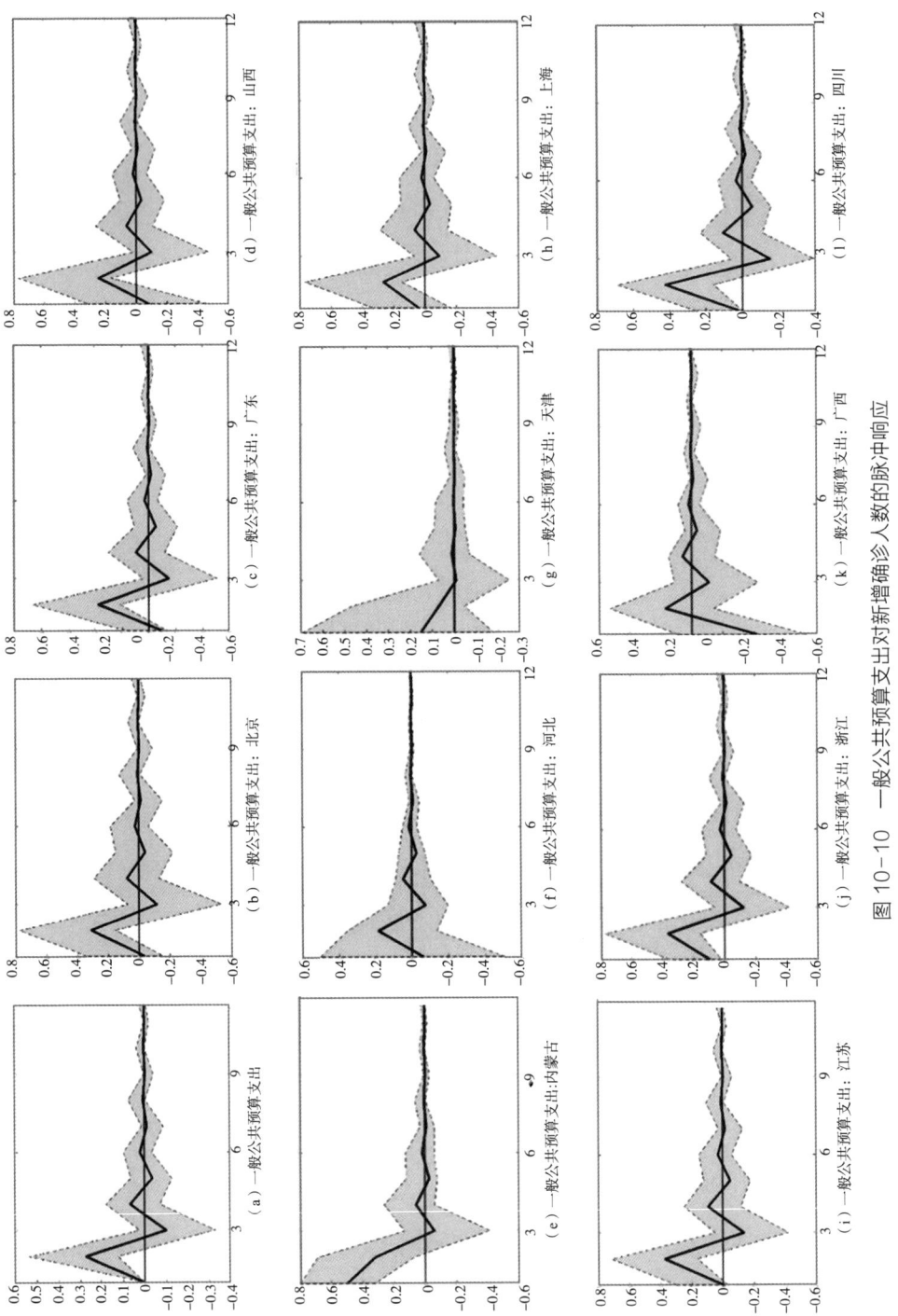

图 10-10　一般公共预算支出对新增确诊人数的脉冲响应

应急管理财政政策体系,以充分、有效地对冲重大突发事件对经济运行造成的负面冲击。

在上文对宏观经济展开分析的基础上,本章进一步考察这一事件对我国资本市场的影响。由图10-11,我们可以清楚地发现,"非典"对我国股票市场各行业冲击并不显著。但值得注意的是,在"非典"疫情发生的2002—2003年,我国经济正处于高速增长阶段,存在较大的风险缓冲空间,因此股票市场并未出现剧烈震荡。但近年来,我国经济步入"新常态",企业杠杆率不断攀升,实体经济部门杠杆率由2002年末的137.4%攀升至2019年的245.4%,易引发金融风险集聚。与此同时,随着经济结构的不断优化,我国金融行业已成为关系我国经济发展的重要环节。与此相对应,互联网金融、数字金融、地产金融等新型金融业态快速发展,新三板挂牌公司数量急剧增加,"沪港通"和"深港通"纷纷落地,而我国金融监管领域仍存在相对缺失或滞后的现象,金融风险隐患也随之进一步增加。因此,在现阶段应对此类突发风险事件时,监管机构应当及时监测、防范资本市场的异常波动,加大对交叉金融风险的防范力度,建立并完善金融监管协调机制,及时推动重大突发公共事件期间相应政策的落地,维护金融市场稳定发展。

与此同时,图10-12表明,2002年11月起爆发的这一重大公共卫生事件对汇率市场造成了明显的不利冲击。图10-12(a)显示,该公共事件对我国汇率市场负面冲击的最大力度为 -0.29,且较之其他部门,负面影响衰减速度较慢,事件的不利影响在6个月后才开始逐步消退。此外,近年来随着汇率市场化改革进程的不断推进,我国汇市与全球资本市场的联动日益紧密,因此,在诸如2020年新冠疫情等突发公共卫生事件爆发时,我国监管部门需警惕国际市场避险情绪上升、经济不确定性增强等因素引发汇率大幅波动,在保持人民币汇率弹性的同时,应及时有效地实施必要的宏观审慎管理,维护外汇市场平稳运行。

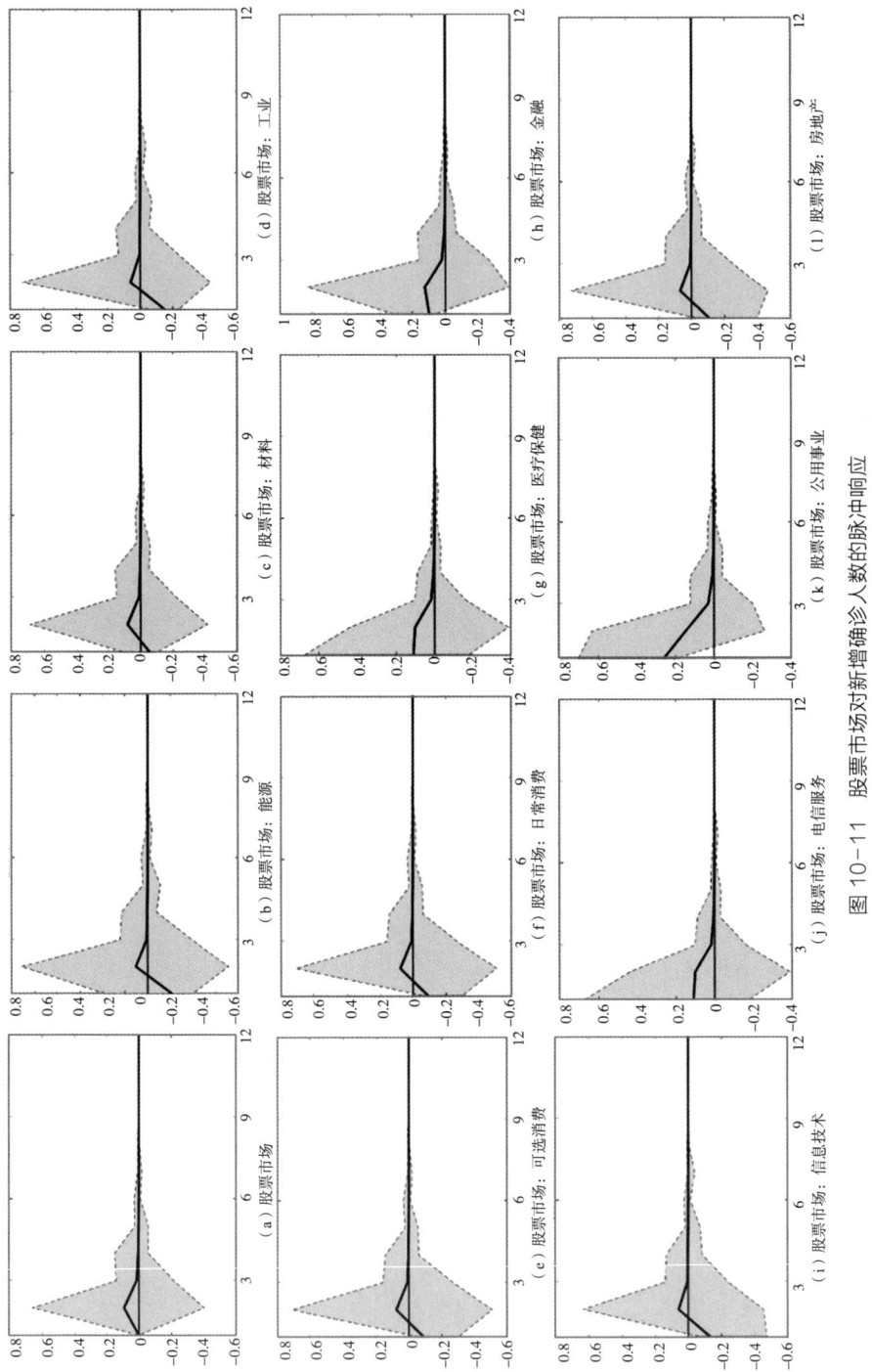

图10-11　股票市场对新增确诊人数的脉冲响应

第十章　重大突发公共事件下的宏观经济冲击、金融风险传导与治理应对　363

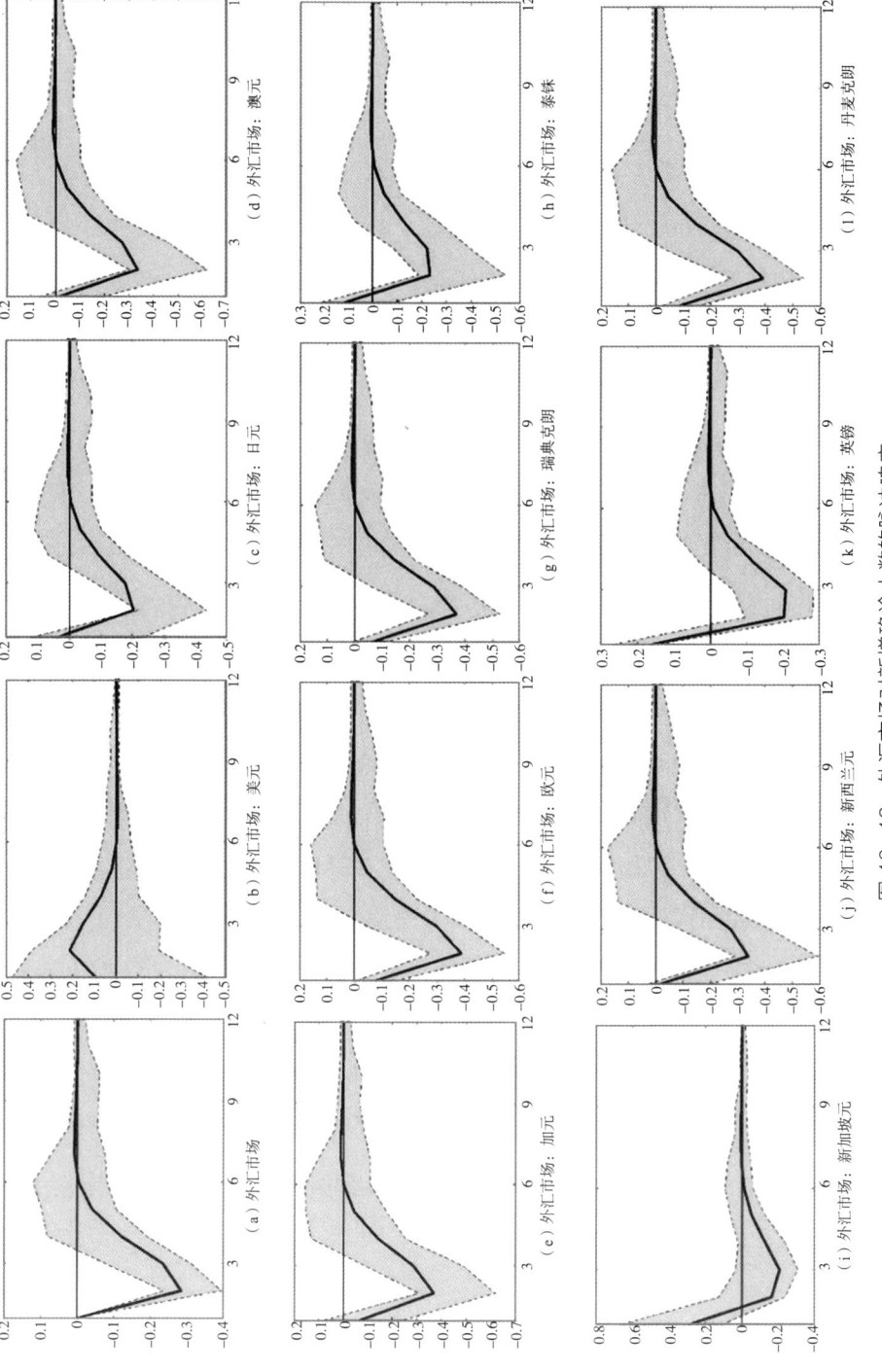

图 10-12　外汇市场对新增确诊人数的脉冲响应

第六节　重大突发公共事件冲击下行业间金融风险传导分析

自2003年"非典"疫情以来，我国资本市场迅速发展，沪深两市A股上市公司总数自2003年9月的1236家，增加至2019年末的3690家，总市值也由40182亿元攀升至574301亿元，增幅达13倍之多。与此同时，随着世界经济一体化和全球金融混业经营的发展趋势，各金融部门业务逐渐交叉，金融体系日益复杂，国内外的冲击均可能导致我国金融市场剧烈调整，并引发风险共振现象，加剧潜在的系统性金融风险。

2020年2月3日，受新冠疫情这一重大突发公共卫生事件影响，我国A股开盘暴跌，市场恐慌情绪持续上升，当日沪深两市近3000个股跌停，市场震荡剧烈。其中，上证指数开盘暴跌8.73%，创1997年以来最高开盘跌幅，而可选消费、信息技术等行业的收盘跌幅均逾9%。

因此，为了准确刻画重大突发公共事件对我国股票市场的冲击影响，本章以新冠疫情为例，进一步考察了此次突发公共卫生事件下，我国金融市场各部门间的风险传导情况。首先，我们采用递归估计的方法[1]，从动态的视角考察了我国2016—2020年4年间各时点的TPMNRS指数，分析与比较不同风险事件对我国资本市场的冲击影响程度，并将结果画于图10-13。图10-13显示，新冠疫情导致我国股市各行业间产生了显著的风险溢出效应。具体而言，2020年2月3日，随着上证综指重挫7.72%，当日的TPMNRS指数快速攀升，仅次于2016年1月4日的"熔断"风险事件。但值得注意的是，新冠疫情的影响较为短暂，我国金融市场的走势在此后的一月内趋于平稳，TPMNRS指数恢复低位态势，这意味着该突发公共事件并未对我国金融市场稳定造成持续性影响。

---

1 递归估计基期为2015年1月5日—2015年12月31日，终期为2015年1月5日—2020年2月28日。

第十章　重大突发公共事件下的宏观经济冲击、金融风险传导与治理应对　365

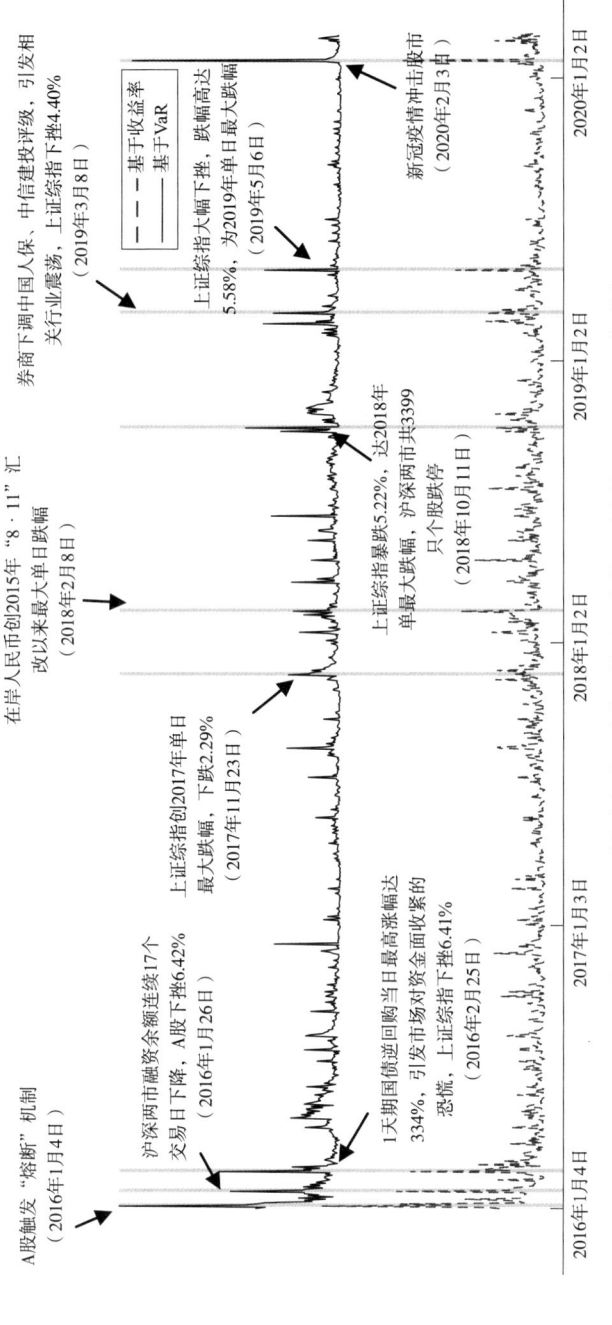

图 10-13　引发跨行业风险传导的重要事件识别（基于 TPMNRS 指数）

注：预测期为 10 天，递归估计基期为 2015 年 1 月 5 日—2015 年 12 月 31 日。

在此基础上，本章分别估算了 2020 年 1 月 22 日—2 月 4 日，4 个连续交易日内我国各行业间的边际净溢出效应，探讨此次突发公共事件期间金融风险的主要源头与传导路径。我们在表 10-2 中，将各行业在事件期间的总边际净溢出效应进行排序。Panel A 表明，1 月 22 日，各行业间风险联动情况较为平稳，净溢出指数位于 0.03 至 –0.05 之间。而随着新冠疫情影响的逐步扩散，1 月 23 日后，我国金融市场各行业间的风险溢出效应均明显增强。其中，信息技术、日常消费、可选消费、金融以及房地产部门的风险传导增量最高，成为了风险边际净输出力度最大的行业。此外，Panel A 显示，2 月 3 日我国各行业间的边际净溢出效应达到顶峰，金融、信息技术以及日常消费行业的风险净溢出效应高达 2.37、2.31、2.20，风险联动效应大幅增强。与此同时，受新冠疫情影响，医疗保健与工业行业受到的溢出效应在 2 月 3 日显著上升，净溢出指数分别为 –7.11 与 –1.35，成为了最主要的风险接受方。此外，2 月 4 日，各行业间边际净溢出强度迅速回落，指数均位于 –0.15 与 0.15 间，行业风险溢出水平再次趋于平稳，这进一步表明新冠疫情对我国金融市场的影响较为短暂。此外，基于收益率计算的排序分析与基于 VaR 指标的结论基本一致

综上所述，表 10-2 中 Panel A 与 Panel B 的结果一致表明，新冠疫情这一突发公共事件的冲击，使得我国金融市场各部门间的风险传导关系出现了显著变化。其中，金融、房地产、信息技术与日常消费行业在疫情期间的风险输出力度大幅提高，医疗保健、公用事业以及工业则成为了主要的风险接受方。

表 10-2 新冠疫情期间国内股市总边际净溢出效应分析

Panel A: 基于 VaR 指标							
2020 年 1 月 22 日		2020 年 1 月 23 日		2020 年 2 月 3 日		2020 年 2 月 4 日	
能源	0.03	信息技术	0.23	金融	2.37	电信服务	0.15
工业	0.02	房地产	0.19	信息技术	2.31	工业	0.06
电信服务	0.02	日常消费	0.13	日常消费	2.20	信息技术	0.05

续表

Panel A: 基于 VaR 指标							
2020年1月22日		2020年1月23日		2020年2月3日		2020年2月4日	
材料	0.01	可选消费	0.10	房地产	1.34	能源	0.05
金融	0.01	材料	0.06	可选消费	0.68	公用事业	0.04
公用事业	0.00	金融	0.05	能源	0.23	材料	0.01
日常消费	0.00	公用事业	0.00	材料	0.06	房地产	−0.02
可选消费	0.00	电信服务	−0.08	公用事业	−0.16	医疗保健	−0.03
房地产	−0.01	工业	−0.13	电信服务	−0.58	金融	−0.08
医疗保健	−0.02	能源	−0.22	工业	−1.35	可选消费	−0.08
信息技术	−0.05	医疗保健	−0.33	医疗保健	−7.11	日常消费	−0.15
Panel B: 基于 Return 指标							
2020年1月22日		2020年1月23日		2020年2月3日		2020年2月4日	
可选消费	0.02	金融	0.06	金融	0.37	电信服务	0.06
材料	0.02	电信服务	0.04	日常消费	0.15	医疗保健	0.02
能源	0.01	日常消费	0.03	电信服务	0.13	能源	0.02
电信服务	0.01	能源	0.02	房地产	0.11	信息技术	0.01
工业	0.01	房地产	0.00	信息技术	0.09	材料	0.00
公用事业	0.01	材料	−0.01	能源	0.08	公用事业	0.00
日常消费	0.01	可选消费	−0.02	材料	−0.05	工业	−0.00
金融	0.01	信息技术	−0.02	可选消费	−0.05	日常消费	−0.02
房地产	−0.01	医疗保健	−0.03	公用事业	−0.07	金融	−0.03
信息技术	−0.04	公用事业	−0.03	工业	−0.12	可选消费	−0.03
医疗保健	−0.05	工业	−0.04	医疗保健	−0.64	房地产	−0.03

注：表10-2报道了预测期为10天时各行业产生的总边际净溢出效应 $TMNRS_{OUT}$。

接着，本章进一步对各行业"两两交互"的边际净溢出效应展开分析，以准确刻画新冠疫情期间，金融风险在我国各部门间的传导路径。我们对2016年1月到2020年2月的每个交易日展开边际净溢出效应分析，并根据MNRS的绝对值进行排序，对进入第1个百分位数、第5个百分位数的边际净溢出效应分别用3星号（***）与2星号（**）标注，结果列于表10-3。我们可以发现，在2020年1月22日，由于此次事件的影响尚未完全显现，两种指标下大部分MNRS的估计值未进入第5个百分位数，各行业运行较为稳定，相互之间的风险传导增量并不显著[1]。然而，在1月23日（见表10-3的Panel A），我国行业间风险的边际净溢出效应出现显著上升，大部分行业对医疗保健、公用事业风险传导的增量均进入第5个百分位数。随着该事件在春节期间的进一步发酵，2月3日，我国各行业间出现了显著的风险溢出效应。Panel B表明，在VaR与收益率指标下，该交易日分别有43个与36个MNRS估计值进入了第1个百分位数。而且，$TMNRS_{OUT}$指数显示，与前文分析相一致，金融、房地产、日常消费以及信息技术为风险的主要输出方，基于VaR指标计算的指数分别攀升至2.37、1.34、2.20、2.31，远高于1月22日的0.01、–0.01、0.00以及–0.05。与此同时，医疗保健、公用事业、工业等部门则成为了风险主要的接受者。其中，在VaR指标下，其余部门对医疗保健行业的总边际净溢出效应高达7.11，而1月22日的$TMNRS_{IN}$指数仅为0.02。这意味着，新冠疫情这一突发公共事件使得金融、日常消费等行业成为我国股票市场中风险传导的主要源头，引发其余部门出现剧烈震荡，其中医疗保健行业更是受到了显著冲击，大幅加剧了我国系统性风险隐患。

此外，Panel C表明，与表10-2的结论相类似，我国金融市场在2月4日已趋于稳定，行业间的风险净溢出效应迅速减弱，大部分部门的MNRS估计值均未进入第5个百分位数。这表明在短期内，新冠疫情这一突发事件对我国各部门造成了显著的负面冲击，大幅提高了各部门间风险溢出的强度，长期而言，这一冲击在总体上并未改变我国金融市场平稳运行的整体趋势。但值得注意的是，股票市场中日常消费与可选消费行业依旧受到了一定的风险传导，这意味着消费的整体恢复可能仍需一定缓冲时间。一方面，这可能是由于在供给端，企业存在物流运输受阻、贸易成本增加、现金流紧缺等多方面复工压力；另一方面，也可能在需求端出现消费者信心走低、消费意愿

---

[1] 为了节省篇幅，2020年1月22日的分析结果没有报道，以备索的方式提供。

表 10-3 新冠疫情期间国内股市两两交互的边际净溢出效应分析

Panel A: 2020 年 1 月 23 日

行业		金融	材料	电信服务	房地产	工业	公用事业	可选消费	能源	日常消费	信息技术	医疗保健	$TMNRS_{IN}$
金融	VaR	0.00	0.00	-0.01	0.01	-0.01	0.00	0.00	-0.02	0.00	0.01	-0.03	-0.05
	Return	0.00	0.00	0.00	-0.01	-0.01	0.00	-0.01	-0.01	0.00	0.00	-0.01	-0.06
材料	VaR	0.00	0.00	-0.02	0.02	-0.02	0.00	0.01	-0.03	0.01	0.02	-0.04	-0.06
	Return	0.00	0.00	0.00	0.00	0.00	0.00	0.00	0.00	0.00	0.00	0.00	0.01
电信服务	VaR	0.01	0.02	0.00	0.03**	-0.01	0.00	0.02**	-0.01	0.03**	0.02**	-0.03	0.08
	Return	0.00	0.00	0.00	0.00	-0.01	0.00	-0.01	0.00	0.00	-0.01	-0.01	-0.04
房地产	VaR	-0.01	-0.02	-0.03	0.00	-0.03	-0.01	-0.01	-0.04	-0.01	0.00	-0.04	-0.19
	Return	0.01**	0.00	0.01	0.00	0.00	-0.02	0.00	0.00	0.00	0.00	0.00	0.00
工业	VaR	0.01	0.02	0.01	0.03**	0.00	0.01	0.02**	0.01**	0.03**	0.03**	-0.03	0.13
	Return	0.01**	0.00	0.01**	0.00	-0.01	-0.01	0.01	-0.02	0.01**	0.00	0.00	0.04
公用事业	VaR	0.00	0.00	0.01**	0.00	0.00	0.00	0.00	0.01**	0.01**	0.02	0.00	0.00
	Return	0.01**	0.00	0.01**	0.02	0.00	0.00	0.00	0.01**	0.01**	0.00	-0.03	0.03
可选消费	VaR	0.00	-0.01	-0.02	0.01	-0.02	-0.01	0.00	-0.04	0.00	0.02	-0.03	-0.10
	Return	0.01**	0.00	0.01**	0.00	0.00	0.00	0.00	0.00	0.00	0.00	0.00	0.02
能源	VaR	0.02**	0.03**	0.01	0.04**	0.01	0.02	0.04**	0.00	0.04**	0.03**	-0.02	0.22
	Return	0.01**	0.00	0.00	0.00	-0.03	-0.01	0.00	0.00	0.00	0.00	0.00	-0.02
日常消费	VaR	0.00	-0.01	-0.03	0.01	-0.01	-0.01	0.00	-0.04	0.00	0.01	-0.03	-0.13
	Return	0.00	0.00	0.00	0.00	-0.01	-0.01	-0.02	0.00	-0.01	0.00	-0.01	-0.03
信息技术	VaR	-0.01	-0.02	-0.02	0.00	-0.03	0.00	-0.01	-0.03	-0.01	0.00	-0.05	-0.23
	Return	0.00	0.00	0.01**	0.01	0.00	0.00	0.00	0.00	0.00	0.00	0.00	0.02
医疗保健	VaR	0.03**	0.04**	0.03**	0.04**	0.03**	0.03**	0.03**	0.02	0.03**	0.05**	0.00	0.33
	Return	0.01**	0.00	0.01**	0.00	0.00	0.00	0.00	0.00	0.01**	0.00	0.00	0.03
$TMNRS_{OUT}$	VaR	0.05	0.06	-0.08	0.19	-0.13	0.00	0.10	-0.22	0.13	0.23	-0.33	0.00
	Return	0.06	-0.01	0.04	0.00	-0.04	-0.03	-0.02	0.02	0.03	-0.02	-0.03	0.00

续表

Panel B: 2020 年 2 月 3 日

行业		金融	材料	电信服务	房地产	工业	公用事业	可选消费	能源	日常消费	信息技术	医疗保健	$TMNRS_{IN}$
金融	VaR	0.00	-0.16	-0.26	-0.24	-0.34	-0.24	-0.07	-0.26	0.02	-0.03	-0.79	-2.37
	Return	0.00	-0.03	-0.03	-0.03	-0.04	-0.04	-0.03	-0.04	-0.02	-0.02	-0.08	-0.37
材料	VaR	0.16***	0.00	-0.04	0.16***	-0.14	-0.01	0.06**	0.02	0.20***	0.23***	-0.68	-0.06
	Return	0.03***	0.00	0.02***	0.02***	-0.01	0.00	0.00	0.02***	0.02***	0.01**	-0.06	0.05
电信服务	VaR	0.26***	0.04**	0.00	0.22***	-0.05	0.03**	0.08***	0.09***	0.22***	0.22***	-0.53	0.58
	Return	0.03***	-0.02	0.00	0.00	-0.03	-0.02	-0.02	0.00	0.00	-0.01	-0.06	-0.13
房地产	VaR	0.24***	-0.16	-0.22	0.00	-0.29	-0.15	-0.04	-0.09	0.11***	0.00	-0.75	-1.34
	Return	0.03***	-0.02	0.00	0.00	-0.02	-0.02	-0.02	0.00	0.00	0.00	-0.07	-0.11
工业	VaR	0.34***	0.14***	0.05***	0.29***	0.00	0.09***	0.21***	0.15***	0.34***	0.37***	-0.62	1.35
	Return	0.04***	0.01**	0.03***	0.02***	0.00	0.01**	0.01***	0.02***	0.02***	0.02***	-0.05	0.12
公用事业	VaR	0.24***	0.01	-0.03	0.15***	-0.09	0.00	0.07***	0.10***	0.17***	0.19***	-0.64	0.16
	Return	0.04***	0.00	0.02***	0.02***	-0.01	0.00	0.00	0.02***	0.02***	0.01***	-0.06	0.07
可选消费	VaR	0.07**	-0.06	-0.08	0.04***	-0.21	-0.07	0.00	-0.11	0.19***	0.21***	-0.65	-0.68
	Return	0.03***	0.00	0.02***	0.02***	-0.01	0.00	0.00	0.01***	0.02***	0.02***	-0.06	0.05
能源	VaR	0.26***	-0.02	-0.09	0.09***	-0.15	-0.10	0.11***	0.00	0.19***	0.17***	-0.71	-0.23
	Return	0.04***	-0.02	0.00	0.00	-0.02	-0.02	-0.01	0.00	0.01***	0.00	-0.06	-0.08
日常消费	VaR	-0.02	-0.20	-0.22	-0.11	-0.34	-0.17	-0.19	-0.19	0.00	0.00	-0.76	-2.20
	Return	0.02***	-0.02	0.00	0.00	-0.02	-0.01	-0.02	-0.01	0.00	-0.01	-0.08	-0.15
信息技术	VaR	0.03**	-0.23	-0.22	0.00	-0.37	-0.19	-0.21	-0.17	0.01	0.00	-0.96	-2.31
	Return	0.02***	-0.01	0.01***	0.00	-0.02	-0.01	-0.02	0.00	0.01***	0.00	-0.08	-0.09
医疗保健	VaR	0.79***	0.68***	0.53***	0.75***	0.62***	0.64***	0.65***	0.71***	0.76***	0.96***	0.00	7.11
	Return	0.08***	0.06***	0.06***	0.07***	0.05***	0.06***	0.06***	0.06***	0.08***	0.08***	0.00	0.64
$TMNRS_{OUT}$	VaR	2.37	0.06	-0.58	1.34	-1.35	-0.16	0.68	0.23	2.20	2.31	-7.11	0.00
	Return	0.37	-0.05	0.13	0.11	-0.12	-0.07	-0.05	0.08	0.15	0.09	-0.64	0.00

续表

第十章　重大突发公共事件下的宏观经济冲击、金融风险传导与治理应对　371

行业		金融	材料	电信服务	房地产	工业	公用事业	可选消费	能源	日常消费	信息技术	医疗保健	$TMNRS_{IN}$
					Panel C: 2020 年 2 月 4 日								
金融	VaR	0.00	0.02	0.01	0.02	0.02**	0.02	0.01	0.02	0.00	0.02	−0.06	0.08
	Return	0.00	0.01**	0.01**	−0.01	0.00	0.00	0.00	0.00	0.00	0.01**	0.00	0.03
材料	VaR	−0.02	0.00	0.02	−0.01	0.01	0.01	−0.02	−0.02	−0.03	0.01	0.01	−0.01
	Return	−0.01	0.00	0.01**	0.00	0.00	0.00	0.00	0.00	0.00	0.00	0.02	0.00
电信服务	VaR	−0.01	−0.02	0.00	−0.02	−0.02	−0.02	−0.02	−0.02	−0.02	−0.01	0.00	−0.15
	Return	−0.01	−0.01	0.00	−0.01	−0.01	−0.01	−0.01	−0.01	−0.01	−0.01	0.00	−0.06
房地产	VaR	−0.02	0.01	0.02**	0.00	0.02	−0.01	−0.01	0.01	−0.03	0.01	0.05**	0.02
	Return	0.01**	0.00	0.01**	0.00	0.00	0.01	0.00	0.00	0.00	0.00	0.00	0.03
工业	VaR	−0.02	−0.01	0.02**	−0.02	0.00	−0.01	−0.03	−0.01	−0.04	0.00	0.02**	−0.06
	Return	0.00	0.00	0.01**	0.00	0.01	0.00	0.00	0.00	0.00	0.00	0.00	0.00
公用事业	VaR	−0.02	−0.01	0.02	0.01	0.03**	0.02**	−0.02	0.02**	−0.03	0.02	−0.02	−0.04
	Return	0.00	0.00	0.01**	0.00	0.00	0.00	0.00	0.00	0.00	0.00	0.01**	0.00
可选消费	VaR	−0.01	0.02	0.02**	0.00	0.01	0.00	0.00	0.00	−0.02	0.02	0.01	0.08
	Return	0.00	0.00	0.01**	0.00	0.01	0.00	−0.02	0.00	−0.04	0.00	−0.01	0.03
能源	VaR	−0.02	0.00	0.02	−0.01	0.01	0.00	−0.02	0.00	0.00	0.02	−0.08	−0.05
	Return	0.00	0.00	0.01**	0.00	0.00	0.00	0.00	0.00	0.00	0.00	−0.01	−0.02
日常消费	VaR	0.00	0.03**	0.02	0.03**	0.04**	0.03**	0.02	0.04**	0.00	0.02	0.01**	0.15
	Return	0.00	0.00	0.01**	0.00	0.00	0.00	0.00	0.00	0.00	0.00	0.02	0.02
信息技术	VaR	−0.02	−0.01	0.01	−0.01	0.00	0.00	−0.02	0.00	−0.02	0.00	0.01**	−0.05
	Return	−0.01	0.00	0.01**	0.00	−0.05	−0.02	0.00	0.00	0.00	0.00	0.01**	−0.01
医疗保健	VaR	0.06**	0.00	−0.02	0.00	0.06	0.04	0.02**	−0.01	0.08***	−0.02	0.00	0.03
	Return	0.00	−0.01	0.00	0.00	0.00	0.00	−0.01	0.01**	−0.01	−0.01	0.00	−0.02
$TMNRS_{OUT}$	VaR	−0.08	0.01	0.15	−0.02	0.06	0.04	−0.08	0.05	−0.15	0.05	−0.03	0.00
	Return	−0.03	0.00	0.06	−0.03	0.00	0.02	−0.03	0.02	−0.02	0.01	0.02	0.00

注：*** 与 ** 分别表示边际净溢出效应进入到第 1 与第 5 个百分位数。

372　系统性金融风险研究

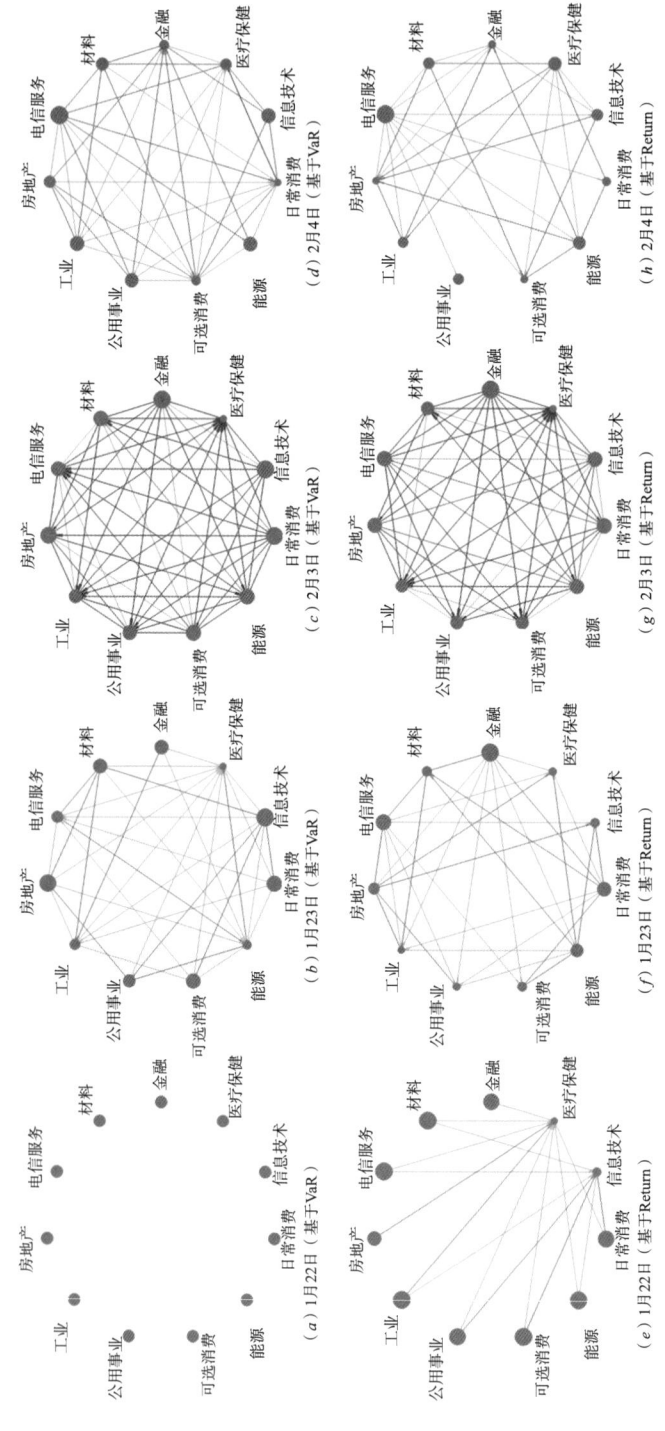

图 10-14　新冠疫情期间国内边际净溢出效应的网络分析

注：（1）图中节点越大，表示该部门产生的总边际净溢出效应越强；（2）有向线条由细到粗分别表示边际净溢出效应进入第 10、第 5 与第 1 个百分位数。

减弱等现象，并经由产业链、供应链以及资金链传导至股票市场，使得消费板块出现显著震荡，其风险更是易通过各行业间的关联传导至其他板块。

依据以上两两交互的边际净溢出效应分析结果，我们在图10-14中展示了新冠疫情期间，各行业风险传导的动态演变图。总体而言，基于VaR与基于收益率指标的风险传导趋势基本一致。其中，图10-14（a）与（e）显示，1月22日，风险净溢出网络较为稀疏，基于VaR指标的MNRS估计值更是均未进入第10个百分位数，这表明该日我国股票市场各行业运行较为平稳，风险溢出水平没有显著的增加。然而，随着新冠疫情的进一步发酵，两种风险净溢出网络的关联密度在1月23日均明显增加。而图10-14（c）和（g）清楚地表明，在2月3日，行业间大部分关联均进入第1个百分位数，部门间的风险溢出水平显著增强。其中，金融、日常消费、房地产等部门所在的节点较大，对其他部门的风险传导强度大幅提高。与此同时，行业间的风险净溢出效应在2月4日迅速减弱，恢复至1月23日的水平。这充分表明，新冠疫情对我国金融市场各行业的冲击持续时间较短，负面影响总体可控。

第七节 重大突发公共事件冲击下国际金融风险传导分析

在对我国金融市场造成显著冲击的同时，新冠疫情这一重大突发公共事件也使得全球股市巨幅震荡，较之2005年卡特里娜飓风、2011年日本大地震等重大突发公共事件，新冠疫情对美国乃至全球市场造成了范围更广、规模更大、影响更为剧烈的冲击。而在疫情致使全球原油需求疲软的同时，产油国间的博弈更是使得原油价格随之迅速暴跌，引发原油市场与全球资本市场的剧烈震荡。在此背景下，防范境外输入性风险引发跨市场交叉传导成为我国风险防控的重要环节。因此，在前文分析的基础上，我们进一步采用动态风险溢出的方法，考察 2020 年 3 月 9 日—3 月 18 日美国股市四次"熔断"期间，全球主要金融市场及国际原油市场间风险溢出的动态变化[1]，准确刻画风险的传导方向与影响强度，深入研究疫情期间各国（地区）股票市场间金融风险的传导关系。

首先，本章在表 10-4 中分别展示了 3 月 9 日与 3 月 12 日，美股前两次"熔断"时，各市场的总边际净溢出效应，并按照从大到小进行排列[2]。由 Panel A，我们可以清楚地发现，3 月 9 日，基于 VaR 与收益率的分析结果较为一致，作为美洲的重要产油国，巴西、加拿大等国的金融市场与原油市场共同成为了风险的主要输出者。究其原因，在海外疫情爬升、原油价格疲弱的双重冲击下，布伦特原油期货市场主力合约由 45.27 美元 / 桶暴跌至 34.36 美元 / 桶，跌幅高达 24.10%，巴西、加拿大股市出现了剧烈波动，指数迅速下调 12.17% 与 10.31%，远高于其他市场 6.24% 的平均跌幅，进而引发全球金融市场的普遍下行。

与此同时，3 月 12 日，随着新冠疫情负面影响的进一步扩散，全球恐慌情绪不断加剧，美股在开盘 5 分钟后迅速熔断，加拿大、巴西与美国股票市场跌幅分别达到 12.30%、14.78% 与 9.51%，均对国际金融市场造成了显著影响。Panel B 表明，加拿大、巴西与美国的风险净溢出指数居于前列，基于 VaR 指标测度的溢出强度达到了 56.34、40.27 以及 7.42。此外，表 10-4 显示，在 3 月 9 日与 12 日，中国与中国香港金融市场的净溢出指数均为负，是风险溢出的主要接受者。这表明，在这一突发公共卫生事件与原油的双重冲击下，境外金融市场易出现剧烈波动，进而对我国资本市场产生冲击，加剧了我国输入性风险的隐患。

---

[1] 递归估计基期为 2015 年 1 月 5 日至 2015 年 12 月 31 日，终期为 2015 年 1 月 5 日至 2020 年 3 月 18 日。

[2] 由于篇幅限制，本章未列出 3 月 16 日与 3 月 18 日两次"熔断"的分析结果，其余结果以备索的形式提供。

表 10-4 新冠疫情期间国际股市边际净溢出总效应分析

	Panel A: 3月9日		Panel B: 3月12日	
	基于 VaR	基于 Return	基于 VaR	基于 Return
1	原油 29.65	加拿大 3.88	加拿大 56.34	加拿大 6.44
2	巴西 23.33	澳大利亚 2.50	巴西 40.27	巴西 5.81
3	加拿大 22.75	巴西 2.43	原油 16.48	美国 5.50
4	澳大利亚 19.49	英国 2.03	澳大利亚 12.98	澳大利亚 2.51
5	英国 13.31	原油 1.71	美国 7.42	西班牙 1.75
6	新加坡 10.11	墨西哥 1.59	印度 5.1	意大利 1.35
7	美国 4.6	意大利 1.56	意大利 1.82	英国 1.31
8	墨西哥 2.55	新加坡 0.93	英国 1.4	印度 0.60
9	印度 −2.83	美国 0.68	墨西哥 0.07	德国 0.16
10	意大利 −4.08	法国 0.60	阿根廷 −2.84	墨西哥 −0.28
11	德国 −5.96	德国 0.47	西班牙 −4.31	法国 −0.72
12	中国 −6.87	荷兰 0.27	俄罗斯 −6.77	韩国 −1.33
13	法国 −7.19	西班牙 0.26	德国 −7.93	俄罗斯 −1.45
14	西班牙 −9.68	印度 −0.29	新加坡 −10.32	荷兰 −1.68
15	荷兰 −9.68	韩国 −0.81	法国 −13.17	阿根廷 −1.72
16	韩国 −11.19	阿根廷 −1.47	韩国 −15.03	中国 −2.19
17	俄罗斯 −12.53	日本 −1.90	荷兰 −17.68	原油 −2.98
18	中国香港 −14.19	中国 −2.35	中国 −20.09	日本 −3.64
19	日本 −18.49	中国香港 −3.61	中国香港 −20.4	新加坡 −4.05
20	阿根廷 −23.1	俄罗斯 −8.48	日本 −23.34	中国香港 −5.40

注：表 10-4 报道了预测期为 10 天时各市场所产生的总边际净溢出效应 $TMNRS_{OUT}$。

接着，我们在表 10-5 中对全球各市场"两两交互"的边际净溢出效应展开分析。其中，Panel A 表明，3 月 9 日原油市场对所有其他市场风险传导的增量均进入了第 1 个百分位数，这充分表明，原油市场的剧烈波动对全球金融市场造成了显著冲击。与此同时，加拿大、巴西股市对大部分市场的 MNRS 值均为正，而且同样进入第 1 个百分位数，产生了明显的风险溢出效应。此外，$TMNRS_{OUT}$ 指标进一步显示，在 3 月 9 日当天，原油市场、巴西及加拿大股市对其余市场的边际风险溢出总规模分别达到了 29.65、23.33、22.75，处于全球最高水平。此外，基于收益率计算的结果基本一致，原油、巴西与加拿大股票市场的风险净溢出效应仍位于前列，在全球风险输出中占据主导地位。

而在3月12日，Panel B中基于VaR的结果所示，与表10-4的分析结果相一致，加拿大、巴西、美国的风险溢出强度最高，$TMNRS_{OUT}$指数分别达到了56.34、40.27、7.42，美洲市场成为了全球风险传递的中心。其中，巴西对所有其他市场的风险净溢出效应进一步增强，绝大部分MNRS值均进入了第1个百分位数。加拿大、美国分别对18个与15个境外市场产生显著的风险溢出。基于收益率的结果同样显示，3月12日，巴西、加拿大与美国是全球资本市场的风险来源地。

最后，表10-5的结果一致表明，中国与中国香港市场在3月9日与12日的$TMNRS_{OUT}$指数均为负，且远小于0。这就充分地表明，在此次国际市场剧烈震荡时，中国在全球系统性金融风险的国际传递链中处于净接受者地位，我国资本市场遭受国际金融市场外溢冲击的可能性也显著增加。其中，Panel B基于VaR的结果显示，3月12日，加拿大、印度、美国及巴西对中国市场产生了显著的风险传导，净指数分别达到了 –2.07、–1.67、–1.65与 –1.30。此外，中国香港市场也对内地市场产生了明显的风险净溢出效应，基于VaR与基于收益率的边际净溢出效应均进入到第5（或第1）个百分位数，在一定程度上成为境外风险冲击中国金融市场的渠道。

结合以上"两两交互"的边际净溢出效应的分析结果，本章在图10-15中展示了3月9日及3月12日间全球金融风险传导情况。此外，为了更直观地考察各股市的风险随着疫情发展的动态演变，我们在图10-15（a）中画出了美国第一次"熔断"前一周的风险传导图。图10-15（a）表明，在3月2日，各金融市场间风险净溢出程度较低，其中，我国由于在早期受新冠疫情影响较大，存在一定的风险输出。而随着新冠疫情成为全球重大公共卫生事件，各国（地区）金融市场间风险溢出效应显著增加。图10-15（b）

表 10-5 新冠疫情期间国际股市两两交互的边际净溢出效应分析

Panel A: 3月9日

市场		中国	中国香港	韩国	新加坡	日本	印度	澳大利亚	俄罗斯	法国	德国	西班牙	意大利	荷兰	英国	美国	加拿大	墨西哥	巴西	阿根廷	原油	$TMNRS_{IN}$
中国	VaR	0.00	2.36***	1.07***	1.58***	0.45***	0.85***	0.10***	0.38***	-0.12	-0.16	-0.08	-0.31	-0.14	-0.43	-0.26	-0.41	0.35***	0.23***	0.05	1.37***	6.87
	Return	0.00	0.04***	0.15***	0.26***	0.13***	0.16***	0.14***	-0.07	0.13***	0.12***	0.12***	0.12***	0.13***	0.14***	0.12***	0.12***	0.13***	0.15***	0.06***	0.20***	2.35
中国香港	VaR	-2.36	0.00	0.57***	2.74***	-0.05	1.09***	1.69***	-0.14	0.59***	0.52***	0.40***	0.41***	0.47***	1.17***	1.03***	1.30***	1.33***	1.30***	-0.12	2.26***	14.19
	Return	-0.04	0.00	0.29***	0.58***	0.19***	0.30***	0.36***	-0.20	0.15***	0.14***	0.13***	0.16***	0.15***	0.22***	0.16***	0.25***	0.21***	0.24***	0.08***	0.22***	3.61
韩国	VaR	-1.07	-0.57	0.00	1.92***	-0.21	0.74***	1.40***	-0.31	0.21***	0.23***	-0.02	0.05	0.23***	0.89***	1.17***	1.59***	1.78***	1.49***	-0.74	2.40***	11.19
	Return	-0.15	-0.29	0.00	0.16***	-0.01	0.10***	0.22***	-0.26	0.08***	0.05***	0.06***	0.09***	0.06***	0.13***	0.02***	0.14***	0.11***	0.16***	-0.01	0.14***	0.81
新加坡	VaR	-1.58	-2.74	-1.92	0.00	-1.96	-0.90	0.46***	-0.92	-0.62	-0.66	-0.54	-0.39	-0.95	0.16**	-0.31	0.94***	-0.22	1.05***	-1.36	2.33***	-10.11
	Return	-0.26	-0.58	-0.16	0.00	-0.20	0.00	0.14***	-0.29	0.06***	0.02**	0.01	0.08***	0.05***	0.12***	-0.13	0.10***	0.03***	0.08***	-0.09	0.09***	-0.93
日本	VaR	-0.45	0.05	0.21***	1.96***	0.00	0.82***	1.90***	-0.08	0.25***	0.26***	-0.12	0.46***	0.15**	1.53***	0.99***	1.98***	2.75***	2.48***	0.14**	3.21***	18.49
	Return	-0.13	-0.19	0.01	0.20***	0.00	0.13***	0.37***	-0.22	0.08***	0.06***	0.04***	0.11***	0.08***	0.22***	-0.02	0.29***	0.19***	0.29***	0.08***	0.30***	1.90
印度	VaR	-0.85	-1.09	-0.74	0.90***	-0.82	0.00	0.91***	-0.58	-0.05	0.03	-0.09	0.06**	-0.34	0.36***	0.39***	1.05***	0.46***	1.52***	-0.41	2.11***	2.83
	Return	-0.16	-0.30	-0.10	0.00	-0.13	0.00	0.11***	-0.21	0.11***	0.06***	0.04***	0.11***	0.10***	0.16***	0.06***	0.23***	0.08***	0.13***	0.00	0.03***	0.29
澳大利亚	VaR	-0.10	-1.69	-1.40	-0.46	-1.90	-0.91	0.00	-0.98	-2.55	-2.38	-1.51	-1.51	-3.13	-1.01	-1.32	0.58***	-0.28	0.94***	-1.21	1.34***	-19.49
	Return	-0.14	-0.36	-0.22	-0.14	-0.37	-0.11	0.00	-0.47	0.01	-0.09	-0.03	0.02**	-0.09	-0.01	-0.52	-0.22	0.01	0.12***	-0.05	0.16***	-2.50
俄罗斯	VaR	-0.38	0.14**	0.31***	0.92***	0.08**	0.58***	0.98***	0.00	0.73***	0.70***	0.51***	0.76***	0.65***	1.01***	0.74***	2.37***	0.86***	2.51***	-0.02	1.54***	12.53
	Return	0.07***	0.20***	0.26***	0.29***	0.22***	0.21***	0.47***	0.00	0.23***	0.21***	0.28***	0.27***	0.27***	0.33***	0.52***	0.57***	0.64***	1.04***	0.53***	1.87***	8.48
法国	VaR	0.12**	-0.59	-0.21	0.62***	-0.25	0.05	2.55***	-0.73	0.00	-0.17	-0.52	0.01	0.08**	1.83***	1.20***	2.50***	0.21***	0.64***	-1.58	1.41***	7.19
	Return	-0.13	-0.15	-0.08	-0.06	-0.08	-0.11	-0.01	-0.23	0.00	0.04**	0.06**	0.13**	0.00	0.18***	0.15***	0.24***	0.04***	-0.09	-0.21	-0.28	-0.60
德国	VaR	0.16**	-0.52	-0.23	0.66***	-0.26	-0.03	2.38***	-0.70	0.17*	0.00	-0.37	0.13**	0.21**	1.66***	1.16***	2.37***	-0.23	0.49***	-1.58	0.50***	5.96
	Return	-0.12	-0.14	-0.05	-0.02	-0.06	-0.06	0.09***	-0.21	-0.04	0.00	0.03**	0.09***	-0.03	0.15***	0.15***	0.22***	0.05***	-0.07	-0.18	-0.28	-0.47
西班牙	VaR	0.08**	-0.40	0.02	0.54***	0.12**	0.09**	1.51***	-0.51	0.52***	0.37***	0.00	0.66***	0.47***	1.51***	1.16***	1.38***	0.72***	0.99***	-0.76	1.21***	9.68
	Return	-0.12	-0.13	-0.06	-0.01	-0.04	-0.04	0.03***	-0.28	-0.06	-0.03	0.00	0.07***	-0.04	0.11***	0.14***	0.27***	0.10***	0.05***	-0.13	-0.09	-0.26
意大利	VaR	0.31***	-0.41	-0.05	0.39***	-0.46	-0.06	1.51***	-0.76	-0.01	-0.13	-0.66	0.00	-0.04	1.52***	1.10***	1.91***	0.15***	0.90***	-1.51	0.33***	4.08
	Return	-0.12	-0.16	-0.09	-0.08	-0.11	-0.11	-0.02	-0.27	-0.13	-0.09	-0.07	0.00	-0.11	0.04**	0.08***	0.17***	0.00	-0.09	-0.20	-0.21	-1.56
荷兰	VaR	0.14***	-0.47	-0.23	0.95***	-0.15	0.34***	3.13***	-0.65	-0.08	-0.21	-0.47	0.00	0.00	1.98***	1.20***	3.12***	0.27***	0.84***	-1.70	1.66***	9.68
	Return	-0.13	-0.15	-0.06	-0.05	-0.08	-0.10	0.09***	-0.27	0.04***	0.03**	0.04***	0.11***	0.00	0.21***	0.17***	0.30***	0.07***	-0.05	-0.19	-0.22	-0.27
英国	VaR	0.43***	-1.17	-0.89	-0.16	-1.53	-0.36	1.01***	-1.01	-1.83	-1.66	-1.51	-1.52	-1.98	0.00	-0.31	1.24***	-0.76	0.33***	-2.23	0.62***	-13.31
	Return	-0.14	-0.22	-0.13	-0.12	-0.22	-0.16	0.01	-0.33	-0.18	-0.15	-0.11	-0.04	-0.21	0.00	0.07***	0.22***	0.04***	-0.02	-0.18	-0.16	-2.03

续表

Panel A: 3月9日

市场		中国	中国香港	韩国	新加坡	日本	印度	澳大利亚	俄罗斯	法国	德国	西班牙	意大利	荷兰	英国	美国	加拿大	墨西哥	巴西	阿根廷	原油	$TMNRS_{IN}$
美国	VaR	0.26**	-1.03	-1.17	0.31***	-0.99	-0.39	1.32**	-0.74	-1.20	-1.16	-1.16	-1.10	-1.20	0.31***	0.00	1.11***	0.25**	2.05***	-1.81	1.75***	-4.60
	Return	-0.12	-0.16	-0.02	0.13***	0.02**	-0.06	0.52***	-0.52	-0.15	-0.15	-0.14	-0.08	-0.17	-0.07	0.00	0.26***	0.11***	0.16***	-0.09	-0.13	-0.68
加拿大	VaR	0.41***	-1.30	-1.59	-0.94	-1.98	-1.05	-0.58	0.10**	-2.50	-2.37	-1.38	-1.91	-3.12	-1.24	-1.11	0.00	-1.97	1.55***	-2.26	0.52***	-22.75
	Return	-0.12	-0.25	-0.14	-0.10	-0.29	-0.23	0.22**	-0.57	-0.24	-0.22	-0.27	-0.17	-0.30	-0.22	-0.26	0.00	-0.13	-0.10	-0.28	-0.24	-3.88
墨西哥	VaR	-0.35	-1.33	-1.78	0.22**	-2.75	-0.46	0.28**	-0.86	-0.21	0.23**	-0.72	-0.15	-0.27	0.76***	-0.25	1.97***	0.00	1.83***	-1.34	2.64***	-2.55
	Return	-0.13	-0.21	-0.11	-0.03	-0.19	-0.08	-0.01	-0.64	-0.04	-0.05	-0.10	0.00	-0.07	-0.04	-0.11	0.13***	0.00	0.20**	-0.10	0.01	-1.59
巴西	VaR	-0.23	-1.30	-1.49	-1.05	-2.48	-1.52	-0.94	-2.51	-0.64	-0.49	-0.99	-0.90	-0.84	-0.33	-2.05	-1.55	-1.83	0.00	-2.58	0.39***	-23.33
	Return	-0.15	-0.24	-0.16	-0.08	-0.29	-0.13	-0.12	-1.04	0.09***	0.07***	-0.05	0.09***	0.05**	0.02	-0.16	0.10***	-0.20	0.00	-0.23	0.00	-2.43
阿根廷	VaR	-0.05	0.12**	0.74***	1.36***	-0.14	0.41***	1.21***	0.02	1.58***	1.58***	0.76***	1.51***	1.70***	2.23***	1.81***	2.26***	1.34***	2.58***	0.00	2.06***	23.10
	Return	-0.06	-0.08	0.01	0.09***	-0.08	0.00	0.05**	-0.53	0.21***	0.18***	0.13***	0.20***	0.19***	0.18***	0.09***	0.28***	0.10***	0.23***	-0.29	0.29***	1.47
原油	VaR	-1.37	-2.26	-2.40	-2.33	-3.21	-2.11	-1.34	-1.54	-1.41	-0.50	-1.21	-0.33	-1.66	-0.62	-1.75	-0.52	-2.64	-0.39	-2.06	0.00	-29.65
	Return	-0.20	-0.22	-0.14	-0.09	-0.30	-0.03	-0.16	-1.87	0.28***	0.28***	0.09***	0.21***	0.22***	0.16***	-0.13***	0.24***	-0.01	-0.39	-0.29	0.00	-1.71
$TMNRS_{OUT}$	VaR	-6.87	-14.19	-11.19	10.11	-18.49	-2.83	19.49	-12.53	-7.19	-5.96	-9.68	-4.08	-9.68	13.31	4.60	22.75	2.55	23.33	-23.10	29.65	
	Return	-2.35	-3.61	-0.81	0.93	-1.90	-0.29	2.50	-8.48	0.60	0.47	0.26	1.56	0.27	2.03	0.68	3.88	1.59	2.43	-1.47	1.71	

Panel B: 3月12日

市场		中国	中国香港	韩国	新加坡	日本	印度	澳大利亚	俄罗斯	法国	德国	西班牙	意大利	荷兰	英国	美国	加拿大	墨西哥	巴西	阿根廷	原油	$TMNRS_{IN}$
中国	VaR	0.00	0.28**	0.74***	0.79***	0.08**	1.67***	1.16***	0.38***	1.39***	1.57***	1.22***	1.58***	1.36***	1.62***	1.65***	2.07***	0.67***	1.30***	0.05	0.52***	20.09
	Return	0.00	0.23***	0.19***	0.20***	0.15***	0.26***	0.13***	0.12***	0.05***	0.07***	0.06***	0.08***	0.06***	0.07***	0.12***	0.05***	0.10***	0.16***	0.05***	0.03***	2.19
中国香港	VaR	-0.28	0.00	1.00***	0.50***	-0.26	2.49***	1.50***	0.27***	0.97***	1.10***	1.17***	1.38***	0.71***	1.30***	1.57***	3.08***	0.91***	2.05***	0.04	0.90***	20.40
	Return	-0.23	0.00	0.38***	0.24***	0.21***	0.77***	0.47***	0.23***	0.23***	0.25***	0.30***	0.28***	0.21***	0.31***	0.42***	0.49***	0.21***	0.49***	0.10***	0.02	5.40
韩国	VaR	-0.74	-1.00	0.00	-0.06	-0.63	2.00***	1.22***	0.48***	0.52***	0.87***	0.67***	0.99***	0.39***	1.04***	1.57***	3.54***	0.92***	2.63***	-0.16	0.80***	15.03
	Return	-0.19	-0.38	0.00	-0.15	-0.08	0.36***	0.26***	-0.04	0.05***	0.06***	0.12***	0.11***	-0.01	0.13***	0.36***	0.42***	0.04***	0.36***	-0.02	-0.08	1.33
新加坡	VaR	-0.79	-0.50	0.06**	0.37***	-0.37	1.62***	1.30***	0.55***	0.18***	0.18***	0.31***	0.70***	-0.03	0.66***	0.81***	2.73***	0.34***	2.36***	-0.23	0.41***	10.32
	Return	-0.20	-0.24	0.15***	-0.05	0.05**	0.56***	0.49***	0.11***	0.18***	0.20***	0.28***	0.24***	0.14***	0.27***	0.47***	0.62***	0.16***	0.56***	0.06***	-0.03	4.05
日本	VaR	-0.08	0.26***	0.63***	0.00	0.00	2.10***	1.40***	0.27***	0.93***	1.29***	1.98***	1.90***	0.62***	1.56***	1.32***	3.65***	1.19***	2.69***	0.08***	1.16***	23.34
	Return	-0.15	-0.21	0.08***	-0.05	0.00	0.43***	0.48***	0.10***	0.15***	0.18***	0.26***	0.25***	0.11***	0.29***	0.39***	0.60***	0.15***	0.53***	0.06***	-0.02	3.64
印度	VaR	-1.67	-2.49	-2.00	-1.62	-2.10	0.00	-0.05	-1.12	-0.79	-0.29	-0.20	0.40***	-1.45	-0.44	0.22***	4.31***	0.06***	2.69***	-0.10	1.53***	-5.10
	Return	-0.26	-0.77	-0.36	-0.56	-0.43	0.00	0.14***	-0.13	0.00	-0.01	0.11***	0.08***	-0.10	0.12***	0.55***	0.86***	-0.07	0.46***	-0.08	-0.16	-0.60

续表

市场		中国	中国香港	韩国	新加坡	日本	印度	澳大利亚	俄罗斯	法国	德国	西班牙	意大利	荷兰	英国	美国	加拿大	墨西哥	巴西	阿根廷	原油	$TMNRS_{IN}$
										Panel B: 3月12日											
澳大利亚	VaR	-1.16	-1.50	-1.22	-1.30	-1.40	0.05	0.00	-1.07	-1.92	-1.65	-0.86	-0.64	-2.32	-1.14	-0.77	2.56***	-0.45	1.74***	-0.27	0.36***	-12.98
	Return	-0.13	-0.47	-0.26	-0.49	-0.48	-0.14	0.00	-0.37	-0.17	-0.18	0.00	-0.06	-0.34	-0.11	0.24***	0.40***	-0.03	0.43***	-0.09	-0.23	-2.51
俄罗斯	VaR	-0.38	-0.27	-0.48	-0.55	-0.27	1.12***	1.07***	0.00	0.51***	0.66***	0.94***	1.07***	0.04	0.22***	0.09***	1.78***	-0.12	1.94***	0.01	-0.63	6.77
	Return	-0.12	-0.23	0.04**	-0.11	-0.10	0.13***	0.37***	0.00	0.03***	0.09***	0.13***	0.12***	-0.01	0.08***	0.42***	0.50***	0.02	0.57***	-0.07	-0.39	1.45
法国	VaR	-1.39	-0.97	-0.52	-0.18	-0.93	0.79***	1.92***	-0.51	0.00	0.48***	0.88***	1.23***	-0.27	1.48***	1.40***	4.84***	0.28***	2.89***	-0.03	1.80***	13.17
	Return	-0.05	-0.23	-0.05	-0.18	-0.15	0.00	0.17***	-0.03	0.00	0.11***	0.25***	0.19***	-0.03	0.21***	0.32***	0.41***	0.02***	0.04***	-0.16	-0.12	0.72
德国	VaR	-1.57	-1.10	-0.87	-0.18	-1.29	0.29***	1.65***	-0.66	-0.48	0.00	0.20***	0.82***	-0.76	0.99***	1.12***	4.78***	0.24***	2.70***	0.07***	1.97***	7.93
	Return	-0.07	-0.25	-0.06	-0.20	-0.18	0.01	0.18***	-0.09	-0.11	0.00	0.14***	0.09***	-0.14	0.13***	0.29***	0.37***	-0.02	0.03***	-0.16	-0.14	-0.16
西班牙	VaR	-1.22	-1.17	-0.67	-0.31	-1.98	0.20***	0.86***	-0.94	-0.88	-0.20	0.00	0.48***	-1.12	0.95***	0.98***	4.41***	0.26***	2.77***	-0.05	1.92***	4.31
	Return	-0.06	-0.30	-0.12	-0.28	-0.26	-0.11	0.00	-0.13	-0.25	-0.14	0.00	-0.05	-0.27	0.01	0.21***	0.33***	-0.04	0.03***	-0.18	-0.13	-1.75
意大利	VaR	-1.58	-1.38	-0.99	-0.70	-1.90	-0.40	0.64***	-1.07	-1.23	-0.82	-0.48	0.00	-1.47	0.41***	0.77***	4.00***	0.09***	2.55***	-0.02	1.76***	-1.82
	Return	-0.08	-0.28	-0.11	-0.24	-0.25	-0.08	0.06***	-0.12	-0.19	-0.09	0.05***	0.00	-0.20	0.03***	0.20***	0.30***	-0.04	0.01	-0.18	-0.14	-1.35
荷兰	VaR	-1.36	-0.71	-0.39	0.03	-0.62	1.45***	2.32***	-0.04	0.27***	0.76***	1.12***	1.47***	0.00	1.75***	1.46***	5.08***	0.38***	3.00***	-0.02	1.75***	17.68
	Return	-0.06	-0.21	0.01	-0.14	-0.11	0.10***	0.34***	0.01	0.03***	0.14***	0.27***	0.20***	0.00	0.27***	0.28***	0.52***	0.05***	0.13***	-0.13	-0.12	1.68
英国	VaR	-1.62	-1.30	-1.04	-0.66	-1.56	0.44***	1.14***	-0.22	-1.48	-0.99	-0.95	-0.41	-1.75	0.00	0.28***	4.30***	-0.09	2.76***	0.05	1.70***	-1.40
	Return	-0.07	-0.31	-0.13	-0.27	-0.29	-0.12	0.11***	-0.08	-0.21	-0.13	-0.01	-0.03	-0.27	0.00	0.29***	0.38***	-0.01	0.15***	-0.14	-0.16	-1.31
美国	VaR	-1.65	-1.57	-1.57	-0.81	-1.32	-0.22	0.77***	-0.09	-1.40	-1.12	-0.98	-0.77	-1.46	0.00	0.00	2.74***	-0.45	2.48***	-0.39	0.67***	-7.42
	Return	-0.12	-0.42	-0.36	-0.47	-0.39	-0.55	0.27***	-0.42	-0.32	-0.29	-0.21	-0.20	-0.38	-0.28	0.00	-0.11	-0.23	0.08***	-0.25	-0.32	-5.50
加拿大	VaR	-2.07	-3.08	-3.54	-2.73	-3.65	-4.31	-2.56	-1.78	4.84***	-4.78	-4.41	-4.00	-5.08	-4.30	-2.74	0.00	-2.05	0.21***	-0.39	-0.24	-56.34
	Return	-0.05	-0.49	-0.42	-0.62	-0.60	-0.86	-0.40	-0.50	-0.41	-0.37	-0.33	-0.30	-0.52	-0.38	0.11***	0.00	-0.18	0.05***	-0.12	-0.06	-6.44
墨西哥	VaR	-0.67	-0.91	-0.92	-0.34	-1.19	-0.06	0.45***	0.12**	-0.28	-0.24	-0.26	-0.09	-0.38	0.09***	0.45***	2.05***	0.00	1.97***	-0.32	0.47***	-0.07
	Return	-0.10	-0.21	-0.04	-0.16	-0.15	0.07***	0.03***	-0.02	-0.02	0.02	0.04***	0.04***	-0.05	0.01	0.23***	0.18***	0.00	0.61***	-0.06	-0.15	0.28
巴西	VaR	-1.30	-2.05	-2.63	-2.36	-2.69	-2.69	-1.74	-1.94	-2.89	-2.70	-2.77	-2.55	-3.00	-2.76	-2.48	-0.21	-1.97	0.00	-0.67	-0.88	-40.27
	Return	-0.16	-0.49	-0.36	-0.56	-0.53	-0.46	-0.43	-0.57	-0.04	-0.03	-0.03	-0.01	-0.13	-0.15	-0.08	-0.05	-0.61	0.00	-0.48	-0.64	-5.81
阿根廷	VaR	-0.05	-0.04	0.16**	0.23**	-0.08	0.10***	0.27***	-0.01	0.03	-0.07	0.05	0.02	0.02	-0.05	0.39***	0.39***	0.32***	0.67***	0.00	0.50***	2.84
	Return	-0.05	-0.10	0.02	-0.06	-0.06	0.08***	0.09***	0.07***	0.16***	0.16***	0.18***	0.18***	0.13***	0.14***	0.25***	0.12***	0.06***	0.48***	0.00	-0.12	1.72
原油	VaR	-0.52	-0.90	-0.80	-0.41	-1.16	-1.53	-0.36	0.63***	-1.80	-1.97	-1.92	-1.76	-1.75	-1.70	-0.67	0.24***	-0.47	0.88***	-0.50	0.00	-16.48
	Return	-0.03	-0.02	0.08***	0.03***	0.02***	0.16***	0.23***	0.39***	0.12***	0.14***	0.13***	0.14***	0.12***	0.16***	0.32***	0.06***	0.15***	0.64***	0.12***	0.00	2.98
$TMNRS_{OUT}$	VaR	-20.09	-20.40	-15.03	-10.32	-23.34	5.10	12.98	-6.77	-13.17	-7.93	-4.31	1.82	-17.68	1.40	7.42	56.34	0.07	40.27	-2.84	16.48	
	Return	-2.19	-5.40	-1.33	-4.05	-3.64	0.60	2.51	-1.45	-1.68	0.16	1.75	1.35	-1.68	1.31	5.50	6.44	-0.28	5.81	-1.72	-2.98	

注：***与**分别表示边际净溢出效应进入到第1与第5个百分位数。

380 系统性金融风险研究

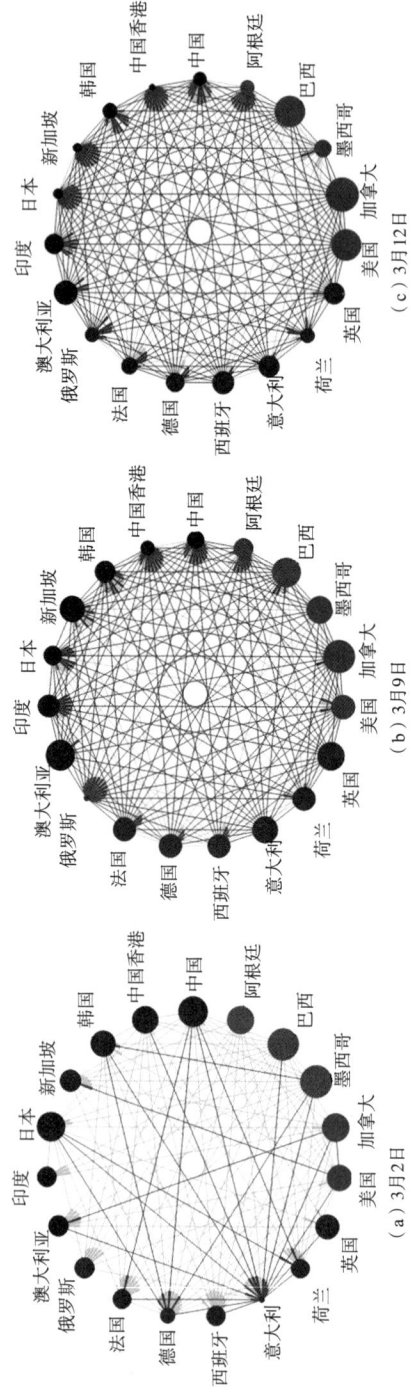

图10-15 新冠疫情期间国际边际净溢出的网络分析

注：(1)图中节点越大，表示该市场产生的总边际净溢出效应越强；(2)浅色与深色有向线条分别代表边际净溢出效应进入第5与第1个百分位数；(3)节点颜色由浅到深分别代表美洲、欧洲以及亚洲区域的国家(地区)。

与（c）显示，各市场间进入第 1 个百分位数的连线（深色有向连线）明显变密，而我国市场也随着国内局势的稳定逐步转变为风险接受者。美国、加拿大以及巴西的节点相对较大，指向其他节点的箭头数量也较多，这表明美洲市场的净溢出强度高，且受其影响资本市场数目较多。值得注意的是，随着新冠疫情在欧洲的大范围扩散，欧洲市场也对大部分其他国家（地区）产生了明显的风险传导。

第八节　重大突发公共事件冲击下国际金融风险结构关联分析

在上述研究的基础上，本章从风险共振（风险分担）的视角，进一步考察了新冠疫情这一突发事件对国际金融市场间风险关联的影响。具体而言，我们基于陈等（Chen et al., 2019）的风险结构框架，对全球各主要金融市场间的风险结构联动进行刻画，并在表 10-6 中展示了各市场的风险结构相似度矩阵。首先，由表 10-6 我们可以清楚地发现，在新冠疫情这一突发事件的冲击下，全球市场间产生了明显的风险联动，而欧洲市场内部更是存在极为显著的同期风险共振现象。表 10-6 显示，中国、中国香港、日本、韩国、新加坡等亚洲市场间的关联度位于 0.23 和 0.93 之间，这表明亚洲市场间存在一定的风险联动关系。与此同时，美洲各股票市场也存在 0.66 至 0.99 不等的相互关联。值得注意的是，法国、德国、英国、西班牙、意大利与荷兰等国间的关联甚至达到 0.94 至 1.00，这就表明欧洲金融市场间存在极为显著的风险共振乃至一体化现象。与此相对应，3 月 12 日，德国 DAX 指数、法国巴黎 CAC40 指数、英国伦敦富时 100 指数以及泛欧斯托克 600 指数均大幅下跌，跌幅分别高达 12.24%、12.28%、10.87% 以及 11.24%。因此，新冠疫情等突发公共事件造成的影响可能在各欧洲市场间共振放大，进而迅速扩散至全球，显著加剧了国际市场所面临的风险冲击。

表 10-6 新冠疫情期间国际金融风险结构关联分析

市场	中国	中国香港	韩国	新加坡	日本	印度	澳大利亚	俄罗斯	法国	德国	西班牙	意大利	荷兰	英国	美国	加拿大	墨西哥	巴西	阿根廷
中国	0.00	0.73	0.65	0.86	0.44	0.23	0.57	-0.66	0.00	0.00	0.00	0.00	0.00	0.00	0.41	0.30	0.25	0.33	0.63
中国香港	0.73	0.00	0.88	0.93	0.60	0.71	0.90	0.00	0.63	0.60	0.54	0.56	0.60	0.65	0.84	0.82	0.73	0.84	0.96
韩国	0.65	0.88	0.00	0.81	0.89	0.46	0.63	0.00	0.54	0.54	0.40	0.45	0.58	0.59	0.55	0.60	0.68	0.60	0.84
新加坡	0.86	0.93	0.81	0.00	0.58	0.45	0.78	-0.55	0.34	0.30	0.23	0.28	0.33	0.38	0.66	0.62	0.63	0.65	0.93
日本	0.44	0.60	0.89	0.58	0.00	0.00	0.22	-0.38	0.31	0.33	0.00	0.22	0.40	0.37	0.00	0.24	0.52	0.24	0.61
印度	0.23	0.71	0.46	0.45	0.00	0.00	0.90	0.46	0.87	0.85	0.91	0.86	0.80	0.85	0.96	0.95	0.63	0.95	0.62
澳大利亚	0.57	0.90	0.63	0.78	0.22	0.90	0.00	0.00	0.72	0.67	0.70	0.68	0.64	0.71	0.98	0.93	0.68	0.95	0.85
俄罗斯	-0.66	0.00	0.00	-0.55	-0.38	0.46	0.00	0.00	0.55	0.58	0.66	0.61	0.53	0.51	0.00	0.30	0.00	0.24	-0.29
法国	0.00	0.63	0.54	0.34	0.31	0.87	0.72	0.55	0.00	1.00	0.98	0.99	0.99	1.00	0.79	0.91	0.83	0.88	0.63
德国	0.00	0.60	0.54	0.30	0.33	0.85	0.67	0.58	1.00	0.00	0.98	0.99	0.99	0.99	0.75	0.88	0.80	0.85	0.59
西班牙	0.00	0.54	0.40	0.23	0.00	0.91	0.70	0.66	0.98	0.98	0.00	0.98	0.94	0.95	0.80	0.89	0.71	0.87	0.52
意大利	0.00	0.56	0.45	0.28	0.22	0.86	0.68	0.61	0.99	0.99	0.98	0.00	0.98	0.99	0.76	0.90	0.82	0.85	0.57
荷兰	0.00	0.60	0.58	0.33	0.40	0.80	0.64	0.53	0.99	0.99	0.94	0.98	0.00	0.99	0.70	0.86	0.86	0.82	0.62
英国	0.00	0.65	0.59	0.38	0.37	0.85	0.71	0.51	1.00	0.99	0.95	0.99	0.99	0.00	0.77	0.91	0.87	0.87	0.66
美国	0.41	0.84	0.55	0.66	0.00	0.96	0.98	0.00	0.79	0.75	0.80	0.76	0.70	0.77	0.00	0.96	0.66	0.98	0.78
加拿大	0.30	0.82	0.60	0.62	0.24	0.95	0.93	0.30	0.91	0.88	0.89	0.90	0.86	0.91	0.96	0.00	0.83	0.99	0.80
墨西哥	0.25	0.73	0.68	0.63	0.52	0.63	0.68	0.00	0.83	0.80	0.71	0.82	0.86	0.87	0.66	0.83	0.00	0.78	0.83
巴西	0.33	0.84	0.60	0.65	0.24	0.95	0.95	0.24	0.88	0.85	0.87	0.85	0.82	0.87	0.98	0.99	0.78	0.00	0.82
阿根廷	0.63	0.96	0.84	0.93	0.61	0.62	0.85	-0.29	0.63	0.59	0.52	0.57	0.62	0.66	0.78	0.80	0.83	0.82	0.00
平均	0.26	0.69	0.59	0.51	0.31	0.69	0.70	0.14	0.72	0.70	0.67	0.69	0.70	0.72	0.69	0.76	0.67	0.75	0.66

与此同时,我们进一步考察了新冠疫情期间,全球风险结构相似度的层次关系,结果见图10-16。其中,我们分别用不同的线段连接风险结构高度接近,更容易出现风险共振的各个市场。图10-16显示,在疫情期间,美洲与欧洲国家间存在较强的风险结构同质性,在外部冲击下的表现可能存在明显的相似性。与此同时,与表10-6的结论相一致,较之亚洲与美洲市场,欧洲各金融市场间连接处的纵轴值最低,这表明此类市场的风险结构极为接近。此外,亚洲市场的风险结构也较为相似,在受到外部冲击时,中国市场与中国香港、新加坡等市场易出现明显的风险联动与共振的现象。

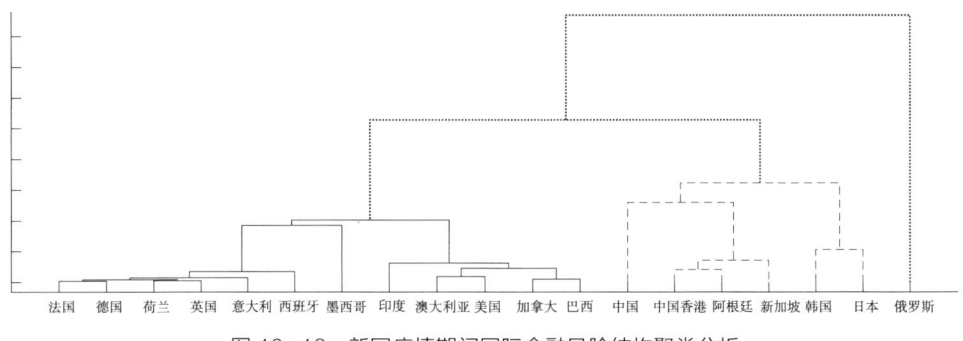

图10-16 新冠疫情期间国际金融风险结构聚类分析

注:(1)连接处的纵轴值表示新连接的两类市场间的距离,距离越小则表明两类市场的风险结构越接近,更易出现风险共振现象,距离越大则表示两类市场之间存在较强的风险结构异质性。(2)使用不同线段连接的市场之间风险结构关联较为紧密,容易产生风险共振。

第九节 小结

自然灾害、事故灾难、公共卫生事件和社会安全事件等突发公共事件严重威胁着世界各国的社会稳定,其所特有的紧迫性与不确定性也为全球经济发展带来了极大的挑战。2020年,新冠疫情席卷全球,引发金融市场剧烈震荡,威胁着经济平稳健康发展。在此背景下,本章采用前沿的因子增广向量自回归模型（Kamber and Wong, 2020）与风险传染网络方法，结合新冠疫情等重大突发公共事件对我国金融市场与宏观经济的冲击影响。具体而言，首先，我们基于 FAVAR 模型测度"非典"这一突发公共事件对我国宏观经济与金融市场 16 个部门共计 174 个变量的长短期冲击。在此基础上，本章在风险传染网络框架下，研究新冠疫情事件下，我国金融市场各行业间风险传导的动态演变。接着，我们采用动态风险溢出的方法，结合美股四次"熔断"等极端风险事件，进一步分析了全球突发公共卫生事件期间，国际股票市场间的风险传染情况，考察其中的主要源头与传染渠道，有助于我们未雨绸缪地防范境外输入性金融风险。最后，本章基于陈等（Chen et al., 2019）的风险结构框架，进一步探讨了该时期全球各市场的同期联动关系，从而准确识别危机前后各国（地区）股票市场间金融风险的传染关系，它将为我国构建特殊时期宏观治理应对机制、"守住不发生系统性金融风险的底线"提供重要的参考依据。

本章对"非典"疫情的分析结果显示，该突发公共事件对我国消费、生产价格指数、交通运输等宏观经济部门造成了阶段性的负面冲击，同时也对消费价格指数、一般公共预算支出产生了显著的正向影响。其中，在初期，此类突发事件特有的不确定性与急剧扩散性使得消费者信心遭受冲击，交通运输严重受阻，从而易引发恐慌情绪与悲观预期，使得消费意愿大幅减弱、CPI 也随之快速上扬。直至突发事件进入缓解与消退阶段后，消费者情绪逐渐恢复，预期指数回落至稳态水平，市场预期随之转好。与此同时，这一突发公共事件对我国汇率市场的不利影响相对持久，在 6 个月后才开始逐步消退。随着现阶段我国经济增速放缓、上市企业杠杆率不断攀升、国际金融市场频繁震荡，各金融部门、市场间的关联更为紧密，此类重大突发公共事件将进一步加大我国金融风险防控的难度与挑战。

由此，本章考察了 2020 年新冠疫情对我国股票市场的冲击情况，深入分析疫情期间金融市场各部门间的风险传导。结果显示，该事件在春节后的首个交易日（2020年2月3日），对我国各部门造成了显著的负面冲击，大幅提高了各部门之间的风险共振与风险溢出效应，并使得风险传导途径产生显著变化。其中，金融、房地产、信息技术与日常消费行业在事件期间的风险输出力度大幅提高，医疗保健、公用事业以及工业板块则成为了主要的风险接受方。这表明由于新冠疫情此类突发公共卫生事件的特殊性，医疗保健、公用事业受疫情冲击较小，同时，得益于较为完善的工业体系，我国工业部门具备一定的抗风险能力，因此上述部门的风险溢出效应均不显著。然而，该事件除了致使消费需求疲软外，更是使得产业链与供应链出现"累积效应"，对下游各部门的资金链产生显著的风险冲击，引发中小企业比例较高的日常消费业剧烈震荡，金融部门风险陡升，易对其他行业产生跨部门传导，大大加剧了系统性金融风险隐患。但总体而言，该事件对金融市场的冲击较为短暂，我国股市在2月4日已趋于稳定，随着国内疫情防控形势持续向好，各部门走势在此后的一月内较为平稳，风险的净溢出指数恢复低位运行的趋势。

在此之后，新冠疫情在世界范围内不断蔓延，全球恐慌情绪日益加剧，各国（地区）股市均出现了巨幅震荡。美国、巴西、加拿大、墨西哥等多国股市暴跌，数次出现大面积"熔断"现象。由此，我们对疫情期间各国（地区）股票市场间金融风险的传导机制展开深入分析，研究表明，在海外疫情爬升、原油价格疲弱的双重冲击下，境外金融市场易出现剧烈波动，美国、巴西与加拿大等国成为了全球资本市场的风险来源方。其中，美国股市更是史无前例地出现了四次"熔断"，巴西股市也在3月10日至3月16日连续六个交易日内五次触发"熔断"机制。而由于新冠疫情在欧洲的大范围扩散，欧洲市场的金融风险也对大部分国家（地区）产生了明显的跨市场传导。此外，在事件进一步扩散期间，我国市场也随着国内局势的稳定逐步转变为风险接受者，遭受外溢冲击的可能性显著增加。而中国香港市场也对内地市场产生了明显的风险净溢出效应，在一定程度上可能成为境外风险冲击中国金融系统的渠道。

在此基础上，我们进一步考察了新冠疫情这一突发事件对国际市场的风险关联的冲击影响。研究结果表明，亚太市场间存在一定的风险联动关系，我国市场与中国香港、新加坡等市场的风险结构较为接近，在受到外部冲击时易出现明显的风险共振现象。而美洲各股票市场也存在0.66至0.99不等的相互关联。与此同时，法国、德国、英国、西班牙等国间的关联达到了0.94至1.00，欧洲金融市场间存在极为显著的风险共振乃至一体化现象。因此，在新冠疫情等突发公共事件对单个市场产生显著冲击，使其剧烈震荡后，风险可能快速传导至与其风险结构相似的市场，并在各市场间共振放大，进而迅速扩散至全球，显著加剧了国际市场所面临的潜在风险。由此可见，"防范金融市场异常波动，防控输入性风险"仍然是现阶段我国维护金融市场的安全与稳定所面临的重大挑战。

基于以上的研究结论，针对完善特殊时期宏观治理应对机制与风险防范对策，本章提出如下建议：

（一）长期坚持"促消费、扩内需"的基本政策，促进消费扩容提质与潜力释放。研究表明，在突发公共事件冲击下，受供给端与需求端双重作用，消费行业易出现显著的下行压力，对住宿餐饮业、批发和零售业以及其他产业均产生明显的负面冲击。与此同时，各中小企业由此可能产生的资金链断裂与资产质量恶化现象，将进一步影响居民就业与收入，致使失业率攀升、国民收入减少，从而抑制了消费需求增长，加大经济下行压力。此外，中国国家统计局数据显示，2019年我国最终消费支出对GDP增长的贡献率为57.80%，较之2018年的65.90%略有下滑，消费增长乏力问题隐现。在此背景下，为了应对突发公共事件的严重冲击，我们应当将"促消费、扩内需"作为长期坚持的基本政策,结合"消费券"等方式提振居民消费,进一步改善消费预期和消费环境,扩大有效需求,确保"六保"目标实现[1],保障我国经济运行在合理区间。

(二)加强对中小企业的金融支持,进一步拓宽直接融资渠道。本章研究结果进一步显示,中小企业占比较大的住宿餐饮业对冲击的敏感性较高,是极易受到外部冲击的薄弱环节。而2002年12月—2019年末,我国住宿餐饮业当季增加值增幅高达677%,在国民经济体系中占据了更为重要的地位。与此同时,现阶段我国中小企业过度依赖银行信贷资金的现象依然较为严重,相关数据显示[2],在2019年9月,我国中小企业通过银行等间接融资的比重高达82%,直接融资比例仅为18%。因此,在此类突发性公共事件期间,随着我国中小企业融资与用工压力的不断加大,应当在加强金融支持外,加大"疫情防控"的相关债券的发行力度,进一步拓宽直接融资渠道,并加快推动疫情期间信贷扶持政策的落地。

(三)综合使用出口信保等政策性工具,防范跨国企业产业链外移风险。基于"非典"疫情的研究表明,在重大突发公共事件时期,生产价格指数和交通运输会受到明显的负面冲击。而随着经济全球化进程的日益加快,蔓延全球的新冠疫情致使中国、美国、日本、印度、柬埔寨等地的工厂大范围停工,同时意大利、俄罗斯等多国切断了部分乃至全部公共交通,严重冲击了制造业与服务业的全球供应链,也在一定程度上推动了跨国公司产业链的分散化趋势。由此可见,在各国经济高度相互依存的现阶段,我们必须综合使用出口信保等政策性工具,加强外贸企业的风险保障,同时可依托云计算、大数据、工业物联网等新技术打造线上外贸平台,进一步推动企业有序恢复

---

[1] 2020年4月17日中央政治局会议指出要"保居民就业、保基本民生、保市场主体、保粮食能源安全、保产业链供应链稳定、保基层运转"。

[2] 由国务院发展研究中心产业经济研究部部长赵昌文在2019资本市场服务中小企业国际研讨会(2019年11月25日)上指出。

生产生活秩序，防范跨国企业产业链外移风险。

（四）提高资金使用效率与财政赤字率，同时确保财政可持续发展。研究表明，为了应对突发公共事件导致的消费疲软、预期下滑，同时充分保障物流运送、维持市场供应与物价基本稳定等，一般公共预算支出会随着事件的冲击而显著增加。截至 2020 年 3 月 21 日，我国各级财政已安排新冠疫情防控资金 1218 亿元，而 2020 年一季度的财政收入也在突发公共事件的冲击下受到了阶段性的影响，增幅有所放缓，导致财政收支缺口进一步加大。有鉴于此，为了做好较长时间应对外部环境变化准备、确保财政可持续发展，我们需加强疫情防控专用资金监管、敦促银行等金融服务机构提高贷后管理水平，从而切实提高资金使用效率外，也可通过发行国债、地方政府专项债券等方式适当地阶段性提高财政赤字率，保证积极的财政政策的可持续性。

（五）加强金融协调监管机制，有针对性地防控重点行业金融风险。对我国行业间风险溢出效应的分析发现，突发公共事件的冲击会使得我国金融市场各部门间的风险传导途径产生显著变化。在短期内，我国行业间风险的边际净溢出效应也会出现明显上升。此外，金融资产价格的剧烈调整也会经由财富效应进一步"挫伤"居民消费，进而冲击经济基本面。因此，我们应当加强金融协调监管机制，实时监测突发公共事件发生时各行业风险的动态变化，重点监控金融、房地产等主要的风险输出部门，加强对房地产投资信托、房地产债券以及房地产股本等新型金融模式的监管力度，避免风险由关联网络中的薄弱环节向其他部门发生跨部门、跨行业传导，防范系统性金融风险，维护金融市场的安全与稳定。

（六）加强外汇资产负债管理，避免国际风险外溢冲击。本章的分析结果表明，"非典"疫情使得我国外汇市场受到了阶段性冲击。而新冠疫情期间，巴西、加拿大、英国与美国等成为了全球资本市场风险的主要来源，对全球金融市场均产生了明显的溢出效应，也对我国股市产生了风险传导，美国、巴西、加拿大等多国的数次熔断更是大大提高了全球金融系统的脆弱性。同时，我国市场与中国香港、新加坡等市场结构相似，易出现明显的风险共振现象，大大加剧了输入性风险的隐患。因此，现阶段我们应当重点关注并防控来自美国、加拿大、巴西等系统性重要国家的风险冲击，在推进"粤港澳大湾区发展战略"的同时，防范由"中国香港→内地资本市场"的输入性金融风险。此外，在此类重大突发公共事件期间，随着全球金融市场脆弱性攀升，部分国家主权信用和汇率进一步承压，我国必须加强外汇资产负债管理，平衡跨境资本流动，充分缓释"境外输入性金融风险"。

（七）最后，值得注意的是，尽管本章研究发现，"非典"这一突发公共卫生事件并未改变我国经济长期向好的基本面，但在短期内还是对我国相关的宏观经济部门产生了显著的负面冲击，而且2020年的新冠疫情更是引发了国内金融市场以及全球股市出现大范围的风险联动。同时，需要进一步指出的是，新冠疫情的影响范围更广，持续时间更长久，并对全球产业链、供应链以及资金链均造成严重的冲击，引发了全国乃至世界范围内的生产经营活动停滞，全球贸易量急剧下滑。而我国出现了改革开放以来的首次经济负增长，2020年一季度初步核算的国内生产总值同比下降6.8%。这就意味着，我们若不及时采取有效措施应对诸如新冠疫情等"黑天鹅"事件造成的负面影响乃至经济短期下行压力，将极有可能因资本市场的剧烈震荡而引发系统性金融风险，并使得经济增速大幅放缓，甚至造成经济萧条的局面。因此，我们必须对此保持高度审慎的态度，在采取措施防止重大突发公共卫生事件影响进一步蔓延的同时，加大宏观调控力度，防止实体经济持续下滑、防控国内外金融风险交叉传导，缓解突发公共事件对我国宏观经济与金融市场造成持续性的冲击。

第十一章
金融市场与宏观经济的风险传染关系
——基于混合频率的实证研究*

第一节 引言

2008年国际金融危机席卷全球,引发各国金融市场剧烈动荡,与金融机构联系日益紧密的实体经济也受到严重冲击。此后,各国央行意识到资金"脱实向虚"将导致严重的风险隐患,仅关注个体金融机构安全的防控方式更是无法有效抑制金融风险的过度累积。习近平总书记在2019年2月中共中央政治局第十三次集体学习时指出,应"增强金融服务实体经济能力,坚决打好防范化解包括金融风险在内的重大风险攻坚战"。然而,传统分析方法无法处理混频数据,容易损失高频信息,因此难以实时监控宏观经济受到的即期风险冲击,也难以准确评估金融风险与宏观经济部门的相互关系,从而使得宏观经济政策表现出明显的滞后性,实施效果不及预期。在当前金融与实体经济风险外溢性提高的背景下,基于混频分析框架,深入剖析金融风险对宏观经济部门的传导途径,有效识别宏观经济各部门的外溢效应及其对金融系统的反馈机制,不仅有助于完善系统性金融风险的防控体系,深化对

---

* 本章经整理后发表于《中国社会科学》2020年第12期。

金融与实体经济关系的统筹认识，而且有助于构建实体经济与金融市场良性互动的发展机制，缓释系统性金融风险在二者间的溢出冲击，进而加快形成以国内大循环为主体、国内国际双循环相互促进的新发展格局。

需要说明的是，股票市场与外汇市场是我国金融市场体系中最主要的组成部分。世界银行数据显示，2019年，我国上市公司总市值达到了85.16千亿元人民币，为全球第二大股票市场。与此同时，随着人民币国际化进程的不断推进，我国外汇交易规模不断扩大。中国人民银行于2020年8月发布的《2020年人民币国际化报告》指出，人民币已成为全球第五大外汇储备货币与国际支付货币。除了股票与债券市场，其他金融市场在我国整体金融市场中占比较小，且研究表明，我国债券市场与其他金融市场相对分割，出现风险传染的概率较低，而衍生品、保险等市场起步较晚，规模较小，数据可得性也严重受限。因此本章选用股票市场与外汇市场作为我国金融市场的代表市场，并展开相应的风险传染研究。

在金融系统中，尾部风险事件往往会导致资本发生异常流动，对各金融机构或市场产生大规模的负面冲击，引发系统性金融风险（Hong et al., 2009）。与此同时，单个金融机构和整体金融系统均存在明显的尾部共振现象，机构间的风险溢出会加速金融危机的蔓延（Adrian and Brunnermeier, 2016）。因此，在系统性金融风险理论研究中，基于网络关联视角的分析方法有助于我们准确识别经济体系中具有系统性重要地位的市场（部门），并在统一框架下综合考察系统中的有效信息（Martinez-Jaramillo et al., 2014; Diebold and Yılmaz, 2014）。而随着该领域研究的日臻完善，从实证分析的角度来考察金融市场与宏观经济的风险传染关系，成为一个新的研究视角。这是因为系统性金融风险除了在金融市场内部产生风险溢出冲击外，更会导致金融系统内在运行机制失灵，进而对宏观经济和消费者福利造成巨大冲击，反之，宏观失衡带来的负向反馈也会加剧风险的扩散（Rodríguez-

Moreno and Peña, 2013）。

现有研究表明，金融部门和实体经济间往往会由于合同签订、价格传导或是流动性关联等因素，产生显著的溢出效应（Brunnermeier et al., 2012）。例如金融危机期间，大型金融机构的资本不足会对当前消费需求造成负面冲击，也使得未来需求的不确定性大幅增加，导致资本支出急剧减少，对宏观部门产生显著的负外部性（Brownlees and Engle, 2017），而且，资本市场尾部风险事件的发生，也会通过财富效应而对居民消费带来显著冲击。与之相对应，国内生产总值、工业增加值、通货膨胀等实体部门的变动以及宏观政策的调整也会使得金融市场产生明显波动（Paye, 2012）。宏观基本面的不利信息会使得投资者下调预期甚至大量抛售证券，引发资本市场的剧烈震荡（Shleifer and Vishny, 2010）。

其中，较之易于获取的微观金融数据，宏观数据的采集成本高，统计难度大，而且，宏观经济变量与金融市场数据通常具有不同的采样频率。然而，早前的相关研究就已注意到，在基于不同频率采样时，时间序列数据的可用性会严重受限，例如吉赛尔斯等人首次对高频数据与低频数据进行了区分，同时指出高频数据会包含额外的潜在信息（Ghysels et al., 2004，2007）。此后，大量研究开始深入探讨不同采样频率的数据间的信息差异，代表性的文献包括福斯伯格和吉赛尔斯、克莱门茨等（Forsberg and Ghysels, 2007; Clements et al., 2008）。相关文献指出，高频变量中存在潜在的有价值信息，但在其余变量的采样频率过低时，研究者就无法直接使用这些高频信息（Ghysels et al., 2007）。因此，传统研究往往将高频变量进行降频聚合分析，在此过程中，高频变量中包含的潜在的有用信息可能被丢弃，由此产生明显的结论偏差（Ferrara and Guérin, 2018；Ghysels et al., 2016）。此外，传统的因果分析方法常由于数据频次不匹配而出现依时性加总问题，使得参数估计与假设检验结果失真，可能会得到错误的因果关系（Götz et al., 2016）。最新研究发现，高频金融数据包含的信息通常与金融市场对经济基本面的冲击相关，此类冲击在低频序列中是难以识别的（Ghysels, 2016）。

考虑了高频信息的模型，能够更好地刻画宏观经济基本面的变动（Boffelli et al., 2016）。然而，由于缺乏合适的分析模型，这一问题始终未得到有效解决。随着现代计量经济学方法的不断发展，最新的研究开始采用混频模型对不同频次变量间的相互作用展开分析，近年来才被逐步应用于金融领域相关问题的研究。具体而言，混频方法涵盖了所有频率下的数据，能够有效利用序列中的高频信息，提高估计和预测的准确性。早期的混频研究方法将低频序列中的相应观测值视为潜在值，并以高频信息的形式加入模型中，从而对不同频率间变量的因果关系进行分析，代表性的方法包括桥梁方程、因子 MIDAS、混合数据抽样等，并在经济学领域得到了较好的运用。然而，由于金融机构间存在显著的尾部风险共振现象，研究者需要基于网络关联的视角，在统一的框架下综合考察系统中的有效信息，从而获得唯一可靠的分析结论（Martinez-Jaramillo et al., 2014）。而此类模型在建模时纳入了潜在的低频冲击，使得研究者无法从网络关联分析的角度具体量化金融市场与宏观经济间的冲击力度（Cotter et al., 2023）。因此在一段时间内，混频模型在金融学研究领域下的运用与发展始终受到了严重制约。吉赛尔斯等（Ghysels et al., 2016）在最新研究中提出了 MF-VAR 模型，有效克服了传统混频模型无法分解预测误差方差的缺陷，同时最大限度地减少了因频率转换而产生的信息损失，从而有助于我们更准确地检验混频变量间可能存在的因果关系。在此基础上，科特尔等人进一步提出了混合频率溢出方法，该方法能够基于不同频次的多变量展开分析，量化高频变量与低频变量间的风险冲击与传染关系。

国内很多学者已从人口结构、非线性传染等不同角度对系统性金融风险进行了研究（范小云等，2018；杨子晖等，2019）。纵观该领域的研究，首先，现有文献大部分集中在分析金融部门之间的风险传染效应上，很少对金融风险与宏观经济之间的相互关系展开深入研究，然而尾部风险易在金融机构间跨部门传染，进而在金融系统内部蔓延，引发系统性金融风险（Reboredo et al., 2016）。由于金融部门与实体经济间存在显著的联动性（Brunnermeier et al., 2012），系统性金融风险往往会对宏观经济造成明显的负面影响（Bucă and Vermeulen, 2017），实体经济的下行压力也会对金融部门产生反馈冲击，导致风险在金融与实体部门间形成恶性循环，威胁整个经济体系的安全与稳定（Altunbas et al., 2017）。其次，由于宏观经济数据采样频率往往低于金融市场的变量序列，传统共频分析框架会因忽略高频信息而产生结论偏差，难以准确衡量金融风险与宏观经济的冲击传导关系。而一些相关的混频方法在建模时，往往将低频观测值视为潜在高频信息，使得预测方差的分解受限，无法计算不同频率变量间的风险溢出指数（Foroni et al., 2013）。因此，现有为数不多考察风险与宏观经济的文献，大多仅分析了金融风险与实体经济部门的作用方向，而未能对风险传染的冲击力度、动态演变、作用机制等方面展开多维度的定量分析（Cotter et al., 2017）。最后，宏观数据的类别较多，而金融风险事件的样本期往往过短，在分析过程中常常面临"维度诅咒"问题，使得现有研究无法就系统性金融风险对宏观经济部门的具体冲击展开客观分析，这成为提升金融支持实体经济针对性、有效性的难点。而前沿的因子增广向量自回归模型不仅能有效克服数据受限问题，而且能够精确地刻画金融风险与大量不同类别宏观变量的作用关系（Liu et al., 2017）。

鉴于此，首先，本章基于CAViaR模型测度我国股票市场与外汇市场的尾部风险。其次，本章采用混合频率溢出方法，分别从静态与动态视角考察了我国金融市场与宏观经济间的相互作用关系，并基于混频因果检验等方法进一步探讨了金融危机期间的风险传导机制。最后，本章采用前沿的因子增广向量自回归模型，分析了金融风险对我国宏观经济 7 个部门 90 个变量的具体冲击，为加强金融监管协调机制建设，未雨绸缪地进行系统性金融风险防控，以及构建实体经济与金融市场良性互动的经济环境，保障经济稳中向好与长期向好的发展趋势，提供重要参考依据。

第二节 基于 MF-VAR 模型的因果关系检验

为了简化计算，模型假定数据的采样频率只分为高频、低频两类，且频率比率为 m。

因此，吉赛尔斯等（Ghysels et al., 2016）分别将高频数据降频为低频数据以及聚合为混频变量。其中，混频向量可用下式表示：

$$X(\tau_L) = [x_H(\tau_L,1)',\cdots,x_H(\tau_L,m)',x_L(\tau_L)']' \tag{11-1}$$

与此同时，他们假定该混频向量服从 VaR(p) 过程：

$$X(\tau_L) = \sum_{k=1}^{p} A_k X(\tau_L - k) + u(\tau_L) \tag{11-2}$$

为了检验混频变量间是否存在长期 Granger 因果关系，他在考虑预测步长 h 的基础上将上式进一步扩展，得到 MF-VAR(p, h) 模型：

$$X(\tau_L + h) = \sum_{k=1}^{p} A_k^{(h)} X(\tau_L + 1 - k) + u^{(h)}(\tau_L) \tag{11-3}$$

其中，$A_k^{(1)} = A_k$，$A_k^{(i)} = A_{k+i-1} + \sum_{l=1}^{i-1} A_{i-l} A_k^{(l)} (i \geq 2)$，$u^{(h)}(\tau_L) = \sum_{k=0}^{h-1} \varphi_k \varepsilon(\tau_L - k)$。吉赛尔斯等（Ghysels et al., 2016）将原假设"不存在因果关系"转变为线性系数约束表达：

$$H_0(h) : Rvec[B(h)] = r \tag{11-4}$$

其中，R 是行满秩的选择矩阵，$B(h)$ 为 MF-VAR(p, h) 模型的系数，r 则

为约束向量。为了对模型的有效性进行检验,吉赛尔斯同时构建了如下的 Wald 统计量:

$$W_{T^*} \equiv T^*(Rvec[\hat{B}(h)] - r)' \times (R\sum_p(h)R')^{-1} \times (Rvec[\hat{B}(h)] - r) \quad (11-5)$$

T^* 为信息集中的有效样本数量,$\hat{B}(h)$ 是式(11-5)原假设中 $B(h)$ 的最小二乘估计量。此外,该模型还使用自举 p 值法对 Wald 统计量的显著性水平进行进一步检验。

第三节 混频溢出方法

科特尔等人构建了混合频率溢出方法,从而能够直接使用原始低频的宏观经济数据和高频金融财务数据估计溢出指数与冲击力度。基于此,科特尔等人构建了 k 维的混合频率矢量序列,该序列包含了高频 $K_L < K$ 与低频 $K_H = K - K_L$ 两类信息,频率比例为 m。他们在每个低频时间段的基础上,将高频观测值分组,以便展开预测误差方差分解聚合。因此,当 $K_H > 1$ 时,我们可设定高频向量为:

$$x_{H,i}(\tau_L) = [x_{H,i}(\tau_L, 1), \cdots, x_{H,i}(\tau_L, m)]' \quad (11-6)$$

其中,$x_{H,i}(\tau_L, j)$ 代表第 i 个高频变量在 τ_L 的低频时间段观测到的第 j 个高频阶段。在此基础上,将观测值聚合为如下的混频向量:

$$X(\tau_L) = [x_{H,1}(\tau_L)', \cdots, x_{H,K_H}(\tau_L), \ x_L(\tau_L)]' \quad (11-7)$$

此时混频信息可用 $K_x \equiv (mK_H + K_L)$ 表示,假定该混频向量服从 MF-VAR(p) 过程:

$$X(\tau_L) = A_0 + \sum_{j=1}^{p} A_j(\tau_L - j) + \varepsilon(\tau_L) \quad (11-8)$$

其中,A_0 和 $\varepsilon(\tau_L)$ 分别为 K_x 维参数向量和误差向量,而 A_j 则为 ($K_x \times K_x$) 维的参数矩阵,此时堆叠的 MF-VAR 模型中的变量等价于标准变量,进而可以用标准方法来进行估计与相应的分析。混频模型中的

FEVD 矩阵如下所示：

$$\begin{bmatrix} \theta_{11}(H) & \cdots & \theta_{1K_x}(H) \\ \vdots & \ddots & \vdots \\ \theta_{K_x1}(H) & \cdots & \theta_{K_xK_x}(H) \end{bmatrix} \quad (11-9)$$

该矩阵中各元素 $\theta_{ij}(H) = \lambda_{ij}(H) / \varphi_{ij}(H)$，且满足：

$$\lambda_{ij}(H) \equiv \sigma_{jj} \sum_{h=0}^{H-1}(e_i'B_h\sum e_j)^2 ; \quad \varphi_{ij}(H) \equiv \sigma_{jj} \sum_{h=0}^{H-1}(e_i'B_h\sum e_i) \quad (11-10)$$

其中，$\varphi_i(H)$ 是变量 i 的 H 步预测期的误差方差，$\lambda_{ij}(H)$ 则为变量 i 由于变量 j 冲击而产生的预测误差方差。因此，计算 H 步预测期的 FEVD 矩阵中每一个变量：

$$\phi_{kl}(H) = (\sum_{i \in L_k, j \in J_l} \lambda_{ij}(H)) / (\sum_{i \in L_k} \varphi_{ij}(H)) \quad (11-11)$$

L_k 和 J_l 分别为混频模型和传统的 FEVD 矩阵中数据的集合。类似地，科特尔等人采用下述向量将高维序列降频至低频序列的共频过程：

$$Y(\tau_L) = [x_{HtL}(\tau_L), x_L(\tau_L)]' \quad (11-12)$$

则共频过程下可适用于标准 VaR 模型，即：

$$Y(\tau_L) = B_0 + \sum_{j=1}^{p} B_j(\tau_L - j) + \mu(\tau_L) \quad (11-13)$$

其中，B_0 和 $\mu(\tau_L)$ 为 K 维参数向量和误差向量。

第四节 数据说明

本章分别选用上证综指和人民币广义实际汇率指数作为股市与汇市指数收益率的衡量指标，据此测度我国股票与外汇两个主要金融市场的尾部风险。需要说明的是，为了进一步展开混频分析，根据科特尔等人的建议，我们将每个月内的交易日划分为 4 周，并在此基础上使用日度数据构造周频率的风险指标。

而且，我们使用月度工业增加值来衡量我国经济产出，并分别选择中国社会消费品零售总额、固定资产投资完成额、金融机构中人民币各项贷款的月度增加值以及银行间同业拆借加权平均利率、货币和准货币（M2）作为消费、投资、贷款、利率、货币等宏观部门的代表变量，同时引入了宏观经济景气一致指数与消费者信心指数，并在此基础上构造了7个信息集，类别包含了工业增加值、消费、投资、贷款、货币、经济景气与消费者信心，共计90个指标。[1]其中，上证综指来源于Wind数据库，汇率数据来源于国际清算银行，而相关的宏观变量则来源于中经网统计数据库以及Wind数据库。依据数据的可获得性，本章分析的样本期间为1996年5月1日—2018年12月31日。

为了具有可比性，遵循该领域的研究惯例，本章采用CPI定基指数将上述名义指标调整为实际变量，并结合X11方法对宏观变量进行季节性调整。

第五节 我国金融市场系统性金融风险测度

首先，本章采用CAViaR模型测度我国股票市场与外汇市场的尾部风险，使用DQ检验进行后验分析，并在图11-1中画出尾部风险测度值。[2]图11-1表明，1996—2018年，我国资本市场的尾部风险与一些重大风险事件紧密相关，且我国股票市场与外汇市场存在紧密的关联性，易由此引发系统性金融风险。

---

[1] 受篇幅所限，各信息集的具体指标请向作者索取。
[2] 受篇幅所限，测度结果与DQ检验结果请向作者索取。间接GARCH、非对称斜率模型、对称绝对值模型和适应性模型的结论一致、稳健。

第十一章 金融市场与宏观经济的风险传染关系 399

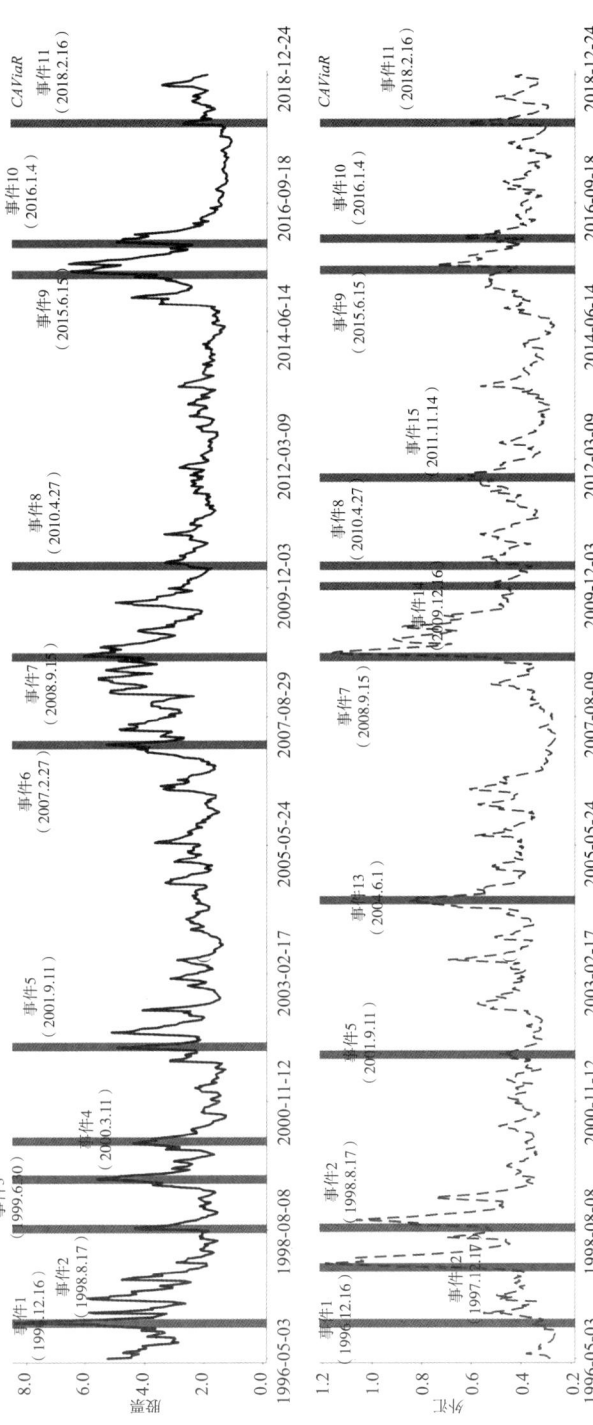

图 11-1 我国金融市场尾部风险测度与事件分析

注：(1) 事件 1，涨跌幅限制度开始施行；事件 2，亚洲金融危机对中国香港产生最大幅度的冲击；事件 3，股市"5·19"行情后开始大幅回调；事件 4，美国股市暴跌，中国股市重大动荡，互联网泡沫破裂，沪指跌幅高达 8.84%；事件 5，美国发生"9·11"恐怖袭击，随后引发全球金融市场震荡；事件 6，中国救市政策出台引发市场恐慌，地产股和银行股大幅下跌；事件 7，雷曼兄弟申请破产保护，国际金融危机爆发；事件 8，"国十条"地产调控政策出台后打压了美国进口钢铁和铝产品的国家安全调查报告；事件 9，中国"股灾"事件；事件 10，"熔断机制"出台后的首个交易日；事件 11，亚洲金融危机由东南亚国家蔓延至整个亚洲；事件 12，美国商务部公布了对美国进口钢铁和铝产品的国家安全调查报告，建议对进口采取限制措施，中美贸易摩擦拉开；事件 13，美国轻质原油期货收市价打破历史最高纪录，国际油价开始一路走高；事件 14，标准普尔将希腊的长期主权信用评级由"A-"下调为"BBB+"；事件 15，亚太经济合作组织领导人发表声明，称欧债危机使全球经济面临巨大下行风险，危机对我国的影响不断扩大。(2) 该测度结果基于为 95% 的置信水平下的 CAViaR 指标。

第六节 我国金融市场与宏观经济风险溢出的静态分析

在前文分析的基础上，本章以股票与外汇市场的 CAViaR 指标作为我国金融市场尾部风险的衡量指标，并分别采用混频与共频方法考察我国系统性金融风险与宏观经济间的相互作用机制。表 11-1 表明，在总体样本内金融市场的尾部风险并未对我国经济平稳运行的基本态势造成严重影响。混频结果显示，1996 年至 2018 年期间，股票和外汇市场对宏观经济的影响较小，冲击力度在 0.16% 至 5.64% 间不等，在一定程度上佐证了我国宏观调控政策在防范金融风险冲击、促进经济平稳健康发展上的有效性。表 11-1 的混频分析结论表明，自 1996 年以来，我国金融市场均为风险冲击的净输出方，所有宏观经济部门均为风险冲击的净输入者，而相对于外汇市场 3.93% 的风险净溢出，源于股票市场的风险冲击力度更大，净溢出总指数达 13.17%。同时，宏观部门间也存在较强的关联性，银行间同业拆借市场与货币市场间存在显著的作用关系，M2 对利率、利率对 M2 的解释力度分别达到了 40.24% 和 40.65%。这是由于宽松的货币政策的出台，往往会引发银行间同业拆借利率下降，信贷资金供给增加，大量资金进入资本市场，进一步放大股市泡沫风险。此外，来自消费、投资的冲击对我国工业增加值分别存在 7.58% 和 6.45% 的影响。

表 11-1 金融风险溢出矩阵的全样本分析

		股票	外汇	工业增加值	消费	投资	贷款	利率	M2	From
股票	MF	96.49	1.49	0.11	0.39	0.77	0.11	0.35	0.29	3.51
	CF	94.82	1.45	0.15	0.11	1.85	0.08	0.81	0.74	5.18
外汇	MF	1.20	98.32	0.03	0.03	0.13	0.25	0.03	0.02	1.68
	CF	1.49	97.62	0.27	0.23	0.20	0.11	0.05	0.03	2.38
工业增加值	MF	1.07	0.20	83.07	7.58	6.45	0.07	1.05	0.50	16.93
	CF	0.13	0.23	83.26	8.84	6.39	0.15	0.75	0.25	16.74

续表

		股票	外汇	工业增加值	消费	投资	贷款	利率	M2	From
消费	MF	2.98	0.41	7.91	86.60	0.01	0.18	0.98	0.94	13.40
	CF	0.10	0.21	9.45	88.99	0.04	0.00	0.62	0.58	11.01
投资	MF	5.64	1.06	6.64	0.01	85.55	0.84	0.22	0.05	14.45
	CF	1.75	0.18	6.90	0.04	89.87	1.04	0.10	0.11	10.13
贷款	MF	1.13	2.14	0.09	0.20	0.93	94.63	0.52	0.371	5.37
	CF	0.08	0.11	0.17	0.00	1.13	97.44	0.56	0.49	2.56
利率	MF	2.54	0.16	0.70	0.63	0.14	0.30	55.29	40.24	44.71
	CF	0.48	0.03	0.51	0.39	0.06	0.33	56.45	41.74	43.55
M2	MF	2.12	0.17	0.34	0.61	0.03	0.22	40.65	55.86	44.14
	CF	0.44	0.01	0.17	0.37	0.07	0.29	41.93	56.71	43.29
To	MF	16.67	5.62	15.80	9.44	8.46	1.97	43.80	42.43	
	CF	4.48	2.22	17.62	9.99	9.74	2.00	44.83	43.94	
Net	MF	13.17	3.93	−1.13	−3.96	−5.99	−3.39	−0.91	−1.71	144.19
	CF	−0.70	−0.15	0.88	−1.02	−0.39	−0.56	1.28	0.65	134.82

注：(1) 表11-1报告了预测期为1个月的风险溢出矩阵，其他预测期结果稳健、备索。(2) "To" 所在行的第j个元素，表示由市场j到其他市场的风险溢出效应。(3) "From" 所在列的第i个元素，表示由其他市场到市场i的风险溢出效应。(4) 右下角的元素衡量了我国系统性风险溢出总效应。(5) "MF" 表示基于混频溢出方法的分析结果，"CF" 表示基于共频溢出方法的分析结果。(6) 表11-2—表11-6类似，以下不再赘述。

我们比较了风险溢出指数在混频与共频模型下的差值与比值。表11-2表明，使用混频方法计算的金融市场的风险溢出远高于共频模型下的溢出强度。其中，股市与汇市对外的混频影响力度为传统方法下的3.72倍和2.53倍，股票市场的差值更是高达12.19%。而且在股票、外汇市场以及大部分宏观经济部门的Net指标中，MF/CF指标均为负，表明在两种方法下得出了相反的风险净输入输出关系。因此，在分析高频金融数据与低频宏观数据间关联时，基于传统共频方法的分析结果可能由于遗漏高频信息等问题而出现明显的结论偏差。

表 11-2　混频与共频方法下的风险溢出效应比较

	To		From		Net	
	MF-CF	MF/CF	MF-CF	MF/CF	MF-CF	MF/CF
股票	12.19	3.72	−1.67	0.68	13.87	−18.81
外汇	3.40	2.53	−0.70	0.71	4.08	−26.20
工业增加值	−1.82	0.90	0.19	1.01	−2.01	−1.28
消费	−0.55	0.94	2.39	1.22	−2.94	3.88
投资	−1.28	0.87	4.32	1.43	−5.60	15.36
贷款	−0.03	0.99	2.81	2.10	−2.83	6.05
利率	−1.03	0.98	1.16	1.03	−2.19	−0.71
M2	−1.51	0.97	0.85	1.02	−2.36	−2.63

注：（1）"MF-CF"表示基于混频溢出方法的结果减去基于共频溢出方法的分析结果后的数值。（2）"MF/CF"表示基于混频溢出方法的结果除以基于共频溢出方法的分析结果后的数值。

本章在表 11-3 中进一步考察了不同预测期下，分别使用混频与共频模型估计的风险溢出效应。[1] 可以清楚地看到，在两种方法下，金融市场对宏观经济的风险冲击均随着预测期的延长不断增强，净溢出力度不断增加。值得注意的是，从 From 指标来看，预测期数从 1 推移至 6 时，贷款部门在混频与共频方法下受到的风险冲击增幅分别为 5.7 倍和 8.3 倍。这表明，共频模型在低估经济部门受到冲击的同时，在衡量风险溢出效应时，也存在显著的滞后性。

表 11-3　不同预测期的风险冲击扩散分析

	混频溢出方法									
	股票市场			外汇市场			投资			贷款		
H	To	From	Net	To	From	Net	To	From	Net	To	From	Net
1	16.67	3.51	13.17	5.62	1.68	3.93	8.46	14.45	−5.99	1.97	5.37	−3.39
3	25.81	4.36	21.45	14.50	3.59	10.92	28.21	28.63	−0.42	3.67	17.55	−13.88
6	38.15	6.05	32.10	27.83	5.35	22.48	44.13	34.42	9.71	5.08	36.08	−31.00

---

[1] 由于篇幅限制，其他宏观部门的分析结果备索。

续表

	共频溢出方法											
	股票市场			外汇市场			投资			贷款		
H	To	From	Net	To	From	Net	To	From	Net	To	From	Net
1	4.48	5.18	−0.70	2.22	2.38	−0.15	9.74	10.13	−0.39	2.00	2.56	−0.56
3	8.63	7.15	1.48	5.19	4.85	0.34	28.75	23.64	5.10	2.67	10.80	−8.13
6	16.08	9.04	7.04	11.66	7.52	4.14	45.81	30.52	15.30	3.75	23.76	−20.00

第七节 我国金融市场与宏观经济风险溢出的动态分析

在上述全样本静态分析的基础上，本章使用"滚动估计分析"方法，具体识别影响我国经济发展全局的风险事件。图11-2表明，基于混频方法和共频方法的总溢出指数在全样本期间的波动走势大致类似，2008年以来由于传统和新兴金融业规模的快速扩张、影子银行信贷规模不断增加、资金"脱实向虚"现象日益加剧等因素，市场间的风险溢出整体呈上升趋势。但自2016年12月中央经济工作会议首次强调要把防范金融风险放到更加重要的位置后，监管措施密集出台，风险溢出指数也在2017年后开始略微下落。与此同时，图11-2也清楚地表明，在全样本期间，采用混频方法估计的风险溢出（粗线）均显著地高于共频方法（细线）的估计结果，同时能更好地识别出我国2016年1月的"熔断机制"出台等尾部风险事件。

我们同样计算出我国股票市场、外汇市场对宏观经济各部门的冲击溢出，并在图11-3中画出。图11-3表明，采用周度数据的混频模型能够准确识别2015年6月"重大股灾"、2016年1月"熔断机制"出台等金融风险事件。与此形成鲜明对比的是，基于共频模型的风险溢出指数依旧均无法对上述事件进行准确刻画，且严重低估了资本市场产生的风险冲击。

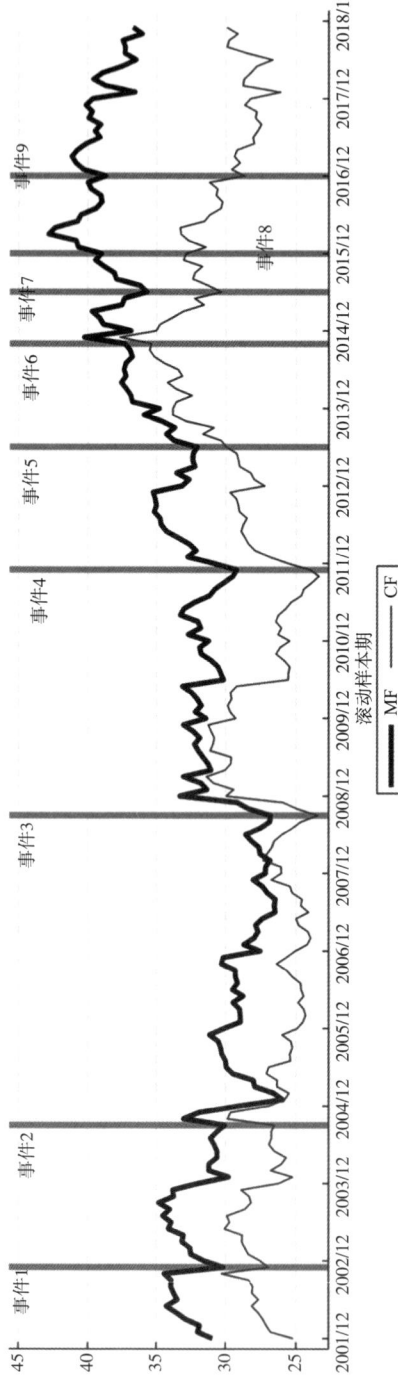

图 11-2 我国金融市场与宏观经济总体溢出效应的动态分析

注：（1）事件 1，我国向外资金融机构开放人民币业务，此外东亚、汇丰和恒生三家外资银行同时宣布在中国内地推出网上银行业务，时间为 2002 年 12 月；事件 2，保险资金直接入市，时间为 2004 年 10 月；事件 3，国际金融危机加剧，雷曼兄弟申请破产保护，时间为 2008 年 9 月；事件 4，中国人民银行宣布从 2011 年 12 月 5 日起下调存款类金融机构人民币存款准备金率 0.5 个百分点，为三年内首次下调，时间为 2011 年 11 月；事件 5，"历史性银行钱荒"事件，时间为 2013 年 6 月；事件 6，中国 PPI 跌幅加大，达 2.2%，CPI 与 PMI 持续回落，时间为 2014 年 10 月；事件 7，中国"股灾"事件，时间为 2015 年 6 月；事件 8，"熔断机制"出台，时间为 2016 年 1 月，股市出现恐慌性抛盘，上证指数创 147 天内最大跌幅，时间为 2016 年 12 月。（2）滚动分解分析窗口长度为 60 个月，而预测方差分解分析的预测期为 1 个月，图 11-3 保持相同设置，不再赘述。（3）基于不同滚动窗口与预测期的结论依然稳健。

第十一章 金融市场与宏观经济的风险传染关系 405

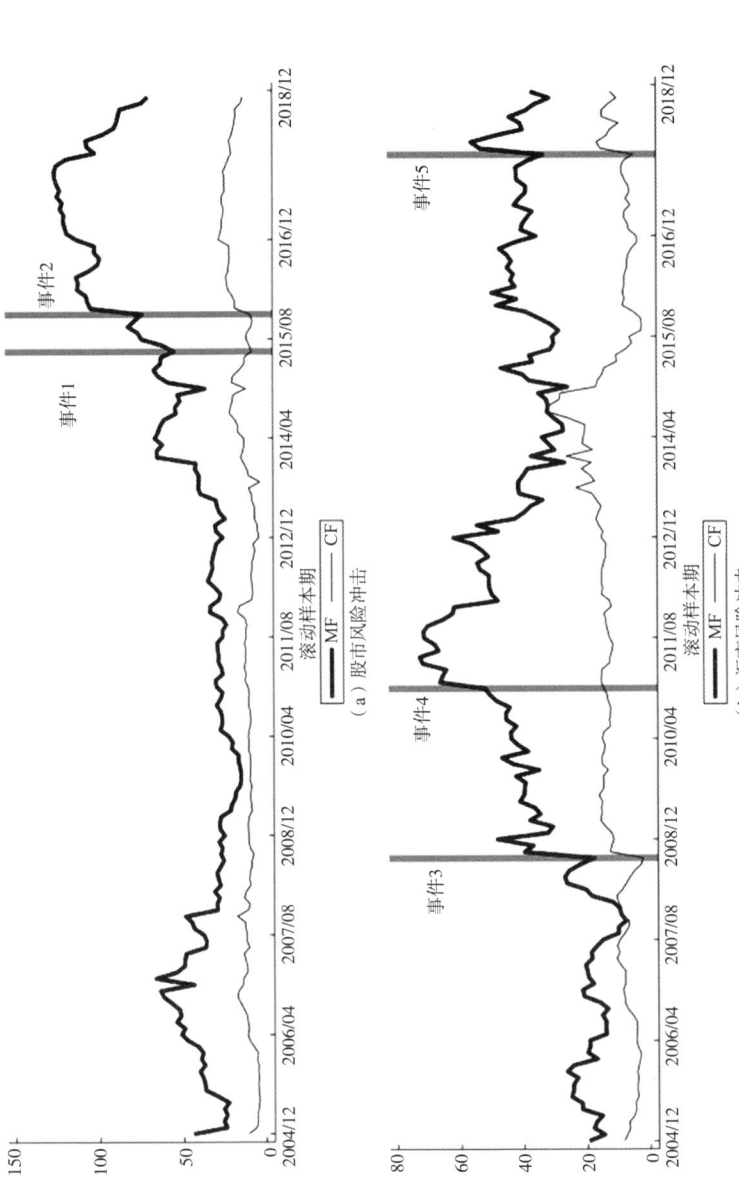

图11-3 金融市场对宏观经济溢出冲击的动态分析

注：事件1，中国"重大股灾"开始，时间为2015年6月；事件2，中国股市"熔断机制"出台，时间为2016年1月；事件3，全球金融危机，引发世界经济局势持续动荡，时间为2008年9月；事件4，欧债危机加剧，时间为2010年12月；事件5，美股暴跌，道琼斯指数创下史上最大盘中点数跌幅，多国汇率随之大跌，时间为2018年2月。

第八节 危机期间我国金融市场与宏观经济的风险溢出效应分析

下面采用混频溢出方法对 1997 年亚洲金融危机等三个重要的尾部风险爆发时期，我国金融市场与宏观经济间的作用关系展开分析。

我们在表 11-4 中考察了亚洲金融危机时期（1997 年 7 月—1999 年 12 月），我国金融市场与宏观各部门间的风险冲击力度。由表 11-4 可以清楚地发现，在该危机爆发时段，金融市场依旧是风险的净输出方，宏观部门则均为风险冲击的净接收者。其中，To 指标表明，股票市场产生了最高的风险溢出效应，对外冲击强度达到了 68.65%，远高于总体样本期间的 16.67%。但需要注意的是，较之股市，外汇市场的对外作用力度仅为 37.78%，这意味着 1997—1998 年期间，在资本大量外流、汇率贬值的压力下，我国对宏观调控方向进行的调整（例如收紧资本项下的用汇管理等），有效缓释了该国际金融危机通过外汇市场造成的外溢冲击。

表 11-4 显示，M2 与利率是宏观经济中的薄弱环节，受到了最为显著的金融风险冲击。其中，股市对 M2 的风险冲击力度高达 37.52%，汇市风险对利率波动的解释力度也达到了 9.99%。因此，亚洲金融危机期间，信贷流动性紧张，银行间利率市场震荡，进而对贷款供给产生显著的影响（24.07%）。而贷款部门随之对工业增加值产生了 28.34% 的冲击，这可能是由于贷款的减少遏制了市场参与者的雇佣与投资行为，进而冲击了宏观经济基本面，加大了经济下行的压力。

表 11-4 亚洲金融危机时期风险溢出矩阵分析

	股票	外汇	工业增加值	消费	投资	贷款	利率	M2	From
股票	83.36	5.13	1.84	0.57	0.93	2.30	0.55	5.32	16.64
外汇	3.31	89.50	1.62	0.65	0.78	1.30	2.83	0.01	10.50
工业增加值	5.72	5.64	28.62	0.04	5.69	28.34	24.93	1.02	71.38

续表

	股票	外汇	工业增加值	消费	投资	贷款	利率	M2	From
消费	6.26	8.20	0.10	69.11	14.42	0.09	0.84	0.98	30.89
投资	6.86	3.99	9.98	10.48	50.22	10.04	8.43	0.01	49.78
贷款	7.29	4.68	28.23	0.04	5.70	28.50	24.07	1.49	71.50
利率	1.68	9.99	26.44	0.37	5.09	25.63	30.35	0.46	69.65
M2	37.52	0.16	1.98	0.79	0.01	2.92	0.85	55.77	44.23
To	68.65	37.78	70.18	12.93	32.62	70.62	62.50	9.29	—
Net	52.02	27.28	−1.20	−17.96	−17.16	−0.88	−7.15	−34.94	364.57

表 11-5 显示了国际金融危机期间（2007 年 8 月—2009 年 12 月）我国宏观经济与金融市场间的风险溢出关系。可以发现，该风险事件使得我国资本市场剧烈震荡，对宏观经济产生了明显的外部冲击。其中，股票市场对货币、利率、投资以及消费部门分别产生了 25.07%、19.68%、17.88% 以及 12.94% 的影响。此外，宏观经济的波动也对金融市场产生了一定的冲击反馈。例如，贷款部门对外汇市场输出的宏观反馈比重为 7.07%，M2 对股票市场的影响也达到了 8.68%。这表明国际金融危机带来的资本市场的剧烈波动，使得危机期间我国企业融资需求锐减、居民消费需求低迷，而实体经济的走弱也对金融市场产生了显著的不良反馈。

表 11-5 国际金融危机时期风险溢出矩阵分析

	股票	外汇	工业增加值	消费	投资	贷款	利率	M2	From
股票	67.44	8.98	1.09	2.24	5.12	1.64	4.81	8.68	32.56
外汇	14.86	67.63	0.68	3.08	0.13	7.07	2.92	3.63	32.37
工业增加值	6.86	4.65	57.41	4.46	18.37	5.05	3.14	0.05	42.59
消费	12.94	27.76	3.74	48.16	3.24	2.42	1.73	0.01	51.84
投资	17.88	0.53	11.56	2.43	36.11	6.93	12.30	12.26	63.89
贷款	8.25	29.00	2.81	1.60	6.13	31.96	7.94	12.30	68.04
利率	19.68	8.38	1.70	1.11	10.58	7.72	31.05	19.77	68.95
M2	25.07	8.28	0.02	0.01	9.58	10.86	17.96	28.21	71.79
To	105.55	87.57	21.61	14.94	53.16	41.69	50.81	56.71	—
Net	72.99	55.21	−20.99	−36.91	−10.73	−26.35	−18.14	−15.08	432.03

在表 11-6 中，进一步考察中国"重大股灾"时期（2015 年 6 月—2017 年 12 月）金融市场与宏观经济之间的影响力度。由表 11-6 可以发现，股票市场与外汇市场间存在明显的风险联动效应，传染比例分别达到了 17.24% 和 21.68%，较之全样本（1.49% 和 1.20%）、亚洲金融危机期间（5.13% 和 3.31%）以及国际金融危机期间（8.98% 和 14.86%）均有显著增加。

与此同时，在 2015 年"重大股灾"期间，宏观经济受到的股市风险冲击大幅提升，例如贷款部门由全样本期间的 1.13% 增至 24.35%，银行间同业拆借利率、工业增加值、投资等部门也受到了股票市场 15% 到 32% 不等的风险溢出。其中，银行间同业拆借利率受到股票市场的风险溢出比例为 14.78%，这是由于危机期间大量股票的停牌使得资本市场的资金供求状况严重恶化，场内流动性基本枯竭，经由信贷渠道迅速波及银行间同业拆借市场。

表 11-6 进一步显示，宏观经济也对金融市场存在显著的负面反馈效应，工业增加值对股票市场和外汇市场的溢出指数分别达到了 7.59% 和 5.35%，投资也对股市产生了 6.26% 的冲击。而 2015 年年初，由于实体投资的不景气与银行信贷的收缩，经济增速大幅下滑，3 月的工业增加值同比实际增速仅为 5.6%，跌至 2012 年以来的最低值，直接融资需求急剧增加、大量资金涌入股票市场，资本市场的杠杆率快速攀升。因此，宏观经济对金融市场的负面影响可能在一定程度上加速了"股灾"的爆发。

由以上分析可以清楚地看出，我国金融市场与实体经济间密切相连，金融风险易对宏观经济造成显著冲击，并通过相互作用机制产生反馈效应，引发风险冲击在经济系统中的恶性循环。

表 11-6 2015 年"重大股灾"时期风险溢出矩阵分析

	股票	外汇	工业增加值	消费	投资	贷款	利率	M2	From
股票	64.34	17.24	7.59	0.63	6.26	2.54	1.04	0.36	35.66
外汇	21.68	65.73	5.35	0.97	3.48	0.21	0.14	2.44	34.27
工业增加值	31.56	15.77	24.18	1.56	14.89	1.06	4.94	6.04	75.82

续表

	股票	外汇	工业增加值	消费	投资	贷款	利率	M2	From
消费	10.57	6.22	3.47	53.70	6.40	6.54	1.66	11.44	46.30
投资	32.09	12.24	17.12	3.31	27.81	2.06	0.18	5.20	72.19
贷款	24.35	1.54	2.61	7.24	4.42	59.45	0.03	0.36	40.55
利率	14.78	1.36	11.97	1.81	0.37	0.03	58.59	11.08	41.41
M2	4.13	12.52	11.29	9.63	8.44	0.27	8.55	45.17	54.83
To	139.15	66.90	59.39	25.15	44.26	12.73	16.53	36.92	—
Net	103.49	32.63	−16.43	−21.15	−27.93	−27.82	−24.88	−17.91	401.04

图 11-4 给出了不同时期各宏观经济部门受到的金融风险冲击。图 11-4 表明，较之全样本的分析结果，在危机期间，资本市场对实体经济的风险冲击强度显著提高，金融危机会放大资本市场对宏观经济的负外部性，冲击实体经济的平稳发展。而股票市场对各宏观部门的风险冲击（较浅阴影区域）在各时期均明显大于外汇市场的影响（较深阴影区域），是我国金融系统中主要的风险输出者。此外，值得注意的是，相对于 1997 年亚洲金融危机、2008 年国际金融危机，金融市场在 2015 年"股灾"期间遭受了更为显著的风险冲击。这意味着较之来自全球金融市场的冲击，国内金融体系中潜在风险的爆发，将可能引发我国实体经济部门更大幅度的波动。

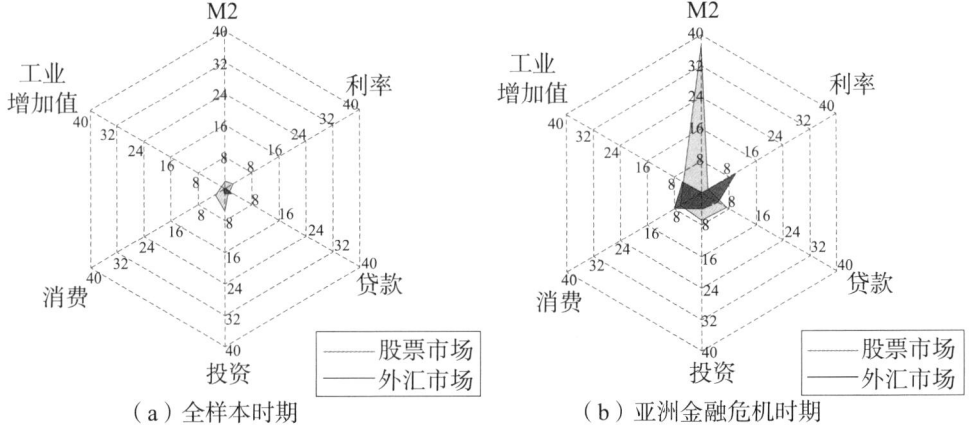

（a）全样本时期　　　　　（b）亚洲金融危机时期

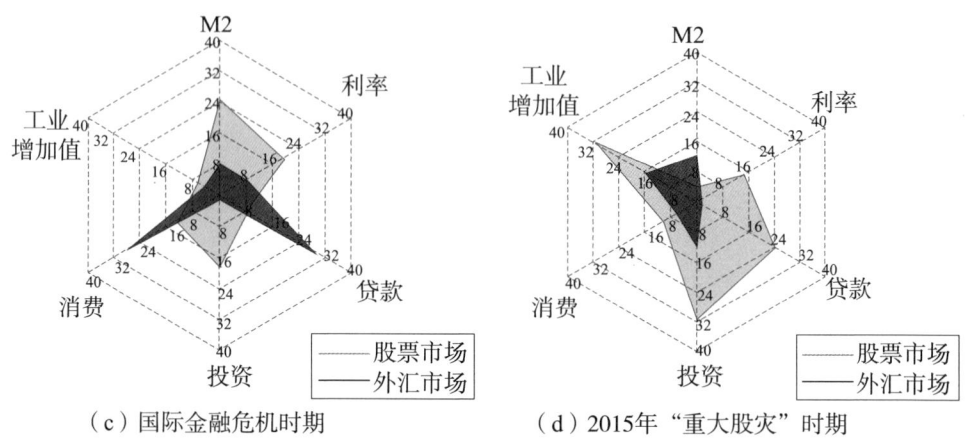

(c) 国际金融危机时期　　　　　(d) 2015年"重大股灾"时期

图11-4　各宏观经济部门受到的金融风险冲击

注：较浅阴影区域表示股票市场对各部门的风险溢出效应，较深阴影区域表示外汇市场对各部门的风险溢出效应。图11-6相同，不再赘述。

第九节　我国金融市场与宏观经济的风险传导机制

在上文的研究基础上，本章采用宏观经济景气一致指数替代工业增加值，并进一步将消费者信心指数纳入分析框架，根据最新发展的混频因果关系检验方法，深入探讨中国"股灾"时期（2015年6月—2017年12月），风险冲击在我国金融市场与宏观经济各部门间的传导路径。

表11-7的混频检验结果显示，股票市场与外汇市场的风险联动效应在股灾期间大幅增强，存在显著的双向传染关系。同时，表11-7表明，对于大部分宏观部门而言，检验统计量均显著拒绝"不存在由股票（外汇）市场风险到该部门的因果关系"的原假设，这表明我国金融市场2015年6月的巨幅震荡对实体经济造成了明显的冲击。

此外，由表11-7还可以发现，金融风险是导致消费者信心变动的原因，而消费者信心的变动会引发利率、货币等部门震荡，同时也存在由消费者信心到金融市场风险的因果关系。这表明，金融市场的风险事件在对M2、利率等宏观部门造成直接影响的同时，会经由消费者信心对宏观经济的平稳产生间接冲击。然而，通过对比分析我们发现，传统共频分析方法却无法识别"金融风险→消费者信心→相关宏观经济部门"这一重要的风险传染途径。

表 11-7 2015 年"重大股灾"时期金融风险传导的混频因果分析

		股票	外汇	消费	投资	贷款	利率	M2	经济景气	消费者信心
股票	MF	—	0.00***	0.14	0.11	0.00***	0.08*	0.20	0.00***	0.00***
	CF	—	0.47	0.53	0.39	0.03**	0.35	0.92	0.06*	0.00***
外汇	MF	0.00***	—	0.20	0.03**	0.02**	0.29	0.00***	0.36	0.00***
	CF	0.00***	—	0.15	0.00***	0.20	0.64	0.56	0.07*	0.91
消费	MF	0.00***	0.02**	—	0.72	0.57	0.31	0.17	0.07*	0.25
	CF	0.05**	0.87	—	0.91	0.55	0.27	0.20	0.78	0.09*
投资	MF	0.00***	0.12	0.90	—	0.84	0.53	0.06*	0.30	0.73
	CF	0.00***	0.85	0.39	—	0.75	0.39	0.01***	0.48	0.77
贷款	MF	0.89	0.01***	0.73	0.70	—	0.02**	0.09*	0.05**	0.13
	CF	0.20	0.01***	0.79	0.88	—	0.14	0.12		0.35
利率	MF	0.09*	0.00***	0.09*	0.71	0.09*	—	0.36	0.27	0.01***
	CF	0.71	0.40	0.17	0.64	0.36	—	0.03**	0.89	0.06**
M2	MF	0.00***	0.00***	0.35	0.25	0.71	0.54	—	0.26	0.00***
	CF	0.48	0.82	0.10	0.49	0.90	0.60	—	0.24	0.00***
经济景气	MF	0.16	0.17	0.46	0.96	0.29	0.81	0.33	—	0.46
	CF	0.07*	0.96	0.82	0.99	0.31	0.58	0.19	—	0.76
消费者信心	MF	0.07*	0.04**	0.00***	0.00***	0.88	0.00***	0.53	0.57	—
	CF	0.98	0.77	0.00***	0.06*	0.21	0.08	0.96	0.79	—

注：（1）表中报道了检验统计量的 p 值，原假设为"不存在由列元素到行元素的因果关系"。（2）检验使用了纽威和威斯特提出的核函数 HAC 协方差估计方法；最优滞后阶数基于纽威和威斯特选择；显著性检验基于贡萨尔维斯和基里安提出的自举 p 值法。（3）检验重复次数 N 为 500 次。（4）***、**、*，表示在 1%、5% 及 10% 显著性水平上拒绝"不存在 Granger 因果关系"的原假设。

我们结合表 11-7 混频因果关系的分析结果，在图 11-5 中画出了以下的冲击传导机制图。首先，消费与投资部门受到了金融风险的显著冲击。这表明在"股灾"期间，金融资产价格的大幅下跌带来的负财富效应会减少消费、抑制投资，影响国内经济循环。其次，还存在着"金融市场→货币→投资→

金融市场"的因果关系。这符合布鲁姆（Bloom）等人提出的"观望"（Wait and See）理论，即产生金融风险冲击时，市场的流动性变动将提高未来资金来源与成本的不确定性，难以估计投资的潜在回报率，投资者会出现"观望"情绪，推迟当前的投资行为，宏观经济活动迅速放缓（Bloom，2009，并进一步对金融市场产生冲击影响。最后，图11-5中"金融市场→利率→贷款→金融市场"的因果关系表明，在金融风险冲击下，银行间同业拆借市场震荡，进而产生了显著的收入效应与替代效应，使得借款人降低贷款水平。与此同时，银行往往会大量减少对非流动性投资项目的可贷资金供给，以应对风险敞口增加带来的流动性问题，但这又严重抑制了投资活动与未来消费，加大了宏观经济的下行可能，通过信贷渠道从总供给层面对宏观经济造成了严重冲击，进而反馈至金融市场。因此，在我国金融市场剧烈波动时，系统性金融风险会从总需求和总供给两个层面作用于宏观经济，产生显著的冲击，并进一步反馈作用于金融市场。而上述机制在传统的共频研究中常常被忽略。

此外，图11-5显示，存在"相关宏观部门→消费者信心→金融市

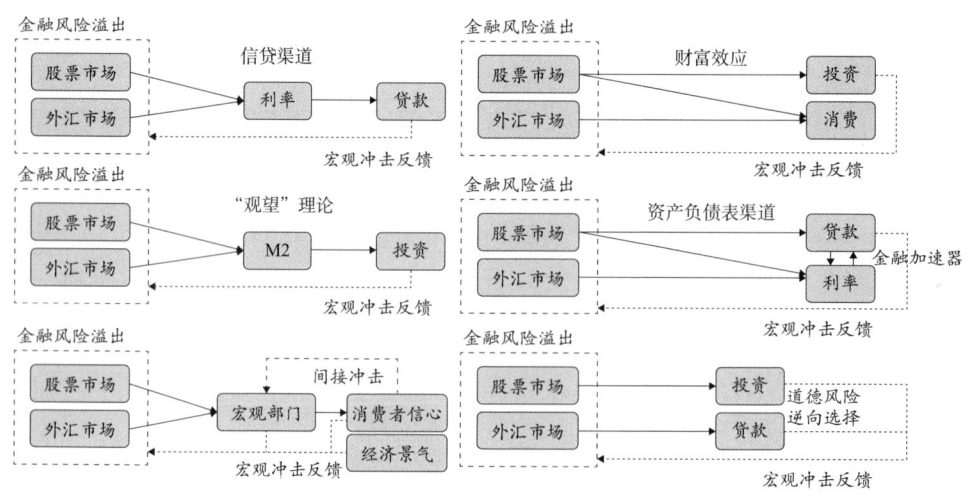

图11-5　2015年"重大股灾"时期冲击传导机制

注：根据表11-7的检验结果列出的2015年"重大股灾"时期的冲击传导机制。

场""经济景气→金融市场"的宏观反馈机制。这表明投资减少、消费下滑等宏观环境的震荡会放大市场参与制者的恐慌情绪，使得消费者信心再次承压，影响投资者对未来现金流的预判，进而快速下调预期甚至大量抛售证券，加剧金融市场波动。

在此基础上，我们进一步探讨了在不同预测期下，2015年"重大股灾"期间风险冲击力度的变化。图11-6表明，金融市场对宏观各部门的风险冲击力度随着时间的推移不断增强。其中，在预测期为6时，股票市场与外汇市场均对经济景气程度产生了明显冲击，这表明银行大量减少对非流动性投资项目的可贷资金供给，对投资、消费的负面影响逐渐显现。与此同时，随着风险的循环放大与不断积聚，来自金融市场的冲击将逐渐增强，对实体经济的影响程度不断提高，加大了经济下行压力。

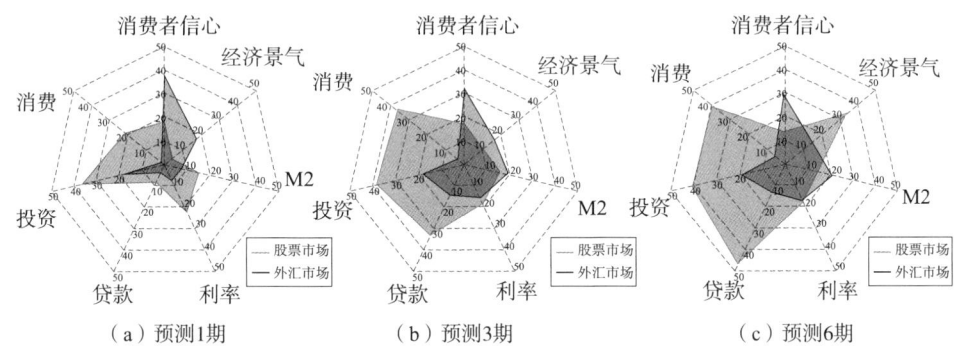

图11-6 金融市场风险冲击的时滞分析

第十节 "重大股灾"时期我国金融风险对宏观经济的冲击影响

本章采用了因子增广向量自回归模型，分析2015年"重大股灾"期间，系统性金融风险对我国宏观经济的冲击影响。[1] 图11-7（b）、（c）、（g）与

---

[1] 由于篇幅限制，本章在此并未列出所有的分析结果，读者可向作者索取。

414 系统性金融风险研究

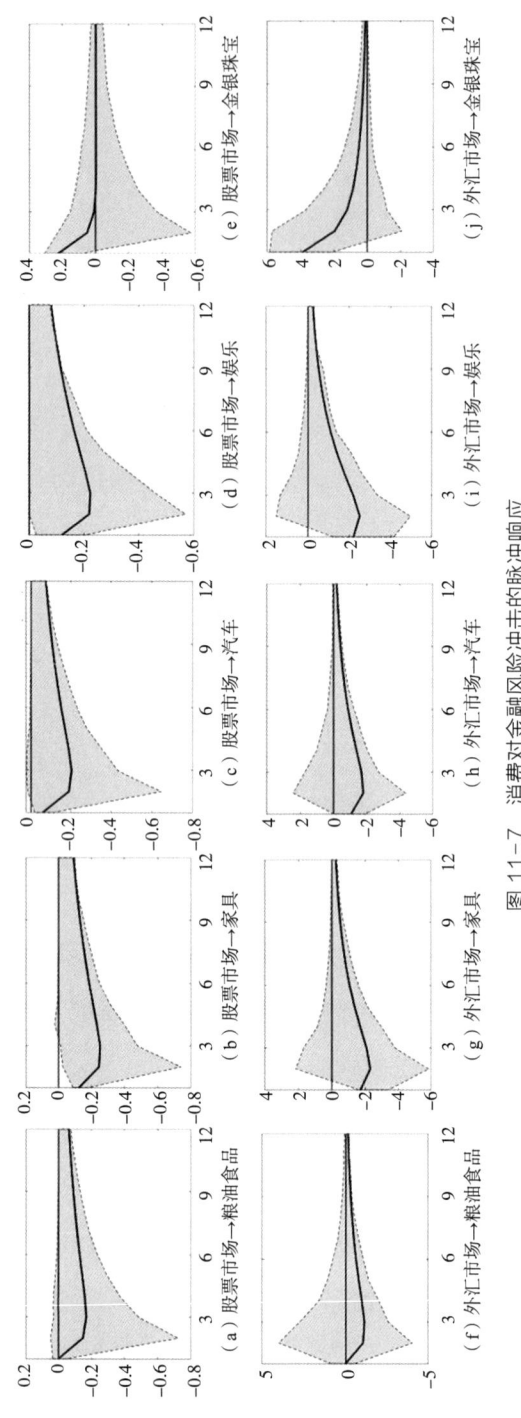

图 11-7 消费对金融风险冲击的脉冲响应

(h)表明，与粮油食品等需求弹性较小的行业不同，在金融市场动荡期间，家具等需求弹性较大的行业受到了明显的负面冲击。同时，图11-7（d）与（i）显示，娱乐行业的消费在事件初期也出现了短暂的回落态势。这表明2015年"重大股灾"期间，上证综指由6月12日的5178.19点暴跌至7月9日的3373点（跌幅达35%），金融资产价格的大幅下跌显著影响了家庭的流动性，使得居民减少耐用品的消费支出，以应对可能面临的财务困境。此外，受市场避险情绪上升、经济不确定性增强等因素影响，金银珠宝等一般等价物的消费快速上扬，汇率风险的影响强度更是达到了4.0。黄金等贵金属商品依旧是重要避险资产之一，在一定程度上能够缓释金融市场波动的风险。

图11-8（d）与（h）表明，较之制造业、房地产业以及金融业，租赁与商务服务业对金融风险的敏感程度较高，股市与汇市风险在初期对该行业的冲击力度分别高达-4.55与-2.10。这是由于根据国家统计局的行业分类标准，除包含汽车租赁、文化及日用品租赁等租赁行业外，租赁与商务服务业还囊括了职业中介服务、办公服务以及保安服务等服务行业，其中小微企业与个体工商户占比较高，风险承受能力较低，金融风险显著抑制了此类投资者的投资需求。

本章以消费者信心指数、预期指数以及满意指数作为危机期间公众心理的代表变量。图11-9表明，三个指数均出现了明显下降，股市与汇市风险的最大冲击强度分别在-0.20至-0.30间、-2.00至-3.10间不等。值得注意的是，冲击作用的持续时间较长，直至10个月与6个月后才开始逐步消退，这意味着受金融市场大幅波动影响，消费者对市场的预期出现了持续性的下调。

图11-10（a）与（f）表明，随着股灾期间"降准降息"等货币政策密集落地，流通中货币出现了短暂上扬的趋势，并在之后滑落。与此同时，图11-10（b）、（c）、（d）、（g）等显示，金融风险对活期存款、单位定期存款以及个人存款产生了显著且持续的负面作用。与前文的分析结论相一致，

416 系统性金融风险研究

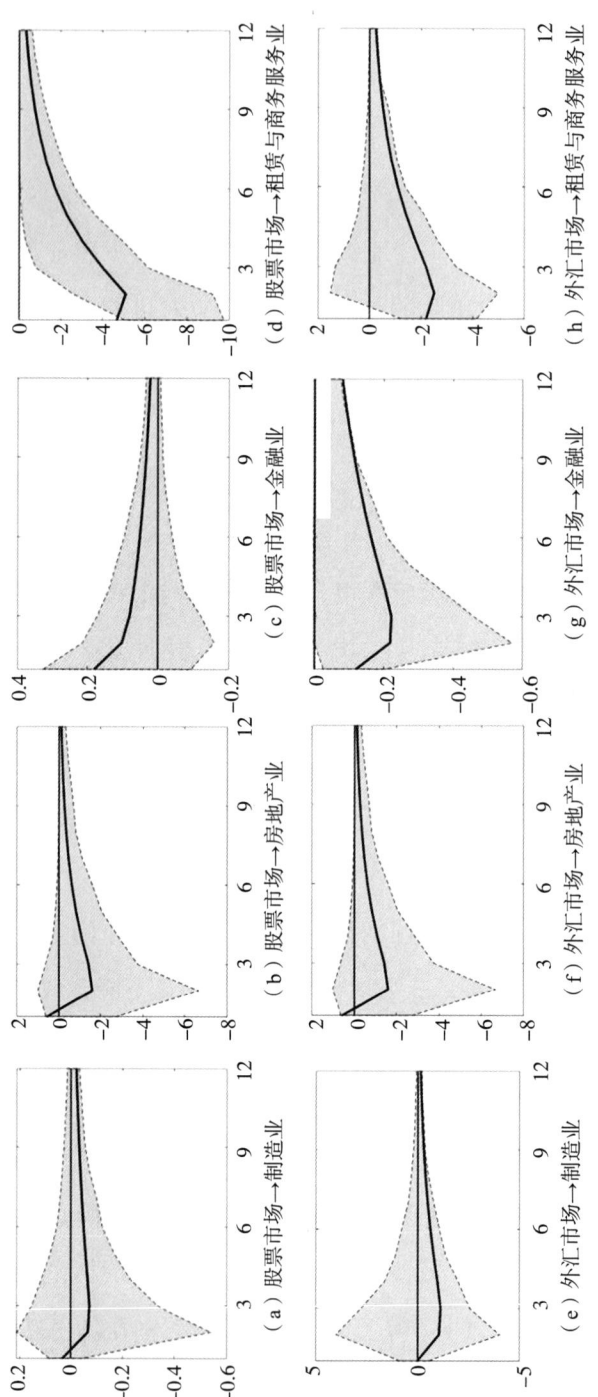

图 11-8 投资对金融风险冲击的脉冲响应

第十一章 金融市场与宏观经济的风险传染关系 417

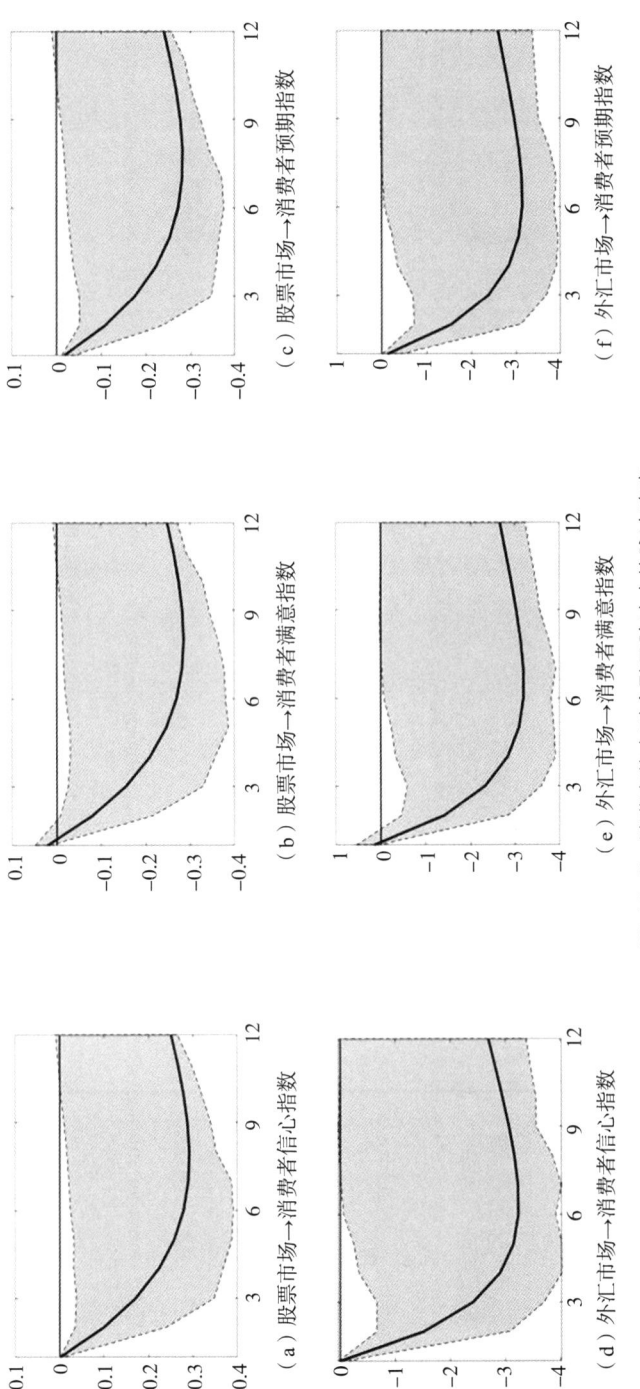

图11-9 消费者信心对金融风险冲击的脉冲响应

418 系统性金融风险研究

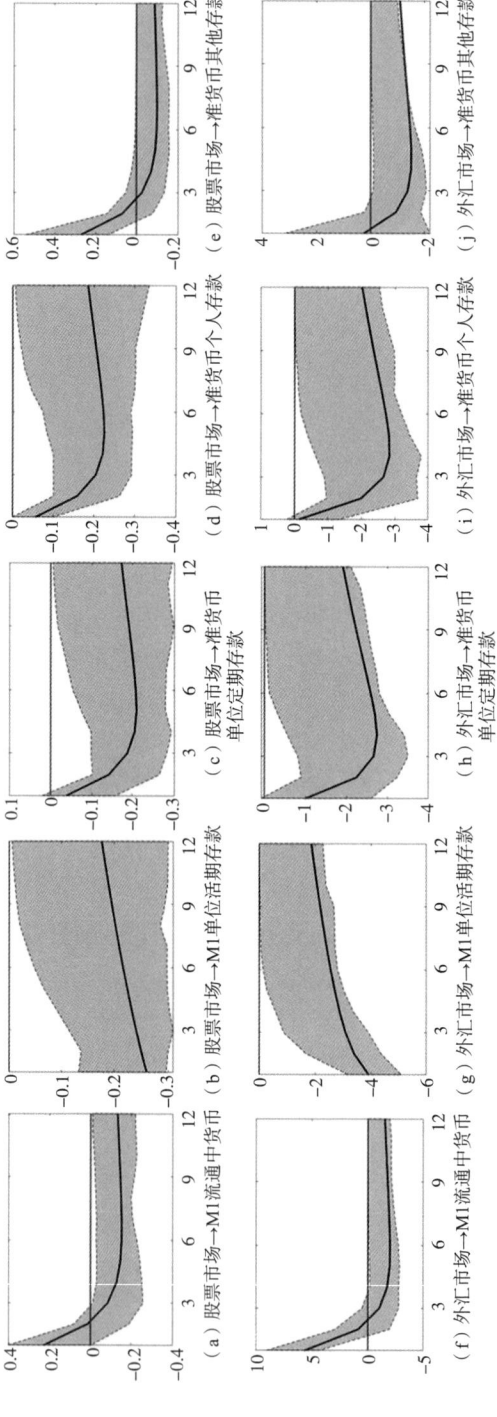

图 11-10 货币对金融风险冲击的脉冲响应

第十一章 金融市场与宏观经济的风险传染关系 419

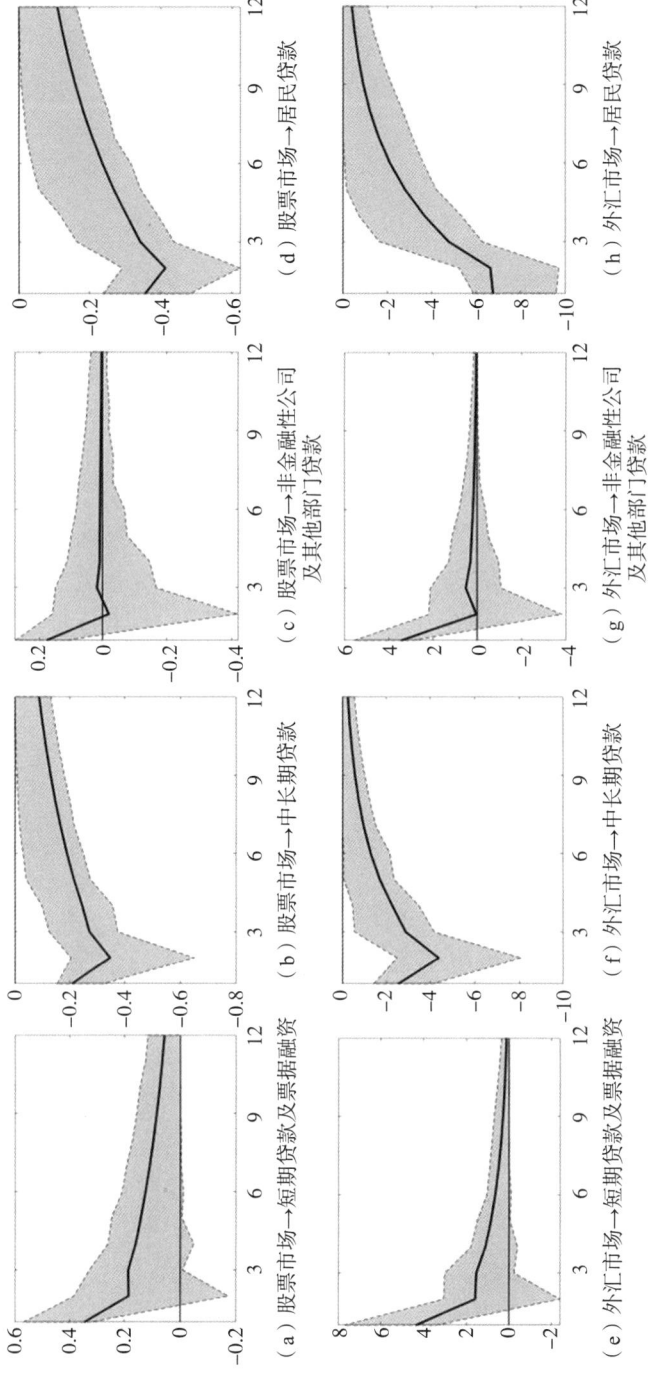

图 11-11 贷款对金融风险冲击的脉冲响应

这再次表明，在系统性风险冲击下，金融市场会出现明显的财富效应，个人财富随着资产价格的下跌同步减少，进而显著地抑制了消费，对宏观经济产生不利影响。

此外，图 11-11（a）与（e）显示，危机期间，股市与汇市的风险分别对短期贷款及票据融资产生了 0.38 与 4.10 的正向影响。这表明银行等金融机构在减少对非流动性投资项目贷款投放的同时，会更倾向于过度发放短期贷款，扰乱了原有的信贷期限结构。与此同时，图 11-11（b）与（f）则表明，中长期贷款受到了 –0.20 与 –2.10 的负向冲击。

第十一节 小结

为实体经济服务是金融的重要宗旨，也是防范化解金融风险的根本举措。传统研究主要是以共频方法展开研究，但共频方法无法处理金融市场数据与宏观经济数据存在的频次不匹配问题，基于此方法得出的结论也会存在诸多偏误。混频溢出方法与混频因果检验，可以有效弥补这一不足。

混频风险溢出的估计结果表明：首先，我国金融市场均为风险冲击的净输出方，而所有宏观经济部门均为风险冲击的净输入者，相对于外汇市场，源于股票市场的风险冲击力度更大。其次，基于动态视角深入考察金融风险溢出与宏观负面反馈效应的渐进演变，发现混频模型能够准确识别 2008 年国际金融危机、2015 年中国"股灾"、2016 年"熔断机制"出台等风险事件。其中，对 2015 年"重大股灾"时期的混频因果分析表明，金融风险是导致消费、投资、利率、货币和消费者信心等出现明显变动的原因，而利率、货币等宏观部门的变动也会经由信贷渠道（金融市场→利率→贷款→金融市场）、"观望"理论（金融市场→M2→投资→金融市场）等传导途径对金融市场产生明显的反馈作用，而上述机制在传统的共频研究中常常是被忽略的。

因子增广向量自回归模型的分析结果则进一步显示,"重大股灾"时期,金融风险对不同宏观变量的具体影响存在显著差异。例如在贷款部门中,银行在减少对非流动性投资项目贷款、中长期贷款投放的同时,会更倾向于过度发放短期贷款,扰乱了原有的信贷期限结构,加大了经济下行风险。

本章是系统性金融风险研究领域的一次有益拓展和尝试。基于混频模型考察我国金融市场与宏观经济间的相互作用关系,在我国发展的外部环境和内部条件发生深刻复杂变化的背景下,将高频次的金融市场数据与低频次的宏观数据进行有机的结合,深入挖掘金融数据序列所包含的高频信息,将有助于我们结合中国实际经济条件,有效甄别宏观实体经济与金融市场的传染关系与作用机制,为完善与高质量发展要求相适应的宏观调控体系提供有针对性的意见和建议。同时,本章也为混频方法在金融学研究中的应用推广,以及推动系统性金融风险与宏观经济传染研究的未来发展提供了借鉴。

基于以上的研究,本章得到以下三点启示:

(一)本章对金融市场与宏观经济间的风险溢出分析表明,包含高频信息的混频溢出方法能够更有效地捕捉各市场的风险冲击,识别具体的风险事件。而基于传统共频方法的分析结果则可能由于经济数据公布存在明显时滞性、数据频率过低导致的信息损失等因素等问题,会严重低估宏观经济与金融市场间的关联程度与风险影响力度,并得出错误的风险传导路径与作用方向。因此,我们应当采用实时动态混频分析方法来监控宏观经济受到的即期风险冲击,并基于实体经济的发展情况实施相机抉择的调控政策。

(二)分析结果显示,我国金融市场与宏观经济间存在显著的相互作用机制,影响力度在危机期间更是进一步加剧,并会随着时间的推移不断增强。此外,研究发现,在资本市场动荡时期,消费者信心是影响经济金融平稳运行的重要因素,而在危机后更是出现了持续性的下调。因此我们应当双向防控金融市场的风险冲击与实体经济的负面反馈效应，避免风险冲击产生恶性循环。在金融市场动荡期间，可通过发放消费券、结合金融科技开展线上销售、降低部分实体企业增值税税率等方式及时稳定市场预期与提振消费者信心，同时建立更为透明的常态化沟通以提高货币政策、汇率政策的可预见性，推动消费市场加速回暖，构建实体经济与金融市场良性互动的发展环境。

（三）研究结果表明，源自金融市场的初始冲击易通过信贷渠道冲击至实体经济部门，并在"金融加速器"效应下进一步放大，进而对宏观经济造成更为显著的不利影响。2020年以来，随着全球疫情持续蔓延、国际金融市场剧烈动荡、中美贸易争端不断升级、经济不确定性与下行压力持续加大。因此，现阶段，我们必须警惕金融市场的尾部风险事件对我国宏观经济产生不利冲击，进一步拓宽与完善债券、信托、资管等多元化资本融资渠道，减少实体经济对传统信贷路径的过度依赖，有效分散市场风险。此外，在应对金融风险事件带来的短期流动性问题时，我们应当适度提高中小企业中长期贷款的额度，推动金融机构信贷资源向租赁与商务服务业等冲击敏感度更高的行业倾斜，提升金融支持实体经济的针对性和有效性，以加速形成以国内大循环为主体、国内国际双循环相互促进的新发展格局。

第十二章
财政金融统一框架下的金融风险测度与分析[*]

第一节 引言

在"十四五"规划开局之际,我国重点领域与薄弱环节仍有存量风险与增量风险。而近年来,我国地方债券发行规模不断攀升,地方政府隐性债务风险仍待化解,而且,我国地方债投资者结构较为单一,逾八成地方债仍为全国性商业银行持有,这在一定程度上使得财政风险金融化的问题更加凸显,也使得在独立货币框架下防范金融风险的治理思路面临新的挑战。[1]

长期以来,货币政策是监管机构防控、治理金融风险的主要手段,更是我国"货币政策和宏观审慎政策"双支柱调控框架的有机组成部分。政府对资本市场进行合理的干预能够有效减少市场波动,对冲金融风险,充足的货币供应量所提供的宽松流动性环境更是金融体系良好运行的必要条件。同时,此类货币宽松政策能够向市场参与者释放利好信号,有效解决金融市场失灵问题。然而,货币政策也可能提高金融机构面临的不确定性,在一

---

[*] 本章经整理后发表于《中国社会科学》2022年第11期。

[1] "财政风险金融化"这一问题可以从两条路径进行分析:既可以在财政的框架下纳入金融变量分析(基于财政视角),也可以在金融的框架下纳入财政变量进行分析(基于金融视角),本章选择基于金融学科的视角展开研究。

定程度上对金融系统产生明显的冲击（Gertler et al., 2012; Aldasoro et al., 2017），甚至引发流动性过剩等问题，进而削弱其对经济活动与通胀水平的调控能力，而且，货币政策也会对股票等金融资产的价格产生影响，加剧资本市场的震荡。进一步地，货币政策也可能通过高收益资产替代、"寻求收益"、"信任悖论"、道德风险、改变风险感知等渠道，加剧潜在的金融风险积聚（Robatto, 2019）。

过往的研究常常关注的是货币政策对金融风险的影响，随着理论研究的日臻完善，现在的研究表明，财政政策同样也会对金融风险产生影响（李建强等，2020）。一方面，财政政策是一国推动经济增长、激发市场活力的重要工具。在金融危机期间，退税、资产救助计划、转移支付等一系列积极财政政策能够有效刺激经济复苏，稳定资本市场，而市场对财政政策的良好预期更是能够有效缓释金融风险（Sawadogo, 2020; Auerbach et al., 2010）。然而，另一方面，政府通常会发行各级政府债务为财政赤字融资，这在一定程度上显著加剧了地方债务风险（鄢萍等，2021）。更严重的是，在经济下行或金融市场震荡期间，此类纾困的积极财政政策会导致政府债务激增、主权债券收益率急剧提高，从而损害公共财政的可持续性、加剧主权债务违约风险，增加金融市场的不稳定性。而地方隐性债务规模增加、非金融企业"脱实向虚"倾向加剧等现象，则易催生地方财政风险向金融风险传染与转化（何德旭和苗文龙，2021）。此外，政府债务负担及借贷成本的显著提升同样会加大债务违约可能，而地方政府债券往往由商业银行大量持有，因此可能进一步加剧财政风险金融化问题（李力等，2020）。

与此同时，财政政策对货币政策同样会产生影响。为了维持物价的稳定与财政的可持续性，即使是独立的央行也应当对财政政策做出及时的反应。因此，在一定程度上，财政赤字的融资需求会直接驱动货币扩张。除此之外，政府在为财政赤字进行债务融资时，财政收支的差额也会通过"债务赤字化"的方式间接影响货币政策（马勇和吕琳，2021）。这是由于如果央行不发行货币缓解高额的政府负债，那么债务利率将大幅上升，甚至可能导致政府拖欠债务，从而使得金融市场波动、宏观经济下滑。因此，面对财政失衡时，往往不得不使用扩张性货币政策为公共债务融资。

由此可见，货币政策、财政政策与金融风险之间存在着紧密且复杂的整体关联，它们之间相互依赖、相互影响，组成了一个系统性的关联网络（Wang et al., 2017）。习近平总书记在《关于〈中共中央关于制定国民经济和社会发展第十四个五年规划和二〇三五年远景目标的建议〉的说明》中强调，"经济社会发展中矛盾错综复杂，必须从系统观念出发加以谋划和解决，全面协调推动各领域工作和社会主义现代化建设"。

过往的研究框架仅检验了某项政策工具与风险间的"两两"关系，而忽略了政策工具与金融风险间的整体关联，也未能对货币政策变量、财政政策变量间的相互影响展开综合、深入的对比分析，这使得在独立货币框架下防范金融风险的治理思路面临挑战，难以为统筹发挥货币政策、财政政策在防范重大风险中的作用提供更为客观的经验借鉴。

2020年5月23日，习近平总书记在看望参加全国政协十三届三次会议的经济界委员，并参加联组会时，指出"要加强协同配合，增强政策举措的灵活性、协调性、配套性，努力取得最大政策效应"。随着现代计量经济学方法的不断发展，最新发展的网络关联分析将包含多部门的复杂系统映射为一个网络，从整体上刻画各部门间的关联关系。这种基于网络关联的研究，不仅能帮助我们剖析货币供应量、存款准备金率等货币政策变量以及财政支出规模、地方债券增加额等财政政策变量对金融风险的影响，而且能够根据关联权重，全面比较各部门间的整体关联强度，从而把货币政策变量、财政政策变量与金融风险放到一个统一的研究框架下。这为从系统观念增强货币政策与财政政策在防范风险上的协同配合，提供了更为客观的依据。

但是，现有采用网络关联方法考察金融风险的文献，大多是在线性框架下结合传统 Granger 因果检验方法进行分析。然而，在金融系统中，资产收益率序列往往存在显著的非线性特征与结构性变化，风险间的联动效应更是对市场条件的变动具有明显的不对称性，政策工具对经济金融指标的影响关系也会产生显著的非线性变化（Shahzad et al., 2018）。这就意味着，在探究风险与政策变量的关系时，传统的线性方法无法捕捉存在的非线性因果关系，可能使得测度结果出现显著偏差。

纵观现有研究，现有文献往往仅关注货币供应量、存款准备金率等货币政策工具对金融风险的影响，而较少同时就财政政策变量对金融风险的影响关系展开深入研究，且大多集中在定性分析层面；而在少数的定量分析中，大多是在线性框架下结合传统 Granger 因果检验方法对货币政策变量进行分析。而非线性网络关联分析不仅能有效克服传统线性模型的检验偏差，而且能够在统一的研究框架下，就不同类别政策工具与金融风险的关联展开相应测度。与此同时，在通胀、风险、政策效果等经济金融系统的潜在变量未被完全观测到时，采用因子增广向量自回归方法，能够有效刻画此类变量间的正负影响关系，从而为量化政策工具间的关联方向提供参考依据（Liu et al., 2017）。此外，货币政策、财政政策等引发的市场条件变化在影响单个金融机构的同时，也可能显著作用于整体金融系统（Zheng and Cronje, 2019）。因此，在检验金融风险的政策影响的基础上，进一步明晰货币与财政政策对个体风险与系统关联的不同效果，有助于更加精准有效地防范金融风险冲击。

鉴于此，首先，本章引入非线性网络关联方法，构建财政金融的统一框架，并基于 2005 年 1 月至 2019 年 12 月的样本数据，重新测度我国货币政策变量、财政政策变量与金融风险的关联与相互影响。其次，在此基础上，对存在网络关联关系的政策变量构建因子增广向量自回归模型，并采用脉冲响应分析方法，进一步检验货币与财政变量间的影响方向。最后，将金融风险分解为"系统关联"与"尾部风险"两个子成分，从而分别基于宏观审慎与微观审慎的视角，考察货币政策变量、财政政策变量对不同成分的影响。[1]

需要说明的是，限于数据的可得性，本章仅基于货币政策、财政政策的相关变量进行计量分析，考察了部分政策工具对以股票市场为代表的资本市场金融风险的影响，分析结论也仅适用于此类政策变量与金融风险。而转移支付、税收、信用管制等政策，以及房地产风险、信用风险、利率风险等金融风险不在本章的讨论范围内，上述政策工具与风险间的作用关系仍待进一步研究。

第二节　金融风险指标选取

范奥德特和周（2019）将系统性金融风险分解为"尾部风险"（Tail Risk, TR）以及"系统关联"（Systemic Linkage, SL），前者代表了金融机构的整体风险，后者则从宏观审慎的角度衡量了机构的极端损失与系统性事件间的关联。其中，系统关联指标的数值越大，代表单个部门尾部风险与金融系统严重不利冲击相关的可能性越高。具体而言，他们首先用下述方程刻画系统性金融风险：

$$R_i = \beta_i^T R_s + \varepsilon_i, \quad 对于 R_s < -VaR_s(\bar{p}) \qquad (12-1)$$

其中，系数 β_i^T 衡量了系统性金融风险，若金融体系出现极端不利的冲

---

[1] 宏观审慎监管理念认为，对外部冲击更为敏感的金融机构具有更高的系统重要性地位，与金融系统的关联更为紧密，其受到风险事件冲击的概率也相对更高；而微观审慎监管理念则更倾向于关注个体风险更高的金融机构。而"系统关联"指标，衡量了机构极端损失与风险事件间的关联，能够从宏观审慎监管视角进一步刻画金融风险；而"尾部风险"指标则基于微观审慎监管视角量金融机构的风险水平，代表金融机构的个体风险。

击，预计 β_i^T 值较高的金融机构将遭受更大的资本损失。ε_i 则代表来自除 R_s 之外其他来源的冲击。$VaR_s(\bar{p})$ 为风险价值，表示以小概率 $\bar{p}$ 会超过的投资损失，即：

$$VaR_s(\bar{p}) = -\sup\{c : \Pr(R_s \leq c) \leq \bar{p}\} \quad (12-2)$$

由于在受到来自金融系统不利冲击时，金融序列的观测值可能较少，使用常规的最小二乘法回归等方法时，难以准确估计 β_i^T 值。因此，范奥德特和周（2019）假定金融资产的收益率序列的分布具有厚尾性质，在此基础上使用 EVT 方法对 β_i^T 进行估计。他们令 R_i 与 R_s 服从厚尾分布，尾部指数分别为 ζ_i 与 ζ_s，得到 $\beta_i^T \geq 0$：

$$\beta_i^T = \lim_{p \to 0} \tau_i(p)^{1/\zeta_s} \frac{VaR_i(p)}{VaR_s(p)} \quad (12-3)$$

其中，$\tau_i(p) = \Pr(R_i \leq -VaR_i(p) \mid R_s \leq -VaR_s(p))$。上式中的变量均可由 EVT 中现有的估计量来估计：

$$\hat{\beta}_i^T = \hat{\tau}_i(k/n)^{1/\hat{\zeta}_s} \frac{\widehat{VaR_i}(k/n)}{\widehat{VaR_s}(k/n)} \quad (12-4)$$

$\widehat{VaR_i}(k/n)$ 与 $\widehat{VaR_s}(k/n)$ 由金融资产序列、市场指数的 $(k+1)$ 次的最差收益率估算。而 $\hat{\tau}_i(k/n)$ 则在多变量 EVT 中建立。在式（12-4）的基础上，范奥德特和周（2019）将系统性金融风险 β_i^T 分解，分别表示尾部风险与系统关联。将式（12-4）进行对数变化，得到：

$$\log \hat{\beta}_i^T = \log \hat{\tau}_i(k/n)^{1/\hat{\zeta}_s} + \log \frac{\widehat{VaR_i}(k/n)}{\widehat{VaR_s}(k/n)} = \log SL_i + \log IR_i \quad (12-5)$$

IR 与 SL 分别衡量了系统性金融风险的两个方面。其中，IR_i 衡量了金融机构 i 的 VaR 与市场指数的 VaR 之比，而市场指数的 VaR 恒定，则该组成部分的横截面变化均是由于个别银行尾部风险的变化。因此，该组成部分衡量了金融机构尾部风险的水平，但未刻画该机构尾部风险是否来源于金融体系的严重冲击。而 SL_i 则刻画了机构与陷入财务困境的系统之间联系的强度。

$\tau_i(p)$ 水平独立于尾部风险 R_i 的分布,只包含了金融体系中的极端冲击与某一特定机构遭受的严重损失之间的依赖关系的信息,而不受个体尾部风险水平的影响,即只包含系统关联的信息。

第三节 非线性网络关联

一直以来,为了考察变量之间的线性因果关系,学术界多使用传统因果检验方法来检验变量之间的因果关系。而系统性金融危机不断爆发,各金融机构受到大量冲击,容易发生结构性突变,进一步呈现出非线性特征。相关研究表明,在时间序列具有明显的非线性特征时,使用线性框架检验时无法捕捉存在的非线性因果关系,从而产生显著的偏差。因此,希姆斯特拉和琼斯(Hiemstra and Jones, 1994)与迪克斯和潘琴科(Diks and Panchenko, 2006)相继提出了 TVAL 非参与 T_n 非参检验方法。具体而言,希姆斯特拉和琼斯(1994)首先给定两个严格平稳的弱相关的时间序列 $\{X_t\}$ 与 $\{Y_t\}$,t=1,2,…,并分别设定 X_t 的 m 阶领先向量矩阵(lead vector)和 X_t 与 Y_t 的 L_x 与 L_y 阶滞后向量矩阵(lag vector),即令:

$$X_t^m = (X_t, X_{t+1}, ..., X_{t+m-1})$$
$$X_{t-Lx}^{Lx} = (X_{t-Lx}, X_{t-Lx+1}, ..., X_{t-1}), \quad Lx = 1, 2, ..., t = Lx+1, Lx+2... , \quad (12-6)$$
$$Y_{t-Ly}^{Ly} = (Y_{t-Ly}, Y_{t-Ly+1}, ..., Y_{t-1}), \quad Ly = 1, 2, ..., t = Ly+1, Ly+2... ,$$

当 Y_t 不是 X_t 的 Granger 因果原因时,对于给定的 m、$L_x \geq 1$ 与 $L_y \geq 1$ 以及任意取值的 $e > 0$,则等价于如下关系式:

$$\begin{aligned}&\Pr\left(\left\|X_t^m - X_s^m\right\| < e \mid \left\|X_{t-Lx}^{Lx} - X_{s-Lx}^{Lx}\right\| < e, \ \left\|Y_{t-Ly}^{Ly} - Y_{s-Ly}^{Ly}\right\| < e\right) \\ &= \Pr\left(\left\|X_t^m - X_s^m\right\| < e \mid \left\|X_{t-Lx}^{Lx} - X_{s-Lx}^{Lx}\right\| < e\right)\end{aligned} \quad (12-7)$$

其中,$\Pr(\cdot|\cdot)$ 与 $\|\cdot\|$ 分别表示概率与最大模(Maximum Norm)。为了进一步验证上式是否成立,我们将上式转换为用联合概率的形式表述。我们对

联合概率的关联积分（correlation-integral）进行估计，则"不存在 Granger 因果关系"的条件可以表述为：

$$\frac{CI_1(m+L_x,L_y,e)}{CI_2(L_x,L_y,e)} = \frac{CI_3(m+L_x,e)}{CI_4(L_x,e)} \quad (12-8)$$

其中，$CI_i(\cdot)$ 为联合概率的关联积分。当这两个严格平稳的弱相关的时间序列 $\{X_t\}$ 与 $\{Y_t\}$，t = 1,2,... 不存在 Granger 因果关系时，对于给定的 m、$L_x \geq 1$ 与 $L_y \geq 1$ 以及 $e > 0$，以下 TVAL 检验量服从均值为 0，方差服从 (m, L_x, L_y, e) 函数的渐进正态分布：

$$\sqrt{n}\left(\frac{CI_1(m+L_x,L_y,e,n)}{CI_2(L_x,L_y,e,n)} - \frac{CI_3(m+L_x,e,n)}{CI_4(L_x,e,n)}\right) \xrightarrow{d} N(0,\sigma^2(m,L_x,L_y,e))$$

$$(12-9)$$

然而迪克斯和潘琴科（2006）研究发现，TVAL 检验方法存在"过度拒绝"的问题，即对于原假设的拒绝概率随着样本的增加提高。因此，他们提出了非参数的 T_n 检验统计量，用局部条件依赖测度（Local Conditional Dependence Measures）的均值代替全局检验统计量（the Global Test Statistic），并基于渐进理论选择带宽。首先，他们令 $m = L_x = L_y = 1$，将式（12-8）重新表述为以下关于 (X_t, Y_t, X_{t+1}) 的联合分布关系式：

$$\frac{f_{x_t,y_t,x_{t+1}}(X_t,Y_t,X_{t+1})}{f_{x_t,y_t}(X_t,Y_t)} = \frac{f_{x_t,x_{t+1}}(X_t,X_{t+1})}{f_{x_t}(X_t)} \quad (12-10)$$

针对意在解决的过度拒绝的问题，他们将原假设重新表述为以下关系式：

$$E\left[\left(\frac{f_{x_t,y_t,x_{t+1}}(X_t,Y_t,X_{t+1})}{f_{x_t,y_t}(X_t,Y_t)} - \frac{f_{x_t,x_{t+1}}(X_t,X_{t+1})}{f_{x_t}(X_t)}\right) \times g(X_t,Y_t,X_{t+1})\right] = 0 \quad (12-11)$$

其中，$g(\cdot)$ 为权重函数，且恒为正。此外，他们发现，当选择 $g(x,y,z) = f_Y^2(y)$ 时，式（12-11）中的原假设 H_0 意味着以下关系式成立：

$$q \equiv E\left[f_{x_t,y_t,x_{t+1}}(\cdot)f_{x_t}(\cdot) - f_{x_t,y_t}(\cdot)f_{x_t,x_{t+1}}(\cdot)\right] = 0 \quad (12-12)$$

在式（12-12）的基础上，构造出以下的非参数的 T_n 检验统计量：

$$T_n(e_n) = \frac{n-1}{n(n-2)}\sum_i^n (\hat{f}_{x_t,y_t,x_{t+1}}(x_{it},y_{it},x_{it+1})\hat{f}_{x_t}(x_{it}) - \hat{f}_{x_t,y_t}(x_{it},y_{it})\hat{f}_{x_{it},x_{t+1}}(x_{it},x_{it+1})) \quad (12-13)$$

$\hat{f}_z(z_i)$ 为随机向量的局部密度估计，此外，他们还发现，基于式（12-13）的 T_n 统计量收敛于正态分布，即：

$$\sqrt{n}\frac{(T_n(e_n)-q)}{S_n} \xrightarrow{d} N(0,1) \quad (12-14)$$

其中，S_n 为 $T_n(\cdot)$ 渐进方差的估计值。

在此基础上，本章依据 T_n 与 TVAL 检验统计量的非线性因果检验结果，构建如下因果指示函数：

$$NGC_{a\to b} = \begin{cases} 1 & a \neq b, \text{且}a\text{是}b\text{的非线性Granger原因} \\ 0 & a\text{不是}b\text{的非线性Granger原因} \end{cases} \quad (12-15)$$

由此，本章进一步拓展了比利奥等（2012）、王等（2017）的研究方法，测算部门 i 的网络关联输入系数以及输出系数：

$$In(i) = \frac{1}{(N-1)N_i}\sum^{Ni} NGC_{b\to a}, Out(i)\frac{1}{(N-1)N_i}\sum^{Ni} NGC_{a\to b}, a \neq b, a \in i \quad (12-16)$$

其中，a 代表部门 i 中的第 a 个变量，b 表述除 a 之外的其他变量。N_i 表示部门 i 中的变量个数，N 表示所有部门中的变量总数。

基于式（12-16），我们进一步测算了部门 i 对其他部门的网络关联输出系数 $Out\text{-}to\text{-}other(i)$，与受到来自其他部门的网络关联输入系数 $In\text{-}from\text{-}Other(i)$：

$$Out\text{-}to\text{-}Other(i) = \frac{1}{N_i(N-N_i)}\sum^{Ni} NGC_{a\to b}, a \neq b, a \in i, b \notin i \quad (12-17)$$

$$In\text{-}from\text{-}Other(i) = \frac{1}{N_i(N-N_i)}\sum^{Ni} NGC_{b\to a}, a\neq b, a\in i, b\notin i \quad (12-18)$$

c 代表 i 之外的其他部门变量。为了进一步测度部门间的相互关联，本章构建了"跨部门非线性网络关联系数"指标 SI，从而全面地考察不同部门 i 与 j 之间的整体网络关联：

$$SI_{i\to j} = \frac{1}{N_i N_j}\sum^{Ni}\sum^{Nj} NGC_{a\to b}, i\neq j, a\in i, b\in j \quad (12-19)$$

其中，d 代表部门 j 中的第 d 个变量，SI 指标的数值越大，代表部门 i 对部门 j 有更强的影响。

第四节　数据说明

本章就我国系统性金融风险的政策驱动机制以及财政政策与货币政策间的协调效应展开深入分析，样本区间为 2005 年 1 月至 2019 年 12 月。与该领域的研究相一致，我们分别选用上证指数、人民币实际有效汇率指数、中债总指数、中国基金总指数、南华综合指数与上海金交所黄金现货收盘价作为股票、外汇、债券、基金、期货以及黄金六个金融子市场指数收益率的衡量指标，并据此测度我国金融市场的尾部风险。此外，本章以财政收入、财政支出、国债增加额、城投债增加额以及地方债增加额作为财政政策的代表变量，同时将 M2 增加额、人民币贷款基准利率、人民币存款准备金率、公开市场操作与再贴现利率作为货币政策的代表变量。金融市场的各指数均为日度数据，而宏观调控政策的相关数据则均为月度数据。

其中，国债增加额数据来源于中国债券信息网的月报数据。与此同时，受限于数据可得性，国内外现有数据库关于我国地方政府债务总额的早期数据缺失严重，严重低估了地方债的实际余额，且与国家统计局 2011 年、2013 年公布的《全国地方政府性债务审计结果》并不匹配。因此陈等

（2020）依据上述国家统计局的审计结果以及公共新闻等数据更为准确地测算了我国地方债的实际余额。在此基础上，本章根据《国务院关于2017年中央决算的报告》、财政部公告等进一步更新了陈等（2020）统计的地方债年度余额，并采用Wind提供的地方政府债券余额的每月占比，将年度数据转换为月度数据，从而计算得到了我国地方政府债务的月度增加额。此外，外汇市场的数据来自国际清算银行（Bank of International Settlements, BIS）。其余数据的来源均为中经网及Wind数据库。

需要说明的是，考虑到样本期内，当期的财政收入、财政支出、国债增加额等财政政策指标以及公开市场操作的净变动额均为名义值，因此为了消除货币供应量的间接影响，同时使分析结论更为准确、可比，遵循该领域的研究惯例，本章采用CPI定基指数将上述名义指标调整为实际变量[1]，并结合X11方法对宏观变量进行季节性调整。具体政策工具及金融市场指数的选用情况见表12-1。

表12-1 政策工具及金融市场指数选用

财政政策相关变量	货币政策相关变量	金融市场	
一般公共预算收入	M2增加额	股票市场	上证指数
一般公共预算支出	人民币贷款基准利率	外汇市场	人民币实际有效汇率指数
国债增加额	人民币存款准备金率（大型金融机构）	债券市场	中债总指数
		基金市场	中国基金总指数
城投债增加额	公开市场操作（货币净投放）	期货市场	南华综合指数
地方债增加额	再贴现利率	黄金市场	上海金交所黄金现货收盘价

第五节 财政金融统一框架下政策工具与金融风险的非线性网络关联测度

首先，本章分别基于金融市场收益率指标和CAViaR指标，测度其与货

---

[1] 名义变量调整为实际值的相关操作细节，请参见杨子晖（2009）。

币政策变量、财政政策变量的非线性关联,并将结果列于表12-2与表12-3。其中,表12-2中Panel A的"In"和"In-from-Other"指标显示,各项财政变量对应的均值最小,仅为0.13与0.11,低于货币政策变量的网络关联输入系数(0.24与0.27)。这意味着,相较于货币政策变量,我国财政政策变量具有更强的外生性。而由Panel B可知,存在由"财政政策变量到货币政策变量"的网络关联关系,其网络关联系数为0.44,远高于货币政策变量对财政政策变量的网络关联系数(0.12)。与此同时,相对于财政变量而言,"货币政策变量到金融市场收益"的网络关联关系更为明显,系数为0.20。此外,我们还发现,金融市场到货币与财政变量的网络关联系数也分别达到了0.13与0.10,这表明在金融资产价格剧烈波动时,往往会使宏观调控政策的调节力度加大,以释放利好信号、维护金融市场稳定。另外,为了克服"TVAL网络关联方法"可能产生的"过度拒绝"的问题,我们进一步基于非参T_n指标展开非线性测度,由Panel C与Panel D中的分析结果,我们依然得到一致稳健的分析结论。

我们与线性分析框架的结论进行了比较分析。由Panel E可以看出,在线性框架下,相较于货币政策变量到金融市场的线性网络关联系数(0.17),货币变量到财政变量存在更为显著的线性网络关联关系,系数高达0.57。这就意味着,相较于金融市场,财政政策更容易因货币政策的变动而做出相应调整。这些均与非线性测度结果相矛盾,也与我国政策实践相悖:我国财政政策常常依据宏观经济形势的发展变化,而非货币政策的变动,及时做出逆周期调整。例如,在1994—1997年期间,我国出现经济过热以及较为严重的通货膨胀,对此,我国政府及时实施了"适度从紧"的财政政策,成功实现了经济的"软着陆",而进入2020年4月,为了应对新冠疫情的冲击,缓解经济下行压力,我国转而采取"更加积极有为"的财政政策。

表 12-2 货币政策变量、财政政策变量与金融市场的非线性网络关联测度（基于回报率指标）

	Panel A 非线性网络关联测度（基于 TVAL 检验统计量）											
	In			Out			In-from-Other			Out-to-Other		
	最小值	均值	最大值	最小值	均值	最大值	最小值	均值	最大值	最小值	均值	最大值
金融市场	0.07	0.14	0.27	0.00	0.14	0.27	0.00	0.12	0.20	0.00	0.12	0.20
财政政策	0.07	0.13	0.20	0.07	0.21	0.40	0.00	0.11	0.27	0.00	0.22	0.45
货币政策	0.20	0.24	0.27	0.00	0.16	0.40	0.18	0.27	0.36	0.00	0.16	0.45

	Panel B 跨部门非线性网络关联测度（基于 TVAL 检验统计量）		
To\From	金融市场	财政政策	货币政策
金融市场	0.20	0.03	0.20
财政政策	0.10	0.20	0.12
货币政策	0.13	0.44	0.15

	Panel C 非线性网络关联测度（基于 Tn 检验统计量）											
	In			Out			In-from-Other			Out-to-Other		
	最小值	均值	最大值	最小值	均值	最大值	最小值	均值	最大值	最小值	均值	最大值
金融市场	0.00	0.11	0.27	0.07	0.14	0.27	0.00	0.08	0.20	0.10	0.13	0.20
财政政策	0.07	0.15	0.20	0.13	0.23	0.40	0.00	0.11	0.27	0.00	0.22	0.45
货币政策	0.20	0.25	0.33	0.00	0.13	0.27	0.27	0.31	0.36	0.00	0.15	0.36

	Panel D 跨部门非线性网络关联测度（基于 Tn 检验统计量）		
To\From	金融市场	财政政策	货币政策
金融市场	0.17	0.03	0.13
财政政策	0.07	0.25	0.16
货币政策	0.20	0.44	0.10

	Panel E 线性网络关联测度											
	In			Out			In-from-Other			Out-to-Other		
	最小值	均值	最大值	最小值	均值	最大值	最小值	均值	最大值	最小值	均值	最大值
金融市场	0.13	0.22	0.31	0.25	0.29	0.31	0.09	0.24	0.36	0.27	0.35	0.36
财政政策	0.06	0.31	0.50	0.13	0.34	0.44	0.08	0.30	0.50	0.08	0.33	0.58
货币政策	0.38	0.45	0.50	0.13	0.35	0.63	0.27	0.48	0.64	0.18	0.35	0.55

	Panel F 跨部门线性网络关联测度		
To\From	金融市场	财政政策	货币政策
金融市场	0.17	0.33	0.17
财政政策	0.03	0.35	0.57
货币政策	0.61	0.33	0.37

注：（1）我们使用 VAR 模型对各变量的平稳序列进行"线性过滤"，并对过滤后的残差进行非线性 Granger 因果检验，检验结果基于 10% 的显著性水平；（2）与该领域研究相一致，我们基于共同滞后阶数 $Lx = Ly = 1$ 计算网络关联指标；（3）表 12-3 至表 12-6 相同。

为了更直观地测度宏观经济政策变量对金融市场收益率的非线性影响，我们在图12-1中分别画出了基于TVAL与Tn检验统计量的跨部门测度结果。图12-1（a）与（b）显示，两种非线性测度的结果较为接近。其中，存在显著的由"财政政策变量到货币政策变量"的网络关联关系，且网络关联系数较大，达到了0.44，这表明财政政策对货币政策有着较为显著的影响。与此同时，货币政策变量对资本市场的回报率的网络关联系数为0.20与0.13。相对应地，图12-1表明，金融市场内部的网络关联系数分别达到了0.20与0.17，这就意味着在我国金融系统中，单个市场的震荡易传染至其他金融市场，引发资本市场"同涨共跌"现象。

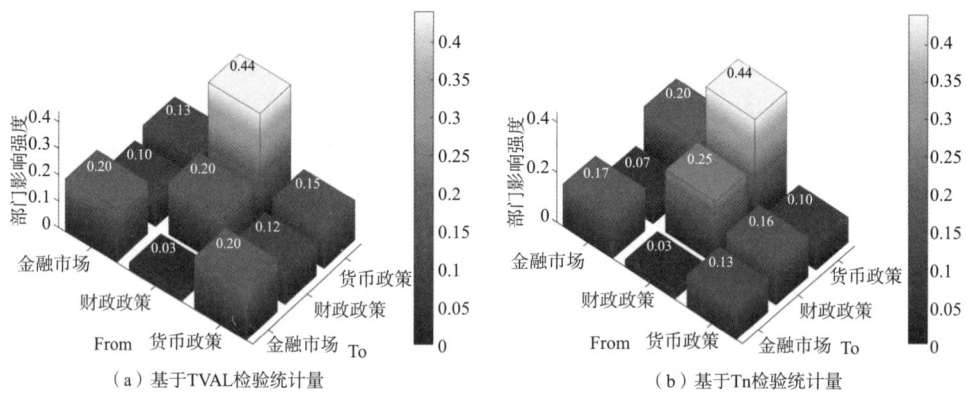

图12-1　货币政策变量、财政政策变量与金融市场收益率的跨部门网络关联

金融市场的收益率间存在显著的尾部联动效应，而这在造成巨大损失的同时，往往会成为金融系统中的风险隐患（Acharya et al., 2017）。因此，为了深入剖析宏观政策变量对金融风险的影响，本章遵循布朗利斯和恩格尔（2004）、泰勒（Taylor, 2020）的方法，采用CAViaR模型刻画上述各金融子市场在5%分位数下的风险，并据此测算政策工具与金融风险的非线性网络关联，结果列于表12-3。首先，Panel A中基于"In-from-Other"指标显示，财政变量与货币变量对应的均值分别为0.11与0.33，这表明，相较于M2增加额、公开市场操作、存款准备金利率等货币政策变量，财政支出、

财政收入等变量的外生性相对较强。此外，Panel B 与 Panel D 进一步显示，货币政策对金融风险的网络关联系数高达 0.40 与 0.37，存在更明显的网络关联关系。因此，货币政策是金融风险的重要调节工具。值得注意的是，包含财政支出、地方债务等在内的财政政策变量对货币变量产生了明显影响，网络关联系数达到了 0.48 与 0.44，这表明货币政策与财政政策相互配合、紧密关联。而由 Panel E 与 Panel F 中基于线性分析框架的结论，同样可发现，货币政策变量到财政政策变量的线性网络关联系数高达 0.60，而其到金融风险的系数则仅为 0.13，有悖于我国的政策实践，这再次表明传统的线性检验可能会出现较大的结论偏差。

表 12-3 货币政策变量、财政政策变量与金融市场的非线性网络关联测度（基于金融风险指标）

	Panel A 非线性网络关联测度（基于 TVAL 检验统计量）										
	In			Out			In-from-Other			Out-to-Other		
	最小值	均值	最大值	最小值	均值	最大值	最小值	均值	最大值	最小值	均值	最大值
金融市场	0.13	0.20	0.27	0.07	0.16	0.27	0.20	0.22	0.30	0.00	0.15	0.30
财政政策	0.13	0.17	0.20	0.13	0.27	0.33	0.00	0.11	0.18	0.09	0.24	0.36
货币政策	0.27	0.32	0.40	0.07	0.28	0.53	0.18	0.33	0.45	0.00	0.27	0.55

	Panel B 跨部门非线性网络关联测度（基于 TVAL 检验统计量）		
To\From	金融市场	财政政策	货币政策
金融市场	0.17	0.03	0.40
财政政策	0.10	0.35	0.12
货币政策	0.20	0.48	0.30

	Panel C 非线性网络关联测度（基于 Tn 检验统计量）										
	In			Out			In-from-Other			Out-to-Other		
	最小值	均值	最大值	最小值	均值	最大值	最小值	均值	最大值	最小值	均值	最大值
金融市场	0.07	0.18	0.27	0.07	0.16	0.20	0.10	0.20	0.30	0.00	0.17	0.30
财政指标	0.07	0.13	0.20	0.13	0.23	0.33	0.00	0.09	0.18	0.09	0.22	0.36
货币指标	0.27	0.32	0.40	0.07	0.25	0.47	0.18	0.33	0.45	0.00	0.24	0.45

	Panel D 跨部门非线性网络关联测度（基于 Tn 检验统计量）		
To\From	金融市场	财政政策	货币政策
金融市场	0.13	0.03	0.37
财政政策	0.10	0.25	0.08
货币政策	0.23	0.44	0.30

Panel E 线性网络关联测度											
	In			Out			In-from-Other			Out-to-Other		
	最小值	均值	最大值	最小值	均值	最大值	最小值	均值	最大值	最小值	均值	最大值
金融市场	0.07	0.17	0.27	0.27	0.34	0.53	0.00	0.07	0.20	0.20	0.33	0.50
财政政策	0.07	0.33	0.53	0.07	0.23	0.33	0.09	0.33	0.55	0.00	0.18	0.27
货币政策	0.33	0.48	0.60	0.13	0.37	0.67	0.27	0.49	0.64	0.18	0.35	0.55

Panel F 跨部门线性网络关联测度			
To\From	金融市场	财政政策	货币政策
金融市场	0.37	0.00	0.13
财政政策	0.10	0.35	0.60
货币政策	0.57	0.40	0.45

基于上述分析结论，我们在图 12-2 中直观地画出了跨部门关联的非线性测度结果。由图 12-2 可知，在网络分析框架下，基于 TVAL 检验统计量与 Tn 检验统计量的结果一致显示，财政政策变量到货币政策变量的网络关联系数高达 0.48 与 0.44。与此同时，同样存在明显的"货币政策变量到金融风险"的网络关联关系，系数也达到了 0.40 与 0.37。

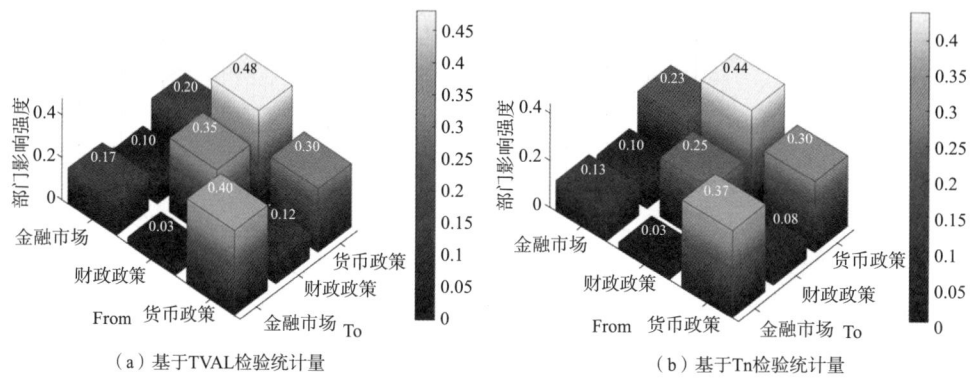

（a）基于TVAL检验统计量　　　　　（b）基于Tn检验统计量

图 12-2　货币政策变量、财政政策变量与金融市场风险的跨部门网络关联

图 12-3 进一步展示了本章所选用的政策工具与金融市场风险的非线性关联网络。其中，箭头表示关联关系的方向。由图 12-3 可知，与前文

结论一致，两种非线性测度结果显示，财政收支规模的变动以及地方债增加额等，均是各类货币政策工具变动的非线性 Granger 原因。图 12-3 同样显示，相较于财政政策变量，货币政策相关变量指向金融市场的连线更多，这表明货币政策的变动会迅速传导影响至各金融市场，而降准降息等政策工具的运用，往往能通过释放市场利好、提振投资者信心，平抑金融市场风险。

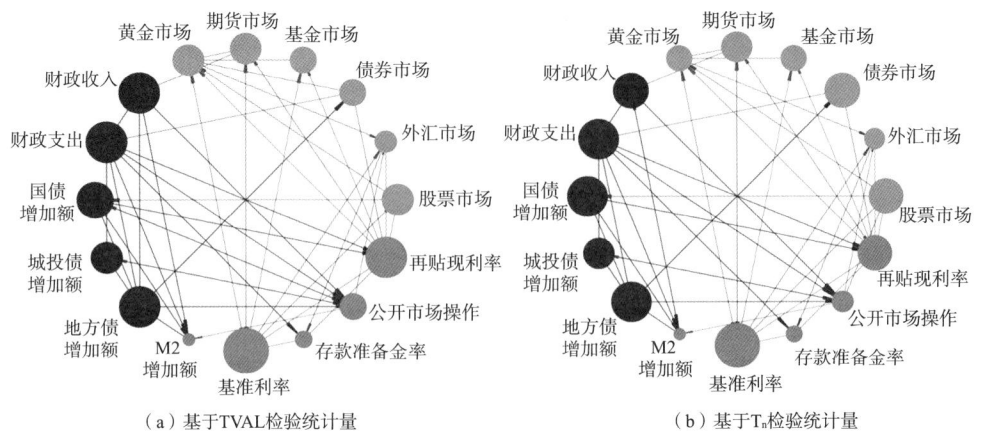

图 12-3 货币政策变量、财政政策变量与金融市场风险的网络关联

注：节点大小按照金融子市场或政策工具的净网络关联系数加权，节点越大，对外的关联影响越大。

我们在图 12-4 中对比了货币政策变量、财政政策变量与金融市场在非线性关联网络中的角色，各部门输出与输入的关联关系强弱根据气泡球心位置来确定。图 12-4 表明，根据非线性测度结果，代表财政政策变量的球体位于 45°线的上方，同时节点远大于其余市场，这进一步表明财政变量具有较强的外生性。而货币变量则处于横坐标轴的最右端，"In-Mean"与"In-from-Other Mean"指标均达到了 0.33，意味着受到了更为明显的外生影响。

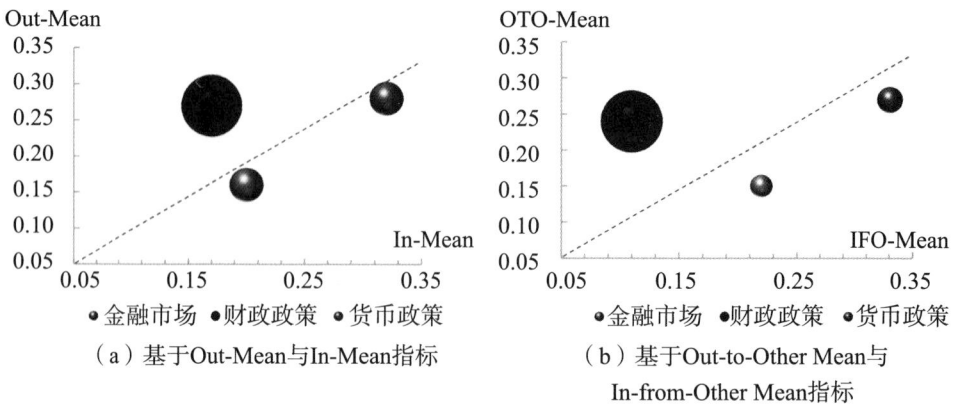

图 12-4 各部门的非线性网络关联角色分析

注：（1）纵坐标为各市场的 Out-Mean、OTO-Mean（Out-to-Other Mean）指标，横坐标为各市场的 In-Mean、IFO-Mean（In-from-Other Mean）指标。（2）各市场发出与受到的网络关联系数根据球心位置判断。（3）气泡大小按照 Net（Out-Mean-In-Mean、OTO-Mean - IFO-Mean）加权，气泡越大，净溢出强度越大。

第六节 财政金融统一框架下政策工具与金融市场非线性关联的稳健性分析

金融序列中的共同成分与特殊成分间存在较强的相关性，容易受到共同因子冲击影响，进而影响测度结果的可靠性。因此，遵循格罗斯和西克罗斯（2020）、巴里戈兹和哈林（Barigozzi and Hallin, 2017）的方法，[1]本章使用因子加稀疏 VAR（Factor Plus Sparse VAR）方法去除各金融子市场金融风险序列间的共同因子，在此基础上测度政策工具与金融市场的非线性关联，以展开稳健性分析。[2]

---

[1] 参见 M. Barigozzi and M. Hallin, "Generalized Dynamic Factor Models and Volatilities: Estimation and Forecasting," *Journal of Econometrics*, vol.201, no.2, 2017, pp.307–321; C. Gross and P. L. Siklos, "Analyzing Credit Risk Transmission to the Nonfinancial Sector in Europe: A Network Approach," *Journal of Applied Econometrics*, vol.35, no.1, 2020, pp.61–81.

[2] 基于回报率指标的结论稳健、一致，备索。

去除共同因子的测度结果显示（见表 12-4 的 Panel B 与 Panel D），存在由"财政政策变量到货币政策变量"的网络关联关系，其网络关联系数分别为 0.32 与 0.28。而货币政策变量到金融风险的网络关联系数达到了 0.17 与 0.13，与前文分析结论依然保持一致。

表 12-4 政策工具变量与金融市场的非线性关联的稳健性分析

Panel A 非线性网络关联测度（基于 TVAL 检验统计量）											
	In			Out			In-from-Other			Out-to-Other		
	最小值	均值	最大值	最小值	均值	最大值	最小值	均值	最大值	最小值	均值	最大值
金融市场	0.13	0.16	0.20	0.07	0.16	0.20	0.00	0.12	0.20	0.00	0.12	0.20
财政政策	0.07	0.16	0.27	0.13	0.21	0.27	0.09	0.11	0.18	0.09	0.18	0.27
货币政策	0.00	0.21	0.33	0.07	0.16	0.20	0.00	0.25	0.36	0.09	0.18	0.27

Panel B 跨部门非线性网络关联测度（基于 TVAL 检验统计量）			
To\From	金融市场	财政政策	货币政策
金融市场	0.23	0.07	0.17
财政政策	0.03	0.30	0.20
货币政策	0.20	0.32	0.10

Panel C 非线性网络关联测度（基于 T_n 检验统计量）											
	In			Out			In-from-Other			Out-to-Other		
	最小值	均值	最大值	最小值	均值	最大值	最小值	均值	最大值	最小值	均值	最大值
金融市场	0.07	0.12	0.20	0.07	0.13	0.20	0.00	0.08	0.20	0.00	0.10	0.20
财政政策	0.07	0.13	0.27	0.07	0.17	0.27	0.00	0.09	0.18	0.09	0.15	0.27
货币政策	0.00	0.17	0.27	0.07	0.12	0.20	0.00	0.22	0.36	0.09	0.15	0.27

Panel D 跨部门非线性网络关联测度（基于 T_n 检验统计量）			
To\From	金融市场	财政政策	货币政策
金融市场	0.20	0.03	0.13
财政政策	0.03	0.25	0.16
货币政策	0.17	0.28	0.05

第七节 财政金融统一框架下政策工具与股市风险的非线性网络关联测度

作为全球第二大股票市场，我国股票市场是资本市场体系中最重要的组成部分。同时，相关研究指出，股票市场的异常波动往往与系统性金融风险紧密相关（Bartram et al., 2007）。鉴于此，本章进一步在财政金融的统一框架下，测度各政策工具与股市风险的非线性关联。

首先，我们计算了股市 11 个行业的 CAViaR 指标，作为股市金融风险的代表变量，在此基础上检验政策工具与股市风险间的非线性关联。Panel A 与 Panel C 中的"In-from-Other"指标表明，在 TVAL 与 Tn 检验量下，货币政策变量所受的输入系数达到了 0.34 与 0.35，高于财政变量 0.08 与 0.05 的输入影响，因此，相较于财政政策的相关变量，货币变量受到了较为显著的外生冲击。此外，表 12-5 的 Panel B 与 Panel D 显示，与前文的分析结论一致，依旧存在"财政政策变量到货币政策变量"的网络关联关系，系数均达到了 0.36，同时货币变量也对股市风险产生了 0.20 与 0.18 的关联影响，这与前面的分析结论保持一致。

表 12-5　货币政策变量、财政政策变量与股市风险的非线性网络关联测度

	Panel A　非线性网络关联测度（基于 TVAL 检验统计量）											
	In			Out			In-from-Other			Out-to-Other		
	最小值	均值	最大值	最小值	均值	最大值	最小值	均值	最大值	最小值	均值	最大值
股票市场	0.05	0.22	0.50	0.10	0.26	0.60	0.00	0.13	0.20	0.10	0.20	0.30
财政政策	0.10	0.12	0.15	0.05	0.18	0.30	0.00	0.08	0.19	0.00	0.15	0.31
货币政策	0.10	0.32	0.70	0.05	0.18	0.40	0.06	0.34	0.75	0.00	0.16	0.44

	Panel B　跨部门非线性网络关联测度（基于 TVAL 检验统计量）		
To\From	股票市场	财政政策	货币政策
股票市场	0.32	0.05	0.20
财政政策	0.07	0.30	0.08
货币政策	0.33	0.36	0.25

	Panel C　非线性网络关联测度（基于 T_n 检验统计量）											
	In			Out			In-from-Other			Out-to-Other		
	最小值	均值	最大值	最小值	均值	最大值	最小值	均值	最大值	最小值	均值	最大值
股票市场	0.05	0.26	0.38	0.05	0.27	0.57	0.00	0.22	0.36	0.09	0.23	0.36
财政政策	0.05	0.10	0.14	0.10	0.16	0.24	0.05	0.06	0.06	0.06	0.12	0.24
货币政策	0.00	0.31	0.71	0.00	0.25	0.57	0.00	0.35	0.88	0.00	0.28	0.63

续表

Panel D 跨部门非线性网络关联测度（基于T_n检验统计量）			
To\From	股票市场	财政政策	货币政策
股票市场	0.25	0.04	0.18
财政政策	0.05	0.25	0.08
货币政策	0.25	0.36	0.25

注：本章采用上证指数作为股票市场组合的代表变量，同时选取 Wind 行业一级指数作为金融、房地产、可选消费、日常消费、工业、材料、能源、信息技术、电信服务、公用事业、医疗保健共计 11 个行业的代表变量。表 12-6、12-7 相同。

相类似地，我们在图 12-5 中画出了货币政策变量、财政政策变量与股市金融风险间的非线性关联，以更直观地刻画政策工具对股市风险的关联影响。由图 12-5 的 TVAL 检验结果，我们可以清楚地发现，财政变量对货币变量、货币变量对股票市场的网络关联系数分别达到了 0.36 与 0.20（T_n 检验统计量的结果分别为 0.36 与 0.18），这表明财政政策对货币政策产生了明显影响，而货币政策则会显著作用于我国股市风险。此外，股市各行业间网络关联系数达到了 0.32 与 0.25，远高于图 12-2 中金融市场间的风险传染强度（0.17 与 0.13），因此，相较于其他资本市场，股市各行业间更容易产生风险传染效应。

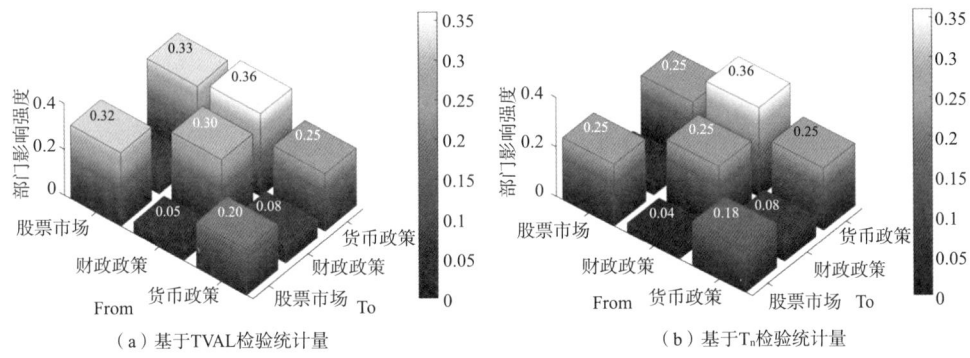

（a）基于TVAL检验统计量　　（b）基于T_n检验统计量

图 12-5 货币政策变量、财政政策变量与股市风险的跨部门网络关联

采用因子增广向量自回归方法（FAVAR）能够有效检验在通胀、风险、政策效果等经济金融系统的潜在变量未被完全观测到时，政策变量之间的正

负冲击系数（Liu et al., 2017; Fernald et al., 2014），从而为完善宏观经济政策协调机制提供新的思路。因此，与伯南克等（2005）的研究相一致，本章根据敏感性分析确定各信息集的共同因子，并分别测度各变量在各类别政策工具冲击下的脉冲响应，为了使分析结果具有可比性，本章将各政策工具的冲击定义为增加2单位标准差。同时，为了便于识别，我们用灰色阴影区域标识冲击90%的置信区间，并在图12-6中展示了政府债务对财政支出冲击的脉冲响应。

由图12-6可知，我国财政支出规模对国债、地方债增加额等变量存在正向冲击关系，冲击系数在初期便达到了1.50，这表明，财政支出的增加会对国债、城投债以及地方债等政府债券产生显著的正向影响。

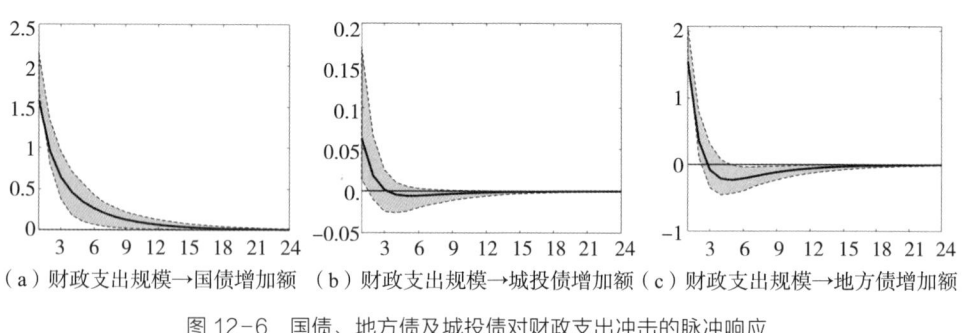

(a) 财政支出规模→国债增加额　(b) 财政支出规模→城投债增加额　(c) 财政支出规模→地方债增加额

图12-6　国债、地方债及城投债对财政支出冲击的脉冲响应

与此同时，图12-7（b）显示，财政支出规模增加2单位标准差后，其带来的财政收支缺口对货币供应量的增额存在正向冲击，系数为0.77。这表明宽松货币政策与积极财政政策协调配合，赤字性的财政政策将可能会驱动货币政策的进一步宽松。与此相对应，图12-7（a）中的冲击系数达到了-1.45，意味着财政收入的提高则会降低货币供应量的扩张趋势。值得注意的是，由图12-7（d）、（e）可知，进一步地，地方债、城投债的增发额在增加2单位标准差时，对货币供应量增额存在较为明显的正向冲击，冲击系数分别达2.10与3.20。这一检验结果表明，由于我国存在较大数额的隐

性财政赤字,地方财政收支持续承压,[1]因此,地方政府债务的快速增加,同样会对货币扩张产生影响。这与我国的政策实践相符合,如2018年8月24日,央行在公开市场业务交易公告中明确指出"为对冲政府债券发行缴款、央行逆回购到期等因素的影响,加强货币政策与财政政策的协调配合,维护银行体系流动性合理充裕",将通过中期借贷便利(MLF)操作投放1490亿元的中期基础货币。该分析结论再次证明,应坚持"系统观念",提高货币政策与财政政策的协调配合。

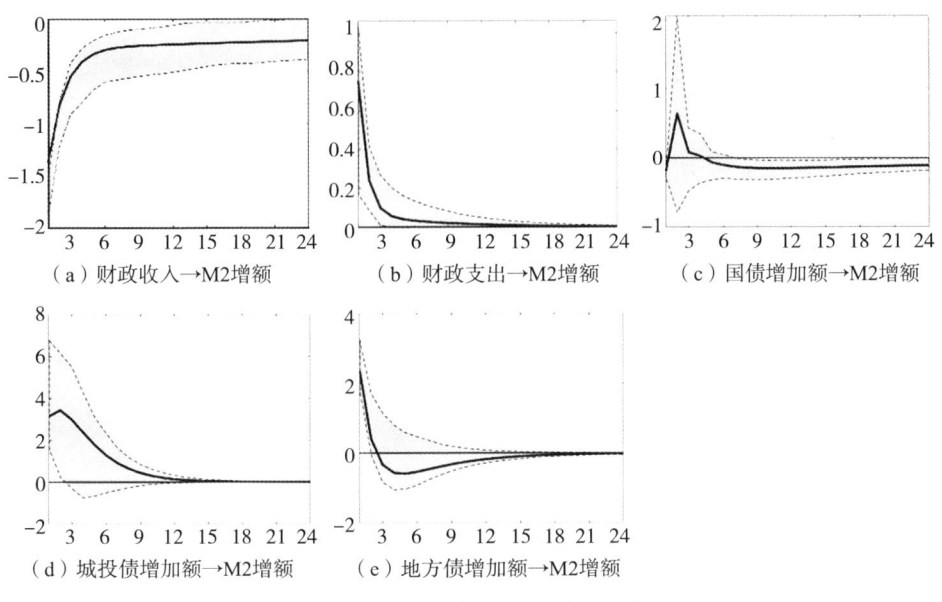

图 12-7 货币供应量对财政变量冲击的脉冲响应

第八节 政策工具与金融市场风险非线性关联的进一步检验

由货币政策、财政政策等引发的市场条件变化在影响单个金融机构的同

---

[1] 截至2020年12月,财政部公告显示全国地方政府债务余额已攀升至256615亿元。Wind数据库也进一步表明,我国各省区市的债务负担率(债务/GDP)在27%至87%间不等,平均负债率(债务/财政收入)高达430.98%。此外,地方政府融资平台的举债规模更是持续增长,地方隐性债务的兑付压力不断增加。

时,也可能显著作用于整个金融系统。因此,为了分别基于宏观审慎与微观审慎的视角,深入测度政策工具对金融风险的关联影响,我们将股票市场11个行业的金融风险分解为尾部风险(TR)以及系统关联(SL)两个子成分。具体而言,宏观审慎监管理念认为,对外部冲击更为敏感的金融机构具有更高的系统重要性地位,与金融系统的关联更为紧密,其受到风险事件冲击概率也相对更高;而微观审慎监管理念则更倾向于关注个体尾部风险更高的金融机构。因此,采用系统关联这一子成分,衡量机构极端损失与风险事件间的关联,能够从宏观审慎监管视角进一步刻画金融风险;而尾部风险则基于微观审慎监管视角度量金融机构的风险水平,代表了金融机构的个体风险。

本章在表12-6中展示了货币政策变量、财政政策变量与金融风险子成分的网络关联测度结果。其中,由表12-6的Panel A与Panel C,我们可以清楚地看出,系统关联受到的外生冲击较强,"In-from-Other"表明,基于该子成分的均值达到了0.16,显著高于尾部风险的关联输入系数(0.06)。此外,相关研究表明,微观审慎监管旨在降低个体尾部风险、遏制金融机构的过度冒险行为,宏观审慎监管则关注于市场的共同风险敞口与相互联系(Zheng and Cronje, 2019)。因此,系统关联这一成分往往与我国"货币政策和宏观审慎政策"双支柱调控框架紧密相关。而表12-6的Panel B与Panel D恰好显示,货币政策主要影响系统关联,而非尾部风险,基于两种非线性检验统计量的网络关联系数高达0.15与0.13,其对个体风险的关联影响仅为0.04与0.02,这一检验结论也从一方面佐证了我国双支柱调控框架在宏观审慎层面防控风险的有效性。

与此同时,最新研究指出,在监管实践中,一国央行的货币政策决策往往会将金融稳定目标纳入考量范围,因此,各国央行往往综合运用降息、降准、再贷款等各类货币政策手段,以平抑资本市场波动、缓释尾部风险冲击,维护金融市场的平稳运行(Wu et al., 2022)。而Panel B与Panel D也显示，相较于财政政策变量，个体尾部风险对货币政策变量产生了更为明显的反馈影响，尾部风险对应的网络关联系数分别达到了 0.20 与 0.16。[1] 例如，近年来，国际金融市场剧烈震荡、我国金融市场不确定性显著攀升，在此背景下，中国人民银行多次实施降准降息，以释放利好信息，降低金融机构资金成本，平抑资本市场震荡。[2] 而该结论也在一定程度上证明了我国货币政策能够灵活适时调整，较好地实现了对尾部风险事件的主动应对。

除此之外，与前文分析一致，表 12-6 的 Panel B 与 Panel D 中，由财政变量到货币变量的网络关联系数也均达到了 0.16，大于货币到财政变量的关系影响，货币政策变量对金融风险的网络关联系数仍相对较高，因此，检验结果再次验证财政政策对货币政策的影响力度相对较大，而货币政策是金融风险的重要调节工具，本章的结论是稳健、可靠的。

表 12-6　货币政策变量、财政政策变量与金融风险子成分的非线性关联

	Panel A　非线性网络关联测度（基于 TVAL 检验统计量）										
	In			Out			In-from-Other			Out-to-Other		
	最小值	均值	最大值	最小值	均值	最大值	最小值	均值	最大值	最小值	均值	最大值
系统关联	0.00	0.17	0.55	0.03	0.10	0.29	0.00	0.16	0.52	0.00	0.06	0.24
尾部风险	0.00	0.11	0.23	0.00	0.18	0.42	0.00	0.06	0.14	0.00	0.17	0.33
财政政策	0.00	0.03	0.06	0.00	0.05	0.16	0.00	0.03	0.07	0.00	0.06	0.19
货币政策	0.00	0.12	0.39	0.00	0.08	0.32	0.00	0.13	0.44	0.00	0.08	0.37

	Panel B　跨部门非线性网络关联测度（基于 TVAL 检验统计量）			
To\From	系统关联	尾部风险	财政政策	货币政策
系统关联	0.19	0.21	0.05	0.15
尾部风险	0.09	0.22	0.02	0.04
财政政策	0.00	0.05	0.00	0.04
货币政策	0.04	0.20	0.16	0.05

---

[1] 需要说明的是，本章仅从金融学科的视角出发，在金融的分析框架下纳入财政变量，而如何从财政学科的视角出发进行分析，仍待进一步研究。

[2] 如 2020 年 2 月 3 日（即春节后的首个交易日），中国 A 股市场剧烈震荡，逾 3000 个股跌停，上证综指由 2976 点下跌至 2746 点，跌幅高达 7.72%，而同年 3 月，美国、韩国、加拿大、巴西等多国股市也多次熔断，因此，中国人民银行于 2020 年 3 月实施定向降准 0.5 至 1 个百分点；2021 年 3 月，A 股市场大幅下挫，上证综指该月的跌幅高达 6.07%，央行也于 2022 年 4 月下调金融机构存款准备金率 25 个基点。

续表

	Panel A 非线性网络关联测度（基于 T_n 检验统计量）											
	In			Out			In-from-Other			Out-to-Other		
	最小值	均值	最大值	最小值	均值	最大值	最小值	均值	最大值	最小值	均值	最大值
系统关联	0.00	0.18	0.55	0.00	0.12	0.29	0.00	0.16	0.52	0.00	0.07	0.24
尾部风险	0.00	0.10	0.19	0.00	0.18	0.42	0.00	0.06	0.14	0.00	0.17	0.33
财政政策	0.00	0.03	0.10	0.00	0.06	0.13	0.00	0.03	0.11	0.00	0.06	0.15
货币政策	0.00	0.12	0.39	0.00	0.06	0.23	0.00	0.13	0.44	0.00	0.06	0.26

	Panel B 跨部门非线性网络关联测度（基于 T_n 检验统计量）			
To\From	系统关联	尾部风险	财政政策	货币政策
系统关联	0.21	0.22	0.07	0.13
尾部风险	0.10	0.20	0.00	0.02
财政政策	0.02	0.05	0.05	0.00
货币政策	0.07	0.16	0.16	0.05

第九节 小结

近年来，我国地方债券发行规模不断攀升，地方政府隐性债务风险仍待化解，这在一定程度上使得财政风险金融化的问题更加凸显，也使得在独立货币框架下防范金融风险的治理思路面临新的挑战。货币政策、财政政策与金融风险之间存在着紧密且复杂的整体关联，它们之间相互依赖、相互影响，组成了一个系统性的关联网络。因此，在财政金融的统一框架下，综合测度货币政策、财政政策对金融风险的影响，将为从系统观念的角度，增强货币政策与财政政策在防范风险上的协同配合，提供更为客观的参考依据。

鉴于此，本章选用我国货币供应量、人民币贷款基准利率、公开市场操作等货币政策变量，以及财政收入规模、财政支出规模、国债增加额、地方债增加额等财政政策变量，在财政金融统一框架下，引入非线性网络关联方法，基于 2005 年 1 月至 2019 年 12 月的样本数据，重新测度我国货币政策变量、财政政策变量与金融风险的关联与相互影响。其中，基于 TVAL 的检验结果发现，存在由财政政策变量到货币政策变量的网络关联关系，其网络关联系数为 0.48，并存在由货币政策变量到金融风险的网络关联关系，网络关联系数为 0.40。进一步地，构建因子增广向量自回归模型，使用脉冲响应分析方法检验财政政策变量对货币政策变量的影响方向，结果发现，财政支出规模与政府债务增加额存在正向冲击关系，其中，地方债、城投债在增加 2 单位标准差时，对货币供应量增额的冲击系数分别达到了 2.10 与 3.20。

值得注意的是，本章对比发现，基于线性测度框架的结果显示，相较于货币政策变量到金融市场的网络关联系数（0.17），货币变量到财政变量存在更为显著的线性网络关联关系，系数高达 0.57。这就意味着，相较于金融市场，财政政策更容易因货币政策的变动而做出相应调整。这些均与非线性测度结果相矛盾，也与我国政策实践相悖：我国财政政策常常依据宏观经济形势的发展变化，而非货币政策的变动，做出逆周期调整。例如，在 1994—1997 年期间，我国出现经济过热以及较为严重的通货膨胀，对此，我国政府及时实施了"适度从紧"的财政政策，成功实现了经济的"软着陆"，而进入 2020 年 4 月，为了应对新冠疫情的冲击，缓解经济下行压力，我国转而采取"更加积极有为"的财政政策。

此外，本章仅测度了政策工具对金融风险的网络关联系数，未对影响方向，即货币政策、财政政策能否减轻或加剧风险，展开相关讨论，而我们在另一研究成果则发现，宽松货币政策的实施能有效化解金融风险，维护金融市场稳定（杨子晖等，forthcoming）。

宏观审慎监管理念认为，对外部冲击更为敏感的金融机构具有更高的系统重要性，与金融系统的关联更为紧密，其受到风险事件冲击的概率也相对更高；而微观审慎监管理念则更倾向于关注个体尾部风险更高的金融机构。因此，本章进一步基于宏观审慎与微观审慎的视角，将金融风险分解为系统关联与尾部风险两个子成分，考察货币政策变量、财政政策变量对不同成分的影响。其中,系统关联这一成分往往与我国货币政策和宏观审慎政策双支柱调控框架紧密相关,而本章的研究结果正好表明,货币政策变量到系统关联的网络关联系数(0.15与0.13)大于其到尾部风险的网络关联系数(0.04与0.02),这也佐证了我国双支柱调控框架在宏观审慎层面防控风险的有效性。

此外,本章发现,存在更为明显的尾部风险成分到货币政策变量的网络关联关系,系数为0.20与0.16。究其原因,近年来央行多次降准降息,以稳定市场预期,平抑资本市场震荡,这也意味着我国货币政策能够灵活适时调整,较好地实现了对尾部风险事件的主动应对。

因此,在"十四五"期间,我们在加大货币政策对实体经济流动性支持的同时,也应继续完善货币政策和宏观审慎政策这一双支柱调控框架,以有效地应对化解潜在的金融风险,同时,在"积极财政政策更加积极有为"的背景下,我们必须坚持系统观念、运用系统方法,统筹发挥货币政策、财政政策在防范重大风险中的作用。

此外,需要进一步指出的是,本章仅基于货币政策、财政政策的相关变量进行计量分析,考察了部分政策工具对以股票市场为代表的资本市场金融风险的影响,分析结论也仅适用于此类政策变量与金融风险。而转移支付、税收、信用管制等政策,以及房地产风险、信用风险、利率风险等金融风险不在本章的讨论范围内,上述政策工具与风险间的作用关系仍有待进一步研究。

基于以上的研究,本章得到以下三点启示:

(一)本章的分析结果表明,存在由财政政策变量到货币政策变量的网络关联关系,扩张性财政政策所带来的财政赤字、地方政府债务等隐性财政风险可能迫使货币政策因财政政策的变动而做出相应调整,成为加剧金融风险的潜在因素。而降息、逆回购等边际宽松的货币政策工具在释放流动性的同时,也对金融市场产生了显著的风险传导。因此,在实施积极的财政政策时，应当充分重视并发挥财政政策在防范金融风险方面的重要作用，防范过度依赖财政赤字与地方债务产生的负面效应，通过建立财政支出绩效评价体系、实施财政支出的优先性排序、推进预算编制精细化管理等方式进一步优化财政支出结构，提高财政的投入产出效率。同时，在促进货币政策与财政政策协调配合的过程中，我们也应加强货币政策的独立性，确保政策的可操作空间。

（二）本章的研究结论显示，货币政策对金融风险的网络关联系数高达 0.40 与 0.37，存在更明显的网络关联关系。同时，相较于财政政策变量，货币政策相关变量指向金融市场的非线性网络连线更多，这表明货币政策的变动会迅速传导影响至各金融市场，而降准降息等政策工具的运用，往往能通过释放市场利好、提振投资者信心，平抑金融市场风险。因此，我们必须灵活调整政策的施行节奏与力度，强化货币政策的精准滴灌作用，加大对医疗保健、房地产、金融等利率敏感型行业的实时风险监控。此外，也应把握不同政策工具对金融市场长短期影响的差异化作用，从而有效防范化解系统性金融风险、保障资本市场平稳健康发展。

（三）研究结果表明，系统关联受到的外生冲击较强，"In-from-Other"表明，基于该子成分的均值达到了 0.16，显著高于尾部风险的关联输入系数。与此同时，个体尾部风险也对货币政策变量产生了更为明显的反馈影响。由此可见，货币政策是金融风险的重要调节工具。因此，我们可通过附加资本、杠杆率、流动性要求等方式加强对系统重要金融机构的监管力度，将"尾部风险""系统关联"等细化指标纳入金融机构的风险评估体系，有效落实差异化监管措施，同时进一步完善"货币政策和宏观审慎政策"双支柱调控框架，开展常态化的宏观审慎情景分析、压力测试等工作，密切关注金融市场的脆弱性，推动经济社会高质量发展。

第十三章
结论与政策建议

第一节 研究结论

本书结合中国经济向高质量转型期间的风险特征，对金融风险进行有效测度，剖析系统性金融风险的传染效应与外溢冲击，探究驱动金融风险的影响因素与作用机制，并由此得出富有启发意义的结论，现将其概括如下：

（1）系统性金融风险测度方面

本书采用前沿的系统性风险分解方法，基于区分宏观审慎与微观审慎这一崭新的研究视角，分别测度了全球、发达、新兴市场冲击下，包括我国在内的49个全球主要金融市场的系统性风险、系统关联以及尾部风险。测度结果表明，在发达市场金融风险的冲击下，我国内地金融市场的系统关联较低，但尾部风险指标则相对较高，将出现明显的个体风险积聚现象。与此相对应，在新兴市场冲击下，我国内地市场的系统关联指标于2008年后逐步上升，与新兴市场高度互联，风险共振可能较大。进一步地，基于我国不同行业的分析结果表明，在受到国际风险冲击时，我国房地产、信息技术、金融等行业系统性风险（SR）指标更高，这就意味着，此类资金投入需求相对较大、对经济形势更为敏感的行业，易在输入性风险冲击下出现大幅震荡。

（2）我国系统性金融风险的跨部门传染方面

本书进一步考察系统性金融风险的传染效应。研究发现，我国金融机构各部门之间存在着明显的非线性风险传染效应，且银行和房地产部门是我国金融风险的主要来源，同时，多元金融业等易受到其他部门风险的显著冲击。因此，我国监管部门需要进一步加大对此类系统重要性金融机构的管控，尤其加强对影子银行、房地产泡沫等重点领域的风险防控。进一步地，自2013年以来，中国系统性金融风险溢出指数逐步攀升，系统性风险传染中心也并非一成不变，而且，伴随着"银行钱荒"和"股市熔断机制"等事件，风险跨部门传染效应显著增强，并在高位徘徊。

（3）我国系统性金融风险的跨市场传染方面

本书的研究结果表明，我国股票市场与外汇市场间存在显著的非线性联动效应，单个市场的风险会通过两者间紧密的关联性而快速传染，成为我国金融系统中的风险隐患。与此同时，汇市的尾部风险在短期内对股市造成的不利影响大于其受到的负面冲击。此外，我国外汇市场对境外风险的传染具有较强的免疫力，受国际汇率市场冲击产生的影响也存在一定的滞后性。相较之下，随着合格境内机构投资者、"沪港通"、中港基金互认等机制启动，我国资本市场开放程度不断提高，与世界金融市场融合程度的日益加深，股票市场已成为我国对外开放过程中更可能遭受尾部风险事件冲击的金融市场。但总体而言，我国股市与汇市受境外风险的冲击相对较小，对跨境风险的抵御能力高于国际平均水平，金融体系风险水平的升高更多地应归因于国内金融市场间尾部风险的传染效应。然而，值得注意的是，中国香港市场对内地市场产生了明显的风险净溢出效应，在一定程度上可能成为境外风险冲击中国金融系统的重要渠道。

（4）全球系统性金融风险的网络关联方面

本书分析发现，包括中国在内的全球各金融市场呈现显著的网络关联性。当一个市场面临金融困境,将在很大程度上提高其他市场遭受金融困境的概率。这就意味着,一国(地区)"冲击"事件引发的市场动荡,可能产生"多米诺骨牌"效应,波及世界其他地区的金融市场,对其他国家(地区)的金融安全与金融稳定产生显著影响。网络关联效应可能导致风险快速积聚与扩散,形成系统性金融风险。而且金融风险可能通过金融体系传导链条的网状结构,向其他金融市场迅速传递,最终演变成席卷全球的金融危机。由此可见,除了"太大而不能倒"的传统监管原则,宏观审慎风险防范机制应该同时考虑"太关联而不能倒"的监管理念。

(5)短中长期的系统性金融风险传染方面

本书以信用风险为例,深入剖析了短期、中期、长期的金融风险传染效应。研究结果表明,我国信用风险网络关联紧密,风险传导关系复杂。与此同时,在不同时期,风险传染效应存在显著的异质性,信用基本面分化态势明显。此外,从短期来看,一方面,信用风险的溢出强度对消费者预期指数、中小企业信心指数产生了显著的因果影响,风险的积聚将使得市场主体预期承压、市场信心严重受挫;另一方面,其也对银行同业拆借利率等金融指标产生了明显外溢冲击。而从长期来看,信用风险的溢出冲击对经济景气指数、社会融资额等宏观经济基本面指标造成了显著的负面影响。这就表明,持续积聚的信用风险易经由金融渠道进一步放大,对融资供需端产生严重的不利影响,使得市场流动性边际趋紧、中小企业融资环境恶化,对宏观经济造成负面冲击。

(6)我国系统性金融风险的影响因素方面

分析结果显示,在我国银行系统中,机构规模是尾部风险的重要影响因素。我国金融机构的规模扩张能够有效降低尾部风险,但机构规模的风险缓释效应受到基本面因素的非线性影响。具体而言,随着银行杠杆率、不良贷款率、市场价值比率、托宾 q 值和成本收入比率的不断增加,银行规模对尾部风险的缓释作用效应出现渐进减弱的态势，表明资产质量较差、业务复杂程度高、成本管理水平较低等问题将加剧金融机构的脆弱性。与此同时，改善银行收入结构能够有效提升银行业的稳定性，非利息收入比率、手续费收入比率等指标的上升则显著增强了大型金融机构的风险抵御能力。

（7）经济政策不确定性对系统性金融风险的影响方面

本书对经济政策不确定性与金融部门风险的关联，展开非线性检验与混频检验，研究结论一致表明，中国股票市场整体极端风险与经济政策不确定性之间存在双向因果关系。这就意味着我国股票市场是一个典型的"政策市"，"不合时宜"政策的出台可能会引发股市剧烈波动并加剧金融风险，例如 2016 年 1 月 1 日中国正式实施股市熔断机制，随后引发了非理性抛售，触发 5% 与 7% 的熔断阈值，导致资本市场的剧烈震荡；与此同时，我国股票市场机制仍不完善，当发生危机时，往往需要监管部门介入管制以稳定市场及时止损，使得经济政策不确定性水平攀升。

（8）全球系统性金融风险的影响因素与传染渠道方面

本书的分析结论表明，近年来随着全球金融一体化进程的加快，金融、贸易开放程度的增加显著提高了全球风险事件同频共振的可能，风险易经由国际市场间的贸易与金融联系快速扩散。而在国际金融风险的传染过程中，较之信息渠道，由贸易与金融关联构成的真实联系渠道是更为重要的风险传染途径，经济体间贸易与金融联系的增强均会进一步加剧系统性风险隐患。其中，贸易渠道对各市场的个体尾部风险水平产生了显著的驱动作用，而金融关联则是各经济体与全球金融市场风险联动的重要影响因素。

（9）全球系统性金融风险影响因素与传染渠道的异质性分析方面

进一步地，本书的异质性分析结果显示，在发达市场与新兴市场中，金融发展程度的影响存在显著差异。究其原因，对于金融基础设施较为完备、金融体系相对完善的发达市场而言，其金融发展水平的进一步提升，能够在一定程度上增强其金融系统的稳定性，避免在冲击下产生显著的风险联动。然而，金融产品、金融行为的复杂化也大幅提高了监管难度，诱使市场参与者构建高风险、高回报的投资组合，从而加剧了个体尾部风险隐患。而对于基础设施较不完善、发展程度普遍较低的新兴市场而言，金融市场的适度发展有助于经济主体间相互分担风险，也有利于市场参与者通过合理的资产配置充分分散风险，因此个体尾部风险会随着金融发展程度的加深而降低。

（10）重大突发公共事件对系统性金融风险的影响方面

本书以非典、新冠疫情为例，探究重大突发公共事件对我国系统性金融风险的外生冲击，深入分析疫情期间金融市场各部门间的风险传导。研究结论表明，此类事件在爆发初期，对我国各部门造成了显著的负面冲击，大幅提高了各部门之间的风险共振与风险溢出效应，并使得风险传导途径产生显著变化。但总体而言，该事件对金融市场的冲击较为短暂，风险的净溢出指数迅速恢复低位运行的趋势。同时，在新冠疫情等突发公共事件对单个市场产生显著冲击，使其剧烈震荡后，风险可能快速传导至与其风险结构相似的市场，并在各市场间共振放大，进而迅速扩散至全球，显著加剧了国际市场所面临的潜在风险。

（11）系统性金融风险与宏观经济的溢出传染方面

本书在当前金融与实体经济风险外溢性提高的背景下，基于混频分析框架，深入剖析金融风险对宏观经济部门的传导途径，有效识别宏观经济各部门的外溢效应及其对金融系统的反馈机制。结果显示，我国金融市场均为风险冲击的净输出方，而所有宏观经济部门均为风险冲击的净输入者，而相对于外汇市场，源于股票市场的风险冲击力度更大。其中，对2015年"重大股灾"时期的混频因果分析表明，金融风险是导致消费、投资、利率、货币和消费者信心等出现明显变动的原因，而利率、货币等宏观部门的变动也会经由信贷渠道（金融市场→利率→贷款→金融市场）、"观望"理论（金融市场→M2→投资→金融市场)等传导途径对金融市场产生明显的反馈作用,而上述机制在传统的共频研究中常常被忽略。

(12)货币政策、财政政策与系统性金融风险的网络关联方面

本书引入非线性网络关联方法,构建财政金融的统一框架,重新测度我国货币政策变量、财政政策变量与金融风险间的关联与相互影响。检验结果发现,我国存在由财政政策变量到货币政策变量,再到金融风险变量的网络关联关系。例如,财政支出规模与政府债务增加额存在正向冲击关系,地方债、城投债在增加2单位标准差时,对货币供应量增额的冲击系数分别达到了2.10与3.20。与此同时,本书研究发现,货币政策变量到系统关联的网络关联系数大于其到尾部风险的网络关联系数,而系统关联这一成分往往与我国货币政策和宏观审慎政策双支柱调控框架紧密相关,这也佐证了我国双支柱调控框架在宏观审慎层面防控风险的有效性。此外,存在更为明显的尾部风险成分到货币政策变量的网络关联关系。究其原因,近年来央行多次降准降息以稳定市场预期,平抑资本市场震荡,这也意味着我国货币政策能够灵活适时调整,较好地实现了对尾部风险事件的主动应对。

第二节 政策建议

(一)加快构建中国特色系统性金融风险预警指标体系,全面完善金融风险预控与关口前置防控体系。本书的研究结果显示,VaR、MES、CoVaR以及 ΔCoVaR 等风险测度方法能够准确识别出标志性风险事件,较为合理地反映了我国系统性金融风险水平。与此同时,在国际金融危机和中国股市震荡期间,ES指标在测度A股市场和各金融部门的极端风险时更接近实际损失,并均通过了回溯测试,反映了在我国金融体系中该指标对尾部风险测度的有效性。因此,监管部门在风险预警体系的设计中可考虑适当纳入上述测度指

标,并实时监测关键指标的运行态势,开展常态化的宏观审慎情景分析、压力测试等工作,密切关注金融市场的脆弱性,以客观评价我国金融体系的整体风险水平,合理甄别出系统性重要金融机构。此外,我们应当进一步全面完善金融风险预控与关口前置防控体系。例如,可基于相关预警指标,搭建金融风险信息的统一发布与数据共享平台,结合区块链、大数据、人工智能等技术,实现风险信息的全面归集与高效赋分,提高数据采集、信息报送效率,如加强对恶意剥离优质资产、置换不良资产、重大涉诉事项增多、负面舆情指数骤升等违约信号的识别预警工作,加强常态化金融风险排查与监测,定期发布风险评估报告,对风险暴露可能较大的金融产品、金融机构提前发布风险预警,并通过附加资本、杠杆率、流动性要求等方式加强对系统重要金融机构的监管力度,从而合理配置监管资源、有效提升监管效能,实现风险监管关口前置,更为精准、稳妥地处治化解系统性金融风险隐患。

(二)加大金融风险传染网络重要节点防控力度,建立健全金融监管协调机制与风险处理机制。本书风险溢出效应的分析结果显示,我国金融体系整体上存在较为明显的风险传染效应,金融市场间的尾部风险传染效应远高于国际平均水平,金融风险易在两个市场间快速传播,共振暴跌的事件频频发生。其中,在整体样本期内,我国证券部门对外风险溢出效应最为明显,而与其他部门高度关联的房地产部门更是已成为我国金融系统中重要的风险隐患,在相关政策出台后出现了显著的风险传染现象。因此,我国监管部门必须密切关注并防范跨部门风险传染所引发的系统性金融风险,提高对证券、房地产等重点领域的风险防控力度,把握化解风险的战略主动,警惕风险由我国金融系统中的薄弱环节向其他部门发生跨部门、跨行业传导,维护金融市场的安全与稳定。而且,在对此类部门进行政策调控时,我们也需进一步加强预期管理工作,避免调控手段与调控目标的偏离而导致其出现过度波动,进而对其他部门产生风险冲击。此外,监管当局应当建立健全金融监管协调机制与风险处理机制，加强混业监管的协调与统筹工作，对各类金融机构及其经营活动实施风险全覆盖监管，强化对同类业务、同类主体监管的统一性，加强事前审批与事中事后管理，避免混业经营催生银行等部门内部的债务风险、关联交易等问题，防止违规融资行为、债务风险、房地产泡沫等隐患引发各部门、市场的风险共振。

（三）加强中小金融机构风险监测评估，提高差异化监管力度确保金融市场流动性总体稳定。本书的研究结论表明，我国金融机构规模与系统性金融风险存在明显的负向关联，中小银行面临更高的风险隐患。因此，我国监管部门应当对不同规模的银行实施差异化监管，有效改善中小银行的风险控制能力和治理水平。同时，本书研究发现，成本收入比率、银行不良贷款率、杠杆率等指标提高会显著削弱我国银行的风险缓释效应，低效率的成本管理水平将引发更高的尾部风险，不良贷款率的上升也将大幅削弱规模对尾部风险的抑制作用。因此，在利率市场化持续推进、银行业竞争日益加剧、逆周期金融调节政策潜在风险提升的背景下，政府应当重点关注中小银行成本管理水平、银行企业贷款垫款比率、个人住房贷款比率等主要经营指标的运行区间，进一步加强中小金融机构风险监测评估工作，在"对银行体系开展全覆盖的压力测试"时，监管者可以通过将成本收入比率纳入压力测试范围等手段，对金融机构可能出现的不良资产反弹等隐患做好前瞻性应对准备，进一步加强针对中小银行相关经营风险暴露的监管力度。此外，监管当局应适度提高中小金融机构抽查频次与比例，构建风险暴露等级动态调整机制。

（四）实时监测跨境资本流动风险与境外金融市场异动，持续加大跨境金融支持力度。本书研究发现，包括中国在内的全球各地金融市场呈现出显著的尾部依赖性与网络关联性，金融风险可能通过金融体系传导链条的网状结构，向其他金融市场迅速传递，最终演变成席卷全球的金融危机。更严重的是，无论是在短期还是中长期，中国均处于波动溢出的净输入国家，资本市场将在较大程度上受到显著的外部冲击。由此可见，随着中国开放程度的不断提高，全球金融市场波动或进一步对我国经济金融系统的平稳运行造成严重冲击。值得注意的是，在重大突发公共事件期间，随着全球金融市场脆弱性攀升，部分国家主权信用和汇率进一步承压，加剧境外输入性金融风险。因此，面对复杂多变的国际经济形势，我们必须加强外汇资产负债管理，平衡跨境资本流动，同时实时监测跨境资本流动风险与境外金融市场异动，有针对性地构建我国金融市场与境外市场之间的风险"缓冲带"，防止境外热钱违规流入诱发经济金融系统震荡。此外，本书的研究结果表明，贸易渠道会对各市场的个体尾部风险水平产生驱动影响。因此，在各国经济高度相互依存的现阶段，我们也必须重视贸易波动对金融市场的潜在冲击，持续加大跨境金融支持力度，如可引导金融机构为贸易依存度高的企业提供外汇保险、财产保险、出口信用保险、产品责任保险等金融避险工具，以及推动地方政府出台扶持政策以释放政策叠加效应等方式，加强对中小微企业融资增信的支持，未雨绸缪地防范国际输入性的金融风险冲击。

（五）统筹宏观审慎管理与微观审慎监管，完善国际输入性风险预警与防范机制。我国应当尽快加强宏观审慎政策与微观审慎监管政策的协调配合，未雨绸缪地防范化解国际风险冲击。具体而言，一方面，本书的研究结论表明，金融与贸易开放程度的提高对系统关联水平有着显著的正向影响。同时，2008年后，我国金融市场与新兴市场高度互联，系统关联指标逐步上升。这表明在我国深度参与全球贸易分工、加速推进金融市场对外开放的进程中，我国资本市场与全球金融市场的关联将显著增强，其对国际风险的暴露程度也会随之提高。因此，应从宏观审慎监管的角度加快完善国际输入性风险预警机制，将跨境贸易融资、跨境资本流动等指标纳入宏观审慎监管框架，并实时监控新兴市场的风险变动，加强国际协调合作，构建金融风险的联合监测机制，提升风险防范的前瞻性、全局性、主动性。另一方面，本书研究发现，在发达市场冲击下，我国金融市场的个体尾部风险较高。这就意味着监管当局应从微观审慎监管的角度加强对金融机构的微观治理力度，落实穿透式监管与全面动态监管，在发达市场危机期间适度提高资本充足率、拨备标准、流动性等对个体机构的监管要求，实时监测相关风险指标的变动趋势，关注金融部门的尾部风险水平，及时应对、缓释国际冲击引发的风险积聚问题。

（六）审时度势把握政策预调微调力度，强化政策统筹协调提升政策质效。本书研究结果表明，经济规模、金融开放度、贸易开放度等影响因素对系统性金融风险的驱动作用在高风险时期更为显著。对此，监管部门应完善对全球金融风险的长期监控机制，实施国际输入性风险的分级管控，准确评估各类冲击引发的风险传染，强化政策的灵活性与协调性，审时度势地进行防范政策的预调、微调，及时完善与开放水平相适应的监管方式。进一步地，本书的研究结论显示，随着时间的推移，在金融风险传染的外溢冲击下，市场中期、长期的流动性逐步趋紧，融资难度显著提升，进而会对经济景气、社会融资、企业投资等宏观基本面产生严重的负面影响。这就意味着，我国金融监管机构在采用公开市场操作、逆回购、现券买断等操作投放货币、缓释短期风险冲击的同时，应当持续在中长期跟踪社会融资规模增量、金融机构贷款投放率等关键指标，密切关注融资条件变动，警惕企业信用基本面恶化、融资环境过度收紧等风险，提高对金融风险的评估研判频率，及时对市场利率、MLF利率等政策利率进行预调、微调，保持金融市场流动性的合理充裕。进一步地，政策当局在综合采用货币、财政政策工具缓释、应对短期信用风险冲击的同时，也要注重结构性改革与制度建设，不断优化金融结构、完善市场机制，并应进一步加强短期、长期政策的协调配合，不断提升政策制定与执行部门间的沟通协作，形成稳定金融系统的合力，保持经济政策的连贯性与一致性，充分提升政策质效，从而进一步激发市场活力、增强金融韧性。

（七）强化货币政策的精准滴灌作用，推动货币政策与财政政策协同发力防范系统性金融风险。本书研究发现，货币政策对金融风险存在更明显的网络关联关系，且相较于财政政策变量，货币政策相关变量指向金融市场的非线性网络连线更多，这表明货币政策的变动会迅速传导至各金融市场，而降准降息等政策工具的运用，往往能通过释放市场利好、提振投资者信心，平抑金融市场风险。因此，我们必须加强货币政策的独立性，确保政策的可操作空间，同时进一步灵活调整政策的施行节奏与力度，强化货币政策的精准滴灌作用，加大对医疗保健、房地产、金融等利率敏感型行业的实时风险监控。此外，也应把握不同政策工具对金融市场长短期影响的差异化作用，从而有效防范化解系统性金融风险、保障资本市场平稳健康发展。本章的分析结果表明，存在由财政政策变量到货币政策变量的网络关联关系，扩张性财政政策所带来的财政赤字、地方政府债务等隐性财政风险可能迫使货币政策因财政政策的变动而做出相应调整，成为加剧金融风险的潜在因素。而降息、逆回购等边际宽松的货币政策工具在释放流动性的同时，也对金融市场产生了显著的风险传导。因此，在实施积极的财政政策时，应当充分重视并发挥财政政策在防范金融风险方面的重要作用，防范过度依赖财政赤字与地方债务产生的负面效应，通过建立财政支出绩效评价体系、实施财政支出的优先性排序、推进预算编制精细化管理等方式进一步优化财政支出结构，提高财政的投入产出效率，促进货币政策与财政政策协同发力。

（八）审慎应对突发公共事件对金融系统的外溢冲击，有序推进多层次资本市场体系发展。本书分析发现，突发公共事件的冲击会使得我国金融市场各部门间的风险传导途径产生显著变化。在短期内，我国行业间风险的边际净溢出效应也会出现明显上升。此外，金融资产价格的剧烈调整也会经由财富效应进一步"挫伤"居民消费，进而冲击经济基本面。进一步地，本书研究发现，尽管非典这一突发公共卫生事件并未改变我国经济长期向好的基本面，但在短期内还是对我国相关宏观经济部门产生了显著的负面冲击，而且2020年的新冠疫情更是引发了国内金融市场以及全球股市出现大范围的风险联动。同时，需要进一步指出的是，新冠疫情的影响范围更广，持续时间更长久，并对全球产业链、供应链以及资金链均造成了严重的冲击，引发了全国乃至世界范围内的生产经营活动停滞，全球贸易量急剧下滑。而我国出现了改革开放以来的首次经济负增长，2020年一季度初步核算的国内生产总值同比下降6.8%。这就意味着，我们若不及时采取有效措施应对诸如新冠疫情等"黑天鹅"事件造成的负面影响乃至经济短期下行压力，将极有可能因资本市场的剧烈震荡而引发系统性金融风险，并使得经济增速大幅放缓，甚至造成经济萧条的局面。因此，在此类突发性公共事件期间，随着我国中小企业融资与用工压力的不断加大，应当在加强金融支持外，加大特别国债等债券的发行力度，进一步拓宽直接融资渠道，有序推进多层次资本市场体系发展，加快推动信贷扶持政策的落地。与此同时，我们必须对重大突发公共事件始终保持高度审慎的态度，在采取措施防止其影响进一步蔓延的同时，加大宏观调控力度，防止实体经济持续下滑、防控国内外金融风险交叉传导，缓解突发公共事件对我国宏观经济与金融市场造成持续性的冲击。

（九）构建实体经济与金融市场良性互动的经济环境，拓宽多元化融资渠道分散市场风险。本书分析结果显示，我国金融市场与宏观经济间存在显著的相互作用机制，影响力度在危机期间更是进一步加剧，并会随着时间的推移不断增强。此外，研究发现，在资本市场动荡时期，消费者信心是影响经济金融平稳运行的重要因素，而在危机后更是出现了持续性的下调。因此我们应当双向防控金融市场的风险冲击与实体经济的负面反馈效应，避免风险冲击产生恶性循环。在金融市场动荡期间，可通过发放消费券、结合金融科技开展线上销售、降低部分实体企业增值税税率等方式及时稳定市场预期与提振消费者信心，同时建立更为透明的常态化沟通以提高货币政策、汇率政策的可预见性，推动消费市场加速回暖，构建实体经济与金融市场良性互动的发展环境，保障经济稳中向好与长期向好的发展趋势。与此同时，本书研究结果表明，源自金融市场的初始冲击易通过信贷渠道冲击至实体经济部门，并在"金融加速器"效应下进一步放大，进而对宏观经济造成更为显著的不利影响。2020年以来，随着全球疫情持续蔓延、国际金融市场剧烈动荡、中美贸易争端不断升级、经济不确定性与下行压力持续加大。因此，现阶段，我们必须警惕金融市场的尾部风险事件对我国宏观经济产生不利冲击，进一步拓宽与完善债券、信托、资管等多元化资本融资渠道，减少实体经济对传统信贷路径的过度依赖，有效分散市场风险。此外，在应对金融风险事件带来的短期流动性问题时，我们应当适度提高中小企业中长期贷款的额度，推动金融机构信贷资源向租赁与商务服务业等冲击敏感度更高的行业倾斜，提升金融支持实体经济的针对性和有效性，以加速形成以国内大循环为主体、国内国际双循环相互促进的新发展格局。

（十）加强预期引导工作的前瞻性、主动性，多措并举提振市场信心。本书的分析结果显示，短期金融风险传染对中小企业信心、消费者预期等指数产生了明显的外溢冲击，而长期风险传染对宏观经济景气指数、投资、融资等宏观变量存在显著的因果影响。这就意味着，从长期来看，消极情绪的扩散可能提升市场的风险规避倾向、引发非理性金融决策，并再度加速金融风险积聚，使得宏观经济条件进一步恶化，引发恶性循环，加剧经济金融不稳定。因此，我们应当进一步强化、优化市场异动期间的预期管理工作，防范市场偏好下行、市场急速走弱引发中小企业信心回落、推高各企业融资难度，开展更具前瞻性、主动性的预期引导，从供需两端共同提振市场信心，避免风险积聚诱发一致性悲观预期，确保金融风险总体可控、在控，维护金融系统的平稳运行。此外，监管当局需持续丰富宏观审慎政策工具箱，加强与市场主体的沟通与交流，密切关注市场动态和风险变化，在出现风险事件时及时介入，根据经济形势和市场需求适时调整政策力度，避免金融风险在债券市场传染、扩散。此外，也应加强投资者培训与教育工作，以期提高市场参与者的风险意识与风险识别能力，并进一步完善投资者保护机制，畅通多元化多层次的投诉、维权渠道，充分缓解市场紧张情绪、有效改善市场预期，全面助力新发展格局，实现经济的高质量发展。

第十四章
结语与展望

在党的十七大报告中,我国将"防范化解重大风险"作为"三大攻坚战之首",并多次对防控系统性金融风险进行重要部署。而自党的十八大以来,面对波谲云诡的国际形势、复杂敏感的周边环境、艰巨繁重的改革发展稳定任务,以习近平同志为核心的党中央坚持底线思维,增强忧患意识,提高防控能力,着力防范化解重大风险,保持了经济持续健康发展和社会大局稳定。习近平总书记围绕防范化解重大风险发表的一系列重要论述,立意高远,内涵丰富,思想深刻,对于我们切实做好防范化解重大风险各项工作,战胜前进道路上各种艰难险阻,全面建设社会主义现代化国家,实现第二个百年奋斗目标、实现中华民族伟大复兴的中国梦,具有十分重要的意义。

但值得注意的是,在经济向高质量发展转型的关键时期,防范风险依然是金融业的永恒主题。2022年10月16日,习近平总书记在党的二十大报告中强调,"我国发展进入战略机遇和风险挑战并存、不确定难预料因素增多的时期,各种'黑天鹅''灰犀牛'事件随时可能发生"。由此可见,我国金融安全形势依旧严峻复杂,重点领域与薄弱环节仍有存量风险与增量风险,局部性、潜在性金融风险隐患不容小觑,系统性金融风险的防控化解工作持续承压。其中,代表性的风险隐患包括气候金融风险、新型金融风险、房地产风险、地方债务风险等。具体如下:

第一,气候金融风险。气候变化往往会经由业务中断、资产滞留、商品价格波动等渠道造成物理经济损失、引发资产价格震荡，进而引发金融市场波动、削弱金融体系韧性。与此同时，气候风险甚至可能叠加其他宏观经济脆弱性因素，对金融稳定形成严重冲击。因此，对气候金融领域展开深入研究，如何准确评估气候风险对金融体系的影响、全面剖析气候金融监管实践的有效性，已成为我国经济发展向高质量转型过程中亟待研究的关键议题。

第二，新型金融风险。大型金融科技公司的新型风险，金融衍生品投资风险，私募基金、财富管理等领域的涉非风险以及打着区块链等旗号的新型金融风险，同样应成为现阶段风险防范亟须研究的重要问题。例如，随着大数据、人工智能等技术的广泛应用，AI风控大模型、智能合约、数字资产钱包等新型金融科技手段都可能由于技术漏洞、数据安全等问题失效或被停用，进一步加剧了系统性金融风险隐患。

第三，房地产风险。我国房地产市场风险总体可控，但值得注意的是，作为国民经济支柱产业，房地产链条长、涉及面广、外溢性较强，对于金融稳定具有重要影响，是金融风险防范的"灰犀牛"。因此，在个别尾部事件的冲击下，房地产领域的波动可能通过抵押品减值、增加不确定性等渠道，加剧金融风险溢出，影响我国金融系统的平稳运行。此外，近年来，随着经济结构的不断调整以及房地产投资边际收益的持续下降，房地产企业与住房抵押贷款的违约风险均出现了大幅攀升，持续积聚的房地产风险对经济稳定与社会发展产生了潜在威胁。

第四，地方债务风险。2024年，我国地方债务风险防范化解工作取得阶段性成效，守住了不发生系统性风险的底线。但财政部公告显示，截至2024年10月末，全国地方政府债务余额仍达453160亿元，与此同时，地方投融资平台存量规模较大、付息持续承压，此类隐蔽性较高、期限错配特征更明显的隐性债务风险进一步提升了金融系统的脆弱性。因此，有序处置地方债务风险、建立并完善防范化解地方债务风险长效机制，成为我国统筹化解重大金融风险工作中的重要攻坚战、持久战。

第五，突发公共事件。2020年初新冠疫情使得全球金融市场大幅震荡，多国股市触发"熔断"机制，系统性金融风险在国际市场间快速扩散。此类突发公共事件不仅会在短期内对宏观经济产生负外部性，使得产业链、供应链受阻、中断，抬升企业债务违约风险与银行坏账风险，还易引发投资者恐慌蔓延与非预期冲击，致使国际资本异常流动，加剧风险的跨市场传染与共振，是我国系统性金融风险的潜在隐患之一。

第六，信用风险。2020年以来，受新冠疫情冲击与经济下行影响，我国信用环境持续承压，信用风险上行。据Wind数据库测算，2020年初至2024年三季度末，我国共有554只信用债产品出现违约，违约总金额4953.94亿元。央行发布的《中国金融稳定报告（2023）》指出，信用风险是影响我国所有系统性重要银行资本充足水平的主要因素。加快信用体系建设、对信用风险进行前瞻性防控对我国实现金融安全战略至关重要。

第七，国际输入性风险。国内外金融关联的日益紧密，也使得我国面临的国际输入性风险挑战不断加剧。例如，外国直接投资等形式的资本流动，显著增强了我国与其他国家经济周期波动的趋同效应，提升了全球金融风险的共振可能。同时，国际游资的大规模流入与流出也在一定程度上放大了国内资本市场的波动性，进一步抬高顺周期性风险。此外，国际信用风险也易经由银行间的跨境借贷网络冲击我国金融市场，从而大幅提升我国系统性金融风险的防控难度。

第八，影子银行风险。一方面，影子银行业务使得金融机构、企业间的关联更为紧密，加剧金融系统的复杂性与脆弱性，显著提高了风险传染的可能；另一方面，影子银行易诱使金融机构产生更强的逐利驱动，引发监管规避行为，进一步扩大了各机构的尾部风险敞口，从而对我国金融安全造成严重威胁。

由此可见，防范化解系统性金融风险、维护金融安全与稳定，仍将是我国在高质量发展新时期的重要挑战，上述重点议题也应成为系统性金融风险领域未来的重要研究方向。本书期望进一步引发学术界与政策当局对这一议题的关注，从而结合中国经济运行实际条件，对系统性金融风险的相关研究进行有益拓展与延伸，为我国构建全方位多层次的金融风险防控机制、完善新发展格局下的金融监管体系提供重要的参考依据，以进一步"健全金融监管体系，守住不发生系统性金融风险的底线"，推动经济高质量发展。

参考文献

曹廷求、王可:"系统性金融风险的传导机理分析——基于公司治理的视角",《公共财政研究》2017年第1期。

陈国进、蒋晓宇、刘彦臻、赵向琴:"资产透明度、监管套利与银行系统性风险",《金融研究》2021年第3期。

陈海强、方颖、王方舟:"融资融券制度对尾部系统风险的非对称影响——基于A股市场极值相关性的研究",《管理科学学报》2019年第5期。

陈昆亭、周炎:"防范化解系统性金融风险——西方金融经济周期理论货币政策规则分析",《中国社会科学》2020第11期。

陈梦根、赵雨涵:"中国银行业跨境联系的测度与分析——兼论国际银行业网络结构的动态特征",《经济研究》2019年第4期。

陈雨露:"当前全球中央银行研究的若干重点问题",《金融研究》2020年第2期。

邓可斌、关子桓、陈彬:"宏观经济政策与股市系统性风险——宏微观混合β估测方法的提出与检验",《经济研究》2018年第8期。

范小云、段月姣、杨昊晰:"人口结构与系统性风险测度及监管——以利率为纽带的视角",《经济研究》2018年第8期。

范小云、荣宇浩、王博:"我国系统重要性银行评估:网络层次结构视角",《管理科学学报》2021年第2期。

范小云、张景松、王博:"金融危机及其应对政策对我国宏观经济的影响——基于金融 CGE 模型的模拟分析",《金融研究》2015 年第 9 期。

方意、黄丽灵:"系统性风险、抛售博弈与宏观审慎政策",《经济研究》2019 年第 9 期。

方意、荆中博、吴姬、李政:"非核心负债、尾部依赖与中国银行业系统性风险",《世界经济》2020 年第 4 期。

方意、赵胜民、谢晓闻:"货币政策的银行风险承担分析:兼论货币政策与宏观审慎政策协调问题",《管理世界》2012 年第 11 期。

方意、郑子文:"系统性风险在银行间的传染路径研究——基于持有共同资产网络模型",《国际金融研究》2016 年第 6 期。

方意:"系统性风险的传染渠道与度量研究——兼论宏观审慎政策实施",《管理世界》2016 年第 8 期。

费兆奇、刘康:"金融开放条件下国债市场的波动溢出和风险定价研究",《经济研究》2020 年第 9 期。

宫晓莉、熊熊、张维:"我国金融机构系统性风险度量与外溢效应研究",《管理世界》2020 年第 8 期。

郭晔、赵静:"存款竞争、影子银行与银行系统风险——基于中国上市银行微观数据的实证研究",《金融研究》2017 年第 6 期。

何德旭、苗文龙:"财政分权、金融分权与宏观经济治理",《中国社会科学》2021 年第 7 期。

侯成琪、黄彤彤:"影子银行、监管套利和宏观审慎政策",《经济研究》2020 年第 7 期。

黄卓、邱晗、沈艳、童晨:"测量中国的金融不确定性——基于大数据的方法",《金融研究》2018 年第 11 期。

康立、龚六堂:"金融摩擦、银行净资产与国际经济危机传导——基于多部门 DSGE 模型分析",《经济研究》2014 年第 5 期。

荆中博、李雪萌、方意："跨境资本周期性波动对中国银行部门的风险溢出机制分析"，《世界经济》2022 年第 1 期。

李苍舒、沈艳："数字经济时代下新金融业态风险的识别、测度及防控"，《管理世界》2019 年第 12 期。

李建强、朱军、张淑翠："政府债务何去何从：中国财政整顿的逻辑与出路"，《管理世界》2020 年第 7 期。

李力、温来成、唐遥、张偲："货币政策与宏观审慎政策双支柱调控下的地方政府债务风险治理"，《经济研究》2020 年第 11 期。

李敏波、梁爽："监测系统性金融风险——中国金融市场压力指数构建和状态识别"，《金融研究》2021 第 6 期。

李双建、田国强："银行竞争与货币政策银行风险承担渠道：理论与实证"，《管理世界》2020 年第 4 期。

李政、郝毅、袁瑾："在岸离岸人民币利率极端风险溢出研究"，《统计研究》2018 年第 2 期。

李政、梁琪、方意："中国金融部门间系统性风险溢出的监测预警研究——基于下行和上行 ΔCoES 指标的实现与优化"，《金融研究》2019 年第 2 期。

李政、刘淇、梁琪："基于经济金融关联网络的中国系统性风险防范研究"，《统计研究》2019 年第 2 期。

李政、刘淇、鲁晏辰："主权债务风险跨国溢出研究——来自频域的新证据"，《金融研究》2020a 年第 9 期。

李政、石晴、卜林："基于分位数关联的政策连续性跨国溢出研究"，《金融研究》2022 年第 8 期。

李政、孙丽玲、王子美："基于关联网络的经济政策不确定性全球溢出效应研究"，《国际金融研究》2020b 年第 4 期。

李志生、金凌、张知宸:"危机时期政府直接干预与尾部系统风险——来自 2015 年股灾期间'国家队'持股的证据",《经济研究》2019 年第 4 期。

梁琪、李政:"系统重要性、审慎工具与我国银行业监管",《金融研究》2014 年第 8 期。

梁琪、郝毅:"地方政府债务置换与宏观经济风险缓释研究",《经济研究》2019 年第 4 期。

梁琪、李政、郝项超:"我国系统重要性金融机构的识别与监管:基于系统性风险指数 SRISK 方法的分析",《金融研究》2013 年第 9 期。

梁琪、李政、郝项超:"中国股票市场国际化研究:基于信息溢出的视角",《经济研究》2015 年第 4 期。

林琳、曹勇、肖寒:"中国式影子银行下的金融系统脆弱性",《经济学(季刊)》2016 年第 3 期。

林伟斌、王艺明:"汇率决定与央行干预:1994～2005 年的人民币汇率决定研究",《管理世界》2009 年第 7 期。

刘晓东、欧阳红兵:"中国金融机构的系统性风险贡献度研究",《经济学(季刊)》2019 年第 4 期。

刘晓星、段斌、谢福座:"股票市场风险溢出效应研究:基于 EVT-Copula-CoVaR 模型的分析",《世界经济》2011 年第 11 期。

刘晓星、石广平:"杠杆对资产价格泡沫的非对称效应研究",《金融研究》2018 年第 3 期。

刘晓星、张旭:"中央银行的实时时变偏好行为研究",《经济研究》2018 年第 10 期。

刘晓星、张旭、李守伟:"中国宏观经济韧性测度——基于系统性风险的视角",《中国社会科学》2021 年第 1 期。

马勇、吕琳:"'双支柱'政策、政府债务与财政政策效果",《经济研究》2021 年第 11 期。

马勇、姚驰："双支柱下的货币政策与宏观审慎政策效应——基于银行风险承担的视角"，《管理世界》2021 年第 6 期。

莫万贵、袁佳、魏磊、高海燕："中国结构性通缩中的周期性与结构性问题"，《金融研究》2019 年第 3 期。

邱晗、黄益平、纪洋："金融科技对传统银行行为的影响——基于互联网理财的视角"，《金融研究》2018 年第 11 期。

盛夏："美国量化宽松货币政策对中国宏观金融风险的冲击"，《管理世界》2013 年第 4 期。

司登奎、李小林、葛新宇："基于房价波动的银行风险承担：理论分析与经验研究"，《统计研究》2019 年第 12 期。

谭小芬、李源、苟琴："美国货币政策推升了新兴市场国家非金融企业杠杆率吗？"，《金融研究》2019 年第 8 期。

童中文、解晓洋、邓熳利："中国银行业系统性风险的'社会性消化'机制研究"，《经济研究》2018 年第 2 期。

王博、李力、郝大鹏："货币政策不确定性、违约风险与宏观经济波动"，《经济研究》2019 年第 3 期。

王国静、田国强："金融冲击和中国经济波动"，《经济研究》2014 年第 3 期。

王京滨、李博："银行业务地理集中是否降低了金融风险？——基于中国城市商业银行微观数据的研究"，《管理世界》2021 年第 5 期。

王擎、田娇："银行资本监管与系统性金融风险传递——基于 DSGE 模型的分析"，《中国社会科学》2016 年第 3 期。

鄢萍、吴化斌、徐臻阳："金融抑制、国企改革与财政货币政策协调"，《经济学（季刊）》2021 年第 6 期。

杨子晖、陈里璇、陈雨恬："经济政策不确定性与系统性金融风险的跨市场传染——基于非线性网络关联的研究"，《经济研究》2020b 年第 1 期。

杨子晖、陈雨恬："财政金融统一框架下的金融风险测度与分析——基于非线性网络关联的方法"，《中国社会科学》2022 年第 11 期。

杨子晖、陈雨恬、陈里璇："极端金融风险的有效测度与非线性传染"，《经济研究》2019 年第 5 期。

杨子晖、陈雨恬、李东承："国际冲击下系统性风险的影响因素与传染渠道研究"，《经济研究》2023 年第 1 期。

杨子晖、陈雨恬、李东承："信用风险传染效应与外溢冲击研究"，《经济研究》2024 年第 5 期。

杨子晖、陈雨恬、林师涵、关子桓："我国金融机构尾部风险影响因素的非线性研究——来自面板平滑转换回归模型的新证据"，《金融研究》2021 年第 3 期。

杨子晖、陈雨恬、谢锐楷："我国金融机构系统性金融风险度量与跨部门风险溢出效应研究"，《金融研究》2018 年第 10 期。

杨子晖、陈雨恬、张平淼："重大突发公共事件下的宏观经济冲击、金融风险传导与治理应对"，《管理世界》2020a 年第 5 期。

杨子晖、陈雨恬、张平淼："股票与外汇市场尾部风险的跨市场传染研究"，《管理科学学报》2020c 年第 8 期。

杨子晖、李东承："我国银行系统性金融风险研究——基于"去一法"的应用分析"，《经济研究》2018 年第 8 期。

杨子晖、李东承："系统性风险指标是否具有前瞻性的预测能力？"，《经济学（季刊）》2021 年第 2 期。

杨子晖、林师涵、陈雨恬："货币宽松与系统性金融风险：风险缓释抑或风险驱动？"，《经济学（季刊）》，forthcoming。

杨子晖、张平淼、陈雨恬："风险共振还是风险分散？——基于尾部事件下风险结构的关联研究"，《经济学（季刊）》2021年第6期。

杨子晖、周天芸、黄新飞："我国财政赤字是否具有通货膨胀效应：来自有向无环图研究的新证据"，《金融研究》2014年第12期。

杨子晖、周颖刚："全球系统性金融风险溢出与外部冲击"，《中国社会科学》2018年第12期。

杨子晖："财政政策与货币政策对私人投资的影响研究"，《经济研究》2008年第5期。

杨子晖："金融市场与宏观经济的风险传染关系——基于混合频率的实证研究"，《中国社会科学》2020年第12期。

杨子晖："中国输出了'通货紧缩'或'通货膨胀'？"，《数量经济技术经济研究》2009年第9期。

尹力博、柳依依："中国商品期货金融化了吗？——来自国际股票市场的证据"，《金融研究》2016年第3期。

张雪兰、何德旭："货币政策立场与银行风险承担：基于中国银行业的实证研究（2000—2010）"，《经济研究》2012年第5期。

张智富、郭云喜、张朝洋："宏观审慎政策协调能否抑制国际性银行危机传染？——基于跨境金融关联视角的实证研究"，《金融研究》2020年第7期。

郑挺国、刘堂勇："股市波动溢出效应及其影响因素分析"，《经济学（季刊）》2018年第2期。

朱小能、周磊："未预期货币政策与股票市场——基于媒体数据的实证研究"，《金融研究》2018年第1期。

朱小能、袁经发："去伪存真：油价趋势与股票市场——来自'一带一路'35国的经验证据"，《金融研究》2019年第9期。

Abbassi, P., Iyer, R., Peydró, J. L., et al., "Securities Trading by Banks and Credit Supply: Micro-Evidence from the Crisis," *Journal of Financial Economics*, 2016, 121(3): 569-594.

Abbate, A., Eickmeier. S., Lemke. W., et al., "The Changing International Transmission of Financial Shocks: Evidence from a Classical Time - Varying FAVAR," *Journal of Money, Credit and Banking*, 2016, 48(4): 573-601.

Acemoglu, D., Ozdaglar, A., Tahbaz-Salehi, A., "Systemic Risk and Stability in Financial Networks," *American Economic Review*, 2015, 105(2): 564-608.

Acerbi, C., Tasche, D., "On the Coherence of Expected Shortfall," *Journal of Banking & Finance*, 2002, 26(7): 1487-1503.

Acharya, V. V., Drechsler I, Schnabl P., "A Pyrrhic Victory? Bank Bailouts and Sovereign Credit Risk," *The Journal of Finance*, 2014, 69(6): 2689-2739.

Acharya, V. V., Engle R, Richardson M., "Capital Shortfall: A New Approach to Ranking and Regulating Systemic Risks," *American Economic Review*, 2012, 102(3): 59-64.

Acharya, V. V., Imbierowicz, B., Steffen, S., et al., "Does the Lack of Financial Stability Impair the Transmission of Monetary Policy?" *Journal of Financial Economics*, 2020, 138(2): 342-365.

Acharya, V. V., Pedersen, L. H., Philippon, T., et al., "Measuring Systemic Risk," *The Review of Financial Studies*, 2017, 30(1): 2-47.

Acharya, V. V., Volpin, P. F., "Corporate Governance Externalities," *Review of Finance*, 2010, 14(1): 1-33.

Acharya, V. V., Yorulmazer, T., "Cash-in-the-Market Pricing and Optimal

Resolution of Bank Failures," *The Review of Financial Studies*, 2008b, 21(6): 2705–2742.

Acharya, V. V., Yorulmazer T, "Information Contagion and Bank Herding," *Journal of Money, Credit and Banking*, 2008a, 40(1): 215–231.

Acharya, V. V., Yorulmazer, T., "Too Many to Fail—An Analysis of Time-Inconsistency in Bank Closure Policies," *Journal of Financial Intermediation*, 2007, 16(1): 1–31.

Adams, Z., Füss, R., Gropp, R., "Spillover Effects among Financial Institutions: A State-Dependent Sensitivity Value-at-Risk Approach," *Journal of Financial and Quantitative Analysis*, 2014, 49(3): 575–598.

Adams-Kane, J., Jia, Y., Lim, J. J., "Global Transmission Channels for International Bank Lending in the 2007–09 Financial Crisis," *Journal of International Money and Finance*, 2015, 56(C): 97–113.

Addo, K. A., Hussain, N., Iqbal, J., "Corporate Governance and Banking Systemic Risk: A Test of the Bundling Hypothesis," *Journal of International Money and Finance*, 2021, 115(C): 102327.

Addoum, J. M., Kumar, A., Le, N., Niessen-Ruenzi, A., "Local Bankruptcy and Geographic Contagion in the Bank Loan Market", *The Review of Finance*, 2020, 24(5): 997–1037.

Adrian, T., Brunnermeier, M. K., "CoVaR," *American Economic Review*, 2016, 106(7): 1705–1741.

Adrian, T., Shin, H. S., "Procyclical Leverage and Value-at-Risk," *The Review of Financial Studies*, 2014, 27(2): 373–403.

Afanasyeva. E., Güntner, J., "Bank Market Power and the Risk Channel of Monetary Policy," *Journal of Monetary Economics*, 2020, 111(C): 118–

134.

Ahern, K. R., Harford, J., "The Importance of Industry Links in Merger Waves," *The Journal of Finance*, 2014, 69(2): 527-576.

Ahnert, T., Georg, Co-Pierre, "Information Contagion and Systemic Risk," *Journal of Financial Stability*, 2018, 35(C): 159-171.

Aikman, D., Bridges, J., Kashyap, A., et al., "Would Macroprudential Regulation Have Prevented the Last Crisis?", *Journal of Economic Perspectives*, 2019, 33(1): 107-130.

Akinci, O., Olmstead-Rumsey, J., "How Effective are Macroprudential Policies? An Empirical Investigation," *Journal of Financial Intermediation*, 2018, 33(C): 33-57.

Albuquerque, R., Cabral, L., Guedes, J., "Incentive Pay and Systemic Risk," *The Review of Financial Studies*, 2019, 32(11): 4304-4342.

Aldasoro, I., Gatti, D. D., Faia, E., "Bank Networks: Contagion, Systemic Risk and Prudential Policy," *Journal of Economic Behavior & Organization*, 2017, 142(C): 164-188.

Allen, F., Babus, A., Carletti, E., "Asset Commonality, Debt Maturity and Systemic risk," *Journal of Financial Economics*, 2012a, 104(3): 519-534.

Allen, F., Carletti, E., "What is Systemic Risk?" *Journal of Money, Credit and Banking*, 2013, 45(s1): 121-127.

Allen, F., Gale, D., "Financial Contagion," *Journal of Political Economy*, 2000, 108(1): 1-33.

Allen, L., Bali, T. G., Tang, Y., "Does Systemic Risk in the Financial Sector Predict Future Economic Downturns?" *The Review of Financial Studies*, 2012c, 25(10): 3000-3036.

Alok, S., Kumar, N., Wermers, R., "Do Fund Managers Misestimate Climatic Disaster Risk" *The Review of Financial Studies*, 2020, 33(3): 1146–1183.

Alter, A., Beyer, A., "The Dynamics of Spillover Effects During the European Sovereign Debt Turmoil," *Journal of Banking & Finance*, 2014, 42(C): 134–153.

Altunbas, Y., Binici, M., Gambacorta, L., "Macroprudential Policy and Bank Risk," *Journal of International Money and Finance*, 2018, 81(C): 203–220.

Altunbas, Y., Manganelli, S., Marques-Ibanez, D., "Realized Bank Risk During the Great Recession," *Journal of Financial Intermediation*, 2017, 32(C): 29–44.

Anastasiou, D., Drakos, K., "European Depositors' Behavior and Crisis Sentiment," *Journal of Economic Behavior & Organization*, 2021, 184(C): 117–136.

Anginer, D., Demirguc-Kunt, A., Huizinga, H., et al., "Corporate Governance of Banks and Financial Stability," *Journal of Financial Economics*, 2018, 130(2): 327–346.

Angkinand, A., Wihlborg, C., "Deposit Insurance Coverage, Ownership, and Banks' Risk-Taking in Emerging Markets", *Journal of International Money and Finance*, 2010, 29(2): 252–274.

Areli Bermudez Delgado, N., Bermudez Delgado, E., Saucedo, E., "The Relationship between Oil Prices, the Stock Market and the Exchange Rate: Evidence from Mexico," *The North American Journal of Economics and Finance*, 2018, 45(C): 266–275.

Argimon, I., Bonner, C., Correa, R., Duijm, P., Frost, J., de Haan, J., Stebunovs, V., "Financial Institutions' Business Models and the Global Transmission of Monetary Policy," *Journal of International Money and Finance*, 2019, 90: 99−117.

Arnold, B., Borio, C., Ellis, L., et al., "Systemic Risk, Macroprudential Policy Frameworks, Monitoring Financial Systems and the Evolution of Capital Adequacy," *Journal of Banking & Finance*, 2012, 36(12): 3125−3132.

Asgharian, H., Hess, W., Liu, L. A., "Spatial Analysis of International Stock Market Linkages," *Journal of Banking & Finance*, 2013, 37(12): 4738−4754.

Atil, A., Lahiani, A., Nguyen, D. K., "Asymmetric and Nonlinear Pass-Through of Crude Oil Prices to Gasoline and Natural Gas Prices," *Energy Policy*, 2014, 65(C): 567−573.

Auerbach, A. J., Gale, W. G., Harris, B. H., "Activist Fiscal Policy," *Journal of Economic Perspectives*, 2010, 24(4): 141−164.

Baba, N., inada, M., "Price Discovery of Subordinated Credit Spreads For Japanese Mega-Banks: Evidence from Bond and Credit Default Swap Markets", *Journal of International Financial Markets, Institutions and Money*, 2009, 19(4): 616−632.

Bahmani-Oskooee, M., Kanitpong, T., "Do Exchange Rate Changes Have Symmetric or Asymmetric Effects on the Trade Balances of Asian Countries?" *Applied Economics*, 2017, 49(46): 4668−4678.

Bai, H., Hou, K., Kung, H., et al., "The CAPM Strikes Back? An Equilibrium Model with Disasters," *Journal of Financial Economics*, 2019, 131(2): 269−298.

Bai, J., Perron, P., "Critical Values for Multiple Structural Change Tests," *The Econometrics Journal*, 2003, 6(1): 72-78.

Baker, S. R., Bloom, N., Davis, S. J., "Measuring Economic Policy Uncertainty," *The Quarterly Journal of Economics*, 2016, 131(4): 1593-1636.

Bakkar, Y., Rugemintwari, C., Tarazi, A., "Charter Value, Risk-Taking and Systemic Risk in Banking before and after the Global Financial Crisis of 2007-2008," *Applied Economics*, 2020, 52(36): 3898-3918.

Ballester, L., Casu, B., González-Urteaga, A., "Bank Fragility and Contagion: Evidence from the Bank CDS Market," *Journal of Empirical Finance*, 2016, 38(PA): 394-416.

Bank for International Settlements, "Global Systemically Important Banks: Updated Assessment Methodology and the Higher Loss Absorbency Requirement," Basel, Switzerland: Basel Committee on Banking Supervision, 2013.

Banulescu-Radu, D., Dumitrescu, E. I., "Which are the SIFIs? A Component Expected Shortfall Approach to Systemic Risk," *Journal of Banking & Finance*, 2015, 50(C): 575-588.

Barigozzi, M., Hallin, M., "Generalized Dynamic Factor Models and Volatilities: Estimation and Forecasting," *Journal of Econometrics*, 2017, 201(2): 307-321.

Barrell, R., Davis, E. P., Karim D., et al., "Bank Regulation, Property Prices and Early Warning Systems for Banking Crises in OECD Countries," *Journal of Banking & Finance*, 2010, 34(9): 2255-2264.

Bartram, S. M., Brown, G. W., Hund, J. E., "Estimating Systemic Risk in the International Financial System," *Journal of Financial Economics*, 2007,

86(3): 835–869.

Baruník, J., Křehlík, T., "Measuring the Frequency Dynamics of Financial Connectedness and Systemic Risk," *Journal of Financial Econometrics*, 2018, 16(2): 271–296.

Bats, J. V., Houben, A. C. F. J., "Bank-Based versus Market-Based Financing: Implications for Systemic Risk," *Journal of Banking & Finance*, 2020, 114: 105776.

Battaglia, F., Gallo, A., "Strong Boards, Ownership Concentration and EU Banks' Systemic Risk-Taking: Evidence from the Financial Crisis," *Journal of International Financial Markets, Institutions and Money*, 2017, 46(C): 128–146.

Batten, S., "Climate Change and the Macro-Economy: A Critical Review," Bank of England working papers from Bank of England, 2018, No.706.

Battiston, S., Mandel, A., Monasterolo, I., et al., "A Climate Stress-Test of the Financial System," *Nature Climate Change*, 2017, 7(4): 283–288.

Baur, D. G., Financial Contagion and the Real Economy," *Journal of banking & finance*, 2012, 36(10): 2680–2692.

BCBS, "Global Systemically Important Banks: Updated Assessment Methodology and the Higher Loss Absorbency Requirement," Basel: Bank for International Settlements, 2013.

Beber, A., Brandt M. W., "When it cannot Get Better or Worse: The Asymmetric Impact of Good and Bad News on Bond Returns in Expansions and Recessions," *Review of Finance*, 2009, 14(1): 119–155.

Beck, T., Colciago, A., Pfajfar, D., "The Role of Financial Intermediaries in Monetary Policy Transmission," *Journal of Economic Dynamics and Control*, 2014, 43(C): 1-11.

Bekaert, G., Ehrmann, M., Fratzscher, M., et al., "The Global Crisis and Equity Market Contagion," *The Journal of Finance*, 2014, 69(6): 2597-2649.

Beltratti, A., Stulz, R. M., "The Credit Crisis around the Globe: Why Did Some Banks Perform Better?" *Journal of Financial Economics*, 2012, 105(1): 1-17.

Benati, L., "Economic Policy Uncertainty and the Great Recession," *Journal of Applied Econometrics*, 2013: 1-31.

Benoit, S., Colliard, J. E., Hurlin, C., et al., "Where the Risks Lie: A Survey on Systemic Risk," *Review of Finance*, 2017, 21(1): 109-152.

Berger, A. N., Roman, R. A., Sedunov, J., "Did TARP Reduce or Increase Systemic Risk? The Effects of Government Aid on Financial System Stability," *Journal of Financial Intermediation*, 2020, 43(C): 100810.

Berisha, E., Meszaros, J., Olson, E., "Income Inequality, Equities, Household Debt, and Interest Rates: Evidence from a Century of Data," *Journal of International Money and Finance*, 2018, 80(C): 1-14.

Berkowitz, J., Christoffersen, P., Pelletier, D., "Evaluating Value-at-Risk Models with Desk-Level Data," *Management Science*, 2011, 57(12): 2213-2227.

Bernal, O., Gnabo, J. Y., Guilmin, G., "Economic Policy Uncertainty and Risk Spillovers in the Eurozone," *Journal of International Money and Finance*, 2016, 65: 24-45.

Bernanke, B. S., Boivin, J., Eliasz, P., "Measuring the Effects of Monetary Policy: A Factor-Augmented Vector Autoregressive (FAVAR)

Approach," *The Quarterly Journal of Economics*, 2005, 120(1): 387–422.

Bernanke, B. S., "The New Tools of Monetary Policy," *American Economic Review*, 2020, 110(4): 943–983.

Bernoth, K., Herwartz, H., "Exchange Rates, Foreign Currency Exposure and Sovereign Risk," *Journal of International Money and Finance*, 2021, 117(C): 102454.

Betz, F., Hautsch, N., Peltonen, T. A., et al., "Systemic Risk Spillovers in the European Banking and Sovereign Network," *Journal of Financial Stability*, 2016, 25(C): 206–224.

Beutel, J., List, S., von Schweinitz, G., "Does Machine Learning Help us Predict Banking Crises?" *Journal of Financial Stability*, 2019, 45(C): 100693.

Bevilacqua, M., Morelli, D., Tunaru, R., "The Determinants of the Model-Free Positive and Negative Volatilities," *Journal of International Money and Finance*, 2019, 92(C): 1–24.

Billio, M., Casarin, R., Costola, M., et al., "An Entropy-Based Early Warning Indicator for Systemic Risk," *Journal of International Financial Markets, Institutions and Money*, 2016, 45(C): 42–59.

Billio, M., Getmansky, M., Lo, A. W., et al., "Econometric Measures of Connectedness and Systemic Risk in the Finance and Insurance Sectors," *Journal of Financial Economics*, 2012, 104(3): 535–559.

Billio, M., Lo, A. W., Pelizzon, L., et al., "Global Realignment in Financial Market Dynamics: Evidence from ETF Networks," SAFE Working Paper Series from Leibniz Institute for Financial Research SAFE, 2021, No.304.

Bisias, D., Flood, M., Lo, A. W., et al., "A Survey of Systemic Risk

Analytics," *Annual Review of Financial Economics*, 2012, 4(1): 255−296.

Black, L., Correa, R., Huang, X., et al., "The Systemic Risk of European Banks During the Financial and Sovereign Debt Crises," *Journal of Banking & Finance*, 2013, 63(feb.): 107−125.

Bloom, N., "The Impact of Uncertainty Shocks," *Econometrica*, 2009, 77(3): 623−685.

Bluwstein, K., Buckmann, M., Joseph, A., Kapadia, S. and Şimşek, Ö., "Credit Growth, the Yield Curve and Financial Crisis Prediction: Evidence from A Machine Learning Approach," *Journal of International Economics*, 2023, 145: 103773.

Boehm, C. E., Flaaen, A., Pandalai-Nayar N., "Input Linkages and the Transmission of Shocks: Firm-Level Evidence from the 2011 Tōhoku Earthquake," *Review of Economics and Statistics*, 2019, 101(1): 60−75.

Boffelli, S., Skintzi, V. D., Urga, G., "High-and Low-Frequency Correlations in European Government Bond Spreads and Their Macroeconomic Drivers," *Journal of Financial Econometrics*, 2016, 15(1): 62−105.

Bordo, M. D., Duca, J. V., "How New Fed Corporate Bond Programs Cushioned the Covid-19 Recession", *Journal of Banking & Finance*, 2022, 136, 106413.

Bosma, J. J., Koetter, M., Wedow, M., "Too Connected to Fail? Inferring Network ties from Price Co-Movements," *Journal of Business & Economic Statistics*, 2019, 37(1): 67−80.

Bostandzic, D., Weiss, G. N., "Why Do Some Banks Contribute More to Global Systemic Risk?" *Journal of Financial Intermediation*, 2018, 35: 17−40.

Bostanci, G., Yilmaz, K., "How Connected is the Global Sovereign Credit Risk Network?" *Journal of Banking & Finance*, 2020, 113(C): 105761.

Brana, S., Campmas, A., Lapteacru, I., "(Un) Conventional Monetary Policy and Bank Risk-Taking: A Nonlinear Relationship," *Economic Modelling*, 2019, 81(C): 576−593.

Bremus, F., Buch, C. M., "Granularity in Banking and Growth: Does Financial Openness Matter?" *Journal of Banking and Finance*, 2017, 77: 300−316.

Brock, W. A., Dechert, W. D., Scheinkman, J. A., & LeBaron, B., "A Test for Independence Based on the Correlation Dimension," *Econometric Reviews*, 1996, 15(3), 197−235.

Brown, C. O., Dinç, I. S., "Too Many To Fail? Evidence of Regulatory Forbearance When the Banking Sector is Weak," *The Review of Financial Studies*, 2011, 24(4): 1378−1405.

Brownlees, C., Engle, R. F., "SRISK: A Conditional Capital Shortfall Measure of Systemic Risk," *The Review of Financial Studies*, 2017, 30(1): 48−79.

Brownlees, C., Hans, C., Nualart, E., "Bank Credit Risk Networks: Evidence from the Eurozone," *Journal of Monetary Economics*, 2021, 117(C): 585−599.

Brunetti, C., Harris, J. H., Mankad, S., et al., "Interconnectedness in the Interbank Market," *Journal of Financial Economics*, 2019, 133(2): 520−538.

Brunnermeier, M. K., Dong, G. N., Palia, D., "Banks' Noninterest Income and Systemic Risk," *The Review of Corporate Finance Studies*, 2020a, 9(2): 229−255.

Brunnermeier, M. K., Gorton, G, Krishnamurthy, A., "Risk Topography," *NBER Macroeconomics Annual*, 2012, 26(1): 149-176.

Brunnermeier, M. K., Pedersen, L. H., "Market Liquidity and Funding Liquidity," *The Review of Financial Studies*, 2009, 22(6): 2201-2238.

Brunnermeier, M. K., Sannikov, Y. A., "Macroeconomic Model with a Financial Sector," *American Economic Review*, 2014, 104(2): 379-421.

Brunnermeier, M. K., "Deciphering the Liquidity and Credit Crunch 2007-2008," *Journal of Economic Perspectives*, 2009, 23(1): 77-100.

Brunnermeier, M. K., Rother, S., Schnabel, I., "Asset Price Bubbles and Systemic Risk.," *The Review of Financial Studies*, 2020b, 33(9): 4272-4317.

Bruno, V., Shin, H. S., "Capital Flows and the Risk-Taking Channel of Monetary Policy," *Journal of Monetary Economics*, 2015, 71(C): 119-132.

Bubeck, J., Maddaloni, A., Peydró, J. L., "Negative Monetary Policy Rates and Systemic Banks' Risk-Taking: Evidence from the Euro Area Securities Register," *Journal of Money, Credit and Banking*, 2020, 52(S1): 197-231.

Bucă, A., Vermeulen, P., "Corporate Investment and Bank-Dependent Borrowers during the Recent Financial Crisis," *Journal of Banking & Finance*, 2017, 78(C): 164-180.

Buch, C. M., Bussiere, M., Goldberg, L., et al., "The International Transmission of Monetary Policy," *Journal of International Money and Finance*, 2018, 91(MAR.): 29-48.

Buch, C. M., Döpke, J., Pierdzioch, C., "Financial Openness and Business Cycle Volatility," *Journal of International Money and Finance*, 2005, 24(5): 744-765.

Busch, T., Christensen, B. J., Nielsen, M. Ø., "The Role of Implied Volatility in Forecasting Future Realized Volatility and Jumps in Foreign Exchange, Stock, and Bond Markets," *Journal of Econometrics*, 2011, 160(1): 48-57.

Büyükşahin, B., Robe, M. A., "Speculators, Commodities and Cross-Market Linkages," *Journal of International Money and Finance*, 2014, 42(C): 38-70.

Caggiano, G., Calice, P., Leonida, L., et al., "Comparing Logit-Based Early Warning Systems: Does the Duration of Systemic Banking Crises Matter?" *Journal of Empirical Finance*, 2016, 37(C): 104-116.

Cai, K., Zhu, H., "Customer-Supplier Relationships and the Cost of Debt," *Journal of Banking & Finance*, 2020, 110(C): 105686.

Caldara, D., Fuentes-Albero, C., Gilchrist, S., et al., "The Macroeconomic Impact of Financial and Uncertainty Shocks," *European Economic Review*, 2016, 88(C): 185-207.

Caloia, F. G., Cipollini, A., Muzzioli, S., "Asymmetric Semi-Volatility Spillover Effects in EMU Stock Markets," *International Review of Financial Analysis*, 2018, 57(C): 221-230.

Candelon, B., Ferrara, L., Joëts, M., "Global Financial Interconnectedness: A Non-Linear Assessment of the Uncertainty Channel," *Applied Economics*, 2021, 53(25): 2865-2887.

Candelon, B., Tokpavi, S., "A Nonparametric Test for Granger Causality in Distribution with Application to Financial Contagion," *Journal of Business & Economic Statistics*, 2016, 34(2): 240-253.

Caporale, G. M., Cipollini, A., Demetriades, P. O., "Monetary Policy and the Exchange Rate During the Asian Crisis: Identification through Heteroscedasticity," *Journal of International Money and Finance*, 2005, 24(1): 39–53.

Caprio, Jr. G., D'Apice, V., Ferri, G., et al., "Macro-Financial Determinants of the Great Financial Crisis: Implications for Financial Regulation," *Journal of Banking & Finance*, 2014, 44(C): 114–129.

Cashin, P., Mohaddes, K., Raissi, M., "Fair Weather or Foul? The Macroeconomic Effects of El Niño," *Journal of International Economics*, 2017, 106(C): 37–54.

Cheikh, N. B., Zaied, Y. B., "Revisiting the Pass-Through of Exchange Rate in the Transition Economies: New Evidence from New EU Member States," *Journal of International Money and Finance*, 2020, 100(C): 102093.

Chen, C. Y. H., Härdle, W. K., Okhrin, Y., "Tail Event Driven Networks of SIFIs," *Journal of Econometrics*, 2019, 208(1): 282–298.

Chen, C., Iyengar, G., Moallemi, C. C., "An Axiomatic Approach to Systemic Risk," *Management Science*, 2013, 59(6): 1373–1388.

Chen, H., Sun, T., "Tail Risk Networks of Insurers Around the Globe: An Empirical Examination of Systemic Risk for G-SIIs vs Non-G-SIIs," *Journal of Risk and Insurance*, 2020, 87(2): 285–318.

Chen, Q., Gerlach, R. H., "The Two-Sided Weibull Distribution and Forecasting Financial Tail Risk," *International Journal of Forecasting*, 2013, 29(4): 527–540.

Chen, Q., Gerlach, R., Lu, Z., "Bayesian Value-at-Risk and Expected Shortfall Forecasting via the Asymmetric Laplace Distribution," *Computational Statistics & Data Analysis*, 2012, 56(11): 3498–3516.

Chen, Z., He, Z., Liu, C., "The Financing of Local Government in China: Stimulus Loan Wanes and Shadow Banking Waxes, "*Journal of Financial Economics*, 2020, 137(1): 42–71.

Chesney, M., Reshetar, G., Karaman, M., "The Impact of Terrorism on Financial Markets: An Empirical Study," *Journal of Banking & Finance*, 2011, 35(2): 253–267.

Chinn, M. D., Ito, H., "What Matters for Financial Development? Capital Controls, Institutions, and Interactions, "*Journal of Development Economics*, 2006, 81(1): 163–192.

Chiu, C. W. J., Harris, R. D., Stoja, E., Chin, M., "Financial Market Volatility, Macroeconomic Fundamentals and Investor Sentiment, "*Journal of Banking & Finance*, 2018, 92: 130–145.

Chiu, Y. B., Lee, C. C., "Financial Development, Income Inequality, and Country Risk, "*Journal of International Money and Finance*, 2019, 93: 1–18.

Christensen, I., Dib, A., "The Financial Accelerator in an Estimated New Keynesian Model," *Review of Economic Dynamics*, 2008, 11(1): 155–178.

Christensen, I., Li. F., "Predicting Financial Stress Events: A Signal Extraction Approach, "*Journal of Financial Stability*, 2014, 14: 54–65.

Christoffersen, P. F., "Evaluating Interval Forecasts," *International Economic Review*, 1998, 39(4): 841–862.

Chu, Y., Deng, S., Xia, C., "Bank Geographic Diversification and Systemic Risk," *The Review of Financial Studies*, 2020, 33(10): 4811–4838.

Chuliá, H., Gupta, R., Uribe, J. M., et al., "Impact of US Uncertainties on Emerging and Mature Markets: Evidence from a Quantile-Vector Autoregressive Approach," *Journal of International Financial Markets,*

Institutions and Money, 2017, 48(C): 178-191.

Cipollini, F., Giannozzi, A., Menchetti, F., et al., "The Beauty Contest between Systemic and Systematic Risk Measures: Assessing the Empirical Performance," *Journal of Empirical Finance*, 2020, 58(C): 316-332.

Claessens, S., Ghosh, S. R., Mihet, R., "Macro-Prudential Policies to Mitigate Financial System Vulnerabilities," *Journal of International Money and Finance*, 2013, 39(C): 153-185.

Claessens, S., Tong, H., Wei, S. J., "From the Financial Crisis to the Real Economy: Using Firm-Level Data to Identify Transmission Channels," *Journal of International Economics*, 2012, 88(2): 375-387.

Clements, M. P., Galvão, A. B., Kim, J. H., "Quantile Forecasts of Daily Exchange Rate Returns from Forecasts of Realized Volatility," *Journal of Empirical Finance*, 2008, 15(4): 729-750.

Cœuré, B. "The Internationalisation of Monetary Policy," *Journal of International Money and Finance*, 2016, 67(C): 8-12.

Collet, J., Ielpo, F., "Sector Spillovers in Credit Markets," *Journal of Banking & Finance*, 2018, 94(C): 267-278.

Conrad, C., Lamla, M. J., "The High-Frequency Response of the EUR-USD Exchange Rate to ECB Communication," *Journal of Money, Credit and Banking*, 2010, 42(7): 1391-1417.

Cont, R., Deguest, R., Scandolo, G., "Robustness and Sensitivity Analysis of Risk Measurement Procedures," *Quantitative Finance*, 2010, 10(6): 593-606.

Correa, R., Garud, K., Londono, J. M., et al., "Sentiment in Central Banks' Financial Stability Reports," *Review of Finance*, 2021, 25(1): 85-120.

Corsi, F., Lillo, F., Pirino, D., et al., "Measuring the Propagation of Financial Distress with Granger-Causality Tail Risk Networks," *Journal of Financial Stability*, 2018, 38(C): 18–36.

Costanzino, N., Curran, M., "A Simple Traffic Light Approach to Backtesting Expected Shortfall," *Risks*, 2018, 6(1): 2.

Costanzino, N., Curran, M., "Backtesting General Spectral Risk Measures with Application to Expected Shortfall," *Journal of Risk Model Validation*, 2015, 9(1): 21–31.

Cotter, J., Hallam, M., Yilmaz, K., "Mixed-Frequency Macro-Financial Spillovers," *Journal of International Money and Finance*, 2023, 133: 102824.

Curi, C., Lozano-Vivas, A., "Managerial Ability as A Tool for Prudential Regulation," *Journal of Economic Behavior and Organization*, 2020, 174: 87–107.

Dafermos, Y., Nikolaidi, M., Galanis G., "Climate Change, Financial Stability and Monetary Policy," *Ecological Economics*, 2018, 152(C): 219–234.

Das, D., Kannadhasan, M., Bhattacharyya, M, "Do the Emerging Stock Markets React to International Economic Policy Uncertainty, Geopolitical Risk and Financial Stress Alike?" *The North American Journal of Economics and Finance*, 2019, 48: 1–19.

Davis, E. P., Karim, D., "Comparing Early Warning Systems for Banking Crises," *Journal of Financial Stability*, 2008, 4(2): 89–120.

Davydov, D., Vähämaa, S., Yasar, S., "Bank Liquidity Creation and Systemic Risk," *Journal of Banking & Finance*, 2021, 123(C): 106031.

De Bandt, O., Hartmann, P., "Systemic Risk: A Survey," CEPR

Discussion Papers from C.E.P.R. Discussion Papers, 2000, No.2634.

De Jonghe, O., Diepstraten, M., Schepens, G., "Banks' Size, Scope and Systemic Risk: What Role for Conflicts of Interest?," *Journal of Banking & Finance*, 2015, 61(S1): S3-S13.

De Jonghe, O., "Back to the Basics in Banking? A Micro-Analysis of Banking System Stability," *Journal of Financial Intermediation*, 2010, 19(3): 387−417.

De Nicolò, G., Lucchetta, M., "Forecasting Tail Risks," *Journal of Applied Econometrics*, 2017, 32(1): 159−170.

De Vita, G., Trachanas, E., Luo, Y., "Revisiting the Bi-Directional Causality between Debt and Growth: Evidence from Linear and Nonlinear Tests," *Journal of International Money and Finance*, 2018, 83(C): 55−74.

Debarsy, N., Dossougoin, C., Ertur, C., et al., "Measuring Sovereign Risk Spillovers and Assessing the Role of Transmission Channels: A Spatial Econometrics Approach," *Journal of Economic Dynamics and Control*, 2018, 87(C): 21−45.

Delis, M. D., Hasan, I., Mylonidis, N., "The Risk - Taking Channel of Monetary Policy in the US: Evidence from Corporate Loan Data," *Journal of Money, Credit and Banking*, 2017, 49(1): 187−213.

Dell'Ariccia, G., Laeven, L., Marquez, R., "Real Interest Rates, Leverage, and Bank Risk-Taking," *Journal of Economic Theory*, 2014, 149(C): 65−99.

Demiralp, S., Hoover, K. D., "Searching for the Causal Structure of a Vector Autoregression," *Oxford Bulletin of Economics and Statistics*, 2003, 65(s1): 745−767.

Demir, F., Dahi, O. S., "Asymmetric Effects of Financial Development on South-South and South-North Trade: Panel Data Evidence from Emerging Markets," *Journal of Development Economics*, 2011, 94(1): 139-149.

Demirer, M., Diebold, F. X., Liu, L., et al., "Estimating Global Bank Network Connectedness," *Journal of Applied Econometrics*, 2018, 33(1): 1-15.

Demirgüç-Kunt, A., Huizinga, H., "Are Banks Too Big to Fail or Too Big To Save? International Evidence from Equity Prices and CDS Spreads," *Journal of Banking & Finance*, 2013, 37(3): 875-894.

Dermine, J., "Basel III Leverage Ratio Requirement and the Probability of Bank Runs," *Journal of Banking & Finance*, 2015, 53(C): 266-277.

Deryugina, T., Kawano, L., Levitt, S., "The Economic Impact of Hurricane Katrina on Its Victims: Evidence from Individual Tax Returns," *American Economic Journal*: *Applied Economics*, 2018, 10(2): 202-33.

DeYoung, R., Huang, M., "The External Effects of Bank Executive Pay: Liquidity Creation and Systemic Risk," *Journal of Financial Intermediation*, 2021, 47(C): 100920.

DeYoung, R., Torna, G., "Nontraditional Banking Activities and Bank Failures during the Financial Crisis," *Journal of Financial Intermediation*, 2013, 22(3): 397-421.

Dicks, D. L., "Executive Compensation and the Role for Corporate Governance Regulation," *The Review of Financial Studies*, 2012, 25(6): 1971-2004.

Diebold, F. X., Yilmaz, K., "Better to Give than to Receive: Predictive Directional Measurement of Volatility Spillovers," *International Journal of Forecasting*, 2012, 28(1): 57-66.

Diebold, F. X., Yılmaz, K., "On the Network Topology of Variance Decompositions: Measuring the Connectedness of Financial Firms," *Journal of Econometrics*, 2014, 182(1): 119-134.

Diks, C., Panchenko V., "A New Statistic and Practical Guidelines for Nonparametric Granger Causality Testing," *Journal of Economic Dynamics and Control*, 2006, 30(9/10): 1647-1669.

Dinger, V., te Kaat, D. M., "Cross-Border Capital Flows and Bank Risk-Taking," *Journal of Banking & Finance*, 2020, 117(C): 105842.

Dmitriev, M., Hoddenbagh, J., "The Financial Accelerator and the Optimal State-dependent Contract," *Review of Economic Dynamics*, 2017, 24: 43-65.

Doerr, S., Schaz, P., "Geographic Diversification and Bank Lending during Crises," *Journal of Financial Economics*, 2021, 140(3): 768-788.

Du, B., Palia, D., "Short-Term Debt and Bank Risk," *Journal of Financial and Quantitative Analysis*, 2018, 53(2): 815-835.

Du, Z., Escanciano, J. C., "Backtesting Expected Shortfall: Accounting for Tail Risk," *Management Science*, 2017, 63(4): 940-958.

Duan, Y., El Ghoul, S., Guedhami, O., et al., "Bank Systemic Risk around COVID-19: A Cross-Country Analysis," *Journal of Banking & Finance*, 2021, 133(C): 106299.

Duffie, D., "Prone to Fail: The Pre-Crisis Financial System," *Journal of Economic Perspectives*, 2019, 33(1): 81-106.

Dungey, M., Flavin, T., Sheenan, L., "Banks and Sovereigns: Did Adversity Bring Them Closer?" *The European Journal of Finance*, 2021: 1-26.

Dungey, M., Matei, M., "Treepongkaruna S. Examining Stress in Asian Currencies: A Perspective Offered by High Frequency Financial Market Data," *Journal of International Financial Markets, Institutions and Money*, 2020, 67(C): 101200.

Duttagupta, R., Cashin, P., "Anatomy of Banking Crises in Developing and Emerging Market Countries," *Journal of International Money and Finance*, 2011, 30(2): 354-376.

Edirisinghe, C., Gupta, A., Roth, W., "Risk Assessment Based on the Analysis of the Impact of Contagion Flow, " *Journal of Banking & Finance*, 2015, 60: 209-223.

Elenev, V., Landvoigt, T., Van Nieuwerburgh, S., "A Macroeconomic Model with Financially Constrained Producers and Intermediaries," *Econometrica*, 2021, 89(3): 1361-1418.

Elliott, M., Golub, B., Jackson, M. O., "Financial Networks and Contagion," *American Economic Review*, 2014, 104(10): 3115-3153.

Ellis, L., Haldane, A., Moshirian, F., "Systemic Risk, Governance and Global Financial Stability," *Journal of Banking & Finance*, 2014, 45(C): 175-181.

Engle, R. F., Manganelli, S., "CAViaR: Conditional Autoregressive Value at Risk by Regression Quantiles," *Journal of Business and Economic Statistics*, 2004, 22(4): 367-381.

Engle, R., Jondeau, E., Rockinger, M., "Systemic Risk in Europe," *Review of Finance*, 2015, 19(1): 145-190.

Fahlenbrach, R., Stulz, R. M., "Bank CEO Incentives and the Credit Crisis," *Journal of Fnancial Economics*, 2011, 99(1): 11-26.

Faia, E., Laffitte, S., Ottaviano G. I. P., "Foreign Expansion, Competition and Bank Risk," *Journal of International Economics*, 2019, 118(C): 179-199.

Fang, L., Sun, B., Li, H., et al., "Systemic Risk Network of Chinese Financial Institutions," *Emerging Markets Review*, 2018, 35(C): 190-206.

Farhi, E., Tirole, J., "Collective Moral Hazard, Maturity Mismatch, and Systemic Bailouts," *American Economic Review*, 2012, 102(1): 60-93.

Fatum, R., Yamamoto, Y., Zhu, G., "Is the Renminbi a Safe Haven?" *Journal of International Money and Finance*, 2017, 79(C): 189-202.

Fecht, F., Grüner, H. P., Hartmann, P., "Financial Integration, Specialization, and Systemic Risk," *Journal of International Economics*, 2012, 88(1): 150-161.

Fengler, M. R., Gisler, K. I. M., "A Variance Spillover Analysis without Covariances: What Do We Miss?" *Journal of International Money and Finance*, 2015, 51(C): 174-195.

Fernald, J. G., Spiegel, M. M., Swanson, E. T., "Monetary Policy Effectiveness in China: Evidence From A FAVAR Model," *Journal of International Money and Finance*, 2014, 49: 83-103.

Fernholz, R. T., Koch, C., "Big Banks, Idiosyncratic Volatility, and Systemic Risk," *American Economic Review*, 2017, 107(5): 603-607.

Ferrara, L., Guérin, P., "What Are the Macroeconomic Effects of High-Frequency Uncertainty Shocks?" *Journal of Applied Econometrics*, 2018, 33(5): 662-679.

Ferrara, L., Mogliani, M., Sahuc, Jean-Guillaume, "High-Frequency Monitoring of Growth at Risk," *International Journal of Forecasting*, 2022, 38(2): 582-595.

Fidrmuc, J., Lind, R., "Macroeconomic Impact of Basel Ⅲ: Evidence from a Meta-Analysis," *Journal of Banking & Finance*, 2020, 112(C): 105359.

Filippopoulou, C., Galariotis, E., Spyrou, S., "An Early Warning System for Predicting Systemic Banking Crises in the Eurozone: A Logit Regression Approach," *Journal of Economic Behavior & Organization*, 2020, 172: 344−363.

Fink, F., SchÜLer, Y. S., "the Transmission of US Systemic Financial Stress: Evidence for Emerging Market Economies", *Journal of International Money and Finance*, 2015, 55: 6−26.

Financial Stability Board, "Fancial Stability Implications from Fintech," available at http://www.fsb.org/2017/06/financial-stability-implications-from-fintech/, 2017.

Forbes, K. J., Rigobon, R., "No Contagion, Only Interdependence: Measuring Stock Market Comovements," *The Journal of Finance*, 2002, 57(5): 2223−2261.

Foroni, C., Ghysels, E., Marcellino M., "Mixed-Frequency Vector Autoregressive Models," *Advances in Econometrics*, 2013, 32: 247−272.

Forsberg, L., Ghysels, E., "Why Do Absolute Returns Predict Volatility So Well?" *Journal of Financial Econometrics*, 2007, 5(1): 31−67.

Fratzscher, M., Rieth, M., "Monetary Policy, Bank Bailouts and the Sovereign-Bank Risk Nexus in the Euro Area," *Review of Finance*, 2019, 23(4): 745−775.

Fulghieri, P., Dicks, D., "Uncertainty Aversion and Systemic Risk," *Journal of Political Economy*, 2019, 127(3): 1118−1155.

Gai, P., Haldane, A., Kapadia, S., "Complexity, Concentration and

Contagion," *Journal of Monetary Economics*, 2011, 58(5): 453−470.

Galariotis, E., Makrichoriti, P. and Spyrou, S., 2018, "The Impact of Conventional and Unconventional Monetary Policy on Expectations and Sentiment", *Journal of Banking and Finance*, vol. 86, pp.1−20.

Galati, G., Moessner, R., "Macroprudential Policy-A Literature Review," *Journal of Economic Surveys*, 2013, 27(5): 846−878.

Galati, G., Moessner, R., "What Do We Know about the Effects of Macroprudential Policy?" *Economica*, 2018, 85(340): 735−770.

Gambacorta, L., Murcia, A., "The Impact of Macroprudential Policies in Latin America: An Empirical Analysis using Credit Registry Data," *Journal of Financial Intermediation*, 2020, 42(C): 100828.

Gauthier, C., Lehar, A., Souissi, M., "Macroprudential Capital Requirements and Systemic Risk," *Journal of Financial Intermediation*, 2012, 21(4): 594−618.

Gennaioli, N., Shleifer, A., Vishny, R. W., "A Model of Shadow Banking," *The Journal of Finance*, 2013, 68(4): 1331−1363.

Georgiadis, G., Mehl, A., "Financial Globalisation and Monetary Policy Effectiveness," *Journal of International Economics*, 2016, 103(C): 200−212.

Geraci, M. V., Gnabo, J. Y., "Measuring Interconnectedness between Financial Institutions with Bayesian Time-Varying Vector Autoregressions," *Journal of Financial and Quantitative Analysis*, 2018, 53(3): 1371−1390.

Gerali, A., Neri, S., Sessa, L., Signoretti F. M., "Credit and Banking in a DSGE Model of the Euro Area," *Journal of Money, Credit and Banking*, 2010, 42(s1): 107−141.

Gertler, M., N. Kiyotaki, N., Queralto, A., "Financial Crises, Bank Risk

Exposure and Government Financial Policy," *Journal of Monetary Economics*, 2012, 59(33): S17-S34;

Ghosh, A. R., Qureshi, M. S., Kim, J. I., Zalduendo, J., "Surges," *Journal of International Economics,* 2014, 92(2): 266-285.

Ghulam, Y., Doering, J., "Spillover Effects among Financial Institutions within Germany and the United Kingdom," *Research in International Business and Finance*, 2018, 44(C): 49-63.

Ghysels, E., Hill, J. B., Motegi, K., "Testing for Granger Causality with Mixed Frequency Data," *Journal of Econometrics*, 2016, 192(1): 207-230.

Ghysels, E., Sinko, A., Valkanov, R., "MIDAS Regressions: Further Results and New Directions," *Econometric Reviews*, 2007, 26(1): 53-90.

Ghysels, E., "Macroeconomics and the Reality of Mixed Frequency Data," *Journal of Econometrics*, 2016, 193(2): 294-314.

Giglio, S., Kelly, B., Pruitt, S., "Systemic Risk and the Macroeconomy: An Empirical Evaluation," *Journal of Financial Economics*, 2016, 119(3): 457-471.

Giglio, S., "Credit Default Swap Spreads and Systemic Financial Risk," ESRB Working Paper Series, 2016, No.15.

Girardi, G., Erguen, A. T., "Systemic Risk Measurement: Multivariate GARCH Estimation of CoVaR," *Journal of Banking & Finance*, 2013, 37(8): 3169-3180.

Givoly, D., Li, Y., Lourie, B., et al., "Key Performance Indicators as Supplements to Earnings: Incremental Informativeness, Demand Factors, Measurement Issues, and Properties of Their Forecasts," *Review of Accounting Studies*, 2019, 24(4): 1147-1183.

Glasserman, P., Young, H. P., "Contagion in Financial Networks," *Journal of Economic Literature*, 2016, 54(3): 779−831.

Gnangnon, S. K., "Impact of Trade Imbalances on Domestic Trade Policy: Does Multilateral Trade Policy Matter?", *Review of Development Economics*, 2018, 22(4): E266−E289.

Goetz, M. R., Laeven, L., Levine, R., "Does the Geographic Expansion of Banks Reduce Risk?" *Journal of Financial Economics*, 2016, 120(2): 346−362.

Goetz, M. R., Laeven, L., Levine, R., "Identifying the Valuation Effects and Agency Costs of Corporate Diversification: Evidence from the Geographic Diversification of US Banks," *The Review of Financial Studies*, 2013, 26(7): 1787−1823.

Gofman, M., "Efficiency and Stability of a Financial Architecture with Too-Interconnected-To-Fail Institutions," *Journal of Financial Economics*, 2017, 124(1): 113−146.

Goh, C., Law, R., "Modeling and Forecasting Tourism Demand for Arrivals with Stochastic Nonstationary Seasonality and Intervention," *Tourism Management*, 2002, 23(5): 499−510.

Gomes, J. F., Schmid, L., "Equilibrium Asset Pricing with Leverage and Default", *The Journal of Finance*, 2021, 76(2): 977−1018.

Gómez, E., Murcia, A., Lizarazo, A., et al., "Evaluating the Impact of Macroprudential Policies on Credit Growth in Colombia," *Journal of Financial Intermediation*, 2020, 42(C): 100843.

Gonçalves, S., Kilian, L., "Bootstrapping Autoregressions with Conditional Heteroskedasticity of Unknown Form." *Journal of Econometrics*,

2004, 123(1): 89−120.

Gorgi, P., Koopman, S. J., Li, M., "Forecasting Economic Time Series Using Score-driven Dynamic Models with Mixed-Data Sampling," *International Journal of Forecasting*, 2019, 35(4): 1735−1747.

Götz, T. B., Hecq, A., Smeekes, S., "Testing for Granger Causality in Large Mixed-Frequency VARs," *Journal of Econometrics*, 2016, 193(2): 418−432.

Gross, C., Siklos, P. L., "Analyzing Credit Risk Transmission to the Nonfinancial Sector in Europe: A Network Approach," *Journal of Applied Econometrics*, 2020, 35(1): 61−81.

Gueyié, J. P., Guidara, A., Lai, V. S. O. N., "Banks' Non-Traditional Activities under Regulatory Changes: Impact on Risk, Performance and Capital Adequacy," *Applied Economics*, 2019, 51(29): 3184−3197.

Guidolin, M., Hansen, E., Pedio, M., "Cross-Asset Contagion in the Financial Crisis: A Bayesian Time-Varying Parameter Approach," *Journal of Financial Markets*, 2019, 45.

Guo, Y., Li, P., Li, A., "Tail Risk Contagion between International Financial Markets during COVID-19 Pandemic," *International Review of Financial Analysis*, 2021, 73: 101649.

Hagendorff, J., Keasey, K., Vallascas, F., "When Banks Grow Too Big for Their National Economies: Tail Risks, Risk Channels, and Government Guarantees," *Journal of Financial and Quantitative Analysis*, 2018, 53(5): 2041−2066.

Haldane, A. G., May, R. M., "Systemic Risk in Banking Ecosystems," *Nature*, 2011, 469(7330): 351−355.

Hale, G., Kapan, T., Minoiu, C., "Shock Transmission through Cross-Border Bank Lending: Credit and Real Effects," *The Review of Financial Studies*, 2020, 33(10): 4839–4882.

Hanley, K. W., Hoberg, G., "Dynamic Interpretation of Emerging Risks in the Financial Sector," *The Review of Financial Studies*, 2019, 32(12): 4543–4603.

Härdle, W. K., Wang, W., Yu, L., "Tenet: Tail-Event Driven Network Risk," *Journal of Econometrics*, 2016, 192(2): 499–513.

Hartwig, B., Meinerding, C., Schüler, Y. S., "Identifying Indicators of Systemic Risk," *Journal of International Economics*, 2021, 132(C): 103512.

Hartmann, P., Straetmans, S., Vries, C. G., "Asset Market Linkages in Crisis Periods," *Review of Economics and Statistics*, 2004, 86(1): 313–326.

Hau, H., Lai, S., "Asset Allocation and Monetary Policy: Evidence from the Eurozone," *Journal of Financial Economics*, 2016, 120(2): 309–329.

Hautsch, N., Schaumburg, J., Schienle, M., "Financial Network Systemic Risk Contributions," *Review of Finance*, 2015, 19(2): 685–738.

Helbing, D., "Globally Networked Risks and How to Respond," *Nature*, 2013, 497(7447): 51–59.

Hendricks, D., "Evaluation of Value-at-Risk Models using Historical Data," *Economic Policy Review*, 1996, 2(1).

Herrera, A. M., Rangaraju, S. K., "The Quantitative Effects of Tax Foresight: Not All States Are Equal," *Journal of Economic Dynamics and Control*, 2019, 107(C): 103726.

Hiemstra, C., Jones, J. D., "Testing for Linear and Nonlinear Granger Causality in the Stock Price-Volume Relation," *The Journal of Finance*, 1994,

49(5): 1639-1664.

Hong, H., Karolyi, G. A., Scheinkman, J. A., "Climate Finance," *Review of Financial Studies,* 2020, 33(3): 1011-1023.

Hong, Y., Liu, Y., Wang, S., "Granger Causality in Risk and Detection of Extreme Risk Spillover between Financial Markets," *Journal of Econometrics*, 2009, 150(2): 271-287.

Hoover, K. D., "Automatic Inference of the Contemporaneous Causal Order of a System of Equations," *Econometric Theory*, 2005, 21(1): 69-77.

Houston, J. F., James, C., "CEO Compensation and Bank Risk Is Compensation in Banking Structured to Promote Risk Taking?" *Journal of Monetary Economics*, 1995, 36(2): 405-431.

Hryckiewicz, A., Kozlowski, L., "Banking Business Models and the Nature of Financial Crisis," *Journal of International Money & Finance*, 2017, 71(MAR.): 1-24.

Huang, D., Yu, B., Lu, Z., et al., "Index-Exciting CAViaR: A New Empirical Time-Varying Risk Model," *Studies in Nonlinear Dynamics and Econometrics*, 2010, 14(2): 1-24.

Huang, W., Chen, Z., "Modeling Regional Linkage of Financial Markets", *Journal of Economic Behavior and Organization*, 2014, 99: 18-31.

Huang, X., Zhou, H., Zhu, H., "A Framework for Assessing the Systemic Risk of Major Financial Institutions," *Journal of Banking & Finance*, 2009, 33(11): 2036-2049.

Huang, Y., Luk, P., "Measuring Economic Policy Uncertainty in China," *China Economic Review*, 2020, 59(C): 101367.

Huber, F., Koop, G., Onorante L., et al., "Nowcasting in a Pandemic

Using Non-Parametric Mixed Frequency VARs," *Journal of Econometrics*, 2023, 232(1): 52-69.

Iacoviello, M., "Financial Business Cycles," *Review of Economic Dynamics*, 2015, 18(1): 140-163.

Ibragimov, R., Jaffee, D., Walden J., "Diversification Disasters," *Journal of Financial Economics*, 2011, 99(2): 333-348.

Iqbal, N., Naeem, M. A., Suleman, M. T., "Quantifying the Asymmetric Spillovers in Sustainable Investments," *Journal of International Financial Markets, Institutions and Money*, 2022, 77: 101480.

Israeli, O., "A Shapley-Based Decomposition of the R-Square of A Linear Regression," *The Journal of Economic Inequality*, 2007, 5(2): 199-212.

Ivashina, V., Scharfstein, D., "Bank Lending during the Financial Crisis of 2008," *Journal of Financial Economics*, 2010, 97(3): 319-338.

Jang, H. J., Lee, K., Lee, K., "Systemic Risk in Market Microstructure of Crude Oil and Gasoline Futures Prices: A Hawkes Flocking Model Approach," *Journal of Futures Markets*, 2020, 40(2): 247-275.

Jang, Tae-Seok, Sacht, S., "Forecast Heuristics, Consumer Expectations, and New-Keynesian Macroeconomics: A Horse Race," *Journal of Economic Behavior & Organization*, 2021, 182(C): 493-511.

Jayech, S., "The Contagion Channels of July–August-2011 Stock Market Crash: A DAG-Copula Based Approach," *European Journal of Operational Research*, 2016, 249(2): 631-646.

Jeanne, O., Korinek, A., "Macroprudential Regulation versus Mopping up after the Crash," *The Review of Economic Studies*, 2020, 87(3): 1470-1497.

Jermann, U., Quadrini, V., "Macroeconomic Effects of Financial Shocks,"

American Economic Review, 2012, 102(1): 238−271.

Ji, Q., Zhang, H. Y., Geng, J. B., "What Drives Natural Gas Prices in the United States?–A Directed Acyclic Graph Approach," *Energy Economics*, 2018, 69(C): 79−88.

Jia, Z., Shi, Y., Yan, C., et al., "Bankruptcy Prediction with Financial Systemic Risk," *The European Journal of Finance*, 2020, 26(7−8): 666−690.

Jorion, P., "Value at Risk: The New Benchmark for Controlling Market Risk," *Irwin Professional Pub.*, 1997.

Kahle, K. M., Stulz, R. M., "Access to Capital, Investment, and the Financial Crisis," *Journal of Financial Economics*, 2013, 110(2): 280−299.

Kamber, G., Wong, B., "Global Factors and Trend Inflation," *Journal of International Economics*, 2020, 122(C): 103265.

Kaminsky, G. L., Reinhart, C. M., "On Crises, Contagion, and Confusion", *Journal of International Economics*, 2000, 51(1): 145−168.

Kaminsky, G. L., Reinhart, C. M., "The Twin Crises: The Causes of Banking and Balance-of-Payments Problems," *American Economic Review*, 1999, 89(3): 473−500.

Kandrac, J., Schlusche, B., "The Effect of Bank Supervision and Examination on Risk Taking: Evidence from a Natural Experiment," *The Review of Financial Studies*, 2021, 34(6): 3181−3212.

Kang, Q., Wu, J., Chen, M., et al., "Do Macroprudential Policies Affect the Bank Financing of Firms in China? Evidence from a Quantile Regression Approach," *Journal of International Money and Finance*, 2021, 115(C): 102391.

Kao, Lie-Jane, Wu, Po-Cheng, Lee, C. F., "Time-Changed GARCH versus the GARJI Model for Prediction of Extreme News Events: An Empirical Study," *International Review of Economics & Finance*, 2012, 21(1): 115–129.

Kapinos, P., Kishor, N. K., Ma, J., "Dynamic Comovement among Banks, Systemic Risk, and the Macroeconomy," *Journal of Banking & Finance*, 2022, 138(C): 105894.

Karimalis, E. N., Nomikos, N. K., "Measuring Systemic Risk in the European Banking Sector: A Copula CoVaR Approach," *The European Journal of Finance*, 2018, 24(11): 944–975.

Kishan, R. P., Opiela, T. P., "Monetary Policy, Bank Lending, and the Risk-pricing Channel," *Journal of Money, Credit and Banking*, 2012, 44(4): 573–602.

Klomp, J., "Financial Fragility and Natural Disasters: An Empirical Analysis," *Journal of Financial Stability*, 2014, 13(C): 180–192.

Knotek II, E. S., Zaman S., "Financial Nowcasts and Their Usefulness in Macroeconomic Forecasting," *International Journal of Forecasting*, 2019, 35(4): 1708–1724.

Komunjer, I., "Quantile Prediction," *Handbook of Economic Forecasting*, Elsevier, 2013.

Kratz, M., Lok, Y. H., McNeil, A. J., "Multinomial VaR Backtests: A Simple Implicit Approach to Backtesting Expected Shortfall," *Journal of Banking & Finance*, 2018, 88(C): 393–407.

Kroszner, R. S., Laeven, L., Klingebiel, D., "Banking Crises, Financial Dependence, and Growth," *Journal of Financial Economics*, 2007, 84(1): 187–228.

KrüGer, S., Rösch, D., "Downturn LGD Modeling Using Quantile

Regression," *Journal of Banking and Finance*, 2017, 79: 42-56.

Kurov, A., Stan, R., "Monetary Policy Uncertainty and the Market Reaction to Macroeconomic News," *Journal of Banking & Finance*, 2018, 86(C): 127-142.

Laeven, L., Ratnovski, L., Tong, H., "Bank Size, Capital, and Systemic Risk: Some International Evidence," *Journal of Banking & Finance*, 2016, 69(S1): S25-S34.

Laeven, L., Levine, R., "Complex Ownership Structures and Corporate Valuations," *Review of Financial Studies*, 2008, 21(2): 579-604.

Lahiri, K., Monokroussos, G., Zhao, Y., "Forecasting Consumption: The Role of Consumer Confidence in Real Time with Many Predictors," *Journal of Applied Econometrics*, 2016, 31(7): 1254-1275.

Lanfear, M. G., Lioui, A., Siebert, M. G., "Market Anomalies and Disaster Risk: Evidence from Extreme Weather Events," *Journal of Financial Markets*, 2019, 46(C): 100477.

Langfield, S., Pagano, M., "Bank bias in Europe: Effects on Systemic Risk and Growth," *Economic Policy*, 2016, 31(85): 51-106.

Lasfer, M. A., Melnik, A., Thomas, D. C., "Short-Term Reaction of Stock Markets in Stressful Circumstances," *Journal of Banking & Finance*, 2003, 27(10): 1959-1977.

Lee, T. H., White, H., Granger, C. W. J., "Testing for Neglected Nonlinearity in Time Series Models: A Comparison of Neural Network Methods and Alternative Tests," *Journal of Econometrics*, 1993, 56(3): 269-290.

Lei, J., Qiu, J., Wan, C., Yu, F., "Credit Risk Spillovers and Cash

Holdings," *Journal of Corporate Finance*, 2021, 68: 101965.

Lemmon, M., Portniaguina, E., "Consumer Confidence and Asset Prices: Some Empirical Evidence," *The Review of Financial Studies*, 2006, 19(4): 1499-1529.

Leroy, A., Pop, A., "Macro-Financial Linkages: The Role of the Institutional Framework," *Journal of International Money and Finance*, 2019, 92(C): 75-97.

Lin, L. W., Milhaupt, C. J., "Bonded to the State: A Network Perspective on China's Corporate Debt Market," *Journal of Financial Regulation*, 2017, 3(1): 1-39.

Li, G., Zhu, J., Li, J., "Understanding Bilateral Exchange Rate Risks," *Journal of International Money and Finance*, 2016, 68: 103-129.

Li, W. K., McLeod, A. I., "Distribution of the Residual Autocorrelations in Multivariate ARMA Time Series Models," *Journal of the Royal Statistical Society: Series B (Methodological)*, 1981, 43(2): 231-239.

Li, Xiao-Lin, Chang, T., Miller, S., et al., "The Co-Movement and Causality between the U.S. Housing and Stock Markets in the Time and Frequency Domains," *International Review of Economics & Finance*, 2015, 38(C): 220-233.

Liu, A., Paddrik, M., Yang, S. Y., et al., "Interbank Contagion: An Agent-Based Model Approach to Endogenously Formed Networks," *Journal of Banking & Finance*, 2020, 112(C): 105191.

Liu, Z., Spiegel, M. M., Tai, A., "Measuring the Effects of Dollar Appreciation on Asia: A FAVAR Approach," *Journal of International Money and Finance*, 2017, 74(C): 353-370.

Löffler, G., Raupach, P., "Pitfalls in the Use of Systemic Risk Measures," *Journal of Financial and Quantitative Analysis*, 2018, 53(1): 269–298.

Longin, F., Solnik, B., "Is the Correlation in International Equity Returns Constant: 1960–1990?" *Journal of International Money and Finance*, 1995, 14(1): 3–26.

López-Andión, C., Iglesias-Casal, A., López-Penabad, M.C., Maside-Sanfiz, J.M., "Securitization and Financial Solvency: Empirical Evidence from Portugal," *The European Journal of Finance*, 2019, 25(2): 155–166.

López-Espinosa, G., Moreno, A., Rubia, A., et al., "Short-Term Wholesale Funding and Systemic Risk: A Global CoVaR Approach," *Journal of Banking & Finance*, 2012, 36(12): 3150–3162.

Lorenc, A. G., Zhang, J. Y., "How Bank Size Relates to the Impact of Bank Stress on the Real Economy," *Journal of Corporate Finance*, 2020, 62(C): 101592.

Lucey, B. M., Voronkova, S., "Russian Equity Market Linkages before and after the 1998 Crisis: Evidence from Stochastic and Regime-Switching Cointegration Tests," *Journal of International Money and Finance*, 2008, 27(8): 1303–1324.

Ludvigson, S. C., Ng, S., "The Empirical Risk–Return Relation: A Factor Analysis Approach," *Journal of Financial Economics*, 2007, 83(1): 171–222.

Lyu, J., Le, V. P. M., Meenagh, D., et al., "Macroprudential Regulation in the Post-Crisis Era: Has the Pendulum Swung too Far?" *Journal of International Financial Markets, Institutions and Money*, 2021, 74(C): 101381.

Mabrouk, S., Saadi, S., "Parametric Value-at-Risk Analysis: Evidence from Stock Indices," *The Quarterly Review of Economics and Finance*, 2012,

52(3): 305-321.

Maggio, M. D., Kermani, A., Song, Z., "The Value of Trading Relations in Turbulent Times," *Journal of Financial Economics*, 2017, 124(2): 266-284.

Maghyereh, A. I., Awartani, B., Bouri, E., "The Directional Volatility Connectedness between Crude Oil and Equity Markets: New Evidence from Implied Volatility Indexes," *Energy Economics*, 2016, 57(C): 78-93.

Marcellino, M., Sivec, V., "Monetary, Fiscal and Oil Shocks: Evidence Based on Mixed Frequency Structural FAVARs," *Journal of Econometrics*, 2016, 193(2): 335-348.

Markose, S., Giansante, S., Shaghaghi, A. R., "'Too Interconnected to Fail' Financial Network of US CDS Market: Topological Fragility and Systemic Risk," *Journal of Economic Behavior & Organization*, 2012, 83(3): 627-646.

Martin, P., Rey, H., "Globalization and Emerging Markets: With or Without Crash?" *American Economic Review*, 2006, 96(5): 1631-1651.

Martinez-Jaramillo, S., Alexandrova-Kabadjova, B., Bravo-Benitez, B., et al., "An Empirical Study of the Mexican Banking System's Network and Its Implications for Systemic Risk," *Journal of Economic Dynamics and Control*, 2014, 40(C): 242-265.

Matthys, T., Meuleman, E., Vander, Vennet R., "Unconventional Monetary Policy and Bank Risk Taking," *Journal of International Money and Finance*, 2020, 109(C): 102233.

Mirzaei, A., Pasiouras, F., Samet, A., "State Ownership, Macroprudential Policies, and Bank Lending," *Journal of International Money and Finance*,

2021, 117(C): 102456.

Mishkin, F. S., "Is Monetary Policy Effective during Financial Crises?" *American Economic Review*, 2009, 99(2): 573−577.

Mishkin, F. S., "Systemic Risk and the International Lender of Last Resort: A Speech at the Tenth Annual International Banking Conference, Federal Reserve Bank of Chicago, Chicago, Illinois, September 28, 2007," 2007, Speech 321, Board of Governors of the Federal Reserve System (U.S.).

Moneta, A., "Graphical Causal Models and VARs: An Empirical Assessment of the Real Business Cycles Hypothesis," *Empirical Economics*, 2008, 35(2): 275−300.

Mueller, P., Tahbaz-Salehi, A., Vedolin, A., "Exchange Rates and Monetary Policy Uncertainty," *The Journal of Finance*, 2017, 72(3): 1213−1252.

Mullainathan, S., Spiess, J., "Machine Learning: An Applied Econometric Approach," *Journal of Economic Perspectives*, 2017, 31(2): 87−106.

Newey, W. K., West, K. D., "A Simple, Positive Semi-Definite, Heteroskedasticity and Autocorrelation Consistent Covariance Matrix," *Econometrica*, 1987, 55(3): 703−708.

Newey, W. K., West, K. D., "Automatic Lag Selection in Covariance Matrix Estimation," *Review of Economic Studies*, 1994, 61(4): 631−653.

Ng, S., Perron, P., "Lag Length Selection and the Construction of Unit Root Tests with Good Size and Power," *Econometrica*, 2001, 69(6): 1519−1554.

Nishimura, Y., Sun, B., "The Intraday Volatility Spillover Index Approach and An Application in the Brexit Vote," *Journal of International Financial*

Markets, Institutions and Money, 2018, 55(JUL.): 241-253.

Nozawa, Y., Qiu, Y., "Corporate Bond Market Reactions to Quantitative Easing During the COVID-19 Pandemic", *Journal of Banking & Finance*, 2021, 133: 106153.

Nucera, F., Schwaab, B., Koopman, S. J., et al., "The Information in Systemic Risk Rankings," *Journal of Empirical Finance*, 2016, 38(PA): 461-475.

Nyman, R., Kapadia, S., Tuckett, D., "News and Narratives in Financial Systems: Exploiting Big Data for Systemic Risk Assessment," *Journal of Economic Dynamics and Control*, 2021, 127(C): 104119.

O'Hara, M., Zhou, X. A., "Anatomy of A Liquidity Crisis: Corporate Bonds in the COVID-19 Crisis," *Journal of Financial Economics*, 2021, 142(1): 46-68.

Pacini, C., Marlett, D. C., "The Market Valuation and Trading Volume Effects of the Creation of the Florida Hurricane Catastrophe Fund on Property-Liability Insurers," *Journal of Business Finance & Accounting*, 2001, 28(3-4): 407-445.

Pang, C., Wang, Y., "Stock Pledge, Risk of Losing Control and Corporate Innovation," *Journal of Corporate Finance*, 2020, 60(C): 101534.

Parrado-Martínez, P., Gómez-Fernández-Aguado, P., Partal-Ureña, A., "Factors Influencing the European Bank's Probability of Default: An Application of SYMBOL Methodology," *Journal of International Financial Markets, Institutions and Money*, 2019, 61(C): 223-240.

Pasquariello, P., "Imperfect Competition, Information Heterogeneity, and Financial Contagion," *The Review of Financial Studies*, 2007, 20(2): 391-

426.

Pastor, L. and Veronesi, P., "Uncertainty about Government Policy and Stock Prices," *The Journal of Finance*, 2012, 67(4): 1219−1264.

Pástor, Ľ., Veronesi, P., "Political Uncertainty and Risk Premia," *Journal of financial Economics*, 2013, 110(3): 520−545.

Paye, B. S., "'Déjà vol': Predictive Regressions for Aggregate Stock Market Volatility Using Macroeconomic Variables," *Journal of Financial Economics*, 2012, 106(3): 527−546.

Petropoulos, A., Siakoulis, V., Stavroulakis, E., et al., "Predicting Bank Insolvencies Using Machine Learning Techniques," *International Journal of Forecasting*, 2020, 36(3): 1092−1113.

Primus, K., "Excess Reserves, Monetary Policy and Financial Volatility," *Journal of Banking & Finance*, 2017, 74(C): 153−168.

Pritsker, M., "Knightian Uncertainty and Interbank Lending," *Journal of Financial Intermediation*, 2013, 22(1): 85−105.

Qin, X., Zhou, C., "Systemic Risk Allocation Using the Asymptotic Marginal Expected Shortfall," *Journal of Banking & Finance*, 2021, 126(C): 106099.

Ragin, M. A., Halek, M., "Market Expectations Following Catastrophes: An Examination of Insurance Broker Returns," *Journal of Risk and Insurance*, 2016, 83(4): 849−876.

Rajan, R. G., "Too Systemic to Fail: Consequences, Causes and Potential Remedies," Written statement to the Senate Banking Committee Hearings, 2009.

Ramsey, J. B., "Tests for Specification Errors in Classical Linear Least -

Squares Regression Analysis," *Journal of the Royal Statistical Society: Series B (Methodological)*, 1969, 31(2): 350-371.

Ranciere, R., Tornell, A., Westermann, F., "Decomposing the Effects of Financial Liberalization: Crises vs. Growth," *Journal of Banking & Finance*, 2006, 30(12): 3331-3348.

Reboredo, J. C., Rivera-Castro, M. A., "Ugolini A. Downside and Upside Risk Spillovers between Exchange Rates and Stock Prices," *Journal of Banking & Finance*, 2016, 62(C): 76-96.

Ristolainen, K., "Predicting Banking Crises with Artificial Neural Networks: The Role of Nonlinearity and Heterogeneity," *The Scandinavian Journal of Economics*, 2018, 120(1): 31-62.

Robatto, R., "Systemic Banking Panics, Liquidity Risk, and Monetary Policy," *Review of Economic Dynamics*, 2019, 34: 20-42.

Rodríguez-Moreno, M., Peña, J. I., "Systemic Risk Measures: The Simpler the Better?" *Journal of Banking & Finance*, 2013, 37(6): 1817-1831.

Rosengren, E. S., "Asset Bubbles and Systemic Risk," 2010.

Ross, S. A., "Compensation, Incentives, and the Duality of Risk Aversion and Riskiness," *The Journal of Finance*, 2004, 59(1): 207-225.

Rossignolo, A. F., Fethi, M. D., Shaban, M., "Market Crises and Basel Capital Requirements: Could Basel Ⅲ have been Different? Evidence from Portugal, Ireland, Greece and Spain (PIGS)," *Journal of Banking & Finance*, 2013, 37(5): 1323-1339.

Rubio, M., Carrasco-Gallego, J. A., "Macroprudential and Monetary Policies: Implications for Financial Stability and Welfare," *Journal of Banking & Finance*, 2014, 49(C): 326-336.

Rudin, C., "Stop Explaining Black Box Machine Learning Models for High Stakes Decisions and Use Interpretable Models Instead," *Nature Machine Intelligence*, 2019, 1(5): 206-215.

Sawadogo, P. N., "Can Fiscal Rules Improve Financial Market Access for Developing Countries?" *Journal of Macroeconomics*, 2020, 65: 103214

Schwert, G. W., "Why does Stock Market Volatility Change over Time?" *The Journal of Finance*, 1989, 44(5): 1115-1153.

Sedunov, J., "Federal Reserve Intervention and Systemic Risk during Financial Crises," *Journal of Banking & Finance*, 2021, 133(C): 106210.

Segoviano, M. A., Goodhart, C., "Banking Stability Measures," LSE Research Online Documents on Economics 24416, London School of Economics and Political Science, LSE Library, 2009.

Shahzad, S. J. H., Mensi, W., Hammoudeh, S., Balcilar, M., Shahbaz, M., "Distribution Specific Dependence and Causality Between Industry-Level US Credit and Stock Markets," *Journal of International Financial Markets, Institutions and Money*, 2018, 52: 114-133.

Shim, J., "Loan Portfolio Diversification, Market Structure and Bank Stability," *Journal of Banking & Finance*, 2019, 104(C): 103-115.

Shleifer, A., Vishny, R. W., "Unstable Banking," *Journal of Financial Economics*, 2010, 97(3): 306-318.

Spirtes, P., Glymour, C. N., Scheines, R., et al., *Causation, Prediction, and Search*, MIT Press, 2000.

Stein, J. C., "Monetary Policy as Financial Stability Regulation", *Quarterly Journal of Economics*, 2012, 127(1): 57-95.

Straetmans, S. T. M., Verschoor, W. F. C., Wolff, C. C. P., "Extreme

US Stock Market Fluctuations in the Wake of 9/11," *Journal of Applied Econometrics*, 2008, 23(1): 17-42.

Suh, S., "Measuring Systemic risk: A Factor-Augmented Correlated Default Approach," *Journal of Financial Intermediation*, 2012, 21(2): 341-358.

Sun, Q., Gao, X., An, H., Guo, S., Liu, X., Wang, Z., "Which Time-Frequency Domain Dominates Spillover in the Chinese Energy Stock Market?", *International Review of Financial Analysis*, 2021, 73: 101641.

Swanson, N. R., "Causality: Models, Reasoning, and Inference," *Journal of Economic Literature*, 2002, 40(3): 925.

Tabak, B. M., Fazio, D. M., Cajueiro, D. O., "Systemically Important Banks and Financial Stability: The Case of Latin America," *Journal of Banking & Finance*, 2013, 37(10): 3855-3866.

Tarashev, N., Tsatsaronis, K., Borio, C., "Risk Attribution Using the Shapley Value: Methodology and Policy Applications," *Review of Finance*, 2016, 20(3): 1189-1213.

Taylor, J. W., "Forecast Combinations for Value At Risk and Expected Shortfall," *International Journal of Forecasting*, 2020, 36(2): 428-441.

Thakor, A. V., "Fintech and Banking: What Do We Know?" *Journal of Financial Intermediation*, 2020, 41(C): 100833.

Tölö, E., "Predicting Systemic Financial Crises with Recurrent Neural Networks," *Journal of Financial Stability*, 2020, 49(C): 100746.

Trapp, M., Wewel, C., "Transatlantic Systemic Risk," *Journal of Banking & Finance*, 2013, 37(11): 4241-4255.

Troster, V., "Testing for Granger-Causality in Quantiles," *Econometric*

Reviews, 2018, 37(8): 850-866.

Valencia, F., "Monetary Policy, Bank Leverage, and Financial Stability," *Journal of Economic Dynamics and Control*, 2014, 47(C): 20-38.

Van de Leur, M. C. W., Lucas, A., Seeger, N. J., "Network, Market, and Book-Based Systemic Risk Rankings," *Journal of Banking & Finance*, 2017, 78(C): 84-90.

Van Oordt, M., Zhou, C., "Systemic Risk and Bank Business Models," *Journal of Applied Econometrics*, 2019b, 34(3): 365-384.

Vandenbussche, J., Vogel, U., Detragiache E., "Macroprudential Policies and Housing Prices: A New Database and Empirical Evidence for Central, Eastern, and Southeastern Europe," *Journal of Money, Credit and Banking*, 2015, 47(S1): 343-377.

Varotto, S., Zhao, L., "Systemic Risk and Bank Size," *Journal of International Money and Finance*, 2018, 82(C): 45-70.

Vithessonthi, C., "The Effect of Financial Market Development on Bank Risk: Evidence from Southeast Asian Countries," *International Review of Financial Analysis*, 2014, 35: 249-260.

Wagner, W., "Diversification at Financial Institutions and Systemic Crises," *Journal of Financial Intermediation*, 2010, 19(3): 373-386.

Wälti, S., "Stock Market Synchronization and Monetary Integration," *Journal of International Money and Finance*, 2010, 30: 96-110.

Wang, G. J., Xie, C., He, K., et al., "Extreme Risk Spillover Network: Application to Financial Institutions," *Quantitative Finance*, 2017, 17(9): 1417-1433.

Wang, G. J., Xie, C., Zhao, L., Jiang, Z. Q., "Volatility Connectedness in the Chinese Banking System: Do State-Owned Commercial Banks Contribute More?" *Journal of International Financial Markets, Institutions and Money*, 2018, 57: 205-230.

Wang, R., Liu, J., Luo, H., "Fintech Development and Bank Risk Taking in China," *The European Journal of Finance*, 2021, 27(4-5): 397-418.

Weiß, G. N. F., Bostandzic, D., Neumann, S., "What Factors Drive Systemic Risk during International Financial Crises?" *Journal of Banking & Finance*, 2014, 41(C): 78-96.

Wheelock, D. C., Wilson, P. W., "The Evolution of Scale Economies in US Banking," *Journal of Applied Econometrics*, 2018, 33(1): 16-28.

White, H., Kim, T. H., "Manganelli S. VAR for VaR: Measuring Tail Dependence Using Multivariate Regression Quantiles," *Journal of Econometrics*, 2015, 187(1): 169-188.

Wong, H. T., "Real Exchange Rate Returns and Real Stock Price Returns," *International Review of Economics & Finance*, 2017, 49(C): 340-352.

Worthington, Andrew C., "The Impact of Natural Events and Disasters on the Australian Stock Market: A GARCH-M Analysis of Storms, Floods, Cyclones, Earthquakes and Bushfires," *Global Business & Economics Review*, 2008, 10(1): 1.

Wu, J., Yan, Y., Chen, M., Jeon, B. N., "Monetary Policy, Economic Uncertainty and Bank Risk: Cross-Country Evidence," *Journal of International Money and Finance*, 2022, 122: 102580.

Xing, K., Luo, D., Liu, L., "Macroeconomic Conditions, Corporate Default, and Default Clustering", *Economic Modelling*, 2023, 118: 106079.

Xu, X., "Contemporaneous Causal Orderings of US Corn Cash Prices through Directed Acyclic Graphs," *Empirical Economics*, 2017, 52(2): 731–758.

Yang, J., Li, Z., Miao, H., "Volatility Spillovers in Commodity Futures Markets: A Network Approach," *Journal of Futures Markets*, 2021, 41(12): 1959–1987.

Yang, J., Zhou, Y., "Credit Risk Spillovers among Financial Institutions around the Global Credit Crisis: Firm-Level Evidence," *Management Science*, 2013, 59(10): 2343–2359.

Yang, Z., Zhou, Y., "Quantitative Easing and Volatility Spillovers Across Countries and Asset Classes, " *Management Science*, 2017, 63: 333–354.

Yun, T. S., Jeong, D., Park, S., "'Too Central To Fail' Systemic Risk Measure Using PageRank Algorithm," *Journal of Economic Behavior & Organization*, 2019, 162(C): 251–272.

Zedda, S., Cannas, G., "Analysis of Banks' Systemic Risk Contribution and Contagion Determinants through the Leave-One-Out Approach," *Journal of Banking & Finance*, 2020, 112: 105160.

Zhang, C., Zhu, Y., Lu, Z., "Trade Openness, Financial Openness, and Financial Development in China, " *Journal of International Money and Finance*, 2015, 59: 287–309.

Zhang, W., Zhuang, X., Lu, Y., et al., "Spatial Linkage of Volatility Spillovers and Its Explanation Across G20 Stock Markets: A Network Framework," *International Review of Financial Analysis*, 2020, 71(C): 101454.

Zheng C., Cronje T., "The Moderating Role of Capital on the Relationship

Between Bank Liquidity Creation and Failure Risk," *Journal of Banking & Finance*, 2019, 108.

Zheng, L., Jiang, Y., Long, H., "Exchange Rates Change, Asset-Denominated Currency Difference and Stock Price Fluctuation," *Applied Economics*, 2019, 51(60): 6517−6534.